汉译丝瓷之路历史文化丛书

九至十三世纪东欧和东南欧的民族大迁徙

下 册

〔罗马尼亚〕维克多·斯宾内 著
〔罗马尼亚〕达娜·巴杜列斯库 英译
程秀金 卢兆瑜 译

商务印书馆
创于1897 The Commercial Press

第四章 库蛮人

在欧亚地区（Eurasia），最强大且最人多势众的图兰语部落（Turanian tribes）①，无疑是库蛮人。他们积极参与十一世纪的重要事务，占据西亚延伸至东欧的大片草原地带，建立霸权，频繁卷入周边冲突之中，以恐怖名声建立权威。

一、名称和族裔构成

当时如何称呼库蛮人，众说纷纭。突厥语称其为"钦察人"（Kipčak）、"库蛮人"（Kuman）、"库人"（Kun）（这些族名也被穆斯林以Kifğak、Kibjak等形式采纳），汉语称其为"钦察人"，蒙古语称其为Kibčag，格鲁吉亚语称其为Kivčak，亚美尼亚语称其为Kharteš或Khbšah，俄语称其为"波罗维茨"（Polovtsy）或Koumani，希腊语称其为"科马洛依人"（Κούμανοι或Κόμανοι），波兰语称其为Paluci或Plawci，法语称其为Commains或Comans，匈牙利语称其为"昆人"（Kún）（他们也用这一名称称呼其他图兰游牧民），德语称其为Valwen或Falben，等等。中世纪中东欧的拉丁文本称其为

---

① 译者注：1839年匈牙利学者开始使用"图兰"（Turan）一词。这一术语原指波斯东北地区的古伊朗地名，指中亚游牧民地盘，后转指包括突厥人、蒙古人、芬兰人、匈牙利人及其他人的族群和语言。作为语言和族群分类，该词早已不用，但作为政治思想，图兰主义和泛图兰主义（Pan-Turanianism）保留了该词的一些用途，但实际上转化为泛突厥主义。

Comani、Chomani、Cumani、Cuni、Phalagi、Falones（来源于Falben）。[1]

有关这些族名的词源，专业人士各执一词，困扰至今。尽管大多数现代史学家们一致将中亚钦察人认定为东欧库蛮人，但这显然来源于格鲁吉亚的圣徒传记《大卫和君士坦丁殉难记》（十二世纪副本）之中的"库蛮人之国，库蛮人即钦察人"[2]，也来源于十三世纪中叶佛兰德斯传教士鲁布鲁克的威廉（William of Rubruck）的游记[3]，还来源于十四世纪早期亚美尼亚的科里斯克的海屯［Hethum（Hayton）（of Korykos）］撰写的编年史（*E ceste lignée de Cumains est appellez Capchap, ès parties d'Orient* [4] / *Et vocatur ista progenies Comanorum in partibus Orientis Capcac* [5]），其他学者认为库蛮人起初不过是从钦察部落联盟分离而出的普通成员而已。波斯人拉施德丁（Räšid od-Din）主张钦察部落的同名先祖来源于kabuk一词，意指"空心树"[6]，这一解释被阿布·加齐（Abu'l-Ghazi）[7]和一些现代学者[8]所采纳。一些其他学者认为常用术语qivčak在突厥语方言中指"不幸的"，qipčak指"生气"。不过，很难说钦察人的名称在多大程度上有类似含义。

钦察族名的语源问题尚待解决，但库蛮一词看来更为确定。大多数学者认为这指"苍白的"、"黄色的"、"浅肤色"（族群），这一含义见于古老的突厥语方言之中。高加索及欧洲邻居所使用的这一族名可能源于突厥语，因为在亚美尼亚语之中，khartes意指"金发的、苍白的"，在德语中Valwen指"苍白的"。[9]实际上，在十一世纪后半叶，不来梅的亚当（Adam of Bremen）并不使用库蛮的初始拼写形式或德语拼写形式，而是使用其拉丁翻译形式pallidi。[10]这也是与他同时代的亚美尼亚人埃德萨的马修（Matthew of Edessa）用来称他们为"苍白/黄"的原因。[11]就斯拉夫语中的族名波罗维茨（Polovtsy）而言，作为词pole（牧场）、polov（苍白）或polovyi（淡黄色）的派生词，指"牧民"或"苍白的人"。[12] Polovtsy与pole之间的语义联系甚至在赫伯斯滕的西格蒙德（Sigmund of Herberstein）的1526年俄国之行的游记中得到验证。基于这一观点，这位德意志外交官学者主张波罗维茨这一族名可能意为"乡下人"或"农民"。[13]事实上，在数种东方或欧洲语言中，库蛮人被称为"苍白/黄的族群"，这可作为一个论点来支持东斯拉夫语言给予"波罗维茨"一词相同的语义。

在十二、十三世纪的史学及文学资料中，库蛮人的名称往往呈现为古典游牧人形式：匈人、斯基泰人及其各种派生词（Περσοσκύθαι、Σκύθαι、Σκυτοπέρσαι、Ταυροσκύθαι）。有时，同一学者如尼基塔斯·蔡尼亚提斯（Nicetas Choniates）① 在其著作的不同段落中使用多种这样的古老拼写形式。[14]这也是保存在巴黎的十五世纪希腊佚名手稿的特征之一。此文指出库蛮人就是匈人和斯基泰人。[15]

库蛮人属于突厥语族群这一事实被当时众多东方资料所证实。最早提及库蛮人的是位于蒙古色楞格河的回鹘英武可汗（747—759）碑铭。铭文称他们为钦察突厥人，这对他们的来源尤为重要。[16]

保留在各种东方、拜占庭、俄国和西方史料文献中的库蛮名称也显示出库蛮的图兰根源。尽管这些信息来源——通常不多，但在某些语言层面得以展现——或多或少能揭示其他图兰游牧部落所使用的语言，但它们完全没有库蛮语言所曾拥有的显要地位。库蛮语言保留在《库蛮语汇编》（Codex Comanicus）之中。不同的汇编在黑海北部地区（north-Pontic area）分别由意大利和德意志传教士编撰，现藏于威尼斯著名的玛西亚娜图书馆（Marciana library）（Mss. Lat. 549/1597）。据说在某一段时期，它们曾为意大利的伟大诗人彼得拉克（Petrarch）所拥有。这包括82叶及两个词汇表，一个按照专题，另一个按照字母顺序（以拉丁语、波斯语、库蛮语的方式）（图57、58），随后是翻译为库蛮语的基督教经文、诗歌和散文的选集。词汇表大概起草于十三世纪末热那亚人的殖民地克里米亚，为意大利商人所用，后于1303年复写，随后（1330—1340）德意志方济各会士在其上誊入注释、赞美诗、圣咏篇、祈祷文等。事实上，2859个词汇的拉丁文和波斯文解释大大增进了我们对于库蛮词汇的了解。[17]汇编中一些库蛮语词汇源于罗马尼亚语[18]的假设站不住脚，相应词汇可能取自意大利语。其他词汇来自其他语言：希腊语、

---

① 译者注：尼基塔斯·蔡尼亚提斯是十二世纪后期和十三世纪初期的希腊历史学家，其史书记录了第四次十字军东征占领君士坦丁堡的事件以及十二世纪的异教和异教作家的事件。

东斯拉夫语、蒙古语、阿拉伯语、波斯语、希伯来语或借自基督教词汇。[19]

对《库蛮语汇编》词汇表中术语的研究揭橥库蛮人拥有自己的历法,对于季、月、周有着自己的称谓,这些也对应着天文和气候状况。在伊斯兰阿拉伯和波斯历法的影响之下,库蛮人采用了6个伊斯兰借词表达月份的名称以及6个源于波斯的借词命名一周中的星期几。[20]

在波多里亚①(Podolia,卡盟涅茨-波多尔斯克,利沃夫)亚美尼亚人社区的文本中,可以找到库蛮人语言里饶有兴味的痕迹,这些文本可追溯到十六至十七世纪的亚美尼亚字母书写之中。虽然库蛮人语言在一定程度上为后来的转写所改变,但证明库蛮人在由图兰人控制的地区对其他族群产生了影响。尽管库蛮人早已在政治舞台上消失,但其个别词汇仍被继续使用。[21]

与其他图兰族群一样,库蛮人也在金帐汗国的蒙古人铭记突厥特征方面做出重要贡献。实际上,从十一世纪至十四世纪,库蛮语言在整个东欧南部通行,当时在以下一些资料如 lingua camanica[22]、Chamanica[23]、cumanesca[24]、Comanica[25]、comanescha[26] 中加以提及。在成吉思汗远征之前,一些库蛮词汇被证实源于蒙古,一些东方学者假设一些操原始蒙古语的成员参与了库蛮部落的迁徙。[27]

所谓的钦察语的分支传播在中亚乃至东欧的广阔区域,包括哈萨克斯坦、花剌子模和乌兹别克斯坦部分地区、卡拉卡尔帕克人(Karakalpaks)和吉尔吉斯人地域、阿尔泰山部分地区、伏尔加河下游、北高加索地区和克里米亚北部。这一语支包括卡拉伊姆语(Karaim)、立陶宛和克里米亚西部的鞑靼语、库梅克语(Kumyk)、北高加索地区的卡拉恰伊-巴尔卡尔语(Karachai-Balkar)、伏尔加地区的鞑靼语和巴什基尔语(Bashkir)、哈萨克语、诺盖语(Nogai)、花剌子模和乌兹别克斯坦的卡拉卡尔帕克语和钦察方言、吉尔吉斯语和阿尔泰地区的南部方言。如今,使用这些语言的地区大致与中世纪的一致。与其他语言区域的语言互动导致这些语言受到深度影响,

---

① 译者注:波多里亚是历史上欧洲的一个地区,位于今乌克兰中西部和西南部,与赫梅利尼茨基州和文尼察州大致相当,此外还包括今摩尔多瓦北部的一部分地区。

但它们仍旧保持着自身语法和词汇的特点。[28]

二、经济和生活方式

生活在中亚和东欧草原的库蛮人正如分离前一样，依旧保持着游牧生活方式。为了寻找牧场，他们随季节变迁，逐水草而迁徙。游牧生活准则浸淫于其生活方式之中，甚至在被定居社会接纳之后，依然强烈排斥当地习俗。

库蛮人眷念草原环境的个性见于科斯特罗马的《希帕蒂娅编年史》（*Hypatian Chronicle of Kostroma*）中的叙事传说。它讲述了沙鲁汗（khan Syrchian）如何劝说其子奥特鲁克（Otrok）返回钦察大草原（Desht-i Qipchaq）。沙鲁汗离开是迫于弗拉基米尔二世（Vladimir II Monomakh）的压力。据说沙鲁汗的一位信使起初吟诵库蛮歌谣，试图唤回奥特鲁克，但未能奏效。直到嗅闻出大草原的草香味才促使奥特鲁克最终回归出生之地。[29] 叶落归根胜过在异乡获得荣耀的观念也同样体现在奥特鲁克身上。[30]

库蛮人逗留某处之时，通常住在帐篷之中，而当他们迁徙之时，除了寒冷季节住在相对固定之处，其他季节一般住在篷车之中。据记载，无论在黑海以北[31]，还是在军事远征巴尔干半岛途中[32]，他们都生活在帐篷里。库蛮人恪守游牧生活方式表现在，即使在被蒙古人攻占故土之后，他们被收留在匈牙利王国之时也能保持其生活特色。众部落归属忽滩汗（khan Kuthen）八十年之后定居在潘诺尼亚平原（Pannonian Plain），依旧住在帐篷和毡房（圆顶帐篷？）之中，奉行偶像崇拜，尽管地方当局和牧师试图劝诫他们不要如此行事。[33]

当时也有其他关于库蛮人生活方式的提示性记载。观察到他们不吃面包，而食用自家牲畜的生肉，十三世纪中叶，波罗的海地区的编年史家[34]间接勾勒出库蛮人的经济结构，即在损害农业的代价之下青睐畜牧业。曾参加第四次十字军东征的法兰西人克拉里的罗伯特（Robert of Clari）①也做出

---

① 译者注：罗伯特是皮卡第（Picardy，法国北部旧省）的骑士，参加了第四次十字军东征，这次东征在1204年占领君士坦丁堡。他的编年史是仅有的几位从军人角度来讨论这次东征的作品。

揭示性观察:"他们是野蛮人,不耕不种,既不住在棚屋,也不住在房子里,而是住在一种可携带的迁徙毡房里,饮食牛奶、奶酪和肉类。"[35] 克拉里也提到,库蛮人嗜爱狩猎,在行途之中,穿戴羊皮,携弓带箭,每人配备十至十二匹矫健驯服的骏马,驰骋千里。[36]

十五世纪问世的《拉齐维乌编年史》(Radziwiłł Chronicle)①中的插图展现出库蛮人使用的两轮和四轮篷车[37](图59、72)。在黑海-里海(Ponto-Caspian)地区库蛮人被蒙古人征服15年之后,牛或马牵引的篷车和两轮马车成为这一地区的通行运输工具。[38]显然它们并非由这一地区的新主人所推广,而是早已有之。这些篷车和马车不仅用于运送家人和货物,而且也充作图兰游牧民的流动居所。

尽管奉行以骑马为主的游牧生活方式,在库蛮人活动区域也有城镇中心或在定居化进程中所形成的聚集地。昔格纳黑城(Signak)位于锡尔河畔,十二世纪在花剌子模的控制之下。根据俄国古代史料记载,库蛮人在黑海北部拥有据点(vezhy)和城市(gorody)。前者不过是图兰游牧民避冬的要塞而已,意在抵御罗斯(Rus)王公及其住在草原边缘的盟友的潜在入侵。[39]所谓的城市诸如沙鲁汗(Sharukan)、苏格罗夫(Sugrov)和巴林(Balin)[40]可能位于顿涅茨克河流域北部地区(但尚未发现)。它们不过是由据点稍微发展而成的一些强大库蛮汗的临时中心而已。这是因为前两座城市是以汗命名的。第三个城市巴林是突厥语词八里(balik,意为"城市")的变形。[41]

除了这些发展成为城市的地区之外,库蛮人也将势力范围扩张到其他重要的商业城市:萨克辛(Saksin)位于伏尔加河流入里海的近点,苏达克(Sudak)位于克里米亚南部的黑海海岸。控制这两座商业繁忙的交通港口,显然会有不菲收入流入库蛮汗们的囊中。阿巴库维(Al-Bakuvi)评论萨克辛的活跃商业活动之时,认为在城市居民中"有如此众多的外邦人和商人,

---

① 译者注:《拉齐维乌编年史》是弗拉基米尔·苏兹达尔(Vladimir-Suzdal)的编年史之一,涵盖从斯拉夫移民时期到1206年的事件。现存的副本可追溯到15世纪后期,大概是13世纪手稿的副本。该书最初为立陶宛王子拉齐维乌(B. Radziwiłł)拥有,被科尼斯堡图书馆收藏。在18世纪中叶,它转为圣彼得堡科学院收藏。该编年史以其众多的彩色缩影而著称,这些缩影是研究古代罗斯的物质文化、政治象征主义和艺术的宝贵资源。

就连安拉（Allah）也数不清"。[42]

苏达克繁荣的商业使得当时人们以苏达克命名整个黑海地区。"苏达克海"指黑海，它出现在1281年马穆鲁克苏丹国（Mamluk Sultanate）与拜占庭帝国签订的一份条约文本[43]以及十四世纪几位穆斯林学者的文本之中，不过他们指的是上个世纪的事实[44]。除了黑海北岸充满活力的海港苏达克之外，库蛮人也从克里米亚南部的拜占庭古城赫尔松（Cherson）和泰特拉哥特人（Tetraxid Goths）的要塞索取贡品。[45]

尽管弗赖辛［Otto von Freising，加上哈赫温（Rahewin）][46]和克拉里的罗伯特[47]坚决反驳在库蛮社会中存在着农业活动的观点，但其他资料却显示这种经营活动的确存在。雷根斯堡的帕塔黑亚拉比［Petakhia of Ratisbon（Regensburg）]曾在十二世纪穿越黑海北部地区，看到耕地乃至当地人以大麦和小米为食。[48]很难确定库蛮人或其他族群是否会耕种土地，但正如民族志研究所显示的，如果有必要的话游牧民一般会放弃畜牧业而从事农业。

我们不应忽视那里与库蛮人同源或其他不同的附属游牧部落对于耕地有着某种兴趣。由此，"耕作的"或"田地劳作的斯基泰人"按照希罗多德（Herodotus）的观点，种植小麦并非供自己消费，而只为出售[49]，"游牧的斯基泰人"如同库蛮人一样轻视农业，而从事畜牧业，住在篷车，随季节变迁而迁徙[50]。与库蛮人类似的习俗也延伸到墓地，坟墓以土丘形式存在。重要酋长过世时实行人殉。库蛮习俗也延伸到庄严仪式中，各方歃血为盟。[51]

至少直至1236—1242年蒙古入侵为止，库蛮人继续从事主业，即集约化畜牧业，这提供给他们日常必需品：作为食物的肉类和乳制品，兽皮做衣，马奶酒作为一种以马乳发酵的饮料供日常消费，这些是库蛮人、蒙古人和欧亚草原其他游牧民的标配。俄国编年史记载罗斯王公率军自1095年[52]、1103年[53]、1111年[54]、1152年[55]、1165年[56]、1170年[57]、1183年[58]、1184年[59]、1185年[60]、1190年[61]、1191年[62]和1193年[63]入侵库蛮人营地，掠走大批羊、牛、马和骆驼，证明游牧民拥有大量畜群[64]。1103年的灾难性失败导致一位重要的酋长贝尔狄斯（Belduiz/Belduz/Bel'duz）成为罗斯的阶下囚，此后，他通过缴纳金银、牛马而从大公斯维亚托波尔克二世（Sviatopolk II Iziaslavich）那儿赎回自由。[65] 另一部编年史指出1223年库蛮忽滩汗向罗斯王公赠送礼物，希望在抵御蒙古人之时赢得他们的支持。这些礼物大概包括大量马匹、骆驼、水牛以及年幼的处女。[66]

正如资料显示，尽管在黑海-里海地区有着凛冽寒冬，库蛮人甚至设法使得骆驼适应这种特殊环境，不过这些动物后来从当地物种中消失。对嘎万·迪诺格夏（Garvăn-Dinogetia，罗马尼亚图尔恰县）复原的材料加以分析，显示存在着骆驼骨骼[67]，对应年代是第二千纪早期。饲养骆驼在黑海北部一直持续到近代，这被瑞典牧师迈克尔·埃纳曼（Michael Eneman）所证实。他曾经在十八世纪上半叶提到布贾克（比萨拉比亚）的鞑靼人（Tatars of Bugeac）。[68] 这也被阿纳托尔·德米多夫（Anatole of Demidoff）所证实，他曾在一个世纪之后提及诺盖鞑靼人（Nogai Tatars）。[69]

俄国南部大草原的边缘地带是各类野生动物的家园，成为狩猎者的天堂。根据一份来自弗拉基米尔·莫诺马赫大公（Vladimir Monomakh）的文献，在那一地区捕猎到野马、水牛、牡鹿、麋、野猪、熊和其他野兽（狼？）。[70] 比萨拉比亚（Bessarabia）这一地名直到十九世纪早期专指摩尔达维亚（Moldavia）南部，在那附近有野马出没，这在十八世纪早期被德米特里厄斯·坎特米尔（Demetrius Cantemir）所证实。他还记载在当时德涅斯特（Dniester）河两岸有野水牛。[71] 在中世纪，特兰西瓦尼亚（Transylvania）甚至有麋、野马和骡。[72]

熟知库蛮人的同时代人钦佩库蛮人能够一边飞速纵马驰骋，一边向敌人射箭。[73] 马匹在库蛮人生活中的重要性可体现在，当主人过世时为其殉葬，这显示出甚至在地下世界，这些动物也不与其主人分离。人们钦佩库蛮人也因其作战勇敢、战术娴熟和拥有震撼的冲击力。[74]

库蛮人的兵种只有骑兵。就他们的战术而言，属于草原游牧的典型，娴熟使用弓箭。[75] 在直接交锋之时，他们偏爱长矛。[76] 但在短兵相接之前，他们会向对手齐射，然后乘着一片混乱，挥舞刀矛，对敌厮杀。遭遇强敌顽抗之时，就会佯装败退，与追赶者保持一定的距离，依然可以继续射杀他们，逐渐瓦解其有生力量。随后，在此千钧一发之际，他们会突然掉转马头，以整饬牢固的阵形冲击陷入混乱的对手。[77]策鞭快马，挥舞轻兵器，快速机动的库蛮人在大多数情况下能压倒欧洲其他军队，这即使在面临强敌应当撤退之时也占有先机和优势，至少能减少伤亡。

有关库蛮人武器的叙述已被考古资料佐证和补充，证实了他们偏爱弓箭、刀矛，这些武器在墓地得以发现，有时还能发现铁盔及铠甲，显示他们喜欢轻骑兵装备[78]，这也是第二千纪早期欧亚草原游牧民的特征[79]。

弓、箭不仅是库蛮人，而且也是中亚、东欧和近东游牧民最流行的武器，这反映在不同部落的神话传说之中。一方面，我们提及的重要资料是十四世纪由马穆鲁克钦察人在埃及用钦察突厥文撰写的一本箭术手册。在书中，这位佚名作者承认援引自类似的阿拉伯文献。其前言主张神性是箭术之源，强调其特殊重要性："知晓神至高无上，会让箭术和骑术为信仰而战。"神的使者曾说："他会射箭，骑马，佩剑，使用长矛。"他也曾说过"力量就是弓箭"。[80]另一方面，马穆鲁克钦察人的箭术手册引用了阿不都·拉姆·巴波里（Abdu'r-Rahmān babari）的观点。他主张先知亚当是人类第一人，甚至在被赶出天堂之前，"就会弯弓搭箭"。[81]这些资料显示箭术的神性起源，证实弓箭在人类诞生时就已发明。显然，这些神灵图像及人类首次发明取材于骑马游牧民的原型。

库蛮人的随葬品也因其工艺精湛而受人瞩目。除了上述各类兵器之外，他们也制作马镫、马嚼子、弓盒、箭镞、角刀柄、珠宝首饰，铜、银、金配饰等（图60、61、82、86、87、89、90、92）。[82]以上列举的配件明显类型统一，表明它们是库蛮人自己的工匠在草原之内制成的，质量上乘，在某种程度上不亚于周边定居民族所制。在第聂伯河下游的基罗夫（Kirovo，乌克兰柯逊县）最近发现的一座墓穴之中，亡者旁摆着一副弦乐器，乐器由桦木所制[83]（图62：A），显示出游牧生活也容许人们欣赏音乐。

库蛮人的生活必需品通过远征掠夺、索贡和商业贸易加以补充。部落酋长为了牟利，组织入侵劫掠，但库蛮人也会响应周边各国君主的请求，共同与他们的敌人交战。尽管这些行动会面临种种风险，但每当有利可图之时，库蛮人总是愿意单独或以团队形式远征劫掠，而不会被束缚于他们邻居所施加的任何持久承诺。除了攫取的金银财宝之外，劫掠也提供了捕获战俘的机会。一些战俘因其是某国臣民而被所在国赎回，而其他人则被卖到传统的奴隶市场。这方面最重要的港口是库蛮人控制之下的多民族聚居城市苏达克，在那里库蛮人将奴隶和毛皮卖给黎凡特（Levantine）商人，然后购买纺织品。[84]最可靠的奴隶来源看来是罗斯诸公国，它们经常向库蛮人提供不计其数的被俘奴隶。[85]十三世纪早期，库蛮人在色雷斯（Thrace）的盟友是卡拉扬。卡拉扬也被称作"英俊的约翰"（Kaloian），库蛮人在与其贸易中获得大批奴隶。[86]

尼基塔斯·蔡尼亚提斯记载了1187年拜占庭人与库蛮人援助的瓦拉几人（Vlachs）、保加利亚人（Bulgarians）交战的资料，描述了库蛮人渴望捕获尽可能多的战俘。在一份致君士坦丁堡元老和主教的官方信笺中，他描述了拜占庭帝国军队在比罗［Beroe，今日旧扎戈拉（Stara Zagora）］附近俘获一支六千人的库蛮军队。当时这支库蛮军队押着不少于一万二千名战俘、大量牲畜及其他战利品。[87]库蛮人即使沦落到寄人篱下于马其顿（Macedonia）的悲惨境地之时，也未放弃捕获奴隶用来交易的惯例。[88]他们是在蒙古大入侵导致钦察大草原一片混乱之后被撵到那里的。

一些文件显示罗斯与拜占庭之间有着贸易往来。克里米亚西南海岸的赫尔松（Cherson）作为主要贸易中心，在与拜占庭世界的商业贸易中扮演着重要角色：游牧民定期去那儿购买各种商品。交易在城外进行[89]，很可能出于安全考虑不允许库蛮人入城。

在好几处库蛮人墓穴中发现拜占庭发行的一些钱币及珠宝，显示出他们在交易中使用少量钱币。与此同时，在一些库蛮富人的墓穴中发现来自各国的手工艺品。1981年发现的著名王公陵墓——成格尔古墓（Chingul tumulus of Zamozhnoe，乌克兰扎波罗热地区），其中包括数副价值连城的服饰以及武器、马具、珠宝［三件锦缎斗篷、一把佩刀、三把匕首、一副盾牌、一副贴身内铠、一副带有面具的头盔、一件马嚼子、两副马镫、一件鞍带扣和腰带配件、一件燧石、两只指环、一副权杖（？）、一副乳香盒、一只金属杯、一个雪花石膏盆、两只双耳瓶],以上分别由东方、罗斯、拜占庭和西方的铁、青铜、镀金银、银、水晶、陶瓷所制(图63),显示出库蛮与各地有多样化的深度接触。对出土的乳香盒进行孢粉分析显示有植物痕迹(花、叶和茎),证实这一器物用于举行仪式。成格尔墓主是一位年龄在四十至五十之间的男性,其骨骼属于蒙古人种,被放置在一副木棺中,其上有四匹驯马献祭。(图62:B)[90]

据认为,一位著名的库蛮武士安葬在塔汗查(Takhancha,乌克兰基辅以前的省份)墓中,在1894年被偶然发现,但直到最近才以科学的观点公开发表。在死者骷髅旁是一副马的骨骼以及各式各样的随葬品,包括面具、铠、盔、盾、佩剑、弓袋、箭鞘、箭镞、鞍、马衔、马镫、镰刀、带扣、纽扣、项圈、金餐具、酒杯、基督大奖章、蛇状大奖章、权杖和紫铜壶(图60、61)。可以肯定这些随葬品大多数是在游牧世界打造的。其中还有一些随葬品未被包含在内,它们是一个银制酒杯和一个由镀金银盘制成的刻有基督半身像的圆形大奖章。[91]

其他墓穴藏有外国兵器和珠宝,其中一些随葬品无疑是通过劫掠不同地区或通过表示支持或中立立场而作为赠礼最终为库蛮人所有。不过,其中有一些手工艺品是通过与外国商人交易所得。

库蛮人也从罗斯公国获得陶瓷制品。相当多的陶瓷器皿出土于十一至十三世纪第聂伯河和顿河下游之间地区的墓穴之中。[92]库蛮人对于罗斯陶器的兴趣可归因于他们不能制作高质量的陶器。实际上如同其他游牧民族,他们对于这一行业不太感兴趣,这是由于陶器易碎使得游牧民随季节长期迁徙之时不易保存。这也是为何他们宁愿制作金属器皿,尤其是铜釜的原因。[93]

黑海-里海北部地区持续的军事冲突严重阻碍了库蛮人建立正常的贸易关系,其结果却变为转口贸易。出于不明因素,库蛮人有时诉诸封锁罗斯和拜占庭帝国联系通道的策略,这促使罗斯王公们加以报复,组织远征打击库蛮人。

三、社会和政治组织

从社会角度观之，库蛮社会是按照相当明晰的等级加以组织的。拥有大型牲畜者位于社会阶层金字塔的顶端，且有资格成为部落的汗。墓葬研究证实存在着明显的贫富差异分层。尽管一些墓主几乎没有随葬品或随葬简朴，但在其他坟墓之中，死者旁陈列着奢侈的随葬品。

库蛮人所拥有的大批奴隶可能比其在黑海–里海平原的游牧前辈还要多。奴隶几乎都来自其他族群，即远征中所捕获的战俘。中世纪编年史，尤其俄国史料往往记载库蛮人在侵扰周边地区之时，乐此不疲地捕获更多的战俘。与此同时，他们的对手也反击侵入库蛮人地域，旨在从游牧民中解救那些奴隶。库蛮人捕获战俘的主要目的是索取赎金或出售获利。战俘也被部落用来从事家务活动，这些或多或少地明确记载在各种史料之中。例如，格鲁吉亚史料记载了为格鲁吉亚君主服务的四万库蛮士兵拥有五千奴隶。不像库蛮人正处于皈依基督教的进程之中[94]，大多数奴隶是基督徒，这显示出他们来自不同族群。当然，外国游牧民在部落联盟中地位较低，接受库蛮人的主宰地位，被指派承担各种军事任务。

尽管库蛮部落在1239年后移居匈牙利，失去独立地位，但他们继续捕获战俘。1279年在牧师和官员的劝说之下，拉迪斯拉斯四世（Ladislas IV）与库蛮人磋商以释放在其领土所抓获的基督徒，但准许库蛮人仍旧有权拥有在周边地区所捕获的奴隶。[95] 皇家法令并没有提及保留奴隶的教派，但可能为东正教徒，他们通常被轻蔑地称作"分裂者"，因为其教派不被认可。

库蛮人在其扩张巅峰时期所占领土广袤，从咸海直至多瑙河下游，但因各部落的离心倾向而不能达到政治统一。犹太旅行者帕塔黑亚（Petakhia）指出库蛮人"无王，只有诸王公和诸贵族世家"[96]，对此具有概括性。1154年，阿拉伯人伊德里西（Idrisi）在西西里诺曼国王罗杰二世（Roger II）的宫廷中撰写地理专著，其中记载存在着白库蛮和黑库蛮。[97] 根据资料判断，它们似乎分别位于第聂伯河右岸和左岸（图64）。不过，根据十三世纪和十五世纪的拉丁-马扎尔编年史（Latin-Magyar chronicles）记载，黑库蛮在西部，白库蛮在东部[98]，而这与伊德里西的观点相反。这里提到了阿纳托尔·法朗士（Anatole France），他荒谬地声称，单一史料通常被认为是理所当然的，而两三条彼此龃龉的史料就会带来混乱。[99]

根据匈牙利编年史学家凯札的西蒙（Simon of Keza）[100]和威尼斯的安德里亚·丹杜罗（Andrea Dandulo）[101]的观点，东喀尔巴阡山脉被称为"黑库蛮之地"。十五世纪末的瑟罗茨的约翰（John of Thuróczy）[102]和十六世纪中期的尼古拉斯·奥喇呼斯（Nicholas Olahus）[103]更明确地将黑库蛮之地认定为摩尔达维亚。到了十七世纪，雷瓦的彼得（Peter of Reva）将其所指延伸到瓦拉几亚（Wallachia）。[104]

对库蛮世界的另一种分法出自俄国编年史，它曾多次回顾十二世纪所发生之事："生波罗维茨人"（库蛮，Wild Polovtsians）术语暗指存在着"熟波罗维茨人"（non-Wild Polovtsians）。最早书面证实生波罗维茨人的是在1146年。[105]其他几处提及出现在十二世纪中期及十三世纪末期。著名学者普里察克（Omeljan Pritsak）提出假设，认为黑库蛮对应于"生波罗维茨人"之地，指让罗斯诸公国很头疼的那一支库蛮人，而不那么野蛮的库蛮联盟更通情达理，有时愿意与其北方邻居合作。[106]

以上绝非反映库蛮部落的真实分类，因为库蛮很少统一过，即使统一的话也是暂时的。根据沙姆斯·丁·迪马希（Shams al-Din al-Dimashqi）在十四世纪早期曾援引一份更早的资料，可能有8个突厥钦察部落：Berghű、Thoqsabâ、It'bâ、Beret、Ars、Berdj-Oglű、Mankur-Oglű、Bimek，此外，还添加了好几个较小的部落：Thog、Yashqűt、Qemanku、Bezânki、Bedjnâ、Qaraböklü、Azűdjerten及其他。[107]与此同时，埃及人安努韦利（an-Nuwairi）①和伊本·赫勒敦（Ibn Khaldun）在金帐汗国所并吞地域列出的11个突厥部落[108]，大多数属于库蛮人。根据俄国史料提供的资料，学者们在黑海-里海大草原识

---

① 译者注：安努韦利（1179—1233），埃及历史学家，编撰马穆鲁克时代最著名的百科全书《博学的终极抱负》（9000页），涉及动物学、解剖学、历史学、年代学等领域。

别出 5[109]、6[110]、8[111] 或 12[112] 个库蛮部落。显然，中世纪和当代学者之间有相互龃龉的估计，这在很大程度上归因于部落社区的不稳定性，因为这些部落根据各种外部冲突的需要，时聚时散。

自库蛮人离开黑海北部地区之后，经过匈牙利国王贝拉四世（Bela IV，1235—1270）①的批准，库蛮人迁徙到他的王国，起初是由忽滩汗率领，大批库蛮人并非限定在一个单一组织之中，而是分为各部落。1279 年，他们分成几个"部落群"（generationes）。[113] 除了"平民"之外，那里有"酋长和贵族"[114]，他们在统领各自部落方面有着特权，也在与阿尔帕德王朝（Arpadian Kingdom）②最高权威往来时起着调停作用。在某种情况下，库蛮人也接受单一领导者，这出现在 1282 年爆发的反抗中央当局的起义之中，当时他们是在奥达米尔"公爵"（Oldamir）领导之下。[115]

当库蛮人的领土受到威胁或决定向邻国发起重大攻势时，创建大型部落联盟的倾向尤为明显，如十一世纪末，在第聂伯河右岸出现了包括波尼亚克（Boniak）汗和吐格尔汗（Tugorkan）等几个强大的部落联盟，而在十二世纪的第聂伯河左岸或康奇克河地区出现了沙鲁汗（Sharukan）部落联盟。汗的头衔并非父子相传，而通常是兄终弟及或叔侄相继。可能受到外来影响，这一体系在十三世纪前数十年[116]或甚至更早的时候[117]发生变化，汗的头衔开始直接父子相传。在部落酋长的某些做法违背了其属下的整体利益之时，后者也会奋起反对。1103 年，当乌鲁索巴汗（Urusoba）优柔寡断之时，就被更有进取心的阿尔屯帕汗（Altunopa）所取代。[118]

库蛮人的军事实力、超强的机动性以及控制的广袤地域在整个东欧及东南欧引发警惕、疑虑、不安和恐惧。他们渴望借兵助战，竭力讨好库蛮人，由此，库蛮汗们获赠丰厚礼物，频繁接受纳贡。另一方面，出于同一目的，他们采取与库蛮人联姻的方式。基督教诸王公们在接受洗礼之后，迎娶库蛮

---

① 译者注：贝拉四世（1206—1270），匈牙利阿尔帕德王朝国王。
② 译者注：阿尔帕德王朝（889—1301），匈牙利历史上的第一个封建王朝，因建立者阿尔帕德大公之名而得名，一共传 4 个大公、25 个国王，统治 412 年。在他们统治下，匈牙利由一个部落联盟发展成为一个中欧东部的强国。

汗的公主。与库蛮人的这些联盟由格鲁吉亚、罗斯、保加利亚、拜占庭帝国或君士坦丁堡的拉丁帝国的皇室或贵族安排。

四、宗教信仰和实践

如同欧亚大草原的其他图兰人一样，库蛮人笃信萨满教，崇拜天神腾格里（Tängri）。拜占庭档案声称库蛮人的万神殿供奉数座神，其中一些随意尊崇[119]，但这种说法不可靠。另一方面，一部东方地理专著认为库蛮人敬天，他们对此研究乐此不疲[120]；另一部地理专著列举出众多突厥部落——基马克（Kimeks）、土库曼（Turkmen）、钦察人、乌古斯人（Uzes）、不里阿耳人（Bulgarian）等，主张他们是偶像崇拜者，拜火[121]。

库蛮人尊崇诸多传统，坚决主张其盟友也要接受。在这一方面，有资料记载他们与来自君士坦丁堡的拉丁人首领歃血为盟，在共饮一杯酒之后，这一仪式的参与者就象征性地成为亲兄弟。这一仪式也包括双方代表用军刀宰杀一只狗[122]，也许暗示着背盟者所要面临的命运。

除了这些祖先留下普遍奉行的传统之外，他们也受到摩尼教、景教、佛教、犹太教圣经派和伊斯兰教的影响。大多数库蛮联盟迁徙到东欧之后，改信基督教较为成功。在格鲁吉亚、罗斯、拜占庭、匈牙利和保加利亚效力的一些库蛮人接受了福音，其余改宗的库蛮人甚至在金帐汗国形成之后被记载下来。

十二世纪四十年代末，四万库蛮士卒携带家眷定居在格鲁吉亚，最先受洗礼的是皇家卫队成员，共五千武士。[123]接受基督教的人数逐渐增加，这一进程预示着民族同化（ethnic assimilation）。中世纪史料也简要记载了好几例库蛮首领在罗斯诸公国领土接受洗礼，但仍旧没能揭示促使库蛮人放弃祖先宗教的原因。由此，我们得知1132年阿穆拉特（Amurat）在梁赞（Riazan）受洗礼[124]，1168年艾达尔（Aidar）在基辅公国（Knezate of Kiev）受洗礼[125]，巴斯蒂（Basty）在1223年受洗礼，当时罗斯王公们率军共同加入库蛮人抵抗蒙古人进攻的队伍[126]。与此同时，1247年的史料记载一名受过洗礼的名叫"桑戈尔"（Sangor）的人作为公爵拉罗斯拉夫二世弗塞沃罗多维奇（knez Iaroslav II Vsevolodovich）之子的随从，曾随同公爵觐见金帐汗。[127]

史料记载中也有个人请施洗礼的倡议，这发生在阿尔帕德王朝的领地。1227年库蛮汗波茨（Bortz）之子在几名属臣的伴随之下，在埃斯泰尔戈姆（Strigonium）的大主教访问特兰西瓦尼亚（Transylvania）的途中，请求施洗礼。[128] 就接受天主教人数而言，当时文献记载不一致，因而很难得出足够精确的数字。不过无论如何，从罗马教廷（Holy See）决定设立一个与库蛮王室有关的主教特别辖区来看，教徒人数很可观。1253年，方济各会士鲁布鲁克的威廉成为受法国国王委派处理与蒙古人事务的使节，曾遇到库蛮基督徒，承认库蛮人从匈牙利的多明我会士（Dominicans）那里接受圣灵洗礼。[129] 那些库蛮人可能从属于波茨汗。

多明我会士在向库蛮人传教方面扮演着重要角色。实际上，他们也在库蛮人教区肩负着重要任务，那里的第一任主教西奥多里克（Theodoric）是从圣多明尼克（Dominic of Guzman，1170—1221）所创办的教派中遴选出来的。[130] 甚至在教派创建之前，传教士卡斯提尔（Castilian）曾计划直接向库蛮人传教。不过，罗马教会赋予他其他重要使命，他才取消其此次传教活动。[131] 不过后来，他的弟子从事传教活动，将对象锁定到欧洲东部。[132] 十三世纪上半叶，这一教派对于游牧世界的劝教活动的失败不仅是因为库蛮人固守传统，而且也因为传教士们未能适应草原生活的特点，证明他们主要在城市传教奏效，在东欧南部地区只有少数人改宗。曾于十四世纪八十年代初穿越钦察大草原的阿拉伯外交官伊本·白图塔（Ibn Battuta）错误地指出，在当时蒙古统治下的所有库蛮人信仰基督教。[133] 实际上，他的信息与同时代的同胞乌马里（al-'Umari）①的恰恰相反。就金帐汗国北部的突厥部落（他主要指库蛮人）而言，乌马里认为他们没有宗教信仰。[134] 根据中世纪地中海区域的公认观点，只有基督教、伊斯兰教和犹太教（Mozaic denomination）才拥有宗教地

---

① 译者注：乌马里（1301—1349），出生于大马士革，马穆鲁克时代学者和作家，专注于马穆鲁克管辖埃及和叙利亚领地，他的研究成果是后人研究马穆鲁克历史的权威史料。

位,除此之外的宗教信徒通常被称作"异教徒"。

对罗马天主教传教活动做出一定程度的反应是隶属于克里米亚金帐汗国的库蛮部落的特点,而那里是意大利殖民者的中心,拥有几处方济各会(Franciscans)和其他教派的圣所。[135]出于商业和宗教原因,在那些地方,包括前述的《库蛮语汇编》等文献通过意大利和德意志僧侣的努力编撰而出。也许在可萨统治的克里米亚,犹太教徒维持其信仰。某些迹象显示突厥语族群的一些代表也在其中,很有可能包括库蛮人,他们的后裔也许是现代的卡拉伊姆人(Karaims)。[136]

尽管边缘社区受到外国宗教影响,生活在黑海-里海地区的大多数库蛮人并没有放弃其旧有宗教,证据就是他们甚至在蒙古入侵之后依然举行传统葬礼。[137]

尽管中亚西部地区人口受到伊斯兰教的强烈影响,在朝向多瑙河河口的另一侧地区,却几乎未受到伊斯兰教的影响。在这一方面,珍藏于都灵的一部十三世纪的拉丁汇典记载了"在保加利亚和库蛮尼亚以北直到匈牙利和达契亚(Dacian)边界的人口不接受伊斯兰教的法律"。[138]该文本所指的地理范围肯定是指喀尔巴阡山脉以东地区,居住在那里的很有可能是罗马尼亚人和库蛮人。

库蛮人采取坟墩安葬方式,经常使用早期草原部落所堆的土丘。波罗维茨库尔干(kurgan,坟墩)实际上在古代俄国史料中记载为"expressis verbis"。[139]在死者的一旁摆放着个人物品包括兵器、坐骑或其部分(头和腿)。[140]一些西方史料认为除了殉马以外,也有人殉,尽管这只会发生在重要酋长过世之时,那些酋长曾经在十三世纪中期从巴尔干半岛东南部去过君士坦丁堡的拉丁王国。[141]

葬礼中的人殉习俗在草原世界有着古老的传统,自古至中世纪后期为不同族群的部落所实行。这种残酷做法的牺牲者可能是酋长之妻妾或仆人,也可能是其部落的少儿或被俘的外国战士。中世纪资料记载了这种人殉的做法不仅在库蛮人中,也在其他相关的突厥游牧部落或蒙古人中存在。[142]这种做法也曾在欧洲人皈依基督教之前实行过,那是从史前至第一千纪结束,与异教徒仪式联系到一起。[143]

曾写过圣路易九世（Louis IX the Saint，1226—1270）传记的著名作者茹安维尔（Joinville）基于一位曾见证过库蛮社会著名人士葬礼的同胞的告解，指出挖掘出大墓穴之后，发现死者端坐王座之上，旁边相伴的是他心爱的骏马及勇猛的战士，皆被活埋殉葬。被赐予金银的战士手拿库蛮"王"撰写的推荐信，致辞先王。然后他们被钉到坟墓之上的数块木板上，在其上筑立坟墩。[144]尽管迄今为止，考古挖掘既没有证实上述端坐的死者，也没有证实活埋人的做法，但我们没有理由怀疑法国编年史者提及的库蛮葬礼的其他细节。

在斯基泰人（库蛮人）墓中埋葬有骏马、弓箭、佩刀，甚至有被活埋的拜占庭战俘。墓主曾在十三世纪早期与卡拉扬去过色雷斯，这被尼基塔斯·蔡尼亚提斯所证实，他对巴尔干半岛事务了如指掌。[145]正是尼基塔斯·蔡尼亚提斯认为库蛮人实行人殉献祭"恶魔"，鞭挞和缢死英俊的战俘。[146]在这些场景之中，活埋那些非库蛮人的意义当然不同于茹安维尔所描述的情形，尽管希腊编年史者有可能误将献祭视为常见的残忍行为，这主要见于中世纪欧洲的政治舞台上。

就祖先崇拜而言，我们所提及的著名的石生像，突厥语族群称之为石人（balbals），俄国人称之为石女（kamennye baby），特征是处于静态的男女通常端着酒杯，坐于平台。拟人图像不仅包含解剖细节，而且也包括衣服、珠宝、流行的物品及兵器的近图等（图66、67、69—71、75）。迄今为止，尤其在第聂伯河和顿涅茨河之间，也在亚速海东北地区发现了上千座如此大型的石生像。在顿河和伏尔加河流域，克里米亚的第聂伯河和印古尔（Ingul）河之间也发现一些石俑。[147]在印古尔河以东只发现了少数石俑。一座部分具有上述特征的石俑来自比萨拉比亚（Bessarabia）的那杜斯塔［Năduşita，德罗基亚区的格瑞波瓦（Gribova）］[148]，另外两座来自保加利亚东北的察廖夫·布罗德（Tsarev Brod，舒门州）[149]。（图75：2、3）

突厥语族群从欧亚大陆的伊朗语族群继承了雕刻石人像的传统，那在耶稣诞生前就已经存在数世纪。凯札的西蒙在其编年史开头几章中掺杂了一些传说，指出在阿提拉（Attila）当权之前，石像立在战场被杀的匈人酋长与战友的坟墓之上。[150]

鲁布鲁克的威廉曾记载库蛮人存在石像文化，指出那些石像被放置在坟墩之上，面朝东方，手握酒杯。[151]因为自古以来就记载了斯基泰人端起酒杯齐至腰带的习俗。[152]在十二世纪末，库蛮人崇拜石像在诗人尼扎米（Nizami）诗中得到证实。[153]

这些资料最近在黑海北部地区考古学者的观察下得以完善。根据这些观察，一些石像被置于祭坛之上。[154]在中亚发现拥有这些石人像的圣殿之中，哈萨克斯坦调查的祭祀建筑群（cult complexes）尤其具有代表性。它们属于后期突厥语部落，其年代只能被大致追溯。其中一些在库蛮人于东欧建立圣殿之前就已建造，而另一些可能也建于同一时期。[155]

此外，一直被认为由钦察/库蛮人建造的祭祀建筑，近来在位于哈萨克斯坦卡拉干达省的克孜勒阿莱（Kyzyl-Arai）山、靠近克孜勒特比（Kyzyl-tubee）山的日尼什克（Zhinishke）河岸得以发现。这一建筑用一些凹凸不平的石头所建，11米×13米，墙厚，呈略圆形。靠近入口有个坑，或许用于牺牲祭品，建筑之内有五根花岗岩石柱，以简明扼要的方式呈人形。在一根石柱上呈现人像，端着一面盆在腹前，保留着五颜六色的装饰，显示其他人像也可能着色过（图65）。很有可能建于日尼什克河岸的石制建筑应该具有圣殿功能。我们认为这可追溯到九至十三世纪，但在确定它是否属于钦察人的问题上[156]存有争议。从类型来看，这些石柱更接近西伯利亚和蒙古而非黑海-里海地区。这也是为何它们可能归于其他突厥语社区。

中亚、西亚及东欧所建石人的含义仍然是专家学者们继续讨论的焦点。针对这个问题提出的解决方案引发了争议，不大可能达成共识。尽管将石人视为拴马桩的观点被视为无稽之谈，但有关它们的数目表示所杀敌人数或者具有葬礼意义的假设却得到了一些支持者。至少其中一些古迹是纪念建筑的解释[157]更有道理。

为了弄清楚这些石人对中亚突厥语族群的含义所在，科学家们利用了中国编年史所载的史料。552—556年编撰的《边裔典》写道："安葬死者之后，他们将石头放到墓旁……这些石头数目对应于墓主所杀人数……如果他杀了一人,只有一块石头竖起……由此为墓主[158]竖起数百或数千块石头……"与突厥葬礼相关的资料在630年编撰的《周书》中得到证实:"葬礼之后,他们在墓前摆放石头。石头的数目就是墓主生前所杀人数。他们将供祭的羊、马头挂于墓碑之上……"[159]在某种程度上,这些做法也反映在十九世纪后期鄂尔浑河(Orkhon river)畔所发现的古老突厥碑铭上。就汉文佚名史学者所提供的信息,很难确定或反驳其真实性,另一方面,我们不知道在突厥墓旁是否放置石头或石人。如果我们接受后一假设,那么问题是能否有足够多的雕刻工匠队伍完成那么多石像,因为突厥骑兵会频繁遭遇战事,战死人数不可估量。

在死后维持胜利者和受害者的相互依赖关系可由其他例子加以证实。例如,十四世纪的马扎尔拉丁文史料记载了"斯基泰"风俗,在死后,那些被杀者成为杀人者的仆人。[160]

类型多样性以及其在不同地点的分布表明,不可能出现导致其建造类似概念的现象。那些被置于坟墩顶上或平面的石人相较于那些在圣殿或其他祭祀建筑中的雕像而言,肯定具有不同含义。

即使文献显示在东欧只有库蛮人才有石像,我们也不应忽视其他突厥语族群可能建造这种纪念物的观点。从这个意义上讲,它们在中亚各地的传播、在草原世界各部落的起源以及巫术和宗教观念的相对统一性,都是合乎逻辑的。

五、政治演变

(一)从中亚迁徙到东欧获得立足之地

八世纪中叶,希纳乌苏碑铭首次在文本中明确提及库蛮人(钦察突厥人),将其定位在蒙古的回鹘汗国。[161]至九世纪中叶,回鹘汗国崩溃,好几个族群西迁,在其中就有基马克和库蛮,他们曾活动在西伯利亚西部草原。基马克人被认为是图兰人或突厥人与古蒙古人(proto-Mongolian)之联盟,在政治体系中合并了库蛮人(当时资料称钦察人)。有诸多关于库蛮人的假设,但其大多相互龃龉。[162]波斯人加尔迪齐认为钦察人（Qifčaq）是基马克联盟七个部落之一。[163]他们活动在额尔齐斯河流域，也分布在靠近咸海的草原、乌拉尔河下游、哈萨克斯坦中部和巴尔喀什湖西面。很难追溯库蛮人何时并入基马克部落联盟。

九世纪末，阿拉伯学者伊本·胡尔达兹比赫（Ibn Khurdadbeh）利用早先资料列举出突厥部落，未提及库蛮人依附基马克人，因为这两个游牧部落迁徙到额尔齐斯河西面，不太可能会立即发生这种情况。[164]不过，982年，佚名波斯地理专著《世界境域志》（Hudūd al-'Ālam）认为，尽管库蛮人没有与基马克人在一起，但基马克决定着谁为尊，这暗示存在着某种依附关系。同一资料记载了库蛮人在南面比邻佩切涅格人。[165]

在晦暗不明的历史情况下，库蛮人可能在来自东面操突厥语或蒙古语成员加入之后，重整旗鼓，在基马克联盟中获得主导地位。也许在九世纪末至十世纪前半叶，他们在向西迁徙途中，受到其他游牧民的压力，引发的混乱波及其他族群，乌古斯人和佩切涅格人也在其中。结果，库蛮人成为花剌子模人的邻居。此后，库蛮人向里海以北草原迁徙延续了几十年。十一世纪中叶，亚美尼亚人埃德萨的马修（Matthews of Edessa）记载了苍白/黄（这一名称用来指库蛮人）进攻乌古斯人和佩切涅格人。不过此后，轮到库蛮人遭到"蛇"人侵略[166]，一些学者将后者认定为凯人（Qay）。1125年左右，马卫集（Marvazi）认为凯人迫使昆人（Kuns/Qŭn）寻找新牧场，由此，在其他部落中引发连锁反应：阿尔斯人（Ars）、土库曼人、乌古斯人、佩切涅格人。[167]有关其中一些部落的认定继续引发争议，尽管一些学者主张昆人就是库蛮人，但其他学者认为他们实际上是基马克人，而阿尔斯人是库蛮人，因为在阿尔泰、蒙古和突厥语言中姓氏阿尔斯意指"黄/苍白"，正如在突厥语或其他语言所表达的库蛮人名。[168]

遗憾的是，尽管这些层面（对于揭示库蛮人的族裔构成非常重要）依旧尚未确定，但实际上库蛮人在十一世纪中叶深入黑海-里海草原。这些地区被称为"钦察（库蛮）大草原"，这一术语在十一世纪由纳西尔·胡斯劳（Nasir-i Khusrav）首次使用[169]，随后继续在伊斯兰世界使用了大约700

年，而到那时甚至库蛮人作为一个民族早已消失，俄国南部低地成为蒙古人势力范围，然后又转为奥斯曼突厥人所支配。根据哈默德·阿拉·穆斯托菲[Hamd-Allah Mustawfi，也被称为"可疾维尼"（Qazwini）]①的观点，钦察大草原等同于可萨大草原（Desht-i Khazar）[170]，由此，人们会推定这起初指里海以北地区，属于更早的可萨人活动区域。可萨平原即为钦察平原，这也是十三世纪末的亚美尼亚都主教斯蒂芬·奥波利安（Stephen Orbelian）所撰编年史的一个观点。捷列克（Terek）河位于相应地区[171]，这指黑海东北地区。

随着库蛮人向西迁移，"钦察大草原"这一术语所指相应延伸至多瑙河河口。十五世纪的埃及史料[卡勒卡尚迪（al-Qalqashandi）]②[172]、十七世纪的突厥史料[穆斯塔发·阿里（Mustafa Ali）以及卡提普·切列比（Kiatip Chelebi）][173]提及"钦察大草原"分别与"瓦拉几人之地"和摩尔达维亚相邻。1484年之后，布贾克（Bugeac，比萨拉比亚）脱离摩尔达维亚王公的控制，可能在中世纪后期，"钦察大草原"这一术语应当指德涅斯特河和多瑙河之间的平原。

抵达乌古斯人所弃之地之后，库蛮人进抵罗斯诸公国边界。人们认为1030年左右他们渡过伏尔加河，向西移动。[174]1055年记载他们在博鲁什（Bolush）的率领下第一次逼近第聂伯河左岸的佩列亚斯拉夫（Pereiaslavl）。完稿于十二世纪早期的俄国重要编年史《往年纪事》（*Povest' vremennykh let*）③认为佩列亚斯拉夫王公弗谢沃洛德（Vsevolod）最近征服乌古斯人，与库蛮人休战。[175]尽管这部史书就此事没有提供其他细节，但有人推断库蛮人可能在获得礼物之后才同意退兵。很难说库蛮人抵达佩列亚斯拉夫边界时

---

① 译者注：可疾维尼（1281—1344），伊利汗国时期的历史学家和地理学家，著有《选史》（*Ta'rikh-i Guzida*）及《心之喜》（*Nuzhat al-Qulub*）。
② 译者注：卡勒卡尚迪（1355/1356—1418），中世纪埃及学者，著有一部知名度很高的百科全书式杰作《盲人的曙光》。
③ 译者注：《往年纪事》，约成书于十二世纪初，作者涅斯托尔是基辅洞穴修道院的修道士。它是俄国第一部完整的编年体通史，记载了从传说时代到1110年间东斯拉夫人及罗斯国家的历史，着重介绍了留里克称王和奥列格建国等古代罗斯的重大史实。它的重大价值在于这是东斯拉夫人自己完成的首部历史著作。

恰逢弗谢沃洛德面对乌古斯人是否与此事有关，但不能排除这种可能。一条线索可能显示自罗斯王公们所率联军将乌古斯人从黑海北部草原撵走仅仅一年后，即在1061年年初，索卡尔（Sokal）率领库蛮人进攻罗斯，击败试图抵抗的弗谢沃洛德。[176]这是库蛮人初次入侵罗斯诸公国，由此开启了长期猛烈的对抗局面，持续时间超过150年之久。

这些争端后不久，1064年，大多数乌古斯部落前往拜占庭帝国，从而使得库蛮人将其地盘扩张到多瑙河下游。尽管乌古斯人被拜占庭军队消灭，其残部一部分返回到多瑙河以北，那里仍旧是佩切涅格人之地。居住在喀尔巴阡山脉之外的佩切涅格人不能抵抗库蛮人。十一世纪后半叶，库蛮人成为幅员广袤区域的主宰，从咸海附近一直延伸到多瑙河之间的整个大平原（图81）。除了库蛮人之外，这一地域也居住着其他民族，一些属于伊朗血统，其他为蒙古血统，并非都有突厥血统。尽管库蛮人眷念古老的宗教信仰，但他们宽容其他教派，允许在其地域劝教改宗活动存在。

在黑海北部的政治舞台上，库蛮人与乌古斯人的对抗以库蛮人的胜利告终。然而在里海亚洲海岸的对抗中乌古斯人的塞尔柱支系弥补了这一损失。1065年，脱黑鲁勒（Tughril）的继承人阿尔普-阿尔斯兰对阵当地一个库蛮酋长，将其制服。[177]

大多数强大部落团体在黑海以北地区积聚实力。库蛮人使用非凡的军力打击罗斯诸公国，后者在共同边界之上长期缺乏任何天然屏障。1068年，库蛮人大兵压境罗斯。正如1060年一样，"智者"亚罗斯拉夫（Iaroslav the Wise）①三子，伊贾斯拉夫（Iziaslav）、斯维亚托斯拉夫（Sviatoslav）、弗谢沃洛德（Vsevolod）分别是基辅、切尔尼戈夫（Chernigov）和佩列亚斯拉夫的王公，联合抗击。战争爆发在阿尔塔（Alta），大约半个世纪之前，亚罗斯拉夫曾在那消灭与斯维亚托波尔克（Sviatopolk）结盟的佩切涅克人。不过，这次获胜者是游牧民。伊贾斯拉夫在库蛮人抢劫其国之时显得优柔寡

---

① 译者注："智者"亚罗斯拉夫（约978—1054），古罗斯王公，基辅大公（1016—1018，1019—1054）。他统治的时代是基辅罗斯最强盛的时期之一。

断，招致内部反叛，基辅民众推翻了王公，将王位献给其竞争者。罗斯人不得不面对糟糕的局面，但最终斯维亚托斯拉夫使用大胆策略，以少胜多，消灭侵略军。[178]

此后几年，利用其内战引发的混乱状态，库蛮军队屡屡进犯基辅罗斯，趁火打劫。1078年，当地首次请求库蛮人介入同室操戈的纠纷之中[179]，这一场景在此后数十年一再重现。

通过一系列远征劫掠拜占庭和匈牙利，库蛮人的活动范围也向西扩展。1078年，他们第一次入侵拜占庭帝国，并与巴尔干南部的佩切涅格人联合，进抵阿德里安堡（Adrianople）城下。[180]他们与佩切涅格人联合是走了一步好棋，这要么因为库蛮人不敢单打独斗，要么因为他们的盟友已经熟悉了入侵地区。

1085—1086年，匈牙利阿尔帕德王朝首次面对库蛮人。*当时库蛮人在库台斯科（Kutesk）率领下进军翁（Ung）县的乌日霍罗德（Ungvár）和匈牙利东北部的鲍瑟瓦（Borsova），显示出他们已穿越喀尔巴阡山脉北部的维瑞克（Verecke）关口。这并非游牧民主动远征，起因是匈牙利前任国王所罗门（Salomon）在库蛮人那里避难，寻求库蛮人支持恢复王位。作为对其军事援助的报答，所罗门将女儿嫁给库台斯科为妻，并许诺将特兰西瓦尼亚整个区域划给其统治。[181]不过，这些计划在圣拉迪斯拉斯一世（Ladislas I the Saint，1077—1095）强有力的干预下受挫，但未瓦解库蛮人与所罗门之间的合作。翌年，即1087年，他们与泰尔古（Tzelgu）率领的佩切涅格人结盟，进攻拜占庭帝国的巴尔干诸省。[182]不过，泰尔古被杀，联盟解体，所罗门率领的库蛮人和匈牙利联军被击败，被迫渡过结冰的多瑙河，四散溃逃。[183]然而不久之后，库蛮人在塔托斯（Tatos）请求之下与其联合反对拜占庭人。德里斯特拉（Dristra）地区的塔托斯利用巴尔干北部当地人的反叛，联合从黑海-里海草原深入此地的库蛮人，取得了在德里斯特拉地区的统治。[184]

从拜占庭中心掠夺的大量战利品的分配问题引发库蛮人与佩切涅格人之

---

* 作者勘误：好几个观点主张1085—1086年远征是由佩切涅格人而非库蛮人发动的。

间的摩擦，影响了双方合作，此后愈演愈烈，升级为公开冲突。库蛮军队寻求控制多瑙河右岸地区，因为在那里君士坦丁堡的特权被忽视，佩切涅格人在那里造成的混乱也为库蛮人所利用。也许这就是为何皇帝阿莱克修斯一世科穆宁（Alexios I Comnenos，1081—1118）在是否与库蛮人结盟一事上出现一时犹豫的原因，但他在面对佩切涅格人开始扭转局面之时，最终决定与其结盟。科穆宁请求军事支持恰逢1091年库蛮人部落联盟内部爆发冲突，每况愈下。再加之，黎布联（Lebunion）决战正处于一触即发之势。第聂伯河流域的吐格尔汗（Tugor-kan?）和波尼亚克汗（Boniak）率领四万库蛮大军卷入了这场巴尔干战争。他们曾因坚决打击基辅罗斯而威名远播。[185]

　　吐格尔汗、波尼亚克汗及其他酋长被邀请至皇帝大营，赐以丰厚礼物，意在鼓励他们进攻佩切涅格人。由于对游牧民是否持续效忠表示怀疑，有人要求库蛮人向皇帝起誓并入质。[186]当然，质疑库蛮人并非捕风捉影，尤其是佩切涅格人试图将库蛮人拉入其阵营。[187]当拜占庭在黎布联战场摆阵之时，阿莱克修斯将蒙纳斯绰斯（Monastras）部置于库蛮人右侧，将乌兹阿斯（Uzas）部置于其左侧。[188]安娜·科穆宁（Anna Comnena）①记载这一细节，但对于这一排兵布阵的用意不做评论。不过就我们所知，库蛮人两侧布置忠于皇帝的分遣队意在打消库蛮人抛弃拜占庭、加入佩切涅格人阵营的可能意图。两支突厥语部落联手，将会对帝国造成灾难性影响，这是因为第三支突厥语部落塞尔柱人已经设法从拜占庭夺取小亚细亚的大部分领土。十一世纪后期，突厥语游牧民对于拜占庭帝国的影响类似于五世纪日耳曼部落对于西罗马帝国的影响。不过，库蛮人与佩切涅格人之间有宿怨，一方面因为双方都渴望获得第聂伯河下游地区的霸权，这些冲突被拜占庭帝国的外交所利用；另一方面，这两个部落并不打算压制像拜占庭那样结构复杂的国家，只想乘其虚弱，趁火打劫而已。通盘考虑，库蛮人不想违背与皇帝的誓约，甚至主张坚决打击佩切涅格人。[189]

---

① 译者注：安娜·科穆宁（1083—1153）是东罗马帝国皇帝阿莱克修斯一世的女儿，也是欧洲历史上最早的女性历史学家之一，她根据父亲阿莱克修斯一世的一生著有《阿莱克修斯传》，这是研究拜占庭帝国历史的重要史料之一。

拜占庭人猛攻佩切涅格人。对此，库蛮人惊慌失措，于是他们认为还是小心翼翼地渡过多瑙河返回。[190] 库蛮人担心拜占庭人会转而攻击他们，乃至其中大多数人没有等到许诺酬劳兑现之时。不过，拜占庭皇帝对其库蛮盟友大加赏赐。那些未背弃拜占庭阵营的库蛮军队获得丰厚酬劳。当库蛮人决定返回家乡之时，拜占庭安排他们由当地分遣队伴随前往齐戈斯（Zygos），即一直到巴尔干山区，这是防止他们劫掠。[191] 两侧的拜占庭分遣队被告知不要超出山麓，意味着帝国权威在巴尔干地区和多瑙河之间不能完全巩固。同样的场景也在1094/1095年所记载的事件中得以体现，由帝国另一系库蛮人所引发，当时君士坦丁堡宫廷决定沿着齐戈斯（巴尔干山脉）而非在帕里斯特利翁（Paristrion）进行反击。[192]

这一举动并不意味着库蛮人接受军事从属的地位。相反，返回巴尔干地区不久，1091/1092年库蛮人在可普齐（Kopulch）率领之下远征特兰西瓦尼亚和匈牙利，经过摩尔达维亚穿越喀尔巴阡山脉东部各个关口。通过喀尔巴阡地区之后，他们抵达比霍尔地区（Bihor），然后分兵三路，分别朝向蒂萨（Tisa）、蒂米什（Timiş）和多瑙河，没有遇到像样的抵抗，因为大多数皇家军队部署在克罗地亚攻城略地。利用库蛮入侵者兵力分散、其机动性为掳掠大量战利品所拖累的状况，匈牙利国王圣拉迪斯拉斯从远征中调转枪头，奋力攻击，重创库蛮人，杀死其首领可普齐。[193] 企图为这场失败报仇，救回战俘，阿库斯（Akus）率领另一支库蛮军队进军多瑙河中游，但再遭失败。鉴于库蛮人每次都是在西南罗斯王公们支持之下入侵，拉迪斯拉斯一世远征讨伐他们。[194]

匈牙利国王的胜利为罗马天主教所认可，马扎尔拉丁文史料对此赞美之辞溢于言表，阿尔帕德王朝众多教堂的壁画展现了国王与库蛮人交战的场景，尤其呈现在特兰西瓦尼亚和斯洛伐克地区的教堂（图68）以及中世纪特兰西瓦尼亚和摩尔达维亚的炉砖上。[195]

帕里斯特利翁战役结束后不久，君士坦丁堡宫廷得悉库蛮人入侵帝国迫在眉睫，以及达尔马提亚的博丁王公发动攻势等消息。[196] 曾对此提出警告的安娜·科穆宁继续提及拜占庭人在巴尔干半岛西北地区的行动，没有提到任何有关库蛮人的好战意图。这似乎表明,库蛮人出于某种原因,至少在当时放弃了入侵多瑙河南岸的想法,他们只是在1094/1095年才出兵。

忙于对抗拜占庭帝国和匈牙利王国,库蛮军队有数年没有出兵罗斯诸公国。俄国史料提及1092年战事再起,库蛮人袭扰第聂伯河两岸。[197]在此后几年,他们的袭扰愈加具有破坏性。1094年,新登基的基辅大公斯维亚托波尔克二世伊贾斯拉维奇(Sviatopolk II Iziaslavich, 1093—1113)囚禁库蛮使节,铸成大错。库蛮人入侵其领土,击败大公之后,撞上居于此的乌古斯人,长期围困其主要中心托切斯克(Torchesk),最终将其攻陷。[198]惊惧于游牧民所造成的破坏,不到一年,斯维亚托波尔克就决定与库蛮人媾和,将其女嫁给库蛮主要的汗吐格尔汗,期盼更持久稳固的和平。[199]尽管如此,如同库蛮部落联盟一样,诸罗斯在当时没有成为统一的国家,不能免于库蛮人劫掠袭扰。1094年,在亚速海东岸,特穆塔拉坎(Tmutarakan)附近的库蛮人伴随奥列格(Oleg)王公远征切尔尼戈夫,促使弗拉基米尔·维塞尔沃多维奇·莫诺马赫(Vladimir Vsevolodovich Monomakh)弃城,逃至佩列亚斯拉夫。[200]

就库蛮人野蛮行径而言,尽管俄国编年史对此倍加谴责,且大多数有根有据,但库蛮人并非对所有冲突负责。1095年,库蛮汗伊特拉(Itlar)和基坦(Kitan)前往佩列亚斯拉夫,调停弗拉基米尔·莫诺马赫与其亲卫骑兵之间的纠纷,因为亲卫骑兵在遭到王公压制之后,请求库蛮人斡旋。[201]由此,在一年之后,当斯维亚托波尔克二世和弗拉基米尔联合远征切尔尼戈夫的奥列格王公时,足智多谋的波尼亚克汗摧毁了基辅的要塞之外周边村庄和修道院〔其中就有著名的佩乔尔斯克修道院(Pecherskaia Lavra)〕,而库里亚(Kuria)和吐格尔汗则入侵了切尔尼戈夫公国。1096年胜利并非完全属于库蛮人,他们也曾失败过,吐格尔汗与其女婿交战,但战败被杀,这相当令人难忘。[202]

1097年,在与罗斯西部各王公的恶战之中,大公斯维亚托波尔克二世转向匈牙利人寻求支持,其对手则向库蛮人求援。尽管科罗曼(Koloman)国王率领大批军队,匈牙利人却陷入波尼亚克汗和阿图努帕(Altunopa)汗的重围。[203]包括一些高官及两名主教在内的大批官兵在战场被杀,皇家财宝被库蛮人所获。匈牙利人沿着维斯瓦（Vistula）河右岸支流桑（San）河撤退，陷入混乱，在库蛮人穷追猛打之下，演变为一场大灾难。[204]

虽有这场胜利，曾劝说波尼亚克汗和阿图努帕参战的大卫·伊戈瑞维奇（David Igorievich）却没能从弗拉基米尔·沃林斯基（Vladimir Volynskiǐ）那里恢复失地，为斯维亚托波尔克·伊贾斯拉维奇的军队所击败。此后，大卫·伊戈瑞维奇逃至库蛮人地盘避难，此后跟随波尼亚克汗返回，攻克卢茨克（Lutsk）和弗拉基米尔（Vladimir），在一段时间将它们置于控制之下。[205] 为争领地，罗斯各王公陷入你争我夺的恶战之中，促使他们纷纷向库蛮人求援，而并未注意到库蛮人令人发指的野蛮本性或在罗斯土地上有着与劫掠远征为伍的恶习。

1097年的灾难并没有打消匈牙利君主请求库蛮人、佩切涅格人或东欧其他图兰人军事援助的想法。一支由鞑靼汗（khan Tatar）率领的3万军队为匈牙利国王斯蒂芬二世（Stephen II，1116—1131）效力，鞑靼汗当时移居于匈牙利东南部。斯蒂芬二世付给库蛮人津贴，容忍其恶习，为此，当地人曾爆发反叛。[206]

1094/1095年，库蛮人对巴尔干地区萌生新的兴趣，当时有人声称是罗曼努斯四世（Roman IV Diogenes）之子，寻求库蛮人支持以获得王位。[207] 游牧民一直在克里米亚的赫尔松活动[208]，这意味着他们的中心不在多瑙河下游而在黑海北部，也许在第聂伯河周边地区。库蛮军队统帅是最著名的酋长吐格尔汗[209]，参加过1091年的战争，熟悉巴尔干现状。远征统帅集团由库蛮头等贵族出任，为了确保远征胜利，需要大量兵力参战。

在向帝国都城进军途中，库蛮人大肆蹂躏。多瑙河中河洲佩库伊乌·卢伊·索阿雷（罗马尼亚康斯坦察县）要塞被焚事件的认定要追溯到十一世纪后期，发生在锡利斯特拉沿河向上18公里，这使得人们认为游牧民是从河水浅处蹚水渡河的。[210] 最近在佩库伊乌·卢伊·索阿雷调查所发现的钱币，显示该要塞曾继续有人居住，而不像以前所说的那样被完全放弃。[211]

似乎由于同样的入侵，离切尔纳沃德（Cernavodă）3公里、设在一座古代要塞之内的艾克斯欧珀利斯（Axiopolis）主教辖区被撤销，教区的领导权被转移到小亚细亚西海岸的阿拜多斯（Abydos）。[212] 直至1928年，在锡利斯特拉附近的卡利彼得罗沃（Kalipetrovo）发现了宝库，那里钱币、金锭、珠宝堆积如山。在其中，散发光芒的是阿莱克修斯一世于1092—1093年在塞萨洛尼基（Thessaloniki）统治时发行的金币，当时他完成了重要的币制改革，还镇压了因库蛮人入侵引发的骚乱。[213]

担忧库蛮人与王位的觊觎者，阿莱克修斯一世使尽浑身解数加强兵力，强化巴尔干地区的防卫体系[214]，不过，他不敢将库蛮人转移到多瑙河下游，在那里拜占庭虽曾短暂控制，但缺乏必备的要塞防卫体系，不可能形成有效阻隔。自黎布联战役胜利之后，皇帝直接监督在齐戈斯（巴尔干地区）的高山峡谷地区修筑要塞工事，包括挖掘壕沟，建立木垒或砖砌的塔楼，砍伐密林以阻塞道路。[215] 无疑这些防御准备的主要目的是阻止库蛮人入侵。

在此状况之下，库蛮人在帕里斯特利翁展开自由行动[216]，然后在瓦拉几人的引导之下沿着旁路穿过巴尔干地区[217]。他们背叛祖国，支持入侵者。不过，并非所有瓦拉几人都敌视皇帝，一个名叫普迪洛斯（Pudilos）的酋长在库蛮人渡过多瑙河之时，曾告知当局。[218] 安娜·科穆宁记载这一细节，但并未弄清楚普迪洛斯是为当地管辖机构效力，还是为效忠朝廷而采取行动。在库蛮人向巴尔干南部进军之后，戈娄（Goloe）居民打开要塞城门，欢迎王位觊觎者。[219] 这很快为其他城市所纷纷效仿，显示出拜占庭皇帝不受欢迎。在第一阶段对抗之中，库蛮人只遭遇了一些小失败。他们的一支部队从炊食中心分兵之后，遭到君士坦丁·卡塔克隆（Constantine Katakalon）所率领拜占庭军队的攻击，百人被俘。[220]

由于阿莱克修斯一世领导的部队引起的猜疑，库蛮人放弃进攻安恰罗斯（Anchialos，黑海西岸的重要港口）。不过，库蛮人在随后攻城略地，所向披靡，为此所鼓舞，转而大胆围困阿德里安堡。拜占庭军队因兵力不足，迟迟不愿决战。虽然游牧民不能对付像阿德里安堡那样的要塞，但却在劫掠周边地区方面得心应手。为了抑制库蛮人的冲劲，拜占庭皇帝离开安恰罗斯，与基茨（Kitzes）所率1.2万库蛮军队交战。阿莱克修斯奋力击败了基茨的军队，缴获大批战利品，尽管开战之初，其突厥弓箭手先锋被击退。[221]

阿莱克修斯一世在普察（Putza）要塞通过使诈，捕获王位觊觎者第欧根尼斯及其库蛮扈从[222]，打击了入侵者及其支持者的士气，形势发生扭转。由此，阿莱克修斯一世转守为攻，开始追击库蛮人，后者因携带战利品而行军迟缓。近三千库蛮人沦为拜占庭的俘虏，缴获的战利品还给了当地人。[223] 实际上，拜占庭的军事战略论著认为最高效的军事行动是通过攻击因满载战利品长途行军而疲惫不堪的对手而实现的。[224]

为了迟滞拜占庭的攻势，争取时间将战利品运送出去，库蛮人展开一连串的虚假谈判，但皇帝并未上当，派出部队轻装前进，封锁各个隘口，由此库蛮人的撤退演变成一场真正的灾难，很多人战死或被俘。[225] 虽遭这次失败，库蛮人仍一直是帝国的威胁。叙利亚文史书记载了阿莱克修斯一世的统治，简明扼要地指出阿莱克修斯一世兵锋所指法兰克人、库蛮人、塞尔维亚人和瓦拉几人。[226]

从库蛮人分离出的部分部落为拜占庭皇帝效力，参加了1087、1091年，或可能1094/1095年的巴尔干战争。他们与佩切涅格人、乌古斯人一起反击正穿越拜占庭帝国欧洲领土前往圣地的十字军分遣队。

正如其他雇佣军，库蛮人奉命监控十字军通道，遏制他们的恣意掠夺行径。众所周知，十字军经过巴尔干半岛依次分为几个阶段，行军线路不同。据记载，库蛮人、佩切涅格人及当地拜占庭军队的其他仆从部队在1096年7月攻击隐士彼得（Peter the Hermit）的十字军部队[227]，此后在1097年2月攻击圣吉尔斯的雷蒙德（Raymond of Saint Gilles）的十字军部队[228]。几年之后，1101年，隶属于拜占庭的包括库蛮人和佩切涅格人在内的部队与威廉九世公爵和维尔夫四世公爵率领的来自阿基坦（Aquitaine）和巴伐利亚（Bavaria）嚣张的十字军在阿德里安堡发生冲突。这些军队正开拔前往支援在近东新成立的拉丁国家，后者正面临穆斯林的反击威胁。[229]

专门讨论第一次十字军东征的西方史料描述了君士坦丁堡。在探讨其居民的民族构成之时，他们将库蛮人排在希腊人、保加尔人和阿兰人（Alans）之后。[230] 我们认为这部编年史在此有误，因为记载这些游牧民住在城中。尽管为拜占庭皇帝效力，实际上库蛮人却驻兵城外。

1096—1097年，十字军部队朝君士坦丁堡进军，以便渡至海峡的亚洲海岸。拜占庭尽管担忧西方骑士的劫掠会带来混乱，但也调防兵力到帝国的各边疆地区，唯恐外来入侵。安娜·科穆宁记载拜占庭害怕库蛮人、匈牙利人和诺曼人（Normans）入侵。[231]她的观点基本上与十字军编年史家阿奎勒斯的雷蒙德（Raymond d'Aguilers）①一致。根据他的看法，1097年夏，拜占庭皇帝向圣吉尔斯的普罗旺斯公爵雷蒙德四世（the Provençal count Raymond IV of Saint Gilles）建议，在重新征服耶路撒冷之中保持中立，目的是希望他不要参加德意志人、匈牙利人、库蛮人及其他"野蛮民族"可能发动的进攻。[232]

当然，威胁确实存在。为了避免日益复杂的风险，阿莱克修斯一世对"野蛮人"大加封赏。[233]这一做法被证明非常有效。实际上，除了1114年之外，直到其统治最后，也没有关于库蛮人入侵拜占庭领土的任何记载，这也可能归功于十字军在同一时期所采取的相同策略。此外，库蛮人在与拜占庭关系方面缺乏一致意见，不清楚他们到底是打着帝国旗号还是打着黑海-里海草原大本营旗号展开行动的。

为了发起在拜占庭的远征，库蛮人以罗马尼亚人所居住的喀尔巴阡以外地区作为进攻基地。有关这两个民族首次接触的书面资料记载甚少。十二世纪末，叙利亚人迈克尔长老宣称突厥北支库蛮人邻近拜占庭帝国边界，在那里他们加入了生活于兹的基督徒之中[234]，后者显然指罗马尼亚人——靠近拜占庭北方边境唯一皈依基督教的民族，与库蛮人共处甚久。在这方面，艾布·加齐（Abu'l-Ghazi，1603—1663）在所藏古老的突厥文编年史《乌古斯汗传》（Oghuz-name）的副本中指出与库蛮同名的钦察人征服数国，其中就有罗马尼亚人（Ulâq）的国家。[235]《乌古斯汗传》所提的事件不可能发生在九世纪，那是罗马尼亚编年史所错误认为的。他们所指的最早阶段可能是十一世纪最后几十年，当时库蛮人第一次渗透到喀尔巴阡山脉与多瑙河之间

---

① 译者注：阿奎勒斯的雷蒙德，为第一次十字军东征编年史的编撰者，在战役期间，担任十字军统帅雷蒙德四世的牧师，著有编年史《占领耶路撒冷的法兰克人的历史》（Historia Francorum qui ceperunt Iherusalem）。

的地区。

在其掠夺远征中，库蛮骑兵有时远离其地盘钦察大草原而深入其他地区。1099年记载如下入侵：当时大批库蛮人进入波兰，在维斯瓦河流域被波兰国王"歪嘴"波列斯瓦夫三世（Boleslaw III Krzywousty）①所挡住。[236]同年的俄国史料记载大卫·伊戈瑞维奇出现在波兰领土上，他被大公斯维亚托波尔克从弗拉基米尔·沃林斯基撵到了那里。[237]鉴于大卫与游牧民关系很好，不大可能是他唆使库蛮人进攻波兰领土。库蛮人也不可能在斯维亚托波尔克二世和其他盟友王公的串通之下组织入侵，因为后者要晚至1099年才与库蛮人达成一项和平协议。[238]将这些通盘考虑，1099年库蛮人可能是自发入侵，南俄诸王公陷入内战，彼此元气大伤，不得不容忍游牧民穿越其领地。实际上，这并非是库蛮人唯一一次主动洗劫波兰东南部。

（二）十二世纪库蛮人政治活动的巅峰

十二世纪早期，罗斯诸王公们竭力抵抗其草原邻居。斯维亚托波尔克二世与弗拉基米尔·莫诺马赫结盟，在1103年、1107年、1111年与库蛮人交战之中接连获胜，在弗拉基米尔大公执政时期（1113—1125）继续吹奏凯歌。

1103年，尽管与库蛮人在靠近佩列亚斯拉夫的沙可夫（Sakov）缔结和约，两年之后，斯维亚托波尔克、弗拉基米尔和大卫·斯维亚托斯拉维奇（David Sviatoslavich）率领南部罗斯最强大的王公联盟发起了对库蛮人计划周备的远征，从佩列亚斯拉夫和基辅出发，沿着第聂伯河，水师骑兵并进，抵达大瀑布，然后深入草原。反对乌鲁索巴汗与罗斯军队媾和，年轻的库蛮酋长们坚持应当兵来将挡、水来土掩。不过，机会女神却没有青睐库蛮人，包括阿尔屯帕汗所率先锋部队在内的多数军队被歼灭，二十位库蛮王公

---

① 译者注："歪嘴"波列斯瓦夫三世（1086—1138），为公爵瓦迪斯瓦夫一世之子，先后担任小波兰公爵（1102—1107）、波兰最高公爵（1107—1138）。波列斯瓦夫三世开始只从其父处继承了西里西亚和小波兰，但在打败了自己的兄弟兹比格涅夫及其同盟者神圣罗马帝国皇帝亨利五世之后，大波兰也落入他的手中（1107）。1103—1110年，他与波西米亚公爵作战。波列斯瓦夫三世支持匈牙利贵族反对国王贝拉二世的叛乱。经过长期战争，他终于兼并了整个波美拉尼亚。1138年，波列斯瓦夫三世颁布诏书，将国土分封给诸子。

被杀，其中包括乌鲁索巴、克契（Kchii）、阿斯兰纳帕（Arslanapa）、契塔诺帕（Kitanopa）、库曼、阿素普（Asup）、科特克（Kurtok）、谢那格兰帕（Chenegrepa）和瑟巴（Surbar）。贝尔狄斯被俘，后因违背和约而被弗拉基米尔下令处死。[239] 库蛮人败得丢盔卸甲，四散奔逃，胜利者缴获大量的牛、羊、马、骆驼、奴隶及其他战利品。[240]

四年之后，为了报复波尼亚克汗率军入侵佩列亚斯拉夫地区，罗斯王公们组建新的联盟打击库蛮人，引发库蛮阵营的混乱。库蛮人被击败，波尼亚克之弟塔兹（Taz）和苏格（Sugr）被杀，沙鲁汗只身幸免。[241] 1111年冬，斯维亚托波尔克二世、弗拉基米尔·莫诺马赫和大卫·斯维亚托斯拉维奇再次远征，兵锋直指顿河流域的库蛮部落，在那里攻陷沙鲁汗的要塞及苏格罗夫，库蛮军队再度败北。[242]

尽管屡战屡败，库蛮人仍不愿放弃惯常的掠夺营生。1113年，当得悉斯维亚托波尔克二世大公去世，库蛮人着手发动新的攻势。不过，继任者弗拉基米尔·莫诺马赫与奥列格·斯维亚托斯拉维奇（Oleg Sviatoslavich）联合击退他们，迫使其返回领地。[243]

在其短暂的在位期间，弗拉基米尔充分发挥其军事和外交天分，将权威施加于整个基辅罗斯，这也是他最后一次形成凝聚力。他是拜占庭皇帝君士坦丁九世（Constantine IX Monomachos）的外甥。弗拉基米尔将女儿嫁给了英格兰国王，妹妹嫁予神圣罗马帝国皇帝，另一个女儿嫁予匈牙利国王。总之，他的成就是维持政治稳定，这成为所有活动领域发展的牢固基石，推动了与周边国家的贸易联系和文化发展，提升了罗斯的国际威望。

尽管在与库蛮人对抗中愈战愈勇，弗拉基米尔·莫诺马赫丝毫未低估他们的实力。他在与库蛮人的来往中诉诸种种外交策略，利用库蛮部落间松散的联合，设法拉拢某些库蛮首领，防止他们结成反对罗斯的游牧民联盟。1107年，他作为佩列亚斯拉夫王公（1084—1113）与其他留里克（Rurikid）王公联合击溃了波尼亚克汗和沙鲁汗的军队。随后，他主动提议与这两位汗签订协议。他的姿态备受称道，让其子尤里·多尔戈鲁基（Iuriĭ Dolgorukiĭ）迎娶了一位汗王的女儿，而奥列格·斯维亚托斯拉维奇之子迎娶了另一位汗王的女儿，从而巩固了这一协定。[244] 本着相同的外交精神，1117年，弗拉基米尔·莫诺马赫成为大公之后，让另一子安德鲁迎娶了吐格尔汗的孙女。[245] 吐格尔汗在四十多年前与斯维亚托波尔克二世和弗拉基米尔交战之中被杀，这真是对命运的嘲弄！如此联姻将变成蒙古帝国之前罗斯人和库蛮人社会上层的通行做法。[246] 不过，这并未缓解这一地区的矛盾。

自弗拉基米尔·莫诺马赫从历史舞台消失之后，基辅罗斯的政治分裂进程不可逆转，这就是十一世纪晚期的大致轮廓，而与法国、英格兰、丹麦、匈牙利和拜占庭等其他欧洲国家形成鲜明反差。那些国家强化中央权威，其进程往往与领土统一同时进行。利用基辅逐渐衰弱的局面，某些公国拥兵自重，不听号令。尽管理论上基辅大公拥有主宰地位，罗斯诸公国的王位继承却是世袭制。十二世纪，最强有力的罗斯统治者都可宣称拥有基辅王位，由此，觊觎王位的野心将基辅转变为垂涎的战利品，留里克家族为此你争我夺，致使其王位进一步贬值。库蛮汗利用基辅罗斯四分五裂、王位角逐愈演愈烈之机从中渔利。库蛮人所关切的就是确保以最小的风险得到一块可供劫掠的地盘。

库蛮人受到大公坚定态度的掣肘，在与罗斯关系之中处于被动地位，因而愤愤不平。刚得悉弗拉基米尔·莫诺马赫过世，他们立即与乌古斯人联合进攻罗斯南部，指望易主之际出现混乱局面，浑水摸鱼。然而，这次他们的计划不顺，因为过世大公之子亚罗波尔克（Iaropolk）反应非常敏捷。[247] 不过，罗斯的内部纷争在接下来几年里如火如荼，由此，库蛮人将其穷兵黩武习性发挥得淋漓尽致，他们经常被争相拉拢，支持陷于争端的王公们，而那些王公将个人利益凌驾于国家利益之上。

罗斯诸公国同室操戈、骨肉相残导致他们在1127/1128年[248]、1135年[249]、1136年[250]等年份纷纷向库蛮人求助，由此，1138/1139年库蛮人从罗斯人愈演愈烈的内部纷争中渔利，四处烧杀抢掠[251]。类似状况让他们有机会在1135年2月抵达波兰领土。[252] 历经与基辅关系紧张阶段之后，1139/1140年库蛮汗发起倡议，促成和约，大公弗谢沃洛德二世（Vsevolod II Olegovich）欣然接受。[253] 当他在1144年大举远征弗拉基米尔（Vladimirko）

王公时，与库蛮人的和解使他获益颇丰。除了成为波兰人、捷克人和匈牙利人的雇佣军之外，大批库蛮人也加入弗谢沃洛德的军队。库蛮人快速攻取尤斯塔（Ushitsa）和米库林（Mikulin）等城市。[254]

作为弗谢沃洛德二世基辅王位的继承人，伊贾斯拉夫二世（Iziaslav II Mstislavich）发现与草原邻居搞好关系大有裨益。1147年，他在靠近梁赞的沃伊纳（Voina）与库蛮人签订和约。[255]但正如其他场合一样，库蛮人不可靠。当眼前利益需要转变立场之时，他们毫不犹豫，冷酷抛弃老盟友，投欢其对手。无视沃伊纳条约的条款，库蛮人支持伊贾斯拉夫·姆斯季斯拉维奇的对手。自1150年王位争议期间，库蛮人成为尤里·多尔戈鲁基的盟友，后者也指望他们往昔对头弗拉基米尔王公的支持。参加这些战争使得库蛮人趁机劫掠罗斯领地，战果累累。[256]

自伊贾斯拉夫二世恢复大公之位后，1152年，库蛮人跟随尤里·多尔戈鲁基与基辅公国交战。他们猛烈攻击罗斯最古老的重要城市切尔尼戈夫，设法穿越了其第一道防御体系，焚烧郊区。[257]一部佚名编年史浓墨重彩地描述了这场战争：箭如雨发乃至"人们无法看见苍天"。[258]在此危急之时，罗斯坚决反击，使人回想起弗拉基米尔二世。大公之子姆斯季斯拉夫（Mstislav）率领大军，包括来自洛斯（Ros）河流域的佩切涅格人、贝伦代伊人①和乌古斯人等部队深入草原，放火焚烧库蛮营地，捕获大批战俘及马、牛、骆驼和羊等畜群，释放了库蛮人所关押的基督教俘虏。[259]翌年，大公伊贾斯拉夫二世交给其子新的任务进攻库蛮游牧民，但这次姆斯季斯拉夫谨小慎微，避免深入草原[260]，尤其是库蛮人可能会预测这次入侵。不过，看来在其兵威震慑之下，在一段时间，游牧民一踏上基辅领土就忐忑不安。

自1155年尤里·多尔戈鲁基在基辅重新夺回权力之后，他的往昔盟友库蛮人对其领地发动新一轮入侵，捕获了大批战俘，不过，在归途之中遭到为大公效力的贝伦代伊人的攻击。当库蛮人想与尤里媾和，以换取被贝伦代伊人俘虏的同伴之时，大公试图答应库蛮人的要求，但是贝伦代伊人拒绝接

---

① 译者注：贝伦代伊人，在1097年至十二世纪末的罗斯编年史中所提及的突厥语游牧部落。

受。[261]贝伦代伊人的态度反映出这两个游牧部落之间积怨甚深，也预示出为何后来他们之间会激烈对抗，并牵涉到洛斯河其他突厥语部落，即佩切涅格人、乌古斯人、黑罩人（Black Hoods）等，他们都隶属于基辅罗斯。

十二世纪，众多史料记载多瑙河下游以北地区的库蛮人。安娜·科穆宁记载了1114年他们袭扰维丁（Vidin）地区。阿莱克修斯一世得悉库蛮人入侵企图，立即做好充分准备，迎击入侵者。他将大本营置于菲利波波利（今普罗夫迪夫），那是巴尔干地区保罗派（Paulicians）的主要中心，在那里他志在使异教徒皈依东正教。[262]据说在阿莱克修斯统治保罗派的第一阶段，他试图通过与佩切涅格人保持紧密联合来确保他们的信仰，于是有人怀疑佩切涅格人这次是否也挑唆库蛮人进攻帝国，以摆脱当局狂热的劝教压力。

阿莱克修斯一世军队的有效干预迫使库蛮人返回多瑙河左岸。为了阻截库蛮人，皇帝派遣远征军前往多瑙河北部，徒劳地追赶库蛮人三昼夜。到达更宽阔的河道之时，库蛮人用皮筏渡河，拜占庭军队未接战，无功而返。[263]隆冬逼近警示着在一片未知、充满敌意的地域交战的危险。远征追击游牧民肯定要穿过奥尔塔尼亚（Oltenia）。他们抵达多瑙河南岸，也许经过瓦杜尔（Vadul）的库蛮浅滩，那是瓦拉几亚的法官在1385年10月3日签署的文件中首次提及的一座村庄[264]，这也在十四世纪最后几年乃至此后的法令中得到证实[265]。相关文件记载了拉杜一世王公（Radu I，1374—1384）给蒂斯马纳（Tismana）修道院的捐赠。瓦杜尔的库蛮浅滩村庄（尽管今天不再存在）靠近今天的巴萨阿比（Basarabi），在行政管辖方面归卡拉法特（Calafat，罗马尼亚多尔日县）城，位于多瑙河左岸，维丁对面。地名古老久远，可追溯到蒙古入侵之前，那时库蛮部落在多瑙河平原拥有霸权。其名称显示该浅滩为突厥人所青睐，易于入侵巴尔干半岛西北部。十六、十七世纪，村庄被称为"库蛮尼"（Comani）[266]，马泰·巴萨拉布（Matei Basarab）在1649年签署的法令提及它位于"迪尤浅滩"，即维丁[267]。 追击库蛮人也许止步于日乌河（Jiu river）[268]，距离瓦杜尔的库蛮浅滩约75公里，不熟悉地形的军队才如此行军，这为安娜·科穆宁所揭示。早已在库蛮人控制之下的奥尔泰尼亚南部平原是帝国在1114年进攻的起点。迄今为止，在奥尔泰尼亚南部没有发现属于突厥语草原部落的坟墓。不过，源于佩切涅格-库蛮来源的好几处地名和水道名称就是那里的标记[269]，显示出突厥语游牧部落至少在该地区逗留过。

自1114年的对抗之后，拜占庭和库蛮人之间的争端得以妥善解决，和平超过三十年。很难说这次入侵的中止是因君士坦丁堡支付津贴还是罗斯大公对库蛮人所施加的压力。直至曼努埃尔一世（Manuel I Comnenos，1143—1180）统治初期，库蛮人才再次侵扰巴尔干半岛。作为对1148年入侵的反击，拜占庭皇帝渡过多瑙河迎击对手。约安尼斯·京纳莫斯（Ioannes Kinnamos）编年史记载了拜占庭军队路过"特努奥蒙山"（Tenu Ormon mountain），此地被认定为罗马尼亚平原的泰莱奥尔曼（Teleorman，"疯狂的森林"）的观点却未被所有历史学家认可，尽管名称非常相似。在交战中，"野蛮人"首领拉扎罗斯（Lazaros）被俘。[270] 从这一基督教名字来看，该首领要么是受过基督教洗礼的库蛮人，要么是支持库蛮人的当地罗马尼亚代表。[271]

这场战役的前一年，第二次十字军东征部队穿越拜占庭领土，造成当地人与朝圣战士之间的冲突。库蛮人与佩切涅克人一起组成先遣队，试图扑灭法国路易七世（Louis VII）臣民的掠夺热情，在君士坦丁堡城下与他们再度发生冲突。[272] 这些库蛮人肯定长期充当拜占庭的雇佣军，他们在1148年没有被卷入与曼努埃尔一世的冲突中。

十二世纪六十年代初期和末期，生活在多瑙河北部的库蛮人再次入侵拜占庭。1150/1151年，他们劫掠了多瑙河周边地区，并设法击败了卡拉玛诺（Kalamanos）率领的反击军队。正如此前，库蛮人乘坐以马拉着充满稻草的皮筏渡过了多瑙河。[273] 大约1157—1159年，库蛮人因同一目的再度返回帝国时，发现曼努埃尔皇帝亲自率军前来，为避免硬碰，谨慎地撤退到多瑙河北部。[274]

库蛮人频繁远征巴尔干地区显示出在十二世纪中叶，靠近多瑙河下游平原的库蛮部落联盟之间形成强大的凝聚力。这肯定不利于该地区罗马尼亚人的利益，因为库蛮人进入多瑙河之后，拒绝让罗马尼亚人使用这一重要商业和航运中心。不像罗马尼亚人，拜占庭帝国有办法抵抗库蛮人的入侵。1152/1153

年，他们在亚速海展开军事行动，可能是针对游牧民袭扰巴尔干半岛而做出回应。[275] 希腊文资料暗指拜占庭人在敌对区域登陆，但以失败告终。

在政治上，曼努埃尔一世为了眼前利益，往往忽视过去所发生的不愉快经历，在其执政后半段与黑海-里海草原的首领们相处得相当融洽。1161年，他警告包括库蛮地区在内的东方诸"王"有关欧洲大陆另一位皇帝霍亨斯陶芬王朝（Hohenstaufen dynasty）腓特烈一世（Frederick I Barbarossa，1152—1190）的扩张意图。[276] 与库蛮人的外交联系可能被设想为形成统一战线，以防德意志君主进攻拜占庭。

十二世纪，拜占庭帝国与神圣罗马帝国之间的关系跌宕起伏，取决于他们在意大利和大陆其他地区的利益是否一致。在成为国王（1152年，三年后加冕为皇帝）之前，腓特烈·巴巴罗萨在其叔叔康拉德三世（Conrad III）阵营参加过第二次十字军东征，1147年途经拜占庭的巴尔干行省。尽管在巴尔干的行军途中与当地发生一些摩擦，但他对此并无芥蒂。在加冕为神圣罗马帝国皇帝之后，腓特烈与君士坦丁堡之间关系一度融洽，实际上曾一度设想双方皇室联姻。不过，蜜月期很快被在意大利日趋紧张的局势所搅浑。腓特烈一世和曼努埃尔一世各怀野心，彼此之间失和越来越严重，出于对腓特烈一世扩张热情的担忧，曼努埃尔公开支持亚历山大三世为教皇，但德意志皇帝不同意。拜占庭财政支持伦巴第（Lombardy）地区和意大利中部的一些城市，再次与腓特烈一世发生龃龉。[277] 曼努埃尔一世转向库蛮人和东方其他君主，他高估了其野心勃勃对手的军事潜力，但未能考虑到1161年腓特烈一世已被拖入反对米兰和意大利北部其他城市的战争之中，分身乏术，不能向其他对手发动大规模军事行动。

数年之后，1166年，曼努埃尔一世派遣一支由利奥·瓦塔特泽斯（Leo Vatatzes）率领的军队，并招募了瓦拉几人进攻阿尔帕德王朝的特兰西瓦尼亚领土[278]，途经库蛮部落控制之下的喀尔巴阡山脉以外地区，这显然得到了他们的同意。

不过，在1165年拜占庭和匈牙利之间爆发战争，交战双方都想扩充军力，求助于外来支持，库蛮人并没有针对帝国打政治牌。战争持续了数年，匈牙利国王试图以库蛮人和罗斯人扩充军队。[279] 斯蒂芬三世（Stephen III，1162—1172）指望的罗斯人是由加利奇（Halich）①派遣而来，而非是匈牙利人长期的雇佣军。由此，库蛮人很可能也类似，仅是短期的盟友而已。

后来，多瑙河附近的库蛮部队作为雇佣军被曼努埃尔一世调往小亚细亚对付伊克尼乌姆［Iconium，即科尼亚（Konya）］苏丹。[280] 在尚未有书面文献记载的年代，一批库蛮人移民到卡尔西狄克（Chalcidic）半岛西北部的莫格莱纳（Moglena）。1181年8月，安德洛尼卡·瓦塔特泽斯（Andronikos Vatatzes）在拉夫拉（Lavra）签署的法令中第一次提及他们。该法令是在皇帝阿莱克修斯一世授权之下，要求库蛮人归还为拉夫拉修道院劳动的农夫们，并且放弃从僧侣中抢夺的土地。[281] 这次干预后不久，1184年2月，安德洛尼卡一世（Andronikos I Comnenos）授权的新法令中提及了莫格莱纳的库蛮人，当时库蛮人与拉夫拉修道院发生新的冲突，他们在修道院土地上放牧，但不交税。在自由使用莫格莱纳牧场的问题上，库蛮人与依附修道院的罗马尼亚和保加利亚牧羊人发生争执。[282] 十二世纪生活在这一地区的还有莫格莱纳-罗马尼亚人（Megleno-Romanian），他们在语言上应该同化了飞地中的图兰族群。[283]

据推测，库蛮人可能在十二世纪下半叶移民至巴尔干半岛其他地区，突厥语族群以前曾在那些地区殖民过。对中世纪地名的研究显示他们偏爱维丁、科泰尔（Kotel）、维特河流域（Vit river basin）、锡利斯特拉（Silistra）、马其顿（Macedonia）、索菲亚（Sofia）、特尔诺沃（Trnovo）和弗拉察（Vratsa）等地区。库蛮人与当地人混居。一些历史学家认为瓦拉几-保加利亚（Vlacho-Bulgarian）王国的未来创建者彼得（Peter）和阿森（Asan）属于多民族混血。与此同时，有人认为阿森名称来自突厥语。不过，此名称并非为突厥语所专有，人们发现罗马尼亚人、希腊人以及巴尔干其他民族也使用这一名字。[284] 另一方面，名称起源并不能确保其所指对象的起源与之相同，因为外来名称曾在中世纪广泛使用。

---

① 译者注：加利奇，古罗斯封建公国之一。

多瑙河下游的库蛮人愿意加入伊万·罗斯季斯拉维奇［Ivan Rostislavich, 也被称为布罗德尼克（Berladnik）］的阵营。后者声称有权拥有加利奇罗斯（Halichian Rus）的王位，但王位当时为亚罗斯拉夫·奥斯莫梅斯尔（Iaroslav Osmomysli, 1153—1187）所有。伊万·罗斯季斯拉维奇在1179年发起敌对行动，在多瑙河上抢劫了两艘属于加利奇渔民的船只。后来，他率领由布罗德尼克人和库蛮人组成的大军攻击其竞争者，但被击败，后避难于基辅。[285] 加利奇罗斯向多瑙河口领土扩张的观点尤其为俄罗斯和乌克兰史学者们所拥护，但这一观点站不住脚，因为它忽视了库蛮人沿着多瑙河北岸平原所获得的地区。

书写了俄历6660年（1152）所发生的事件，加利奇-沃伦（Halichian-Volhynian）编年史认为当时"波罗维茨国"位于伏尔加河和第聂伯河之间。[286] 也正是在那里，大多数石人可归属于库蛮部落（图66；图69—71；图75：1）。正如有人注意到编年史的观点与其他叙述及外交资料所提供的信息相矛盾，后者提供了十一世纪最后几十年第聂伯河和多瑙河之间库蛮人所迁徙地区的可靠描述。有点奇怪的是，提供十二、十三世纪罗斯南部和黑海北部信息最全的史料竟然会忽视这一事实。它所显示的波罗维茨国边界在十一世纪中期一直有效，但在百年之后却不再适用。这是因为僧侣们可能在加利奇-沃伦编年史中构思了不同的章节，认为波罗维茨（库蛮）国的领土严格限定在主要部落迁徙以及最有声望的部落酋长扎营之地。这也可能因为著名的库蛮石人主要位于伏尔加河和多瑙河下游之间的地区，在那里存在着有能力支持和激励艺术家们的特定雇主。

十二世纪，库蛮人也被其东方邻居视为威胁。因弗拉基米尔二世的进攻而被迫离开黑海北部地区，沙鲁汗之子奥特罗克在1118年提出要为国王大卫四世（David IV Agmashenebeli, 1089—1125）效力。对此，这位格鲁吉亚君主表示热烈欢迎，并表示要加强与图兰人的盟友关系。在库蛮骑兵（一些资料估计有四万军队）的支持下，他镇压了贵族的反对骚乱，并击败塞尔柱突厥人。[287] 1121年，第比利斯（Tiflis）附近爆发一场决战，格鲁吉亚人和库蛮人挡住了塞尔柱埃米尔大军进军的通道，歼其大部，俘虏数千士兵。战争的胜负在一开始因200名库蛮弓箭手齐射并引发敌军混乱就已见分晓。[288]

他们获胜之后，士气高昂。两年之后，格鲁吉亚人试图一鼓作气，入侵靠近打耳班关口（Derbend pass）①的穆斯林地区。不过，格鲁吉亚人突然与库蛮人发生冲突（当时史料没有记载缘由），打乱了行动计划，最后被塞尔柱突厥人击退。[289]在塞尔柱反击之前，效力格鲁吉亚的库蛮士兵人数高达五万人之多。[290]自奥特罗克恢复往昔领地之后，库蛮部队由格鲁吉亚国王分发津贴，皈依基督教，其中一些库蛮人甚至被当地社区同化。

在塔玛拉女王执政期间（1184—1212），格鲁吉亚国力处于巅峰，库蛮部队继续在其军队中扮演着重要角色。他们的首领萨瓦尔迪（Savalti）被当地史料称为"钦察王"塞温基（Sevinji）的兄弟。[291]

1248年，叙利亚的迈克尔编年史被牧师伊沙克（Ishôk）翻译为亚美尼亚文。他添加了一些有关当时政治和教会生活方面的内容。根据这一版本，人们推断不仅格鲁吉亚人，而且亚美尼亚人也求助于库蛮人的军事支持。伊沙克指出库蛮人作为军队附属成员皈依基督教，每当需要支持之时，他们响应盟友的号召，从居住的山谷出兵。[292]遗憾的是，在此引用的文本没有关于库蛮人确立与高加索各民族接触的准确年代的消息，只能推断出此事件发生在十二世纪中后期。库蛮人在高加索北部地区活动也为近几十年考古研究所证实：偶然发现了好几处坟墩，其随葬品包括兵器、马具、珠宝等。除了可追溯到十二、十三世纪的坟墓之外，还有好几座坟墓可追溯到十四世纪金帐汗国统治时期。[293]

根据引发学者兴趣的几份资料，库蛮人似乎向远离大本营的统治者效力。一部佚名文献记载了阿尤布王朝（Ayyubids）再次征服耶路撒冷王国。1187年，苏丹萨拉丁（Salah ad-Din）进攻加利莱亚（Galilea）之时，在为其效力的部队中有库蛮人、突厥人、叙利亚人、阿拉伯人、阿兰人、贝都因人、萨拉森人（Saracens）②、埃及人等。[294]另一方面，一位名为伊兹·艾德·丁·哈桑·本·亚库甫·本·卡夫迪贾克（'Izz ed-Din Hasan ben Ya'kub ben Kifdjak）

---

① 译者注：打耳班关口即今阿塞拜疆里海西岸高加索山南达尔班特。
② 译者注：萨拉森的原来含义，系指从今天的叙利亚到沙特阿拉伯之间的沙漠阿拉伯游牧民，广义上则指中古时代所有的阿拉伯人。

的高官在伊历585年（1189—1190）伊马杜丁（Imad ed-Din）编撰的《阿布沙玛》（*Abu Shamah*）[295]记载中，显示他具有库蛮血统，这也证实了在萨拉丁军中存在库蛮人的观点。

在埃及和叙利亚的这些库蛮人，不过是马穆鲁克军队拥有大批库蛮人的冰山一角而已。正如我们已经讨论过的，他们的渗透早在十二世纪最后二十五年就已被提到了。

对于十三世纪前半段近东的调查揭示出还有其他的人名来自"库蛮"族名，如属于塞尔柱政权的某些高官。一位统治过摩苏尔和阿勒颇的埃米尔阿塔贝格·马苏德·伊本·布素齐（atabeg Masūd ibn Bursuqī）在1128年活跃在叙利亚北部，被称为库蛮人。[296]土库曼人阿尔斯兰·塔什（Arslan-Tash）之子生活在底格里斯河上游东部，伊历534年（1139—1140）成为阿塔贝格赞瑞（atabeg Zenrī）的敌人，也被称为钦察人（Captchac）。[297]上述列出的名字可能指具有库蛮血统的战士，但也有可能是昵称，因为当时库蛮人在黑海-里海草原游牧民之中享有赫赫威名。[298]

没有明确资料揭示库蛮部队如何抵达地中海东岸的穆斯林诸国。他们可能从钦察大草原被直接吸引过来，高加索地区的阿兰人也出现在苏丹萨拉丁招募的部队之中，这一假设合情合理。近东的君主们可以利用库蛮人与效力雇主之间的冲突，正如1123年出现的那样，库蛮人正与格鲁吉亚人发生冲突，但因塞尔柱突厥人的威胁，库蛮人才被迫撤退。[299]这些冲突的结果导致库蛮雇佣军想要寻找其他雇主。

十二世纪最后几十年，东部库蛮人同意为花剌子模效力。自阿讷失特勒王朝（Anushteginid dynasty）开始掌权后，花剌子模的政治野心日趋膨胀，在此背景之下，塔乞失沙（Tekesh，1172—1200）借助钦察雇佣兵增强花剌子模军队的进攻能力。当里海以东的钦察元素回归之后，他们在这一地区突厥化的长期进程中起着一定作用。[300]

十二世纪后半段，库蛮人再度卷入罗斯各王公之间的争端（图72—74）。库蛮人继续袭扰的目的是劫掠和捕获战俘。为了遏制库蛮人的好战行为，罗斯王公们试图让残余的佩切涅格人和乌古斯人反对库蛮人，他们与贝伦代伊人、黑罩人住在基辅罗斯南部。库蛮部落更喜欢在基辅大公对面扎营，以便能够劫掠其封地，这些领地恰好位于钦察大草原附近。库蛮人的行动尽管带来了破坏，但却没有损害罗斯各政权的领土完整；另一方面，罗斯诸王公也不能破坏黑海－里海游牧部落的稳定。

当时，将具有特色植被和极端气候的荒原转变为农耕区存在着无法克服的技术困难，由此，这从不是目标。实际上，直到现代早期，这一地区基本上依旧未受农耕文化影响。除了有限的地区之外，没有计划过领土扩张，但东斯拉夫世界与图兰世界的相邻地带却是激烈对抗的持久根源。定居民因诸多因素，几乎无法进入草原地区，反而游牧民更容易进入定居地区，由此，图兰部落要么作为各派别王公的盟友，要么作为皈依的东正教徒进入那里。

在图兰人与罗斯人的对抗之中，挑动一波又一波暴力的往往是前者，游牧社会生活方式倾向于通过劫掠邻居领地来补充其生活资源。另一方面，尽管一般而言，罗斯人攻击游牧民的记载不多，但他们也热衷于兵戈相见。尽管库蛮人穷兵黩武的特性因皈依基督教多少有所减弱，但他们仍不断发动袭击，目标是掠夺邻国一些财物，如拜占庭人、阿兰人、保加利亚人、摩尔达维亚人、波兰人等。突厥游牧民很少会成为被劫掠对象，因为其很难被劫掠，而且也缺乏被劫掠的资源。

在十二世纪后半叶，随着弗拉基米尔·苏兹达尔（Vladimir-Suzdal）登基，基辅公国虽处于逐渐衰退之中，但足以抵抗库蛮人的进攻，甚至在十二世纪末采取攻势。通过掠夺、消耗库蛮人的军事资源，基辅统治者们继续远征到草原，兵锋所指第聂伯河和顿河之间地区。为了回避风险，库蛮人也倒向罗斯王公，与其保持良好关系。

1185年的大远征，著称于世，成为俄罗斯诗歌《伊戈尔远征记》（*Tale of Igor's Host*）的灵感源泉。[301]这首史诗的真实性最近受到质疑，因为这显然是在十八世纪最后十年由捷克学者约瑟夫·多勃罗夫斯基（Josef Dobrovský）[302]所创。诺夫哥罗德－谢伟尔斯克（Novgorod-Seversk）王公伊戈尔·斯维亚托斯拉维奇（Igor Sviatoslavich）精心安排了这场战争。受到首次对抗获胜的鼓舞，俄国人深入草原，但未确保足够的水源供给。俄国人的机动性骤然减缓,未能挡住敌人的反攻。库蛮人也向亲戚部落寻求帮助,最终罗斯人遭受灾难性惨败。[303]罗斯首领被库蛮人所俘,但幸运的是,他很快寻机逃走,随后1191年,又与其兄弟并肩作战,继续对抗其宿敌。[304]

为了阻止来自草原的入侵,俄罗斯在其南部边界竖起一道防线,十三世纪早期的编年史将其记载为"波罗维茨之墙"。这个防线在卡尔卡(Kalka)之战爆发之时仍在使用[305],但启用时间可能更早。很难说这一军事工程是继续圣弗拉基米尔(Vladimir the Saint)抵御佩切涅格人所展开的行动,还是他沿着不同路线进行的另外一次行动。不过,防线形同虚设,因为每当想要进攻之时,库蛮人就会随时攻击北面的邻居。看来这道防线的真正用途不过是标识罗斯王公们所能控制的边界而已。

一起事件的爆发吸引了库蛮部队的大量精力。1185年秋[306],瓦拉几人和保加利亚人在巴尔干地区发动大起义[307]。当时,拜占庭皇帝正面临一场严重的国内危机,其西部省份遭到来自意大利南部的诺曼人的猛烈进攻。瓦拉几人彼得和阿森兄弟是起义的首领,前者担任沙皇①。[308]

由于没有充足资源抵挡伊萨克二世(Isaak II Angelos,1185—1195)于1186年所发动的扫荡远征,瓦拉几人前往多瑙河北部,请求库蛮人的军事援助。垂涎于拜占庭帝国繁荣地区,库蛮人欣然接受请求。误认为起义的星星之火已被一劳永逸地加以扑灭,拜占庭皇帝返回君士坦丁堡,大肆吹嘘凯旋,尽管一些更现实的合作者疑心重重。[309]他犯下致命错误,在瓦拉几人和保加利亚人地区留下微不足道的兵力。此后,彼得和阿森带着库蛮骑兵返回到多瑙河右岸,不费吹灰之力,消灭了那些驻军。[310]面对已被严重忽视的潜在威胁,伊萨克二世放弃了和平的想法,却将拜占庭军队的指挥权交给了一些要么没有才干,要么不尽职的将领,他们被当地人和库蛮人联手击

---

① 译者注:沙皇是部分斯拉夫君主采用的头衔,此字源于古罗马时代的拉丁语称号"恺撒",在中世纪时被视为与"皇帝"一词拥有类同的地位,即与罗马皇帝一样,受他国皇帝或宗教领袖(如罗马教皇或君士坦丁堡牧首)认付。此头衔最先为保加利亚君主采用,后来在拜占庭帝国灭亡后由莫斯科公国承袭。在彼得一世改以"凯旋将军与独裁者"为主要称号后,"沙皇"一词在官方定义下改与"国王"同等,但民间和国外仍非正式地把俄罗斯君主称为沙皇。

败。[311]

　　一位指挥作战的将领阿莱克修斯·布拉纳（Alexios Branas）在与诺曼人交战之时曾展现其军事才能，但这回他非但不愿完成任务，而且在野心的驱使之下还反对拜占庭皇帝，希望取而代之。当他进军帝国京城之时，一位库蛮士兵艾尔普慕斯（Elpumes）[312]也在其军中，来自一支来历不明的库蛮分遣队。不太合理的假设是那支分遣队起初为瓦拉几人和保加利亚人效力，但突然倒戈，投奔僭位者布拉纳。布拉纳决定放弃进攻彼得和阿森，调转枪头反对伊萨克二世。另一方面，我们不能忽视这一假设，即他们可能来自莫格莱纳，几年前生活在瓦拉几人和保加利亚人附近。1187年，拜占庭颇费周折，最终击败布拉纳，其大多数老兵为了躲避镇压，在彼得和阿森的地盘避难[313]，在那里阿森兄弟已经利用拜占庭内战，巩固其地位。

　　不言而喻，帝国当局不能接受这一事态的演变，因为这将丧失重要领土，会引发多米诺骨牌效应。此外，在库蛮人的支持之下，阿森兄弟鼓起勇气，劫掠阿格瑟波利斯要塞周边的黑海海岸，迫使拜占庭迅速做出反应。[314] 1187年，拜占庭皇帝策划发起第二次战役，打击那些更强大、更顽强的敌人以及历经多次打击之后仍旧不愿放弃的敌人。游牧袭击者的传统战略是佯退与急攻相结合，时常迷惑拜占庭军队。尽管拜占庭军队富有经验，但机动性差。

　　踌躇于直接对抗伊萨克二世所率领的拜占庭主力部队，瓦拉几人、保加利亚人和库蛮人转而在次要地区打击其对手。皇帝只得从比罗（Beroe）途经阿格瑟波利斯（Agathopolis，阿赫托波尔）奔赴菲利波波利（Philippopolis），最终，费了九牛二虎之力将他们赶到巴尔干北部地区。在追击途中，他朝向西北的垂迪察［Triaditza，前撒尔底迦（Sardica），现索菲亚］进军。不过，冬季来临之时，皇帝返回京城，将其部队留在战场周围，后来在1188年春返回。耗时围困奥苏姆河上的洛维察［Lovitzon，现称洛维奇（Lovech）］要塞，只取得小胜，伊萨克二世将战役指挥权交给其军官，返回君士坦丁堡，这一方面既因他沉溺于骄奢淫逸的宫廷生活，也因防备篡位者会策划反对他。[315]

拥有埃及和叙利亚的阿尤布王朝苏丹萨拉丁灾难性进攻基督教圣地，严重威胁到拜占庭帝国的稳定。1187年10月2日，耶路撒冷被征服，这意味着它自第一次十字军从塞尔柱突厥人夺回，九十年后再度失陷。无论在宗教情感还是责任感方面这都无法接受，西方组织第三次十字军东征反击，由诺曼－德意志皇帝腓特烈一世率领，还包括英格兰国王和法兰西国王。腓特烈一世曾在1185年鼓励诺曼人从意大利南部向拜占庭帝国发动猛攻，攻击颇费周折，最后不得不中止。

康拉德三世曾参加第二次十字军东征。腓特烈一世从他那儿获悉倒霉的经历，觉得有必要从外交方面精心策划一次大胆的行动。他安排与匈牙利国王贝拉三世（Bela III）、拜占庭皇帝伊萨克二世和塞尔柱苏丹基利杰阿尔斯兰二世（Qilij-Arslan II）的协商会议，确保他们不会妨碍他的军队进军圣地的计划。1188年秋，旨在解决德意志十字军途经拜占庭领土问题，一位希腊高官与腓特烈一世在纽伦堡签订合约。[316]

1189年夏，腓特烈一世率领十字军穿越巴尔干半岛之时[317]，在君士坦丁堡引发极大愤慨，朝廷的敌意传递到地方各行省。尽管有着双边协议，君士坦丁堡不能忘怀在过去几年里神圣罗马帝国所带来的无尽敌意。巴尔干的一些统治者曾是君士坦丁堡的宿敌，他们的使者穿梭于腓特烈·巴巴罗萨的阵营，由此拜占庭怀疑加深。1189年6月，为了应付可能入侵帝国京城的危险，伊萨克二世准备与十字军的主要对手萨拉丁结盟。[318]

作为反对派，彼得、阿森和塞尔维亚大公斯蒂芬·内马尼亚（Stephen Nemanja）希望加入西方骑士阵营[319]，1189年7月，在隶属于拜占庭的布兰尼切沃（Braničevo），一些瓦拉几人与希腊人、保加利亚人和塞尔维亚人联合行动，用毒箭射击十字军[320]。数月之后至年底，彼得声称可提供四万名瓦拉几和库蛮弓箭手[321]为德意志皇帝效力（另一份资料提及只有四万库蛮人）[322]，帮助攻打君士坦丁堡，希望以拜占庭皇冠作为回报。这一提议无疑充满诱惑力，尽管按照当时的标准，腓特烈军队人数众多，据估计达到了十万人。[323]虽然与拜占庭的关系每况愈下，拜占庭也逐渐调整了与十字军的关系，但腓特烈·巴巴罗萨不理会巴尔干统治者们接二连三大献殷勤。[324]不过，同时抵达色雷斯的十字军意识到，在紧急情况下，他们可以依靠瓦拉几人和亚美尼亚人的帮助。[325] 第三次十字军更执着于进军圣地的梦想，把解决与拜占庭及其宗教等方面盘根错节的宿怨的使命留给了第四次十字军。

虽然阿森兄弟和斯蒂芬·内马尼亚联合反对拜占庭的倡议遭到挫败，但正如凡登（Vartan）的《世界编年史》在十三世纪中叶所记载的，十字军在"瓦拉几人和保加利亚人的土地"招募士兵[326]，这显示出这两个巴尔干民族显然在一定程度上参加了远征圣地的行动。西西里岛的学者帕德塞派茨（Pardsepertz）书写的文字早已被当时的编年史所注意[327]，但未受到重视。在一部地理书中，凡登提及多瑙河北部的瓦拉几人与罗斯人相邻[328]，但未提到库蛮人。

当库蛮人从多瑙河左岸渡至右岸、加入阿森兄弟反抗拜占庭的阵营之时，他们的同乡却在为帝国效力。担忧他们会顾及手足之情，拜占庭当然注意不逼迫他们攻击其同胞，而让他们参与其他军事行动。库蛮人与希腊人修筑了狄迪蒙特乔（Didymoteichon）城的要塞，离阿德里安堡不远，在那里他们英勇抵抗，直至1189年被穿越巴尔干半岛的德意志十字军所屠杀。[329] 另外在从色雷斯前往小亚细亚之前，德意志皇帝长兄斯瓦比亚（Swabia）的腓特烈公爵率军遭到瓦拉几人和库蛮人的攻击。1190年2月初，腓特烈公爵刚征服卢勒柏加兹（Arcadiopolis），这是位于马里察山谷（Marica valley）的一个要塞。根据安斯波特（Ansbert）的编年史，人们推断那些人为君士坦丁堡皇帝效力[330]，这看来相当怪异，尽管并非不可能。另一种可能是阿森兄弟对德意志皇帝的态度发生转变，因为后者不愿结盟。

不久，彼得和阿森所创建的政权越来越稳定之后，就与库蛮人一起进攻拜占庭帝国。1190年，伊萨克二世被迫率军进攻瓦拉几人和保加利亚人，攻占数座重要城市。与此同时，他计划攻打巴尔干山脉的敌军要塞，但沮丧地发现那里添设了防御工事。[331] 尼基塔斯·蔡尼亚提斯记载阿森兄弟起义及其与拜占庭的战争，这也为乔治斯·阿克罗颇里提斯（Georgios

Akropolites）①所证实。他记载帝国军队的撤退，后来沦为一场灾难，这由害怕库蛮人的打击所引发，库蛮人接到求援，并预计渡过多瑙河。[332]自从这场失败之后，数处拜占庭要塞被阿森兄弟攻陷，罗马尼亚-保加利亚人和库蛮人进攻色雷斯北部，由此形势在一段时间内很急迫，不过此后，双方关系莫名其妙地得以缓和。[333]这一事态并未有利于拜占庭，虽然在1193年左右王国上层的摩擦导致阿森接管了最高权力。[334]

库蛮人大规模参与巴尔干战争致使黑海北部的草原老家后方空虚，易受敌军攻击。1187年，基辅大公斯维亚托斯拉夫三世（Sviatoslav III Vsevolodovich）派遣黑罩人部队攻占了库蛮人在第聂伯河左岸的要塞，这是利用库蛮人"前往多瑙河"之机，乘虚而入。[335]1190年冬，罗斯人和黑罩人再度成功掠袭第聂伯河流域的游牧定居点，进军多瑙河。[336]佚名编年史不知道库蛮人实际上渡至多瑙河南岸，暗示罗斯发起主动是希望获取其草原邻居的战利品。尽管俄国编年史没有证实那些好战行动是由君士坦丁堡外交建议的，但鉴于他们此后与加利奇王公的安排，这一假设并非空穴来风。上述文献耐人寻味，因为它揭示了阿森兄弟所率领进攻拜占庭所招募的库蛮人不仅来自多瑙河下游北部，也来自第聂伯河周围地区。

如此攻击行动的常态化，构成帝国的巨大威胁，1195年春，伊萨克二世决定打击瓦拉几人和保加利亚人的王国，同时也将借助岳父匈牙利国王贝拉三世派遣的军队。[337]不过，一场政变挫败了伊萨克的计划。从其兄弟伊萨克二世夺取王位之后，阿莱克修斯三世（Alexios III Angelos，1195—1203）基本上只对巩固自身力量感兴趣，停止了拜占庭军队的攻势，由此铸成大错，让瓦拉几人、保加利亚人和库蛮人几近畅通无阻地[338]入侵帝国。

无法军事打击瓦拉几-保加利亚沙皇国，拜占庭新皇帝对其帝国北面邻居采取新的政策，由此得到多瑙河的库蛮人的持续支持。不过，他与阿森兄

---

① 译者注：乔治斯·阿克罗颇里提斯（1217—1282），拜占庭政治家和作家，著有编年史，记载了尼西亚帝国从1203年到1261年的国内外历史事件。

弟缔结和约的计划失败，导致与瓦拉几-保加利亚王国之间无休止的对抗局面[339]，冲突双方彼此不能给对手以致命一击。1190年，阿莱克修斯三世曾经在由其兄伊萨克二世率领的远征之中领教过瓦拉几-保加利亚人的厉害，当时差点丧命。[340]他任命自己的女婿伊萨克·科穆宁（Isaak Comnenos）为军队统帅打击他们。[341]他集结了充足兵力，但进攻草率，结果却落入阿森的圈套，本人被库蛮人所俘。因希望从这个大人物索取不菲赎金，库蛮人试图将其藏匿，但未成功，最后被迫将其交给阿森。[342]这一插曲耐人寻味，因为这揭示出瓦拉几-保加利亚人和库蛮人阵营中有关等级地位的很多信息，库蛮人不过是雇佣军，并不享有盟友的平等权利。

不过，在此阶段，当地人和游牧民开始融合。一部不足信的保加利亚编年史声称保加利亚人的祖先是库蛮人，这并非偶然，也暗示这两个族群之间有着渊源。[343]一些人认为这部编年史是在十二世纪最后几十年所撰写的。[344]不过，其反映的事实却与下一个世纪有关。

普雷斯拉夫（Preslav）的一座以斯拉夫文字铭刻族名"库蛮"（kumanmi）的石块铭文可能追溯到十二至十三世纪，除此之外，还铭刻月份和日期。不过遗憾的是，没有年份，因此不能准确断定文本年代。在同一块石头上也铭刻数字10300。[345]这可能显示库蛮人深入到巴尔干半岛东北地区的人数。

即使在阿森和彼得因种种谲诈阴谋而先后离世之后，巴尔干半岛的北半部也没能恢复到有利于拜占庭帝国的局面。在库蛮人的持续支持之下，瓦拉几-保加利亚人政权鼓起勇气，合力进攻拜占庭帝国。不过，他们也遭受到巴尔干地区自中世纪以来典型的且破坏性极强的内部纷争，纷争所带来的破坏有时远比外敌更为严重。

王位继承人是阿森和彼得年轻的兄弟卡拉扬。他也被称为"英俊的约翰"（1197—1207），既是军队统帅，又是娴熟活跃的外交家，维持着与库蛮人强有力的合作，巩固巴尔干和多瑙河之间地区的统治。担忧会削弱其军力，他继续吸纳来自多瑙河北部的库蛮部队，也包括从那里来的罗马尼亚人。有着这些支持，卡拉扬消灭了进攻他们的拜占庭军队，甚至大胆劫掠色雷斯和马其顿。[346]旨在加强与黑海-里海草原的库蛮人合作，卡拉扬迎娶库蛮可汗的女儿。同一政治目的使得新君主博里尔（Boril，1207—1218）娶了叔叔卡拉扬的遗孀[347]，这遵循欧亚游牧部族延续的收继婚传统。

除了卡拉扬，阿莱克修斯三世不得不面对另一位瓦拉几酋长赫里索斯（Chrysos）。他成为彼得和阿森的对手，起初得到拜占庭的支持，后者有兴趣利用他打击强敌。不过，这一计划进展不顺，因为赫里索斯在确保能统治斯特鲁米察（Strumitza）和普罗撒考斯（Prosakos）要塞周围的马其顿地区之后，不听号令，甚至冒险掠夺希腊地区。1199年，拜占庭皇帝御驾亲征山区失利，被迫接受和约，承认瓦拉几统治者，维持现状。[348]此后，库蛮人大举入侵马其顿，尼基塔斯·蔡尼亚提斯认为这次比此前的入侵所带来的灾难更大。为了有效掠夺，入侵者分成四个军团，并未遭遇像样的抵抗，他们甚至进攻当地的要塞城市，并仰攻坐落山顶的修道院。[349]尽管这位著名的编年史作者没有提出赫里索斯攻击与库蛮入侵有任何关系，但可能马其顿的瓦拉几酋长在与君士坦丁堡和解之前请求过游牧民的支援，君士坦丁堡一时之间对此浑然不知。这一观点并非站不住脚。

由于持续介入巴尔干事务，库蛮人支持建立保加利亚第二帝国①，他们在改变这一地区政治地图中扮演重要角色。这一帝国延续了两个世纪，直至在另一个突厥语族群奥斯曼人进攻之下，引发混乱而最终灭亡。

（三）蒙古入侵前几十年库蛮人的衰败

十三世纪不仅给东欧和东南欧的政治层面带来很多变化，而且也给库蛮部落联盟带来重要影响。第四次十字军东征导致拜占庭帝国崩溃，而蒙古征服无疑是最具持久影响的事件。甚至在拉丁人征服君士坦丁堡之前，拜占庭帝国的分裂就已显露端倪，内忧外患重创其国家结构。

不能抵抗库蛮人、瓦拉几人和保加利亚人的进攻，拜占庭皇帝阿莱克

---

① 译者注：保加利亚第二帝国是1185年建立的一个国家。1185年，彼得四世、伊凡·阿森一世两兄弟率领保加利亚人再次起义，迫使拜占庭于1187年承认其独立，保加利亚第二帝国建立起来。1388年，三万奥斯曼大军攻下了保加利亚的东部土地，在1393年7月17日其首都被攻破，保加利亚第二帝国灭亡。

修斯三世向加利奇-沃伦（Halich-Volhynia）①王公罗曼·姆斯季斯拉维奇（Roman Mstislavich）求援，希望他们在多瑙河北部地区牵制库蛮人。早在1200年5月，阿莱克修斯与加利奇王公之间就已建立联系，当时后者派遣使节前往君士坦丁堡，试图恢复罗斯与拜占庭之间的联系。史料也记载安东尼，这位未来的诺夫哥罗德主教在帝国京城，这绝非偶然。[350]数月之后，瓦拉几人和库蛮人再度入侵拜占庭地区，没有遇到像样的抵抗。[351]不过，随着与君士坦丁堡关系的改善，罗曼·姆斯季斯拉维奇许诺攻打库蛮人，以防他们再次进攻拜占庭领地。十三世纪头几年，罗斯发起攻势[352]，但在一段时间之后，他们的干预才防止库蛮人穿越边境抵达巴尔干地区。

加利奇的罗曼·姆斯季斯拉维奇在基辅发动政变，将自己的岳父留里克二世（Rurik II Rostislavich）撵走后不久，库蛮人发动劫掠远征，但遭到罗曼的反击，最终在草原形成对峙。此后，游牧民设法报复，同意帮助留里克复位。不过，当留里克与罗曼和解之后，前者在1203年严冬向库蛮人发动一次大胆的远征，库蛮人猝不及防，四散奔逃，由此罗斯人捕获大批人畜。[353]很难说这场军事行动是在拜占庭外交官建议下展开的，抑或是双方纠纷的升级导致的。

1205年，罗曼·姆斯季斯拉维奇因远征波兰而被杀之后，库蛮人利用了加利奇-沃伦王公王位的继承危机。各方纷纷请求在纠纷中能获得库蛮人的支持。攻击加利奇所支持的基辅王公留里克二世的库蛮首领是忽滩和索莫戈（Somogur）。[354]在此阶段，匈牙利自信满满地介入加利奇罗斯的混乱局面，计划将其吞并。从1206年开始，安德尔二世（András II, 1205—1235）作为新任王公，在其头衔上添加"加利奇和弗拉基米尔之王"，这并非偶然。[355]不愿接受这一局面的当地势力在一段时间曾得到一些库蛮人的支持。[356]

1204年，君士坦丁堡的拉丁帝国建立之后，库蛮人继续效忠于阿森兄弟政权，后者与拉丁人就拜占庭在巴尔干的遗产问题引发纠纷。坚持自己正统统治应当被接受，卡拉扬面对君士坦丁堡新当局之时，态度傲慢，主

---

① 译者注：加利奇-沃伦，古罗斯封建公国之一。

张他如同此前的拜占庭，在法理上应成为巴尔干地区瓦拉几-保加利亚人领土的主人。[357] 拉丁君士坦丁堡指出卡拉扬宣称的立场违背了教皇英诺森三世（Innocent III）的决议。1204年2月25日，教皇在拉丁帝国建立前几个月，承认卡拉扬的王室头衔，赐予徽章，允许他以自己的头像铸造货币。[358] 与此同时，教皇任命都主教巴齐尔（Basil）为保加利亚和瓦拉几地区的大主教，显然作为其顺从罗马的交易。[359] 卡拉扬的野心更大，在他1204年2月前[360]后[361]与罗马教廷的通信中，如同十多年前的彼得兄弟一样，自称"保加利亚和瓦拉几皇帝"（imperator Bulgarorum et Blachorum）[362]。毫无疑问，他在教皇文件中获得的是带有声望的政治成功。

因成功征服君士坦丁堡而志得意满，拉丁帝国的西方骑士高层未把卡拉扬的特权当回事。希腊高官以及巴尔干半岛东南部城市居民天真地将卡拉扬视为拜占庭利益的捍卫者。由此，在他们的鼓动之下，卡拉扬逐渐冷淡了与拉丁帝国的关系。征服帝国京城之后数月，西方骑士尚未成功巩固在色雷斯和马其顿的霸权，瓦拉几统治者也支持拜占庭反对派，库蛮部落要么独自出兵，要么与瓦拉几-保加利亚人一同深入劫掠，一直打到君士坦丁堡城门附近。[363]

当君士坦丁堡的新主人试图将权威施加至阿德里安堡之时，当地人在瓦拉几-保加利亚人的支持下，与其爆发激烈冲突。根据维拉哈都因（Villehardouin）的编年史，瓦拉几王卡拉扬率领大军，包括瓦拉几人、保加利亚人和超过一万四千名库蛮人前来支持阿德里安堡[364]，即使兵力被夸大，也显示出其拥有强大军力。大兵压境，拉丁人只能拼凑出稀疏的兵力。不过，君士坦丁堡的新君主鲍德温一世（Baldwin I）要么疏忽，要么低估对手，甚至没有等待帝国各地应诏勤王之师到来，就仓促应战。刚抵达被拉丁人围困的阿德里安堡附近，卡拉扬就派遣库蛮骑兵发起掷战。这一策略奏效，拉丁人冲出营盘，急切追击。意识到这样不妥，法国男爵们不上当，避免落入草原骑兵的圈套。尽管如此，在下一场攻势中，路易·德·布洛瓦（Louis de Blois）率领军队，其后跟着皇帝鲍德温的军队，仓促冲出营盘，再次追击。热那亚总督恩里克·丹多罗（Enrico Dandolo）却没有率军跟进，这显示出西方骑士缺乏合作，拥兵自重。[365]

在1205年4月的战役中，拉丁军队遭到由科扎斯（Kotzas）率领的库蛮人的多次袭击[366]，后被卡拉扬巧妙包围，几近全歼。鲍德温一世本人被库蛮骑兵所俘并交给瓦拉几沙皇，第四次十字军东征的主要推动者路易·德·布洛瓦在战场被杀。[367]在这场彻头彻尾的灾难中，大多数拉丁将领阵亡，这在很大程度上是因不熟悉游牧民战术所致。

再度远征鲍德温一世之弟及继承人埃诺的亨利（Henry of Hainaut）之时，库蛮人又一次显示出对于瓦拉几-保加利亚沙皇的价值。[368]在第四次十字军东征和君士坦丁堡拉丁帝国早期的编年史之中，维拉哈都因（Geoffroy of Villehardouin）在谈及其同胞的敌人之时，他经常先提及库蛮人（Conmain、Cumains、Comains、Commain），然后是瓦拉几人（Blac、Blas）和希腊人（Grieu、Greu、Griex）。[369]这并非偶然，因为尽管游牧民并非战争的领导者，但却因骑兵快速冲击在法国人及其盟军之中引发混乱。有时瓦朗谢纳的亨利（Henry of Valenciennes）同样排序"库蛮-瓦拉几"（Commains et Blas）[370]，尼基塔斯·蔡尼亚提斯也是如此，其编年史指"斯基泰人和瓦拉几人"[371]，族名分别指库蛮人和瓦拉几-保加利亚人。

尽管色雷斯和马其顿的希腊人起初将卡拉扬视为反对十字军的支持者，随后他们之间关系变冷，由此，瓦拉几君主派遣库蛮人加以征讨。库蛮人因嗜杀而臭名昭著。他们屠杀、掠夺和奴役居民，摧毁定居点。[372]当时的编年史对于其种种暴行的描述就像是世界末日降临。库蛮人制造这些恣意妄为的暴行，进攻十字军参加者，俘虏君士坦丁堡拉丁帝国首任君主，在西方世界恶名昭彰。难怪记载十三世纪上半叶十字军东征的编年史家魏顿（Jacques of Vitry）①丑化库蛮人，将他们描绘为食生肉、饮马血的原始野蛮人。[373]这些特性也载于一些拉丁-奥地利编年史。[374]至于卡拉扬，他因实施了对希腊人的屠杀而得名"残忍的约翰"（Skyloioannes）[375]和"罗马屠夫"

---

① 译者注：魏顿（1160/1170—1240）是一位法国神学家和编年史家。他所著《耶路撒冷史》（*Historia Hierosolymitana*）是十字军东征史学编撰的重要来源。

（Rhomaioktonos）[376]，这令人想起两个世纪前巴齐尔二世（Basil II）得名"保加利亚人屠夫"（Boulgaroktonos）①。

利用拉丁人在阿德里安堡附近战败之机，瓦拉几-保加利亚沙皇国扩张到色雷斯。一些主要由希腊人居住的城市，不愿承认拉丁-君士坦丁堡的权威，被迫向库蛮人进贡，在阿塞拉斯（Athyra）缴纳足额的金币。[377]

考古方面也证实巴尔干山脉以南有草原骑兵活动。在今天保加利亚南部领土对应于色雷斯北部的一些地区，发现了一把军用弯刀和几副铁制马镫，这些器物类似于十一至十三世纪黑海-里海草原的库蛮人和其他游牧部落所使用的（图76）。[378]

至关重要的库蛮军队与"英俊的约翰"卡拉扬（Ioannitsa the Kaloian）共同卷入塞萨洛尼基（Thessaloniki）王国附属领地的纠纷，这个王国最早出现在东南欧的地图上是在1204年。自从帝国分割（partitio Imperii）以来，塞萨洛尼基王国首任君主是蒙费拉侯爵博尼法斯（Boniface, marquis of Montferrat），他是第四次十字军东征的首领之一，宣称拥有帝国皇冠。由于有马其顿的希腊人加盟，瓦拉几-保加利亚人和库蛮人给塞萨洛尼基带来很大麻烦。[379]为了应对沙皇国的攻势，1207年2月4日，蒙费拉的博尼法斯将女儿嫁予君士坦丁堡皇帝亨利[380]，并在同年8月宣誓成为其封臣，由此双方决定采取联合行动[381]。当战争白热化之时，博尼法斯在麦西诺波利斯（Messinopolis）被杀[382]，自弗兰德斯的鲍德温与路易·布洛瓦之后，又一位参加第四次十字军东征的统帅成为卡拉扬的刀下之鬼，这一连串的不幸可被解释为违背远征初衷，肆意掠夺拜占庭京城及其宗教场所而招致的上天惩罚。

在1206年的军事行动中，瓦拉几-保加利亚沙皇与其游牧盟友抵达帝国都城门前。[383]在次年的头几个月，卡拉扬聚集了由瓦拉几人、保加利亚人

---

① 译者注："保加利亚人屠夫"，即马其顿王朝皇帝巴齐尔二世，1014年巴齐尔二世在巴拉西斯塔打败了保加利亚人，将被俘1.4万战俘挖出双目，每百人留一目，引导失明官兵回国，并于1018年彻底灭亡了第一保加利亚王国。同时拜占庭帝国还获得了一个新的同盟者（不过有时也是敌人）：基辅罗斯为拜占庭帝国提供了一支重要的雇佣军。

和库蛮人构成的大军，也配备了很多部抛石机，包围了阿德里安堡。在这次远征中，库蛮人一路入侵，抵达君士坦丁堡城墙附近。整个四月围困阿德里安堡，缴获大批战利品，库蛮人告知沙皇他们将返乡，这促使他们决定放弃包围色雷斯的这座城市。两年前的1205年初夏，瓦拉几人和保加利亚人与拉丁人交战，处于白热化之时，库蛮人也离开盟友，临时返回家乡。这些插曲记载于维拉哈都因的编年史，向我们提示出与阿森兄弟保持联系的黑海北部游牧民的所在位置。[384]

大约在过去二十年里，尽管库蛮人总是应邀参加与拜占庭和此后的拉丁人的纠纷，但他们并没有长期定居在巴尔干地区，而是定期返回。得悉拜占庭的不幸经历，并从向其欧洲省份移民的佩切涅格人的问题上汲取教训，瓦拉几－保加利亚统治者当然反对这不可预测的盟友定居在其领土上，虽然他们需要库蛮人的军事支持。法国编年史编者的以上所述并未解释库蛮人离开卡拉扬而返回黑海以北草原的原因。有人认为他们需要保护领地以防1203年基辅大公留里克二世发动进攻。据我们所知，那些入侵在其后几年没有记载到罗斯编年史中，因此库蛮人离开色雷斯前往钦察大草原可能不是出于政治和军事因素，而是经济因素。

1207年，库蛮人再次跟随瓦拉几－保加利亚人围困塞萨洛尼基，在那里"英俊的约翰"的卡拉扬在情况不明状态下过世。虽然乔治斯·阿克罗颇里提斯（Georgios Akropolites）将其死因仅仅归咎于胸膜炎[385]，但一部有关圣德米特里奥斯（Saint Demetrios，爱琴海北部大城市的守护神）的圣徒传记认为当卡拉扬在帐篷中休息时，圣徒显圣，给了其致命一击。从这传奇的叙述当中，我们可以推断杀死卡拉扬的嫌疑落在库蛮酋长马纳斯绰斯（Manastras）身上[386]，这就提出了一个问题，即实际上，犯罪意图是否是他与其游牧同伴共同密谋的[387]。上述圣徒传记认为攻击塞萨洛尼基的军队由保加利亚人、游牧的斯基泰人、可萨人、罗马人、阿尔巴尼亚人和罗斯人组成。[388]当然，斯基泰人指的是库蛮人。用阿尔巴尼亚人的族名替换阿兰人[389]，出现在古老的保加利亚译本之中[390]，可追溯到十五世纪最后二十五年。这一观点仍旧有待商榷。卡拉扬被圣德米特里奥斯所杀的观点一直在当时的一些编年史中稍带提及，显示出沙皇刚死，就引发史学家的奇思遐想。[391]

卡拉扬意外去世之后，博里尔继任王位，而先王之子约翰尚未成年，因发现自己处于危险境地，就先逃到库蛮人处，随后一直在罗斯人那里避难[392]，因为那里更安全。当时博里尔非常有可能将继续维持与库蛮人的友好关系，尤其其妻具有库蛮血统。实际上直至十一年之后，罗斯人才帮助约翰恢复王位。某些利益促使瓦拉几-保加利亚人与库蛮人维持联盟稳定，巴尔干半岛南部的政治组合自鲍德温一世、蒙费拉侯爵博尼法斯和卡拉扬接连辞世之后，大体上没有发生显著变化。

君士坦丁堡和特尔诺沃的争议焦点仍旧是先前的拜占庭领地。博里尔将库蛮人纳入势力范围，他既希望不会贬损其叔父的威望，也想在冲突之中能保持主动。1208年5月，瓦拉几-保加利亚人和库蛮人进入君士坦丁堡拉丁帝国的领地。[393]除了派遣自己军队参加战斗之外，年轻的皇帝亨利一世（1205—1216）被认为是最有天分的君士坦丁堡拉丁君主，试图利用瓦拉几-保加利亚阵营中的裂痕，支持卡拉扬之侄阿莱克修斯·斯拉韦（Alexios Slav）。阿莱克修斯·斯拉韦宣称是策皮纳［Tzepina，今罗德普（Rodope）北部］地区的自主统治者。亨利一世将其一私生女嫁给他。[394]尽管在拜占庭皇帝的旧时宝座只逗留一时，亨利一世证明他能够把握拜占庭的政策原则，寻找机会挑动敌营中的纠纷。亨利军队启程追击瓦拉几-保加利亚人和库蛮人，1208年夏，在菲利波波利（Philoppopolis，今普罗夫迪夫）大获全胜[395]，在色雷斯和马其顿巩固其权威。

下一阶段，博里尔必须面对贵族们的反叛，沙皇的利益与多瑙河北部库蛮部落的利益发生了分歧。大约1210年，匈牙利国王安德鲁二世派遣军队帮助博里尔收复维丁，而那是部署在喀尔巴阡山脉南部以及多瑙河之间地区库蛮人的目标。[396]遗憾的是，不清楚库蛮人那么做是为了切断博里尔的重要援助，还是因为他们在一片超过百年控制区域的特权受到忽视而加以报复。瓦拉几-保加利亚沙皇与匈牙利国王（最近与库蛮人发生新冲突）之间的联盟因安德鲁二世长子贝拉（Bela）与博里尔之女订婚而巩固[397]，这也是一些库蛮人与沙皇发生争执的一个新因素,因为无法确定当时整个游牧民是否正在遵循一条独特的、一致的政治路线。1214年,博里尔的另一个女儿可能嫁给了亨利一世[自蒙费拉的艾格尼丝(Agnès of Montferrat)早逝之后,他就成为鳏夫],因此结束了瓦拉几-保加利亚沙皇国与君士坦丁堡拉丁帝国之间激烈漫长的冲突。[398]面对严重的国内混乱局面,博里尔至少成功确保了边界安宁,这种情况下,每当他与邻国交战之时,库蛮部队就变得可有可无。

不过,1230年,在菲利波波利附近,科洛克尼察(Klokotnitza)与塞萨洛尼基的狄奥多尔·安耶洛斯·杜卡斯(Theodore Angelos Dukas of Thessaloniki)之间所爆发的那场著名大战之中,大约有一千名库蛮士兵帮助约翰·阿森二世(John Asan I,1218—1241)的军队获胜,像先前的鲍德温一世那样,狄奥多尔·安耶洛斯·杜卡斯被阿森政权君主所俘,并被剜眼,其国解体[399],由此,从君士坦丁堡懒惰无能的拉丁君主那儿夺走王位的野心遭到遏制。每当有事就可召唤多瑙河北部的库蛮人支持,使得约翰·阿森二世成为令人生畏的沙皇,这也是尼西亚皇帝约翰三世(John III Dukas Vatatzes)与他缔结盟约的原因。这一盟约是通过其子狄奥多尔[未来的狄奥多尔二世(Theodore II Laskaris)]迎娶沙皇之女而在十三世纪四十年代中期达成的。[400]

在十三世纪早期的巴尔干政治舞台上,库蛮人并不制定军事政策,而只接受由他方势力所委派的角色。这一条件并不会使整个库蛮社区冒大风险,联盟以务实的态度权衡和考量,取决于可预见的甜头,这通常根据劫掠获得的收益以及偶尔获得津贴等因素决定。不过,个别部落离家为外邦,尤其是为瓦拉几-保加利亚人效力,四处征战,面临风险。这种"渴饮刀头血,睡卧马鞍桥"的生活,库蛮人司空见惯,不想改变,尽管他们有能力那么做。

库蛮人热衷参与巴尔干地区的混乱局面,但并没转移对喀尔巴阡山脉与多瑙河之间地区的兴趣。实际上,他们已经安身于低地。在十三世纪前几年,蒂尔伯里的格瓦修斯(Gervasius of Tilbury)撰写了一些作品。这位英格兰学者知道库蛮人住在多瑙河以北,与盖塔人(Getae)[401]相邻,这一古族名可能指罗马尼亚人[402]。在十三世纪上半叶结束之际,埃姆斯的鲁道夫(Rudolf of Ems）韵文化的编年史也提到了库蛮人与"野蛮的"罗马尼亚人。[403]其中一段文字的变体出现在所谓的《主基督编年史》（Christherrechronik）中，也以德文书写出现在十三世纪，这两个族群的名称略微改变：die Falben und die Flächen, iensît des Snêberges hânt。[404]"雪山之外"的概念几乎以同样的形式被发现——这次以拉丁文形式出现在1211年安德鲁二世批准的一份公文[405]，以及十三世纪前半叶的一些其他教皇文件之中[406]。

当然并非巧合，博学的托莱多大主教罗德里戈·吉麦内兹·德·拉达（Rodrigo Jiménez de Rada，约1180—1247年）列举出他所知道的欧洲语言——库蛮语紧随罗马尼亚语和保加利亚语之后，雅弗的其他儿子居住在欧洲不同地区，使用其他语言：希腊人语言，罗马尼亚人和保加利亚人的共用语言，库蛮人语言，斯拉夫人、波西米亚人、波兰人的共用语言，匈牙利人语言，爱尔兰和苏格兰岛屿也使用的特殊语言。[407]明显的证据是库蛮人控制了喀尔巴阡东部和南部，从政治和军事角度观之，也就是所谓的库蛮尼亚（Cumania/Terra Cumanorum），从黑海－里海延伸到这些地区（图78、79）。[408]

甚至在库蛮人深入喀尔巴阡东部平原之前几十年，考古学家的研究就显示出当地定居点在持续急剧减少，到十二至十三世纪更是锐减。[409]这显示出突厥游牧民的到来威胁到罗马尼亚人的正常生活，他们被迫全部撤退到摩尔达维亚的中西部地区和瓦拉几亚北部地区，那里多为山地和森林，因此每当有草原部落入侵，就可提供一定程度的庇护。

大约1210年，锡比乌伯爵约阿欣（Joakhim of Sibiu）从奥尔泰尼亚前往维丁之时，受到"来自库蛮尼亚三名酋长"的攻击，提及其中一人名为卡拉兹（Karaz）[410]，属常见的突厥人名。他们也在匈牙利王国施暴，由此，喀尔巴阡山脉以外地区的库蛮人带来很多麻烦。1211年，安德鲁二世将条顿骑士部署到布尔萨之地（Bîrsa Land）的一个公认理由是保卫国家，抵抗库蛮人入侵。

为此，将特兰西瓦尼亚东南部地区划给条顿骑士的法令，也允许他们建造带有木垒防御工事的要塞和城市。其他法令旨在提供给他们种种经济机会。捐赠法的规定也显示国王希望骑士将王国的疆界向外扩展。[411]库蛮部落通过边界扩张,吞并新领土,即瓦拉几亚(蒙特尼亚)东北部、摩尔达维亚西南部,施加影响力到罗马尼亚人居住地区。一年之后,安德鲁二世再次晓谕骑士的职责是监控边界,感谢他们成功抵抗库蛮人入侵。[412]骑士团抵抗"异教徒"所承受的风险记载在1213年特兰西瓦尼亚大主教威廉所签署的另一项法令中。[413]

在此后几年里,骑士们利用匈牙利王国的无政府状态,肆无忌惮地滥用特权,因为安德鲁二世在1217—1218年前往圣地参加了十字军东征。1222年,王国批准骑士们建造要塞和城市的提议,以便更有效地对付库蛮人。法令条款也显示出骑士们重建的克鲁兹堡(Cruceburg)要塞管辖范围抵达"布罗德尼克人(Brodnik)的边界"[414],他们从而控制了喀尔巴阡山脉以外的一些地区。1225年10月27日,这些信息也在教皇何诺三世(Honorius III)写给国王安德鲁三世的信中得到部分证实,该信提出骑士们从"异教徒"那里征服了一些地区。[415]他们的扩张意味着在与库蛮人对抗中获胜,这实际上也记载在1223年1月12日教皇签署的文件中,里面提到了"骑士们击退了异教徒的入侵"[416],这也在同年12月12日的法令中得到证实,在那里骑士团的领地不仅有布尔萨之地,而且有"超过雪山之外"地区[417]。骑士们设法击败了库蛮人的进攻,迫使他们心神不宁。长期担惊受怕,一些库蛮人甚至举家请求改宗。[418]

对于骑士控制喀尔巴阡山脉以外地区有诸多推测,据说他们将霸权延伸到了多瑙河。领土扩张超出1211年所授予的控制范围,这似乎不可能,因为在如此短暂的14年的时间里不足以形成真正的领土扩张。另一方面,如果没有要塞保护骑士免受库蛮人或当地人的突然攻击的话,这一切将不可想象。仍旧没有在摩尔达维亚西南部和瓦拉几亚东北部发现这样的要塞,古老的编年史中那些原本被认为属于他们的要塞却被证实其年代要晚得多。不过,在布尔萨之地发现了可能属于条顿骑士的一些土方工程和石筑要塞,但迄今为止,考古挖掘不尽如人意。由此,在大多数情况之下,对于不同建筑的准确年代判断存疑。[419]

骑士团因人数减少而不能翻越喀尔巴阡山脉进行大举扩张,这一事实却被大多数书写特兰西瓦尼亚历史的学者忽视。因占有遍及近东和欧洲很多地区的定居点等领地，骑士团不可能将大量兵员部署在布尔萨之地，据估计，兵员不过数百人。[420] 如此稀疏的兵员，即便积累丰富的战斗经验，配备优良武器，甚至求助于德意志殖民者，也绝不能持续进攻库蛮人，库蛮人在很多场合证明其能征善战，如有必要可集结大批军队。在此状况之下，我们认为在特兰西瓦尼亚东南部，条顿骑士们不能超越1211年皇家特许状起初授予他们的防守区域。

条顿骑士团无视匈牙利王国的王权，而后者被置于使徒教会（Apostolic Chair）的保护之下。以此为借口，安德鲁二世将他们从特兰西瓦尼亚的边疆地区撵走，更何况库蛮人到此时已不再构成威胁。国王不会放弃骑士所得领地，即使是在匈牙利边界之外。他冒着流血冲突的危险，从骑士们那里夺走一处要塞（也许是建在喀尔巴阡山脉以外的克鲁兹堡）。[421] 国王觉得能够接管条顿骑士团的政治和传道计划，接管过来的形势要大大好于1211年骑士们所面临的状况。匈牙利现在面对的是愿意合作的部落而不是侵略成性的游牧部落。

尽管以上信息显示匈牙利王国与喀尔巴阡山脉以外地区的库蛮人之间存在着利益冲突，一些背井离乡的库蛮人却在为匈牙利国王效力。记载于1203年的一支库蛮偏师无恶不作，臭名昭著。他们参加中欧军事行动，这场战争由斯瓦比亚的菲利普与布伦瑞克（Braunschweig）的奥托四世（Otto IV）因德意志王位继承纠纷而引发。除了教皇的支持之外，奥托四世也得到波西米亚国王鄂图卡一世（Otakar I Přemysl）和匈牙利国王埃默里克的支持及库蛮雇佣军的帮助。[422] 在库蛮分遣队伴随之下，匈牙利人调停了这两位君主之间的冲突，这在1208年被再次证实。[423] 不过，菲利普在同年被杀，奥托消灭了王位竞争者之后，匈牙利的新任国王安德鲁二世成为他的对手。

正如我们之前提到的，记载库蛮人在匈牙利仆从军中效力可以追溯到大约75年前，当时是在斯蒂芬二世统治期间，后来也在其继任者贝拉二世（1131—1141）和盖萨二世（Geza II，1141—1162）统治期间服役[424]，到了十三世纪后半叶才大规模持续服役。这种联系虽不长久但经受考验，在一定程度上促使后来匈牙利教会向波茨（Bortz）部落提供忏悔指导，并最终形成库蛮主教辖区。

根据1222年的文件，条顿骑士控制的喀尔巴阡山脉以外区域延伸至布罗德尼克人的边界。[425] 几年之后，一些外交资料将库蛮尼亚和布罗德尼克"国"定位在摩尔达维亚南半部。布罗德尼克人来到多瑙河下游之前是在欧洲东部，编年史记载他们在1146[426]/1147年[427]和1216年[428]隶属于罗斯王公苏兹达尔，但在1223年加入蒙古人阵营，参加卡尔卡之战[429]。他们在阿森起义爆发后不久，首次以博多勒斯人（Bordones）的称呼[430]出现在多瑙河附近。早在十九世纪，布罗德尼克人的族裔特征在史学界众说纷纭，各执一词，至今尚未解决。他们来回穿梭于大片区域，机动性极强。他们经常与库蛮人相伴，似乎显示其带游牧或半游牧特征，具有突厥血统。他们可能在追随库蛮部落之后进入了多瑙河下游地区。最近的假设认为布罗德尼克人与阿兰人/雅西人（Alans/Iasians）有血缘联系，而与伊朗语族群有联系。[431]

库蛮人分布在如此广阔的区域（图81），未能实现政治统一，且军力衰退，导致他们在十二世纪末至十三世纪早期，遭受强大的外来打击。

大约十二世纪末，库蛮人与花剌子模人保持来往。花剌子模在中亚跃跃欲试，建立霸权。1195年，乌兰尼延钦察（Uraniyan Qipchaq）部落参加花剌子模沙远征卡伊尔·图库（Qayir-Tuqu）汗，但是库蛮人背叛了盟友，让卡伊尔·图库汗击败了对手。随后阶段，花剌子模国力显著增强，向邻国大肆扩张领土。花剌子模与蒙古爆发大规模冲突之前，花剌子模沙打击生活在吉尔吉斯草原上的库蛮人，向东开疆扩土。[432]

在同一阶段同一地区，库蛮人首次与蒙古人发生冲突。大约1217—1219年，成吉思汗派遣的一支偏师残酷镇压反抗的蔑儿乞人（Merkits）。蔑儿乞人首领图赫塔·别吉（Togtoa Beki）在战场被杀，其子呼都（Qudu）、忽勒突罕蔑儿干（Qal）和赤剌温（Čila'un）在库蛮地界避难。蒙古人追击他们，深入其庇护之地，彻底解决蔑儿乞残部，将呼都杀死。[433]

这些失败成为库蛮人在东欧的军事冲突演变中的里程碑。十三世纪五六十年代，罗姆苏丹的舰队夺取了苏达克的港口和仓库，库蛮人反击却失利，尽管他们得到罗斯王公们的支持[434]，罗斯王公们希望克里米亚海岸中心的交通不受影响[435]。

不过，最令人困惑的打击来自蒙古人。自击败花剌子模沙之后，哲别和速不台（Sübödai）率领一支偏师在1222年穿越高加索山，追击库蛮人和阿兰人。蒙古人巧妙拆散敌对联盟，逐一消灭了这两支军队，挺进钦察大草原。[436]库蛮人觉得不能直接对抗蒙古人，索性落荒而逃，这一做法也为尤里·康契克维奇（Iuriĭ Koncheakovich）所效仿，他被某些罗斯编年史者称为"最伟大的波罗维茨人"。库蛮人被一路追赶，沿着顿河直至第聂伯河，然后逃至海边，途中大批官兵被杀，其中有著名的是达尼洛·科比亚科维奇[Danilo Kobiakovich，科比亚科（Kobiak）之子]和尤里·康契克维奇[康契克（Koncheak）之子]。[437]在此存亡危急之时，在黑海北部草原享有盛誉的库蛮可汗忽滩汗前往面见连襟加利奇王公姆斯季斯拉夫·姆斯季斯拉维奇（Mstislav Mstislavich），告知其严峻形势，并请求支援，提醒他如果与蒙古人而非库蛮人做邻居的话，可能将罗斯各邦置于比此前远为危险的处境。[438]此前，自从库蛮人加入其阵营，与匈牙利和波兰军队交战之后，姆斯季斯拉夫与库蛮人的关系相当融洽。在那场战斗中，游牧民用箭射死匈牙利的一位酋长乌兹，这一名字揭示了其出身。[439]

响应姆斯季斯拉夫的号召，同情忽滩汗的处境，众多王公搁置宿怨，率领大军支持库蛮人。罗斯人的干涉是对蒙古军队征服和掠夺苏达克所做出的反应。对于他们而言，苏达克是至关重要的港口，货物在此被运输到黑海和黎凡特地区。正如先前成功拆散库蛮人和阿兰人那样，蒙古人也试图如法炮制，对付罗斯人和库蛮人，但是罗斯王公们并未上当，不同意撤兵。尽管盟军兵力超过蒙古人，但蒙古人还是在1223年的卡尔卡河之战取得决定性胜利。

意识到获胜无望，库蛮人在玩世不恭的机会主义驱使之下，凭借机动性，首先撤出战场，罗斯军队却因坚守阵地而完全陷于一场大屠杀之中。在重要的阵亡者中，最著名的是基辅王公姆斯季斯拉夫·罗曼诺维奇（Mstislav Romanovich）。他在卡尔卡河一处岬角拼命抵抗了三天，接受了蒙古人盟友布罗德尼克人的投降建议，条件是保证缴纳获释赎金。不过，此后协议被撕毁，王公及其两个女婿被杀，其他六个王公在试图逃回封地之时也丧命。

姆斯季斯拉夫·姆斯季斯拉维奇奇迹般地逃离大屠杀，随后摆脱连续数日惊心动魄的紧紧追赶，设法乘船渡过第聂伯河，抵达草原边界。正是库蛮人临阵脱逃招致惨败，遭受灾难的罗斯王公残余部队雪上加霜。更为过分的是，库蛮人趁火打劫，追杀四散奔逃的盟友，抢夺他们的战马及其他战利品。[440]不过，自哲别和速不台返回中亚之后，姆斯季斯拉夫·姆斯季斯拉维奇王公不得不继续与库蛮人维持友好关系。在亚速海滨对峙几个月之后，忽滩汗所率库蛮军队加入争夺加利奇王位的冲突之中。[441]

在其领地的东面，库蛮人不仅面对蒙古人的威胁，而且相当吊诡的是，也面临花剌子模人的威胁。尽管在十三世纪十年代末至二十年代初，多数军队被消灭，膏腴之地被蒙古人吞并，花剌子模仍继续抵抗蒙古骑兵。不像摩诃末（Shah Muhammad）在面对成吉思汗军队之时采取僵化的防御策略，继承人札阑丁（Jalal ad-Din）精力充沛，斗志昂扬。他没有将主要威胁视为当务之急，觉得更重要的是进攻花剌子模以西的国家和部落。札阑丁企图收服他们，利用其军力对付蒙古人。他们的反对导致激烈对抗和花剌子模残酷的远征。伊历625年（1227—1228），花剌子模军队进军格鲁吉亚。科尼亚（Konya）、叙利亚与亚美尼亚的三位君主结盟，并设法集结一支由谷儿只人①、阿兰人、亚美尼亚人、撒里尔人（阿瓦尔人？）[Sarir（Avars?）]、拉克人（Laks）②、钦察人、斯凡人[Svan（Suvanyian）]③、阿布哈兹人（Abkhaz）、察涅特人（Chanet）、叙利亚人和鲁米人（塞尔柱突厥人）[442]所组成的多国联军。面对这支令人生畏的军队，花剌子模沙顿时有点惊慌失措，因为他既没有足够数量的武器，也没有充足的兵力对付敌军。正当战争难以避免之际，他使出浑身解数拆散联盟。为此，札阑丁派信使前往拥有两万骑兵的钦

---

① 译者注：元代的格鲁吉亚人。
② 译者注：拉克人，属欧罗巴人种巴尔干-高加索类型。操拉克语，属高加索语系达吉斯坦语族拉克语支，以库穆赫方言为标准语基础。
③ 译者注：斯凡人，分布在格鲁吉亚西部斯瓦涅季地区，使用斯凡语（一种南高加索语言）。

察人阵营，提醒他们在隶属于其父摩诃末之时曾受到礼遇。札阑丁的策略奏效，劝退钦察军队离开战场。[443]

翌年，即1229年，蒙古人在乌拉尔河和伏尔加河之间地区与库蛮人及其他族群多次交战。[444]未能觉察到东面邻居的巨大危险，库蛮部落杜鲁特（Durut）和陶克索巴（Toksoba）停止内部争斗，转向蒙古人寻求支持。[445]他们不经意间证实了人类的一个显然滑稽的原则，浑然不知他们所参与事件的意义及演变趋势。

不过，其他部落觉察到即将到来的危险，由此援助花剌子模人，与蒙古人展开激烈交战。花剌子模人遭受重创，大大削弱了其反击力度。在那些战场，除了一些小胜之外，札阑丁只能迟滞但不能阻止敌军咄咄逼人的攻势。1229年，在伊斯法罕附近战败之后，札阑丁为了增强抵抗力，转向库蛮人求援。并非偶然，花剌子模使团的首领是拥有库蛮血统的官员。除了库蛮人加入花剌子模军队之外，沙赫家族通过婚姻也接纳拥有库蛮血统的几位公主，联姻意在巩固政治同盟。[446]札阑丁的召唤得到一些库蛮部落的积极响应，他们派兵五万为其效力。其中一位游牧酋长库尔卡（Kurka）在穆甘（Muqan）得到应有的礼遇，并成为札阑丁的侍臣。札阑丁坚决贯彻征服高加索各民族的政策，意在使用库尔卡的军队攻打打耳班。[447]

库蛮人在哲别和速不台远征中遭受重创，这也波及他们在第聂伯河左岸的领地，一些库蛮部落愿意建立与邻邦的友好关系。在邻邦之中，库蛮人试图接近匈牙利：1227年，几位库蛮酋长向埃斯泰尔戈姆（Strigonium）的罗伯特大主教请求皈依基督教。遗憾的是，我们不知道自蒙古进军之后，来自钦察大草原东端的逃兵是前往匈牙利教会寻求藏身之地，抑或是在阿尔帕德王朝附近的库蛮人接受条顿骑士团的劝教改宗。

1228年，为了向东扩张，匈牙利国王在教皇的批准下，支持建立库蛮主教辖区，意在协调基督教在东欧南部的传教。[448]库蛮主教的管辖区域包括特兰西瓦尼亚东南部、瓦拉几亚东北部、摩尔达维亚西南部，在那些地区罗马尼亚人口占主导地位，而库蛮人口较少。这就是主教辖区的名称与当地的族群现状不一致的原因。采用此名时正值领地东扩而被设想为图兰人实际居住区域，而这一抱负未能实现。

波茨部落决定皈依基督教之后数月，教皇起初曾在通信之中所溢于言表的欣喜之情很快就烟消云散了，在随后信件中强调种种困难，意在减缓甚或反对教士在游牧民中劝教。自从教皇在1229年9月13日建议对虐待牧师的库蛮人采取宽容态度[449]，这证明此类的做法早已有之，某些牧师的劝教热情致使库蛮人望而却步。1234年10月25日，格里高利九世（Gregory IX）督促王位继承人贝拉（将来的国王贝拉四世）信守誓言，在库蛮主教区兴建教堂，捐赠土地[450]，这可能考虑到建立主教辖区的计划并不存在，虽然教会机构在法理上已经存在了6年。

根据1234年11月14日教皇从佩鲁贾（Perugia）发出的信件，人们可能推测罗马尼亚人在这一主教辖区居民中占有重要地位。他们不尊重西奥多里克主教的特权，拥有自己的"伪主教"，也吸引匈牙利人和德意志人参加他们的东正教仪式。教皇要求贝拉王子让"分裂派别"的罗马尼亚人向主教辖区首脑交纳税金，看来主教辖区面临着严重的财政问题。[451]就西奥多里克担任主教地区的人口构成而言，教皇的信中没有提到库蛮人。

1227年，库蛮人入教只涉及个别部落，并不包含批准整个库蛮人或那些政治上属于黑海北部的库蛮人入教。如果批准后者的话，那么至少在一段时间会有一定程度的军事集结，但情况却并非如此。甚至在库蛮主教辖区建立那年，基辅大公弗拉基米尔三世（Vladimir III Rurikovich）劝说忽滩汗帮助他围攻卡缅涅茨（Kamenets），而此地是由丹尼尔·罗曼诺维奇（Daniil Romanovich）统治的，当时加利奇与匈牙利人发生冲突。匈牙利人刚扶持安德鲁（安德鲁二世之子）作为那里的统治者。不过，库蛮汗被丹尼尔的信使说服，放弃进攻卡缅涅茨，不仅如此，在返回钦察大草原之前，还顺手牵羊地洗劫了匈牙利人控制之下的加利奇领地。[452]

丹尼尔·罗曼诺维奇夺回加利奇之后，1230年，匈牙利和西南罗斯之间爆发战争，库蛮人在战争中各为其主。贝拉的军中包括拜戈瓦斯（Begovars）率领的库蛮分遣队。这次丹尼尔向教皇和忽滩汗的库蛮求助。[453]实际上，图兰人加入不同阵营，显示出在游牧部落联盟之中有着离心倾向，不可扭转地侵蚀其凝聚力，政治立场含糊。正当蒙古扩张日益逼近之时，他们却呈现出夜郎自大、掩耳盗铃的态势。

未能夺回加利奇，贝拉军队余部途经瓦西列夫（Vasileu），渡过德涅斯特河，然后穿越布科维纳（Bucovina），试图避免在混乱中行进喀尔巴阡山脉峡谷。[454] 与匈牙利人的战争延续到1223年，丹尼尔向忽滩汗的库蛮人寻求支持。[455] 由于后来库蛮人转而反对其盟友弗拉基米尔三世，在此后几年里，丹尼尔认为有责任帮助弗拉基米尔三世，但他在与库蛮人对抗中几乎丧命。[456] 加利奇王公考虑放弃与库蛮人的军事联盟，因为他已经改善了与阿尔帕德王朝的关系。但他的计划却未能奏效，因为库蛮人在1236年伴随切尔尼戈夫的迈克尔王公远征加利奇之时，摧毁了其领地。[457]

在蒙古灾难降临之前，库蛮人没有丧失军力。不过，不能达成政治统一，导致库蛮部落一团散沙。如果他们抵达政治权力巅峰是疾风骤雨般的，那么他们的衰落则是缓慢的，其实力间歇地潮起潮落。从库蛮人定居在伏尔加河两岸和多瑙河河口直至蒙古人出现，没有任何外来势力能严重威胁到这一地区的稳定。正如欧亚草原的所有游牧民，库蛮人将面对的主要威胁来自东方。

（四）金帐汗国统治区域及邻国

1236年，因成吉思汗过世推迟几年的蒙古远征再次开启，兵锋所指东欧南半部，首先集结大军猛攻伏尔加河中下游地区。库蛮酋长八赤蛮（Bachman）虽拼命抵抗，但最终被消灭。[458] 八赤蛮军队英勇抵抗的事迹在东欧巴什基尔人（Bashkirs）、钦察人和诺盖鞑靼人的口头传说中荡气回肠。[459] 蒙哥（Möngke）和拔绰（Buchek）率军与八赤蛮的一支偏师交战的准确时间一直存在着争议。[460]

伊历635年（1237—1238），蒙古军队进入钦察大草原[461]，忽滩汗在首次较量中获胜，但在遭遇优势敌军之时，被最终击败。[462] 蒙古入侵导致库蛮人大逃亡，他们试图在各地寻找庇护之地。为了躲避蒙古人，大批库蛮人避难于克里米亚，在那里缺乏生活必需品，陷入以人肉充饥的绝境。[463] 那些努力生存下来的人们不得不向战胜者屈服，不能离开当地。在提及克里米亚人口之时，十四世纪埃及马穆鲁克的资料除了罗斯人、阿兰人之外，还有库蛮人。[464]其他重要的库蛮部落藏身于高加索山脉、巴尔干地区和匈牙利。几乎没有资料提及库蛮人[465]，但记载另外两个民族的资料较多。

前往巴尔干半岛的库蛮部落大约有一万人。他们在渡过多瑙河之时，必须面对保加利亚人的抵抗。不过，保加利亚人不能阻挡，库蛮人穿越沙皇国，活动在马其顿和色雷斯，在那里烧杀抢掠，捕捉人口为奴，然后贩卖到这一地区的一些大城市。[466]鉴于尼西亚帝国和君士坦丁堡的拉丁帝国缺乏兵力，他们都拉拢库蛮人加入他们一方参战。君士坦丁堡宫廷的战略家与阿森政权达成和约，这让沙皇约翰·阿森二世在数千库蛮人和保加利亚人伴随之下，亲自援助拉丁人，共同围困尼西亚君主所拥有的祖鲁隆（Tzurulon）。[467]很难说这是当时为其效力的库蛮人，还是另一批害怕蒙古人而渡过多瑙河南岸的库蛮人。约翰·阿森二世得悉其妻、子及特尔诺沃的长老因瘟疫去世（这被解读为神的天谴）而离开其盟友，返回其国，由此导致远征瓦解。[468]历经长期无法摆脱的局势，不能单独抵抗尼西亚帝国的进攻，拉丁人在年幼的缺乏经验的库尔特内的鲍德温二世（Baldwin II of Courtenay，1237—1261）统治之下试图劝说圣路易九世提供援助[469]，但当这意味着促使疲惫之师重整旗鼓时，这些援助可谓杯水车薪。

正如尼西亚的希腊人，法兰克男爵们也认识到安顿在色雷斯的库蛮人的军事价值，为了拉拢他们而请求联姻。1241年，图西（Toucy）的纳约特二世（Narjot II）与约纳斯（Ionas）汗之女成婚，罗马尼亚帝国军队的一位统帅威廉[纪尧姆（Guillaume）]、埃诺的老鲍德温（senior Baldwin of Hainaut）分别与索罗尼厄斯（Soronius）汗的两女成婚，她们显然改宗信仰其夫君的宗教。[470]1240年，在库蛮人的帮助之下，拉丁人占领祖鲁隆。[471]

约翰三世（1222—1254）也采取持续的外交措施将库蛮人拉拢过来。约翰三世逐渐从垂死的拉丁帝国手中夺取了巴尔干半岛东南部，在那里接受库蛮人的存在，但他谨慎地将他们分散开来，以防不可预测的混乱。由此，他将色雷斯和马其顿的一些领地给予一些游牧部落，而其他部落被转移到小亚细亚以及佛里吉亚（Phrygia）。[472] 尼西亚君主指望散落在安纳托利亚的库蛮人能充当抵抗塞尔柱人的屏障，而巴尔干南部的库蛮人偏爱逗留于保加利亚沙皇国，有时同他们联合对付拜占庭人，正如在第一阿森政权统治时期他们所做的那样。1256年，沙皇迈克尔·阿森（Michael Asan，1246—1257）派遣约四千"斯基泰人"（库蛮人）劫掠马其顿。途经阿德里安堡之时，他们劫掠了狄迪蒙特乔城周边村庄。配备重装步兵的拜占庭军队不能抵挡库蛮的机动铁骑，在齐射箭雨中伤亡惨重。尼西亚军队的一位统帅曼纽尔·拉斯卡里斯（Manuel Laskaris）逃进阿德里安堡而保命，另一位统帅君士坦丁·马加里特（Constantine Margarites）被库蛮人俘虏并转卖给保加利亚人。得悉这些不幸的消息之后，皇帝狄奥多尔二世（Theodore II Laskaris，1254—1258）率军追赶库蛮人，但库蛮人觉察到将会寡不敌众，遂急忙撤军，在途中未被拦截。经过几次对抗之后，尼西亚和特尔诺沃之间达成和约，维持边界现状。[473]

1242年，尼西亚皇帝派遣库蛮人攻打塞萨洛尼基。不过，蒙古人进入小亚细亚的消息迫使他放弃围困这座地中海大城，而那里直到四年后才被攻陷。约翰三世的继承人狄奥多尔二世和米海尔八世（Michael VIII Paleologos）也派遣库蛮人从事各种军事行动。[474] 1259年，在普里莱普（Prilep）南部爆发决定性的佩拉戈尼亚（Pelagonia，今比托拉）之战，他们的对手是伊庇鲁斯（Epirus）亲王，米海尔二世（Michael II Dukas）、维拉哈都因的威廉二世以及在西西里国王曼弗雷德派兵支持下的亚加亚（Achaea）王公。尼西亚帝国凭借两千库蛮轻骑兵作为先锋获胜，随后追捕逃兵，声名大噪。[475]

这场胜利使得尼西亚皇帝米海尔八世（1258—1282）更有信心认为可能复兴拜占庭帝国。除了库蛮骑兵，瓦拉几人和保加利亚人在二十年里也破坏了拜占庭的国家结构，打击了表面上如日中天的拉丁帝国。它在巴尔干地区陷入殊死对抗之中，抵达其历史命运的黄昏，在东欧南部政治舞台耗尽了回光返照的余晖。受尼西亚君主委派，阿莱克修斯·史特拉特高普罗斯（Alexios Strategopoulos）率领一支包括库蛮人的小规模侦察部队，利用君士坦丁堡防卫戒备松弛之机，在1261年7月25日攻占此城，终结了享国57年的拉丁帝国。[476] 由此，库蛮人又在一起具有重大意义的事件中扮演了重要角色。

尽管君士坦丁堡再次被攻克，复兴的帝国不仅未能恢复在1204年的所有失土，而且也未重振其往昔的活力和威望。十字军对基督徒的沉重打击，不仅包括拜占庭，而且也影响整个东正教世界，从而导致了希腊与罗马教会之间的纠纷达到巅峰。同时，帝国也受到内部纷争和经济衰退的困扰，因而在面对外界压力之时很脆弱，陷入长期不可逆转的衰退进程。

自拜占庭帝国复辟之后，米海尔八世在1263—1264年、1270—1272年和1275年远征巴尔干地区之时，继续依靠库蛮军队。部署在小亚细亚的库蛮分遣队在东部边界防备伊克尼乌姆苏丹国可能发起的进攻。帝国与库蛮人的友好关系得到加强，且继续联姻，在安德洛尼卡二世（Andronikos II, 1282—1328）统治时期，巴列奥略王族的女孩与一位库蛮酋长的儿子塞特泽干（Sytzigan）成婚。[477]

不过随着时间变迁，库蛮人的角色被大大削弱。1292年，安德洛尼卡二世派遣库蛮军队抵抗伊庇鲁斯亲王，但遭失败。此外，库蛮人不辞而别，抛弃拜占庭军队，可能前往安纳托利亚。[478]拜占庭的军事实力削弱，甚至小股库蛮军队也会为希腊战略家所珍视。十四世纪三四十年代，在米海尔九世（与安德洛尼卡二世共享王位）要求之下，斯蒂芬·乌罗什二世（Stephen Urosh II Milutin，1282—1321）给他配备大约两千库蛮人，但他们从未还给塞尔维亚沙皇，因为他们要为笼罩在拜占庭政治舞台的内战阴云而未雨绸缪。[479]十四世纪早期的一位佚名地理学家，或许是多明我会或方济各会传教士，勾勒出东欧南部人口和政治结构，提及拜占庭西部边界的保加利亚人和库蛮人[480]，这显示出库蛮人并未沦为微不足道的角色。

尽管授予他们各种特权，并努力使他们定居和同化，但一些库蛮部落常常不可依赖。为了防止他们与来到多瑙河南岸的蒙古人联合，十四世纪五六十年代，库蛮人被各自分开，散落在色雷斯的爱琴海的三座岛屿上。[481]在古老的拜占庭大熔炉中，那些没有传统的族群和宗教团体在巴尔干文化空间中逐渐发生改变，形成新的组合，以希腊和东正教影响为标识，只留下了一些族名和地名上的痕迹。

类似情况也出现在保加利亚。第二帝国和库蛮人之间长期的军事合作，加上频繁的联姻,导致了瓦拉几人和保加利亚人之间,以及与图兰人之间相互渗透,这主要发生在社会上层,一直持续了数十年。罗马化的南部斯拉夫世界金字塔社会上层甚至早在阿森政权的形成时代就已注入了半游牧因素,延续至蒙古入侵之后。巴尔干半岛的库蛮人随着部落联盟的分裂,尤其是他们在黑海-里海地区的核心解体之后,人口减少。

帝国很多统治成员具有库蛮血统。在他们之中,乔治一世(George I Terter)在1279年娶了约翰·阿森三世之妹,被授予亲王爵位[482],然后在1279至1292年加冕为保加利亚沙皇。亲王埃尔提米(Eltimir),乔治一世的兄弟和沙皇狄奥多尔·斯维托斯拉夫(Theodore Svetoslav,1299—1322)的叔叔,以及十四世纪早期维丁亲王米海尔·希什曼(Michael Shishman)也拥有库蛮血统。[483]在博亚纳(Boiana)和波加诺沃(Poganovo)的双折画中提及一个"独裁沙皇"库曼(Kuman),但在其他资料中却未被证实。在第一幅双折画中他的名字排在乔治和泰尔泰尔(画家可能认为他们是两位不同人士,而实际上只有一个:乔治一世·泰尔泰尔)之后,在其后是狄奥多尔·斯维托斯拉夫,在第二幅双折画中他的名字夹在乔治和泰尔泰尔之间(画家又犯了同一错误)。[484]

在很长一段时间,所有拥有突厥血统的达官显贵自然而然基督化,被当地同化。阿托斯(Athos)圣山的瓦套普德(Vatoped)修道院有一枚小型镀金青铜制十字架,在其中铭刻着物主的名字:乔治·泰尔泰尔。在保加利亚王位中依次有两位沙皇有此名。不确定哪一位是十字架的所有者。实际上,前者在位超过12年,而后者统治时期很短(1322—1323),这一事实可能支持这样的假设:祭祀物品属于乔治一世[485],他因深谙基督教仪式而知名。

十四世纪后半叶,著名的统治者多布罗奇[Dobrotich,其都城在卡瓦纳(Cavarna)]之子也取名泰尔泰尔,这可能意味着多布罗加(Dobrudja)南部和保加利亚东北部的大公们可能与拥有库蛮血统的泰尔泰尔王朝有着联系。[486]多布罗奇的这个儿子被赋予锡列斯特拉市的统治权,据说在此世纪后半段中期曾发行过自己的货币。[487]

以上提及的保加利亚王朝统治者之名与顿涅茨河地区的一位著名的库蛮

人相似。他在1185年联合康契克汗与罗斯交战，其名拼写为Ter'trobich[488]，其原型被认为是Tertor-oba[489]。

库蛮人也对巴尔干地区的瓦拉几人施加重大影响。阿森兄弟和黑海-里海草原骑兵的持久联系也为卡拉扬和库蛮公主的联姻所巩固。塞尔维亚的瓦拉几人的命名体系采用的是库蛮（Cuman/Coman）名称，这在大约1220年和1321年的文件中得到证实。[490]这一名称可能指示命名人具有突厥血统，或是巴尔干地区的命名体系受到库蛮人的影响。

十四世纪后期或十五世纪早期的保加利亚文本展现出库蛮人在巴尔干地区英勇作战的场景，载于卡尔洛夫（Karlovǐ）图书馆所藏的一部法典中。该文本包含31个来自欧洲、亚洲和非洲民族的列表，并附有修饰短语，意指与动物世界有或多或少的比拟。库蛮人对应的是豹，法兰克人对应的是狮子，日耳曼人对应的是鹰，鞑靼人对应的是猎狗，保加利亚人对应的是公牛，瓦拉几人对应的是猫，塞尔维亚人对应的是狼，匈牙利人对应的是猞猁，雅西人对应的是牡鹿，等等。[491]

证实巴尔干库蛮人大名鼎鼎的另一个例子是他们在一部有关亚历山大的通俗小说（希腊文版本）中被提及。这部小说形成于土耳其人征服君士坦丁堡之前，现藏于维也纳（Codex vindob. theol. gr. 244）。穿越时空隧道，库蛮人在其他两个族群伴随之下从"北国"侵略菲利普二世统治下的马其顿。由于身患重病，菲利普二世将保卫王国的重任交给其子亚历山大。亚历山大打败了入侵者，但后来与他们保持友好关系。在这部小说的另一个插曲之中，我们看到库蛮人作为弓箭手参战，围困雅典。[492]佚名作者看来了解拜占庭当局与游牧骑兵的不稳定关系以及游牧骑兵的惯用策略。

尽管一些库蛮人避难于多瑙河下游以南地区，1239年，忽滩汗率领部落在国王贝拉四世许可之后定居在匈牙利。[493]他们必须改宗基督教，但未遵守教规[494]，这后来为其所作所为所验证。根据罗杰鲁斯［Rogerius，即托雷·马焦雷的罗杰（Roger of Torre Maggiore）］的估计，到此的库蛮士兵人数近四万人，包括其家属。随后他们被安顿在数地，不仅因为他们人数众多不能安置在一个狭窄紧凑的地区，而且也是为了将他们彼此隔开，因为他们可能破坏匈牙利的稳定,而将王国置于危险之中。

　　独断专行、毁坏庄稼等诸多恶行使得库蛮人在整个王国都不受欢迎,导致他们的忽滩汗被暗杀,因为他被怀疑与正在穿过匈牙利边界的蒙古人暗通款曲。刺杀库蛮人最高首领引发其同胞们的愤怒,他们决定前往保加利亚,而正是在贝拉四世最需要他们抵抗拔都汗之时却离开了他。[495]大约在1245年或1246年,他们返回匈牙利。贝拉四世在库蛮人的伴随之下入侵奥地利,库蛮人大肆屠杀,奴役数千人,臭名昭著。[496]1246年6月15日,尽管贝拉的敌人腓特烈二世（Frederick II）公爵（他在1241年蒙古入侵时的行为绝无骑士风度）在莱塔（Leitha）河战役中箭身亡,但战役并未以有利于匈牙利人而谢幕。[497]

　　这场战役的结束不仅对于奥地利,而且也对周边地区有着长期影响。腓特烈之死导致巴本堡（Babenberg）家族男性继承人绝嗣,引发对空缺王位的激烈角逐,匈牙利君主也在竞争者行列之中。他的抱负并不与奥地利贵族相一致。在经过近三年的空位期及巴登家族赫尔曼的三年统治之后,鄂图卡二世［Otakar（Ottokar）II Přemysl］作为王位继承人及未来的波西米亚国王,在1251年下半年被封为公爵。自从那一刻起,与声称拥有施第里尔［Styria,施泰尔马克（Steiermark）］以及奥地利其他领土的匈牙利邻居之间的冲突愈演愈烈,旷日持久,由此,图兰部队对于匈牙利王国而言是真正的帮助。

　　返回匈牙利王国的库蛮人向潘诺尼亚平原中部移民（图88）,那一地区在蒙古入侵时期惨遭蹂躏,人口凋零。根据1279年的王室法令,贝拉四世原本给予他们的封地在多瑙河和蒂萨（Tisa）河之间,蒂萨河的克里（Criş）河谷、穆列什（Mureş）河和克里河之间,蒂米什（Timiş）河和穆列什河之间。[498]1528年,英戈尔施塔特（Ingolstadt）的拉扎勒斯（Lazarus）出版的地图,证实了在多瑙河（Danubius flu.）与蒂萨河（Tyssa flu.）之间存在库蛮地区（Cumanorum Campus）。[499]制图数据利用了当时学术研究成果。奥喇呼斯（Olahus）的评论在此意味深长:在多瑙河和提伯河之间的北部平原被划为库蛮人定居点。[500]1570年,沃尔夫冈·拉泽斯（Wolfgang Lazius）绘制的地图显示库蛮地区在匈牙利中部，佩斯东南。在此地图之中，作者画了几只大小不同的牲畜[501]（图83），指出这一地区有发展畜牧业的巨大潜力。1579年，约翰内斯·桑蒲库斯（Johannes Sambucus）绘制的匈牙利地图也给人同样印象。与拉泽斯出版的地图一样，他的地图也被收入亚伯拉罕·奥特柳斯（Abraham Ortelius）著名的地图集中，在其中位于多瑙河和蒂萨河之间平原地区的大致相同地点上画了一群牛，而族名库蛮出现在更南面，在两条河流交汇处附近。[502]库蛮牧场在库蛮地区之中，出现在匈牙利（Hungaria）的地图上，也收录于1585年杰拉德·墨卡托（Gerard Mercator）在杜伊斯堡（Duisburg）所印制的著名地图册[503]，以及后来1626年斯皮德（Speed）[504]、1635年威廉·布劳（Willem Blaeu）[505]和1638年马修斯·梅里安（Mattheus Merian）[506]等所编的地图集中。伟大的意大利地理学家乔瓦尼·安东尼奥·马吉尼（Giovanni Antonio Magini）所设计的匈牙利和特兰西瓦尼亚（Hvngaria et Transilvania）地图，被收入1596年的威尼斯、此后1608年的科隆（Cologne）和1617年的阿纳姆（Arnhem）所印制的地图集中，在该地图中，库蛮地区的名称被再次使用。[507]

在上述地区发现数座库蛮人坟墓，可追溯到十三至十四世纪。[508]其中一些和在芬索森基兰（Felsöszentkirály）发现的一样，随葬品包括东欧样式的饰品（图89），反映出游牧民留恋传统服饰。[509]另一方面，在其他的墓中，当地的影响明显。例如在昆森特马尔托尼-杰克索帕特（Kunszentmárton-Jaksorérpart）之墓中，除了游牧民典型的马具配件之外，还有一把西方风格的双刃剑[510]（图86）。在乔约什（Csólyos）之墓的随葬品中，考古学家发现了一副头盔和铁链衣，这些是中世纪欧洲常见的军事装备。[511]

为了加强与纳入王国的图兰人的联系，贝拉四世让长子即王储与库蛮女孩订婚[512]，在受洗礼之后，她的名字是伊丽莎白，这显示新来者的特殊地位，万一蒙古再次入侵的话（这可预期），她们会非常有用。国王贝拉为了规避新入侵的压力，需要借助库蛮人的军力。

基于上述理由，图兰分遣队主要用于打击王国西部边界的敌人。他们频繁出兵，怨声载道。[513]甚至在鄂图卡（Ottokar）登基之前，即1250年，贝拉四世开始入侵奥地利，库蛮人沿着边界放火，在奥地利地盘烧杀抢掠。[514] 1252年，再度频繁行动，大批库蛮军队被派遣劫掠摩拉维亚（Moravia），在教区居民和牧师之中造成重大伤亡。[515] 同年，奥地利也记载了库蛮人的暴行。[516]

1253年，库蛮和匈牙利联军入侵奥地利和摩拉维亚，翌年，经过又一场战役，与鄂图卡公爵[517]（1253年加冕为波西米亚国王）达成和约。主教奥洛莫乌茨（Olomouc）在1255年提及1252—1254年中的一次入侵，当时他哀叹摩拉维亚的一座教堂遭亵渎，几近摧毁。[518]

1260年，"公爵"艾尔帕若（Alpra）集结大军与国王鄂图卡二世交战，其所率领的库蛮军队格外醒目。[519] 当然并非偶然，教皇亚历山大四世收到一封来自波西米亚君主的来信，告知敌军的构成，其最先提到库蛮人，这不仅排在斯拉夫人、塞克勒人（Szeklers）①、罗马尼亚人之前，甚至也排在匈牙利人之前。[520] 尽管兵多将广，贝拉四世还是在克鲁森布伦之战中惨败[521]，这在一段时间里，抑制了他的好战热情。此前凡由贝拉四世御驾亲征，或是侍臣率领重要的远征，无不败北。十三世纪四十年代，匈牙利军队两次入侵加利奇-沃伦公国（Halich-Volhynia Knezate），但在与当地王公军队对抗之后，在混乱中撤退。[522] 与拔都汗在莫希（Mohi）决战更是彻头彻尾的军事灾难，导致王国接连出现严重危机。1246年与奥地利公爵对抗，也遭大败。克鲁森布伦战役又是诸多败战之一，这凸显出贝拉缺乏战略艺术天赋。不过，除了与蒙古人交战之外，王国看来并未在这些失败中大伤元气。在与邻居对抗中保持攻势，这表明匈牙利王国拥有重要的自然资源和非凡活力。

尽管经历多次失败，贝拉对其图兰部队的依赖仍然没有改变。1260年，教会高层告诫他，库蛮人依旧缺乏信仰并公开反对教会。不过，贝拉立即恳求教会保持克制，指出与其所称的相反，库蛮人积极响应多明我会劝教。[523] 这同样也影响着贝拉与鄂图卡的关系，尽管双方签订了新和约，但这无疑也

---

① 译者注：塞克勒人，居住在特兰西瓦尼亚东部（现为罗马尼亚）的穆列什河和奥尔特河上游山谷中。

促使贝拉对库蛮人采取谨慎态度，尤其是他要仰仗库蛮部队的效力。库蛮人的宗教选择与王室的请求相去甚远。25年后，当时编年史料继续将在匈牙利的库蛮人称作"异教徒"。[524] 1284年[525]和1292年[526]，鲍尔什（Bars）县文件中特别提到几个图兰人的基督教派，显示出他们的改宗行动在当时不寻常。

1261年，贝拉四世被迫接受联合统治匈牙利，将王太子（rex iunior）头衔赐予其子斯蒂芬，并给予他多瑙河以东领土，而大多数库蛮人居住在那里，由此斯蒂芬也有着"库蛮王"（dominus Cumanorum）的称号。但此后不久，两位君主之间出现严重纠纷，贝拉撕毁了先前协议[527]，设法拉拢图兰人，由此库蛮分遣队参加了特兰西瓦尼亚的军事行动，王储逃跑，尽管他试图成为库蛮人的直接统治者，但却变为他们的平等合伙人[528]。

意识到他们在匈牙利王国军事组织之中享有特权，库蛮人不愿遵守基督教规，即使教会高层屡次告诫。在担任教皇的最后一个月，1264年7月，乌尔班四世（Urban IV）严厉指控库蛮人的不端行为：他们拒绝改宗，嘲弄基督教规，亵渎教堂，作恶多端乃至作奸犯科。基于这些理由，他要求匈牙利两位主教采用强硬措施终止这种局面，否则会陷入彻底混乱，导致罗马天主教会在匈牙利丧失权威。从该国驱逐出境被设想为对付那些违背基督教教规者的极端措施。[529]

在教廷（Curia）看来，随后几年局势未有任何改观。和贝拉四世一样，他的继承人斯蒂芬五世（1270—1272）想把库蛮人分散到王国各地以使他们更顺从，但遭到他们反对，只得放弃这一计划[530]，尤其是他不可忽视图兰骑兵抵抗外来军事对抗方面所做出的贡献。1270年前后，在远征奥地利之时，斯蒂芬五世仰仗大批库蛮军队，在史料中谈到匈牙利皇家军队构成之时，在匈牙利人之前提及库蛮人[531]，或甚至只提及库蛮人[532]。

翌年，匈牙利人和库蛮人挑衅滋事，掠夺和捕捉俘虏的行动又一次被记载于摩拉维亚和奥地利[533]，这让国王有机会补充罗斯人、拜占庭人、保加利亚人和罗马尼亚人作为兵源[534]。不过，他们在人数上远不能与库蛮人相比，库蛮有3万骑兵。[535]波西米亚国王进攻匈牙利西北部，迫使斯蒂芬五世在1271年7月与鄂图卡二世普列米索媾和，放弃对施第里尔（Styria）和卡林西亚（Carinthia）公国的领土要求。[536] 不过，中止敌视的时间不长。

在拉迪斯拉斯四世（1272—1290）登基那年，匈牙利和库蛮军队再次与鄂图卡二世发生冲突。[537] 1273年，他们入侵卡林西亚和摩拉维亚，引发强烈反抗，随后鄂图卡二世反攻至匈牙利西部。[538] 拉迪斯拉斯尚未成年，库蛮人自然利用王国肆虐的诸侯纷争而导致的混乱局面，对王国封地的居民施加种种恶行。

奥洛莫乌茨主教在1273年12月16日用德文撰写的教会现状报告也包括东邻的教会问题。在文中，他认为库蛮人是即将面临的威胁，会破坏匈牙利王国基督徒的稳定生活。他也认为他们的宗教习俗有害，可能给信仰基督教的当地人带来一些负面影响。除此之外，报告中提到在匈牙利王国异教徒和基督教分裂派猖獗[539]，这些措辞当然指的是斯拉夫人和罗马尼亚人的东正教徒。有人认为匈牙利王太后是库蛮人，国王与基督分裂派罗塞尼亚人（Ruthenians）①的联姻损害了教会的利益。[540] 摩拉维亚主教怀疑王太后，当然由于她在治国之时肩负雄心勃勃的责任，而其子尚未成年，故不能约束她的族人遵守基督教生活准则。

库蛮人跟随匈牙利国王联合哈布斯堡家族的鲁道夫与鄂图卡二世交战。库蛮人在1278年8月26日的杜恩克鲁特（Dürnkrut）[541] 之战中，扮演了重要角色。在此战之中，拉迪斯拉斯为其祖父十八年前在克鲁森布伦（Kroissenbrunn，位于摩拉维亚山谷，离杜恩克鲁特不远）之败雪耻。由于这场胜利，哈布斯堡家族除掉了一个危险的对手，完全接管了奥地利，这标志着其在欧洲政治舞台的崛起，在此后五百年里将扮演重要角色。

结束了与波西米亚和奥地利君主的长期冲突之后，拉迪斯拉斯四世决定着手解决匈牙利的库蛮人问题，因为几个库蛮部落依旧没有放弃传统生活方式，继续住在帐篷和毡房之中，过着游牧或半游牧生活。一些库蛮人没有受洗礼，而其他人只是在表面上皈依，但却遵循惯例，继续异教徒的偶像崇拜。顺应费尔莫（Fermo）主教与罗马教皇派驻匈牙利、波兰和库蛮尼亚的使

---

① 译者注：罗塞尼亚人指曾经臣属波兰、奥地利或奥匈帝国的任何乌克兰人（或小俄罗斯人）。

节菲利普坚持不懈的要求，匈牙利国王召集库蛮酋长尤出兹（Uzuz）和托隆（Tolon），要求他们接受定居生活准则、皈依基督教、放弃异教徒崇拜、归还劫掠品等。援引协议条款，1279年6月23日，君主规定万一破誓，他将开始大举远征，惩罚生活于兹的库蛮人，以迫使他们遵守法院和教会的决议。[542]

在菲利普主教的再三督促之下，在1279年8月10日的另一项法令中，国王强调库蛮人应当履行义务，这些为艾尔帕若、乌祖尔（Vzur，在6月23日法令中名为尤出兹）以及其他酋长所接受。为了让他们遵守誓约，要求七个库蛮部落每家每户必须提供一名人质，取消他们应征召入皇家军队的义务，确立司法特权的分离，命令他们释放境内所抓的基督教俘虏。[543]

尽管1279年颁布的两份法令措辞强硬，但拉迪斯拉斯四世放宽了规定。此外，每当有需要，他就会妨碍罗马教会使节的工作。当主教决定在布达（Buda）召开宗教大会之时，国王下令驱逐牧师，禁止商人向他们出售食物。[544]国王怀疑议会将采取决议反对他，但他错了，因为费尔莫主教菲利普和红衣主教只对遵守教规、宗教生活规则和保护教会财产感兴趣。[545]宗教会议并没有解决库蛮问题，但采取措施打击基督教分裂派。1279年9月14日决议颁布不久，费尔莫主教菲利普觉得不安全，离开布达，暂时住在波若尼（Pozsony，伯拉第斯拉瓦）。在那里，他使用教廷赋予的特权下令将拉迪斯拉斯逐出教会，封锁整个王国。[546]尽管如此，国王不愿缓和立场，导致教皇尼古拉斯三世愤怒干预。1279年12月9日，教皇立即向国王发表带有威胁性的讲话，提醒拉迪斯拉斯四世已起誓释放落入库蛮人手中的基督教囚犯，库蛮人将采取定居生活方式，皈依基督教，放弃穿戴传统服饰等种种承诺。

意味深长的是，就库蛮人执着传统而言，在教皇的信中，库蛮人代表大概接受了主教的几乎所有要求，唯独对剃须和剪发持有异议，因为他们认为这样做会失去他们的个性。[547]与此同时，诰谕国王应当遵从教廷使节的决定。为了实现这一愿望，在晓谕拉迪斯拉斯四世的同日，教皇向大主教、各主教、各宗教团体的代表及其他教士们，以及匈牙利的贵族们和平民们下诏，要求他们承诺不懈支持费尔莫主教菲利普的使命。[548]同时，他转向安茹王朝的查理一世（Charles I of Anjou）、西西里王国君主和哈布斯堡皇帝鲁道夫一世（Rudolf I of Habsburg），劝说他们向拉迪斯拉斯施加压力。[549]与此同时，鼓励教廷使节继续不妥协，解决匈牙利教会的难题，尽管主教本人面临真正的危险。[550]这绝非教廷的夸大其词，因为国王被革除教籍之后，他的库蛮情人坚持主张暗杀强硬固执的费尔莫主教菲利普。拉迪斯拉斯四世并未采纳这一建议，而是试图与教皇使节讲和，但一些事件的爆发引发新的紧张局势。由此，国王将费尔莫主教逮捕，让库蛮人负责看管他。那些反对他的贵族立即采取行动逮捕拉迪斯拉斯。[551]不过，两人很快都获释，国王同意对其不稳定的盟友及庇护者库蛮人采取措施。[552]

利用拉迪斯拉斯的软弱，1282年（一些历史学者认为是1280年）库蛮人大肆劫掠。拉丁-马扎尔编年史没有提及尤出兹、托隆或阿尔帕（Alpar）是他们的首领，相反指的是一个叫奥达米尔（El-tämür?）的人。[553]编年史和皇家法令指控库蛮反叛者对匈牙利君主有不忠的意图[554]，但是他们的反叛可能是因压力所迫：放弃祖传的生活方式和信仰，被剥夺了很多权利，被迫明确遵守定居生活方式和基督教信仰。

面对笼罩在王国的危险，拉迪斯拉斯四世进行积极干预。尽管他的军队遭受重创，但设法在霍德湖（Hood lake/Hód/Hódmezövásárhely）击败了对手。[555]在混乱之中，一些库蛮人弃家丢财，落荒而逃，在蒙古人地盘避难。[556]不过，国王不会放弃这一重要兵源，发起远征，抓获那些逃回匈牙利的库蛮人。根据1288年法令，库蛮人逃往鞑靼人边界地区，越过山脉，那是匈牙利国王的祖先从未抵达的地区。[557]这肯定是指喀尔巴阡山脉以外的罗马尼亚领土，靠近金帐汗国。

1285年，库蛮人加入蒙古入侵匈牙利和特兰西瓦尼亚的行列[558]，一些编年史声称这次远征是在图兰人的怂恿之下[559]，但这不大可能，因为在同一阶段，金帐汗国战略计划周详，进攻波兰和巴尔干地区，并不拘泥于地区利益。不过，留在阿尔帕德王朝的库蛮部队在1283年受命进攻奥地利[560]，此后在1284年与匈牙利军队一起进攻一处边境要塞[561]。翌年，在蒙古入侵之前，库蛮分遣队又接受一项重要任务。由于克拉科夫主教保罗发动反叛，威胁王位，波兰的莱泽克二世（Leszek II）被迫向匈牙利人求援。拉迪斯拉斯四世交给他一支由匈牙利人和库蛮人组成的大军，凭此，莱泽克在1285年8月2日击败反叛者，取得决定性胜利。[562]

镇压1280/1282年的反叛之后，最顽抗的分子离境，削弱了潘诺尼亚平原库蛮人的气势。不过似是而非的是，直到那时随和的国王拉迪斯拉斯四世却并不受基督教规则的约束，而是有点儿心仪东方习俗，这使得他亲近其库蛮臣民，因为他要保护自己，反对不顺从的贵族们。那些贵族拒绝承认其特权，由此将王国推向内战边缘。1287年，在蒙古人和穆斯林护卫及库蛮情妇们的前呼后拥之下，国王与部分贵族和高级教士展开水火不容的斗争，由此厄运降临。[563]编年史宣称1290年他被其库蛮朋友所杀[564]（图85），尽管这些史书备受推崇，但很可能暗杀是在贵族们授意和怂恿之下完成的，那些贵族憎恨他，这消除了将国家偏离到不可预测境地的危险。

加利奇-沃伦编年史的一个版本（*Ermolaevskiĭ spisok*）认为不仅库蛮人或波罗维茨人，而且罗马尼亚人也参与暗杀国王的活动。[565]拉丁-马扎尔编年史当然更有根据，并没有证实罗马尼亚人参与暗杀拉迪斯拉斯，只提及库蛮人。波若尼/伯拉第斯拉瓦（Pozsony/Bratislava）编年史甚至提到两个库蛮人的名字：阿布兹（Arbuz）和特泰尔（Turtel）杀死了匈牙利国王。[566]实际上，在那些参与犯罪阴谋人之中，提到罗马尼亚人也许因为他们敌视拉迪斯拉斯四世的政策：在国内亲库蛮人，在外交上亲蒙古人。一些罗马尼亚人并不喜欢匈牙利君主，可见于1288年埃斯泰尔戈姆（Strigonium）主教劳窦莫（Lodomer）写给牧师们、贵族们与锡比乌（Sibiu）和布尔萨县的撒克逊人、塞克勒人和罗马尼亚人的文件信函，信中呼吁他们反对不遵守基督教教规的国王，防止信使将消息传给鞑靼人。[567]

起初藏于维也纳的帝国博物馆，现作为遗产藏于布达佩斯的塞切尼图书馆（Széchényi Library）的插图编年史中的图像显示出其后裔所认为的拉迪斯拉斯四世的模样。不像匈牙利其他君主穿着西方服饰，库蛮人拉迪斯拉斯在这部十四世纪中叶编年史中的微型图里穿着东方服饰（图84）。教会敌视库蛮的服饰和习俗，认为这些是异教徒的象征，会玷污[568]当地人，带来危险。

拉迪斯拉斯的王位继承人安德鲁三世（1290—1301）是最后一位具有阿尔帕德血统的君主，也拥有库蛮军队，他既将他们派遣在1291年与奥地利的冲突之中（当时他也有罗马尼亚人和罗塞尼亚人的分遣队的支持）[569]，也在1298年派遣他们支持哈布斯堡的阿尔布雷希特（Albrecht）与其德意志对手交战[570]。同时也在其统治之下，库蛮人和匈牙利人袭击波兰，1300年，还劫掠了梅胡夫（Miechow）修道院。[571]

威尼斯人安德鲁三世去世之后，出现王位继承纠纷。1301年的卢卡（Lucca）的巴塞洛缪斯（Bartholomeus）的年鉴中提及库蛮人和鞑靼人，他们站在安茹王朝的查理·罗伯特（那不勒斯国王查理二世之子）的阵营中。[572] 不过，尽管得到他们的帮助，王位却落入波西米亚和波兰国王之子文策尔（Waclaw/Wenceslas/Václav/Vencel/Wenzel）手中，他也有继承权。六年之后，安茹（Angevine）王朝的代表加冕为匈牙利国王。遗憾的是，我们不知道库蛮人加强与声称拥有王位资格的意大利冒牌者之间的关系情况，也不清楚鞑靼人如何站到他们一边。人们可能推测库蛮人被迫加入附属于安茹系的领主集团。1304年，自波西米亚文策尔二世之子文策尔三世/拉迪斯拉斯五世（1301—1305）获得匈牙利王位之后，当时的编年史中也提及了库蛮军队。[573]

十四世纪，库蛮轻骑兵在匈牙利的安茹王麾下作为突击部队继续扮演重要角色，在几场大战中声名显赫。1322年，当神圣罗马皇帝（Roman-German king）兼奥地利公爵"美男子"腓特烈三世以及其兄弟亨利（Heinrich）入侵巴伐利亚之时，因曾与安茹的查理一世（Charles I Robert，1308—1342）合作，也依靠匈牙利和"异教徒"分遣队[574]，后者名称是由佚名年代编年者提供的，显然指库蛮人，他们也作为匈牙利第一安茹王朝军队构成被记载在其他资料中[575]。1324年，当皇家军队深入特兰西瓦尼亚镇压撒克逊人反抗总督托马斯塞切尼（voivod Thomas Szécsény）的运动之时[576]，军中也包括库蛮人[577]。波兰的"矮个子"瓦拉迪斯拉斯一世在1330年进攻普鲁士的条顿骑士团，一支由匈牙利人和库蛮人组成的分遣队被派来支持他。这些地区被蹂躏了四日，迫使骑士团的宗师（great master）沃纳·冯·奥塞尔恩

(Werner von Orseln）与波兰君主媾和。[578]

不过，库蛮人并非百战不败。1330年9月，库蛮人伴随查理·罗伯特远征瓦拉几亚，意在将巴萨拉布（Basarab）置于马扎尔人的宗主权之下，由此，库蛮人有机会返回一个世纪之前其祖先拥有之地。罗马尼亚人撤回山区，随后打对方一个措手不及，皇家军队被几近全歼，君主只身幸免，贵族们战死。据载，库蛮人陷入不能发挥其战术的境地，伤亡惨重。[579]有关1330年11月9—12日战场位置，在中世纪研究专家们之中引发激烈争议。在所有的假说之中，较为可信的是最近的观点，巴萨拉布在瓦拉几亚西端的塞巴林巴纳特（Severin Banat）关口击败了查理·罗伯特的军队。[580]

尽管在一个接受基督教生活准则近250年的国度定居了数十年，且一直是传教事业的目标，库蛮人在规避劝教压力方面获得或多或少的成功。他们大体上皈依基督教是由路易一世（1342—1382）的护教士在安茹王朝统治时期完成。[581]不过到那时，相当数量成员早就受洗礼，在不同资料中均有记载。

潘诺尼亚草原出土的几座坟墓的调查展现出库蛮人当时的生活。早在十九世纪，在巴洛塔普斯塔（Balotapuszta）、乔约什（Csólyos）、基吉斯普斯塔（Kigyóspuszta）、伊诺卡（Inoka）、芬索森基兰［位于基什孔县（Kiskun county）］、耶尔罗特雷克［Erdötelek，位于赫维什县（Heves county）］、浩茂克（Homok）、昆森特马尔托尼-杰克索帕特［位于索尔诺克县（Szolnok county）］和本库特［Bánkut，位于贝凯什县（Békés county）］就已确定那些坟墓，其中大部分位于多瑙河和蒂萨河所划分地域（图88）。它们中的随葬品丰富，有兵器、珠宝、服装和马具配件，其中一些是由自己的工匠制作，其他的由周边民族所制。这些表明库蛮人依恋草原生活传统，但也受到外来影响。第一代骑手的随葬品包含很多从欧洲东部带来的配件。停止与草原世界接触，在基督教主导的当地文化施加更强有力影响之下，库蛮墓葬品中的独有特征逐渐削弱。[582]

潘诺尼亚草原（而那正是库蛮人曾经活动的区域）的考古调查显示出草原传统保留了下来，畜牧经济流行于十四世纪。另一方面，受洗礼的库蛮人坟墓群环绕着乡村教堂，异教仪式的某些残留痕迹反映在随葬品中（图86、87、89）。半游牧生活特征直到接下来的几个世纪才消融，图兰社会失去族裔认同，完全融入当地社会。[583]

在高加索北部地区，库蛮人与雅西人比邻而居大约两个世纪之后[584]，命运再次交织在潘诺尼亚平原，自蒙古入侵之后，他们的部落被迫迁徙。匈牙利王国的库蛮人和雅西人被安顿在中部（图88）。其核心区属于雅西人，即所谓的亚斯萨克（Jászság），位于大库蛮尼亚①和蒂萨区西部，中心是亚斯贝雷尼（Jászberény）。多瑙河中游流域的其他县也发现源于其族群[Eszlar,亚斯法鲁（Jász-falu）以及其他包括亚斯（Jász）名字的]的地名。[585]

十四世纪的巴尔干半岛西北部，雅西人，即所谓"斯拉沃尼亚"（Slavonia）的族群连同保加利亚人、库蛮人等一起被提及。[586]

匈牙利的雅西人始载于1318年和1323年颁布的文件中，以后次数增多。1323年3月8日的法令授予他们特权。查理·罗伯特签发的皇家法令也显示出其命名体系，因为它命名了这一族群的代表：佐坎之子拉尔赞、弗杜之子伊瓦尚、凯斯基恩之子德米特里乌斯、安布尔坦之查雷斯、古布尔之子德米特里乌斯、比格赞之子斯蒂芬努斯、莫克尊之子普卢斯、查坎之子安德烈亚斯、艾乌斯德姆之子扎卡兰和乔治乌斯、凯扬之子德米特里乌斯、库尔曼之子斯蒂芬努斯、胡兹、阿尔潘、祖阿甘之子安德烈亚斯、卡亨之子扎杜克、马加尔之子乔治乌斯、查马兹之子彼得鲁斯（Larzan filius Zokan, Iwachan filius Furduh, Demetrius filius Keskene, Chareth filius Ambultan, Demetrius filius Gubul, Stephanus filius Beegzan, Poulus filius Mokzun, Andreas filius Chakan, Zakaran et Georgius filius eiusdem, Demetrius filius Keyan, Stephanus filius Kurman, Hurz, Arpan, Andreas filius Zuagan, Zaduk filius Kalhen, Georgius filius Magar, et Petrus filius Chamaz Jazones），都是我们忠实的信徒。[587]在名单中，18个地区（Jazones）有超过一半属于典型的基督教名字，而提到所有人的

---

① 译者注：大库蛮尼亚是匈牙利的一个历史地理概念，位于索尔诺克（Szolnok）与德布勒森（Debrecen）之间的地区。

父母均为非基督教名字，显示出那些拥有皇家特权的库蛮人已经皈依基督教，暗示他们正在融入当地社会。几年之后，其中一位首领桑德尔［Sandor（Sandrinus Capitaneus Jazinorum）］在外交活动中被提及。[588]

与库蛮人一样，雅西人也参加军事行动，但他们参加远征被证实只出现在极少数情况之中，这意味着他们所提供的人数较少。其中，1383年记载他们与匈牙利人、罗马尼亚人加入由埃斯泰尔戈姆大主教、勃兰登堡（Brandenburg）选帝侯（prince-elector）、未来的匈牙利国王和神圣罗马帝国皇帝西吉斯蒙德（Sigismund）所率领的浩荡大军，在安茹的路易一世死后的波兰王位空位期，攻克了克拉科夫（Cracow）。[589]

根据1365年6月30日在卢戈日（Lugoj）颁布的公文，雅西士兵受到重视，因为国王路易一世将所有雅西人囚犯作为礼物送给尼古拉斯·康斯（Nicholas Konth），后者在战胜维丁沙皇国①中声名鹊起，经过仅仅四天的围城，6月2日迅速占领其都城。在为沙皇伊凡·斯特拉希米尔（Ivan Strashimir）效力之时，雅西人是唯一勇敢抵抗路易所率优势兵力进攻的部队。[590]雅西人分遣队数十年来一直由保加利亚人支付酬金。1330年维尔巴兹德（Velbuzhd）战役，被塞尔维亚人消灭的沙皇米海尔·希什曼的军队之中就有罗马尼亚人、黑鞑靼人和雅西人。[591]

十四至十五世纪，有关潘诺尼亚草原中部地区的数项法令在相同的情况中记载了雅西人和库蛮人，这两个族群有着类似的权利和义务。其中一些文件用术语"非利士人"（Philistines）指雅西人，这取自圣经，也许是由于其年代久远或他们希望维持古老的宗教习俗。[592]在1365年6月30日的文书提及Philistei seu Jazones（非利士人之地）之时，这两个族名类似就已很清楚。[593]几乎相同的描述也可见于卢森堡的西吉斯蒙德在1425年整理的文件之中。[594]德意志旅行者赫伯斯滕的西格蒙德在1551年访问匈牙利，在谈论匈牙利的族群多样性之时，证实了雅西人和"非利士人"相同。[595]简·多古兹（Jan Długosz）在这方面也很清楚，因为他提出伊朗语部落的名称与雅西（Iași）

---

① 译者注：维丁沙皇国，14世纪后期保加利亚第二帝国分裂后形成的国家（1371—1396）。

城名称之间的派生关系：贾斯基·塔尔格……又名非利士人（Jaszky Targ… alias Philistimorum <Philistinorum> Forum）。[596]在一些编年史中，同时列举匈牙利（Vngerlant）的雅西人（Jassen）和"非利士人"（Philistei）作为族群[597]，这显然是错误的。

最普遍的观点认为，雅西人移居匈牙利与忽滩汗率领库蛮人因拔都汗深入钦察大草原而被迫逃亡是同时发生的。不过，就我们看来，很难解释当地外交资料为何未记载雅西人曾在这个王国停留近80年的历史。书面资料的这一空白可由考古挖掘所弥补。到目前为止，在最大的雅西人墓地之中，靠近亚斯多茨（Jászdózsa）的奈格札剌斯（Négyszállás）的墓地（1号），调查了454座坟墓，有数座可明确追溯到十三世纪后半叶。[598]这一年代推定是准确的，其准确性依赖于前蒙古帝国时代一只古老的罗斯小十字架[599]和两枚贝拉三世（1172—1196）时代以后穿孔的钱币。它们不再流通，只作为垂饰品使用。[600]

根据我们的看法，1300年左右，这一支具有伊朗血统的部落可能已经深入匈牙利王国，当时阿兰人跟随那海（Nogai）及其子恰卡（Jögä）的军队抵达多瑙河下游。[601]在其主人被击败之后，阿兰人觉得应该离开金帐汗国领土。据记载，当时大批阿兰分遣队向拜占庭领土进发。[602]不过，他们的同乡可能也被允许留在潘诺尼亚草原。雅西人小规模地重复其萨尔马特人（Sarmatian）祖先的迁徙运动，而那发生在大约一千年之前的多瑙河中游。[603]

雅西人人数少于库蛮人，更易被匈牙利人同化。不过，十六世纪文本指出当时匈牙利仍有人使用雅西土语。在此，尼古拉斯·奥喇呼斯与格奥尔格·韦恩赫尔（Georg Wernher）的评论具有启发意义。前者在当时生活于匈牙利的"民族"中就列出"雅西人"（Jaszigs）[604]，后者证实当时他们使用自己的语言："现在匈牙利人中还存在着雅西部落，自称为雅西人，仍然保留着自己的血统和独特的语言。"[605]英国学者也知道在多瑙河和蒂萨河之间的匈牙利领土上保留着雅西人语言，天文学家爱德华·布雷若伍德（Edward Brerewood，1565—1613）在伦敦出版（去世一年后）的一部著作中就如此认为。[606]

如果从语言方面来说,部分雅西人有其身份认同,那么在信仰上他们完全信守基督教准则。最近亚斯扎戈(Jászágó)的考古挖掘了教堂及其周围的墓地,这证实了在十四至十六世纪雅西人宗教生活已经遵守罗马天主教的共同规范,但仍旧保留着北高加索传统葬礼的一些特点。[607] 有假设认为除了源于雅西人名字的地名,马扎尔语言中一些源于西伊朗的术语可能也来自他们。[608]

尽管在蒙古入侵中遭到杀戮,相当规模的库蛮人在黑海-里海草原存活下来。他们被十三至十四世纪曾穿越这一地区的如下外国旅行者证实属于金帐汗国的一部分:柏朗嘉宾(John of Plano Carpini)、鲁布鲁克、伊本·白图塔等。其他资料也证实了直到十四世纪在黑海北部保留着库蛮语言。[609] 与此同时,在上述地区发现的一些坟墩可追溯到十三至十四世纪,其葬礼具有典型的图兰晚期风格,显示出虽库蛮人早已失去独立,但这仍旧通行于库蛮社区。[610]

就黑海北部社群的延续性而言,地图资料提供不了什么线索。起自十四世纪且延续到下一世纪,在许多意大利和加泰罗尼亚的地图以及波托兰海图(portulan)①中,库蛮尼亚往往是位于亚速海以北的一座城市[611](图78—80)。这些图可能以更老的地图为底本,而在那里,库蛮尼亚作为一个地区存在[612],尽管其独特含义未能被准确理解。实际上,十二世纪中叶,阿拉伯地理学家西西里岛的伊德里西(Idrisi)所编撰的罗杰尔之图(Charta Rogeriana)以及附属文本之中,人们发现在沿海地区,除了库蛮尼亚之外,还有白库蛮尼亚之城和黑库蛮尼亚之城[613](图64)。遗憾的是,很难确定伊德里西著作与十四世纪地图之间的联系。尽管在亚速海北岸标有库蛮尼亚城(实际上不存在),后来的中世纪地图和波托兰海图并没有继续绘制这一地区的突厥飞地,而仅仅生硬地复制了先前制图中所描绘的内容。

不言而喻,由于钦察大草原隶属于蒙古酋长,库蛮人被剥夺了大部分财

---

① 译者注:波托兰海图,"波托兰"一词源自拉丁语"Portolano",原指用文字编制的航海指南书,由于这类书籍中通常都附有航海图,后来人们逐渐用"波托兰"来表示中世纪航海图。

产，主要包括牛、马畜群。叙利亚编年史者乌马里（1301—1349）从阿拉伯商人那儿收集到相关信息，非常熟悉黑海-里海地区的族群和人口状况，向我们提供了库蛮人相当阴暗的画面。他们呈现出原始野蛮的层面：食物短缺，衣着原始。他们继续从事畜牧业，不从事农业。迫于生计，他们陷入卖儿卖女的境地。[614]乌马里还说由于身体强壮和拥有战斗品质，他们深受埃及苏丹和埃米尔的青睐，由此，这些人尽可能买到大批"马穆鲁克钦察人"作为战士使用。[615]由于奴隶贸易在各地获利颇丰，蒙古主人自然毫无顾忌地出售其属民。在这种情况下，为马穆鲁克军队服役的奴隶们状况得到相当程度的改善，因为他们在埃及-叙利亚社会被赋予了特权。

留在黑海-里海草原的库蛮人作为金帐汗国臣民也做出军事贡献。例如，1259—1260年冬季，当蒙古人入侵桑多梅日（Sandomierz）和克拉科夫之时，随同的就有库蛮人。[616]像这样的军事合作一定很多，但是文件却未能记载下来。

在一段时期的欧洲东部，游牧的图兰人被迫为汗效力之时，在远非其家乡的其他地区，他们至少有几年加入蒙古人对手的阵营之中。在钦察大草原，一个名叫喀喇松格（Qara-sonkor）的居民在巴格达哈里发军队中任通讯指挥员，当时正值1258年旭烈兀开始进攻阿拔斯王朝都城。[617]另一方面，当蒙古人攻陷巴格达之时，俘虏了"希腊、阿兰、钦察的男孩"奴隶及各族女性奴隶。[618]这些年轻人可能作为奴隶被带到那里，由此可能成为哈里发军队的士兵。

几年之后，在一个急剧变化的政治环境中，一位宠臣告诉旭烈兀来自钦察的数千名突厥人继续生活在此前为哈里发统治的地区，建议使用他们打击金帐汗国。[619]遗憾的是，我们没有关于喀喇松格及其同乡如何来到阿拔斯哈里发军中效力的资料。不过，基于一个有根据的假说，我们认为合理的解释是他们要么在蒙古入侵钦察大草原时沦为逃亡者，要么像马穆鲁克守卫的士兵那样，是在黑海或里海海岸的奴隶市场中买到的。意大利商人在地中海区域交易中提及库蛮奴隶，这一直延续到十四世纪。[620]

在中亚喧闹的族群混杂状态中，蒙古铁骑的惊雷早已驱散了突厥各部落联合寻求自主的倾向，库蛮人却一直延续了下去。十四世纪后半叶欧亚草原在政治舞台前台催就出了有才干的瘸子帖木儿（Timur Lenk）。在其军中，钦察埃米尔和分遣队往往平步青云。[621]其中一部分来自从蒙古帝国分离出去的察合台汗国。在十四世纪前半段也可以发现库蛮元素。在宏伟壮观的坟墩考古发掘出墓葬，死者枕北朝南躺着，随葬的有兵器（箭、刀）、马具（马嚼子、马镫）、珠宝（耳饰、腰带、垂饰）、钱币等。此外，公羊骨按照礼仪摆放。[622]

库蛮人奴隶被卖至库尔德人的阿尤布王朝的埃及与叙利亚诸苏丹们，此后时来运转，平步青云，崛起为军队精英。这一部队成员被称为"马穆鲁克"（Mamluks），来自阿拉伯语mamluk，意为"奴隶"。从黑海流域到黎凡特市场的奴隶输送在前蒙古时期一直相当活跃。不过，在蒙古入侵之后的1236—1242年奴隶输送更为活跃，这是因为草原新主人在黑海以北捕获大批俘虏。1250年，库蛮人占优势的马穆鲁克反抗其主人，夺取苏丹国的领导权，其王朝延续到1517年埃及被奥斯曼帝国吞并时为止。马穆鲁克中占优势的突厥成分不仅见于各种东方史料，也呈现在对这些墓地的人体解剖中。[623]

使用源于相邻地区的军事力量成为阿拉伯伊斯兰东方的流行做法。甚至在九世纪前几十年统治突尼斯的易卜拉欣一世（Ibrahim I al-Aglab）和统治阿拉伯西班牙的哈卡姆一世（Hakam I）的时代就证实已使用奴隶士兵。阿拔斯王朝的著名哈里发哈伦·拉西德（Harun ar-Rašid）之子穆阿台绥姆（Al-Mu'tasim，833—843）统治时期就普遍使用这类兵员。[624]

在近东，招募军事奴隶渠道是通过战俘、贸易或朝贡网络输送。意在锻炼成精英部队，他们领取高薪，享有特权以换取对其首领的绝对忠诚。在中亚和近东，突厥人是奴隶先遣队的重要来源，但使用他们对于掌权者而言有着太阿倒持的危险。觉察到他们所效力体制的运转失灵，军事奴隶们有时胆敢推翻其主人，在一些伊斯兰东方国家接管政权。甚至在马穆鲁克护卫队起事成功以前，突厥军事奴隶就曾成为王朝的开创者：埃及的图伦王朝（Tulunids），阿富汗、伊朗和印度北部的哥疾宁王朝（Gaznevids），花剌子模的花剌子模沙以及后来在印度北部的德里"奴隶王"。[625]

十三至十四世纪，马穆鲁克君主对金帐汗国的兴趣体现在政治和宗教层面，显示出他们眷念故土。埃及苏丹有兴趣维持与黑海北部地区的关系也有务实的一面：他们珍视其血亲的军事素质，尤其与伊利汗国的蒙古人发生激烈纠纷之时格外仰仗其血亲的力量。十三世纪后半段伊利汗国主宰了近东的政治舞台。[626]

我们要感谢一位当时的希腊编年史学家，他睿智、学识渊博，出于对钦察大草原居民的兴趣，试图做出学术解释。他的理论反映了拜占庭思想体系中关于气候对人类影响的某些发展趋势，这预演了孟德斯鸠的理论[627]以及现代地理决定论的观点：“的确，地球存在两种相反气候，北方气候和南方气候。由于一些天生力量，作用于身体和灵魂的性情，也以矛盾的方式作用于气质：这有着显著差异，不仅在不同地区无理性的生物之间，而且也在不同地区的人们之间。的确，在北方，动物是白色的；在南方，它们是黑色的。北方人愚蠢，几乎无理性：不懂逻辑科学知识，缺乏智慧，没有生活方式及艺术品，不能区分人类和无理性的生物的其他活动。不过对此做出弥补，北方人勇敢，知道如何打仗，随时准备进攻任何冒犯他们的人，他们不假思索，彼此撕打。他们兴高采烈，献祭给战神（Mars）。在南方恰恰相反。南方人在处理政治、艺术、逻辑科学等问题及决策时得心应手，消息灵通，令人钦佩；不过，他们不愿努力和战斗，倾向懒散，宁愿安贫乐道，而不愿为获得更多而付出努力。一位自然科学研究学者将这些现象归因于太阳：在北方日照少且短，不能温暖培育智慧的头脑，但却强化皮肤，给四肢以力量；而太阳照晒在另一边，以热量培育智慧，但弱化四肢的能力。自然科学知识指导我们，灵魂随着身体而变化。”[628]乔治斯·帕奇梅雷斯（Georgios Pachymeres）的上述观点既来自拜占庭战略家在使用斯堪的纳维亚、俄国和英格兰雇佣兵的经验，也来自图兰人主宰的草原地区，他们为埃及和叙利亚苏丹们所用。

蒙古人对库蛮部落联盟实施毁灭性打击之后，库蛮残部继续成为罗马天主教劝教的目标，多明我会和方济各会是主力。十三至十四世纪，罗马教会对于这两个教派发布一长串的系列法令确保他们能够完成使命，"库蛮之地"（terra Cumanorum）是他们经常赋予特权的地区之一。[629]由于缺乏补充资料，我们不能准确定位这一地区，这个术语既适用于金帐汗国的黑海-里海地区，也适用于喀尔巴阡山脉以外的地区。1253年1月，教皇英诺森四世在佩鲁贾签发的旨令在这个意义上是一例外，它面对的是库蛮教区的多明我会教士，督促他们留心库蛮人改宗的要求。[630] 我们发现这一地名不太可能用来指萨莱（Sarai）汗管辖之地，当时他们不会容忍其新臣民主动改宗，这无疑使得那些臣民倒向敌对方。救世主教义吸引的库蛮人"国家"更有可能是喀尔巴阡山脉以外地区，也许是奥尔泰尼亚，该地为蒙古人控制，但并未直接占领。十三世纪前二十五年证实了那一地区存在库蛮人。他们选择新的信仰是出于历经艰难之后的深思熟虑，迫于生计，他们放弃祖辈的习俗。

库蛮人长期逗留在喀尔巴阡山脉与德涅斯特河之间以及喀尔巴阡山脉与多瑙河之间的地区，间接接触罗马尼亚人，相互影响。库蛮人定居在摩尔达维亚和瓦拉几亚南部平原，尤其是布贾克，该地区被佩切涅格人和乌古斯人从当地农业社会所夺取（图52）。库蛮人在这些地区集结之后向北迁徙，沿着河道寻找不受酷暑困扰的丰美牧场。他们主要住在帐篷和大车上，因此考古不易追踪，后来库蛮人留下的唯一痕迹是墓葬群（图92）。其中大多数属于坟墩，经常东西朝向，而佩切涅格人和乌古斯人恰恰相反。实际上，这些坟墓通常以孤立或成群分布在较小墓地，显示出游牧民定居点持续移动，通常小规模迁徙。

库蛮人四处游荡施暴，破坏了当地的稳定，给喀尔巴阡山脉以外地区人口分布带来冲击，这使得该地区在十二至十三世纪人口继续处于散居状态。罗马尼亚人迁移到山区以及由密林构成的屏障地区，不得不交纳贡金。当然整个东欧和东南欧担忧公开对抗那些好战部落的风险，而当时罗马尼亚社会仍处于政治组织的不稳定状态。

在生活方式、经济和社会结构、信仰规范等方面，当地人与外来社区存在巨大差异，仍旧阻碍他们之间正常交往。不过，在不同领域建立了某些联系。一些库蛮人逐渐定居化，并被当地同化。中世纪和现代命名体系包含一些库蛮名称：Balaban、Basarab、Coman、Talabă、Toxabă等。基于名称巴萨拉布（Basarab）的突厥语词组与保加利亚帝国具有库蛮血统的泰尔泰尔（Terters）王位的假定类比，一些历史学家主张独立的瓦拉几亚国的开国者也具有突厥血统。[631]当然这一观点并非完全空穴来风。不过，就这一问题，人们也应当考虑到有可能在后期库蛮支配阶段，"巴萨拉布"名称才被当地命名体系所采纳，如作为族名，库蛮不仅被罗马尼亚人，也被其他民族采纳。瓦拉几亚和摩尔达维亚的罗马尼亚上层社会曾使用古老的源于库蛮的名字，这在十四世纪末至十五世纪早期最古老的诉讼法令中被证实，显示出库蛮人促进罗马尼亚上层的形成。不过，这些名称也在下层成员中使用。[632]

俄罗斯和乌克兰地区也采用相当数量的古老突厥词源，这完全顺理成章，因为基辅罗斯和突厥语游牧民诸如佩切涅格人、乌古斯人、贝伦代伊人、库蛮人等之间长期有着各种交往。除了频繁交战之外，罗斯与这些部落发展出复杂关系，这也是数世纪以来比邻而居的结果。由于政治和军事合作，贸易往来，东斯拉夫人地区中存在着一些突厥飞地，这些因素共同促进了在生活方式、职业、社会和政治体系、宗教信仰、物质和精神文化方面截然不同的各个社会之间的重要来往。古老的语言文献认为罗斯人名诸如布尔加科（Bulgak）、布纳斯（Burnaš）、苏塔戈（Sutyrga）为突厥语词源，也会添加突厥语社会使用的诸如Ala-、Akhmat、Balaban、Kyzyl、Kasim、Kypčak、Mamai、Mansur、Murat、Saadak等其他名字。[633]

根据我们的看法，这些名字可能在金帐汗国时代使用，因为一大批突厥名字也被鞑靼人使用。巴斯卡阔夫（N.A. Baskakov）认为库拉金（Kurakin）、布尔加科夫（Bulgakov）、达什科夫（Dashkov）、巴特林（Baturlin）、切戈罗瓦克（Cheglovok）、萨布罗夫（Saburov）以及在文化史和政治史中发挥重要作用的屠格涅夫（Turgenev）和库图佐夫（Kutuzov）应当被列入突厥语源的俄国名字表中。屠格涅夫和库图佐夫可能分别源于术语屠格（türgen，意为"快，迅速"）和库图（gutuz, qutur，意为"暴怒的"）。[634]

如同在匈牙利、保加利亚、马其顿和乌克兰等地区一样，在罗马尼亚也有着众多地名以及河流名称来源于古老的突厥词源。一些地名源于库蛮人或图兰人的名字：Coman、Comana、Comănăuți、Comăneasa、Comănești、

Talabă、Tocsăbeni、Vadul Cumanilor，等等。考虑到喀尔巴阡山脉以外地区，正如西伯利亚和中亚一样，也有河流名称带有ui/lui，意为"河/流域"，必须承认这些是图兰语借词。带有这些名字的河流相当频繁地出现在瓦拉几亚和摩尔达维亚：Bahlui、Băldălui、Bărlui、Bănăgui、Călmăţui、Călui、Covurlui、Derlui、Suhurlui、Teslui、Turlui、Urlui、Vaslui，等等。遗憾的是，目前的研究不能确定这些词汇是来自佩切涅格人、乌古斯人或库蛮人，还是来自所有这些图兰部落的语言贡献。此外，在一些确定来自突厥语源的罗马尼亚语言中，对于一些常见词汇的准确来源仍有争论。[635] 因为没有明确的分离标准，在某些情况中即使可能，也很难将佩切涅格人和库蛮人的词源与鞑靼人或奥斯曼突厥词汇区分开来。

在有突厥词源的俄罗斯语、乌克兰语和保加利亚语中也遇到类似困难。鉴于库蛮人在黑海以北和巴尔干半岛东北部居住了相当长的时间，比起其九至十一世纪的游牧先辈逗留时间更长，可以设想库蛮人对当地语言做出了重要的贡献。

■ 注释

[1] G. Györffy, "A kun és komán népnév eredetének kérdéséhez," *Antiquitas Hungarica*, II, 1948, 1-2, pp. 158-176; O. Pritsak, "The Polovcians and Rus'," *AEMA*, II, 1982, pp. 321-335; A. Pálóczi Horváth, *Hagyományok, kapcsolatok és hatások a kunok régészeti kultúrájában, Karcag*, 1994, p. 105 ff.; P.B. Golden, "Cumanica IV: The Tribes of the Cuman-Qipčaqs," *AEMA*, 9, 1995-1997, pp. 101-102; I. Vásáry, "Népnév és néptörténet (kun/kuman, kipcsak, kangli, tatár)," in *A Kárpátmedence és a steppe*, ed. A. Márton, Budapest, 2001, pp. 186-189.

[2] B.M. Biró, "The «Kipchaks» in the Georgian Martyrdom of David and Constantine," *Annales Universitatis Scientiarum Budapestinensis de Roland Eötvös nominate, Sectio linguistica*, IV, 1973, p. 164. 也参见P.B. Golden, *An Introduction*, p. 273。

[3] Guillelmus de Rubruc, *Itinerarium*, in *Sinica Franciscana*, I, *Itinera et relationes fratrum minorum saeculi XIII et XIV*, ed. A.v.d. Wyngaert, Ad Claras Aquas (Quaracchi-Florence), 1929, p. 194; *The Mission of Friar William of Rubruck. His journey of the court of the Great Khan Möngke, 1253-1255*, trans. P. Jackson, London, 1990, p. 105. 英国哲学家和科学家罗杰·培根（Roger Bacon，约1214/1220—约1292/1294）援引这位佛兰德方济各会士的研究，选其评论第一段（Et haec terra fuit tota Cumanorum, qui dicebantur Captac），但他将Valana 与Alania 联系起来就发生了错误（参见Roger Bacon, *The "Opus majus"*, I, ed. J. H. Bridges, Oxford, 1897, p. 358），因为他并不知道德意志语称库蛮人为"Valwen"。

[4] Hayton, *La flor des estoires de la terre d'Orient*, in *Recueil des historiens des Croisades. Documents arméniens*, II, Paris, 1906, p. 227.

[5] S. Dörper (ed.), *Die Geschichte der Mongolen des* Hethum von Kyrykos *(1307) in der Rückübersetzung durch* Jean le Long, *Traitiez des estas et des conditions de quatorze royaumes de Aise (1351)*, Frankfurt am Main, 1998, p. 352. In Jean le Long d'Ypres's translation the respective passage sounds as follows: *Ceste nation de ces Commains appellons Capcap es parties d'Orient (ibidem).*

[6] Rašid-ad-Din, *Sbornik letopiseĭ*, I, 1, trans. L.A. Khetagurov, ed. A.A. Semenov, Moscow-Leningrad, 1952, p. 84; K. Jahn, *Die Geschichte der Oguzen des Rašid ad-Din*, Vienna, 1969, pp. 25-26. 除了钦察之外，这部著名的波斯史书也偶尔使用"昆"。参见K. Jahn, *Die Frankengeschichte des Rašid ad-Dîn*, Vienna, 1977, p. 53。

[7] Aboul-Ghâzi Bèhâdour Khan, *Histoire des Mongols et des Tatares*, II, ed. Desmaisons, St. Pétersbourg, 1874, pp. 18-19.

[8] P. Pelliot, "Sur la légende d'Uguz-khan en écriture ouigoure," *T'oung Pao*,

XXVII, 1930, pp. 281-282; M. Mollova, "Sur certains orientalismes en bulgare et serbocroate," *Zeitschrift für Balkanologie*, 37, 2001, 2, pp. 174-175. 与这一观点相反的，参见 R. Nour, *Réponse à un article de M. Paul Pelliot sur l'Oughouz-namé*, Alexandria, 1931, pp. 16-17。

［9］ J. Marquart, "Über das Volkstum der Komanen," in W. Bang and J. Marquart, "Osttürkische Dialektstudien," *Abhandlungen der Königlichen Gesellschaft der Wissenschaften zu Göttingen, Phil.-hist. Kl.*, NF, XIII, 1, 1914, pp. 173-186; A. Ponomarëv, "Kuman–polovtsy," *Vestnik drevneĭ istorii*, 3-4 (12-13), 1940, pp. 366-370; J. Németh, "Die Volksnamen quman und qun," *Körösi Csoma-Archivum*, III, 1941-1943, pp. 95-107; A. Babkine, "Les Comans. Contribution à l'histoire du Moyen Âge russe," *Études Slaves et Est-Européennes*, XVII, 1972, pp. 43-44; A. N. Kononov, "K ėtimologii ėtnonimov kypchak, kuman, kymyk", *Ural-Altaische Jahrbücher*, 48, 1976, pp. 159-166; O. Pritsak, "The Polovcians…," pp. 328-331; A. Gökbel, "Kipchaks and Kumans," in *The Turks*, 1, *Early Ages*, eds. H.C. Güzel, C.C. Oğuz, O. Karatay, chief of the editorial board Y. Halaçoğlu, Ankara, 2002, p. 644.

［10］ 德国北部的史书中的一段指东欧的族群混合体：*Ibi sunt homines pallidi, virides et macrobii, id est longi, quos appellant Husos*。参见 Magistri Adam Bremensis *Gesta Hammaburgensis ecclesiae Pontificum*, ed. W. Trillmich, in *Quellen des 9. und 11. Jahrhunderts zur Geschichte der hamburgischen Kirche und des Reiches*, Darmstadt, 1978, p. 458。

［11］ Matthieu d'Édesse, *Chronique*, ed. Éd. Dulaurier, Paris, 1858, p. 89.

［12］ 参见注9。

［13］ Sigismund zu Herberstein, *Reise zu den Moskowitern 1526*, ed. T. Seifert, Munich 1966, p. 213.

［14］ G. Moravcsik, *Byzantinoturcica*, II, *Sprachreste der Türkvölker in den byzantinischen Quellen*, 2nd ed., Berlin, 1958, pp. 235, 255, 280-283, 303, 359.

［15］ V. Tăpkova-Zaimova, "L'emploi des ethnica et les problèmes de la communication à Byzance," in Ἡ ἐπικοινωνία στὸ Βυζαντιὸ, 4-6 Ὀκτωβρίου 1990, ed. N.G. Moschonas, Athens, 1993, pp. 706-707.

［16］ S.G. Kljaštornyj, "Die Kiptschaken auf den runischen Denkmälern," *CAJ*, 32, 1988, 1-2, pp. 73-76; P.B. Golden, *An Introduction*, pp. 270-271.

［17］ G. Kuun, *Codex Cumanicus bibliothecae ad templum Divi Marci Venetiarum*, Budapest, 1880; *Codex Cumanicus, Cod. Marc. Lat. DXLIX in Faksimile*, ed. K. Grønbech, Copenhagen, 1936; V. Drimba, *Codex Comanicus. Édition diplomatique avec fac-similés*, Bucharest, 2000. 也参见 G. Györffy, "Autour du Codex Cumanicus," in *Analecta orientalia memoriae Alexandri Csoma de Körös dicata*, ed. L. Ligeti, I, Budapest, 1942, pp. 110-137; D. Drüll, *Der Codex Cumanicus. Entstehung und Bedeutung*, Stuttgart, 1979; L. Ligeti, "Prolegomena to the Codex Cumanicus," *AOH, XXXV*, 1981, 1, pp. 1-54; V. Drimba, "Sur la datation de la première partie du Codex Cumanicus," *Oriens*, 27-28, 1981, pp. 388-404; Ia. R. Dashkevich, "Codex Cumanicus-voprosy vozniknoveniia," *Voprosy iazykoznaniia*, 1985, 4, pp. 72-83。

[18] W. Tomaschek, "Zur Kunde der Hämus-Halbinsel," *Sitzungsberichte der phil. -hist. Classe der kais. Akademie der Wissenschaften*, XCIX, 1882, 2, pp. 485-486; N. Iorga, *Istoria românilor*, III, *Ctitorii*, ed. V. Spinei, Bucharest, 1993, p. 49.

[19] P.B. Golden, "The Codex Cumanicus," in *Central Asian Monuments*, ed. H.B. Paksoy, Istanbul, 1992, pp. 57-62.

[20] L. Bazin, *Les systèmes chronologiques dans le monde turc ancien*, Budapest-Paris, 1991, pp. 430-451.

[21] *Dokumenty na polovetskom iazyke XVI v. (Sudebnye akty Kamenets-Podol'skoĭ armianskoĭ obshchiny)*, trans. T.I. Grushin, ed. E.V. Sevortian, Moscow, 1967; E. Schütz, "Armeno-Kipchak Texts from Lvov (A.D. 1618)," *AOH*, XV, 1962, 1-3, pp. 291-309; idem, "An Armeno-Kipchak Document of 1640 from Lvov and its Background in Armenia and in the Diaspora," in *Between the Danube and the Caucasus*, ed. G. Kara, Budapest, 1987, pp. 247-330; S. Vásáry, "Armeno- Kipchak Parts from the Kamenets Cronicle," *AOH*, XXII, 1969, 2, pp. 139-189; E. Tryjarski, "Die armeno-kiptschakische Sprache und Literatur – ein Beispiel für kulturellen Synkretismus," *Ural-Altaische Jahrbücher*, NF, 5, 1985, pp. 209-224。亚美尼亚人的波多利亚（Podolia）殖民地开始出现在十四世纪，参见 E. Nadel-Golobič, "Armenians and Jews in Medieval Lvov. Their Role in Oriental Trade, 1400-1600," *Cahiers du Monde Russe et Soviétique*, XX, 1979, 3-4, p. 345 ff.。

[22] Paschalis de Victoria, *Epistola*, in *Sinica Franciscana*, I, p. 503.

[23] Io. Lavrentii Moshemii *Historia Tartarorum ecclesiastica*, Helmstadi, 1741, p. 194, no. LXXXXII (document of 1338); L. Waddingus Hibernus, *Annales Minorum seu trium ordinum a S. Francisco Institutorum*, VII (*1323-1346*), 3rd ed. J.M. Fonseca ab Ebora, Ad. Claras Aquas (Quaracchi), 1932, p. 304 (document of 1338).

[24] F. Balducci Pegolotti, *La pratica della mercatura*, ed. A. Evans, Cambridge, Mass., 1936, p. 21.

[25] Vincentius Bellovacensis, *Speculum historiale (Bibliotheca mundi seu Speculi maioris, IV)*, Duaci, 1624 (reprinted Graz, 1965), p. 1294.

[26] M. Balard, *Gênes et l'Outre-mer*, II, *Actes de Kilia du notaire Antonio di Ponzó*,

1360, Paris-The Hague-New York, 1980, no. 50, p. 99; no. 56, p. 108[1360年9月11日在基利亚（Chilia）签署两份文件].

[27] O. Pritsak, "The Polovcians…," pp. 334-335.

[28] N.A. Baskakov, "Zones marginales et aires dans l'évolution des langues turques," *AOH*, XXXII, 1978, 2, pp. 188-189.

[29] *Ip. let.*, col. 716.

[30] *Ibidem*.

[31] *Tour du monde ou voyage du rabbin* Péthachia de Ratisbonne *dans le douzième siècle*, ed. E. Carmoly, Paris, 1831, p. 12.

[32] Robert de Clari, *La conquête de Constantinople,* in *Historiens et chroniqueurs du Moyen Age*, eds. A. Pauphilet, Ed. Pognon, Paris, 1952, p. 50.

[33] E. Hurmuzaki, *Documente privitoare la istoria românilor*, I, ed. N. Densuşianu, Bucharest, 1887, pp. 421-422.

[34] Heinrich von Lettland, *Livländische Chronik*, eds. L. Arbusow and A. Bauer, Darmstadt, 1959, pp. 280-281.

[35] Robert de Clari, p. 50.

[36] *Ibidem*, pp. 50-51.

[37] *Radzivilovskaia letopis'. Tekst, issledovanie, opisanie, miniatiur*, Sankt-Peterburg-Moscow, 1994, pl. 232 ob, 237 ob, 242 ob.

[38] Rubruc, pp. 169-170.

[39] S.A. Pletnëva, *Kochevniki srednevekov'ia*, Moscow, 1982, pp. 58-59; S.M. Akhinzhanov, *Kypchaki v istorii srednevekogo Kazakhstana*, Alma-Ata, 1989, pp. 131-137.

[40] *PVL*, I, pp. 191, 201; *Ip. let.*, col. 266, 284.

[41] S.A. Pletnëva, *Kochevniki*…, 1982, pp. 58-59; eadem, "Donskie polovtsy," in *"Slovo o polku Igoreve" i ego vremia*, gen. ed. B. A. Rybakov, Moscow, 1985, p. 255; S.M. Akhinzhanov, *Kypchaki*…, pp. 131-137. 也参见 G. Doerfer, *Türkische und mongolische Elemente im Neupersischen*, II, *Türkische Elemente im Neupersischen*, Wiesbaden, 1965, pp. 257-258; G. Clauson, *An Etymological Dictionary of Pre-Thirteenth-Century Turkish*, Oxford, 1972, pp. 335-336。

[42] Abd ar-Rašid al-Bakuvi, *Kitab talkhis al-asar va 'adzha'ib al-malik al-kakhkhar (Sakrashchenie [knigi o] "Pamiatnikakh" i chudesa tsaria maguchego)*, ed. Z.M. Buniiatov, Moscow, 1971, p. 107.

[43] M. Canard, "Le traité de 1281 entre Michel Paléologue et le sultan Qalā'un. Qalqašandî, Subh ala'šâ, XIV, 72 sqq.," *Byzantion*, X, 1935, p. 679 (in idem, *L'expansion arabo-*

islamique et ses répercussions (Variorum Reprints), London, 1974, VIII); P.M. Holt, *Early Mamluk diplomacy (1260-1290). Treaties of Baybars and Qal-vūn with Christian Rulers*, Leiden-New York-Cologne, 1995, p. 127.

[44] Shems ed-Dîn Abou-'Abdallah Moh'ammed de Damas, *Manuel de la Cosmographie du Moyen Âge, traduit de l'arabe "Nokhbet ed-dahr fi 'adjaib-il-birr wal-bah'r,"* ed. A.F. Mehren, Copenhague-Paris-Leipzig, 1874, pp. 19, 191, 193, 381; Moufazzal ibn Abil-Fazad'l, *Histoire des sultans Mamlouks.*, trans. E. Blochet, in *Patrologia orientalis*, XII, eds. R. Graffin, F. Nau, Paris, 1919, p. 457.

[45] Rubruc, pp. 170-171.

[46] Ottonis episcopi Frisingensis et Rahewini *Gesta Frederici seu rectius Cronica*, ed. F.-J. Schmale, Darmstadt, 1965, pp. 192-193.

[47] Robert de Clari, p. 50.

[48] Péthachia, pp. 10-13.

[49] Hérodote, *Histoire, Livre IV*, ed. Ph.-E. Legrand, Paris, 1985, pp. 58-59.

[50] *Ibidem, Livre IV*, p. 76.

[51] *Ibidem, Livre IV*, pp. 88-90.

[52] *PVL*, I, p. 149; *Ip. let.*, col. 219.

[53] *PVL*, I, p. 185; *Ip. let.*, col. 255.

[54] *PVL*, I, p. 192; *Ip. let.*, col. 268.

[55] *Nik. let.*, in *PSRL*, IX, p. 196.

[56] *Ibidem*, col. 525.

[57] *Ibidem*, col. 540.

[58] *Ibidem*, col. 625.

[59] *Ibidem*, col. 636.

[60] *Ibidem*, col. 637.

[61] *Ibidem*, col. 669.

[62] *Ibidem*, col. 673.

[63] *Ibidem*, col. 677.

[64] T.S. Noonan, "Rus', Pechenegs, and Polovtsy: Economic Interaction along the Steppe Frontier in the Pre-Mongol Era," *Russian History*, 19, 1992, 1-4, pp. 311-312.

[65] *PVL*, I, p. 184; *Ip. let.*, col. 255.

[66] *Novgorodskaia pervaia letopis' starshego i mladshego izvodov*, co-ord. A.N. Nasonov, Moscow-Leningrad, 1950, p. 62; *Nik. let.*, in *PSRL*, X, p. 89.

[67] E. Comşa, "Creşterea vitelor," in Gh. Ştefan, I. Barnea, M. Comşa, E. Comşa, *Dinogetia, I, Aşezarea feudală timpurie de la Bisericuţa-Garvăn*, Bucharest, 1967,

pp. 64 and 66.
[68] *Călători străini despre Ţările Române*, VIII, eds. M. Holban, M.M. Alexandrescu-Dersca Bulgaru, P. Cernovodeanu, Bucharest, 1983, p. 288.
[69] A. de Démidoff, *Voyage dans la Russie Méridionale et la Crimée par la Hongrie, la Valachie et la Moldavie*, Paris, 1841, pp. 318, 365, 511.
[70] *PVL*, I, p. 162 (*Pouchen'e*).
[71] Dimitrie Cantemir, *Descrierea Moldovei*, trans. Gh. Guţu, Bucharest, 1973, pp. 116-117.
[72] I. Nania, *Istoria vînătorii în România (Din cele mai vechi timpuri pînă la instituirea legii de vînătoare – 1891)*, Bucharest, 1977, pp. 230-237.
[73] Nicetae Choniatae Orationes *et epistulae*, ed. I.A. v. Dieten, Berolini et Novi Eboraci, 1972, p. 8.
[74] *The History of David, King of Kings*, in *Rewriting Caucasian History. The Medieval Armenian Adaptation of the Georgian Chronicles*, ed. R.W. Thomson, Oxford, 1996, p. 327.
[75] Péthachia, p. 12; Nicetae Choniatae *Historia*, ed. Im. Bekker, Bonn, 1835, pp. 124, 519; Robert de Clari, p. 51.
[76] Nicetae Choniatae, *Historia*, pp. 124, 519.
[77] *Ibidem*, p. 519. 也參見 *FHDR*, IV, pp. 166-171 (*Cronica Moreei*); *Crusaders as conquerors*。*The Chronicle of Morea*, ed. H. E. Lurier, New York-London, 1964, p. 98.
[78] S.A. Pletněva, "Pechenegi, torki i polovtsy v iuzhnorusskikh stepiakh," *MIA*, 62, Moscow-Leningrad, 1958, pp. 165-185; G.A. Fëdorov-Davydov, *Kochevniki Vostochnoĭ Evropy podvlast'iu zolotoordynskikh khanov*, Moscow, 1966, p. 120 ff.; V. Spinei, *Realităţi etnice şi politice în Moldova Meridională în secolele X-XIII. Români şi turanici*, Iaşi, 1985, pp. 110-118; A.O. Dobroliubskiĭ, *Kochevniki Severo-Zapadnogo Prichernomor'ia v epokhu srednevekov'ia*, Kiev, 1986, p. 31 ff.; V.A. Ivanov, V.A. Kriger, *Kurgany kypchakskogo vremeni na Iuzhnom Urale (XII-XIV vv.)*, Moscow, 1988, p. 7 ff.
[79] V.M. Mogil'nikov, in *Stepi Evrazii v epokhu srednevekov'ia* (Arkheologiia SSSR), co-ord. S.A. Pletněva, Moscow, 1981, p. 194 ff.; Iu. S. Khudiakov, *Vooruzhenie srednevekovykh kochevnikov iuzhnoĭ Sibiri i Central'noĭ Azii*, Novosibirsk, 1986; W. Świętosławski, *Uzbrojenie koczowników Wielkiego Stepu w czasach ekspansji mongołów (XII-XIV w.)* (Acta archaeological Lodziensia, 40), Łódź, 1996.
[80] K. Öztopçu, "A Mamluk-Kipchak Manual from the 14th Century: *Kitāb fī 'ilmi'n-nuşşāb*," *Rocznik orientalistyczny*, XLVII, 1990, 1, p. 45.

[81] *Ibidem*, pp. 46-47.

[82] 参见注78。

[83] G.L. Evdokimov, "«...Sing ihm doch polovzische Lieder» (Nestor-Chronik)," in *Gold der Steppe. Archäologie der Ukraine*, eds. R. Rolle, M. Müller-Wille and K. Schietzel, in collaboration with P.P. Toločko and V. Ju. Murzin, Schleswig, 1991, p. 282.

[84] *Extrait* d'Ibn-Alathir, in Defrémery, *Fragments de géographes et d'historiens arabes et persans inédits relatifs aux anciens peuples du Caucase et de la Russie Méridionale, JA*, 4th Ser., XIII, 1849, 11-12, p. 457; Tiesenhausen, I, p. 26. 也参见 Shems ed-Dîn Abou-'Abdallah Moh'ammed, pp. 381-382（仍旧未弄清楚商人的国籍）。

[85] *Ip. let.*, col. 215, 556, 612-613. 也参见 A. Babkine, "La culture matérielle des Qiptchaq d'aprèsles sources de l'époque," *Études Slaves et Est-Européennes*, XVIII, 1973, p. 99。

[86] Nicetae Choniatae, *Historia*, p. 831.

[87] Nicetae Choniatae *Orationes*..., pp. 10-11; G. Murnu [trans.], *Din Nichita Acominatos Honiatul*, in *Analele Academiei Române. Memoriile Secțiunii Istorice*, 2nd Ser., XXVIII, 1906, p. 103.

[88] Georgii Acropolitae *Annales*, ed. Im. Bekker, Bonn, 1836, p. 59.

[89] Anne Comnène, *Alexiade*, ed. B. Leib, II, Paris, 1943, p. 191.

[90] V. [V.] Otroshchenko, Iu. [Ia.] Rassamakin, "Grobnitsy tsareĭ nakhodiatsia v Gerrakh," *Znanie-sila*, 6, 1982, pp. 16-19; idem, "Polovets'kiĭ kompleks Chingul's'kogo kurganu," *Arkheologiia*, Kiev, 53, 1986, pp. 14-36; idem, "Der Polovzer-Khan aus dem Čingul'-Kurgan ," in *Gold der Steppe*..., pp. 269-271, 339-343, 416-421; A.K. Elkina, "Seidene Kaftane und Goldstickereien aus Byzanz," in *ibidem*, pp. 274-275; L.G. Bezus'ko, V.V. Otroščenko, R.J. Arap, O.V. Kostyl'ov, A.P. Il'inska and Ju. Ja. Rassamakin, "Räucherwerk der Polovzer," in *ibidem*, pp. 276-278; R. S. Orlov, Iu. Ia. Rassamakin, "Iz istorii kul'turnykh sviazeĭ drevneĭ Rusi s naseleniem Zolotoĭ Ordy v seredine XIII veka," in *Sviatiĭ kniaz' Mikhaĭlo Chernigivs'kiĭ ta ĭogo doba*, Chernigiv, 1996, pp. 101-104; L.S. Geras'kova, "Kul'tura seredn'ovichnikh kochivnikiv," in *Istoriia kul'turi davn'ogo nasalennia Ukraïni*, 1, gen. ed. P.P. Tolochko, Kiev, 2001, pp. 1024-1025 and fig. pp. 1023, 1026-1028, 1030. 根据最近的观点，墓葬中的一些来自拜占庭或西方的物品是库蛮人远征巴尔干半岛所劫掠的大批战利品的一部分，其他部分可能是保加利亚沙皇赠送的礼物。参见 P. Pavlov, "Kum interpretatsiiata na niakoi arkheologicheski

i numizmatichni nakhodki ot Severnoto Chernomorie (XIII-XIV v.)," in *Bulgarite v Severnoto Prichernomorie*, V, Veliko Tŭrnovo, 1996, pp. 189-193。

［91］ W. Gawrysiak-Leszczyńska, K. Musianowicz, "Kurhan z Tahańczy," *Archeologia Polski,* XLVII, 2002, 1-2, pp. 287-340.

［92］ A.V. Evglevskiĭ, T.M. Potëmkina, "Pozdnekochevnicheskie pogrebeniia s keramikoĭ drevnerusskogo oblika iz Severo-Vostochnogo Prichernomor'ia,"in *Donetskiĭ arkheologicheskiĭ sbornik*, Donetsk, 1994, pp. 78-96.

［93］ G.A. Fëdorov-Davydov, *op. cit.*, pp. 87-89; P.P. Tolochko, *Kochevye narody stepeĭ i Kievskaia Rus'*, Kiev, 1999, pp. 120-121 and 150-151 (fig. 36-37).

［94］ *Histoire de la Géorgie depuis l'Antiquité jusqu'au XIXe siècle*, I, *Histoire ancienne, jusqu'en 1469 de J.-C.*, trans. M. Brosset, St. -Pétersbourg, 1849, p. 363 (Wakhtang's chronicle).

［95］ E. Hurmuzaki, I, p. 428.

［96］ Péthachia, p. 10.

［97］ *Géographie* d'Édrisi, II, ed. A. Jaubert, Paris, 1840, pp. 400-401.

［98］ Simonis de Keza *Gesta Hungarorum*, ed. A. Domanovszky, in *SRH*, I, pp. 146, 148, 165; *Chronici Hungarici compositio saeculi XIV*, ed. A. Domanovszky, in *ibidem*, p. 257; *Cronica pictată de la Viena/Chronicon Pictum Vindobonense* (*IIR*, XI), 1937, pp. 6-7, 119-120;*Chronicon Posoniense*, ed. A. Domanovszky, in *SRH*, II, pp. 16, 18; *Chronicon Monacense*, ed. A. Domanovszky, in *ibidem*, p. 58; *Chronicon Budense*, ed. I. Podhradczky, Buda, 1838, pp. 11, 14, 36; Johannes de Thurocz, *Chronica Hungarorum*, I, *Textus*, eds. E. Galántai and J. Kristó, Budapest, 1985, pp. 26, 34, 60.

［99］ A. France, *L'Île des Pingouins*, Paris, p. II.

［100］ Simon de Keza, p. 148. 也参见 *Chronici Hungarici...*, p. 257; *Cronica pictată de la Viena*, pp. 7, 120; *Chronicon Posoniense*, p. 18; *Chronicon Monacense*, p. 58; *Chronicon Budense*, p. 14。

［101］ Andreae Danduli *Chronica per extensum descripta aa. 46-1280 d.C.*, ed. E. Pastorello, in *RIS*, NE, XII, Bologna, 1938, p. 53.

［102］ Johannes de Thurocz, p. 34.

［103］ Nicolaus Olahus, *Hungaria-Athila*, eds. C. Eperjessy and L. Juhász, Budapest, 1938, p. 6 (*Hungaria*).

［104］ Petri de Reva *De monarchia et sacra corona regni Hungariae*, in *Scriptores rerum Hungaricarum*, ed. I. G. Schwandtner, II, Vindobonae, 1746, p. 832.

［105］ *Ip. let.*, col. 319.

[106] O. Pritsak, "Non-«Wild» Polovtsians," in idem, *Studies in medieval Eurasian history* (Variorum Reprints), London, 1981, [XIII,] pp. 16-23. 也参见 P.B. Golden, "The «Polovci Dikii»," *Harvard Ukrainian Studies*, III-IV, 1979-1980, 1, pp. 296-309。

[107] Shems ed-Dīn Abou-'Abdallah Moh'ammed, p. 382; J. Marquart, "Über das Volkstum...," p. 157.

[108] Tiesenhausen, I, p. 541.

[109] D. Rassovsky, "Polovtsy," *Seminarium Kondakovianum*, X, 1938, pp. 166-175.

[110] K.V. Kudriashov, *Polovetskaia step'*, Moscow, 1948, pp. 130-138; G.A. Fëdorov-Davydov, *op. cit.*, pp. 147-150.

[111] S.A. Pletnëva, *Polovetskie kamennye izvaianiia*, p. 23; A. Pálóczi-Horváth, "A kunok megtelepedése Magyarországon," *Archaeológiai Értesítő*, 101, 1974, 2, p. 248.

[112] O. Pritsak, "The Polovcians...," pp. 342-368. [提及下列部落：伏尔加河、顿河、顿涅茨河、第聂伯河（左岸）、第聂伯河（牧场）、亚速海、克里米亚、第聂伯河（右岸）、基辅-赫尔松、巴格、海湾（Lukomor'e）和多瑙河。]

[113] E. Hurmuzaki, I, pp. 426, 428.

[114] *Ibidem*, pp. 426-429.

[115] *Ibidem*, pp. 430-434.

[116] Ia. A. Fëdorov, G.S. Fëdorov, *Rannye tiurki na Severnom Kavkaze*, Moscow, 1978, pp. 236-239.

[117] S.M. Akhinzhanov, *Kypchaki*..., pp. 138-139.

[118] *PVL*, I, p. 184; *Ip. let.*, pp. 253-254.

[119] Nicetae Choniatae *Orationes*..., p. 8.

[120] Aboulféda, *Géographie*, II, 1, ed. T. J. Reinaud, Paris, 1848, p. 291.

[121] Édrisi, II, p. 351.

[122] Joinville, *Histoire de Saint Louis*, in *Historiens et chroniqueurs*..., p. 311. 有关中世纪欧亚大陆的库蛮人及其他族群施行这种仪式的扩散和意义，参见 P. B. Golden, "Wolves, Dogs and Qipčaq Religion," *AOH*, L, 1997, 1-3, pp. 93-97。

[123] *Life of David, King of Kings*, in *The Georgian Chronicle. The Period of Giorgi Lasha*, ed. S. Qaukhchishvili, trans. K. Vivian, Amsterdam, 1991, p. 20; *The History of David, King of Kings*, in *Rewriting Caucasian History. The Medieval Armenian Adaptation of the Georgian Chronicles*, ed. R.W. Thomson, Oxford, 1996, pp. 327-328.

[124] *Nik. let.*, in *PSRL*, IX, p. 158.

[125] *Ibidem*, p. 236.

[126] *Ip. let.*, col. 741.
[127] Johannes de Plano Carpini, *Ystoria Mongalorum*, in *Sinica Franciscana*, I, p. 128. 也参见Johannes von Piano Carpine, *Die Mongolengeschichte*, ed. J. Giessauf, Graz, 1995, pp. 225-226, footnote 659。
[128] Emonis *Chronicon*, ed. L. Weiland, in *MGH, SS*, XXIII, Hannoverae, 1874, p. 920; *E Chronico* Alberici, monachi Trium Fontium, in *Recueil des historiens des Gaules et de la France*, XXI, eds. Guigniaut and De Wailly, Paris, 1855, p. 596; *Commentariolum de provinciae Hungariae originibus*, in N. Pfeiffer, *Die ungarische Dominikanerordensprovinz von ihrer Gründung 1221 bis zur Tatarenverwüstung 1241-1242*, Zurich, 1913, pp. 144-145; *Acta Honorii III (1216-1227) et Gregorii IX (1227-1241)*, ed. A.L. Tăutu (*Fontes*, 3rd Ser., III), Città del Vaticano, 1950, pp. 206-208; *DRH, D*, I, eds. Şt. Pascu, C. Cihodaru, K.G. Gündisch, D. Mioc, V. Pervain, 1977, no. 6.
[129] Rubruc, p. 217.
[130] Alberic, p. 597.
[131] *Altera S. Dominici vita*, in *Scriptores Ordinis Praedicatorum recensiti*, I, Paris, 1719, p. 26; V.J. Koudelka, "Notes pour servir à l'histoire de Saint Dominique, II," *Archivum Fratrum Praedicatorum*, XLIII, 1973, pp. 5-11; S. Tugwell, "Notes on the Life of St Dominic," *ibidem*, LXVIII, 1998, p. 85 ff.
[132] N. Pfeiffer, *op. cit., passim*; Ş. Turcuş, *Sfântul Scaun şi românii în secolul al XIII-lea*, Bucharest, 2001, p. 284 ff.
[133] *The Travels of Ibn Battuta A.D. 1325-1354*, ed. H. A.R. Gibb, II, Cambridge, 1962, p. 470. 也参见 *Book of the knowledge, written by a spanish franciscan in the middle of the XIV century*, trans. C. Markham, London, 1912, p. 56。
[134] *Das mongolische Weltreich. Al-'Umari's Darstellung der mongolischen Reiche in seinem Werk Masalik al-abşar fi mamalik al-amşar*, ed. K. Lech, Wiesbaden, 1968, p. 138.
[135] I. Vásáry, "Orthodox Christian Qumans and Tatars of the Crimea in the 13th-14th centuries," *CAJ*, 32, 1988, pp. 260-271. 也参见 C. Eubel, "Die während des 14. Jahrhunderts im Missionsgebiet der Dominikaner und Franziskaner errichteten Bisthümer," in *Festschrift zum elfhundertjährigen Jubiläum des Deutschen Campo Santo in Rom*, Freiburg im Breisgau, 1897, p. 180 ff.; J. Richard, *La papauté et les missions d'Orient au Moyen Age (XIIIe-XVe siècles)*, Rome, 1977, p. 157 ff.; G. Fedalto, *La Chiesa latina in Oriente*, I, 2nd ed., Verona, 1981, p. 510 ff.。
[136] O. Pritsak, "Das Karaimische," in *Philologiae Turcicae Fundamenta*, I, Wiesbaden,

1959, pp. 318-319; A. Zajaczkowski, *Karaims in Poland. History. Language. Folklore. Science,* Warsaw-The Hague-Paris, 1961, p. 12 ff.; I.N. Belaia, O.B. Belyĭ, "K voprosu o nazvanii i samonazvanii vostochnoevropeĭskikh karaimov (krymskaia ėtnograficheskaia gruppa) v XIII-nachale XIX v.," *Materialy poarkheologii, istorii i ėtnografii Tavrii,* V, Simferopol, 1996, pp. 271-278; P.B. Golden, "Religion among the Qipčaqs of Medieval Eurasia," *CAJ,* 42, 1998, 2, pp. 222-223. 也参见 T. Lewicki, "Les sources hébraïques consacrées à l'histoire de l'Europe Centrale et Orientale et particulièrement àcelle des pays slaves de la fin du IXe au milieu du XIIIe siècle," *Cahiers du Monde Russe et Soviétique,* II, 1961, 2, p. 239; K. A. Brook, "The Origin of East European Jews," *Russian History/Histoire Russe,* 20, 2003, 1-2, pp. 1-22。就东欧的卡拉伊姆人（Karaim）起源的另一观点，参见 M. Kizilov, "The Arrival of the Karaites (Karaims) to Poland and Lithuania: a Survey of Sources and Critical Analysis of Existing Theories," *AEMA,* 12, 2002-2003, pp. 29-45。

[137] V.I. Goshkevich, "Pogrebeniia, datirovannye dzhuchidskimi monetami. Iz raskopok I. Ia. Stempkovskogo," *Visnik Odes'koï Komisii Kraeznavstva pri Ukrainskiĭ Akademiï Nauk,* 4-5, *Sektsiia arkheologichna,* Odessa, 1930, pp. 104-111; G.A. Fёdorov-Davydov, *op. cit.,* pp. 150-163; V. Spinei, *Realităţi etnice...,* pp. 122-123; A.O. Dobroliubskiĭ, *op. cit.,* pp. 65-79.

[138] *Fontes latini historiae Bulgaricae,* IV, eds. V. Gjuzelev, S. Litev, M. Petrova, B. Primov (*Izvori za bŭlgarskata istoriia*), Sofia, 1981, p. 154.

[139] *Novgorodskaia pervaia letopis'...,* pp. 63 and 266.

[140] 参见注78。

[141] Alberic, 1855, p. 630; Joinville, p. 311.

[142] O. Belli, *Kirgizistan'da taş balbal ve insan biçimli heykeller/Stone Balbals and Statues in Human Form in Kirghizistan,* Istanbul, 2003, pp. 111-117.

[143] P. Patrick, "Bloodlust, Salvation or Fertile Imagination? Human Sacrifice in Early Medieval Northern Europe," *Archaeological Review from Cambridge,* 17, 2000, 2 (*Early Medieval Religion,* ed. A. Pluskowski), pp. 19-54; J. Simpson, *Everyday Life in the Viking Age,* New York, 1967, pp. 185-186, 191-192.

[144] Joinville, pp. 311-312.

[145] Nicetae Choniatae *Historia,* p. 839.

[146] *Ibidem,* p. 816.

[147] N. Veselovskiĭ, "Sovremennoe sostoianie voprosa o «Kamennykh babakh» ili «Balbalakh»," *Zapiski Imperatorskago Odesskago obshchestva. Istoriia i drevnosteĭ,* XXXII, 1915, pp. 408-444; A. Salmony, "Notes on a «kamennaya

baba»," *Artibus Asiae*, XIII, 1950, 1/2, pp. 5-6; G.A. Fëdorov-Davydov, *op. cit.*, pp. 166-193; S.A. Pletnëva, *Polovetskie kamennye izvaianiia*; J.R. Daszkiewicz, E. Tryjarski, *Kamennye baby prichernomorskikh stepeĭ*, Wrocław-Warsaw-Cracow-Gdańsk-Łódź, 1982; D. Ia. Telegin, *Vartovi tisiacholit'*. *Monumental'na antropomorfna skul'ptura dalekikh epokh*, Kiev, 1991, pp. 63-74; L.S. Geras'kova, *Skul'ptura seredn'ovichnikh kochovikiv stepiv Skhidnoĭ Evropi*, Kiev, 1991; eadem, "Novoe v izuchenii monumental'noĭ skul'ptury kochevnikov srednevekov'ia," *Stratum plus*, Sankt-Peterburg-Kishinev [= Chişinău]-Odessa, 1999, 5, pp. 408-430. 也参见 V.V. Barthold, J.M. Rogers, "The Burial Rites of the Turks and the Mongols," *CAJ*, XIV, 1970, 1-3, p. 195 ff.; J.-P. Roux, *La religion des Turcs et des Mongols*, Paris, 1984, pp. 260-262; L.N. Ermolenko, "Drevnetiurkskie izvaianiia s sosudom v obeikh rukakh," in *Pervobytnaia arkheologiia. Chelovek i iskusstvo. Sbornik nauchnykh trudov, posviashchennyĭ 70-letiiu so dnia rozhdeniia Iakova Abramovicha Shera*, Novosibirsk, 2002, pp. 188-192。

［148］ E.A. Rikman, *Khudozhestvenye sokrovishcha drevneĭ Moldavii*, Kishinev (= Chişinău), 1969, pp. 56-57; E.V. Iarovoĭ, *Raskryvaia taĭny kurganov*, Kishinev [Chişinău], 1992, pp. 52-54.

［149］ G. Fehér, *Les monuments de la culture protobulgare et leurs relations hongroises*, Budapest, 1931, pp. 89-102; fig. 47, 48, 53, 54, 56; R. Rashev, "Prabŭlgarski li sa «kamennite babi» ot Endzhe," *Muzeĭ i pamiatniki na kulturata*, XII, 1972, 1, pp. 17-20; idem, *Kŭsni nomadi v Pliskovskoto pole*, in *Preslav*, 3, ed. T. Totev, Varna, 1983, pp. 242-247.

［150］ Simon de Keza, p. 150.

［151］ Rubruc, p. 186.

［152］ Hérodote, p. 54.

［153］ G.A. Fëdorov-Davydov, *Iskusstvo kochevnikov i Zolotoĭ Ordy*, Moscow, 1976, p. 92; L.A. Kimball, "The Vanished Kimak Empire," in *Opuscula Altaica. Essays Presented in Honor of Henry Schwarz*, eds. E.H. Kaplan and D.W. Whisenhut, Bellingham, Washington, 1994, p. 381; L.S. Geras'kova, "Kul'tura…," p. 1022.

［154］ M.L. Shvetsov, "Polovetskie sviatilishcha," *SA*, 1979, 1, pp. 199-209; S. V. Gurkin, "K voprosu osemantike polovetskikh sviatilishch," in *Istoriko-arkheologicheskie issledovaniia v g. Azove i na Nizhnem Donu v 1988 godu*, Azov, 1989, pp. 39-43; idem, "Sviatilishcha polovetskogo vremeni sdereviannymi izvaianiiami iz raskopok Volgo-Donskoĭ arkheologicheskoĭ ėkspeditsii LOIA ANSSSR," *Donskaia arkheologiia*, 1, 1998, pp. 29-37; G.L. Evdokimov and N.M. Kuprij, "Steinfiguren

und Heiligtümer," in *Gold der Steppe*..., pp. 264-268.
［155］ A.M. Dosymbaeva, "Memorial'nye pamiatniki tiurkov zhetusi po materialam sviatilishcha Merke, "*Izvestiia Ministerstva Obrazovaniia i Nauki Respubliki Kazakhstan, Natsional'noĭ Akademii Nauk Respubliki Kazakhstan, Ser. obshch. nauk,* 1 (224), 2000, pp. 64-78.
［156］ L.N. Ermolenko and Z.K. Kurmankulov, "A sanctuary of the Zhinishke River and issues of the original appearance of the Kypchaq stelae," *Archaeology, Ethnology and Anthropology of Eurasia*, 3 (11), 2002, pp. 78-87.
［157］ V.D. Kubarev and D. Tseveendorj, "Ancient Turkic memorials in the Altai," *Archaeology, Ethnology and Anthropology of Eurasia*, 1 (9), 2002, pp. 76-95.
［158］ O. Belli, "Stone Statues and Balbals in Turkic World," *Tüba-ar. Türkiye Bilimler Akademisi Arkeoloji Dergisi*, 6, 2003, p. 88.
［159］ *Ibidem*, p. 89.
［160］ *Chronici Hungarici*..., p. 308; *Cronica pictată de la Viena*, pp. 29, 144.
［161］ S.G. Kliashtornyi, "Die Kiptschaken...," p. 73 ff.; P.B. Golden, *An Introduction*, pp. 270-271.
［162］ P.B. Golden, "Notes on the Qïpchaq Tribes: Kimeks and Yemeks," in *The Turks*, I, *Early Ages*, pp. 660-670; B. Kumekov, "Kimeks," in *ibidem*, pp. 671-679.
［163］ P. Martinez (ed.), *Gardizi's two chapters on the Turks*, in *AEMA*, II, 1982, p. 120; *Orient. Ber.*, p. 106 (Übersetzung von Gardīzī's Abhandlung über die Türkenstämme).
［164］ Abu'l-Kāsim Obaidallah ibn Abdallah ibn Khordādhbeh, *Kitāb al-masālik wa'l-mamālik*, ed. J. de Goeje, Lugduni-Batavorum, 1889, pp. 22-23. 也参见 J. Marquart, "Über das Volkstum...," p. 97 ff.; B.E. Kumekov, *Gosudarstvo kimakov IX-XI vv. po arabskim istochnikam*, Alma-Ata, 1972, p. 42 ff.; S.M. Akhinzhanov, "Ob ėtnicheskom sostave kipchakov srednevekovogo Kazakhstana," in *Proshloe Kazakhstana po arkheologicheskim istochnikam,* Alma-Ata, 1976, pp. 81-93; idem, *Kypchaki*..., p. 9 ff.; S.A. Pletnëva, *Polovtsy*, Moscow, 1990, p. 25 ff.; P.B. Golden, "The Qipčaqs of Medieval Eurasia: An Example of Stateless Adaptation in the Steppes," in *Rulers from the Steppe. State Formation on the Eurasian Periphery*, eds. G. Seaman and D. Marks, Los Angeles, 1991, pp. 143-147; S.G. Kliashtornyĭ, D.G. Savinov, *Stepnye imperii Evrazii*, Sankt-Peterburg, 1994, p. 41 ff.。
［165］ *Hudūd*, p. 101; *Orient. Ber.*, p. 209 (*Hudūd al-'Ālam*).
［166］ Matthieu d'Édesse, p. 89.
［167］ Sharaf al-Zamān Tāhir Marvazi *On China, the Turks and India*, ed. V. Minorsky,

London, 1942, p. 30; *Orient. Ber.*, p. 245 (al-Marwazī, *Tabā'i' al-hayawān*, Kapitel IX).
[168] O. Pritsak, "The Polovcians…," pp. 334-338; P.B. Golden, *An Introduction*, pp. 274-276.
[169] A. Zajaczkowski, *La chronique des Steppes Kiptchak Tevarih-i Dešt-i Qipčaq du XVII-e siècle*, Warsaw, 1966, p. 13.
[170] Hamd-Allah Mustawfi of Qazwini, *The Geographical Part of the Nuzhat-al-Qulūb*, trans. G. Le Strange, Leiden-London, 1919, p. 230.
[171] Stéphannos Orbélian, *Histoire de la Siounie*, I, trans. Brosset, Saint-Pétersbourg, 1864, p. 233.
[172] Tiesenhausen, I, p. 404, footnote 4.
[173] *Cronici turceşti privind Ţările Române. Extrase*, Bucharest, I, eds. M. Guboglu and M. Mehmet, 1966, p. 351; II, ed. M. Guboglu, 1974, p. 123.
[174] A. Gökbel, *op. cit.*, p. 647.
[175] *PVL*, I, p. 109; II, pp. 390-391; *Die Nestorchronik: Die altrussische Chronik, zugeschrieben dem Mönch des Kiever Höhlenklosters Nestor, in der Redaktion des Abtes Sil'vestr aus dem Jahre 1116, rekonstruiert nach den Handschriften Lavrent'evskaja, Radzivilovskaja Akademičeskaja, Troickaja, Ipat'evskaja und Chlebnikovskaja*, trans. L. Müller, Munich, 2001, p. 199; *Ip. let.*, col. 151.
[176] *PVL*, I, p. 109; *Ip. let.*, col. 152.
[177] I. Kafesoğlu, "Seljuks," in *A History of the Seljuks. Ibrahim Kafesoğlu's Interpretation and the Resulting Controversy*, ed. G. Leiser, Carbondale-Edwardsville, 1988, p. 47.
[178] *PVL*, I, pp. 112-115; *Ip. let*, col. 156-161.
[179] *PVL*, I, p. 132; *Ip. let*, col. 191.
[180] Michaelis Attaliotae *Historia*, ed. Im. Bekker, Bonn, 1853, pp. 300-301; *Excerpta ex breviario historico* Ioannis Scylitzae Curopalatae, in Georgii Cedreni *Compendium historiarum*, ed. Im. Bekker, II, Bonn, 1839, pp. 645-646.
[181] *Chronici Hungarici*…, pp. 408-409; *Cronica pictată de la Viena*, pp. 73-74, 195-196; *Chronicon Monacense*, p. 78; Johannes de Thurocz, p. 115; Antonius de Bonfinis *Rerum Ungaricarum decades*, II, eds. I. Fógel, B. Iványi, L. Juhász, Lipsiae, 1936, pp. 82-83. 与史书记载相反：G. Kristó (*Die Arpadendynastie. Die Geschichte Ungarns von 895 bis 1301*, Budapest, 1993, p. 107), L. Selmeczi ("Der Heilige Ladislaus und die Kumanen," in *900 Years from Saint Ladislas Death*, eds. Al. Săşianu, Gh. Gorun, Oradea, 1996, p. 75) 等其他中古史学家认为是佩切涅格人在1085年发起的远征。
[182] Anne Comnène, II, p. 87.

［183］ *Chronici Hungarici*…, pp. 409-410; *Cronica pictată de la Viena*, pp. 74, 196; Johannes de Thurocz, p. 116. 也参见 *Chronicon Monacense*, p. 78。

［184］ Anne Comnène, II, pp. 95-105.

［185］ *Ibidem*, pp. 105-106, 136-145.

［186］ *Ibidem*, pp. 136-137.

［187］ *Ibidem*, p. 139.

［188］ *Ibidem*, p. 141.

［189］ *Ibidem*, II, pp. 139-140.

［190］ *Ibidem*, pp. 142-145.

［191］ *Ibidem*, pp. 145-146.

［192］ *Ibidem*, p. 193.

［193］ *Chronici Hungarici*…, pp. 412-414; *Cronica pictată de la Viena*, pp. 75-76, 197-198; *Chronicon Monacense*, p. 78; Johannes de Thurocz, pp. 116-117; Bonfini, II, pp. 84-86.

［194］ *Chronici Hungarici*…, pp. 414-415; *Cronica pictată de la Viena*, pp. 76, 198; Johannes de Thurocz, p. 117.

［195］ G. László, *A Szent László-legenda középkori falképei*, Budapest, 1993; L. Bătrîna and A. Bătrîna, "Legenda «eroului de frontieră» în ceramica monumentală din Transilvania şi Moldova," SCIVA, 41, 1990, 2, pp. 165-183; P.V. Batariuc, *Cahle din Moldova medievală (Secolele XIV-XVII)*, Suceava, 1999, p. 131; D. Marcu Istrate, *Cahle din Transilvania şi Banat până la 1700*, Cluj-Napoca, 2004, pp. 84-85. 多部俄国后期的编年史认为国王弗拉迪斯拉夫（拉迪斯拉斯一世）住在大瓦拉丁（奥拉迪亚），也作为捷克人和日耳曼人的君主，击败并杀死拔都汗，但这显然不属实，参见 *Letopis' po Voskresenskomu spisku*, in PSRL, VII, Sanktpeterburg, 1856, pp. 157-159; *Nik. let.*, in PSRL, X, col. 135-136; *Simeonovskaia letopis'*, in PSRL, 18, S.-Peterburg, 1913, p. 69; *Letopisnyĭ sbornik imenuemyĭ Tverskoiu letopis'iu*, in PSRL, XV, Sanktpeterburg, 1863, col. 394-395; *Kniga Stepennaia tsarskogo rodosloviia*, in PSRL, XXI, 1, S.-Peterburg, 1908, p. 288; *Russkiĭ khronograf*, 1, Khronograf redaktsii 1512 goda, in PSRL, XXII, 1, S.-Peterburg, 1911, pp. 400-401; *Letopis' po Tipografskomu spisku*, in PSRL, XXIV, Petrograd, 1921, pp. 96-98; *Letopis' po Uvarovskomu spisku*, in PSRL, XXV, Moscow-Leningrad, 1949, pp. 139-141; *Holmogorskaia letopis'*, in PSRL, 33, Leningrad, 1977, p. 71; *Piskarevskiĭ letopisets*, in PSRL, 34, eds. V.I. Buganov, V.I. Koretskiĭ, Moscow, 1978, p. 96。简短记载也可发现在 *Istoriia o Kazanskom tsarstve (Kazanskiĭ letopisets)*, in PSRL, XIX, S.-Peterburg, 1903, p. 10, 反映出匈牙利的一些传说叙事超越了王国疆界，也参见

Ch. J. Halperin, "The Defeat and Death of Batu," *Russian History*, 10, 1983, 1, pp. 60-61; A. A. Gorskiĭ, "«Povest' o ubienii Batyia» i russkaia literatura 70-kh godov XV veka," in *Srednevekovaia Rus'*, 3, gen. ed. A.A. Gorskiĭ, Moscow, 2001, p. 191 ff.。后来的拉丁-马扎尔史书也穿越时空地提及鞑靼人是圣拉迪斯拉斯王的敌人,参见 *Chronicon Knauzianum et chronica minora eidem coniuncta*, ed. E. Bartoniek, in *SRH*, II, p. 333。拉迪斯拉斯刺杀拔都的中世纪版本也被1526年哈布斯堡王朝驻俄国大公宫廷的使节,即德意志外交官赫伯斯滕的西格蒙德(Sigmund of Herberstein)所记载,参见 Sigismund zu Herberstein, *Reise zu den Moskowitern 1526*, ed. T. Seifert, Munich, 1966, p. 214。也参见 D. Sinor, "La mort de Batu et les trompettes mues par le vent chez Herberstein," in idem, *Inner Asia and its Contacts with Medieval Europe* (Variorum Reprints), London, 1977, (XV,) pp. 201-208。

[196] Anne Comnène, II, p. 147.
[197] *PVL*, I, p. 141; *Ip. let.*, col. 206.
[198] *PVL*, I, pp. 143-147; *Ip. let.*, col. 209-215.
[199] *PVL*, I, p. 148; *Ip. let.*, col. 216.
[200] *PVL*, I, p. 148; *Ip. let.*, col. 216-217.
[201] *PVL*, I, pp. 148-149; *Ip. let.*, col. 217-218.
[202] *PVL*, I, pp. 150-152; *Ip. le*t., col. 220-222.
[203] *PVL*, I, pp. 150-152; *Ip. let.*, col. 220-222.
[204] *Chronici Hungarici*..., pp. 423-426; *Cronica pictată de la Viena*, pp. 79-80, 202; *Chronicon Monacense*, p. 80; Johannes de Thurocz, p. 121.
[205] *PVL*, I, p. 180; *Ip. let.*, col. 247-248.
[206] *Chronici Hungarici*..., pp. 444-445; *Cronica pictată de la Viena*, pp. 87, 210; Johannes de Thurocz, p. 128; *Chronicon* Henrici de Mügeln *germanice conscriptum*, ed. E. Travnik, in *SRH*, II, pp. 194-195. 库蛮人的分遣队是鞑靼人所率军队的一部分,1132年由贝拉二世派遣支援洛泰尔(Lothair)。他也派遣库蛮人远征意大利,那给未来皇帝的族人留下了不好的印象,参见 K. Schünemann, "Ungarische Hilfsvölker in der Literatur des deutschen Mittelalters," *Ungarische Jahrbücher*, IV, 1924, 1, pp. 105-106。1157年,盖萨二世派遣500名 Sarracêni 分遣队支援腓特烈一世进攻米兰城(参见 Vincentii Pragensis Annales, ed. W. Wattenbach, in *MGH*, SS, XVII, ed. G.H. Pertz, Hannoverae, 1861, p. 667),其也可能由库蛮人或东欧其他图兰族群所构成。布拉格的文森特在记录这些事件之时,错误地将其追溯到1158年,既使用Sarracêni族名指耶路撒冷王国附近的突厥人(*Ibidem*, p. 677),也指为克拉科夫大公瓦拉迪斯拉斯二世效力的"罗塞尼亚人"(Ruthenians)一边作战的部队(*Ibidem*, p. 664),该军队显然也

有库蛮元素。在曼纽尔一世统治下的拜占庭乃至拜占庭和日耳曼反马扎尔联盟的威胁之下，盖萨二世被迫改善与神圣罗马帝国的关系，且在这些场合派遣图兰部队支持腓特烈一世在伦巴第的好战行为，参见 Z.J. Kosztolnyik, *From Coloman the Learned to Béla III (1095-1196). Hungarian Domestic Policies and Their Impact upon Foreign Affairs*, Boulder-New York, 1987, pp. 149-153。

[207] Anne Comnène, II, p. 191 ff. 也参见 Michaelis Glycae *Annales*, ed. Im. Bekker, Bonn, 1836, p. 621; Joannis Zonarae *Annales*, II, in *Patrologiae cursus completus. Patrologiae Graecae*, ed. J.-P. Migne, CXXXV, Paris, 1887, col. 305-306。

[208] Anne Comnène, II, p. 191.

[209] *Ibidem*, p. 198 [他被称为托戈塔克（Togortak）].

[210] P. Diaconu, *Les Coumans au Bas-Danube aux XIe et XIIe siècles*, Bucharest, 1978, pp. 52-53.

[211] Gh. Mănucu-Adameşteanu, "Din nou despre atacul cumanilor din anul 1095 şi încetarea locuirii de la Păcuiul lui Soare," in *Simposion de numismatică dedicat împlinirii a patru secole de la prima Unire a românilor sub Mihai Voievod Viteazul, Chişinău, 28-30 mai 2000*, gen. ed. E. Nicolae, Bucharest, 2001, pp. 109-120; idem, *Istoria Dobrogei în perioada 969-1204. Contribuţii arheologice şi numismatice*, Bucharest, 2001, pp. 158-159.

[212] E. Popescu, "Notes on the History of Dobrudja in the 11th Century: the Bishopric of Axiopolis," in idem, *Christianitas Daco-Romana*, Bucharest, 1994, pp. 421-438.

[213] G. Severeanu, "Tezaurul din Kalipetrovo (Silistra)," in *Închinare lui Nicolae Iorga cu prilejul împlinirii vîrstei de 60 de ani*, Cluj, 1931, pp. 388-395; O. Iliescu, "Premières apparitions au Bas-Danube de la monnaie réformée d'Alexis Ier Comnène," in *Études byzantines et post-byzantines*, I, eds. E. Stănescu and N.-Ş. Tanaşoca, Bucharest, 1979, pp. 12-16.

[214] Anne Comnène, II, p. 193.

[215] *Ibidem*, p. 156.

[216] *Ibidem*, pp. 191-192.

[217] *Ibidem*, p. 194.

[218] *Ibidem*, p. 193.

[219] *Ibidem*, p. 195.

[220] *Ibidem*, p. 194.

[221] *Ibidem*, pp. 198-203. 有关库蛮人在安恰罗斯（Anchialos）要塞周边劫掠，也参见 *Zhitie na Meletii*, in *Izvori na bŭlgarskata istoriia*, XXII, eds. M. Voinov, V. Tăpkova-Zaimova, L. Ionchev, Sofia, 1980, pp. 97-98。

[222] Anne Comnène, II, pp. 200-201.

[223] *Ibidem*, p. 202.

[224] Leonis imperatoris *Tactica sive de re militari liber*, in *Patrologiae cursus completus*. *Patrologiae Graecae*, ed. J.-P. Migne, CVII, Paris, 1863, col. 931-934.

[225] Anne Comnène, II, pp. 203-204.

[226] Michel le Syrien, *Chronique*, III, ed. J.-B. Chabot, Paris, 1905, p. 204. 也参见 V. Spinei, "Realitățile etnico-politice de la Dunărea de Jos în secolele XI-XII în cronica lui Mihail Sirianul," *Revista de istorie*, 36, 1983, 10, pp. 1001-1006 and 37, 1984, 2, pp. 126-136.

[227] Alberti Aquensis *Historia Hierosolymitana*, in *Recueil des historiens des Croisades*. *Historiens occidentaux*, IV, Paris, 1879, p. 279.

[228] Raimundi de Aquilers *Historia Francorum qui ceperunt Iherusalem*, in *Recueil des historiens des Croisades. Historiens occidentaux*, III, Paris, 1866, p. 236; Petrus Tudebodus, *Historia de Hierosolymitano itinere*, eds. J.H. Hill and L.L. Hill, Paris, 1977, p. 44.

[229] Alberti Aquensis *Historia...*, p. 579; Ekkehardi *Chronicon universale*, ed. G. Waitz, in *MGH, SS*, VI, ed. G.H. Pertz, Hannoverae, 1844, p. 220; *Analista Saxo*, ed. G. Waitz, in *ibidem*, p. 737.

[230] *Gesta Francorum expugnantium Hierusalem*, in *Gesta Dei per Francos*, I, ed. I. Bongarsius, Hanoviae, 1611, p. 563.

[231] Anne Comnène, III, Paris, 1945, p. 160.

[232] Raimundi de Aguilers *Historia...*, p. 238.

[233] Anne Comnène, III, p. 160.

[234] Michel le Syrien, III, p. 155.

[235] Aboul-Ghâzi Bèhâdour Khan, II, p. 19.

[236] *Chronicae Polonorum*, eds. I. Szlachtowski and R. Koepke, in *MGH, SS*, IX, ed. G. H. Pertz, Hannoverae, 1851, p. 452.

[237] *PVL*, I, p. 181; *Ip. let.*, col. 248-249.

[238] *PVL*, I, p. 182; *Ip. let.*, col. 250.

[239] *PVL*, I, pp. 184-185; *Ip. let.*, col. 252-255.

[240] *PVL*, I, p. 185; Ip. *let.*, col. 255.

[241] *PVL*, I, p. 185; Ip. *let.*, col. 258.

[242] *PVL*, I, pp. 190-191; *Ip. let.*, col. 264-266.

[243] *PVL*, I, p. 197; *Ip. let.*, col. 276.

[244] *PVL*, I, pp. 186-187; *Ip. let.*, col. 258-259; *Nik. let.*, in *PSRL*, IX, p. 140.

[245] *PVL*, I, p. 202; *Ip. let.*, col. 285; *Nik. let.*, in *PSRL*, IX, p. 150.

[246] V.V. Trepavlov, "Eastern influences: The Turkic nobility in Medieval Russia," *Coexistence*, 32, 1995, pp. 9-16; P.P. Tolochko, *op. cit.*, pp. 146, 149, 152 ff.; S.V. Gurkin, "K voprosu o russkopolovetskikh matrimonial'nykh sviaziakh," *Donskaia arkheologiia*, 2, 1999, pp. 40-50.

[247] *Ip. let.*, col. 289-290; *Nik. let.*, in *PSRL*, IX, p. 153.

[248] *Ip. let.*, col. 290-291; *Nik. let.*, in *PSRL*, IX, p. 154.

[249] *Ip. let.*, col. 295-296; *Nik. let.*, in *PSRL*, IX, p. 158.

[250] *Ip. let.*, col. 298; *Nik. let.*, in *PSR*L, IX, p. 160.

[251] *Ip. let.*, col. 301; *Nik. let.*, in *PSR*L, IX, p. 161.

[252] *MPH*, II, ed. A. Bielowski, Lwow, 1872, p. 832 (*Rocznik krakowski*) (*Rocznik Traski*), 875 (*Rocznik Sedziwoja*); *Annales Polonorum I*, eds. R. Roepell and W. Arndt, in *MGH, SS*, XVIIII [=XIX], ed. G.H. Pertz, Hannoverae, 1855, p. 624. 当博莱斯瓦夫四世（Boleslaw IV）在1146年威胁到其弟克拉科夫大公瓦拉迪斯拉斯二世（1138—1146）的王位之时，后者通过招募"萨拉森人"和"罗塞尼亚人"扩充军队（参见 Vincentii Pragensis *Annales*, p. 664, 其错误地将事态发展定为1149年）。根据Sarraceni族名，波西米亚史书可能指库蛮人，他们肯定在与来自一位南俄大公的共谋之下抵达波兰，也参见注206。

[253] *Ip. let.*, col. 308; *Nik. let.*, in *PSRL*, IX, p. 164.

[254] *Nik. let.*, in *PSRL*, IX, p. 167. 也参见 *Ip. let.*, col. 315-316。

[255] *Nik. let.*, in *PSRL*, IX, p. 173.

[256] *Ip. let.*, col. 404; *Nik. let.*, in *PSRL*, IX, p. 185.

[257] *Ip. le*t., col. 456-458; *Nik. let.*, in PSRL, IX, p. 195.

[258] *Nik. let.*, in *PSRL*, IX, p. 195.

[259] *Ibidem*, p. 196. *Ip. let.*, col. 459-460, 有关这场战役更粗疏的资料，只提及在姆斯季斯拉夫军中有黑罩人。

[260] *Ip. let.*, col. 465; *Nik. let.*, in *PSRL*, IX, p. 197.

[261] *Ip. let.*, col. 480-481; *Nik. let.*, in *PSRL*, IX, p. 201.

[262] Anne Comnène, III, p. 177 ff.

[263] *Ibidem*, pp. 177-178, 182-183.

[264] *DRH, B,* I, eds. P.P. Panaitescu and D. Mioc, 1966, no. 7, pp. 19-22.

[265] *Ibidem*, no. 8, pp. 22-25; no. 14, pp. 33-36; no. 16, pp. 39-42; no. 22, pp. 52-55; no. 53, pp. 105-107; no. 62, pp. 118-122; no. 97, pp. 168-171; no. 124, pp. 209-213.

[266] *DRH, B,* II, eds. Şt. Ştefănescu and O. Diaconescu, 1972, no. 14, pp. 41-43; no. 69, pp. 144-146; *DRH, B,* VIII, eds. D. Mioc and I. Constantinescu, 1996, no. 14,

pp. 22-23; *DRH, B,* XXXIV, eds. V. Barbu, Gh. Lazăr, O. Rizescu, 2002, no. 103, pp. 86-87.

［267］ *DRH, B,* XXXIV, no. 103, pp. 86-87.

［268］ I. Conea and I. Donat, "Contribution à l'étude de la toponymie petchénègue-comane de la Plaine Roumaine du Bas-Danube," in *Contributions onomastiques publiées à l'occasion du VIe Congrès international des sciences onomastiques à Munich du 24 au 28 août 1958*, Bucharest, 1958, pp. 154-155; P. Diaconu, *Les Coumans...*, p. 59, footnote 260.

［269］ I. Conea and I. Donat, *op. cit.,* p. 155.

［270］ Nicetae Choniatae *Epitome rerum ab Joanne et Alexio Comnenis gestarum*, ed. A. Meineke, Bonn, 1836, pp. 93-95.

［271］ N. Iorga, *Histoire des Roumains et de la romanité orientale*, III, *Les fondateurs d'État*, Bucharest, 1937, p. 70; P. Ş. Năsturel, "Valaques, Coumans et Byzantins sous le règne de Manuel Comnène," *Byzantina*, I, 1969, p. 175; V. Spinei, *Realităţi etnice...*, pp. 77, 158; I. Barnea, P. Diaconu, "Structuri politice la Dunărea de Jos. Românii şi pecenego-cumanii pînă la mijlocul secolului al XIII-lea," in *Istoria românilor*, III, *Genezele româneşti*, co-ord. Şt. Pascu, R. Theodorescu, Bucharest, 2001, pp. 388-389.

［272］ Odo of Deuil, *De profectione Ludovici VII in Orientem*, ed. V. Gingerick Berry, New York, 1948, pp. 52-53; Eudes de Deuil, *La Croisade de Louis VII, roi de France*, ed. H. Waquet, Paris, 1949, pp. 40-41.

［273］ Nicetae Choniatae *Historia*, pp. 123-124.

［274］ Cinnamus, pp. 201-202.

［275］ Michaelis Rhetoris *Oratio ad Manuelem imperatorem*, in *Fontes rerum Byzantinarum*, 1-2, *Rhetorum saeculi XII. Orationes politicae*, ed. W. Regel, Petropoli, 1917, p. 152. 也参见 A.P. Kazhdan, "Some Little-Known or Misinterpreted Evidence about Kievan Rus' in Twelfth-Century Greek Sources," *Harvard Ukrainian Studies*, VII, 1983 (= *Okeanos. Essays presented to Ihor Ševčenko on his Sixtieth Birthday by his Colleagues and Students*, eds. C. Mango and O. Pritsak), pp. 344-358。

［276］ *Annales Colonienses maximi*, ed. K. Pertz, in *MGH, SS*, XVII, Hannoverae, 1861, p. 774.

［277］ K.P. Todt, "Kaiser Friedrich I. Barbarossa und Byzanz," *Hellenika. Jahrbuch für die Freunde Griechenlands*, 1993, pp. 134-144.

［278］ Cinnamus, p. 260. 也参见 F. Chalandon, *Les Comnène*, II, *Jean II Comnène (1118-1143) et Manuel I Comnène (1143-1180)*, Paris, 1912, p. 478 ff.; J. Ferluga, "Vizantijske vojne operacije protiv Ugarske u toku 1166. godine," *Zbornik radova Vizantološkog instituta*, XIX, 1980, pp. 157-165; Z.J. Kosztolnyik, *From Coloman*..., p. 187 ff.; P. Stephenson, "Manuel I Comnenus, the Hungarian crown and the «feudal subjection» of Hungary, 1162-1167," *Byzantinoslavica*, LVII, 1996, 1, p. 53 ff.; I. Cândea, "Expediţia militară a Bizanţului din 1166 în geneza culoarului Dunăre – Curbura Carpaţilor," *Angustia*, 4, 1999, pp. 153-155; F. Makk, *A tizenkettedik század története*, [Budapest,] 2000, p. 146 ff.。

[279] Cinnamus, p. 242.

[280] Nicetae Choniatae *Historia*, p. 230.

[281] *Actes de Lavra*, I, *Des origines à 1204, Texte*, ed. P. Lemerle, A. Guillou, N. Svoronos, with editorial assistance of D. Papachryssanthou (*Archives de l'Athos*, V), Paris, 1970, pp. 334-341.

[282] *Ibidem*, pp. 341-345.

[283] P.Ş. Năsturel, "Les Valaques de l'espace byzantin et bulgare jusqu'à la conquête ottomane," in *Les Aroumains* (Centre d'Étude des Civilisations de l'Europe Centrale et du Sud-Est, *Cahier No 8*), Paris, 1989, pp. 55-56.

[284] V. Stoyanov, "Kumans in Bulgarian History (Eleventh-Fourteenth Centuries)," in *The Turks*, I, *Early Ages*, pp. 682-683.

[285] *Ip. let.*, col. 497-498; *Letopis' po Voskresenskomu spisku*, p. 68. 也参见 V. Spinei, "Începuturile vieţii urbane la Bîrlad şi problema berladnicilor," *Anuarul Institutului de Istorie şi Arheologie "A.D. Xenopol,"* XVI, 1979, pp. 271-293; I.O. Kniaz'kiĭ, *Slaviane, volokhi i kochevniki Dnestrovsko-Karpatskikh zemel' (konets IX – ser. XIII vv.)*, Kolomna, 1997, pp. 197-204; I.G.Konovalova, V.B. Perkhavko, *Drevniaia Rus'i Nizhnee Podunav'e*, Moscow, 2000, pp. 70-86。

[286] *Ip. let.*, col. 455.

[287] *Histoire de la Géorgie*..., pp. 362-363; *The History of David*..., in *Rewriting Caucasian History*..., pp. 325-327. 也参见 P.B. Golden, "The Turkic People and Caucasia," in *Transcaucasia. Nationalism and Social Change. Essays in the History of Armenia, Azerbaidjan, and Georgia*, ed. R.G. Suny, Ann Arbor, 1983, pp. 58-60; idem, "Cumanica I: The Qipčaqs in Georgia," *AEMA*, IV, 1984, p. 45 ff.; idem, "Nomads in the Sedentary World: The Case of the Pre-Chinggisid Rus' and Georgia," in *Nomads in the Sedentary World*, eds. A.M. Khazanov and A. Wink, Richmond, Surrey, 2001, p. 46 ff.; A.N. Karsanov, "Ob odnom izvestii Ipat'evskoĭ letopisi," in *Alany: istoriia i kul'tura*, III, Vladikavkaz, 1995, p. 393 ff.; M.P. Murguliia, V.P. Shusharin, *Polovtsy, Gruziia, Rus' i Vengriia v XII-XIII vekakh*,

Moscow, 1998, p. 58 ff.。

[288] Ibn-Alathir, *ed. cit.*, *JA*, 4th Ser., XIII, 1849, 6, p. 479 (估计突厥人数达三万人); Matthieu d'Édesse, pp. 304-305(在其中，突厥军力的估计超出可信度：四万骑兵，而格鲁吉亚王军队只有四万人，再加上一万五千库蛮人，五千阿兰人和一千法兰克人).

[289] Ibn-Alathir, *ed. cit., JA*, 4th Ser., XIII, 1849, 6, p. 488.

[290] *The History of David*..., in *Rewriting Caucasian History*..., p. 335

[291] *Life of the Queen of Queens, Tamar*, in *The Georgian Chronicle*..., p. 127.

[292] Michel le Grand, *Chronique,* Version arménienne du prêtre Ischôk, ed. V. Langlois, Venice, 1868, p. 287; *Extrait de la Chronique de* Michel le *Syrien*, in Recueil des historiens des Croisades. Documents arméniens, I, ed. Éd. Dulaurier, Paris, 1869, p. 316.

[293] Iu. V. Zelenskiĭ, "K voprosu ob ėtnicheskoĭ prinadlezhnosti pogrebenii XII-XIII vv. stepnogo Prikuban'ia i Vostochnogo Zakuban'ia," *Drevnosti Kubani*, 14, Krasnodar, 1999, pp. 28-31; idem, "Popytka sravnitel'nogo analiza polovetskikh drevnosteĭ Dona i Kubani," in *"Problemy arkheologii Iugo-Vostochnoĭ Evropy" (22-26 noiabria 1998 goda). Tezisy dokladov Konferentsiia provoditsia pri podderzhke Instituta "Otkrytoe obshchestvo" Fond sodeĭstviia,* Rostov-on-Don, 1998, pp. 123-124.

[294] *De expugnatione Terrae Sanctae per Saladinum, libellus,* ed. J. Stevenson, in *Rerum Britannicarum Medii Aevi, Scriptores* (Rolls Series) [66], London, 1875, p. 210.

[295] Abou Chamah, *Le livre des deux Jardins. Histoire des deux règnes, celui de Nour ed-Dîn et celui de Salah ed-Dîn*, in Recueil des historiens des Croisades. Historiens orientaux, IV, Paris, 1898, p. 393. 1189年，土库曼酋长伊兹·艾德·丁·哈桑·本·卡夫迪贾克在阿塞拜疆拥有一座城堡，参见 M. Th. Houtsma, "Some remarks on the history of the Saljuks," *Acta Orientalia ediderunt Societates Orientales Batava Danica Norvegica*, III, 1924, p. 149。

[296] Ibn-Alatyr, *Extrait de la chronique intitulée Kamel-Altvarykh*, in Recueil des historiens des Croisades. Historiens orientaux, I, Paris, 1872, pp. 378-379. 在后来的一些资料中，他的名字以变体形式出现，参见 Abou'l Fida, in *ibidem*, p. 17; Kemal ed-Dîn, *Extrait de la Chronique d'Alep*, in *ibidem*, III, Paris, 1884, pp. 655-656。

[297] Ibn-Alatyr, *Extrait*..., pp. 437-438; Ibn el-Athīr, *Histoire des Atabecs de Mosul*, in *ibidem*, II, 2, Paris, 1876, p. 102.

[298] 钦察之名也被归为成吉思汗氏族中一些成员，如合丹（Kadan）的一个儿子也属此类（参见 Rashid al-Din, *The Successors of Genghis Khan*, ed. J.A. Boyle,

New York-London, 1971, pp. 28, 140, 151-153)以及阔阔出（Kökechü）的儿子也取此名 (*Ibidem*, p. 314)。

[299] Ibn-Alathir, *ed. cit.*, *JA*, 4th Ser., XIII, 1849, 6, p. 488.

[300] Y. Bregel, "Turko-Mongol influences in Central Asia," in *Turko-Persia in Historical Perspective*, ed. R.L. Canfield, Cambridge-New York–Port Chester-Melbourne-Sydney, 1991, pp. 59-60.

[301] *Slovo o plăku Igorevĕ, Igoria, syna Sviataslăvlia, vnuka Ol'gova*, ed. D.S. Likhachëv, in *Povesti Drevniĭ Rusi XI-XII veka*, co-ord. D.S. Likhachëv, N.V. Ponyrko, Leningrad, 1983, pp. 378-411.

[302] E.L. Keenan, *Josef Dobrovský and the Origin of the "Igor Tale"* (Dumbarton Oaks Public Lecture, December 9, 1998); idem, "Was Iaroslav of Halich Really Shooting Sultans in 1185?," *Harvard Ukrainian Studies*, XII, 1998 (*Culture and Nations of Central and Eastern Europe. Essays in Honor of Roman Szporluk*, eds. Z. Gitelman, L. Hajda, J.-P. Himka, R. Solchanyk), pp. 313-327.

[303] *Ip. let.*, col. 637-644; *Nik. let.*, in *PSRL*, X, pp. 12-14. 也参见V. Iu. Vranchuk, "O sozdatele versii pokhoda kniazia Igoria na polovtsev v 1185 g. v Lavrent'evskoĭ letopisi," in *«Slovo opolku Igoreve» i ego vremia*, co-ord. B.A. Rybakov, Moscow, 1991, pp. 154-168; Ia. V. Pavlik, "Svidetel'stva drevneĭshikh cheshskikh khronik o nekotorykh elementakh taktiki boia, upotreblennykh polovtsami-kumanami v 1185 g. v dvukh bitvakh s «polkom» Igoria Sviatoslavicha Novgorod-Severskogo," *Scando-Slavica*, 36, 1990, pp. 173-184; B.A. Rybakov, *Pëtr Borislavich. Poisk avtora "Slova o polku Igoreve*," Moscow, 1991, pp. 53-96; M. Dimnik, "Igor's Defeat at the Kayala (1185): The Chronicle Evidence," *Mediaeval Studies*, 63, 2001, pp. 245-281; M. Iu. Braĭchevskiĭ, "Slovo o polku Igorevim," *Lavrs'kiĭ al'manakh*, 3, Kiev, 2002, p. 149 ff.

[304] *Ip. let.*, col. 678.

[305] *Novgorodskaia pervaia letopis'...*, pp. 62, 265; *Lavrentievskaia letopis'*, 2, *Suzdal'skaia letopis' po Lavrentievskomu spisku*, 2nd ed., ed. E.F. Karskiĭ, in *PSRL*, I, 2, Leningrad, 1927, col. 446; *Letopis' po Voskresenskomu spisku*, p. 129; *Troitskaia letopis'*, ed. M.D. Priselkov, Moscow-Leningrad, 1950, p. 307; *Ermolinskaia letopis'*, in *PSRL*, XXIII, S.-Peterburg, 1910, p. 69; *Letopis' po Tipografskomu spisku*, p. 88.

[306] G. Prinzing, "Demetrios-Kirche und Aseniden-Aufstand. Zur chronologischen Präzisierung der Frühphase des Aseniden-Aufstandes," *Zbornik radova Vizantološkog instituta*, XXXVIII, 1999-2000, pp. 257-265.

[307] Nicetae Choniatae *Historia*, p. 482 ff.; Georgii Acropolitae *Annales*, pp. 20-23; *FHDR*, III, pp. 178-181 (Eustathios al Thessalonikului), 252-309 (Choniates), 380-383 (Euthymios Tornikes), 398-401 (Georgios Akropolites), 417-433 (Teodor Skutariotes), 462-473 (Efrem), 530-531 (Pseudo-Kodinos); IV, pp. 88-91 (*Cronică universală*), 94-95 (Ioannes Staurakios).

[308] 有关1185年罗马尼亚人参加反抗拜占庭的起义以及罗马尼亚人与库蛮人的联合，参见N. Bănescu, *Un problème d'histoire médiévale: création et caractère du second Empire bulgare (1185)*, Bucharest, 1943; R.L. Wolff, "The «Second Bulgarian Empire». Its Origin and History to 1204," *Speculum*, XXIV, 1949, 2, pp. 167-206; Ch. M. Brand, *Byzantium Confronts the West, 1180-1204*, Cambridge, Mass., 1968, pp. 88-96, 124-135; G.G. Litavrin, "Dva etiuda o vosstanii Petra i Asenia," *Études balkaniques*, XXI, 1985, 4, pp. 12-24; S. Brezeanu, "Les «Vlaques» dans les sources byzantines concernant les débuts et l'État des Asênides. Terminologie ethnique et idéologie politique, I," *RESEE*, XXV, 1987, 3, pp. 203-215; *Răscoala și statul Asăneștilor*, gen. ed. E. Stănescu, Bucharest, 1989 (E. Stănescu; S. Brezeanu; N.-Ș. Tanașoca); P. Stephenson, *Byzantium's Balkan Frontier. A Political Study of the Northern Balkans, 900-1204*, Cambridge, 2000, p. 288 ff.; P. Diaconu, Șt. Ștefănescu, "Românii la sudul Dunării. Statul româno-bulgar," in *Istoria românilor*, III, 2001, pp. 427-438。

[309] Nicetae Choniatae *Historia*, pp. 487-488.

[310] *Ibidem*, p. 488.

[311] *Ibidem*, pp. 489-491.

[312] *Ibidem*, p. 503.

[313] *Ibidem*, p. 510. 也参见 R. Guilland, "Byzance et les Balkans, sous le règne d'Isaac II Ange (1185-1195)," in *Actes du XIIe Congrès International d'études byzantines, Ochride, 10-16 septembre 1961*, II, Belgrade, 1964, pp. 127-128; Ch. M. Brand, *Byzantium...*, pp. 88-90, 273-274; G. Cankova-Petkova, "Les forces centrifuges et centripètes à Byzance du début du règne d'Isaak Ange (L'insurrection des Asénides et la révolte d'Alexis Branas)," in *Actes du XVe Congrès International d'études byzantines, Athènes – Septembre 1976*, IV, *Histoire, Communications*, Athens, 1980, pp. 55-64; V. Gjuzelev, "Bulgarien und Byzanz im Streit um die Schwarzmeergebiete 1185-1204," *JOB*, 36, 1986, pp. 209-210。

[314] Nicetae Choniatae *Historia*, p. 515.

[315] *Ibidem*, pp. 515-521; *FHDR*, III, pp. 416-419 (Teodor Skutariotes), 464-467 (Efrem). 也参见Ph. Malingoudis, "Die Nachrichten des Niketas Choniates über die Entstehung

der Zweiten Bulgarischen Staates," *Byzantina*, 10, 1980, pp. 77-78; P. Petrov, *Vŭstanoviavane na Bŭlgarskata dŭrzhava, 1185-1197*, Sofia, 1985, p. 140 ff.; D. Angelov, "Vŭstanieto na Asenevtsi i vŭzstanoviavaneto na srednovekovnata Bŭlgarska dŭrzhava," *Paleobulgarica*, IX, 1985, 1, pp. 56-57。

[316] H. E. Mayer, *Geschichte der Kreuzzüge*, 5th ed., Stuttgart-Berlin-Cologne-Mainz, 1980, p. 133; K. P. Todt, *op. cit.*, p. 155.

[317] 事实上，腓特烈一世的行程包括罗西亚（Rosia）、库蛮尼亚和瓦拉吉亚（Balachia），记载于十字军东征之后的史书中（参见 *Annales Forolivienses ab origine Urbis usque ad annum MCCCCLXXIII*, ed. G. Mazzatinti, in *RIS*, NE, G. Carducci and V. Fiorini, XXII, 2, Città di Castello, 1903, p. 25），当然是地名拼写错误的结果。有关日耳曼皇帝军队从塞尔维亚北部至达达尼尔海峡，然后从那里进入小亚细亚的路线，参见 F. Opll, *Das Itinerar Kaiser Friedrich Barbarossas (1152-1190)*, Vienna-Cologne-Graz, 1978, pp. 99-104, 232-234。

[318] *Arab Historians of the Crusades*, ed. F. Gabrieli, trans. E.J. Costello, New York, 1989, p. 209 (Ibn al-Athir); H. E. Mayer, *op. cit.*, p. 133; K.P. Todt, *op. cit.*, p. 155.

[319] *Historia de expeditione Friderici imperatoris* (Der sogenannte Ansbert), in *Quellen zur Geschichte des Kreuzzuges Kaiser Friedrichs I.*, ed. A. Chroust (*MGH, SRG, NS*, V), Berlin, 1928, p. 33; *Historia peregrinorum*, in *ibidem*, p. 135.

[320] *Historia de expeditione…*, p. 28. 也参见 *Historia peregrinorum*, p. 132。

[321] *Historia de expeditione…*, p. 58; *Ystoria de expeditione Friderici imperatoris edita a quodam Austriensi clerico, qui eidem interfuit, nomine Ansbertus*, in *Codex Strahoviensis, enthält den Bericht des sogenannten Ansbert über den Kreuzzug Kaiser Friedrich's I*, eds. H. Tauschinski and M. Pangerl, in *FRA*, Erste Abtheilung, Scriptores, V, 1863, p. 44.

[322] *Historia peregrinorum*, p. 149.

[323] L. Bréhier, *Les Croisades*, Paris, 1928, p. 121; R. Grousset, *Histoire des Croisades et du Royaume franc de Jérusalem*, III, Paris, 1936, p. 11; J. Lehmann, *Die Kreuzfahrer. Abenteurer Gottes*, Munich, 1976, p. 296; H.E. Mayer, *op. cit.*, p. 133; S. Iosipescu, "Românii şi cea de-a treia cruciadă," *RI*, SN, V, 1994, 3-4, p. 264. 不过，一些历史学家认为腓特烈一世的实际兵力可能绝非那么多。参见 H. Hiller, *Friedrich Barbarossa und seine Zeit. Eine Chronik*, Munich, 1977, p. 407。

[324] *Historia de expeditione…*, p. 69; *Cronica fratris Salimbene de Adam ordinis minorum*, ed. O. Holder-Egger, in *MGH, SS*, XXXII, Hannoverae et Lipsiae, 1905-1913, p. 10; Alberti Milioli notarii Regini *Cronica imperatorum*, ed. O. Holder-Egger, in *MGH, SS*, XXXI, Hannoverae, 1903, p. 648.

[325] *Cronica collecta a Magno presbytero,* ed. W. Wattenbach, in *MGH, SS,* XVII, Hannoverae, 1861, p. 510.

[326] Vartan le Grand, *Extrait de l'Histoire universelle,* in *Recueil des historiens des Croisades. Documents arméniens,* I, Paris, 1869, p. 440.

[327] A. Decei, "Românii în veacul al IX-lea pînă în al XIII-lea în lumina izvoarelor armenești," in idem, *Relații româno-orientale,* ed. M. D. Popa, Bucharest, 1978, p. 92 ff.; H. Dj. Siruni, "Istorici armeni și vechimea poporului valah," *Ani. Anuar de cultură armeană,* 1941, p. 421.

[328] Vartabied Vartan, *Géographie,* in *Mémoires historiques et géographiques sur l'Arménie,* II, ed. J. Saint-Martin, Paris, 1819, p. 415. 在此讨论的引文段落中，莫斯科是俄罗斯的首都，但问题在于那是在十三世纪之后出现的。

[329] *Historia de expeditione…,* pp. 53-54.

[330] *Ibidem,* p. 63.

[331] Nicetae Choniatae *Historia,* p. 561.

[332] *Ibidem,* pp. 561-562; Georgii Acropolitae *Annales,* p. 21.

[333] Nicetae Choniatae, *Historia,* p. 262 ff. 也参见 R. Guilland, *op. cit.,* pp. 134-136; Ch. M. Brand, *Byzantium…,* p. 92 ff.; G. Cankova-Petkova, "Au sujet de la campagne d'Isaac Ange contre la capitale bulgare (1190)," *Byzantino-bulgarica,* VII, Sofia, 1981, pp. 181-185; P. Petrov, *Vŭzstanoviiavane…,* p. 218 ff.。

[334] *FHDR,* III, pp. 374-379 (Sergios Kolyvas), 386-395 (Giorgios Tornikes II). 也参见 A. Každan, "La date de la rupture entre Pierre et Asen (vers 1193)," *Byzantion,* XXXV, 1965, 1 *(Mémorial Henri Grégoire,* I), pp. 167-174。

[335] *Ip. let.,* col. 659.

[336] *Ip. let.,* col. 670.

[337] Nicetae Choniatae *Historia,* pp. 587-588.

[338] *Ibidem,* p. 600.

[339] *Ibidem,* p. 612.

[340] *Ibidem,* pp. 562-564.

[341] *Ibidem,* p. 613.

[342] *Ibidem,* pp. 616-617.

[343] *Skazanïe Isaïe proroka kako v'znesen' byst' aggelom' do 3-go nevesy,* ed. L. Stojanović, in *Spomenik Srpska Kraljevska Akademija,* III, Belgrade, 1890, pp. 190-193.

[344] S. Dimitrov, "The Bulgarian Apocryphal Chronicle and Bulgarian Ethnic History," *Études balkaniques,* 29, 1993, 4, p. 97 ff.

[345] T. Totev, "Za kumani v edin nadpis ot Preslav," in *Kulturata na srednevekovniia Tŭrnov*, eds. A. Popov and V. Velkov, Sofia, 1985, pp. 158-169.

[346] Nicetae Choniatae *Historia*, p. 663. 也参见 P. Schreiner, *Die byzantinischen Kleinchroniken*, 3, *Teilübersetzungen, Addenda et Corrigenda, Indices*, Vienna, 1979, p. 46。

[347] Georgii Acropolitae *Annales*, p. 26; *FHDR*, III, pp. 438-439 (Teodor Skutariotes), 480-481 (Efrem).

[348] Nicetae Choniatae *Historia*, pp. 643-644, 665-673.

[349] *Ibidem*, p. 673.

[350] Ch. M. Brand, *Byzantium*..., p. 132; H. Grala, "Rola Rusi w wojnach bizantyńsko-bulgarskich przelomu XII i XIII w.," *Balcanica Posnaniensia, Acta et studia*, II, 1985, pp. 129-130.

[351] Nicetae Choniatae *Historia*, p. 691.

[352] *Ibidem*, p. 692; *FHDR*, III, pp. 432-433 (Teodor Skutariotes), 472-473 (Efrem); *Lavrent'evskaia letopis'*, 2, col. 419; *Gustinskaia letopis'*, in *PSRL*, II, Sanktpeterburg, 1843, p. 328; *Nik. let.*, in *PSRL*, X, pp. 35-36; *Letopisnyĭ sbornik imenuemyĭ L'vovskogo letopis'iu*, in *PSRL*, XX, 1, Sankt Peterburg, 1910, pp. 142-143; *Letopisnyĭ svod 1497 g.*, in *PSRL*, 28, ed. M.N. Tikhomirov, Moscow-Leningrad, 1963, p. 43; *Letopisnyĭ svod 1518 g. (Uvarovskaia letopis')*, *Ibidem*, p. 200; *Ermolinskaia letopis'*, pp. 58-59; *Letopisets russikikh tsareĭ*, in *PSRL*, 41, gen. ed. V. I. Buganov, Moscow, 1995, p. 124.

[353] *Ip. let.*, col. 717; *Lavrent'evskaia letopis'*, 2, col. 417-418; *Letopis' po Voskresenskomu spisku*, p. 108; *Nik. let.*, in *PSRL*, X, pp. 34-36; *Tipografskaia letopis'*, p. 84.

[354] *Ip. let.*, col. 717.

[355] G. Fejér, *Codex diplomaticus Hungaricae ecclesiasticus ac civilis*, IX, 4, Buda, 1834, p. XVIII.

[356] *Ip. let.*, col. 725.

[357] Robert de Clari, p. 50; Nicetae Choniatae *Historia*, p. 809.

[358] A. Theiner (ed.), *Vetera monumenta Slavorum meridionalium historiam illustrantia*, I, Rome, 1863, pp. 23-25; E. Hurmuzaki, I, pp. 17-20; *Die Register Innocenz' III.*, 7, *7. Pontifikatsjahr, 1204/1205*, co-ord. O. Hageneder, eds. A. Sommerlechner and H. Weigl, with editorial assistance of C. Egger and R. Murauer, Vienna, 1997, no. 1, pp. 3-6. 也参见 I. M. Mălinaş, *Regeste şiregistre de la Constantinopol şi Roma, din prima jumătate a secolului al XIII-lea, privitoare la primatul Vasile I şi la împăratul Ioniţă Caloian, din Târnovo*, Oradea, 2000, p. 96 ff.; G. Prinzing, "Das Papsttum und der orthodox geprägte Südosten Europas 1180-1216," in *Das Papsttum in*

der Welt des 12. Jahrhunderts, eds. E.-D. Hehl, I. Heike Ringel and H. Seibert, Stuttgart, 2002, pp. 168-171。

[359] A. Theiner (ed.), *Vetera monumenta Slavorum meridionalium*..., I, p. 25; E. Hurmuzaki, I, p. 20; *Die Register Innocenz' III.*, 7, no. 2, pp. 6-8.

[360] *Ex Chronico* Alberici Trium-Fontium monachi, in *Recueil des historiens des Gaules et de la France*, XVIII, Paris, 1822, p. 770.

[361] A. Theiner (ed.), *Vetera monumenta Slavorum meridionalium*..., I, pp. 27, 29-30; E. Hurmuzaki, I, pp. 26, 31; *Die Register Innocenz' III.*, 7, no. 4, pp. 14-15; no. 6, pp. 18-20. 偶尔，卡拉扬也自称为国王（rex）。参见 A. Theiner (ed.), *Vetera monumenta Slavorum meridionalium*..., I, p. 39; E. Hurmuzaki, I, p. 48; *Die Register Innocenz' III.*, 7, no. 230, pp. 409-411。

[362] *Historia de expeditione*..., p. 58.

[363] Villehardouin, *La conquête de Constantinople*, II, 2nd ed., Ed. Faral, Paris, 1961, p. 82 ff.; Robert de Clari, p. 51.

[364] Villehardouin, II, pp. 160-163.

[365] *Ibidem*, p. 161 ff.

[366] Nicetae Choniatae *Historia*, p. 813.

[367] *Ibidem*, pp. 811-814; A. Theiner (ed.), *Vetera monumenta Slavorum meridionalium*..., I, pp. 40-42; *Die Register Innocenz' III.*, 8, *8. Pontifikatsjahr, 1205/1206,* eds. O. Hageneder and A. Sommerlechner, with editorial assistance of C. Egger, R. Murauer and H. Weigl, Vienna, 2001, no. 126 (125), pp. 226-229; no. 130 (129), pp. 236-238; no. 132 (131), pp. 239-242; Henricus, imperator Constantinopolitanus, *de varia Latinorum in Imperio fortuna*, in *Urkunden zur älteren Handels- und Staatsgeschichte der Republik Venedig*, II, eds. G.L. Fr. Tafel and G.M. Thomas (*FRA, Zweite Abtheilung, Diplomataria et acta*, XIII, 2), 1856, pp. 37-42; *FHDR*, IV, pp. 166-171 (*Cronica Moreei*); Sicardi episcopi Cremonensis *Cronica*, ed. O. Holder-Egger, in *MGH, SS*, XXXI, Hannoverae, 1903, p. 179; *Cronica* fratris Salimbene de Adam ordinis minorum, p. 25; Nicephori Gregorae *Byzantina historia*, ed. L. Schopen, I, Bonn, 1829, pp. 15-16; Robert de Clari, pp. 50-51, 79; Villehardouin, II, pp. 164-171; Ricardus de Gerboredo, in *Exuviae sacrae Constantinopolitanae*, I, Genoa, 1877, p. 36; *Lectiones Longipratenses*, in *Exuvie*..., II, 1878, p. 13; *Recueil des historiens des Gaules et de la France*, XIX, eds. J. Naudet and C.F. Daunou, Paris, 1833, p. 248 (Selecta ex variis chronicis); XX, 1840, p. 751 (*Chronicon* Guillelmi de Nangis); XXIV, 2, ed. L. Delisle, 1904, p. 762 (*Extrait d'une Chronique française des rois de France,* par un anonyme de

Béthune), etc. ; Guillelmi archiepiscopi Tyriensis continuata *Belli sacri historia, gallico idiomate ab antiquo auctore ante annos CCCC. conscripta,* in *Veterum scriptorum et monumentorum historicorum, dogmaticorum, moralium, amplissima collectio,* V, eds. E. Martène and U. Durand, Paris, 1729, col. 669-671.

[368] *Henricus imperii moderator ad Innocentium III Papam* (*b*), in *Recueil des historiens des Gaules et de la France,* XVIII, Paris, 1822, p. 527; Nicetae Choniatae *Historia,* pp. 823-824.

[369] Villehardouin, II, pp. 168-169, 172-173, 216-225, 232-233. 在其他编年史手稿中，库蛮人的名字写成 conmain, conmeme, comain（参见 Josfroi de Vilehardyun, *La conqueste de Costentinoble, d'après le manuscrit no 2137 de B.N.,* eds. O. Derniame, M. Henin, S. Monsonego, H. Nais, R. Tomassone, composition M. Crepey, Nancy, 1978, pp. 82-83, 92-94, 96), *Comains, Comain, Commains, Commeins*（参见 Geoffroi de Ville-Hardouin, *Conquête de Constantinople,* avec la continuation de Henri de Valenciennes, 3rd ed. N. de Wailly, Paris, 1882, pp. 212, 214, 240, 242, 246, 250, 276）。

[370] Henri de Valenciennes, *Histoire de l'empereur Henri de Constantinople,* ed. J. Longnon, Paris, 1948, pp. 29, 35.

[371] Nicetae Choniatae *Historia,* pp. 824, 852.

[372] *Ibidem,* pp. 830-840.

[373] Iacobi de Vitriaco, Acconensis episcopi, *Historia Hierosolimitana,* in *Gesta Dei per Francos,* I, p. 1113.

[374] Paltrami seu Vatzonis *Chronicon Austriacum,* in *Scriptores rerum Austriacarum,* I, ed. H. Pez, Lipsiae, 1721, col. 712; Anonymi Leobiensis *Chronicon,* in *ibidem,* col. 815.

[375] *FHDR,* III, pp. 438-439 (Teodor Skutariotes).

[376] Georgii Acropolitae *Annales,* p. 26; *FHDR,* III, pp. 400-401 (Georgios Akropolites), 436-437 (Teodor Skutariotes).

[377] Nicetae Choniatae *Historia,* p. 832.

[378] B. Borisov, G. Sheĭleva, "Arkheologicheski danni za kŭsni nomadi na iug ot Balkana," in *Pliska-Preslav,* 8, Shumen, 2000, pp. 247-251.

[379] Nicetae Choniatae *Historia,* pp. 816-819; Robert de Clari, p. 80; *FHDR,* IV, pp. 166-167 (*Cronica Moreei*).

[380] Robert de Clari, p. 80; Villehardouin, II, pp. 264-265.

[381] Villehardouin, II, pp. 308-311.

[382] Robert de Clari, p. 80; Villehardouin, II, pp. 312-315.

[383] Villehardouin, II, pp. 276-277; Nicetae Choniatae *Historia*, pp. 834-835.
[384] Villehardouin, II, p. 277 ff.
[385] Georgii Acropolitae *Annales*, p. 26; *FHDR*, III, pp. 400-403 (Georgios Akropolites). 也参见 *ibidem*, pp. 436-437 (Teodor Skutariotes), 479-480 (Efrem)。
[386] Ἰωάννου Σταυρακίου λόγος εἰς τά θαύματα του Ἁγίου Δημητρίου, ed. I. Iverites, in Μακεδονικα, I, 1940, pp. 369-372; Ioannis Stauracii *Oratio laudatoria de Sancti Myroblytae Demetrii miraculis*, in *Fontes Graeci Historiae Bulgaricae*, X, eds. M. Vojnov, V. Tăpkova-Zaimova, L. Jončev (*Fontes historiae Bulgaricae*, XXII), Sofia, 1980, pp. 128-132.
[387] V.N. Zlatarski, *Istoriia na bŭlgarskata dŭrzhava prezŭ srednite vekove*, III, *Vtoro bŭlgarsko tsarstvo. Bŭlgariia pri Asenevtsi (1187-1280)*, Sofia, 1940, pp. 258-261; J. Longnon, *L'Empire latin de Constantinople et la principauté de Morée*, Paris, 1949, p. 100; G. Prinzing, *Die Bedeutung Bulgariens und Serbiens in den Jahren 1204-1219 im Zusammenhang mit der Entstehung und Entwicklung der byzantinischen Teilstaaten nach der Einnahme Konstantinopels infolge des 4. Kreuzzuges*, Munich, 1972, pp. 84-85; L. Krăstev, "«Les Miracles de Saint Démètre de Thessalonique» et la participation d'Alains et de Coumans au siège de Thessalonique en 1207," *Études balkaniques*, 33, 1997, 3-4, p. 129; F. Dall'Aglio, "The Bulgarian Siege of Thessaloniki in 1207: Between History and Hagiography," *Eurasian Studies*, I, 2002, 2, pp. 278-279.
[388] 参见注386 及 F. Dall'Aglio, *op. cit.*, p. 268。
[389] L. Krăstev, *op. cit.*, pp. 125-127.
[390] *27-to chudo otŭ chudesata na sv. Dimitriia Solunski za obsadata na Solunŭ i smŭrt'ta na tsar'Kaloiana*, in V. N. Zlatarski, *op. cit.*, pp. 581-587.
[391] Robert de Clari, p. 80; *Ex Chronico* Alberici Trium-Fontium monachi, 1822, p. 771; *FHDR*, III, pp. 479-480 (Efrem).
[392] Georgii Acropolitae *Annales*, pp. 26-27, 35; *FHDR*, III, pp. 402-403 (Georgios Akropolites), 438-439 (Teodor Skutariotes), 480-481 (Efrem).
[393] Henri de Valenciennes, pp. 28-29; Henricus imperator Constantinopolitanus *de quatuor imperii hostibus a se pervictis*, in *Recueil de historiens des Gaules et de la France*, XVIII, Paris, 1822, pp. 530-531.
[394] Henri de Valenciennes, pp. 20-30, 48-49, 52-54.
[395] *Ibidem*, p. 33 ff.
[396] *DRH, D*, I, no. 11.
[397] J. Schmitt, "Die Balkanpolitik der Arpaden in den Jahren 1180-1241," *Ungarn-

Jahrbuch, 17, 1989, p. 40.

[398] Robert de Clari, p. 80; *Ex Chronico* Alberici Trium-Fontium monachi, 1822, p. 771; Andreae Danduli *Chronica*..., p. 285. 也参见 J. Longnon, *L'Empire latin*..., pp. 149-150; idem, *Les compagnons de Villehardouin. Recherches sur les croisés de la quatrième croisade*, Geneva, 1978, pp. 144-145; G. Prinzing, *Die Bedeutung Bulgariens*..., pp. 107-108, 110, 130; G. Cankova-Petkova, "A propos des rapports bulgaro-francs au commencement du XIIIe siècle," *Bulgarian Historical Review*, IV, 1976, 4, pp. 58-60; F. Van Tricht, "La politique étrangère de l'empire de Constantinople, de 1210 à 1216. Sa position en Méditerranée orientale: problèmes de chronologie et d'interprétation (2e partie)," *Le Moyen Age*, CVII, 2001, 3-4, p. 422-425。

[399] Georgii Acropolitae *Annales*, p. 45; *FHDR*, III, pp. 402-403 (Georgios Akropolites), 438-439 (Teodor Skutariotes).

[400] Gregoras, I, p. 29.

[401] E Gervasii Tilleberiensis *Otiis imperialibus*, ed. R. Pauli, in *MGH, SS*, XXVII, Hannoverae, 1885, p. 371.

[402] S. Brezeanu, "«Blachi» et «Getae» on the Lower Danube in the Early Thirteenth Century," *RESEE*, XIX, 1981, 3, pp. 595-604.

[403] Rudolfs von Ems *Weltchronik*, ed. G. Ehrismann, Berlin, 1915, p. 36.

[404] *Eine Geographie aus dem dreizehnten Jahrhundert*, ed. I.V. Zingerle, in *Sitzungsberichte der Kaiserlichen Akademie der Wissenschaften. Philosophisch-historische Classe*, L, 1865, 4, p. 406. 也参见 A. Armbruster, *Der Donau-Karpatenraum in den mittel- und westeuropäischen Quellen des 10.-16. Jahrhunderts. Eine historiographische Imagologie*, Cologne-Vienna, 1990, p. 63, footnote 112（错误地给这部编年史起名为 *Thüringischen Reimbibel*）。

[405] *Urkundenbuch zur Geschichte der Deutschen in Siebenbürgen*, I, eds. F. Zimmermann and C. Werner, Hermannstadt (= Sibiu), 1892, p. 12. 也参见 *Codex diplomaticus Transsylvaniae. Diplomata, epistolae et alia instrumenta litteraria res Transsylvanas illustrantia*, I, *1023-1300/Erdélyi okmánytár. Oklevelek, levelek és más írásos emlékek Erdély történetéhez*, I, *1023-1300*, ed. S./Z. Jakó, Budapest, 1997, p. 134。

[406] E. Hurmuzaki, I, pp. 77, 82, 86-88, 90, 91, 95, 96, 115, 118, 123; *Urkundenbuch*..., pp. 23, 25, 28-30, 32, 36, 39, 42, 44, 51, 53, 56, 59; H. Zimmermann, *Der Deutsche Orden im Burzenland. Eine diplomatische Untersuchung*, Cologne-Weimar-Vienna, 2000, pp. 173, 175, 177, 178, 180, 182, 183, 185, 186, 193, 194, 199, 201, 203, 204, 206, 209.

［407］ Roderici Ximenii de Rada *Historia de rebus Hispanie sive Historia Gothica*, ed. J.F. Valverde (Corpus christianorum, Continuatio mediaevalis, LXXII), Tvrnholti, 1987, p. 13. 这一段落不太明显的差别体现在版本：D. Roderici Ximenez *Rerum in Hispania gestarum libri IX*, in *Hispaniae illustratae seu rerum urbiumq. Hispaniae, Lusitaniae, Aetiopiae et Indiae scriptores varii*, II, ed. A. Scott, Francofurti, 1603, p. 29。就引用文本，参见 A. Borst, *Der Turmbau von Babel*, II, 2, Stuttgart, 1959, pp. 762-764; IV, 1963, p. 2091。

［408］ V. Spinei, *Moldova în secolele XI-XIV*, 2nd ed., Chişinău, 1994, pp. 42-45; M. Lăzărescu-Zobian, "Cumania as the Name of Thirteenth Century Moldavia and Eastern Wallachia: Some Aspects of Kipchak-Rumanian Relations," *Journal of Turkish Studies*, 8, 1984 (=*Turks, Hungarians and Kipchaks. A Festschrift in Honor of Tibor Halasi-Kun*, ed. P. Oberling, Harvard University), pp. 265-272.

［409］ V. Spinei, *Realităţi etnice*..., pp. 97-99; Gh. Postică, "Evoluţia aşezărilor din spaţiul pruto-nistrean în epoca migraţiilor (sec. V-XIII)," *Thraco-Dacica*, XX, 1999, 1-2, p. 334.

［410］ *DRH*, *D*, I, no. 11.

［411］ E. Hurmuzaki, I, pp. 56-58; *Urkundenbuch*..., pp. 11-12.

［412］ E. Hurmuzaki, I, pp. 58-59; *Urkundenbuch*..., I, p. 14.

［413］ *Urkundenbuch*..., I, pp. 15-16.

［414］ E. Hurmuzaki, I, pp. 74-76; *Urkundenbuch*..., I, pp. 18-20.

［415］ E. Hurmuzaki, I, pp. 95-96; *Urkundenbuch*..., I, pp. 42-43.

［416］ E. Hurmuzaki, I, pp. 80-81; *Urkundenbuch*..., I, p. 24.

［417］ E. Hurmuzaki, I, p. 82; *Urkundenbuch*..., I, pp. 24-25.

［418］ E. Hurmuzaki, I, pp. 117-118, 121-122, 123-124, 129-130; *Urkundenbuch*..., I, pp. 51, 52-53, 55-57, 58-60.

［419］ K. Horedt, "Zur siebenbürgischen Burgenforschung," *Südost-Forschungen*, VI, 1941, pp. 585-590; A. Prox, "Die Burgen des Burzenlandes," in *Neue Beiträge zur siebenbürgischen Geschichte und Landeskunde* (Siebenbürgisches Archiv, 1), Cologne-Graz, 1962, pp. 29-62; A.A. Rusu, "Die Frage der vom Deutschen Orden im Südosten Siebenbürgens errichteten Burgen," in *Castrum Bene*, 5, Castle and Church, Gdańsk, 1996, pp. 165-172. 也参见 A. Ioniţă, "Date noi privind colonizarea germană în Ţara Bârsei şi graniţa de est a Regatului maghiar în cea de-a doua jumătate a secolului al XII-lea," *RI*, SN, V, 1994, 3-4, pp. 273-281。

［420］ H. Glassl, "Der deutsche Orden im Burzenland und in Kumanien (1211-1225)," *Ungarn-Jahrbuch*, 3, 1971, p. 32（假定只有"一百多"位骑士）; E. Glück,

"Considerații cu privire la prezența cavalerilor teutoni în Țara Bîrsei (1211-1225)," *Crisia*, XXI, 1991, p. 55(估计人数在200—300人之间).

[421] E. Hurmuzaki, I, pp. 91-93; *Urkundenbuch...*, I, pp. 36-38. 也参见 G.E. Müller, "Die Ursache der Vertreibung des deutschen Ordens aus dem Burzenlande und Kumanien im Jahre 1225," *Korrespondenzblatt des Vereins für siebenbürgische Landeskunde*, XLVIII, 1925, 6-8, pp. 41-68; J. Schütze, "Bemerkungen zur Berufung und Vertreibung des Deutschen Ordens durch Andreas II. von Ungarn," in *Siebenbürgisches Archiv*, 8, 1971, pp. 277-283; A. Armbruster, "Nachspiel zur Geschichte der Deutschen Ordens im Burzenland," *Revue Roumaine d'Histoire*, XVIII, 1979, 2, p. 285 ff.; H. Bogdan, *Les chevaliers Teutoniques. Vérités et légendes*, Paris, 1995, pp. 85-97; Z. J. Kosztolnyik, *Hungary in the Thirteenth Century*, Boulder-New York, 1996, p. 93 ff.; H. Zimmermann, *Der Deutsche Orden im Burzenland...*, pp. 131-137。

[422] Arnoldi abbatis Lubecensis *Chronica*, ed. I.M. Lappenberg, in *MGH*, *SS*, XXI, Hannoverae, 1869, p. 216. 也参见 *Braunschweigische Reimchronik,* ed. L. Weiland, in *MGH, Deutsche Chroniken und andere Geschichtsbücher des Mittelalters*, II, 2, Hannoverae, 1877, p. 531。

[423] Arnoldus, p. 243.

[424] 参见注206。

[425] *DRH, D*, I, no. 1, 2. 也参见 E. Hurmuzaki, I, pp. 74-76; *Urkundenbuch...*, I, pp. 18-20。

[426] *Letopis' po Voskresenskomu spisku*, p. 38.

[427] *Ip. let.*, col. 342.

[428] *Letopis' po Voskresenskomu spisku*, p. 122.

[429] *Ibidem*, p. 132; *Novgorodskaia pervaia letopis'...*, pp. 63, 266; *Nik. let.,* in *PSRL*, X, p. 91.

[430] Nicetae Choniatae *Orationes...*, p. 93.

[431] O.B. Bubenok, *Iasy i brodniki v stepiakh Vostochnoǐ Evropy (VI-nachalo XIII vv.*), Kiev, 1997, pp. 130-132.

[432] W. Barthold, *Turkestan down to the Mongol Invasion*, 3rd ed., trans. T. Minorsky, ed. C.E. Bosworth, London, 1968, pp. 342-343, 369-370; S.M. Akhinzhanov, *Kypchaki...*, p. 216 ff.; idem, "Kipcaks and Khwarazm," in *Rulers from the Steppe. State Formation on the Eurasian Periphery*, eds. G. Seaman and D. Marks, Los Angeles, 1991, p. 128.

[433] W. Barthold, *Turkestan...*, pp. 370-371; P.B. Golden, *An Introduction*, p. 287.

[434] H.W. Duda, *Die Seltschukengeschichte des Ibn Bibi*, Copenhagen, 1959, pp. 130-139.

［435］ 最近在基辅发现塞尔柱13世纪发行的钱币（参见 G. Iu. Ivakin, "Znakhidka sel'dzhukids'kikh monet XIII st. u Kievi," in *Starozhitnosti Pivdennoï Rusi*, Chernigov, 1993, pp. 73-76; idem, *Istorichniĭ rozvitok Kieva XIII – seredini XVI st.*, Kiev, 1996, pp. 194, 196）显示基辅罗斯与罗姆苏丹国有着直接的商业联系。

［436］ Tiesenhausen, I, pp. 25-26 (Ibn el Asyr), 502 (al-'Aini); II, p. 32 (Räšid od-Din); Ibn Abî l'Hadîd al-Madâ'inî (1190-1258 J.C.), *Les invasions mongoles en Orient vécues par un savant médiéval arabe. Extrait du Sharh Nahj al-Balâgha*, ed. M. Djebli, Paris, 1995, pp. 51-52.

［437］ *Nik. let.*, in *PSRL*, X, p. 89; *Ermolinskaia letopis'*, p. 69; *Letopis' po Tipografskomu spisku*, p. 88; *Letopis' po Uvarovskomu spisku*, p. 118; *Letopisnyĭ svod 1497 g.*, p. 49; *Letopisnyĭ svod 1518 g.*, p. 207.

［438］ *Novgorodskaia pervaia letopis'…*, pp. 62, 265; *Nik. let.*, in *PSRL*, X, p. 89.

［439］ *Ip. let.*, col. 737.

［440］ *Ibidem*, col. 741-745; *Novgorodskaia pervaia letopis'…*, pp. 61-63, 264-265; *Letopis' po Voskresenskomu spisku*, pp. 129-132; *Nik. let.*, in *PSRL*, X, pp. 89-92; *Lavrent'evskaia letopis'*, 2, col. 445-447; *Letopisnyĭ sbornik imenuemyĭ Tverskoiu letopis'iu*, col. 335-343; *Ermolinskaia letopis'*, pp. 69-71; *Letopis' po Tipografskomu spisku*, pp. 87-91; *Letopis' po Uvarovskomu spisku*, pp. 118-120; *Vologodsko-Permskaia letopis'*, ed. M. N. Tikhomirov, in *PSRL*, 26, Moscow-Leningrad, 1959, pp. 66-69; *Letopisnyĭ svod 1497 g.*, pp. 49-50; *Letopisnyĭ svod 1518 g.*, pp. 206-208; *Piskarevskiĭ letopisets*, p. 83; Tiesenhausen, I, pp. 25-27 (Ibn el Asyr); II, pp. 32-33 (Räšid od-Din); Ibn Abî l-Hadîd al-Mada'inî, pp. 52-53; Ryccardi de Sancto Germano notarii *Chronica*, ed. C. A. Garufi, in *RIS*, NE G. Carducci, V. Fiorini, P. Fedele, VII, 2, Bologna, 1936-1938, p. 110; *Sächsische Weltchronik*, ed. L. Weiland, in *MGH, Deutsche Chroniken und andere Geschichtsbücher des Mittelalters*, II, 1, Hannoverae, 1876, p. 243; *Continuatio Claustroneoburgensis II*, ed. W. Wattenbach, in *MGH, SS*, IX, ed. G.H. Pertz, Hannoverae, 1851, pp. 623-624.

［441］ *Ip. let.*, col. 746.

［442］ Juvaini, *The History of the World-Conqueror*, ed. J.A. Boyle, II, Manchester, 1959, pp. 438-439.

［443］ *Ibidem*, II, p. 444.

［444］ *Ibidem*, I, p. 190; Tiesenhausen, I, p. 73 (Ibn Wasil); *Lavrent'evskaia letopis'*, 2, col. 445-446; *Troitskaia letopis'*, 1950, p. 312。也参见 Th. T. Allsen, "Prelude to the Western Campaigns:Mongol Military Operations in the Wolga-Ural Region, 1217-1237," *AEMA*, III, 1983, p. 13 ff.。

[445] Tiesenhausen, I, pp. 541 (an-Nuwairi), 542 (Ibn Khaldun).
[446] Mohammed en-Nesawi, *Histoire du sultan Djelal ed-Din Mankobirti, prince du Kharezm,* trans. O. Houdas, Paris, 1895, p. 286.
[447] *Ibidem,* p. 287.
[448] Emonis *Chronicon,* p. 920; Alberic, p. 596; *Commentariolum…,* in N. Pfeiffer, *op. cit.,* pp. 144-145; *Acta Honorii III…,* pp. 206-208. 也参见C. Auner, "Episcopia Milcoviei," *Revista catolică,* I, 1912, 4, pp. 533-551; I. Ferenţ, *Cumanii şi episcopiile lor,* Blaj, 1931, pp. 133-152; L. Makkai, *A milkói (kun) püspökség és népei,* Debrecen, 1936; Gh.I. Moisescu, *Catolicismul în Moldova pînă la sfîrşitul veacului XIV,* Bucharest, 1942, pp. 10-17; R. Theodorescu, *Bizanţ, Balcani, Occident la începuturile culturii medievale româneşti (secolele X-XIV),* Bucharest, 1974, pp. 168-172; J. Richard, *La papauté et les missions d'Orient au Moyen Age (XIIIe-XVe),* Rome, 1977, pp. 24-26; I.O. Kniaz'kiĭ, "O Polovetskikh episkopiiakh v Karpato-Dunaĭskikh zemliakh (Soobshchenie)," in *Sotsial'no-ėkonomicheskaia i politicheskaia istoriia Iugo-Vostochnoĭ Evropy (do serediny XIX v.),* gen. ed. V.D. Koroliuk, Kishinev, 1980, pp. 244-251; O. Bârlea, *Die Konzile des 13. -15. Jahrhunderts und die ökumenische Frage,* Wiesbaden, 1989, pp. 76-79。
[449] E. Hurmuzaki, I, p. 112; *Acta Honorii III…,* p. 215.
[450] E. Hurmuzaki, I, p. 131; *Acta Honorii III…,* pp. 283-284.
[451] *Acta Honorii III…,* pp. 284-285; *DRH, D,* I, no. 9.
[452] *Ip. let.,* col. 753.
[453] *Ibidem,* col. 760-761(事件发生在1229年).
[454] *Ibidem,* col. 761.
[455] *Ibidem,* col. 770-771.
[456] *Ibidem,* col. 772-774.
[457] *Ibidem,* col. 775(事件追溯到1235年).
[458] Juvaini, II, p. 553; Tiesenhausen, II, pp. 24 (Juvaini), 35-36 (Räšid od-Din).
[459] A.J. Frank, "Historical Legends of the Volga-Ural Muslims concerning Alexander the Great, the City of Yelabuga, and Bāchmān Khān," in *Figures mythiques des mondes musulmans. Revue des mondes musulmans et de la Méditerranée, Série Histoire,* 89-90, 2000, pp. 101-104.
[460] E.P. Mys'kov, "Rasskaz o Bachmane," *Nizhnevolzhskiĭ arkeologicheskiĭ vestnik,* 3, 2000, pp. 238-239.
[461] Tiesenhausen, II, p. 37 (Räšid od-Din).
[462] Rogerii *Carmen miserabile (Cîntecul de jale)* (*IIR,* V), 1935, pp. 23, 61.

［463］ Rubruc, p. 171.

［464］ Taki-Eddin-Ahmed-Makrizi, *Histoire des sultans Mamlouks de l'Égypte*, trans. [M.É.] Quatremĕre, I, [1,] Paris, 1837, p. 214; Moufazzal ibn Abil-Fazaïl, *ed. cit.*, 1919, p. 457.

［465］ Tiesenhausen, II, p. 38 (Räšid od-Din).

［466］ Tiesenhausen, I, p. 542 (Ibn Tagribirdi); Georgii Acropolitae *Annales*, pp. 58-59; Gregoras, I, pp. 36-37.

［467］ Georgii Acropolitae *Annales*, pp. 59-60.

［468］ *Ibidem*, p. 61.

［469］ *Ibidem*, pp. 62-63.

［470］ Alberic, 1855, pp. 629-630.

［471］ Georgii Acropolitae *Annales*, pp. 63-64.

［472］ Gregoras, I, p. 37.

［473］ Georgii Acropolitae *Annales*, pp. 132-135; Georgios Akropolites, *Die Chronik*, ed. W. Blum, Stuttgart, 1989, pp. 151-152.

［474］ L.-P. Raybaud, *Le gouvernement et l'administration centrale de l'Empire byzantin sous les premiers Paléologues (1258-1354)*, Paris, 1968, pp. 244-246, 250; M.C. Bartusis, "On the Problem of Smallholding Soldiers in Late Byzantium," *Dumbarton Oaks Papers*, 44, 1990, pp. 12-13; idem, *The Late Byzantine Army. Arms and Society, 1204-1453*, Philadelphia, 1992, pp. 26-27.

［475］ *FHDR*, IV, pp. 178-181 (*Cronica Moreei*). In Georgii Pachymeris *Relationes historicas*, I, ed. A. Failler, trans. V. Laurent, Paris, 1984, pp. 120-121. 在尼西亚帝国的军队之中，只有波斯人（突厥人）和斯基泰人（库蛮人）被提及，尽管没有列出他们的人数。就佩拉戈尼亚（Pelagonia）之战，参见Marino Sanudo Torsello, *Istoria del Regno di Romania*, in *Chroniques gréco-romanes inédites ou peu connues*, ed. Ch. Hopf, Berlin, 1873, pp. 106-107。也参见D.J. Geanakoplos, "The Greco-Latin Relations on the Eve of the Byzantine Restoration: The Battle of Pelagonia – 1259," *Dumbarton Oaks Papers*, 7, 1953, pp. 99-141; idem, *Emperor Michael Palaeologus and the West (1258-1282). A Study in Byzantine-Latin Relations*, Hamden, Connecticut, 1973, pp. 64-66; M.C. Bartusis, *The Late Byzantine Army...*, p. 37; P. Lock, *The Franks in the Aegean, 1204-1500*, London-New York, 1995, pp. 82-83; W. Treadgold, *A History of the Byzantine State and Society*, Stanford, 1997, pp. 731-732。

［476］ Pachymeres, I, 1984, pp. 191-203. 也参见D.J. Geanakoplos, *Emperor Michael...*, pp. 92-93, 104-105; M.C. Bartusis, *The Late Byzantine Army...*, pp. 27, 41。

［477］ Ioannis Cantacuzeni *Historiarum libri IV*, ed. L. Schopen, I, Bonn, 1828, p. 18; Gregoras, I, p. 296.
［478］ *FHDR*, IV, pp. 182-185 (*Cronica Moreei*). 也参见 D.M. Nicol, *The Despotate of Epiros, 1267-1479. A Contribution to the History of Greece in the Middle Ages*, Cambridge, 1984, pp. 38-40; M.C. Bartusis, *The Late Byzantine Army...*, p. 27。
［479］ Ioannes Cantacuzenos, I, p. 35. 也参见 A.E. Laiou, *Constantinople and the Latins. The Foreign Policy of Andronicus II, 1282-1328*, Cambridge, Mass., 1972, p. 282; M.C. Bartusis, "On the Problem...," p. 13。
［480］ Anonymi geographi *Descriptio Europae Orientalis/Descrierea Europei Orientale* de Geograful anonim (*IIR*, II), 1934, pp. 15, 39.
［481］ Ioannes Cantacuzenos, I, p. 259.
［482］ Pachymeres, II, 1984, pp. 566-567.
［483］ I.A. Biliarsky, "The Despots in Mediaeval Bulgaria," *Byzantinobulgarica*, IX, Sofia, 1995, pp. 150-151.
［484］ I. Dujčev, *Izŭ starata bŭlgarska knizhnina*, II, Sofia, 1944, p. 199.
［485］ L. Dončeva-Petkova, S. Smjadovski, "Krŭst enkolpion relikviar na tsar Georgi Terter," *Arkheologiia,* Sofia, XXXII, 1990, 2, pp. 45-52.
［486］ P. Diaconu, "Cumanii şi originea familiei lui Dobrotiţă," *RI*, SN, V, 1994, 3-4, pp. 283-288. 也参见 G. Atanasov, "Oshte vednuzh za etnogenezisa na gagauzite," *Bŭgarite v Severnoto Prichernomorie*, V, Veliko Trnovo, 1996, pp. 221-237。
［487］ P. Diaconu, "O formaţiune statală la Dunărea de Jos la sfîrşitul secolului al XIV-lea necunoscută pînă în prezent," *SCIVA*, 29, 1978, 2, pp. 185-201; Zh. Zhekova, "Moneti na Dobrudzhanskite despoti ot Shumenskata krepost," *Acta Musei Varnaensis*, II, *Numismatic and Sphragistic Contributions to History of the Western Black Sea Coast*, 2004, pp. 363-368.
［488］ *Ip. let.*, col. 641.
［489］ O. Pritsak, "The Polovcians...," pp. 375-376. 也参见 P. Pavlov, "Po vŭprosa za zaselvaniiata na kumani v Bŭlgariia prez XIII v.," in *Dokladi, 6, Bŭlgarskite zemi v drevnostta. Bŭlgariia prez srednovekovieto*, Sofia, 1987, pp. 629-637。
［490］ *Românii de la sud de Dunăre. Documente*, co-ord. S. Brezeanu and Gh. Zbuchea, Bucharest, 1997, pp. 121, 124.
［491］ P.J. Šafařjk, *Slowanské starožitnosti,* Prague, 1837, pp. 996-997; S.C. Caratzas, *Les Tzacones*, Berlin-New York, 1976, p. 43.
［492］ D. Theodoridis, "König Aplamises und die Kumanen in der Wiener Version des Alexanderromans," *Wiener Zeitschrift für die Kunde des Morgenlandes*, 76, 1986,

pp. 299-306.
[493] *Continuatio Sancrucensis II*, ed. W. Wattenbach, in *MGH, SS*, IX, p. 640(事件误定在1241年).
[494] Alberic, 1855, p. 625.
[495] Rogerius, pp. 22-30, 35-37, 61-69, 74-76.
[496] Hermanni Altahensis *Annales*, ed. Ph. Jaffé, in *MGH, SS*, XVII, ed. G.H. Pertz, Hannoverae, 1861, p. 393; *Anonymi chronicon rhythmicum*, ed. W. Wattenbach, in *MGH, SS*, XXV, Hannoverae, 1880, p. 362.
[497] *Chronici Hungarici...*, p. 468; *Chronicon Monacense*, p. 82; Henric de Mügeln, p. 207; Thomas Ebendorfer, *Chronica Austriae*, ed. A. Lhotsky, in *MGH, SRG, NS*, XIII, Berlin-Zurich, 1967, p. 120; A.F. Gombos, *Catalogus fontium historiae Hungaricae*, III, Budapest, 1938, pp. 2209-2210(Thomas Ebendorferus de Haselbach) and 2633-2634 (Vitus Arnpeckius).
[498] P. Horváth, *Commentatio de initiis, ac maioribvs Jazygvm et Cvmanorvm eorvmqve constitvtionibvs*, Pestini, 1801, p. 75, footnote c; E. Hurmuzaki, I, p. 427.
[499] Á. Papp-Váry, P. Hrenkó, *Magyarország régi térképeken*, Budapest, 1989, p. 55; L. Szántai, *Atlas Hungaricus. Magyarország nyomtatott térképei, 1528-1850*, l, Budapest, 1996, pp. 334-335.
[500] Nicolaus Olahus, p. 20 (*Hungaria*).
[501] Abraham Ortelius, *Theatrum Orbis Terrarum*, 1580, map 76. 也参见 A. Pálóczi Horváth, in *A kunok emléke Magyarországon. Régészeti kiállítás Kiskunfélegyházán a Kiskun Múzeumban, 1985. augusztus 9-től 1986. március 31-ig*, Kiskunfélegyháza, 1985, p. 23。
[502] Abraham Ortelius, map 77.
[503] L. Szántai, *op. cit.*, p. 385.
[504] Á. Papp-Váry, P. Hrenkó, *op. cit.*, pp. 70-71.
[505] L. Szántai, *op. cit.*, p. 59.
[506] *Ibidem*, p. 388.
[507] *Ibidem*, pp. 371-372.
[508] A. Pálóczi Horváth, *Hagyományok...*, p. 105 ff.; F. Horváth, "Ujabb kun vezéri sir leletei a Kiskunságból: Kiskunmajsa-Kuklis-tanya," *A Móra Ferenc Múzeum Évkönyve, Studia Archaeologica*, IX, 2003, pp. 369-386.
[509] A. Pálóczi-Horváth, "A felsöszentkirályi kun sirlelet," *Cumania*, I, *Archeologia*, 1972, pp. 177-204.
[510] L. Selmeczi, "Angaben und Gesichtspunkte zur archäologischen Forschung nach

den Kumanen im Komitat Szolnok," *A Móra Ferenc Múzeum Évkönyve*, 1971, 2, pp. 187-197.

[511] A. Pálóczi-Horváth, "A csólyosi kun sirlelet," *Folia Archaeologica*, XX, 1969, pp. 107-134, fig. 1, 2/3, 3.

[512] *Canonicorum Pragensium continuationes Cosmae, 3, Annales Otakariani,* ed. R. Köpke, in *MGH, SS*, IX, p. 182; E. Hurmuzaki, I, p. 261.

[513] *Historia annorum 1264-1279 (Annales Austriae)*, ed. W. Wattenbach, in *MGH, SS*, IX, p. 651.

[514] *Continuatio Mellicensis*, ed. W. Wattenbach, in *MGH, SS*, IX, p. 508; *Auctarium Mariaecellense*, ed. W. Wattenbach, in *ibidem*, p. 647.

[515] *Kosmova letopisu českeho pokračovatelé, IV. Letopisy české od roku 1196 do roku 1278,* ed. J. Emler, in *Fontes Rerum Bohemicarum/Prameny dějin českých*, II, Prague, 1874, p. 290;*Canonicorum Pragensium continuationes Cosmae. Annalium Pragensium pars I,* ed. R. Köpke, in *MGH, SS*, IX, p. 174; *Continuatio Lambacensis*, ed. W. Wattenbach, in *ibidem*, p. 559; *Annales Sancti Rudberti Salisburgenses*, ed. W. Wattenbach, in *ibidem*, p. 792; *Anonymi chronicon rhythmicum*, p. 363.

[516] *Continuatio Mellicensis*, p. 508; *Annales Sancti Rudberti Salisburgenses*, p. 792; Přibico, *Cronica Boemorum sive Chronicon de gestis incliti regni Boemiae*, in A. F. Gombos, *Catalogus…*, III, pp. 1997-1998. 库蛮人参加1252年和1253年的军事行动，参见 A. Kreuzer, "Von Mongolen-und Kumaneneinfällen in Mähren," *Mährisch-schlesische Heimat*, 20, 1975, pp. 20-24。

[517] Hermanni Altahensis *Annales*, p. 395; *Canonicorum Pragensium…, Annalium Pragensium pars I*, p. 174; *Annales Sancti Rudberti Salisburgenses*, p. 792; Přibico, *ed. cit.*, p. 1998; I. Gyárfás, *A jász-kúnok története*, II, Kecskemét, 1873, pp. 406-407.

[518] E. Hurmuzaki, I, p. 275.

[519] *Chronici Hungarici…*, p. 496; *Cronica pictată de la Viena*, pp. 96, 219-220; Henric de Mügeln, p. 207; *Chronicon Budense*, p. 201; Johannes de Thurocz, p. 137; Veit Arnpeck, *Sämtliche Chroniken*, ed. G. Leidinger, Munich, 1915 (reprinted Aalen, 1969), p. 758 (*Chronicon Austriacum*); Bonfini, II, p. 184.

[520] Johannis de Marignola *Chronicon*, ed. J. Emler, in *Fontes rerum Bohemicarum*, III, Prague, 1882, p. 569.

[521] *Chronicon Marchiae Tarvisinae et Lombardiae aa. 1207-1270*, ed. L.A. Botteghi, in *RIS*, NE G. Carducci and V. Fiorini, VIII, 3, Città di Castello, 1916, p. 46; *Cronica S. Petri Erfordensis moderna*, ed. O. Holder-Egger, in *MGH, SRGUSSE*, [42,]

Hannoverae et Lipsiae, 1899, p. 250; *Cosmae Chronica Boemorum*, in *Fontes historiae Bulgaricae*, XII, Sofia, 1965, p. 70; Johannis de Marignola Chronicon, p. 559; *Kronika Pulkavova/Cronica Przibiconis dicti Pulkaua*, in *Fontes rerum Bohemicarum*, V, Prague, 1893, pp. 149-151; Johannes Victoriensis, in *Fontes rerum Germanicarum*, I, ed. J. Fr. Boehmer, Stuttgart, 1843, pp. 292-293; *Canonicorum Pragensium...*, *Annales Otakariani*, pp. 181-185; *Continuatio praedicatorum Vindobonensium*, in *MGH, SS*, IX, p. 728; *Annales Neresheimenses*, ed. O. Abel, in *MGH, SS*, X, ed. G.H. Pertz, Hannoverae, 1852, p. 24; *Annales S. Iustinae Patavini*, ed. Ph. Jaffé, in *MGH, SS*, XVIIII [= XIX], ed. G.H. Pertz, Hannoverae, 1866, p. 181; *Braunschweigische Reimchronik*, p. 560; Iohannis abbatis Victoriensis *Liber certarum historiarum*, ed. F. Schneider, I, in *MGH, SRGUSSE*, [36,] Hannoverae et Lipsiae, 1909, pp. 200-201; *Chronici Hungarici...*, p. 496; Henric de Mügeln, p. 207; *Chronicon Budense*, p. 201; Přibico, *ed. cit.*, pp. 1998-1999.

［522］ *Ip. let.*, col. 760-761, 764-771, 776. 也参见 G.A. Perfecky, "Hungary and the Hungarians in the Galician-Volynian Chronicle," *Hungarian Studies*, 3, 1987, 1-2, pp. 23-25; T. Senga, "Béla királyfi bolgár, halicsi és osztrák hadjárataihoz," *Századok*, 122, 1988, 1-2, pp. 46-50; M.F. Font, "Ungarische Vornehmen in der Halitsch im 13. Jahrhundert," *Specimena Nova Dissertationum Instituto Historico Universitatis Quinqueecclesiensis de Iano Pannonio Nominatae*, VI, 1, 1990 [1992], pp. 168-169; eadem, "On the Frontiers of West and East: the Hungarian Kingdom and the Galician Principality between the Eleventh and Thirteenth Centuries," *Annual of Medieval Studies at CEU*, 6, 2000, pp. 179-180。

［523］ E. Hurmuzaki, I, pp. 295-296.

［524］ *Annales Polonorum IV*, eds. R. Roepell and W. Arndt, in *MGH, SS*, XVIIII [= XIX], pp. 649-650.

［525］ I. Gyárfás, II, p. 450.

［526］ *Ibidem*, II, p. 459.

［527］ E. Hurmuzaki, I, p. 301 (document of December 1262).

［528］ *Ibidem*, p. 316 (document of February 1264).

［529］ A. Theiner (ed.), *Vetera monumenta historica Hungariam sacram illustrantia*, I, *1216-1352*, Romae-Parisiis-Vindobonae, 1859, pp. 269-270; E. Hurmuzaki, pp. 317-319.

［530］ Simon de Keza, p. 187.

［531］ *Continuatio VI minoritae Erphordiensis*, ed. O. Holder-Egger, in *MGH, SS*, XXIV, Hannoverae, 1879, p. 213; *Continuatio praedicatorum Vindobonensium*, p. 728; *Continuatio Claustroneoburgensis VI*, ed. W. Wattenbach, in *MGH, SS*, IX, p. 743;

    Annales Sancti Rudberti Salisburgenses, p. 798. 在其他编年史中，在库蛮人之前提及匈牙利人，参见 *Continuatio Claustroneoburgensis IV*, ed. W. Wattenbach, in *MGH, SS,* IX, p. 648; *Continuatio Vindobonensis*, in *ibidem*, p. 703。

[532] *Continuatio Mellicensis*, p. 509; *Continuatio Zwetlensis III*, ed. W. Wattenbach, in *MGH, SS*, IX, p. 656.

[533] Hermanni Altahensis *Annales*, p. 406; *Continuatio Claustroneoburgensis IV*, p. 648; *Continuatio predicatorum Vindobonensium*, p. 729.

[534] *Continuatio Claustroneoburgensis VI*, p. 743.

[535] *Continuatio Vindobonensis*, p. 704.

[536] *Diplomatarium Portusnaonense. Series documentorum ad historiam Portusnaonis spectantium quo tempore (1276-1514) domus Austriacae imperio parvit*, ed. I. Valentinelli, in *FRA*, Zweite Abtheilung, *Diplomataria et acta*, XXIV, 1865, p. 16.

[537] *Continuatio Claustroneoburgensis VI*, p. 744.

[538] Hermanni Altahensis *Annales*, p. 407; *Continuatio Vindobonensis*, p. 704; Přibico, *ed. cit.*, pp. 2000-2001.

[539] *Relationes episcopi Olomucensis pontifici porrectae. Relatio de statu ecclesiae in regno Alemanniae*, in *MGH, Legum Sectio IV, Constitutiones et acta publica imperatorum et regum*, III, *Inde ab A. MCCLXXIII. usque ad A. MCCXCVIII*, ed. I. Schwalm, Hannoverae et Lipsiae, 1904-1906, p. 590.

[540] *Ibidem*.

[541] *Canonicorum Pragensium…, Annales Otakariani*, p. 192; *Continuatio Mellicensis*, p. 510; *Continuatio Lambacensis*, p. 561; *Historia annorum 1264-1279…*, p. 653; *Continuatio Vindobonensis*, pp. 709-711; *Continuatio praedicatorum Vindobonensium*, pp. 730-731; *Continuatio Claustroneoburgensis VI*, p. 745; *Annales Sancti Rudberti Salisburgenses*, pp. 802-805; *Annales Colmarienses minores*, ed. Ph. Jaffé, in *MGH, SS*, XVII, 1861, p. 192; *Chronicon Colmariense*, ed. Ph. Jaffé, in *ibidem*, p. 250; *Continuatio Altahensis*, ed. Ph. Jaffé, in *ibidem*, pp. 410-411; Heinrici de Heimburg *Annales*, in *ibidem*, p. 716; *Letopis* Jindřicha Heimburského/*Annales Heinrici Heimburgensis*, in *Fontes rerum Bohemicarum*, III, p. 316; *Fontes rerum Germanicarum*, II, ed. J. Fr. Boehmer, Stuttgart, 1845, pp. 61-62 (*Chronicon Colmariense*), 283-285 (*Cronica S. Petri Erfordensis moderna*), 429-431 (Eberhardi Altahensis Annales); Iohannis abbatis Victoriensis *Liber certarum historiarum*, pp. 234-235; Simon de Keza, pp. 185-186; Magnus, in *Scriptores rerum Prussicarum*, III, eds. Th. Hirsch, M. Töppen and E. Strehlke, Leipzig, 1866, p. 417; Thomae Tusci *Gesta imperatorum et pontificum*, ed. E.

Ehrenfeuchter, in *MGH, SS*, XXII, Hannoverae, 1872, p. 526. 也参见 A. Kusternig, "Die Schlacht bei Dürnkrut und Jedenspeigen am 26. August 1278," in *Böhmisch-österreichische Beziehungen im 13. Jahrhundert. Österreich (einschliesslich Steiermark, Kärnten und Krain) im Grossreichprojekt Ottokars II. Přemysl, König von Böhmen*, III, eds. M. Bláhová and I. Hlaváček, in collaboration with J. Hrdina and P. Kubin, Prague, 1998, pp. 185-215。

［542］ A. Theiner (ed.), *Vetera monumenta historica Hungariam...*, I, pp. 339-341; E. Hurmuzaki, I, pp. 421-423.

［543］ E. Hurmuzaki, I, pp. 426-429. 也参见 G. Györffy, "A kunok feudalizálódása," in *Tanulmányok a parasztság történetéhez Magyarországon a 14. században*, ed. G. Székely, Budapest, 1953, p. 256 ff.; Ş. Turcuş, *op. cit.*, pp. 126-127; N. Berend, "Immigration nomade dans un royaume chrétien: les cas des Coumans en Hongrie," in *Migrations et diasporas méditerranéennes (Xe-XVIe siècles). Actes du colloque de Conques (octobre 1999)*, eds. M. Balard and A. Ducellier, Paris, 2002, pp. 138-139。

［544］ A. Theiner (ed.), *Vetera monumenta historica Hungariam...*, I, p. 347.

［545］ Ş. Turcuş, *Sinodul general de la Buda (1279)*, trans. V. Rus, Cluj-Napoca, 2001, pp. 162-272. 也参见 L. Waldmüller, *Die Synoden in Dalmatien, Kroatien und Ungarn. Von der Völkerwanderung bis zum Ende der Arpaden (1311)*, Paderborn-Munich-Vienna-Zurich, 1987, pp. 191-198; Z.J. Kosztolnyik, *Hungary in the Thirteenth Century*, Boulder-New York, 1996, pp. 272-283。

［546］ Z.J. Kosztolnyik, "Rome and the Church in Hungary in 1279: The Synod of Buda," *Annuarium Historiae Conciliorum*, 22, 1990, 1-2, p. 81; L. Waldmüller, *op. cit.*, pp. 189-191.

［547］ A. Theiner (ed.), *Vetera monumenta historica Hungariam...*, I, pp. 341-344; E. Hurmuzaki, pp. 430-434.

［548］ A. Theiner (ed.), *Vetera monumenta historica Hungariam...*, I, p. 344; E. Hurmuzaki, pp. 435-436.

［549］ A. Theiner (ed.), *Vetera monumenta historica Hungariam...*, I, p. 345.

［550］ *Ibidem*, pp. 344-345.

［551］ *Annales Sancti Rudberti Salisburgenses*, p. 806.

［552］ Z.J. Kosztolnyik, "Rome and the Church...," pp. 81-82; G. Kristó, *Histoire de la Hongrie médiévale*, I, *Le temps des Árpád*, trans. Ch. Philippe, Rennes, 2000, p. 153; Ş. Turcuş, *Sfântul Scaun...*, pp. 126-127; N. Berend, "Cuman Integration in Hungary," in *Nomads in the Sedentary World*, eds. A.M. Khazanov and A. Wink, Richmond, Surrey, 2001, pp. 108-109; eadem, *At the Gate of Christendom. Jews,*

Muslims and "Pagans" in Medieval Hungary, c. 1000 – c. 1300, Cambridge, 2001, pp. 89-90.

［553］ *Chronici Hungarici*…, p. 471; *Chronicon Posoniense*, p. 44; Henric de Mügeln, p. 209; *Chronicon Budense*, p. 207; *Chronicon Dubnicense*, in *Historiae Hungaricae fontes domestici, Scriptores*, III, ed. M. Florianus, Quinque-Ecclesiis, 1884, pp. 106-107; Johannes de Thurocz, p. 139; Petrus Ransanus, *Epithoma rerum Hungararum id est annalium omnium temporum liber primus et sexagesimus*, ed. P. Kulcsár, Budapest, 1977, p. 132.

［554］ *Urkundenbuch zur Geschichte Siebenbürgens*, I, eds. G.D. Teutsch and Fr. Firnhaber, in *FRA*, Zweite Abtheilung, *Diplomataria et acta*, XV, 1, 1857, pp. 134-135, 148; E. Hurmuzaki, I, pp. 444, 447, 488, 502; Simon de Keza, p. 187. 也参见注553。

［555］ 参见注553。

［556］ Simon de Keza, p. 187.

［557］ P. Horváth, *op. cit.*, p. 83; E. Hurmuzaki, I, p. 485.

［558］ *Chronicon Claustro-Neoburgense*, in *Scriptores rerum Austriacarum*, I, ed. H. Pez, Lipsiae, 1721, col. 468; Paltrami seu Vatzonis *Chronicon Austriacum*, col. 720; Anonymi Leobiensis *Chronicon*, col. 861(将远征错误断定在1287年); *Continuatio Vindobonensis*, p. 713. 也参见 P. Iambor, "Atacurile cumano-tătare asupra Transilvaniei în a doua jumătate a veacului al XIII-lea," *Anuarul Institutului de Istorie şi Arheologie Cluj-Napoca*, XVII, 1974, pp. 211-223; G. Székely, "Egy elfeledett rettegés: a második tatárjárás a magyar történeti hagyományokban és az egyetemes összefüggésekben," *Századok*, 122, 1988, 1-2, pp. 52-88。

［559］ *Chronicon Zagrabiense cum textu chronici Varadiensis collatum*, ed. E. Szentpétery, in *SRH*, I, p. 213; *Chronici Hungarici*…, p. 472; *Chronicon Posoniense*, p. 44; *Chronicon Monacense*, p. 83; Johannes de Thurocz, p. 139.

［560］ *Annales Sancti Rudberti Salisburgenses*, p. 808.

［561］ *Continuatio Vindobonensis*, p. 712.

［562］ Ioannis Dlugossii *Annales seu cronicae incliti regni Poloniae*, [IV,] *Liber septimus, Liber octavus*, Textum recensuit et editionem curavit D. Turkowska, adiutrice M. Kowalczyk, Varsoviae, 1975, p. 238.

［563］ E. Hurmuzaki, I, pp. 463-465, 475-479, 492-497, 499-500; Thomas Ebendorfer, *Chronica Austriae*, p. 193.

［564］ *Chronicon Zagrabiense*…, p. 213; *Chronici Hungarici*…, pp. 473-474; *Chronicon Monacense*, p. 83; *Chronicon Knauzianum*, p. 341; *Continuatio Vindobonensis*, p. 716.

［565］ *Raznochtenie iz" Ermolaevskago spiska*, in *Ip. let.*, p. 81.

［566］ *Chronicon Posoniense*, p. 45.

［567］ J. Karácsonyi, "A merges vipera és az antimonialis. Korkép Kun László király idejéböl," *Századok*, XLIV, 1910, 1, p. 8.

［568］ N. Berend, "Medieval Patterns of Social Exclusion and Integration: the Regulation on Non-Christian Clothing in Thirteenth-Century Hungary," *Revue Mabillon. Revue Internationale d'histoire et de littérature religieuse*, NS, 8 (tome 69), 1997, pp. 171-173; eadem, "How Many Medieval Europas? The «Pagans» of Hungary and Regional Diversity in Christendom," in *The Medieval World*, eds. P. Linehan and J.L. Nelson, London-New York, 2001, pp. 86-88.

［569］ *Chronicon Claustro-Neoburgense*, col. 470; Anonymi Leobiensis *Chronicon*, col. 874; *Continuatio Vindobonensis*, p. 716; Thomas Ebendorfer, *Chronica Austriae*, pp. 200-201.

［570］ *Chronicon Colmariense*, p. 264; *Continuatio Vindobonensis*, p. 720.

［571］ *Annales mechovienses*, eds. R. Röpell and W. Arndt, in *MGH, SS*, XVIIII [= XIX], p. 668; *Rocznik Miechowski*, in *MPH*, II, p. 883.

［572］ Tholomeus von Lucca, *Die Annalen in doppelter Fassung*, ed. B. Schmeidler, in *MGH, SRG*, NS, VIII, Berlin, 1930, p. 238.

［573］ *Continuatio Zwetlensis III*, p. 660; *Annales Zwetlenses*, ed. W. Wattenbach, in *MGH, SS*, IX, p. 680; Sifridus presbyter de Balnhusin, *Historia universalis et Compendium historiarum*, in A.F. Gombos, *Catalogus...*, III, p. 2125. 也参见 *Annales Aulae regiae*, in *Die Königsaaler Geschichts-Quellen mit den Zusätzen und der Fortsetzung des Domherrn* Franz von Prag, ed. J. Loserth, in *FRA*, Erste Abtheilung, *Scriptores*, VIII, 1875, p. 175; *Chronicon Francisci Pragensis/Kronika Františka Pražského*, ed. J. Zachová, in *Fontes Rerum Bohemicarum*, SN, I, Prague, 1997, p. 40（在匈牙利军队的成员之中，也提及"异教徒"，这当然是指库蛮人）。

［574］ *Continuatio Zwetlensis III*, pp. 666-667; *Chronicon de ducibus Bavariae*, 1311-1372, in *Fontes rerum Germanicarum*, I, ed. J. Fr. Boehmer, p. 141.

［575］ *Anonymi Leobiensis Chronicon*, col. 914, 921, 923.

［576］ G. Gündisch, "Sächsisches Leben im 13. und 14. Jahrhundert," in *Geschichte der Deutschen auf dem Gebiete Rumäniens*, co-ord. C. Göllner, Bucharest, 1979, p. 64.

［577］ Hurmuzaki, I, p. 593.

［578］ *Chronica Terrae Prussiae*, in *Scriptores rerum Prussicarum*, III, p. 470; *Annales Terrae Prussicae*, ed. W. Arndt, in *MGH, SS*, XVIIII [= XIX], p. 692（一些事件确定在1331年），其他资料并未提到库蛮人参与远征，参见 Peter von Dusburg, *Chronicon terre Prussie*, in *Scriptores rerum Prussicarum*, I, Leipzig, 1861, pp. 218-219; Joannis Dlugossii seu Longini *Historiae Polonicae libri XII*, in idem, *Opera omnia*, XI, ed. A. Przezdziecki, Cracow, 1873, p. 130。

[579] *Chronici Hungarici…*, p. 499; *Chronicon Budense*, p. 249. 在其他版本的本段之中没有提及，参见 *Cronica pictată de la Viena*, p. 111; Johannes de Thurocz, p. 151. 这一信息也简要记载于：Bonfini, II, p. 209。

[580] C. Rezachevici, "Localizarea bătăliei dintre Basarab I şi Carol Robert (1330): în banatul de Severin," *Anuarul Institutului de Istorie şi Arheologie "A. D. Xenopol"*, XXI, 1984, pp. 73-87; XXII, 1985, 2, pp. 391-407.

[581] Johannes de Thurocz, p. 184.

[582] A. Pálóczi Horváth, *Hagyományok…*, pp. 105-115; idem, "Assimilation et survivances dans la Hongrie médiévale. L'exemple des peuples orientaux," in *Conquête, acculturation, identité: des Normands aux Hongrois. Les traces de la conquête* (Cahiers du GRHIS, 13), ed. P. Nagy, Rouen, 2001, pp. 69-72.

[583] L. Selmeczi, "Angaben und Gesichtspunkte…," p. 187 ff.; idem, "A kunok és a jászok," in *Vendégségben őseink háza táján*, Szolnok, 1996, p. 97 ff.; A. Pálóczi-Horváth, "Situation des recherches archéologiques sur les Comans en Hongrie," *AOH*, XXVII, 1973, 2, pp. 201-209; idem, "L'immigration et l'établissement des Comans en Hongrie," *AOH*, XXIX, 3, 1975, pp. 319-333; idem, *Petschenegen, Kumanen, Jassen. Steppenvölker im mittelalterlichen Ungarn*, Budapest, 1989, p. 54 ff.; idem, *Hagyományok…*, p. 105 ff.

[584] 在库蛮人进入东欧地区之前，主要是以雅西人/阿兰人为代表的伊朗血统部落不仅在北高加索地区［参见V.A. Kuznetsov, "Alanskie plemena Severnogo Kavkaza," *MIA*, 106, Moscow, 1962; idem, *Alaniia v X-XIII vv.*, Ordzhonikidze, 1971; idem, "Alany i asy na Kavkaze (Nekotorye problemy identifikatsii i differentsiatsii)," in *Drevnosti Severnogo Kavkaza*, ed. V.I. Markovin, Moscow, 1999, pp. 169-183; S.N. Malakhov, "Alano-vizantiĭskie zametki (II)," in *Istoriko-arkheologicheskiĭ al'manakh*, 3, Armavir-Moscow, 1997, pp. 135-158; A. Alemany, *Sources on the Alans. A Critical Compilation*, Leiden-Boston-Cologne, 2000, *passim*; S.A. Romashov, "Istoricheskaia geografiia Khazarskogo kaganata (V-XIII vv.)," *AEMA*, 12, 2002-2003, pp. 107-116; V.I. Markovin, R.M. Munchaev, *Severnyĭ Kavkaz. Ocherki drevneĭ i srednevkovoĭ istorii i kul'tury*, Moscow, 2003, p. 196 ff.］，而且在黑海和亚速海北面拥有大片领地，尤其聚集在顿河流域，在那有Saltovo-Maiaki版本的文化，特征是带地下墓穴中的平墓，属于典型的伊朗后期文化。参见 S.A. Pletnëva, *Ot kocheviĭ k gorodam. Saltovo-maiatskaia kul'tura* (*MIA*, 142),

Moscow, 1967, p. 71 ff.; G.E. Afanas'ev, *Donskie alany. Sotsial'nye struktury alano-asso-burtasskogo naseleniia basseĭna Srednego Dona*, Moscow, 1993, p. 14 ff.; O.B. Bubenok, "Alany-iasy v Sarkele - Beloĭ Vezhe," *Materialy po arkheologii, istorii i etnografii Tavrii*, VIII, Simferopol, 2001, pp. 334-361。在征服萨克尔-贝拉亚·维扎（Sarkel-Belaia Vezha）要塞之后，965年基辅大公斯维亚托斯拉夫（Sviatoslav）攻击雅西人和Kasogs（参见 *PVL*, I, p. 47; *Ip. let.*, col. 53），他们肯定来自上述地区。"智者"亚罗斯拉夫在1029年远征雅西人（参见 *Nik. let.*, in *PSRL*, IX, p. 79），但编年史没有给出发生在何地的任何线索。库蛮人进入黑海-里海地区之后，雅西人的飞地继续存在于顿河流域。1116年弗拉基米尔·莫若马赫之子亚罗波尔克进军钦察大草原，征服了顿河周围的三座库蛮人"城市"，捕获许多雅西人，在其中选娶了一名女子（参见 *PVL*, I, p. 201; *Lavrent'evskaia letopis'*, 2, col. 291; *Gustinskaia letopis'*, p. 291; *Radzivilovskaia letopis'*, in *PSRL*, 38, Leningrad, 1989, p. 104; *Nik let.*, in *PSRL*, IX, p. 150, 事件确定在1117年）。

[585] J. Németh, *Eine Wörterliste der Jassen, der ungarländischen Alanen* (Abhandlungen der Deutschen Akademie der Wissenschaften zu Berlin, Klasse für Sprachen, Literatur und Kunst, 1958, 4), Berlin, 1959, pp. 5-7; E. Horgoshi, "Dva ètiuda o iasakh Vengrii," in *Alany Zapadnaia Evropa i Vizantiia*, gen. ed. V. Kh. Tmenov, Vladikavkaz, 1992, pp. 130-134.

[586] *Varia e codicibus Vratislaviensibus*, 2, *Brevis descriptio Slavoniae*, ed. W. Kętrzyński, in *MPH*, VI, Cracow, 1893, p. 587.

[587] I. Gyárfás, *op. cit.*, III, Szolnok, 1883, pp. 463-465. 名字的拼写略有不同，参见P. Horváth, *op. cit.*, p. 92。

[588] I. Gyárfás, *op. cit.*, III, p. 468.

[589] *Kalendarz Katedry Krakowskiej*, in *MPH*, SN, V, *Annales Cracovienses priores cum kalendario*, ed. S. Kozlowska-Budka, Warsaw, 1978, pp. 171-172.

[590] I. Gyárfás, *op. cit.*, III, pp. 500-502. 有关维丁战役及其影响，参见M. Holban, "Contribuții la studiul raporturilor dintre Țara Românească și Ungaria angevină," in eadem, *Din cronica relațiilor româno-ungare în secolele XIII-XIV*, Bucharest, 1981, pp. 155-211; V. Gjuzelev, "Beiträge zur Geschichte des Königreiches von Vidin im Jahre 1365," in idem, *Forschungen zur Geschichte Bulgariens im Mittelalter* (Miscellanea Bulgarica, 3), Vienna, 1986, pp. 225-240。

[591] *Zakonik Stefana Dushana, tsara srpskog 1349 i 1354*, ed. S. Novakovič, Belgrade, 1898, p. 3.

[592] Z. Gombocz, "Ossètes et Iazyges," *Revue des études hongroises et finno-*

ougriennes, 3, 1925, p. 5 ff.; A. Pálóczi Horváth, *Petschenegen*..., p. 62 ff.

[593] I. Gyárfás, *op. cit.*, III, p. 501.

[594] P. Horváth, *op. cit.*, p. 96.

[595] Siegmund Freiherrn von Herberstein, *Selbst-Biographie*, in *FRA*, Erste Abtheilung, *Scriptores*, I, ed. Th. G. v. Karajan, Vienna, 1855, p. 383.

[596] Ioannis Dlugossi *Annales seu cronicae incliti regni Poloniae*, [I,] ed. I. Dabrowski, Varsoviae, 1964, p. 83.

[597] *Chronicon, quod conservatur in Monte S. Georgii*, ed. B. Pukánszky, in *SRH*, II, p. 279.

[598] L. Selmeczi, *A négyszállási I. számú jász temető*, Budapest, 1992; idem, "A négyszállási jász temető (Előzetes közlés az 1980. évi feltárásról)," in idem, *Régészeti-néprajzi tanulmányok a jászokról és a kunokról*, Debrecen, 1992, pp. 135-164.

[599] Idem, "A jászok keresztény hitre térése a XIII–XV. században," in idem, *Régészeti-néprajzi tanulmányok*..., p. 216, fig. 107; idem, *A négyszállási I. számú jász temető*, pp. 39 and 110; pl. VI, 43.

[600] Idem, *A négyszállási I. számú jász temető*, pp. 15, 24, 29 and pl. II, 21; III, 59; idem, "A négyszállási jász temető...," p. 147.

[601] Tiesenhausen, I, pp. 116 (Baibars), 160 (an-Nuwairi), 383 (Ibn Khaldun); Georgii Pachymeris *De Michaele et Andronico Paleologi libri tredecim*, I, ed. Im. Bekker, I, Bonn, 1835, p. 345; II, 1835, p. 307.

[602] Pachymeres, II, 1835, p. 307; Gregoras, I, pp. 204-205.

[603] J. Harmatta, *Studies in the History and Language of the Sarmatians* (Acta Antiqua et Archaeologica, XIII, Acta Universitatis de Attila József Nominatae), Szeged, 1970, pp. 26-57; A.H. Vaday, *Die sarmatischen Denkmäler des Komitats Szolnok. Ein Beitrag zur Archäologie und Geschichte des sarmatischen Barbaricum* (Antaeus. Communicationes ex Instituto Archaeologico Academiae Scientiarum Hungaricae, 17-18), Budapest, 1989; eadem, "Military sistem of the Sarmatians," in *International Connections of the Barbarians of the Carpathian Basin in the 1st-5th centuries A.D.*, eds. E. Istvánovits, V. Kulcsár, Aszód-Nyiregyháza, 2001, pp. 171-193.

[604] Nicolaus Olahus, p. 33 (*Hungaria*).

[605] Georgii Wernheri *De Admirandis Hungariae aqvis Hypomnemation*, in *Scriptores rerum Hungaricarum*, ed. I.G. Schwandtner, I, Vindobonae, 1746, p. 847. 也参见 Z. Gombocz, *op. cit.*, p. 10; V. Kouznetsov and I. Lebedynsky, *Les Alains, cavaliers des steppes, seigneurs du Caucase*, Paris, 1997, pp. 133-134; A. Alemany, *Sources*

on the Alans..., pp. 160-162。

[606] G. Bonfante, "Un nuovo testo sugli Iàzigi," in idem, *Studi romeni*, Rome, 1973, pp. 347-348.

[607] L. Selmeczi, "A négyszállási jász temető," *Communicationes Archaeologicae Hungariae*, 1981, pp. 164-177; idem, "A jászősök nyomában Jászágón," *Jászsági Évkönyv*, Jászberény, 1994, pp. 57-68.

[608] Z. Gombocz, *op. cit.*, p. 6; J. Németh, *Eine Wörterliste*..., p. 9 ff.

[609] 参见注22—26。

[610] 参见注137。

[611] A.E. Nordenskiöld, *Periplus utkast till sjökortens och sjöböckernas äldsta historia*, Stockholm, 1897, p. 17, fig. 6; p. 33, fig. 13; pl. V-VII, IX, XII, XVI, XVIII, XIX, XXII, XXIII, XXVI etc.; R. Almagià, *Planisferi, carte nautiche e affini dal secolo XIV al XVII esistenti nella Biblioteca Apostolica Vaticana (=Monumenta cartographica Vaticana*, I), Città del Vaticano, 1944, *passim*.

[612] I. Kupčik, *Münchner Portolankarten «Kunstmann I-XIII» und zehn weitere Portolankarten*, Munich-Berlin, 2000, pp. 106-107, pl. 3.

[613] Édrisi, II, p. 400; K. Miller, *Weltkarte des Arabers Idrisi vom Jahre 1154*, Stuttgart, 1981, color map.

[614] Al-'Umari, p. 138.

[615] *Ibidem*.

[616] Boguphali II. episcopi Poznaniensis *Chronicon Poloniae,* in *Silesiacarum rerum scriptores*, II, ed. F. W. Sommersberg, Lipsiae, 1730, p. 73; *Kronika Boguchwala i Godyslawa Paska*, in *MPH*, II, p. 585; *Annales Posnanienses II*, ed. W. Ketrzyński, in *ibidem*, V, Lwow, 1888, p. 882; *Cronica Poloniae Maioris*, ed. B. Kürbis, in *ibidem*, SN, VIII, Warsaw, 1970, pp. 113-114.

[617] Raschid-Eldin, *Histoire des Mongols de la Perse*, ed. M.É. Quatremère, Paris, 1836, p. 269.

[618] Wassaf, *Geschichte*, ed. [J.] Hammer-Purgstall, I, Vienna, 1856, pp. 73-74.

[619] Raschid-Eldin, *Histoire*..., p. 407.

[620] Ch. Verlinden, *L'esclavage dans l'Europe médiévale*, II, Gent, 1977, pp. 467-468.

[621] B.F. Manz, *The Rise and Rule of Tamerlan*, Cambridge, 1989, p. 163; S. Ando, *Timuridische Emire nach dem Mu'izz al-ansāb. Untersuchung zur Stammesaristokratie Zentralasiens im 14. und 15. Jahrhundert*, Berlin, 1992, pp. 67, 98-99, 163, 184, 240.

[622] M.K. Kadyrbaev, R.Z. Burnasheva, "Pogrebenie kypchaka pervoĭ poloviny XIV veka iz mogil'nika Tasmola," in *Po sledam drevnikh kul'tur Kazakhstana*, Alma-

Ata, 1970, pp. 42-53, 328.

[623] J. Sauvaget, "Noms et surnoms de Mamelouks," *JA*, CCXXXVIII, 1950, 1, pp. 31-58.

[624] D. Madeyska, "Slave Soldiers in Islam," *Rocznik orientalistyczny*, LII, 1999, 1, p. 61 ff.

[625] G. Hoffmann, "Der mamlukisch-osmanische Militärsklave. Zu Modifikationen einer historischen Konstante," *Geschichte und Gesellschaft*, 29, 2003, 2 (*Der Kriger*, eds. D. Langewiesche and J. Osterhammel), pp. 192-193. 也参见 P. Jackson, "The Mamlūk Institution in Early Muslim India," *Journal of the Royal Asiatic Society*, 1990, 2, p. 340 ff.

[626] F.I. Uspenskiĭ, "Vizantiĭskie istoriki o mongolakh i egipetskikh mamliukakh," *Vizantiĭskiĭ vremennik*, XXIV, 1923-1926, pp. 1-16; Amin al'-Kholi, *Sviazi mezhdu Nilom i Volgoĭ v XIII-XIV vv.*, trans. Z.I. Levin, Moscow, 1962; D. Ayalon, "The European-Asiatic Steppe: a Major Reservoir of Power for the Islamic World," in *Trudy dvadtsat'piatogo mezhdunarodnogo kongressa vostokovedov, Moskva 9-16 avgusta 1960 g.*, II, Moscow, 1963, pp. 47-52; idem, *Islam and the Abode of War. Military slaves and Islamic adversaries* (Variorum), Aldershot-Brookfield, Vermont, 1994, *passim*; R. Irwin, *The Middle East in the Middle Ages. The Early Mamluk Sultanate, 1250-1382*, London-Sydney, 1986; P.M. Holt, "Mamluk," in *The Encyclopaedia of Islam*, NE, VI, Leiden, 1991, pp. 314-331; L.S. Northrup, "The Bahrī Mamlūk sultanate, 1250-1390," in *The Cambridge History of Egypt*, I, *Islamic Egypt, 640-1517*, ed. C.F. Petry, Cambridge, 1998, pp. 246, 247, 278 etc.; I.R. Tagirov, *Istoriia natsional'noĭ gosudarstvennosti tatarskogo naroda i Tatarstana*, Kazan, 2000, p. 84 ff.; Ch. J. Halperin, "The Kipchak connection: the Ilkhans, the Mamluks and Ayn Jalut," *Bulletin of School of Oriental and African Studies*, University of London, 62, 2000, 2, pp. 229-245; T.K. Koraev, "Zolotaia Orda i mamliukskiĭ Egipet v XIII-XIV vv.," in *Desht-i Kipchak i Zolotaia Orda v stanovlenii kul'tury evraziĭskikh narodov*, gen. ed. D.M. Nasilov, Moscow, 2003, pp. 90-94.

[627] Montesquieu, *De l'Esprit des Lois. Défense de l'Esprit des Lois*, II, Paris, Ed. "E. Flammarion," p. 303 ff.

[628] Pachymeres, I, 1984, p. 236. 有关乔治斯·帕奇梅雷斯对于黑海流域的族群和政治现状的观点, 也参见 A.E. Laiou, "On Political Geography: the Black Sea of Pachymeres," in *The Making of Byzantine History. Studies Dedicated to Donald M. Nicol*, eds. R. Beaton and Ch. Roueché, London, 1993, pp. 94-121。

[629] V. Spinei, *Moldova…*, pp. 285-286.

［630］ E. Hurmuzaki, I, p. 255.
［631］ L. Rásonyi, "Contributions à l'histoire des premières cristallisations d'État des Roumains. L'origine des Basaraba," *AECO*, I, 1935, 1-4, pp. 243-253; idem, *Hidak a Dunán. A régi török népek a Dunánál*, Budapest, 1981, p. 141 ff.; G. Györffy, "Adatok a románok XIII. Századi történetéhez és a román állam kezdeteihez," *Történelmi szemle*, VII, 1964, 1, pp. 543-544; N. Djuvara, "Les Grands Boïars ont-ils constitué dans les principautés roumaines une véritable oligarchie institutionnelle et héréditaire?," *Südost-Forschungen*, XLVI, 1987, pp. 16-18; S. Brezeanu, "Basarab. O nouă ipoteză asupra originilor antroponimului," in idem, *Identități și solidarități medievale. Controverse istorice*, Bucharest, 2002, pp. 371-386.
［632］ V. Spinei, *Realități etnice*..., p. 147 ff.; idem, "Modul de trai al turanicilor și raporturile lor cu populația locală," in *Istoria românilor*, III, 2001, pp. 266-271.
［633］ N.A. Baskakov, "Russkie familii tiurkskogo proiskhozhdeniia," in *Onomastika*, eds. V.A. Nikonov, A.V. Superanskaia, Moscow, 1969, p. 7.
［634］ *Ibidem*, pp. 9-24.
［635］ I. Conea and I. Donat, "Contribution à l'étude de la toponymie...," pp. 139-169; H. F. Wendt, *Die türkische Elemente im Rumänischen*, Berlin, 1960; P. Diaconu, *Les Coumans*..., pp. 26-34; G.R. Solta, *Einführung in die Balkanlinguistik mit besonderer Berücksichtigung des Substrats und des Balkanlateinischen*, Darmstadt, 1980, pp. 176-179; A. Pandrea, *Pecenegii și cumanii din Țara Loviștei*, Aalborg, 1994.

参考文献

Akhinzhanov, S.M., *Kypchaki v istorii srednevekogo Kazakhstana*, Alma-Ata, 1989.

Idem, " Kipcaks and Khwarazm," in *Rulers from the Steppe. State Formation on the Eurasian Periphery*, eds. G. Seaman and D. Marks (*Proceedings of the Soviet-American Symposia in Conjuction with the Museum Exhibition* Nomads: Masters of the Eurasian Steppe, 2), Los Angeles,1991, pp. 126-131.

Alany, Zapadnaia Evropa i Vizantiia, gen. ed. V. Kh. Tmenov, Vladikavkaz, 1992.

Alin, V.V., " Rus' na bogatyrskikh zastavakh [2]," *Voprosy istorii,* 1969, 1, pp. 136-147.

Anastasijevič, D. and Ostrogorsky, G., "Les Koumans pronoïaires," *Annuaire de l'Institut de Philologie et d'Histoire Orientale et Slave*, XI, 1951 (*Mélanges Henri Grégoire*, III), pp. 19-29.

Angold, M., *A Byzantine Government in Exile. Government and Society Under the Laskarids of Nicaea (1204-1261)*, Oxford, 1975.

Idem, *The Byzantine Empire, 1025-1204*, London-New York, 1984.

Aristov, N., *O zemle polovetskoĭ*, Kiev, 1877.

Asdracha, C., *La région des Rhodopes aux XIIIe et XIVe siècles. Étude de géographie historique*, Athens, 1976.

Babkine, A., " Les Comans. Contribution à l'histoire du Moyen Âge russe," *Études Slaves et Est-Européennes*, XVII, 1972, pp. 39-55.

Idem, " La culture matérielle des Qiptchaq d'après les sources de l'époque," *Études Slaves et Est-Européennes*, XVIII, 1973, pp. 93-111.

Barbovescu, J., "Die Basch-Araba und die Anfänge des romänischen Staates," *Romänische Revue*, VII, 1891, pp. 41-48, 201-213, 321-328.

Bartusis, M.C., *The Late Byzantine Army. Arms and Society, 1204-1453*, Philadelphia, 1992.

Berend, N., " How Many Medieval Europas? The «Pagans» of Hungary and Regional Diversity in Christendom," in *The Medieval World*, eds. P. Linehan and J.L. Nelson, London-New York, 2001, pp. 77-92.

Eadem, " Immigration nomade dans un royaume chrétien: les cas des Coumans en Hongrie," in *Migrations et diasporas méditerranéennes (X^e-XVIe siècles). Actes du colloque de Conques (octobre 1999)*, eds. M. Balard and A. Ducellier, Paris, 2002, pp. 133-147.

Bibikov, M.V., "Istochnikovedcheskie problemy izucheniia istorii kochevnikov," *Revue Roumaine d'Histoire*, XIX, 1980, 1, pp. 47-52.

Idem,"Vizantiĭskie istochniki po istorii Rusi, narodov Severnogo Prichernomor'ia i Severnogo Kavkaza (XII-XIII vv.)," in *Drevneĭshie gosudarstva na territorii SSSR*, Moscow, 1981, pp. 5-151.

Blau, O., "Ueber Volksthum und Sprache der Kumanen," *Zeitschrift der Deutschen Morgenländischen Gesellschaft*, XXIX, 1875, 1, pp. 556-587.

Bolşacov-Ghimpu, A.A., *Cronica Ţării Moldovei pînă la întemeiere (Contribuţii la istoria Moldovei în secolele IV-XIV)*, Bucharest, 1979.

Bonev, Č., "L'Église orthodoxe dans les territoires carpato-danubiens et la politique pontificale pendant la première moitié du XIIIe s.," *Études balkaniques*, 22, 1986, 4, pp. 101-108.

Borisov, B., Sheileva, G., "Arkheologicheski danni za kŭsni nomadi na iug ot Balkana," in *Pliska-Preslav*, 8, Shumen, 2000, pp. 247-251.

Braĭchevskiĭ, M.Iu., "Slovo o polku Igorevim," *Lavrs'kiĭ al'manakh*, 3, Kiev, 2002, pp. 140-176.

Brand, Ch. M., *Byzantium Confronts the West, 1180-1204*, Cambridge, Mass., 1968.

Brătianu, G.I., *Recherches sur Vicina et Cetatea Albă*, Bucharest, 1935.

Bredekamp, F., *The Byzantine Empire of Thessaloniki(1224-1242)*, Thessaloniki, 1996.

Bruce Boswell, A., " The Kipchak Turks," *The Slavonic Review*, VI, 1927, 16, pp. 68-85.

Bubenok, O.B., *Iasy i brodniki v stepiakh Vostochnoĭ Evropy (VI-nachalo XIII vv.)*, Kiev, 1997.

Burachikov, P., "Opyt izsledovaniia o kumanakh ili polovtsakh," *Zapiski Imperatorskago Odesskago obshchestva istorii i drevnosteĭ*, X, 1877, pp. 111-136.

Busuioc-von Hasselbach, D.N., *Ţara Făgăraşului în secolul al XIII-lea. Mănăstirea cisteriană Cârţa,* I, II, Cluj-Napoca, 2000.

Cankova-Petkova, G., "Bŭlgaro-grŭtski i bŭlgaro-latinski otnosheniia pri Kaloian i Boril," *Izvestiia na Instituta za Istoriia*, Sofia, 21, 1970, pp. 149-172.

Carile, A., *Per una storia dell'impero latino di Constantinopoli (1204-1261)*, 2nd ed., Bologna, 1978.

Cândea, I., *Brăila. Origini și evoluție pînă la jumătatea secolului al XVI-lea*, Brăila, 1995.

Chalandon, F., *Les Comnène, I, Essai sur le règne d'Alexis Ier Comnène (1081-1118)*, Paris, 1900.

Idem, *Les Comnène, II, Jean II Comnène (1118-1143) et Manuel I Comnène (1143-1180)*, Paris, 1912.

Cihodaru, C., "Observații cu privire la procesul de formare și consolidare a statului feudal Moldova în sec. XI-XIV," *Anuarul Institutului de Istorie și Arheologie "A.D. Xenopol,"* XVI, 1979, pp. 167-186.

Dashkevytch, Ya. R., "Who are Armeno-Kipchaks? (On the Ethnical Substrate of the Armenian Colonies in the Ukraine)," *Revue des études arméniennes*, NS, XVI, 1982, pp. 357-416.

Desht-i Kipchak i Zolotaia Orda v stanovlenii kul'tury evraziĭskikh narodov, gen. ed. D.M. Nasilov, Moscow, 2003.

Diaconescu, E., *Românii din răsărit – Transnistria*, Iași, 1942.

Diaconu, P., *Les Coumans au Bas-Danube aux XIe et XIIe siècles*, Bucharest, 1978.

Idem, "A propos de l'invasion cumane de 1148," in *Études byzantines et post-byzantines*, I, eds. E. Stănescu and N.-Ș. Tanașoca, Bucharest, 1979, pp. 19-27.

Idem, "Cumanii și originea familiei lui Dobrotiță," *RI*, SN, V, 1994, 3-4, pp. 283-288.

Idem, "Despre unele antroponime de origine cumană," *Analele Brăilei*, SN, II, 1996, 2, pp. 569-571.

Dimnik, M., *The Dynasty of Chernigov: 1054-1146*, Toronto, 1994.

Idem, "Igor's Defeat at the Kayala (1185): The Chronicle Evidence," *Mediaeval Studies*, 63, 2001, pp. 245-281.

Dobroliubskiĭ, A.O., "Chernye klobuki v Podnestrov'e i Pobuzh'e," in *Drevnosti stepnogo Prichernomor'ia i Kryma*, Zaporozhie, 1990, pp. 153-159.

Dron, I., "Moldavskie antroponimy tiurkskogo proiskhozhdeniia (XIV-XVIII vv.)," *Știința*, Chișinău, 1992, 8, pp. 5-6.

Efimenko, A. Ia., *Istoriia ukrainskago naroda*, I, S.-Peterburg, 1906.

Eremia, A., *Geograficheskie nazvaniia rasskazyvaiut*, 2nd ed., Kishinev [Chișinău], 1990.

Etnichna istoriia davn'oï Ukraïni, eds. P.P. Tolochko (gen. ed.), D.N. Kozak, O.P. Motsia, V. Iu.Murzin, V.V. Otroshchenko, S.P. Segeda, Kiev, 2000.

Fëdorov, G.S., "K voprosu o prebyvanii polovtsev v Dagestane," in *Problemy*

第四章　庫蛮人　451

arkheologii I ėtnografii, I, eds. M.I. Artamonov and R.F. Its, Leningrad, 1977, pp. 76-82.

Fëdorov, Ia. A., Fëdorov, G.S., *Rannye tiurki na Severnom Kavkaze*, Moscow, 1978.

Fëdorov-Davydov, G.A., *Kurgany, idoly, monety*, Moscow, 1968.

Ferenţ, I., *Cumanii și episcopiile lor*, Blaj, 1931.

Fine, Jr., J.V.A., *The Early Medieval Balkans. A Critical Survey from the Sixth to the Late Twelfth Century*, Ann Arbor, 1991.

Fischer E., "Die kumanische Sprache," *Korrespondenzblatt des Vereins für siebenbürgische Landeskunde*, XXXII, 1909, 9, pp. 113-115; 10, pp. 129-137.

Idem, "Wo lag das Hauptland der Kumanen, die «Comania alba»?", *Korrespondenzblatt des Vereins für siebenbürgische Landeskunde*, XXXIX, 1916, 4-7, pp. 35-38.

Fonalka, M., "Sledy polovetskogo ėposa v Galitskoĭ letopisi," *Slavica*, XXV, 1991, pp. 107-112.

Franklin, S. and Shepard, J., *The Emergence of Rus, 750-1200*, London-New York, 1996.

Geanakoplos, D.J., *Emperor Michael Palaeologus and the West (1258-1282). A Study in Byzantine-Latin Relations*, Hamden, Connecticut, 1973.

Gerland, E., *Geschichte der Lateinischen Kaiserreiches von Konstantinopel*, I, *Geschichte der Kaiser Balduin I. und Heinrich, 1204-1216*, Homburg, 1905.

Gherghel, I., *Zur Geschichte Siebenbürgens nach den Quellen dargestellt*, Vienna, 1891.

Idem, "Cercetări privitoare la istoria comanilor," *Revista Tinerimea română*, NS, II, 1899, pp. 263-269; III, 1899, pp. 387-392; V, 1900, pp. 114-118.

Idem, "Zur Nachricht des Raschīd-ad-dīn Fadlallāh über «Bazaran-bam» und «Cara-Oulag» (Ein Beitrag zur walachischen Geschichte des 13. Jahrhunderts)," *Korrespondenzblatt des Vereins für siebenbürgische Landeskunde*, XXXV, 1912, pp. 25-38.

Idem, "Cercetări privitoare la nomenclatura comanilor," *Revista pentru istorie, archeologie și filologie*, XV, 1914, pp. 187-194.

Giurescu, C.C., Giurescu, D.C., *Istoria românilor*, I, Bucharest, 1975.

Gold der Steppe. Archäologie der Ukraine, eds. R. Rolle, M. Müller-Wille and K. Schietzel, with editorial assistance of P.P. Toločko and V. Ju. Murzin, Schleswig, 1991.

Golden, P.B., "The Turkic People and Caucasia," in *Transcaucasia. Nationalism and Social Change. Essays in the History of Armenia, Azerbaidjan, and Georgia*, ed. R.G. Suny, Ann Arbor,1983, pp. 45-67.

Idem, "Cumanica I: The Qipčaqs in Georgia," *AEMA*, IV, 1984, pp. 45-87.

Idem, "Cumanica II: The Ölberli (Ölperli): the Fortunes and Misfortunes of an Asian Nomadic Clan," *AEMA*, VI, 1986, pp. 5-29.

Idem, "Cumanica III: Urusoba," in *Aspects of Altaic Civilizations*, III, *Proceeding of the Thirteenth Meeting of the Permanent International Altaistic Conference, Indiana University, Bloomington, Indiana, June 19-25, 1987,* ed. D. Sinor, Bloomington, Indiana, 1990, pp. 33-46.

Idem, "The Qipčaqs of Medieval Eurasia: An Example of Stateless Adaptation in the Steppes," in *Rulers from the Steppe. State Formation on the Eurasian Periphery,* eds. G. Seaman and D.Marks, Los Angeles, 1991, pp. 132-157.

Idem, "Aspects of the Nomadic Factor in the Economic Development of Kievan Rus'," in *Ukrainian Economic History. Interpretive Essays,* ed. I.S. Koropeckyj, Cambridge, Mass., 1991, pp. 58-101.

Idem, "The Černii Klobouci," in *Symbolae Turcologicae. Studies in Honour of Lars Johanson On his Sixtieth Birthday 8 March 1996,* eds. Á. Berta, B. Brendemoen and C. Schönig, Uppsala, 1996, pp. 97-107.

Idem, "Cumanica IV: The Tribes of the Cuman-Qipčaqs," *AEMA,* 9, 1995-1997, pp. 99-122.

Idem, "Religion among the Qipčaqs of Medieval Eurasia," *CAJ,* 42, 1998, 2, pp. 180-237.

Idem, " The Nomadic Linguistic Impact on Pre-Činggisid Rus' and Georgia," *AEMA,* 10, 1998-1999, pp. 72-97.

Gorskiĭ, A.A., "Russko-vizantiĭskie otnosheniia pri Vladimire Monomakhe i russkoe letopisanie," in *Istoricheskie zapiski,* 115, 1987, pp. 308-328.

Golubovskiĭ, P., *Polovtsy v Vengrii,* Moscow, 1889.

Gurkin, S.V., "K voprosu o russko-polovetskikh matrimonial'nykh sviaziakh," *Donskaia arkheologiia,* 2, 1999, pp. 40-50.

Gyárfás, I., *A jasz-kunok története,* I, Kecskemét, 1870; II, Kecskemét, 1873; III, Szolnok, 1883; IV, Budapest, 1885.

Györffy, G., "A kunok feudalizálódása," in *Tanulmányok a parasztság történetéhez Magyarországon a 14. században,* ed. G. Székely, Budapest, 1953, pp. 248-275.

Györffy, I., "A kunok megtérése," *Protestáns Szemle,* 1925, pp. 3-15.

Halasi-Kun, T., " Ottoman Data on Lesser Cumania: Keçkemet Nahiyesi – Varoş-i Halaş –Kariye-i Kökut ," *AEMA,* IV, 1984, pp. 89-149.

Halperin, Ch. J., "The Kipchak connection: the Ilkhans, the Mamluks and Ayn Jalut," *Bulletin of School of Oriental and African Studies, University of London,* 62, 2000, 2, pp. 229-245.

Holt, P.M., "Mamluk," in *The Encyclopaedia of Islam,* NE, VI, Leiden, 1991, pp. 314-331.

Horváth, P., *Commentatio de initiis, ac maioribvs Jazygvm et Cvmanorvm eorvmqve constitvtionibvs*, Pestini, 1801.

Ilovaiskiĭ, D., *Istoriia Rossii*, I, 2, Moscow, 1880.

Iorga, N., " Imperiul cumanilor și domnia lui Băsărabă. Un capitol din colaborația românobarbară în evul mediu," in idem, *Studii asupra evului mediu românesc*, ed. Ş. Papacostea, Bucharest, 1984, pp. 67-72.

Istoria RSS Moldovenești, I, gen. ed. V.L. Ianin, Kishinev (= Chişinău), 1988.

Istoriia Vizantii, gen. ed. S.D. Skazkin, 2, ed. A.P. Kazhdan, Moscow, 1967.

Ivanov, V.A., Kriger, V.A., *Kurgany kypchakskogo vremeni na Iuzhnom Urale (XII-XIV vv.)*, Moscow, 1988.

A Jászkunság kutatása. Tanácskozás Szolnokon a Tudomány és Technika Házában 1988. december 2-3-án, ed. L. Tálas, Szolnok, 1988.

Jireček, C., "Einige Bemerkungen über die Überreste der Petschenegen und Kumanen, sowie über die Volkerschaften der sogennanten Gagauzi und Surguči im heutigen Bulgarien," *Sitzungsberichte der königl. böhmischen Gesellschaft der Wissenschaften. Classe für Philosophie, Geschichte und Philologie*, 1889, pp. 3-30.

Idem, *Das Fürstenthum Bulgarien*, Prague-Vienna-Leipzig, 1891.

Karamzin, M., *Histoire de l'Empire de Russie*, trans. St.-Thomas and Jouffret, II, III, Paris, 1819.

Kargalov, V.V., "Polovetskie nabegi na Rus'," *Voprosy istorii*, 1965, 9, pp. 68-73.

Karsanov, A.N., "Ob odnom izvestii Ipat'evskoĭ letopisi," in *Alany: istoriia i kul'tura*, III, Vladikavkaz, 1995, pp. 389-402.

Kniaz'kiĭ, I.O., "Polovtsy v Dnestrovsko-Karpatskikh zemliakh i Nizhnem Podunav'e v kontse XII-pervykh desiatiletiiakh XIII v.," in *Sotsial'no-eʹkonomicheskaia i politicheskaia istoriia Moldavii perioda feodalizma*, gen. ed. P.V. Sovetov, Kishinev (= Chişinău), 1988, pp. 22-32.

Idem, "Polovtsy v Nizhnem Podunav'e," *Voprosy istorii*, 2000, 3, pp. 121-129.

Kononov, A.N., "K ètimologii ètnonimov kypchak, kuman, kymyk," *Ural-Altaische Jahrbücher*, 48, 1976, pp. 159-166.

Konovalova, I.G., "Arabskie istochniki XII-XIV vv. po istorii Karpato-Dnestrovskikh zemel'," in *Drevneĭshie gosudarstva na territorii SSSR*, Moscow, 1991, pp. 5-115.

Eadem, *Vostochnaia Evropa v sochinenii al-Idrisi*, Moscow, 1999.

Kossányi, B., "Az úzok és kománok történetéhez a XI-XII. században," *Századok*, LVII-LVIII, 1923-1924, pp. 519-537.

Kosztolnyik, Z.J., *From Coloman the Learned to Béla III (1095-1196). Hungarian Domestic Policies and Their Impact upon Foreign Affairs*, Boulder-New York, 1987.

Idem, *Hungary in the Thirteenth Century*, Boulder-New York, 1996.

Kotliar, N.F., "Khto taki brodniki (Do problemi vinikneniia ukraïns'kogo kozakstva)," Ukraïns'kiĭ istorichniĭ zhurnal, 1969, 5 (98), pp. 95-101.

Idem, "Galitsko-Volynskaia Rus' i Vizantiia v XII-XIII vv. (sviazi real'nye i vymyshlennye)," in *Iuzhnaia Rus' i Vizantiia*, Kiev, 1991, pp. 20-33.

Kouznetsov, V. and Lebedynsky, I., *Les Alains, cavaliers des steppes, seigneurs du Caucase*, Paris, 1997.

Kudriashov, K.V., *Polovetskaia step'*, Moscow, 1948.

Kumekov, B.E., *Gosudarstvo kimakov IX-XI vv. po arabskim istochnikam*, Alma-Ata, 1972.

Langó, P., "A jászok «felfedezése» és beköltözésük a Kárpát-medencébe," *A Jász Múzeum Évkönyve*, 2000, pp. 151-176.

Lăzărescu-Zobian, M., "Cumania as the Name of Thirteenth Century Moldavia and Eastern Wallachia: Some Aspects of Kipchak-Rumanian Relations," *Journal of Turkish Studies*, 8, 1984 (=*Turks, Hungarians and Kipchaks. A Festschrift in Honor of Tibor Halasi-Kun*, ed. P. Oberling, Harvard University), pp. 265-272.

Lebedynsky, I., "Les Coumans. Cavaliers des steppes aux XIe-XIIIe siècles," *Moyen Age*, 21, 2001, 3, pp. 10-16.

Lelewel, J., *Géographie du Moyen Age*, I, II, III, IV, Breslau, 1852.

Longnon, J., *L'Empire latin de Constantinople et la principauté de Morée*, Paris, 1949.

Idem, *Byzantium's Last Imperial Offensive in Asia Minor*, New Rochelle, New York, 1992.

Lounghis, T.C., "Über die zwei gegensätzlichen Richtungen der byzantinischen Aussenpolitik im osteuropäischen Raum im 10. Jahrhundert," in *Byzanz und Ostmitteleuropa, 950-1453. Beiträge zu einer table-ronde des XIX International Congress of Byzantine Studies, Copenhagen 1996*, eds. G. Prinzing and M. Salamon, Wiesbaden, 1999, pp. 35-43.

Magdalino, P., *The empire of Manuel I Komnenos, 1143-1180*, Cambridge, 1993.

Makkai, L., *A milkói (kun) püspökség és népei*, Debrecen, 1936.

Malakhov, S.N., "Alano-vizantiĭskie zametki (I)," in *Alany: istoriia i kul'tura*, Vladikavkaz, III, 1995, pp. 376-388; ibidem (II), in *Istoriko-arkheologicheskiĭ al'manakh*, 3, Armavir-Moscow, 1997, pp. 135-158.

Malingoudis, Ph., "Die Nachrichten des Niketas Choniates über die Entstehung der Zweiten Bulgarischen Staates," *Byzantina*, 10, 1980, pp. 51-147.

Marquart, J., "Über das Volkstum der Komanen," in W. Bang and J. Marquart, "Osttürkische Dialektstudien," *Abhandlungen der Königlichen Gesellschaft der*

第四章 庫蠻人 455

Wissenschaften zu Göttingen, Phil.-hist. Kl., NF, XIII, 1, 1914, pp. 25-238.

Mathieu, M., "Les faux Diogènes," *Byzantion*, XXII, 1952, pp. 133-148.

Măcriş, A., *Et in Cumania ego. Colaboraţiunea româno-cumană în secolele XII-XIV. Cumanii şi etnogeneza găgăuzilor*, Bucharest, 2002.

Mănucu-Adameşteanu, Gh., *Istoria Dobrogei în perioada 969-1204. Contribuţii arheologice şi numismatice*, Bucharest, 2001.

Mladenov, St., "Pechenezi i uzi-kumani vŭ bŭlgarskata istoriia," *Bŭlgarska istoricheska biblioteka*, IV, 1931, 1, pp. 115-136.

Möhlenkamp, R., "Die Entstehung und Entwicklung der mittelalterlichen moldauischen Städte bis Ende des 16. Jahrhunderts, II Teil, 4. Herrschaftsbildungen und städtische Siedlungen," *Historia urbana*, IV, 1996, 1-2, pp. 7-23.

Moisescu, Gh. I., *Catolicismul în Moldova pînă la sfîrşitul veacului XIV*, Bucharest, 1942.

Mollova, M., "Nouveaux côtés dévoilés du *Codex Cumanicus*," *Wiener Zeitschrift für die Kunde des Morgenlandes*, 83, 1993, pp. 117-148.

Murguliia, N.-M., "Kumany-kipchaki v gruzinskoĭ istoriografii (XI-XIV vv.)," in *Actes du XIVe Congrès International des Études byzantines, Bucarest, 6-12 Septembre 1971*, II, eds. M. Berza and E. Stănescu, Bucharest, 1975, pp. 397-406.

Murguliia, M.P., Shusharin, V.P., *Polovtsy, Gruziia, Rus' i Vengriia v XII-XIII vekakh*, Moscow, 1998.

Năsturel, P.Ş., "Valaques, Coumans et Byzantins sous le règne de Manuel Comnène," *Byzantina*, I, 1969, pp. 177-186.

Noonan, T.S., "Rus', Pechenegs, and Polovtsy: Economic Interaction along the Steppe Frontier in the Pre-Mongol Era," *Russian History*, 19, 1992, 1-4, pp. 301-327.

Novosel'tsev, A.P., Pashuto, V.T., Cherepnin, L.V., Shusharin, V.P., Shchiapov, I.N., *Drevnerusskoe gosudarstvo i ego mezhdunarodnoe znachenie*, Moscow, 1965.

Oberländer-Târnoveanu, E., "Moneda bizantină şi de tip bizantin pe teritoriile de la sud de Carpaţi în secolele XII-XV – o analiză critică a documentelor numismatice," *Mousaios*, Buzău, VII, 2001, pp. 337-391.

Orlov, A.S., *Vladimir Monomakh*, Moscow-Leningrad, 1946.

Oshanin, L.V., *Anthropological Composition of the Population of Central Asia, and the Ethnogenesis of its Peoples*, II, trans. V.M. Maurin, ed. H. Field, Cambridge, Mass., 1964.

Pálóczi Horváth, A., "A felsőszentkirályi kun sírlelet," *Cumania*, I, 1972, pp. 177-204.

Idem, "Situation des recherches archéologiques sur les Comans en Hongrie," *AOH*, XXVII, 1973, 2, pp. 201-209.

Idem, "L'immigration et l'établissement des Comans en Hongrie," *AOH*, XXIX, 3,

1975, pp. 313-333.

Idem, "Traditions steppiques et assimilation culturelle d'un peuple nomade (les Comans en Hongrie aux 13e et 14e siècles)," in *Archaeological "Objectivity" in Interpretation. The World Archaeological Congress 1-7 September 1986*, 1, ed. P. Ucko, Southampton-London, 1986, pp.1-15.

Idem, "A Balota pusztai középkori sírlelet," *Cumania*, 11, 1989, pp. 95-148.

Idem, *Hagyományok, kapcsolatok és hatások a kunok régészeti kultúrájában*, Karcag, 1994.

Idem, "Assimilation et survivances dans la Hongrie médiévale. L'exemple des peuples orientaux," in *Conquête, acculturation, identité: des Normands aux Hongrois. Les traces de la conquête* (Cahiers du GRHIS, 13), ed. P. Nagy, Rouen, 2001, pp. 65-78.

Pandrea, A., *Pecenegii și cumanii din Țara Loviștei*, Aalborg, 1994.

Papacostea, Ș., *Românii în secolul al XIII-lea între cruciată și Imperiul mongol*, Bucharest, 1993.

Paragină, A., *Habitatul medieval la Curbura exterioară a Carpaților în secolele X-XV*, Brăila, 2002.

P[arkhomenko], V., "Polovtsy i Rus'," *Slavia. Časopis pro slovanskou filologii*, XVI, 1939, 4, pp. 598-601.

Pashuto, V.T., *Ocherki po istorii Galitsko-Volynskoǐ Rusi*, Moscow, 1950.

Idem, "Polovetskoe episkopstvo," in *Ost und West in der Geschichte des Denkens und der kulturellen Beziehungen. Festschrift für Eduard Winter zum 70. Geburtstag*, Berlin, 1966, pp. 33-40.

Pavlov, P., "Po vŭprosa za zaselvaniiata na kumani v Bŭlgariia prez XIII v.," in *Dokladi*, 6, *Bŭlgarskite zemi v drevnostta. Bŭlgariia prez srednovekovieto*, Sofia, 1987, pp. 629-637.

Idem, "Bŭlgariia, «Zlatnata orda» i kumanite (1242-okolo 1274)," *Vekove*, 18, 1989, pp. 24-33.

Idem, *Srednovekovna Bŭlgariia i kumanite. Voennopoliticheski otnosheniia (1186-1241 g.)*(Trudove na Velikotŭnovskiia Universitet "Sv. Sv. Kiril i Metodiǐ," 27, 3, 1989), Veliko Trnovo, 1992, pp. 1-61.

Pelliot, P., "A propos des Comans," *JA*, 11th Ser., XV, 1920, pp. 125-185.

Petrov, P., *Vŭstanoviavane na Bŭlgarskata dŭrzhava, 1185-1197*, Sofia, 1985.

Pfeiffer, N., *Die ungarische Dominikanerordensprovinz von ihrer Gründung 1221 bis zur Tatarenverwüstung 1241-1242*, Zurich, 1913.

Pič, J.L., *Ueber die Abstammung der Rumänen*, Leipzig, 1880.

Pletnëva, S.A., *Polovetskie kamennye izvaianiia* (Arkheologiia SSSR, Svod arkheologicheskikh istochnikov, E4-2), Moscow, 1974.

Eadem, "Polovetskaia zemlia," in *Drevnerusskie kniazhestva X-XIII vv.*, Moscow, 1975, pp. 260-300.

Eadem, "Khan Boniak i ego vremia," in *Problemy arkheologii*, II, Leningrad, 1978, pp. 174-180.

Eadem, "Donskie polovtsy," in *"Slovo o polku Igoreve" i ego vremia*, gen. ed. B.A. Rybakov, Moscow, 1985, pp. 249-281.

Eadem, "Polovtsy," in *Ischeznuvshie narody*, co-ord. P.I. Puchkov, Moscow, 1988, pp. 21-33.

Eadem, *Polovtsy*, Moscow, 1990.

Eadem,"Kochevniki i Rus'," in *Materialy konferentsii "Arkheologiia i sotsial'nyi progress,"* 2, Moscow, 1991, pp. 84-95.

Poboran, G., "Cumanii – Comani," *Arhivele Olteniei*, II, 1923, 5, pp. 17-21.

Ponomarëv, A., "Kuman – polovtsy," *Vestnik drevneĭ istorii*, 3-4 (12-13), 1940, pp. 366-370.

Popov, A.I., "Kypchaki i Rus'," *Uchënye zapiski [Len. Gos. Univ.]*, *Seriia istoricheskikh nauk*, 14, 1949, 112, pp. 94-119.

Prinzing, G., *Die Bedeutung Bulgariens und Serbiens in den Jahren 1204-1219 im Zusammenhang mit der Entstehung und Entwicklung der byzantinischen Teilstaaten nach der Einnahme Konstantinopels infolge des 4. Kreuzzuges*, Munich, 1972.

Pritsak, O., "Deremela = Brodniki," *International Journal of Slavic Linguistics and Poetics*, IX, 1965, pp. 82-96.

Idem, "Polovtsy," *Ukrains'kiĭ istorik*, X, 1-2 (37-38), 1973, pp. 112-118.

Idem, "The Polovcians and Rus'," *AEMA*, II, 1982, pp. 321-380.

Rásonyi-Nagy, L., "Valacho-turcica," in *Aus den Forschungsarbeiten der Mitglieder des Ungarischen Instituts und des Collegium Hungaricum in Berlin*, Berlin-Leipzig, 1927, pp. 68-96.

Rásonyi, L., "Les noms toponymiques comans du Kiskunság," *Acta Linguistica Academiae Scientiarum Hungaricae*, VII, 1957, 1-2, pp. 73-146.

Idem, *Tarihte Türklük*, Ankara, 1971.

Rassovsky, D.A., "Polovtsy," *Seminarium Kondakovianum*, VII, 1935, pp. 245-262; VIII, 1936, pp. 161-182; IX, 1937, pp. 71-85; X, 1938, pp. 155-178; XI, 1940, pp. 95-128.

Idem, "Les Comans et Byzance," in *Actes du IVe Congrès international des études byzantines, Sofia, septembre 1934*, I, Sofia, 1935 (= *Izvestiia na Bŭlgarskiia Arkheologicheski Institutŭ*, IX,1935), pp. 346-354.

Răscoala şi statul Asăneştilor, gen. ed. E. Stănescu, Bucharest, 1989.

Richard, J., *La papauté et les missions d'Orient au Moyen Age (XIIIe-XVe siècles)*, Rome, 1977; 2nd ed., Rome, 1998.

Romanov, V.K., "Stat'ia 1224 g. o bitve pu Kalke Ipat'evskoĭ letopisi," in *Letopisi i khroniki 1980 g.*, Moscow, 1981, pp. 79-103.

Rosetti, R., "Brodnicii," *Revista noua*, III, 1890, 1, pp. 55-61.

Rybakov, B.A., *Pervye veka russkoĭ istorii*, Moscow, 1964.

Idem, *Kievskaia Rus' i russkie kniazhestva XII-XIII vv.*, Moscow, 1982.

Idem, *Pëtr Borislavich. Poisk avtora "Slova o polku Igoreve,"* Moscow, 1991.

Sacerdoţeanu, A., "În chestia brodnicilor," *RI*, XXIV, 1938, 7-8, pp. 196-203.

Salaville, S., "Un peuple de race turque christianisé au XIIIe siècle: les Comans," *Echos d'Orient*, 17, 1914, 106, pp. 193-208.

Savvides, A.G.C., "Οἱ Κόμανοι (Κούμανοι) καί τὸ Βυζαντιο, 11ος-13ος αἱ μ.Χ.," *Byzantina*, 13, 1985, 2, pp. 937-955.

Idem, Οἱ Τούρκοι καί τὸ Βυζαντιο, I, Προ-Ὀθωμανικά φύλα στήν Ἀσία καί στὰ Βαλκάνια, Athens, 1996.

Schaeder, H.H., "Vorwort des Herausgebers," in J. Markwart, *Wehrot und Arang*, Leiden, 1938, pp. 29-51 (the translation of V.V. Barthold's review from *Russkiĭ Istoricheskiĭ Zhurnal*, 7, 1921, pp. 138-156).

Schünemann, K., "Ungarische Hilfsvölker in der Literatur des deutschen Mittelalters," *Ungarische Jahrbücher*, IV, 1924, 1, pp. 99-115.

Schütz, E., *Armeno-Turcica. Selected Studies*, Bloomington, Indiana, 1998.

Selmeczi, L., "Angaben und Gesichtspunkte zur archäologischen Forschung nach den Kumanen im Komitat Szolnok," *A Móra Ferenc Múzeum Évkönyve*, 1971, 2, pp. 187-197.

Idem, "A magyarországi «jászkunok» és a tételes vallások," *Szolnok megyei múzeumi évkönyv*, VII, Szolnok, 1990, pp. 207-211.

Idem, *A négyszállási I. számú jász temető*, Budapest, 1992.

Idem, "A jász ősök nyomában Jászságon," *Jászsági Évkönyv*, Jászberény, 1994, pp. 57-68.

Idem, "A kunok és a jászok," in *Vendégségben őseink háza táján*, Szolnok, 1996, pp. 88-104.

Shepard, J., "Tzetzes' Letters to Leo at Dristra," *Byzantinische Forschungen*, VI, 1979, pp. 191-239.

Shusharin, V.P., "Svidetel'stva pis'mennykh pamiatnikov korolevstva Vengrii ob etnicheskom sostave naseleniia Vostochnogo Prikarpat'ia pervoĭ poloviny XIII veka,"

Istoriia SSSR, 1978, 2, pp. 38-53.

Sibiescu, V.Gh., "Episcopatul cuman de la Milcovia (1227 [1228]-1241)," in *Spiritualitate și istorie la întorsătura Carpaților*, I, co-ord. Antonie Plămădeală, Buzău, 1983, pp. 284-320.

Skrzhinskaia, E.Ch., "Polovtsy. Opyt istoricheskogo istolkovaniia etnikona," *Vizantiĭskiĭ vremennik*, 46, 1986, pp. 255-276.

Solomon, F., "Episcopia Cumaniei – Episcopia Milcoviei. Două episoade din istoria relațiilor româno-maghiare," in *Studii istorice româno-ungare*, ed. L. Nastasă, Iași, 1999, pp. 7-18.

Spinei, V., "Realitățile etnico-politice de la Dunărea de Jos în secolele XI-XII în cronica lui Mihail Sirianul (II)," *Revista de istorie*, 37, 1984, 2, pp. 126-148.

Idem, "Populațiile nomade turce în regiunile românești în secolele X-XIV: Aprecieri sintetice," *Suceava. Anuarul Muzeului Județean*, XIII-XIV, 1986-1987, pp. 119-128.

Stephenson, P., *Byzantium's Balkan Frontier. A Political Study of the Northern Balkans, 900-1204*, Cambridge, 2000.

Szabó, L., *A jász etnikai csoport*, I (*A jász etnikum és a jászsági műveltségi egység néprajza*), Szolnok, 1979; II, *A jászság társadalomnéprajza a XVIII-XIX. században*, Szolnok, 1982.

Șăineanu, L., *Influența orientală asupra limbii și culturii române*, I, Bucharest, 1900.

Ștefan, Gh., Barnea, I., Comșa, M., Comșa, E., *Dinogetia*, I, *Așezarea feudală timpurie de la Bisericuța-Garvăn*, Bucharest, 1967.

Tentiuc, I., *Populația din Moldova Centrală în secolele XI-XIII*, Iași, 1996.

Theodorescu, R., *Bizanț, Balcani, Occident la începuturile culturii medievale românești (secolele X-XIV)*, Bucharest, 1974.

Tietze, A.,"The Koman Riddles," in *Trudy dvadtsat'piatogo mezhdunarodnogo kongressa vostokovedov, Moskva 9-16 avgusta 1960*, III, Moscow, 1963, pp. 338-344.

Togan, Z.V., "The Origins of the Kazaks and the Özbeks," in *Central Asia Reader. The Rediscovery of History*, ed. H.B. Paksoy, Armonk, NY-London, 1994, pp. 25-39.

Tolochko, P.P., *Kiev i Kievskaia zemlia v epokhu feodal'noĭ razdroblennosti XII-XIII vekov*, Kiev, 1980.

Idem, "Kiïvs'ka Rus' i kochoviki pivdennorus'kikh stepiv u X-XIII st.," in *Starozhitnosti Rusi-Ukraïni*, ed. P.P. Tolochko, Kiev, 1994, pp. 80-90.

Tomaschek, W., *Zur Kunde der Hämus-Halbinsel*, Vienna, 1882.

Turcuș, Ș., *Sfântul Scaun și românii în secolul al XIII-lea*, Bucharest, 2001.

Vásáry, I., "Orthodox Christian Qumans and Tatars of the Crimea in the 13th-14th centuries," *CAJ*, 32, 1988, pp. 260-271.

Wendt, H.F., *Die türkische Elemente im Rumänischen*, Berlin, 1960.

Wolff, R.L., "The «Second Bulgarian Empire». Its Origin and History to 1204," *Speculum*, XXIV, 1949, 2, pp. 167-206.

Zajaczkowski, A., "Das Verhältnis der nomadischen Bevölkerung zu den sesshaften Bodenbauern in der Kiptschakischen Steppe (Dešt-i Kipčak) bis zum 15. Jahrhundert," in *Das Verhältnis von Bodenbauern und Viehzüchtern in historischer Sicht*, Berlin, 1968, pp. 229-233.

Zelenskiĭ, Iu.V., "Polovtsy na Kubani," *Drevnosti Kubani*, Krasnodar, 10, 1998, pp. 15-20.

Ziablin, L.P., "O «tatarskikh» kurganakh," *SA*, XXII, 1955, pp. 83-96.

第五章 蒙古人

在曾经主宰着广袤无垠的欧亚草原的众多游牧民族之中，没有哪个民族能像蒙古那样拥有压倒性的力量，对当时人口和政治产生如此深远的影响。在人类历史的漫漫长河之中，蒙古人的崛起犹如晴空霹雳：不到五十年之间，他们征服辽阔区域，东到太平洋，西至多瑙河下游，北抵西伯利亚针叶林带，南达波斯湾和喜马拉雅山巅。

蒙古人潮水般地涌向东欧南部更像征服而非迁徙。就此，我们不能讨论大规模的人口迁徙，而只能谈论一些人口不多的族群的转移，这一族群旨在确保对被征服民族的统治地位。在某些情况之下，被征服族群被迫放弃故土，寻找新土地，由此，迁徙是由蒙古人间接引发的。

一、名称和族裔构成

蒙古诸部都有各自的特点及活动领地，由此需要辨析不同的称谓。最初，只有一个部落以这个名字命名，直到十三世纪前半叶，该术语才逐渐泛指与他们有着联系的一些部落。

作为游牧民族的蒙古人，一路沿着克鲁伦（Kerulen）河向北行进，也向西进入鄂嫩（Onon）河流域和不儿罕（Burqan Qaldun）山。他们首次以"蒙兀"或"蒙瓦"名称出现在十世纪末问世的汉文史籍《旧唐书》之中，此书记载了成书两个世纪之前所发生的事件。蒙古诸部主要以蒙古族名自称，过去也曾记载为Manghol，而今记载为Mogol。中世纪的亚洲人和欧洲人使用诸多术语，彼此之间或多或少相近：Mongol、Mungal、Mongali、Mongul、Mogul、Mangul、Moal、Mogal、Mogol、Mugal、Mugalioi，等等。[1]

同源的其他部落也居住在周边地区。鞑靼人生活在东南的克鲁伦河右岸。732年，突厥如尼文书写的《阙特勤碑》（Kül-Tegin）铭文中首次提到他们。在蒙古地区发现了可追溯到八世纪的碑铭，提及鞑靼人作为三十姓鞑靼（Otuz-Tatar）和九姓鞑靼（Toquz Tatar）的部落联盟。九姓鞑靼和鞑靼人要么单独，要么在乌古斯人或八姓乌古斯（Sekiz-Oghuz）的联合之下，对峙当时的东突厥汗国（Kök Türk），但遭击败，后被征服。[2] 842年，汉文史料以达达、达旦、塔坦的形式首次记载鞑靼，他们当时是回鹘汗国晚期的盟友。[3] 拉施德丁认为有六支鞑靼（Tutuliuk Tatar、Alči Tatar、Čagan Tatar、Kuis Tatar、Terab Tatar和Berkoa Tatar）。[4] 不过遗憾的是，其史书并未详细说明他们形成部落联盟的具体时间。一些东方史料将鞑靼人称为突厥人，可能是因为他们长期与图兰族群共处或受其隶属的缘故。

好几个相关部落过着游牧生活，向西移至鞑靼人和蒙古人的地域，抵达额尔齐斯河上游。在此河和鄂尔浑河之间、阿尔泰山以北活动着乃蛮部（Naimans），他们是蒙古诸部中最文明的一支。克烈部（Keraits）沿着鄂尔浑河南岸，住在东面。蔑儿乞部位于贝加尔湖以南，沿着色楞格河，住在北面。斡亦剌部（Oirats，瓦剌）住在贝加尔湖对岸，乃蛮部的东北面，处于最原始的发展阶段。斡亦剌部也被称为"八河"（Sekiz Müren），这一名称前半部来自突厥词Sekiz，指"八"，后半部蒙古词müren，指"大河"，这对于两大语族之间的接触区域而言，意义重大。一些学者主张乃蛮部和克烈部要么在一定程度上代表着被蒙古人同化的突厥语族群，要么他们主要的社会阶层是突厥人。这或许归因于他们邻近讲突厥语的诸族群，后者的政治霸权延续较久。

以文明发展水平作为评定标准，汉人习惯于将居住在长城以北的邻居划分为"白"、"黑"和"生"鞑靼，后者被蒙古人称为"林中百姓"。第一支生活在中原附近，比起散落在北面的亲戚而言，文明程度更为进步。一部弥足珍贵的史书《蒙鞑备录》(由1221年宋朝派往蒙古北部总督木华黎的使节赵珙撰写,这是保存至今的记载蒙古部落最古老、最为丰富、最为系统化的文献)相当正面地介绍白鞑靼,即汪古部(Onguts),而其同胞及邻居则被负面描绘:"所谓生鞑靼者,甚贫且拙,且无能为,但知乘马随众而已。"[5]

如同其他亚洲人,汉人称呼蒙古部落为鞑靼(塔坦),尽管起初鞑靼人不过是蒙古族群集团的一部分而已。1202年,成吉思汗征服塔塔儿人,将其并入部落联盟,联盟核心是蒙古人。他们的邻居开始称其住在克鲁伦河右岸血亲为鞑靼人,因为直到那时,他们比起其他蒙古部落而言,在周边民族之中更为有名。这说明了在十三、十四世纪的欧洲,大体上将亚洲入侵者称作"鞑靼"(Tatars)。[6]

不过,实际上蒙古人不仅没有放弃旧称,还将其作为国号。根据汉文史料,十三世纪上半叶就有"大蒙古国"之称,译自蒙古语"也可蒙古兀鲁斯"(Yeke-Monggol ulus),意指"大蒙古帝国"。[7] 不过,根据蒙古命名的特点,汉人称其为"黑鞑之国"。[8] 成吉思汗氏族也被视为属于"黑鞑靼"。[9] 正如为伊利汗国(Ilkhans)的宫廷学者们所知晓的那样,在成吉思汗的帝国形成之后,"蒙古"成为遍及中国和中亚不同来源的诸民族的通称,包括畏兀儿人、钦察人、土库曼人、葛逻禄人(Qarluqs)以及与蒙古人一起生活的所有外来俘虏。[10]

蒙古人与突厥语族群长期比邻而居,必然产生交互影响,这也包括紧密的语言联系。专家们确认存在着一些具有古代特点的蒙古-突厥混合元素,这些元素表达不同的观念。常用词包括动物名称〔taulai/tabiš-qan(前者是蒙古语,后者是突厥语)指野兔,gölüge/köšek 指幼犬,qurigan/qozï 指绵羊,üker/öküz 指公牛,üniye/inäk 指母牛,jigar/yïpar 指麝香鹿〕、颜色名称(dayir/yagïz 指棕色,bora/boz 指灰色、褐色,sira/sarïg 指黄色,köke/kök 指蓝色)、人的身体部分(nidurga/yudruq 指拳头,düri/yüz 指脸、面色,araga/azïq 指臼齿,mögörsün/müngüz 指软骨)、日常用品(qalbuga/qašïq 指汤匙,döröge/üzengü 指马镫)、各种常用词汇(čilagun/tâg 指石头,dom/yum 指巫术,domog/yomak 指传说,ikire/ikez 指双胞胎)、动词(qoli-/qoš-

指移动，niga-/yâp- 指黏合，doluga-/yal- 指舔，qaga-/qap- 指关闭），等等，它们的存在不易解释，似乎是借词而不是保留在共同语言原始资料的元素。[11]

鉴于成吉思汗统一蒙古诸部之前，突厥语族群在中亚政治舞台占有主导地位，他们的文明发展水平超过其他任何游牧民族，语言影响的主要流向是从突厥人流向蒙古人。附加在古老文化层之上的层次，广泛对应四世纪至十二世纪之间阶段，也包括来自突厥语言的一系列常用词汇：altan（金），ayil（住所），bag（行政区），bagatur（英雄），bal（蜂蜜），bol-（变成），čačir（帐篷），čag（时间），čečeg（花），čerig（军队、士兵），jil（年），kereg（工作），mal（动物），ordo（汗帐），öd（时间），qagan（汗），qana（墙），saba（盆，容器），sürüg（畜群），törö（法律），等等。[12] 另一层突厥影响对应于十二至十四世纪，主要是由于回鹘人的介入。蒙古人采用的回鹘书写系统，可能推动了突厥语借词传入。在回鹘语言和其他突厥语言所输入的借词中有一些是伊朗语（尤其是粟特语）、印度语、希腊语和吐火罗语借词。蒙古语在伊利汗国统治波斯之后，直接输入伊朗语借词。古代汉语借词也通过回鹘语言间接或直接进入蒙古语言。[13]

二、经济和生活方式

就生活方式和经济体系而言，蒙古人基本上分为两部分：一部分由生活在森林中的部落构成，以渔猎为生。这种孤立的生活方式使得他们处于真正的原始状态，这也是邻居们很难对其产生兴趣的原因。我们对他们知之甚少，尤其是他们住在贝加尔湖一带，离中原甚远，汉人称之为"生鞑靼"。在突厥语族群（回鹘人、黠嘎斯人等）处于政治支配时期，即第一千纪最后数世纪，在贝加尔湖与戈壁之间，活动在森林地区的蒙古人比例大大多于第一千纪之后的前250年，而到那时，草原骑马游牧民比重越来越大，他们属于第二部分。

狩猎采集者们将帐篷安扎在资源富饶的地区以确保生计和短距离移动。他们随生活所需变更住所，不像游牧部落饲养牲畜提供所需食物。尽管后者习惯于在草原上饲养牲畜，但狩猎采集者利用土地的方式更为复杂化，因为他们的目标是更大范围内的动植物。[14]

游牧的蒙古人也分为两类：主要养马和养羊。马群的拥有者是享有特权的社会阶层，因为马匹不仅拥有非常重要的经济价值，而且对于确保其他畜群的安全和构成骑兵不可或缺。[15]（图94）黑格尔（Hegel）理解马匹对于蒙古人的双重价值，对"以马奶为食"的蒙古人得出简短推论："马匹既是食物又是武器。"[16]

如同其欧亚草原的先辈，蒙古人执着于游牧生活方式，随季节变迁，长期迁徙，寻找最佳牧场。他们在戈壁和阿尔泰山附近过冬，因为那里霜期较短，雪量不大。在其他季节，他们向北迁徙数百公里，到达水草丰美但更为寒冷的区域。尽管在规模上不能与往昔相比，这一周期性的迁徙（意在给动物提供优质牧场）一直保留在蒙古世界，持续至今。甚至在大规模战役中，远征也受到沿途放牧马匹饲养的影响。因此，在许多情况下，高加索地区曾发生的多次战斗一到隆冬就被迫中止，以便将冬季宿营固定在山区，那里的牲畜饲养没有问题。

最清晰描述当地蒙古人的生活特性的是民族志《黑鞑事略》，该志由宋朝派遣至大汗窝阔台驻跸之地的两位使节彭大雅和徐霆撰写。前者于1233年，后者于1235—1236年在蒙古考察。据他们观察，"其居穹庐，无城壁栋宇，迁就水草，无常……日起营牛、马、橐驼以挽其车上室，可坐、可卧，谓之帐舆……水草尽则移，初无定日"。[17] 畜牧业与狩猎相结合，他们最常用的武器是弓箭，不常设置陷阱。[18]在狩猎方面，他们偏爱野兔、牡鹿、野猪、旱獭、羚羊、野羊和马。作为日常惯例，他们主要以牛羊肉为食，只在特殊场合食用马肉。[19] 就钦察大草原和西伯利亚部落的食物选择和习惯而言，十五世纪早期，有一位巴伐利亚十字军战士曾在"大鞑靼利亚"（Great Tartaria）①被俘，观察到他们不食面包，不饮酒，偏爱马奶和驼奶，食用马、驼的肉。[20]

---

① 译者注：大鞑靼利亚，是位于亚洲的一个历史区域，界于里海-乌拉尔山脉与太平洋之间。

大约在金帐汗国建立一个世纪之后，其领土包括中亚西部和欧洲东部，主要人口是游牧民，主要饲养马、牛和羊，以确保基本食物必需品。游牧民食用所饲养或猎捕的动物、乳制品（牛奶、黄油）和小米。[21]

尽管远离蒙古人故土，一位原籍伊拉克但住在埃及和叙利亚的编年史家麦克尼（al-Makin，1205/1206—1273/1274）描绘出蒙古人生活方式的特征："拥有畜群，他们总是转换牧场，寻找水草，在山谷过冬。在夏季，他们会翻山越岭，住在帐篷中。"[22] 这些信息大部分被收入著名的《马可波罗行纪》（Il Milione）之中："鞑靼冬居平原，气候温和而水草丰肥足以畜牧之地。夏居冷地，地在山中或山谷之内，有水林牧场之处。其房屋用竿结成，上覆以绳，其形圆，行时携带与俱，交结其竿，使其房屋轻便，易于携带。"①[23]

蒙古人的一些生活特征载于鲁伊·冈萨雷斯·克拉维约（Ruy Gonzáles de Clavijo）所撰写的游记之中。他是十五世纪初卡斯提尔（Castile）国王派往撒马尔罕（Samarkand）的帖木儿宫廷的使节。他认为，察合台鞑靼人夏冬两季住在帐篷里，在冬季迁徙到较暖之地，拥有大群羊、马和骆驼。食物以肉类和牛奶为主，没有面包。不过，他们也有农业，种植小麦、棉花和西瓜。在迁徙之时，察合台鞑靼人总是携带家眷，驱赶牲畜，即使是在远征途中也是如此。他们以优秀的骑手、弓箭手和战士而著称于世，坚韧非凡，这使得他们能够忍耐战争的种种艰辛。[24]

十七世纪后半叶，尼古拉·米列斯库·斯帕塔鲁（Nicolae Milescu Spătarul）出使中国之时，蒙古游牧民的生活与成吉思汗时代差异甚微："没有城市或村庄，他们驰骋草原，寻找牧场，饲养大批畜群，生活在帐篷里。"[25] 他们的东欧亲戚在突厥化之后，也保留着原先生活的主要特征。这一方面证据充足，具有启发性，显示出骑马的游牧生活直到现代仍是惯例。实际上，十五世纪后期，在一篇有关金帐汗国、阿斯特拉罕汗国以及喀山汗国的鞑靼人的起源和习俗的论文之中，外交官尼古拉斯·罗森博格（Nicholas Rosemberg）

---

① 译者注：译文参见《马可波罗行纪》，〔法〕沙海昂注，冯承钧译，上海古籍出版社，2014年，第118—119页。

称他们为游牧民或游牧的斯基泰人。[26]

著名的编年史家拉奥尼科斯·哈尔科孔蒂利斯（Laonikos Chalkokondyles）是尼古拉斯·罗森博格几十年前的前辈，也称住在亚洲和欧洲的鞑靼人为"游牧的斯基泰人"。[27]这位拜占庭学者对东欧的人口和政治状况了如指掌，对金帐汗国游牧的斯基泰人做出具有启发性的描述：蒙古人驻扎在欧洲东部，建立了金帐汗国，保留了从亚洲带来的生活方式，大体未变。自他们深入伏尔加河以西约250年后，拉奥尼科斯·哈尔科孔蒂利斯认为他们生活在马车上，饲养牲畜，饮马奶，食肉，几乎不食用小麦或大麦制作的面包，但偏爱小米和黑麦制作的面包。蒙古人以亚麻做衣，配备弓、军刀和盾牌。[28]

这些信息基本验证了英格兰女王伊丽莎白一世在1588年派往俄罗斯莫斯科（Muscovy Russia）的信使对于黑海-里海地区鞑靼人的记载："在城镇，他们不种植作物，居住在拉丁人称之为veii，支撑在车轮之上的移动房屋。他们无论去哪儿都拉着像牧羊人的小屋，且驱赶着牲畜……"在春季，他们开始连房屋带牲畜从南向北移动，放牧到遥远的北方，然后再次返回到南方（在那儿越冬），以10或12英里为一个阶段，在此期间，草得以再次生长，以供返回之时的牲畜食用。[29]基本上到十九世纪，他们的生活方式还保持原样。当时，德国学者克拉普罗特（Julius von Klaproth）正穿越北高加索地区，注意到"所有蒙古人是游牧民，生活在可携带的帐篷中，通常被称为yurts或kibitk（在蒙古语中是qär），呈圆形，大小不一"。[30]

二十世纪早期，在古代蒙古部落形成之地的图瓦（Tuva），大多数人口继续过着游牧生活，通常小规模季节性迁徙，这被称为aal。迁徙距离和持续时间因地区差异，各不相同，取决于动物的数量和畜类构成。贫穷游牧民通常拥有牛，比起拥有马群和许多其他畜群而言，行进的距离短。根据1931年的数据，贫穷牧民的aal每年要行进25—30公里，而富裕游牧民的aal每年行进50—60公里。另一方面，大多数贫穷牧民每年要有2—4次迁徙，而富裕牧民有4—5次迁徙。[31]

根据著名的《蒙古秘史》，我们发现在统一蒙古各部之前，铁木真，即未来的成吉思汗，在起辇谷（Gürelgü）和不儿罕山附近避暑，那里流淌着鄂嫩河和克鲁伦河。[32] 在中亚与花剌子模等敌人交战之中，大汗也根据季节变迁扎营。[33] 他的继承人窝阔台（Ögödai，1229—1241）将帝国都城定于哈拉和林（Qaraqorum），但通常在夏天离开，前往山区，一直逗留至冬季来临。[34] 成吉思汗另一儿子察合台将夏宫设在伊犁河流域的忽牙思（Quyash），傍天山（Kök Mountains），也沿着相同河道，将冬宫设在玛劳力克·伊拉（Maraurik -Ila）。[35]

十四世纪后半叶，伊朗的蒙古政权，即伊利汗国的宫廷位于桃里寺（Tauriz）附近的兀章（Uğan），有时也会在巴格达逗留。在夏季，他们前往喀喇巴格（Qara Bag，黑色花园）地区，享用那里的新鲜空气、纯净水源和丰腴牧场。[36] 在研究伊利汗国翔实的文件中，我们找到了主要的冬季和夏季牧场，这供王公贵族和其他蒙古人使用。有了这些资料，我们不仅可以找到伊朗的路线，而且也可以识别出周边地区的路线：阿富汗、安纳托利亚、阿塞拜疆、呼罗珊（Khorasan）等地。这些资料也记载了季节性迁徙的日期，意在保证最佳放牧条件。这些路线在过去变化很大，可能取决于气候变迁、生态需求和军事需要等因素。[37]

根据驻蒙古宫廷的西方使节柏朗嘉宾[38]和鲁布鲁克[39]所提供的信息，金帐汗国诸部随季节变迁沿着主要河流迁徙。金帐汗国汗王们继续沿着伏尔加河定期迁徙，在其侍臣陪同之下前往山区，那里气候凉爽，天气宜人。[40]

尽管游牧营地不固定，但游牧民并未在乱哄哄的状态之中行进，而是沿着精心规划的路线，各片牧场都属于某个氏族或部落的财产。在欧洲东部，1236—1242年大规模入侵结束不久，柏朗嘉宾证实蒙古主要首领之间的领地分配。他提及阔连察（Corenza/ Qurumshi）和马儿赤（Mauci）分别拥有第聂伯河右岸和左岸领地，合丹（Carbon）拥有顿河流域，拔都拥有伏尔加河流域。[41] 根据驻蒙古帝国的另一位西方使节的记载，从多瑙河延伸到东方的无名地带，即锡西厄（Scithia）①地区，每位酋长都清楚在一年四季中，他们牧场的边界范围。[42] 成吉思汗子孙所征服的地区和人口的公平分

---

① 译者注：锡西厄，古代欧洲东南部以黑海北岸为中心的一地区。

配总是汗王们所要考虑的头等大事。他们遵循蒙古治世（pax Mongolica）的秩序，避免内部冲突。[43] 如果边界的稳定经常是短暂的，那并不是因为没有规定，而是因为牧民社会处于永久的动荡之中。当首领们下令放弃营地并将部队移向别处之时，他们就会收起帐篷，将辎重井然有序地放置到车上，在钟鼓声之中有节奏地按部就班行进。[44]

游牧的蒙古人住在帐篷、圆顶帐篷或车中。帐篷和圆顶帐篷分别被称为orda 和 ürgü，由毡条竖立在木柱之上构成。当物主搬走之时，一些圆顶帐篷（图95、125）可被拆卸，放到由牛、马、骆驼牵引的车上，然后运走。它们的大小和设计取决于物主的社会阶层。汗的帐篷可容纳数百人。对此，法国传教士古伯察（Évariste-Régis Huc，1813—1860）向我们提供了细致的描述："蒙古帐篷大约有三英尺高，呈圆柱形。它随后变成圆锥形，像一顶尖帽子。帐篷的木制品在带格子的横梁之下搭建，可随意折叠和扩展。在此之上，圆弧固定在带格子的横梁上，交汇于顶端，像一把伞的骨架。木制品可以向上伸展一两次，粗布编织成厚遮盖，由此形成帐篷。门可以折叠，又低又窄。在入口有一台阶，人们要进门的话，就必须低头抬脚。除了门以外，在帐篷顶上有另一通口用来排烟。这一通口因有一片毛毡固定在帐篷顶上，通过绳子操控，可随时关闭，绳子悬于门上。帐篷内部分为两个隔室，人们一进门的左边是男士间，客人们可以从那里进去。"[45] 我们认为古伯察旅行之时所见的帐篷与五百年前普遍使用的没有多大区别。

即使蒙古人在征服地区拥有宏伟壮观、居住舒适的建筑物，他们也依然长期住在传统的帐篷和圆顶帐篷里。将都城设在哈拉和林之后，大汗才大兴土木建造豪华宫殿（图109），也为侍臣和外国使臣配备了官邸寓所，中原的影响在此显而易见。在大汗驻跸之地的考古挖掘显示出蒙古贵族文化高品位与不拘一格的审美倾向。[46] 1948—1949年由俄蒙联合考古队在此首次系统挖掘。四十年之后，即1997年波恩大学与蒙古社会科学院签订合作协议之后，恢复挖掘工作。[47]

蒙古人迟迟不愿住在房屋，而是住在帐篷或圆顶帐篷里也与如下情况相关，他们不习惯生活在城市，对其充满敌意，这是大多数草原游牧民的典型特征。十三世纪中叶，圣路易九世通过东方使节得悉蒙古人没有据点、城防工事或城市，但拥有大型牧场以供放牧牲畜。[48]

蒙古以畜牧业为主的经济决定了其生活方式。草原社会饲养大批马、绵羊、牛、山羊和骆驼，因为它们提供给蒙古人所需的基本食物，其皮毛用于衣着、居所和马具等。蒙古人的食物以乳制品和肉类为主。他们食用各种动物的肉，或煮或炒或直接生吃，偏爱马肉。他们用马奶酿制马奶酒，这是游牧民的传统饮料，至今仍在生产、流行。[49]

居住在森林和草原中的蒙古人通过狩猎以及少量的捕鱼，获取所需的蛋白质。猎取野生动物是为了毛皮，可制成衣服或用来交易。为了避免动物种类的急剧减少，蒙古人在动物交配期间禁止狩猎。

狩猎在数周之前就已精心策划，蒙古人在大片地区广泛参与其中，小心围捕猎物。除了经济考量之外，狩猎也提供给蒙古人操演军事技能的训练机会。[50] 狩猎远征的最高领导由大汗本人担任，伴随左右的是整个宫廷成员，包括其妻妾。士兵健儿必须在狩猎途中跟随宫廷，履行具体任务，必须向大汗定期汇报其行动。按照蒙古军队的组织制度，安排这些分遣队行动，即在中央两侧有左、右翼。倘若他们不能认真完成分派任务，错过猎物，会遭责打或甚至处决。大汗参与狩猎远征可能长达三个月。[51]

狩猎具有真正裨益，其实践有助于体能训练，这一信念也被欧洲中世纪贵族所接受，且直到文艺复兴时期也如此认为，当时马基雅维利（Niccolo Machiavelli，1469—1527）[52] 是提倡政治实用主义的著名推动者。他与当时齐名的巴尔达萨雷·卡斯蒂廖内（Baldassare Castiglione，1478—1529）[53] 都是擅长狩猎的代表人士。

蒙古人的手艺与基本游牧生活方式及好战倾向紧密相关。这些手艺旨在为他们提供武器、马具、家庭用品或其他工具等。由此，在处理铁、皮和角等工艺过程中发展出相当程度的精湛技艺。

根据一些中原人的评价（显然过于苛刻和挑剔），蒙古人最初的手艺低劣，与他们的原始主义相吻合。由于不能获得铁，他们只能制作覆盖绵羊骨的木制马鞍、木制马镫和骨制箭镞。直到征服回鹘汗国和金朝后，大汗们才能利用其能工巧匠，打造武器和其他制品。[54] 就蒙古工匠的技艺而言，除了某些贬损之词之外（其中一些属于夸大其词），我们很难质疑上述有关蒙古社会的评论。通盘考虑，蒙古人在文化创造方面的成就微乎其微。我们援引一位著名作家安东尼·德·圣埃克苏佩里（Antoine de Saint-Exupéry）的观点，他曾就人类进化说出一段意味深长的话：文明的本质不是艺术品的流通，而是创造力。[55]

在蒙古帝国形成的整个时代，蒙古人发现在文明地区有能工巧匠，于是可汗们为了自身利益开始关注这些人的才华和创造力。这种关注表现在区别对待被征服城市拒绝招降的抵抗者。大多数抵抗者被屠杀，尤其是男人。但即使工匠与组织反抗的其他人同样有罪，却往往被赦免。例如，1221年，当成吉思汗及其诸子攻占花剌子模的大城市玉龙杰赤（Urghench）、哥疾宁（Ghazna）和木鹿（Merv）时，这种方法就被采用了。[56] 又如，1260年旭烈兀军队攻占阿勒颇[57]，随后哈里木（Hârem）要塞居民被屠杀，只有亚美尼亚珠宝匠被赦免[58]。当地资料所提供的这些例子也被柏朗嘉宾证实。他的资料来源之一是那些在蒙古服役了很长时间的基督教俘虏，因为这些俘虏对游牧民的行为非常熟悉。[59] 通过这位意大利僧侣的记载，不难推断出在攻占各个城市之后，蒙古人总要甄别俘虏，唯一免于处决或奴役的人就是工匠[60]，但要求他们制造攻战所需的上乘武器。

蒙古人不怎么青睐商业，由此，商业为回鹘人、乌兹别克人和汉人商人所支配，他们向蒙古人出售琳琅满目的工艺品、农产品、纺织品等，从蒙古人那里购买牲口、毛皮等。蒙古首领们确保道路安全和保护商业，因为这可以带来丰厚的利润。渴望控制重要贸易点和道路有时会引发内外部纠纷。[61] 一位蒙古王公塔达（Tagudah）抢劫了商队之后，旭烈兀的继承人伊利汗阿八哈（Abaqa，1265—1282）对其征讨，同时也晓谕受其隶属的格鲁吉亚人和亚美尼亚人前来支援。[62] 另一方面，一些汗王们竭力推动贸易发展。成吉思汗本人在远征花剌子模之前，努力将该地区商人招徕至其领地。[63] 其孙拔都更为主动，在将新都设在萨莱（Sarai）之后，高价收购商品，竭力招徕外国商人。[64]大汗贵由（1246—1248）也被证实对商人慷慨。在此，他渴望比其父窝阔台更出名。就贵由授予商人的特权地位而言，当时的一份波斯史料做出结论："他慷慨大方。"[65]与蒙古帝国各文明区域的接触，推动了游牧社会的发展，此后，蒙古贵族越来越关注商业。曾在旭烈兀的伊利汗国担任维齐尔（wazir）①的纳速拉丁·图思（Nasir al-Din al-Tusi, 1201—1274）在一部伦理学著作中的建议与此相关。该书提出在战时应当考虑商业利益，不应当冒着人员、财产损失的危险。与此同时，他主张不应处死抓获的战俘，可将其转为奴隶，或在收取赎金后获释，以从中获利。[66]这些观点在帝国政治精英中早已有拥趸，这一阶层随着时间变迁变得越来越务实。

蒙古人在其统治领土上接受并且进一步支持恢复商业联系。例如，1247年，著名的罗斯大都市基辅尽管曾饱受战争创伤，却吸引了来自弗罗茨瓦夫（Wratislavia）、波兰和奥地利的商人，以及来自拉丁君士坦丁堡的其他人——他们来自热那亚、威尼斯、阿卡（Acre）和比萨。[67]

在蒙古占领区域的商路上开始出现站赤、寺院和军营，随后逐渐形成城市。蒙古人在这方面的贡献似乎微乎其微。他们进入城市，通常在成吉思汗帝国建立之后，这是与城市居民接触的结果。这些城市不仅有贸易市场，也有农业，其空地有时被市民开垦和灌溉。

虽然建立起庞大的多民族帝国，但在未受被征服人口的文明影响之前，蒙古人几乎一成不变地维持其生活方式和沿袭祖先的经济体系。不过，一旦由成吉思汗启动的扩张以动态的节奏征服越来越多的领土，蒙古贵族便成为肩负重要管辖职责的统治阶层。如果说在领土扩张的起始阶段，他们较为原始，一心掠夺和奴役，将耕地变为牧场的话，那么此后，积累商品的原始做法为更有建设性的方法所取代。

尽管游牧民热衷于传统的生活方式，但他们离开家乡之后，不可避免

---

① 译者注：维齐尔，一译卧齐尔，伊斯兰国家历史上对宫廷大臣或宰相的称谓。阿拉伯语音译，意为"帮助者"、"支持者"、"辅佐者"。

地受到其他文明圈的影响，发生进化。最终，蒙古人必须懂得如要称霸，就必须转变态度，本着与拥有技能和知识的臣属人口以及供应军粮的人们合作的精神。十三世纪中叶，老练的佛教徒顾问刘秉忠向大汗忽必烈进献《万言书》，其中的政治和管辖条款，意义非凡。这包括一千多年前自汉代以来广泛传播的著名经典准则："马上得天下，不能马上治天下。"[68] 尽管经历一些磨合阶段，这一准则为统治蒙古帝国的大汗们所接受，向进化的更高阶段迈出了一步。

三、社会和政治组织

成吉思汗统一蒙古各部之前的社会结构鲜为人知。

蒙古人的家庭结构类似于欧亚草原的其他游牧民。战争导致蒙古人口锐减，男少女多，由此，男人拥有多妻，长妻享有特权。父亲过世之后，其他妻子所生之子会在自己家庭中收纳继母，男子必须收其兄弟的遗孀[69]，这是基于收继婚的古老传统。这些习俗也被离开故乡的蒙古部落保留，并为上层社会所一直遵守。以上主张可通过如下信息加以说明：金帐汗国别儿哥汗娶其兄拔都的遗孀。[70] 在伊朗的蒙古政权，伊利汗国开国者旭烈兀也娶其父拖雷遗孀，即著名的脱古思可敦，作为正妻，享有特权。[71] 蒙古人执着于收继婚，乃至拔都汗在处决了切尔尼戈夫的安德鲁大公之后，迫使大公之弟娶其嫂，结合的条件是家族领地应当继续保留为其财产。[72] 这些做法显然与欧洲人的习俗格格不入，欧洲人在皈依基督教之后，早就对此立法禁止。六世纪末的最后几年，欧塞尔（Auxerre）主教教区会议颁布教规，禁止成年男子娶其兄弟遗孀、继母或姊母。欧塞尔的主教身份对西方世界有重要影响，随后也影响到加洛林王朝（Carolingian）的立法。[73]

那些有着丰厚资源的人士如大汗，妻妾成群，其中一些来自各国王室，她们的角色是处理外交关系。大汗们的妻子相对频繁地展现出鲜明的个性，参与重要的政治或宗教事务。除此之外，她们在家庭范围也享有重要的特权，但人们不能接受对女性在游牧社会享有特权方面的夸张评价，尽管这自中世纪以来就一直流行。对此,佛罗伦萨的多明我会士里科多·达·蒙特·克罗齐（Riccoldo da Monte Croce, 1242/1243—1320）就是最早的持异议者之一。[74] 实际上,这位审慎的传教士指出,为了结婚,蒙古人不得不花大价钱从女方父母买到新娘。万一丈夫在妻子之前过世的话,妻子不能回娘家,必须进入亡故丈夫的"朋友"（亲戚？）之家,后者可以将她转变为奴隶。[75] 蒙古社会盛行的丈夫买妻以及一夫多妻制的习俗也被鲁布鲁克所证实。他还提到禁止近亲结婚。[76] 这些资料当然揭橥了部落社会中妇女的真正地位。

氏族残余存留长久,反映在以圞圙（kuren）为基础的牲畜和牧场的集体财产形式上。"圞圙"意为"圈子",指由货车组成的环形宿营,围绕首领的帐篷分布,容纳家庭成员、牲畜以及游牧氏族的所有财产。尤其游牧社会因贫富差距悬殊,发生结构变化,结果导致圞圙体系为阿寅勒（ail,指"家庭"）体系所取代,由此,大家族成员及其依附者共同形成经济核心。在阿寅勒体系之中,以牛、马群为财产的形式变成个人所有,氏族或部落首领的责任是分配牧场。[77]

在十二、十三世纪,以阿寅勒为基础形式的体系盛行于蒙古社会,贫富差距加大了那颜（noians）的贵族阶层与来自贫困化部落或战败氏族的依附阶层之间的差别。平民人口要么以蒙古语 arat,要么以突厥语 qaraču 指称。当蒙古人在故土时,社会阶层之间贫富差距不大,但随着扩张的进行,蒙古人通过掠夺被征服人群积累了财富,尤其促进了主要氏族的发展。在所有评论之中,鲁布鲁克的观点具有启示性:在黑海-里海草原,富有的鞑靼人拥有100—200顶帐篷,装在由数头牛或骆驼拉着的车上,形成一个大村落。[78] 物资资源分配不均也体现在葬礼中,记载于柏朗嘉宾的旅行见闻之中。柏朗嘉宾来自佩鲁贾附近,是亚西西的圣方济各（Saint Francis of Assisi）的弟子。[79] 在他们首次进入东欧的大约一个世纪后,蒙古富有游牧民的马群达上千匹,这些牲畜是游牧社区财富符号的象征。[80]

在骑马游牧的部落之中,贵族集团与平民阶层之间逐渐区分开来;在森林地区,贵族作为阶层不能晋升为氏族首领,首领职务由萨满担任。[81]

奴隶（bogol）在蒙古社会处于最低阶层，大多数都是昔日战俘。此外，贫穷的自由民在给别人带来损失之后，也因赔偿而沦为奴隶。[82] 他们的后人成为蒙古社会的一部分，似乎已摆脱奴役，保留着封臣身份，这表明奴隶身份不像东方定居社会那么固化。

不像以前中世纪欧亚草原未曾完善过奴隶体系，蒙古人将其变为更重要的组织。实际上，只有在古代的东方和地中海区域的文明社会之中的某些经济体制下使用奴隶才有效。在成吉思汗及其继承人的征战之中，大批奴隶被作为仆从军使用，直到蒙古帝国巩固之后，才开始在经济领域以及宫廷中广泛使用奴隶。例如，在十三世纪中叶，作为大汗驻跸之地哈拉和林有着大批匈牙利人、阿兰人、罗斯人、格鲁吉亚人和亚美尼亚人，均被允许信仰各种宗教。[83]

当蒙古部落加强其军力并使其袭击行动变得更有效时，他们对增加奴隶人数产生了兴趣，并试图抓捕俘虏，其中一些被转卖到奴隶市场，成为重要的收入来源之一。

穆斯林、亚美尼亚和西方史学家们不断指责贪婪的蒙古人竭力奴役尽可能多的人，但他们总是在无意间忽视这一事实，正是他们的同胞的刺激推动了人口买卖这一不正当的贸易发展——他们要么是奴隶贸易的顾客，要么甚至摇身一变为奴隶商人。

蒙古人分为诸部落和氏族，分别在草原世界的社会和政治机制中有着不同的地位。最古老的蒙古编年史提及鞑靼人的几个氏族，即阿亦里兀惕塔塔儿（Ayiri'ut-tatar）、布鲁兀惕塔塔儿（Buiri'ut-tatar）、察罕塔塔儿（Ča'a'an/Čaqan-tatar）、按赤塔塔儿（Alči-tatar）、都塔兀惕塔塔儿（Duta'ut-tatar）、阿鲁孩塔塔儿（Aluqai/Aruqai-tatar）以及蔑儿乞部的三个氏族，即兀洼思（Huas/Uvas）、合阿惕（Ka'at）和兀都亦惕（Udujit）。拉施德丁也列举出鞑靼人的六个氏族，但其名称只是部分对应了以上所述。[84]

鄂马克（omaq）指氏族，包括几个所谓的"骨头"（yasun），由它们组成一个兀鲁思（ulus，指部落）。通过推断，兀鲁思的概念在蒙古帝国建立之后指其几大部，对应于成吉思汗分给诸子的封地，后来或被完全继承，或被重新分配给后者的继承人。[85]

部落首领的等级按照其出身和更为重要的军事实力而发生变动。他们之间的结盟因眼前利益而朝秦暮楚。部落联盟经常包括来自其他种族的游牧民。

为了处理包含诉讼方面的关切问题，部落中的重要人士组织审议大会，被称为"忽邻勒台"（kuriltai）。蒙古部落联盟最高权威由大汗拥有。从窝阔台（1229—1241）时起，蒙古君主自称为"合罕"（kaghan），这一头衔成吉思汗的祖先似乎也拥有过。[86] 一些资料也认为合罕头衔甚至在铁木真在世之时就已授予和承认过。[87]

汗位继承人被严格限定至成吉思汗后裔，即"黄金家族"（altan uruq）。与大多数欧亚游牧部落一样，蒙古帝国的头几十年，大汗过世之后汗位并非传给其长子，其他儿子或兄弟乃至侄子也可被推选为继承人。另一方面，王朝开创者及其继承人在权力推进机制方面不尽一致。前者通过其超凡性或真才实干获得权威，而其继承人是通过游说贵族圈，证明其具备领袖资格，而被选举出来。那些拥有选举资质的人很少。[88]

贵族代表也能担任高级军事和行政官职，在这个意义上，大汗宿卫成员拥有优先权，同时也从被征服人口里有功和忠诚人士之中招募管辖官员。

人类对现实潜在认知的差异也体现在蒙古人身上，他们的"无远弗届"的情怀与相形见绌的管辖经验形成鲜明反差。1221年，来自中国南方的一位使节访问了蒙古人统治之下的北方。他注意到征服者的原始生活方式以及他们似乎"几乎没有任何国家组织"的事实。[89] 这一结论极为直率，但并不令人诧异，因为这是由来自古老文明的代表所得出的。实际上，这位使节的评价在部分程度上被自己的观察所反驳，恰恰相反，蒙古人有着相对组织良好的官僚机构。[90] 将这些与不到二十年后宋朝派往窝阔台大汗宫廷的其他使节的观察做出比较，人们注意到草原游牧民制度体系的新气象，游牧民成为幅员辽阔的定居社会里至高无上的主人。[91] 事实上，众多资料都证实了蒙古帝国管辖体系迅速取得进步，随着领土扩张而变化，由此需要做出变革。不过，必须承认这些进步并没有完全覆盖到整个帝国疆域。

蒙古人的政治抱负是渴望建立世界霸权。源于这一信念，大汗作为神灵在人间唯一的代表，享有神佑，这给予他无可争辩的合法地位。这些信念绝非原创，实际上早已流传于东方，祈求君权神授，从而编织出具有宗教色彩的崇拜光环。君权神圣的观点在罗马国家中被采纳，通过所谓的帝王崇拜，在拜占庭时代也以较弱的形式延续下来。从古代晚期至中世纪早期，欧洲蛮族政权也自我神圣化。对此，基督教起初不赞成，只是通过直接参与君主加冕神圣化，加强其威信。在欧亚游牧社会，教会在承认欧亚游牧社会君权神授过程中并非如此重要。

大汗君权神授的观点，甚至在《蒙古秘史》叙述成吉思汗登基方面或多或少地隐含表明出来。[92]战无不胜、所向披靡促使蒙古统治者荣耀无边，这一观念轮廓越来越清晰。[93]由此，在给匈牙利国王的一封信中，一位蒙古首领（大汗窝阔台或拔都汗）自称天堂使者（nuntius regis celestis）[94]，显露出大汗的纡尊降贵气派。西蒙·圣康坦（Simon of Saint-Quentin）指责一个可汗宣称自己是神之子，称霸天下："他们（蒙古人）是如此不恭和傲慢，乃至称他们的汗是上帝之子，人类应像对上帝一样敬拜汗，并表示这在他们身上得到应验：汗赐给人类大地。"[95]对于蒙古人的这些壮志加以确认的是约翰·曼德维尔（John of Mandeville）。为了说服读者有关中国（契丹）大汗叙述的真实性，他援引了同时期的其他文献——拉丁文铭文：神在天，汗在地，万民之力是汗玺。[96]

另一方面，霍亨斯陶芬王朝（Hohenstaufen）皇帝腓特烈二世表明他自1241年就知道，蒙古人在与基督徒的征战之中就自称是神意志的捍卫者。[97]这被富有表现力地记载在蒙古帝国流通的货币的刻印文字之中，1247年在第比利斯发行的迪拉姆货币刻印文字如下：凭借神的权威/贵由汗的疆土/可汗的奴仆大卫·纳林。[98]几年后，格鲁吉亚发行的迪拉姆的波斯文刻印文字中表达了大汗一统天下的抱负："凭借神的权力/皇帝的好运/蒙哥汗的世界。"[99]与此同时，作为外交使节抵达贵由汗宫廷的柏朗嘉宾意识到蒙古人最初试图统治全世界，大汗宣称他在人间拥有神在天堂中相同的权力。[100]

十三世纪其他资料没有明确提及大汗行动的神圣属性，但接受神谕也被视为是不争的事实。伊历619年都尔喀尔德月①（dzu'l-qa'ada，1220年12月

---

① 译者注：都尔喀尔德月，是伊斯兰历第十一个月。伊斯兰历为目前伊斯兰教国家通用的历法，正式

28日—1221年1月27日），术赤向花剌子模的一座大城发出最后通牒，要求他们立即投降，其信使给出的理由很奇特："成吉思汗赐吾此城。"信使对当地居民佯作仁慈状，后强硬声称其期限取决于"命运之手"。[101]这暗示着命运与蒙古首领的决定紧密相关。

四、立法系统和军事组织

蒙古社会立法规则的主要依据体现在著名的法律合集《大札撒》之中。根据传统观点，这是在成吉思汗的直接监督之下制定[102]，在其后任继承人的统治时期补充之后才完工的。它保留了祖先法律体系的诸多原则，而自蒙古统一各部、首次对外领土兼并之后，由此相应出现新的条规作为补充。我们找不到这部法典的原本，但其部分保留在《蒙古秘史》以及十三至十四世纪其他东方文献中［志费尼（Juvaini）①、马克利齐（Makrizi）②、阿布·法剌兹/把·赫卜烈思（Abu'l-Faraj/ Bar Hebraeus）③、格里哥尔·阿堪赤（Gregory of Akanc'）④、乌马里（al-'Umari）、拉施德丁等］。负责制定《大札撒》的好像是失吉忽秃忽，他要么是大汗的兄弟，要么是其养子，在1206年的忽邻勒台被授予制定最高立法特权。[103]根据一些学者的观点，《大札撒》在蒙古语中只有口头版本。有人也主张其书面文本直到1229年的忽邻勒台才颁布，当时窝阔台被宣布继任大汗，即成吉思汗去世之后，由此《大札撒》成文的确切时间仍旧持有争议。[104]

（接上页）名称为哈吉来历，指622年穆罕默德从麦加避难逃往麦地那的事件（Hajrah）。伊斯兰历是一种纯粹的阴历，以622年7月16日为元年一月一日，完全以月相为准，每当新月初现定为每月的一日，12个月为一年，不设闰月，闰年于第12个月后加一天，平均每年只有354天8小时48分，每隔2.7年和公历相差一个月，因此不分季节。

① 译者注：志费尼（1226—1283），波斯蒙古史学家。
② 译者注：马克利齐是埃及学者、历史学家。
③ 译者注：把·赫卜烈思，历任阿勒颇等地雅各派主教，1260年以后在伊利汗国从事宗教活动，升任总主教（Maphrian），并成为伊利汗宫廷医生。他学识渊博，精通叙利亚、阿拉伯、希伯来诸语及科学、文学各科知识，有著作30余部，最有名的就是两部历史著作：《叙利亚编年史》与《教会编年史》。
④ 译者注：格里哥尔·阿堪赤是亚美尼亚史学家，著有《引弓民族史》。

《大札撒》的立法决议没有严格的程式，涉及生活中的方方面面，包括有关宗教信仰、军事组织、狩猎、税收制度、与敌人媾和、在被征服地区的掠夺手段、婚姻和家庭生活、继承权、丈夫的家庭贡献、盗窃、通奸、间谍、巫术、不履行军事职责、藏匿逃亡奴隶、非法获取高官等方面的规范和规定。蒙古人严格遵守立法规范，但其中大多数不过是重复宗法准则，这一方面反映出困扰着蒙古社会的某些混乱状态，而在另一方面反映出成吉思汗确保其结构稳固是为了征战。[105]这些条款中的大多数规定在成吉思汗过世后依然有效。其中一些极为严厉，杀人、通奸、盗窃（贵重财物）、造假和亵渎要被判处死刑，小偷小摸要被笞刑惩处。

　　在其执政期间，除了法令之外，成吉思汗也使用恒久的法令，强制要求包括社会上层人士在内的所有成员遵守，这就是所谓的"格言"（biliq）。"格言"在长期的积累中汇集而成，包括大汗在不同场合所颁布的想法和法则。尽管它们的适用范围比"法令"更窄，但却为成吉思汗的同胞们所遵守。"格言"主要通过口头传播，旨在向游牧社会推行某些行为准则。[106]

　　成吉思汗继承人继续恪守《大札撒》准则，这可从拉施德丁的史书得以展现。它记载了当时大汗窝阔台及其兄察合台抓住了一名在河中洗浴的穆斯林，那河中之水供蒙古人饮用。问题是《大札撒》禁止在河中洗浴，故此人要被判死刑。意识到犯错者不知道蒙古人的生活准则，窝阔台认为判处死刑不妥，由此想出一个变通办法。他秘密派一名贵族向河中投入一枚钱币，由此证明河中之人捞钱币的说法合情合理。正是凭此策略，那位穆斯林被免除惩罚。[107]波斯编年史家的叙述虽然可能是轶事，但就我们看来，具有启示意义，不仅反映出成吉思汗继承人性格温和，而且也体现出他采取灵活策略，遵守备受尊崇的古老法典，尽管他乾纲独断。欧亚草原的游牧社会始终不渝坚守《大札撒》的准则，其中一些保持着与萨满教有关的祖先信仰。随着在阿拉伯和波斯领土的蒙古统治精英受到伊斯兰教的影响，这些《大札撒》准则开始受到侵蚀。伊斯兰法和《大札撒》法规之间存在着一些不可调和的矛盾，伊利汗国的统治者们在十三世纪末信奉伊斯兰教，放弃成吉思汗的法规。某些萨满教仪式似乎继续被实行，尽管与伊斯兰教戒律相龃龉。[108]

曾长期在大马士革为马穆鲁克当局效力的阿拉伯人乌马里证实蒙古人也遵守所谓的习俗（ādab）和条例（qānūn）。这些准则包括宣称主人应当首先品尝招待客人的食物，食物应当被公平分配，所有成员共食，不管他属于哪个阶层。食物不能在怀有恶意或不恭态度之下分配，烤炉或餐盘不能被践踏等。待客之道规定那些遇见就食的人们应被邀请一起用餐。为了保持水清洁，不允许人们直接在河中洗手和洗脸。[109] 这些基本上是草原牧民的"礼仪"。

如果没有严明的军事组织，统一各部、东征西讨、屡建战功是不可想象的，而那可是蒙古帝国的立国之本。实际上，蒙古全民皆兵，所有成年男性有义务参战，妇女制作箭镞等武器装备，有时乘坐大车陪伴丈夫参加远征。骑马游牧民族的普遍做法说明了蒙古人只有骑兵部队（图94），这在十三世纪上半叶的汉文资料中得到明确证实。[110] 令人惊讶的是，一处其他的史料来源与此相悖，因为在别处也提到了步兵。[111] 不过，似乎这些步兵并不是由蒙古人组成，而是由被征服族群组建，他们被迫随同蒙古人一起远征。

自孩提时起，骑马就是蒙古人的日常消遣，他们经常参加狩猎训练，立志将来建立军功。在作战之中，他们总有备用马匹，由此坐骑不会过度疲劳，总能快速奔驰。蒙古人在远征之中充分意识到骑兵的角色，一位现代东方学研究学者奥农（Urgunge Onon）做出准确且有启发性的观察，他们"在马上创建帝国，正如英国人七百年之后在舰船上创建帝国一样"。[112]

除了动员全体壮力男丁以防万一之外，蒙古人屡屡要求战败或臣属人口参加远征，通常逼迫他们打头阵。他们虽是军队之中的弱旅，但在一定程度上增强了突击力量。像现在一样，蒙古人口不多，不可能投入大量兵力到军事行动中。另一方面，与敌交锋大大消耗了其有生力量。在这种情况下，如果大战爆发，补充人员将是至关重要的。若非从臣服人口中招募士兵，蒙古人几乎不可能大举远征，从而战功显赫。根据十三世纪末马可波罗所记载的东方传统，投降蒙古人的人被迫随同成吉思汗远征。[113]

有时军队之中外来人的数量要远超蒙古人，1259年，在攻打宋朝的大规模战役中，有15万蒙古骑兵，还有来自汉地和朝鲜的68万军队。在攻打宋朝的战役中，跟随大汗忽必烈的骑兵部队的是从先前金朝所招募的步兵。[114]

因此中国人本身实质上以一种完全怪异的方式奴役所有中国地区。当忽必烈发动海上远征日本以及东南亚的岛屿之时，蒙古人及其仆从军之间人数更加失衡。蒙古人缺乏造船经验，只得求助于擅长造船和航海的民族。1281年，他们第二次试图征服日本之时，有10万人乘坐3500艘船只从中国南方起航，1.5万名水手及1万人部队乘坐900艘船只从朝鲜起航，只有3万蒙古人随行。[115]

在成吉思汗统治后期，蒙古军中来自臣服人口的人数有时要超过蒙古人。但遗憾的是，当时资料，尤其是欧洲资料在有关大汗军队中族裔构成方面语焉不详。的确，他们非常擅长将异族部队（来自一些游牧和定居社会）整合融入自己军队中去，根据部落贵族的战略目标，确保行动高效。

为了在军事行动之中维持自身利益，蒙古人可能同意其仆从军在掠夺战役中保留部分战利品。可以设想，一旦完成远征的话，强征的士兵会被允许返回家乡，尽管这绝非通行做法。出于军事战略的考量，有时通过将一些先遣队分派到远离家乡之地，使得各民族相互换防。

很难估计蒙古军队的人数，因为蒙古人自己统计的准确资料很少，东西方学者提供的信息通常经不起推敲，往往夸大其词。即使自从蒙古人成为世界性的力量之后，著名的史学家和历史哲学家伊本·赫勒敦（Ibn Khaldun，1332—1406）也注意到了一贯高估当时统治者军事实力的倾向。他试图合乎逻辑地加以说明，展现出现代学者的敏锐思维："每当提及当时或接近我们时代的帝国军队之时，每当探讨穆斯林或基督教军队……总会夸大其词，讲述不寻常的事物，追求轰动效应（ighráb）。如果军事领袖被问起他们拥有多少士兵……很显然真实数字甚至不到所宣称的1/10。原因很简单，这是大肆渲染夸大兵力，而对于核对和评论无动于衷。"[116]尽管赫勒敦警告读者历史学家得出的数字不可靠，但是他竟然也未能脱俗，在提到瘸子帖木儿（图101）时代的蒙古军队"无边无垠"时，这位来自突尼斯的学者认为他们人数达到了百万。[117]

在那些地区，蒙古骑兵不可能达到百万，因为当时那些地区的人口和经济条件不可能承载如此众多兵马的给养。[118]不过，当时的文件通告似乎更贴合实际，《蒙古秘史》暗指在1206年召开的忽邻勒台期间，成吉思汗有大约10.5万名战士，而伟大的波斯史学家拉施德丁主张在1227年大汗过世之时，其继承人兵力达到12.9万人。在蒙古帝国划分各兀鲁斯之后，金帐汗国和波斯的伊利汗国的军队有20万—30万人，这一数字显然被夸大了。[119]根据其他观点，在十三世纪中期，蒙古人在中东和中国开疆扩土，兵力大约有15万人，拥有大约75万匹马。[120]根据伊本·凯西尔（Ibn Kathir）所提供的信息，在1258年1月攻打巴格达的战役之中，旭烈兀据称拥有"兵力近20万"。[121]

并非所有的现代历史学家都认为这一数字准确，这也是他们试图考虑其他资料的原因。他们根据参加伊拉克战役的作战单位数字和单位兵力，建议将人数减少到15万。[122]不过，旭烈兀拨给大将怯的不花仅1.02万—1.2万人，怯的不花在艾因·贾鲁（Ayn Jalut）对阵马穆鲁克人。[123]

蒙古军队按照十进制组织——分别以十、百、千、万人为单位[124]，这一体系也为突厥部落在统治欧亚草原中所使用[125]。最大的作战单位由1万战士构成，被称为"土绵"（tümen），尽管在某些场合，这一单位可能以缩编形式展开行动，在中国元朝就是如此。十进制划分部队是按照法典——成吉思汗下令编撰的《大札撒》所一一规定。根据叙利亚文史料，只有年龄超过20岁才能成为军人[126]，这与汉文资料记载的相反：蒙古部队由年龄超过15岁的男子构成。同一资料还补充说每名战士通常有2—3匹备用马匹，有时甚至有6—7匹。[127]

在作战之中，并非总是遵照军队的十进制规则，由此蒙古战略家们必须要随机应变。在特殊情况之下，妇女也参加战斗，各种资料称她们弓马娴熟。[128]小孩子们从记事之日起就开始练习射箭，由此所有社会成员，无论男女老幼都擅长骑射。如果我们相信十三世纪欧洲旅行家评论的话，那么蒙古人自二三岁就开始掌握这些本领。[129]对此，更多细节由汉文史料提供：孩子们在年幼之时就在其母亲伴随之下接受骑马训练，到了三岁就被绳子牢牢固定在马鞍上，由他们自行驾驭，到四五岁之时就配备小型弓及短箭，由此，早期骑射训练使得他们在年长之时更易完善此技能。[130]

社会的军事化，即所有家庭成员直接或间接参与战斗，这被一位美国最著名的蒙古史学者总结如下："蒙古军队就是拿起武器的蒙古人。所有成年男子都是战士,所有妇女和适龄孩童放牧,牲畜充当军队的后勤。"[131] 全民参与远征,引发特殊的后勤问题,需要运转大批货车和牲畜:前者作为安顿之处,后者确保战斗单位和辅助单位的运输和食物供应。一方面,他们同时也要寻找放牧牛马所需的更大牧场;另一方面,参战人数增加,输送速度减缓,后勤放牧变得复杂。在战斗中出现军队家属,往往反映出游牧民倾向于举家迁徙到其他地区。这使得远征不只是劫掠,而转变为一场具备所有迁徙特征的行动。

除了常见的军事单位之外,成吉思汗还创建了帝国侍卫军,即"怯薛"(keshig),其核心为"那可儿"(nökers:"朋友,战友")以及其他值得信赖、训练有素的成员。那可儿队伍存在了很长时间,构成了带有雇佣军性质的武装力量,由那颜组织强化权威,在与周边势力的冲突之中锤炼自己。外族人为汗王们长期效力之后,获得了封臣的地位。随着时间变迁,那可儿成为蒙古军队的军事精英。[132]

蒙古人的威名也为其他民族所知晓。十三世纪后半叶,匈牙利国王对东方世界的潮流做出反应。尤其是"库蛮人"拉迪斯拉斯四世也热衷于创建一支由库蛮战士构成的类似侍卫军,在当时资料以Neugeri/Neugari(Nyögér)的形式指称。[133] 他们的名称并非来自那海(Nogai),而是来自那可儿(Nökers)。[134]

来自贵族行列的怯薛成员有两班:白班(turgewuts)与夜班(kebtewuts)。1203年,铁木真击败克烈部之后,怯薛白、夜班分别由70名和80名士兵构成,分别肩负不同职责,大多数是箭筒士(korchi)。1206年以后,根据蒙古部落联盟的新状况以及最高首领的地位,成吉思汗的侍卫军人数增加到1万人。[135] 如同白班的情况一样,夜班人数上升到800人,随后达到1000人。与此同时,箭筒士开始增加到400人,然后到1000人。大汗的个人侍卫享有特权,成为跻身新兴帝国上层的跳板。[136]

在某些情况下,侍卫曾从外族士兵中招募。在私人侍卫军中使用雇佣兵的优点是他们比当地人可靠,外族不大可能卷入内部纠纷,选边站队,而这些纷争往往陷入尔虞我诈、相互倾轧之中。伊利汗旭烈兀组建了这样一支侍卫军，主要招募亚美尼亚和格鲁吉亚年轻人，这也成为中东乃至现代其他君主所频繁效仿的惯例。[137]例如，拜占庭招募瓦兰吉人（Varangians）和盎格鲁-撒克逊人（Anglo-Saxons），罗斯招募瓦兰吉人，埃及招募马穆鲁克人，英格兰招募苏格兰人，梵蒂冈招募瑞士人等。擢升到军队上层并非排他性地局限于部落联盟的统治家族，而是以其在战争中建立军功和忠于大汗作为考察标准的。

在早期，蒙古人使用先前游牧民的典型装备，在随后征服中，逐渐采用了其他民族的装备而对之加以完善，旨在提高攻打设有严密防御体系的地区的作战效率。他们的传统武器，即所有部落成员能灵活使用的是弓箭，箭杆是木制，而箭镞是铁制或角制。它们在游牧民的作战乃至狩猎之中的重要性反映在蒙古人在第二千纪早期所使用的多种形状的金属箭镞上。

考古挖掘显示蒙古人同时使用这些不同种类的武器，平头箭镞与分开的三箭头可接入不同尺寸的木制体[138]（图98、99）。从类型学角度来看，木制箭镞种类不多，尽管低效，却被频繁使用，这显然因为蒙古人缺乏金属供给。一位亚美尼亚学者非常了解蒙古人的生活方式，认为比起其他民族而言，与蒙古人发生军事对抗蕴含着更为激烈的较量。即便当他们仓促撤退、无心恋战之时也是如此。[139]

在近战中，蒙古人通常使用长矛、单刀、铁盔、皮制甲和盾牌。根据1233年派往蒙古的宋使彭大雅的观察，该地区的战士拥有野羊角制的弓，骆驼骨制的箭镞，弯曲锋利的尖刀，短刃长矛，皮制、柳木制或铁制盾牌，盔甲以及攻击要塞的抛石机。在这些武器之中，弓箭排在第一位，军刀排在第二位。[140]

1241—1242年，主教斯帕拉托的托马斯（Thomas of Spalato）描绘了拔都汗的军队深入匈牙利王国的场景，提到那些蒙古人戴铁盔或皮盔、披挂皮铠，配备短刀、弓，以及铁、石或角制箭镞，他们的马匹矮小结实，没有配备马掌。[141]柏朗嘉宾指出每名蒙古战士至少配备二到三张弓（只有一张质量较好），三只装满箭的箭袋，一把利斧，以及头盔、皮铠和弯刀，这是富人的标配。[142]1241年皇帝腓特烈二世写信英格兰国王亨利三世，通报蒙古人的征服进展，指出蒙古人擅射，承认他们出神入化地运用这些武器。除此之外，信中还说蒙古人也使用矛。[143] 1238年，穆斯林（Sarrazines）使节访问法国国王圣路易九世的宫廷之时，也承认蒙古弓箭手拥有"无与伦比的"技巧[144]，从而佐证了上述观点。

一些史料认为蒙古人不使用盔甲，只使用弓箭[145]，这一观点当然是错误的。这是由蒙古人擅射的强烈印象所导致的，也要归因于它们在游牧作战体系中的盛行使用。

蒙古军队增添了中国和中亚围城所需的各种武器，可以发射重型投射物以及易燃品。在所采用的军事技术之中，抛石机扮演着重要角色（图100、107），可以将巨石抛射很远。当时资料显示出那些抛石机操纵者们的创造性。例如在围困花剌子模城之时，因当地没有可抛射的石头，由此蒙古人转而使用先前泡在水中故而很重的大型积木。[146] 最高效的抛石机在伊斯兰世界，尤其在波斯打造，蒙古人使用它们对付其对手。

另一方面，蒙古人从中原引入火器。将硝石（75%）、硫黄（15%）和木炭（10%）混合成易爆火药。提纯硝石在中世纪炼丹过程中是一项相当麻烦的工艺，但它确是获得新武器的更大工艺流程之中所必需的。9世纪中叶的道教经文中可能最早提及火药，但直到1040年左右的中国兵书《武经总要》才提及火药配方。大约同一阶段也出现最早的真正火器，相当原始，在战场中杀伤力有限。[147] 一些证据显示1230年之后，定居在中国北部的蒙古人使用火器对付宋朝，后来对付日本和朝鲜。在十三世纪后半叶，通过蒙古人扩张，这些武器传至伊斯兰世界和印度西北部。中国中世纪文献列出了蒙古武库中的几种类型的中国火器："（1）火炮发射以火药为主的燃烧物；（2）火枪，一种装满易爆火药的竹管；（3）突火枪，一种能够发射燃烧物和子弹的厚竹管；（4）炮仗，以火药为主的爆竹。"[148]

即使蒙古人不会制造或甚至不会使用这些武器，他们也知道如何利用臣属民族的技能。那些工匠（铁匠、火药匠、抛石机操纵者）按照需要被派往帝国各地，制造高效的军事装备，由此蒙古人在传播原始火药炮枪方面扮演着重要角色。[149] 尽管如此，大多数游牧民并没有革新武器技术。在战场上，不像西欧的贵族武士愿意被能够采取新技术的军人所替代，草原骑兵墨守成规，使用传统策略，挥舞兵器。这从长期来看，形成拉丁西方与欧亚地区之间的技术差距。[150]实际上，西方文明支配世界在很大程度上归因于武器革新，他们的武器在第二千纪已经达到高水平。[151]

在某种程度上，与周边文明接触，影响到蒙古人的作战体系。除了轻骑兵之外，他们也有重骑兵，配备盔甲和长矛，但在军中处于次要地位。在战场上，军队分为三个主要部分：东部的左翼，中央和右翼。

如同其他草原部落，蒙古人在攻打坚固的要塞之时显得笨拙。在头几年扩张到中原和其他地区之时，他们猛烈攻城，疯狂爬城皆不奏效，只得长期围困，疯狂掳掠要塞四周的农耕地区，导致防守者忍饥挨饿，最终被迫投降。只有等到装备攻城器械之后，围城效果才显著提高。柏朗嘉宾向我们提供了一些有关攻城策略方面的有趣资料，这些信息凸显出蒙古人的创造性和坚韧不拔。在围城的第一阶段，蒙古人封锁城市，切断外界接触，然后使用作战器械、弓箭及燃物进攻。如果河流穿越城郊，蒙古人则试图阻塞河道，水淹城市。他们也在城下挖地道，出其不意夺城。为了迫使防守者投降，蒙古人会许诺宽恕，但一旦进城之后就违约。[152]

随着帝国逐渐形成，组织远征变得不那么随意，准备工作细致入微，需要大汗预先解决各种复杂问题。当忽邻勒台决定远征伊朗、叙利亚、埃及、罗姆苏丹国和亚美尼亚之时，大汗蒙哥（1251—1259）决定将成吉思汗后裔王公所率兵力的五分之一划拨给其弟旭烈兀，授予他最高统帅权。与此同时，为了达到目标，他下令从汉地调遣一千户有技能的家庭，这些人深谙如何操控劲弩等作战器械与点燃烟煤。为军队开辟一条从哈拉和林通向帝国边境的巨大通道，在途中遇水搭桥，除了远征战士马匹之外，一律禁止放牧。此外，蒙古人的所有地盘都要提供给远征部队所需补给。[153]人们从一份十四世纪中叶的资料中发现蒙古人发起远征之时，金帐汗国当局声称每名普通战士拥有2名奴隶、30头小牛、运送2座铜锅的5匹马和1辆装满武器的马车。[154]当时史料很少提及这些准备，但这并非意味着每当需要之时，不能如此。

在交战之前，蒙古战略家们密切关注和收集敌军情报，采取最佳战争策略方案。由此,伊利汗宫廷的一位贵族的著作认为:"欲击败敌军就要做到知彼知己……由此,必须收集如下情报:敌军决策进程、准备、武器库构成,集结及部署情况,敌军日常行动的习惯以及任何变更……宫廷成员中任何不寻常的在场或缺席,努力搜索情报和发现秘密,窃听讨论和谈话,乃至鸡毛蒜皮无关紧要之事。"[155] 为了获取敌军进展情报,蒙古人会使用间谍或盘问去过该国的商人的所见所闻。派往其他国家宫廷并与那些君主建立紧密联系的使节可能被赋予明确的间谍使命。

蒙古人几乎没有山区作战经验,对此,通常像其他游牧民一样避免进入这些地区,因为在这些地区不能发挥他们的传统战术。但每当战略需要,蒙古人也鼓起勇气在峡谷作战,这体现出他们勇敢主动的精神。在这些行动中,他们多次运送武器装备等庞大的辎重队伍,成功翻越高加索山脉和喀尔巴阡山脉等崇山峻岭。

蒙古人的军事成功归因于迅速和出其不意,这只有通过风驰电掣的轻骑兵方能实现。与此同时,飘忽不定和包围的策略往往迷惑警惕的对手,分散了敌军的兵力,形成各个击破之势。蒙古人纪律严明的组织体系也对他们获胜功不可没。在参战和劫掠之时,从招募、装备到武装,严格遵守上级命令;在分享战利品方面,一切井井有条,如果违背命令将会受到严惩。[156]

蒙古部落社会对这些规则耳濡目染,以至于其中大多数被成吉思汗继承者们所维持,甚至在十六世纪前半叶,黑海-里海地区的鞑靼人发动猛攻、战略撤退及突然折回之时,首领们确保了有效协调军事行动。普通装备是弓箭,很少使用刀,不使用盾牌、标枪和头盔。每名士兵配备2—3匹马,定期更换疲惫的坐骑,由此提高军队行军速度。由于缺乏军事装备,他们很少进攻城市或要塞,而转向乡村地区。[157]

这种战争策略甚至保持到晚近。在十八世纪前半叶,比萨拉比亚(Bugeac/Budjak)军纪严明的鞑靼人发动战争,每当有需要之时,他们聚集在远离定居地的地方,在那里确定行动计划。每名远征者至少备两匹马。在发起进攻之前要刺探情报,军队前锋要由经验丰富的向导引导。各分遣队分头前进,且彼此之间一直保持联系,以便协调首领们的决策。公平分配战利品，因此潜在的不满情绪得以避免。如同草原上的诺盖人（Nogais）一样，比萨拉比亚的鞑靼人喜欢在冬季劫掠，因为在那时他们更容易渡过结冰的河流。[158] 如果河深且没有结冰的话，那就将货车和辎重放在芦苇筏、柳条筏或皮筏之上[159]，与欧亚游牧世界通常的做法一样[160]。

十三世纪蒙古远征的另一个特点是残忍之至，不仅针对战场中的士兵，而且也针对无辜的平民。为了瓦解入侵地区的抵抗，他们不择手段，迫使对手屈服，烧杀抢掠，无论男女老幼，无所不用其极。拒绝投降的城市招致极为残酷的镇压：通常屠杀所有男人，妇女儿童充作奴隶，洗劫房屋之后放火焚毁，拆毁城防工事。制造恐惧意在恫吓和打击阻挡游牧民进军之路中的各座城市，也防止前线后方爆发反叛。只有无条件投降的人才会得到某种宽恕。不过，记载温顺接受外来统治的情况非常少，由此难以宽宥投降者。

饶有兴味的是，蒙古人作战策略的主要原则明确体现在孙武早在公元前六七世纪所著的军事专著之中，其格言醒目，守则历久弥新。孙子建议注意地形和气候，掠夺膏腴之地补充供给，知彼知己，同时迷惑敌军己方的兵力和意图，佯装混乱以削弱反击力度，对士兵奖惩分明，行军不可预测，出其不意，攻其不备，面对优势兵力时考虑撤退，择机集中或分散兵力，奇袭，公平分配战利品等，所采取的谋略一般基于这一原则，即战争艺术以虚实相间和奇胜为基础。[161] 实际上，中国广泛关注游牧民作战方式的某些特征，由此在中国北方边疆早已感受到游牧世界的影响。

五、宗教和文化层面

萨满教占据蒙古人祖先宗教信仰的核心地位，它基本上组合了一套宗教仪式，旨在规避诸如死亡、疾病、毁灭等有害元素的活动，同时保佑某些活动的成功。为了保护人类社区，反对妖魔鬼怪，祈求诸事皆顺（狩猎远征的成功、保护畜群等），举行各种仪式，献祭、火净化、崇拜带有辟邪功能的雕像在其中扮演着重要角色。

那些能与超自然沟通的人是萨满，即祭司和巫医，开启狂喜体验，掌握日常实用知识，协调社区的精神生活，与此同时，在某种程度上，也影响着家庭和社会联系。由此，他们在某种程度上形成与世俗力量的竞争，积累了一些宗教法术。成吉思汗及其家族成员不仅参与法术，而且也担任与腾格里（被突厥语族群称为Tängri）对话的中介人身份。世俗领导的宗教责任并非与萨满们的相一致，前者担任部落与天堂/宇宙的中介角色，而祭司代表，除了各种仪式之外，要确保与神灵世界沟通。

蒙古人崇拜天及诸自然元素（水、土等）。蓝（Köke）长生（Möngke）天（Tengri）位于超自然的顶端，有时与其他神灵共享特权。女神希图根（Itügen）是大地和生育的保护神，这一才能将她与蒙古想象中复杂的神灵世界相联系。崇拜祖先与家庭生活紧密相关，意在确保日常生活。崇拜对象也包括供奉祖先图像，即"翁衮"（ongghot）①，萨满也参与这项活动[162]。来自小亚美尼亚的编年史家海屯否认蒙古人有任何信仰[163]，但他明显有误，因为他不承认萨满是一种宗教。实际上，他又另撰文说出自相矛盾的话，提及蒙古人只信仰一神，永恒且无所不能，曾在多种场合中呼唤其名。[164]

欧亚地区宗教领域的几位专家最近对使用"萨满教"概念持有保留态度。尽管观察中肯，但它因频繁使用，很难替代，假如被替代的话，就会在与这一主题相关的文献中引发混乱。根据内亚萨满教类型学的最近观点，其可分为两种不同类型，一个是东亚特征，另一个是西南亚特征，它们之间的分界线穿越蒙古西部。前者流行两尊至高无上的神灵：天与地；而后者有着三位一体之神，包括一尊中心之神以及两尊其他神灵："西"和"东"，分别代表善和恶。[165]阿尔泰和西伯利亚地区的族群所接受的天王星和地府鬼神（chthonic）崇拜，显示其起源于印欧语系。两尊至高无上神灵，天和地构成天作之合，一个在上、一个在下的世界普遍二分，其中，天是根本。[166]这一关系意在保证生命的存在和再生，因为天作之合含有父母亲属性，隐含性能力和生育力。在某些地区，世界之巅的太阳人格化，也对应着中国文化的原型。[167]

---

① 译者注：翁衮，蒙古语音译，意为"神偶"。蒙古族萨满教神具之一，是萨满神灵的象征。

佛教、景教、伊斯兰教、摩尼教、道教和袄教通过各种渠道在蒙古世界传播，在短期内或多或少渗入了萨满教概念和做法，对其产生了偶然影响，但未撼动其主流地位。萨满教宽容其他宗教也影响到在亚洲和东欧参加战役的蒙古首领的宗教政策。不过，蒙古在一定程度上对伊斯兰教采取不妥协政策，并非因为其教义，而是因为它已转变成东方普遍反对侵略者的象征。有时充满敌意的施虐行为被记载下来是为了刁难信徒，促使他们放弃其祖先的仪式。我们在此回顾伊利汗旭烈兀的做法，他在某一时刻下令其领地的穆斯林必须改变饮食习俗，拒绝者会被处死。[168]对于伊斯兰教专家的强烈不满只是昙花一现，他们虽与某些军事对抗者有联系，但此后就到了和解阶段。

忽必烈在1275年的诏令显示出蒙古帝国宽待各种宗教信仰，尊崇被征服族群的宗教。通过这项法令，佛教、景教、道教和伊斯兰教宗教人士被免除土地税、商业税以及财产征用，换取他们向上天为大汗祈福。[169]据说成吉思汗本人尊重所有宗教首领。[170]

实际上，宗教人士免税正值蒙古人征战近东之时，这也传到熙笃会（Cistercian）消息灵通的编年史家特鲁瓦方丹的阿尔贝利（Alberic de Trois Fontaines）①的耳中。[171]稍后这些做法也在罗斯得到证实。1257年人口普查确立向苏兹达尔、梁赞和莫隆（Murom）公国征税，而对僧侣、主教、牧师免税。[172]同样，金帐汗国的免税对象是罗斯的东正教牧师，换取大主教辖区向神灵为蒙古统治者祈福。[173]他们在多大程度上相信其他宗教代表施行赐福仪式仍有疑问。不过，蒙古人的宗教政策对待所有宗教上层人士一视同仁，这在因经济压迫或限制政治权利而引发不满之时，可以避免出现教会挫折，火上浇油而激起反叛。

根据现实考虑，十三世纪中叶蒙古首领通过多明我会修士龙汝模（André of Longjumeau）向西方传递了他们的信息，如果他们承认蒙古人的天下主宰地位，蒙古人就会保证其人身安全和宗教信仰自由。[174]

---

① 译者注：特鲁瓦方丹的阿尔贝利（卒于1252年）是一位中世纪的熙笃会编年史撰写人，用拉丁语写作。他是马恩河畔沙隆教区的特鲁瓦方丹修道院的僧侣。

在蒙古帝国并入的领土范围内，当局允许不同宗派和教派的所有代表从事宗教服务活动，在入侵中曾被摧毁的寺院可由教民重建。实际上，大汗贵由（1246—1249）在哈拉和林的大帐之前建有一座景教的小礼拜堂，在那里宗教活动不受限制[175]，成为帝国宣扬宗教宽容精神的象征。此外，1261年，金帐汗国的蒙古人同意在其都城萨莱（生活着相当多的东正教徒）建立一个隶属于"基辅等所有罗斯"大主教辖区的主教辖区，弥特若梵（Mitrophan）成为第一任主教。[176]

甚至在征战之中，蒙古人有时会区别对待高级教士。他们在1239年攻打切尔尼戈夫之时，屠杀防守者，将该城付之一炬，洗劫修道院，主教波尔夫（Porfur）被俘后被带到格鲁科夫（Glukhov），但不久获释。[177]不过在其他场合，蒙古人并非那么大度。例如在攻击佩列亚斯拉夫之后，主教谢苗（Semeon）被杀[178]；当梁赞被攻陷之后，牧师和僧侣们连同其他城市居民被全部屠杀，主教性命有幸保全是因为他当时不在场[179]。同样针对凯撒利亚（Caesarea）在伊历675年（1276）支持马穆鲁克军队的镇压行动，伊利汗阿八哈下令首先处死贵族和大法官们。[180]

景教在与蒙古人有联系的克烈部、乃蛮部、汪古部以及周边突厥语族群劝教行动中取得微弱成功，说明祭司王约翰（Prester John）的著名传说——在亚洲中心想象中的万能基督教君主——通过将朦胧现实和幻想元素奇异融合，与蒙古帝国联系在一起，这是十字军战士梦想在东方传播福音派教义之时激发西方世界的想象。[181]

亚洲骑兵建立大帝国之后，依旧长期奉行萨满教。中国第一位蒙古人皇帝忽必烈（1260—1294）颁布诏令，赐予萨满们重要特权，在纪念成吉思汗及其王朝之时献祭和拜火。[182]十三世纪中期，人们认为成吉思汗在人间就是至高无上之神。[183]

将蒙古帝国开国者尊崇为神的趋势是世界各地的普遍现象。在近东，人们接受伊利汗君主为神，成吉思汗是由宇宙之光超自然感孕而生。[184]游牧民开国者的天命观点在草原世界延续数世纪，呈现在不同文本之中。例如，十七世纪后半叶的一部蒙古编年史《黄金史纲》（Altan Tobči）主张铁木真，即未来的成吉思汗是天命。[185]本着同一精神，1841年噶尔丹（Tayii Galdan）所著史书认为铁木真并非也速该之子，而是"天神"（Qormusta tngri）与也速该的妻子诃额仑所生。[186]实际上，甚至在他在世之时，中国就广泛流传成吉思汗意指"天赐"的观点。[187]成吉思汗在世时就已成为传奇，随着时光变迁，这一神话开始在亚洲各地以及甚至在遥远的欧洲和非洲偏远角落产生了真正的魅力。

大汗由神灵护佑，以普世权威的名义，在人间享有无限特权，由此，蒙古人自然倾向将政治和宗教并驾齐驱。甚至在十三世纪后半期，藏传佛教对大汗忽必烈的宫廷施加影响，形成世俗和宗教方面的双重权威，即蒙古君主和藏传佛教教主（喇嘛），两者共同促成了统治世界的雄心抱负。这种二元权力实际上也反映在忽必烈宫廷编著的一段文字中：

> 精湛科学之根，宗教大师是喇嘛。
> 国家首脑，世界主宰是大汗。[188]
> 若无宗教之法，一切将被阴间吞噬。
> 若无大汗之法，将失去民众和部落。[189]

同一文本证实了天命成吉思汗的责任和神性具有普世性。[190]

有时其他宗教教徒也被要求崇拜成吉思汗。据柏朗嘉宾所言，拔都下令将大公迈克尔·韦沃洛多维奇（Michael Vsevolodovich）折磨致死，因为尽管屡经劝说，他依然拒绝参拜以纪念大汗的祖父。[191]另一方面，古老的俄国编年史认为迈克尔被处决是由于他不愿意为蒙古人放弃信仰。[192]不过，蒙古人不饶恕罗斯王公是因他此前的行动激怒了金帐汗。这位基辅大公与1246年殉难的波维尔（boyar）①费奥多尔（Feodor）被教会追封为圣人，在罗斯大多数地区被尊崇膜拜。[193]

成吉思汗的子孙们恪守祖先崇拜，不过，他们也对一些外来宗教影响做出响应，往往将那些宗教置于其保护之下。察合台保护基督徒，赐予景教在其古老传统区域享有的特权，介入佛教和伊斯兰教事务，但汗并不支持后

---

① 译者注：波维尔是沙俄贵族阶层成员，地位仅次于王公，后被彼得大帝废除。

者。[194]成吉思汗的孙子贵由在1246年的忽邻勒台被尊为大汗,他也敌视《古兰经》学者,也许是由他在青年时代所接受的基督教教育所致。[195]

在十字军的倡议之下,圣路易九世来到塞浦路斯,谣言传至他的耳中,"鞑靼人大王被任命为可汗,连同他下属的其他王公将会接受洗礼"。[196]这些消息没有被更可靠的资料所证实,由此我们怀疑基督徒的说法是否有事实根据。尤其是两年之前,贵由傲慢拒绝教皇力劝他应当接受洗礼的提议。[197]有关一些蒙古人上层代表皈依基督教或参与基督教宗教仪式的只言片语在西方世界流传,但是这些姿态——即使属实——是否会激发他们的由衷信奉却有待商榷。

真正被基督教学说所吸引的是金帐汗继承人、拔都之子撒里答(Sartak)。当鲁布鲁克在1253年拜访他时,那位方济各会使节怀疑撒里答是否真正信仰基督,尤其是他拒绝公开承认自己是基督徒。[198]不过,他恪守救世主的教义被东方史学家[199],乃至穆斯林史学家所证实。一位亚美尼亚学者甚至提及撒里答接受叙利亚牧师的洗礼。[200]

据说别儿哥汗(1257—1267)毒死其侄撒里答之后,心仪伊斯兰教,成为金帐汗国第一位皈依穆斯林的君主。他一直受到统治埃及和叙利亚的马穆鲁克君主们的不懈鼓励。[201]不过,别儿哥看来没有竭力让其臣民效仿他,由此皈依伊斯兰教直到五十年之后的月即别汗(Özbäg,1313—1342)才最终完成。[202]他的任务要容易很多,因为当时城市居民显著增加,而在那里穆斯林占有优势。

伊本·阿拉伯沙(Ibn Arabshah,1388—1450)认为钦察大草原[偶尔称为"别儿哥大草原"(Desht-i Berke),即"别儿哥汗草原"]的大多数居民在别儿哥统治时期皈依伊斯兰教之前,奉行偶像崇拜及多神教,大多数人不遵守伊斯兰教的训令,坚持偶像崇拜延续到十五世纪前半叶,当时这位大马士革学者将传记献给帖木儿。[203]

十三、十四世纪,在教廷(Apostolic Chair)的赐福之下,很多多明我会和方济各会传教团前往鞑靼地区,这显然得到金帐汗们的首肯,也经过那些皈依伊斯兰教的人士的同意,他们不介意天主教劝教活动,因为在欧亚大草原劝教效果有限。热那亚人和威尼斯人在黑海北岸拥有据点和贸易中心，传教士团在那里开始建立方济各会教区。1317/1318年，一个罗马天主教辖区在卡法（Caffa）建立中心，主要管理居住在黑海北岸港口意大利人的宗教生活。如果教团的努力未能在游牧社会像期望的那样奏效，那么或多或少的成功却被记载下来，理由很简单，因黑海市场奴隶的商品化，奴隶们希望改善自己的境遇。传教士的行动目标并非只指向金帐汗国领土，也寄希望于成吉思汗帝国分裂之后出现的其他蒙古政权。[204]

1261年，金帐汗国为了满足住在城市的东正教徒（他们被蒙古当局赶到了这里）的信仰需要，同意建立一个主教辖区。主教们被赋予重要特权，负责处理金帐汗国与东正教诸国宫廷的外交事务。[205]在伏尔加河中下游的一些城市，考古挖掘出相当多的祭礼用具，这显示蒙古人并不反对从罗斯作坊购买这些用具。[206]

不仅教会人士，而且其仆人都获得蒙古人的优待。由此，罗斯王公经常委派高级修士作为大汗宫廷使节，处理敏感问题。布隆达（Burandai/Burundai）和西南罗斯使节会面之时在场的有瓦席尔科（Vasilko）王公、其侄列夫（Lev，丹尼尔·罗曼诺维奇之子）与主教霍尔姆的伊万（Ivan of Holm）。俄国佚名编年史者曾记载该事件发生在1261年（我们不能确定是否准确），认为上述前两位受到冷遇，而教士代表受到款待。[207]高加索地区在需要缓和与蒙古人紧张关系之时，政治与社会高层请求高级修士介入调停。在十三世纪最后几年，格鲁吉亚王要求教长调解他与入侵军队首领之间的纠纷。[208]

萨莱主教辖区或其他东欧东正教机构并非一直关注蒙古人的皈依问题。被最憎恶的敌人同化，蒙古人既是政治经济压迫者又是异教提倡者，这些并非是东正教劝教者的主要目标。实行暴政，因生活方式和文明而导致的制度差异，根本不可能吸引蒙古人改宗其臣民的宗教。同一圣殿的穹顶无法容纳加害者与受害者，憎恨、厌恶和蔑视将他们泾渭分明地区分开来。

几十年之后，随着接触增加且方式呈多样化，双边关系显著进展，与精神世界有关的心理发生了变化。这一演变的象征性时刻发生在1391年，当时在脱脱迷失（Tokhtamysh）汗的宫廷有三人，即巴克图（Bakhty）、希德尔（Khydyr）和马玛特（Mamat），被罗斯编年史称为"内侍"（postelnics），接受重要职责，前往莫斯科大公瓦西里·德米特里耶维奇（Vasiliĭ Dmitrievich）请求受洗礼和提供服务。这一请求得到满意答复，塞浦路斯大主教亲自在大公宫廷举行仪式。[209]

在蒙古帝国里海和高加索山脉以南，伊利汗国刚建立之时，基督徒就受到优待，因为他们与突厥语、波斯语和阿拉伯语穆斯林决裂，将蒙古人视为解放者。大多数基督徒没有遭受奴役和屠杀，甚至还享有宗教特权。1258年，攻陷巴格达之时，经过旭烈兀的正妻脱古思可敦（Dôkhuz-khathun）（也是一位基督徒）的特别干预，景教徒受到宽宥，其他人被屠杀。[210] 为了取悦其妻，旭烈兀授予基督徒们特权，为他们建造教堂。

脱古思可敦的宫帐也设有一座小礼拜堂。[211] 很多报告证实伊利汗国开国者继续优待其帝国的基督徒，甚至在某一时刻接受洗礼。[212] 尽管旭烈兀做出各种姿态支持基督徒，但这不过是出于政治考量而已。他仍旧恪守古老信仰，为神像建造庄严堂皇的庙宇，尊崇具有魔法的巫师，可能就是萨满。[213] 实际上，伊本·赫勒敦认为他是一个异教徒。[214] 旭烈兀的继承人阿八哈（1265—1282）也善待基督徒[215]，与其侄贴古迭儿（Teküder）①不同，后者如同其大多数继承人一样被伊斯兰教所吸引[216]。

在某些情况之下，蒙古取悦东方的少数派基督徒，赋予其教会特权，从而引发多数派穆斯林的愤懑。当伊利汗军队被迫放弃一些征服地区之后，穆斯林掀起镇压那些享受蒙古人优待族群的浪潮。例如，在1260年的大马士革，除了基督徒之外，与他们站在一起的犹太人也遭受打击。[217] 在伊利汗国，犹太教有权信仰自己的宗教，建造犹太教会堂，保留传统职业。在某些情况下，一些犹太人在政府担任高官。[218]

一般而言，在蒙古人与定居民共处的一些地区，穆斯林传统是重要遗产，蒙古人很快接纳那些被征服者的宗教。不过，萨满教在草原地区被继续

---

① 译者注：贴古迭儿，应为阿八哈之弟。

信奉，大致延续至今。

蒙古人葬礼仪式以平地墓穴埋葬死者（不像图兰人的坟墩），因社会阶层差异，其典型特征不同。如果是平民，仪式简单；如果是王室，礼仪烦琐，其中一个重要特点是奢侈。统治者们的遗体被运送到山区，葬礼包括人殉。著名威尼斯旅行家马可波罗认为，前往阿尔泰（Alcay/Altai）地区的大汗送葬队伍会在途中将所遇到的当地人连人带马全部杀戮。殉葬基于一种理念，即那些被杀死的人将在阴间成为汗的奴仆。在大汗蒙哥葬礼上，受害者人数估计超过2万人[219]，但这一数字似乎被夸大了。

根据十三世纪编年史的记载，人殉献祭大河。各种物品被安置在墓穴之中，因为据称它们在来世有用。为了防止汗陵受到洗劫，墓地是严格保密的，而且所有不可靠的葬礼参加者以及那些撞见送葬队伍的人都被屠杀了。同一警惕使得在墓穴顶上不留下任何痕迹。在如此保密状态下，人们不能准确定位成吉思汗及其继承人的陵墓。[220]

在盛宴中竟然有人祭。1229年召开忽邻勒台，当窝阔台即位之时，所有成吉思汗系王公出席，向两年之前过世的大汗之魂献祭血酒。在仪式之中（违背了旧习俗的规定），从富有埃米尔家族们之中选出的40名处女穿着绫罗绸缎，佩戴昂贵的珠宝首饰，连同一定数量的马匹被献祭。[221]

在黑海-里海草原和中亚西端发现了十三世纪后期和十四世纪前期的坟墓，这里曾属于金帐汗国领土，坟墓展示了与此前阶段的突厥语游牧部落明显的相似性。过去它们大多数是坟墩，很多葬有马骨残骸。[222]它们起初被归为库蛮人和其他突厥语部落，尽管我们发现在其中可能有一些属于蒙古人。尽管与蒙古人相比，他们处于次要地位，但突厥语游牧民也许在葬礼方面影响到蒙古人，因为突厥人在人口方面处于支配地位。

尽管游牧生活艰苦，但蒙古社会也有一些艺术职业。中国大汗宫殿装饰得富丽堂皇，宫廷中的达官显贵们效仿其主子，挥金如土。[223]各地女子打扮得花枝招展，争奇斗艳，这显然受到中原时尚的影响。[224]西方天主教旅行家在十三世纪中叶注意到男子们用刺绣装饰帐篷，而女子们穿戴镶嵌五光十色、珠光宝气的昂贵服饰。[225]

音乐也是蒙古人感兴趣的艺术。他们在鼓乐声中举行典礼[226]，甚至在征战之中，伴随行军的有年轻的乐手和舞女[227]。十三、十四世纪蒙古宫廷中配有乐师，演奏各种乐器，为观众助兴。例如在拔都的宫殿中，乐师弹奏弦乐器，放声歌唱。[228]在家庭宴会之中，他们在弦乐器伴奏之下翩翩起舞。[229]蒙古人也青睐体育竞赛、杂技和其他演艺。[230]1216年，蒙古人在汉地北部的一座城市大肆屠杀，只宽宥了工匠和艺人。[231]

我们直到后来才知晓蒙古人的民间传说与他们的日常主业和兴趣紧密相连。不过，蒙古部落崛起的神话、传说和历史等不同资料被植入《蒙古秘史》，由数位佚名学者用回鹘-蒙古书写系统撰写，也保存有汉文版。回鹘文书写似乎首先被乃蛮部落所采纳，直到后来才被附近几个蒙古部落所采用，当时成吉思汗还是个年轻人。

就蒙古人的《蒙古秘史》成书时间，该书末尾写着"鼠儿年忽阑撒拉忽邻勒台召集之时书毕矣"[232]，这极为重要，尽管时间不明确，因为"鼠儿年"可能是1228年、1240年、1252年或1264年。根据最近的观点，该书可能完成于1240年，不过近来这一时间也受到质疑。除此之外，人们已经观察到书中一段的日期可能与1258年蒙古人入侵朝鲜有关[233]，这使得此书的成书时间可能甚至更晚。另一方面，考虑到文中聚焦于成吉思汗的行动，该书应当在那位伟大的统治者去世一年之后，即1228年写成，最后几段侧重于窝阔台统治，则被认为可能是后来添加至初版文本之中的。

与此同时，有人认为这部史学的起初名称是《成吉思汗生平/出身或氏族史》，而非《蒙古秘史》，后者在某种情况下被认为是由中国人所赋予的标题。[234]无论如何，几乎可以肯定它是由接近大汗圈子的学者所撰写的。有人假设（遗憾的是，难以确定）作者是一位神秘的文人失吉忽秃忽（Shigi-Qutuqu），据称曾监撰《大札撒》。不过，从《蒙古秘史》的文体特点来看，此书似乎是由数名作者或代笔人共同完成的。[235]这部史书力图描述蒙古人的族裔形成和凝聚阶段，对于他们而言，其重要性可比《伊利亚特》(Iliad)之于希腊人，《埃涅阿斯纪》(Aeneid)之于拉丁人，《旧约》(Old Testament)之于希伯来人，《摩诃婆罗多》(Mahabharata)之于印度人，《乌古斯汗传》

（*Oghuzname*）之于古老的突厥人，《尼伯龙根之歌》（*Nibelungenlied*）之于德意志人，《挪威王列传》（*Heimskringla*）之于挪威和冰岛文化，等等。

蒙古人并吞了汉人、突厥人和伊朗人所居住的广袤无垠的疆土，不仅采用他们的书写系统，而且还吸纳很多其他文化元素。与此同时，蒙古人向其他辽阔地区迁徙，贵族阶层和地方官吏主要定居在城市，与不同民族混居，从而能利用那些民族的人力资源，而其他人口继续过着游牧生活。[236]

六、政治演变

（一）族裔形成和蒙古各部的统一

蒙古人的族裔形成是难以拼凑的章节，因为在欧亚政治舞台中心突然崛起之前，他们在草原中喧嚣的各族群之中名不见经传。蒙古各部落因组织结构、经济发展和文化水平而千差万别，散居在贝加尔湖、戈壁沙漠、阿尔泰山与黑龙江之间，他们在第一个千年谢幕之际处于突厥语部落联盟的阴影之下，相互联系，强烈影响着他们后来的演变。

根据植被、气候和水源，蒙古诸部所占土地各异。中央和东部是大片高原，错落着宽阔峡谷，点缀着草原风格的植被，形成丰腴牧场。在戈壁沙漠甚至也有大片土地覆盖着富含植物蛋白的草本植物，提供给牲畜所需的饲料。蒙古阿尔泰山峰峦高耸，森林密布，这一地区不太适合人类生活。蒙古各部地处严酷的大陆气候带，温度强烈变化。冬季非常严寒，尽管未降大雪，河流几乎半年封冻。夏季短暂而温暖，尤其在山区会降暴雨，往往洪水泛滥。不过在大多数时间，雨量稀少，戈壁沙漠乃至周边地区长期干旱。众多河流穿越蒙古地区的西部和北部，流向四面八方。尽管它们从山脉流下，水流量不大，但温暖季节降雨量大。蒙古地区的河流水系沉淀为数千个淡水湖和咸水湖。土地富含铁和有色金属。各种植被为动物和鸟类的广泛繁殖提供了适宜条件。北部地区栖息着皮毛珍贵的哺乳动物：熊、狼、黑貂、猞猁、驼鹿等，而在草原和半荒漠地区栖息着食草动物（羚羊、骆驼、野马和驴）以及猎取它们的豹子、猞猁等。[237]

根据某些观点，蒙古人来自鲜卑部落，鲜卑属于汉文史书记载的东胡中最重要的一个族群。学者们认为蒙古人的祖先是蒙兀，在唐代（618—907）属于室韦部落联盟。汉文史书钦佩他们的武力和好战精神，记载他们吃生食，生活原始。

　　除了蒙古人之外，还有属于更大的蒙古语族与被他们同化的部落：塔塔儿部、乃蛮部、克烈部、蔑儿乞部、斡亦剌部、泰亦赤兀惕部（Tayichiuts）等（图93）。前三个属于进化较快的部落，部分是由于他们邻近拥有较高文明的民族：汉人、契丹人、喀喇契丹人（Qara-Khitans）和回鹘人等。十二世纪，塔塔儿部曾暂时向北方的金朝皇帝进贡。在克鲁伦河右岸有着富饶牧场以及银矿，比起其他族群而言，塔塔儿部更富有、更强大，并在某个时刻拥有政治支配地位。由此，他们的名字在十三、十四世纪的欧洲和亚洲成为所有蒙古相关种族的集体名称。在蒙古各部落之中，克烈部也因有着明晰的军事结构，脱颖而出。在十至十一世纪，他们皈依景教，往往与其他各氏族和部落因霸权或在使用牧场、捕捉畜群、奴隶等方面发生激烈纠纷，这些争端也蔓延到周边民族的地盘。[238]

　　最早记载的统一蒙古各部的尝试是1125—1150年由合不勒汗（khan Qabul）进行的。《蒙古秘史》暗指所有蒙古人在其统治之下[239]，不过通过这一族名，该书佚名作者可能仅指蒙古部落，而非与其相关的全部人口，而他们后来接受了这一名称。金朝在军事对抗中早已领教其凶猛，为了规避其北方邻居的压力，《蒙鞑备录》记载金朝不得不通过赠送"大量金、绢"以赎买和平。[240] 合不勒汗的继承人俺巴孩（Ambaqai）试图统一蒙古诸部，但与女真人发生冲突，后者派塔塔儿人进攻，打败且杀死了俺巴孩。[241]他的继承人忽图刺（Qutula）也面临相同但变得更为强大的敌人。在金人的打击之下，合不勒汗所形成的部落核心解体了。[242]根据《蒙古秘史》，忽图刺的侄子也速该是乞颜孛儿只斤氏族后裔。他是成吉思汗之父，不再是可汗或汗，而只有低等的巴图尔（ba'atur）的头衔[243]，那不过是小部落的酋长而已。一些史学家怀疑成吉思汗与合不勒汗血统相关可能纯属虚构，旨在增加成吉思汗的威望和权威而已。

在与草原各个竞争氏族和部落、尤其在与塔塔儿部交战中，也速该与克烈部汗脱斡邻勒（Togrul）结盟。也速该的第一个妻子诃额仑（Höelun）来自斡勒忽讷（Olkunut）部，也速该把她从其蔑儿乞丈夫抢婚而来，她后来生下数子，长子为铁木真（未来的成吉思汗），出生日期不详，大约在1155年至1167年之间出生在迭里温·勃勒答黑（Dülün-Boldaq），鄂嫩河右岸。他的名字意为"铁匠"，取自一位塔塔儿部的酋长，后者在也速该袭击之中被捕获，当时也速该刚从新出生之子那里归来。[244]起初认为成吉思汗是铁匠的说法，也为阿拉伯和欧洲学者所接受[245]，这是因为在蒙古文化中存在一种传说，旨在将姓名的词源与现实联系起来。1167年，也速该被塔塔儿人用计毒死，其部落四分五裂。在铁木真未成年之时，其家庭在诃额仑监管之下，铁木真兄弟们在不儿罕山以打猎和收割为生。[246]

此后，沦为孤儿的铁木真，度过焦虑不安的青春期，坚韧地面对逆境，经受磨炼，耳濡目染于草原中的种种艰辛。凭借超常的精力、勇气、抱负和不妥协，他在其周围逐渐聚集了众多效忠的才俊之士以及游牧世界的大批摇摆分子。铁木真具有特殊的敏锐力可洞察人性，因此能够选择忠诚的才干之士作为合作伙伴。

铁木真与另一位杰出的蒙古首领、来自札达兰部的札木合结盟，并暂时承认克烈部汗脱斡邻勒（铁木真之父也速该的战友）为主公，这有助于巩固铁木真的地位。三人联盟先与蔑儿乞部，后与塔塔儿部交战，这也是在金朝皇帝的诏令之下进行的。作为奖励，金朝皇帝封脱斡邻勒为王罕，封铁木真为官爵较低的札兀惕忽里（招讨使）。[247]为了巩固联盟，铁木真准备让长子术赤迎娶脱斡邻勒之女，而将自己的女儿嫁给脱斡邻勒之子。这一计划最终未成功，可能是在其他蒙古首领阴谋策划之下破产的。那些人为了争权夺利，旨在阻挠任何有抱负夺取最高权力的人士，让他们相互争斗，由此从中渔利。[248]

凭勇敢和卓越的组织才能脱颖而出，在一些蒙古首领拥戴之下，铁木真获得汗的头衔，也被称为"成吉思"，一些观点认为这个名字的含义是指"海洋般的"，引申为"全世界的"。当他跻身蒙古部落最高层之时，就与拥有同样抱负的往昔盟友札木合和脱斡邻勒（王罕）发生对抗，后来颇费周折将他们逐一消灭。与此同时，铁木真继续进攻塔塔儿部、乃蛮部和蔑儿乞部，经过一番恶战，最终将其一一制服。[249] 一位擅于书写格调高雅文体的波斯史学家，指出"他的幸运之星旭日东升"。[250]

这一连串胜利推动蒙古各部的归顺统一。1206年，经鄂嫩河召开的忽邻勒台批准，铁木真（图104）被庄严授予汗的头衔，统治所有"住在帐篷中的百姓"。[251] 这次会议不仅对于蒙古人尤为重要，因为这代表建立了中央集权，而且对于周边民族也同样重要，意味着他们在欧亚地区不得不面对一支无比强大军队的严峻对抗。另一方面，这一重要性在于成吉思汗权威被强有力的蒙古部落联盟组织所认可，这是未来横跨两个大陆的帝国的起源。[252] 忽邻勒台正值著名法典《大札撒》草创伊始，其在宗教、经济、社会、家庭、军事领域的基本规则成为蒙古扩张的关键。[253]

当游牧贵族的高级代表在鄂嫩河附近的忽邻勒台会面之时，成吉思汗已经通过武力逐渐成为蒙古诸部的实际首领。当时伊斯兰世界遭到沉重打击，为飘忽不定的草原骑兵所困扰。一名画师曾给成吉思汗描绘出显然丑化的画像，但绘画之时，也不吝钦佩之情："他勇敢、狡诈、极具洞察力。"[254]

1206年，忽邻勒台确认了铁木真的地位，赋予其权力合法化，从今往后剪除任何敌对者。与草原世界其他统治者相比，成吉思汗表现出卓越的组织能力，再加上其他品质，其威望逐渐如日中天，乃至戴上了一层超自然的光环，他发起的行动被其臣民视为神授使命。"普天之下，莫非王土"的扩张理念在成吉思汗在位期间就已流行，且传至其继承人统治时期。

（二）成吉思汗帝国的形成

甚至在1206年召开忽邻勒台之前，蒙古人日益意识到自己的军事潜力，并已显露端倪。自成吉思汗成为蒙古最高君主之后，蒙古人继续对周邻采取侵略政策，实施范围和规模越来越大。他们意识到牲畜饲养的传统经济活动只能带来微不足道的资源，而远征掠夺不仅能在短期获取宝贵资源，而且会带来定期朝贡、军费以及各种其他收入。

1206年之后，蒙古人进攻的第一批族群中有吉利吉思人（Kirghiz）和其他"森林部落"。他们居住在叶尼塞（Yenisei）河和勒拿（Lena）河上游地区。[255]我们不能明确知道蒙古统治地区向北推进至西伯利亚针叶林地带有多远，因为这一区域的狩猎者和采集者过于原始，无法剥削，不能吸引当时的注意。蒙古人不愿将军力消耗到人烟稀少的经济落后地区，而他们南面才是无与伦比的膏腴之地。

瓦解了乃蛮部和蔑儿乞部的抵抗之后，蒙古人进攻拥有藏人血统的党项人（西夏），后者虽顽强抵抗，但最后被迫在1209年臣服进贡。同年，曾处于喀喇契丹宗主权之下的回鹘人也望风归顺。[256]

1211年，成吉思汗决定进攻中原，那里当时分为两国，金在北半部，宋在南半部，再加上西北的西夏，由党项人控制，但也居住着汉人、回鹘人等。数百年来，中原屡遭草原骑兵的入侵，草原民族有时建立王朝，但必定被当地大多数人口同化，因为中原文明处于更高的发展阶段，但缺乏北方"蛮族"的韧性。蒙古入侵可能给中原社会带来毁灭性的打击。

金朝统治者觉察到北方游牧民的巨大威胁，这使得他们下令建立一道防线。与此同时，他们也发动一系列反击，意在缓解敌人的攻势。不过，他们并未意识到游牧民对其国生存会构成多大危险，因为他们人烟稠密，经济实力雄厚，军力强大，怎么能料到会面临来自好战的蒙古人的威胁呢？草原骑兵攻陷一些边境城市之后，金人对草原骑兵的称呼显得意味深长："我们帝国广袤无垠，尔等不过是一堆沙子，怎敢屡屡骚扰我？"[257]即使这一轶事只是想象而已，但也的确反映出当时北方政权的真实心态，他们不能认清形势，这将在后来给他们带来灭顶之灾。

在进攻之前，成吉思汗将汪古部争取过来，他们曾被金朝君主视为盟友，帮助控制长城以北区域。另一方面，金朝正爆发严重的民族动乱，臣民对通古斯语系女真人的异族王朝展现出分离主义倾向和敌视态度。尽管日趋衰落，金朝顽强抵抗入侵者，其军队人数超过敌人，军事装备可靠，复杂的堡垒防御体系迟滞了蒙古人的进军步伐。不过，这些优势在具有超强机动性的游牧骑兵的猛烈进攻之下被一一瓦解。蒙古人配合默契，取得一连串决定性胜利。1215年，蒙古人占领包括北京在内的金朝大部分领土之后，成吉思汗委派亲信将领木华黎镇抚。蒙古人的猛攻引发的混乱也由金朝军队统帅无能懦弱所致，他们往往只顾逃命。[258]

秦始皇嬴政统治期间（前247—前210）以更早的防御工事为基础修筑长城，在后世不断重建、加固且以新防线相连而最终完工，是古代最庞大的防御工事，但却未能阻止蒙古军队穿越边界，这一状况使人联想起世界历史的其他事件，从罗马帝国城墙到马奇诺防线（Maginot line），再到大西洋壁垒（Atlantic wall）和齐格菲防线（Siegfried line），防御系统被证明无效。

大汗率军撤退使得金朝在黄河以南苟延残喘。此后，战火绵延，胜负未决直至成吉思汗过世。继承人窝阔台（图105）在1231年继续大举进攻金朝残余力量，1234年，最终将其吞并。在此过程之中他得到了宋朝的支持。宋朝的这种政治短视行为在几十年后大汗忽必烈发动的战争中将遭受惩罚。

征服北方领土——尽管其饱受生灵涂炭——的重要性，与其说是一个巨大的战利品，不如说是在以后几十年里，这一地区使入侵者直接接触到拥有古老传统而在不同领域有着非凡文化成就的中华文明。中华文明的影响首先表现在军事艺术领域，但也在司法、行政、财政、文化、艺术等领域具有重要意义，这对于蒙古人向其他地区扩张以及建立有效统治非常重要。在某些情况下，蒙古帝国通过说服或胁迫手段利用中原武器制造者、文书和工匠，在军事、经济和制度建设方面也受益匪浅。[259]

在旷日持久的北方军事行动中，蒙古人策略发生了一系列变化，尤其是在此后几十年。随着时间变迁，他们意识到臣服民族的生产力在手工业、农业或商业方面，如果受到保护和严格征税的话，将能够提供比恣意掠夺更多且更有保障的收益。突厥化蒙古人耶律楚材①在促成这一态度转变中功莫大焉，他曾入仕金朝朝廷，后为成吉思汗效力，成为大汗备受尊崇的大臣。他在好几个场合劝说大汗停止杀戮当地人，允许他们劳动，生产出作为税收资

---

① 译者注：耶律楚材应为契丹人。

源的固定收益。[260]

这种合理态度可能并非出于人道主义考量而是出于实用主义计划，也被记载在其他场合。因此，1258年年初，旭烈兀纵兵掳掠巴格达几日之后，准备下令焚城，一位将领怯的不花（Kitbuqa）提醒他如果焚城，他们将不能再利用其膏腴之地。[261]

鉴于在入侵之前，受汉人的影响有限，蒙古人不能有效利用臣服人口和让被征服之地生利的体制，由此他们借助一些能干的中间人的支持。当然，这种心态不易形成，这种文化适应要等到长城两边的人们共处几十年之后才能结出硕果。中华文明对于征服者的影响显而易见，不仅体现在税收体系上，而且也体现在其他领域。1229年，蒙古人建立第一座站赤，制定土地税收制度，兴建公共粮仓，1236年发行第一张纸币，并组建政府和翻译公署，1237年建立基于考试和见习程序的雇佣公务员体制，1238年在北京兴建皇家图书馆，等等。[262]遗憾的是，蒙古人不能将这些文明成果输出到中国边界之外，即使如此行事，也很蹩脚，在征服者的支持和监督之下，这些文明元素主要被当地人和一些穆斯林团体所吸纳。

在蒙古帝国，用于从游牧和定居社会征收的主要税种有几个术语：忽卜出儿（qubčur）、合兰（qalan）、探合（tamgha）等。收税是好几类官员的责任，要么是蒙古人，要么是其他被征服民族。索取贡物由所谓的巴思哈（basqaqs，源于波斯的突厥术语，意指"压迫者"）或达鲁花赤（darugas，同一含义的蒙古名称）协调，他们的职责因时间和地点而有差异。[263]

自北方返回之后，成吉思汗将注意力转向喀喇契丹，该国正因权力倾轧和宗教纠纷而陷入混乱状态，乃蛮酋长曲出律（Küchlüg）在此避难，协调对蒙古人的敌对行动。与此同时，曲出律多次入侵花剌子模，夺取了一些领地。但当他面对蒙古人之时，就不能那么奏效。蒙古人的主要关注点是确保他们在草原世界的霸权，扼杀任何反抗企图。1218年，富有才干的战略家哲别率领军队不费吹灰之力制服了喀喇契丹及其盟友。在交战之中，曲出律被杀，这让蒙古人宽心，因为蒙古人将曲出律视为极为狡黠、坚韧的敌人。大约在同一阶段，图赫塔·别吉率领蔑儿乞人发起反抗，但不能抵挡蒙古军队。

边界向西拓展使得蒙古人成为花剌子模的邻居。花剌子模此前曾趁着塞尔柱突厥人和喀喇契丹人衰弱之际，在中亚吞并大片领土，并在花剌子模沙摩诃末统治时期成为当时最强大的穆斯林政权。

两个有志控制横穿大陆商路的新兴帝国之间很快爆发了冲突。战争起因是1218年一位花剌子模总督下令屠杀了数百名穆斯林商人，这些商人被指控为蒙古人刺探情报。此外，他们还杀死了成吉思汗派来提出抗议、索赔以及惩办凶手的使臣。在任何地方杀死使臣都被视为宣战理由。由此，花剌子模人的姿态无疑是宣战，但摩诃末在必须面对国内的离心运动之时，如此行事就完全缺乏理智。花剌子模的挑衅态度激发了蒙古军事精英的侵略冲动，他们为征服和掠夺邻居的膏腴之地所吸引，那里坐落着撒马尔罕、布哈拉（Bukhara）、玉龙杰赤、木鹿、巴里黑（Balkh）、赫拉特（Harat）、尼沙布尔（Nishapur）等繁华城市，那里拥有著名的手工业、商业、文化和宗教中心，商道贯穿于兹。

根据东方史料的记载，成吉思汗在巴格达的阿拔斯哈里发的挑动之下进攻摩诃末，哈里发因摩诃末在逊尼派伊斯兰世界傲慢无礼、侵蚀其宗教最高地位而懊恼。不知这一消息是否准确，但可以明确的是大汗首先要考虑的是蒙古人的利益而非哈里发的利益。

1219年秋季进攻开始，数位久经沙场的蒙古将领参战，最高统帅是成吉思汗。尽管军队人数远远超过蒙古人，但花剌子模沙摩诃末却不敢正面交锋，不仅畏惧他们的冲击力，而且也担心花剌子模臣民可能会背叛他。四处分散兵力，消极要塞防御，纯属失策，这让对手集结优势兵力在决定性的战役中击败了花剌子模军队。蒙古人装备大批攻城器械，凭借在进攻中原要塞所汲取的经验，逐一攻陷了当地的主要城市：1220年，他们攻陷了布哈拉和撒马尔罕，次年攻占了玉龙杰赤、木鹿等地，烧杀抢掠。只有工匠得到了宽宥，随后他们被派往蒙古人的家乡或帝国其他地区为征服者效劳。出于惊惧而不能组织抵抗，惊弓之鸟般的摩诃末不敢应战，率军逃至未受战争肆虐的地区。成吉思汗派遣哲别和速不台率军紧紧追赶。摩诃末不敢与其交锋，1220—

1221年逃至里海的一座岛中，到那里不久他可能筋疲力尽，羞辱死去。[264]

花剌子模帝国王位由其子札阑丁（1220—1231）继承。尽管他不缺乏军人品质，但在面对蒙古人之时只能勉强获得一些小胜，失败主义情绪削弱了他残余臣民的战斗志气。1221年春，成吉思汗渡过阿姆河，向南征服呼罗珊和阿富汗。尽管经历一些挫折，蒙古军队继续进攻花剌子模帝国南部地区，直到札阑丁放弃抵抗，避难于印度的德里苏丹国，其家人为入侵者所捕获。[265]他的男性后代被立即处决，而他的女儿们被获胜者的主要首领瓜分，收为妻妾[266]，这将使花剌子模统治家族继续拥有威望，尽管他们所处的境况令人悲哀。谈到蒙古进攻花剌子模所造成的浩劫之时，一位当时的东方学者得出结论，指出自先知之日至今，穆斯林还没有遭受过如此浩劫。[267]蒙古人的严厉打击不仅导致花剌子模统治家族陷入一片混乱，也迫使大批花剌子模战士离去。其中一万兵卒为埃及的阿尤布苏丹效力，将在1244年征服法兰克人的圣陵（Holy Tomb）过程中充当不幸的角色。

正如攻占中原北部的战役，吞并花剌子模也对蒙古帝国此后的演变至关重要，蒙古人成为一些伊斯兰世界文明地区的主宰，在多方面有着强烈影响。在重要地区驻军之后，1222年年底，成吉思汗军队主力前往阿富汗的阿姆河北岸，直到1225年秋才返回蒙古。

与此同时，哲别和速不台洗劫了伊朗西部和伊拉克北部，并在1220—1221年冬从那里进入高加索地区，遭到谷尔只（Georgians，格鲁吉亚）的顽强抵抗。谷尔只拥有强大军队，估计兵力达到三万。为了消灭他们，速不台诱敌深入，而哲别率领五千军队设伏，准备迂回从背后进攻。中计之后，谷尔只军队被包围，成为蒙古人的囊中之物。[268]强行通过打耳班关口，蒙古人抵达高加索北坡，与阿兰人和库蛮人发生冲突。第一次交锋不分胜负后，蒙古人使诈拆散了他们之间的联盟。蒙古人提议给对方有利可图的和约，设法让库蛮人与阿兰人断盟，由此阿兰人势单力孤，不能抵抗蒙古人的进攻。下一个倒霉的轮到库蛮人，他们在遭到食言的蒙古人进攻之时，因猝不及防而大败。[269]

哲别和速不台率军穿越黑海-里海草原，然后进军克里米亚，在那里洗劫了苏达克港口。[270]库曼人无力再与蒙古人交锋，向罗斯王公们求援，后者派遣大批军队援助他们往昔的敌人。一部古老的俄国编年史指出其同胞对新的入侵者一无所知：没人知道他们从哪儿来，讲什么语言，属于哪个部落（民族），只知道他们被称为鞑靼人，他们的入侵被视为对骄傲大公的天谴。[271]不过，人们很难相信编年史家的话，假如蒙古人在中亚辉煌胜利的消息未能在东欧传播的话，大公们统治的各公国就不会同意调集军队加入库蛮人阵营。蒙古人企图让他们放弃支持库蛮人的计划落空，甚至蒙古使臣被杀。在成功阻击蒙古前锋的鼓舞之下，罗斯主力部队与亚伦（Iarun）率领的库蛮军队一起深入大草原。

1223年5月31日（或6月16日，根据不那么可靠的资料），在亚速海以北的卡尔卡河战役之中，蒙古人对罗斯库蛮联军取得决定性的胜利。[272]看来库蛮人的损失不那么严重，因为他们一觉察到对手的排山倒海之势，就迅速擅自从战场撤离，由此他们的盟友遭受惨败，俄国编年史指出只剩十分之一的人活了下来[273]，当时波罗的海东部编年史家估计，加上基辅大公的四万军队，共超过十万人在六天的追逐中被杀[274]。这一数字尽管明显被夸大，但仍旧反映出他们败得有多惨。

在一场漫长而艰难的战役之后，哲别和速不台兵力锐减，率军满载战利品转向东移，却没有能力占领被征服民族居住的领土，这当然也不在他们的计划之内。只有诺夫哥罗德-谢伟尔斯克公国周边地区在蒙古向东进军之中遭难，当地人天真地相信蒙古人会宽宏大量，手中捧着十字架迎接他们，但遭到无情屠杀。[275]在返回途中，蒙古人绕道不里阿耳人（Bulgarians）统治的伏尔加河中游地区，但遭到当地人伏击并被击败。[276]战乱使得钦察大草原与黎凡特地区的商业联系不得不中断，直到蒙古军队撤军后才得以恢复。[277]

在经历与花剌子模的一场消耗战之后返回故土，蒙古人没有休整多久就计划进攻党项人和金人。西夏君主胆敢拒绝调派军队支持蒙古人远征花剌子模的举动，引发蒙古人的勃然大怒。蒙古人遂决定惩处违抗者，给予党项人致命一击，以儆效尤，1226年，成吉思汗御驾亲征。这正值他和长子术赤开始出现纠纷之际。术赤在其封地的举动表明，他有摆脱大汗统治的倾向。

1227年2月术赤的不明死亡消除了这一纷争，否则可能会演变为一场公开对抗。成吉思汗不久也在同年8月25日（根据其他资料是8月28日）过世，当时他正与党项人交战。不久蒙古人消灭西夏，成吉思汗被安葬在不儿罕山的一个未知地点，配享种种荣耀，人、马祭构成葬礼的组成部分。[278]虽经多次勘探，成吉思汗陵墓至今尚未被发现。[279]蒙古人认为这片山区神圣，在古老的编年史和萨满文本中经常提及。根据一些观点，不儿罕名称的含义是"金柳山"或"圣柳山"。[280]

当其去世之时，成吉思汗留下了一个生机勃勃、发展壮大的大帝国。具备战略家和政治家的超凡品质，成吉思汗（图104）无疑是世界历史中最杰出的人士，比肩于亚历山大大帝、尤里乌斯·恺撒和拿破仑。在某种程度上成吉思汗甚至要超过他们，因为他白手起家，创建一个有待塑造的国家组织。没有哪个民族像蒙古人那样将其出现和崛起归功于一人之力。如此之快形成帝国在世界历史中也实属罕见，这一直为历史学者和作家们所着迷，对此，饱学之士创作出卷帙浩繁的作品。

开国者辞世后几十年，蒙古帝国的方向一直按照他在世既定的方针演进。在过世前数年，成吉思汗就已开始将帝国版图分成四大地区，分别授予其长妻孛儿帖（Börte）所生四子：术赤、察合台、窝阔台和拖雷，每人都被分配一个所谓的"兀鲁斯"。将鄂毕河流域以西领土分给术赤，后来在他早逝之后传给其次子拔都；将喀喇契丹人和回鹘人的往昔领土，从巴尔喀什湖以北直到帕米尔高原和塔克拉玛干沙漠分给察合台；将其西北的额尔齐斯河和叶尼塞河上游地区分给窝阔台；给予拖雷最初蒙古部落居住的核心地区，即贝加尔湖东南面，大汗也直接统治那里（图108）。成吉思汗地域，即所谓的"中央兀鲁斯"（qol-un ulus）在其直接统治之下，并不与其数子的领地相重叠。几十年之后，各个兀鲁斯的构成发生变化，很多领地被重新分配。窝阔台兀鲁斯不再存在，察合台兀鲁斯领土急剧缩小。尽管如此，由于其他兀鲁斯开始出现，他们几个兄弟的后裔继续进行领土扩张，日趋强盛。[281]

成吉思汗指定其三子窝阔台（图105）接任大汗。成吉思汗选择窝阔台是因欣赏其才能和智慧。[282]尽管事实上被成吉思汗指定，窝阔台还必须履行忽邻勒台的批准仪式，这一仪式于1229年春在克鲁伦河畔召开。[283]他也许眷念故乡，将都城设在鄂尔浑河畔的哈拉和林（Qaraqorum，图109）。根据1346年的一座汉蒙合璧碑铭，甚至在成吉思汗过世前几年，他就已将其选定为都城。[284]在大汗窝阔台统治时期，帝国京城拥有鳞次栉比的店铺、富丽堂皇的宫殿等众多宏伟建筑。[285]根据一位波斯学者的介绍，哈拉和林成为"统治阶层的中心和帝国军队集结地"。[286]外国旅行者强调的这座世界城市的特征被考古挖掘所证实，挖掘出来自各地的物品。中国工艺品风行，如瓷器、青铜器和钱币等。1260年，大汗忽必烈将都城迁至汉地之后，哈拉和林开始黯然失色，陷入不可扭转的衰落进程。[287]

窝阔台登基之时，帝国四面的战争迫在眉睫，这由那些不甘屈服于游牧民的势力所引发，蒙古人的反击非常坚决。窝阔台以同样的自信和能力继续推行其父的政策，吞并更多领土。1224年，札阑丁返回伊朗，除了加强权威之外，还入侵其周边邻居（叙利亚、阿塞拜疆和格鲁吉亚）。[288]不过，1230—1231年绰儿马罕（Chormaqan）率领的蒙古军队瓦解了他的攻势。被其支持者抛弃而击败之后，札阑丁遭到库尔德斯坦（Kurdistan）当地人的进攻，因为他在那里不受欢迎。[289]

自1231年之后几年，蒙古人继续劫掠高加索地区，几近征服该地，在此阶段，蒙古军队完全征服北方的金朝。[290]1237年①，非但没有帮助其落难同胞，宋朝也加入蒙古人进攻金朝残部的行列。[291]预感到这两者联盟会给其领土带来严重后果，女真皇帝做出如下预言："如果南北（即蒙古人和宋人）联手反对我们，我们将会大难临头。"[292]他的预言很快成为现实，但中国人的戏剧却没有落幕，在金朝被吞并几十年之后，宋也将成为蒙古骑兵的囊中之物。蒙古人实现了政治完全统一，将欧亚草原转变为一个枕戈待旦、警钟长鸣的大军营，他们总是试图四处侵略，扩张地盘。

据估计，每当发起新的远征之时，蒙古人口必定逐渐减少，很多士兵战死，其他人不得不驻防征服地区，加强管辖与保证汗的霸权。在帝国其他地

---

① 译者注：原文如此，实际上金朝亡于1234年。

区武力挟持奴役民族的迁入，使得蒙古人口的失衡问题在部分程度上得以缓解，尤其在城市形成多族裔的马赛克社区。[293]这些移民对于草原本部影响很小，那里依旧为当地游牧人所居住，但对哈拉和林以及蒙古人地域的少数城镇有着更强烈的影响力。

（三）东欧扩张

1220—1223年，当时最富经验和才干的统帅哲别和速不台挥师西进，蒙古贵族将注意力转移到高加索地区和东欧南部草原，尤其是黑海-里海的丰腴牧场令人垂涎三尺，可提供维持游牧生活的适宜条件。当时波斯编年史记载术赤的热情赞赏让我们更好领悟"钦察（库蛮）地区"如何吸引着整个大汗宫廷："这里气候宜人，水草丰美，辽阔无垠，举世无双。"[294]

成吉思汗计划将蒙古帝国西面领土分给其子术赤，钦察大草原就位于这一封地的自然延长线上，因此这里将会被并入术赤的兀鲁斯。成吉思汗和术赤在1227年的过世推迟了入侵东欧的计划。为了勘探瞄定地区的人口和政治现状，侦察未来对手的反击潜力，蒙古人冒险在1220—1223年入侵。当然，蒙古人早已意识到如果要征服这些地区，必须要做长期周密准备。与此同时，蒙古人必须镇压那些大汗权威未能贯彻执行的冲突地区，因为那些地区可为军队增添有生力量，对实现进军规划至关重要。

作为大规模入侵欧洲东半部的准备，蒙古人将帝国边界向西移动，建立推进未来作战的一些军事前哨。被吞并地区此前一直是蒙古人进攻的目标，其军力削弱，抵抗力下降。1229年，忽邻勒台授予窝阔台帝国权力，蒙古人将与伏尔加河流域的库蛮人、萨克辛人和不里阿耳人交战。[295]东方和罗斯编年史所提供的一些资料证实了蒙古人1230年与库蛮人[296]，1231[297]/1232年[298]与不里阿耳人发生冲突，当时蒙古人可能加强控制里海以北、乌拉尔山和伏尔加河之间的草原。1231年，他们也继续进攻格鲁吉亚人、亚美尼亚人和其他高加索人，接连交战直到1236年才将他们逐一制服，因为在几年以前，那些民族在与花剌子模沙札阑丁的恶战之中急剧消耗了实力。[299]

1235年，忽邻勒台决定大举入侵东欧。[300]大汗窝阔台将远征军统帅一职授予术赤之子拔都。他也将会是战争的主要受益者，因为术赤兀鲁斯的继承人就是拔都本人，尽管他有兄长斡儿答［Ordu，根据一些资料，孛哈勒（Boghal/Bowal）比斡儿答和拔都还年长］[301]。虽然当着家族成员之面，窝阔台被其父指定为继承人[302]，但就拔都汗而言，没有相关继承问题的信息。实际上术赤不太可能对此有过说法，因为他意外过世，死时年龄不大。[303]

根据大汗旨令，拔都统率家族之中几位最杰出的蒙古首领以及富有经验的巴图尔速不台，后者在中国战场表现出色。[304] 在成吉思汗的众孙之中有术赤之子和拔都之兄弟：斡儿答、昔班（Shiban）、别儿哥和唐古特（Tangut）；察合台之子：不里（Büri）和拜答儿（Baidar）；窝阔台之子：贵由和合丹（Kadan）；拖雷之子：蒙哥和拔绰。除此之外，还有成吉思汗另一子阔列坚（Kulkan，非孛儿帖所生）。[305]

战役目标雄心勃勃，史无前例。目标因入侵者们进军方向不同而有差异，因为蒙古人要占领一些地区——如伏尔加河中下游地区、黑海以北地区和潘诺尼亚平原，那里有大片牧场；其他地区如罗斯、波兰、摩拉维亚等作为掠夺之地，因可掳掠人口和索贡而具有吸引力等。为此，蒙古入侵者不仅依靠哲别和速不台远征所获取的信息，也借助其他情报以防意外，因为那可能会打乱其原定计划。

很难估计蒙古远征的兵力，因为他们分兵作战，只是在形势需要之时才集中兵力。在入侵期间，为了补充兵力，蒙古人胁迫降军参加远征。另一方面，为入侵者攻势如潮所震撼，当时人士在记载蒙古军队人数之时不免夸大其词，有时试图以压倒优势兵力来解释他们成功的原因。不过，当解释蒙古军队的辉煌战绩之时就不能忽视其强大军力。在此，我们认为蒙古兵力超过10万。

根据最近估计（这很难确定，但也很难反驳），入侵罗斯之时，蒙古军队人数达13万—15万人，在其中只有5万—6万人是蒙古人，剩下8万—9万人来自被迫参战的其他民族。在远征中所遭受的损失虽不可忽视，但可于扩张中为新募兵员所补充。[306]

在无可挑剔的组织协调之下，从1236到1242年，战役持续了六七年,对东欧的命运产生了重要影响。战役起始于直接进攻伏尔加河和卡马(Kama)河的不里阿耳人,随后入侵巴什基尔人(Bashkirs)、莫尔多瓦人(Mordvins)①、阿兰人、库蛮人和欧洲东部的其他民族。东方和俄国史料提供有关袭击不里阿耳人都城博尔加尔(Bolgar)的一些信息。博尔加尔是卡马河和伏尔加河交汇地区的中心,基督教或世俗建筑鳞次栉比,在那里考古挖掘出来自各地的珍贵文物,反映出那一地区多民族、多宗教交融,城市绅士生活富足,与偏远地区有着活跃的商业联系。据学者估计,这座城市的面积大约有500公顷,加上郊区共计800公顷,成为当时面积最大的城市之一,当时巴格达的面积是750公顷(加上郊区是4800公顷),君士坦丁堡是1600公顷,撒马尔罕是218公顷(加上郊区是1500公顷),基辅是380公顷,大马士革仅有106公顷。[307]

尽管兵精粮足并配备有两座大型防御体系,博尔加尔还是顶不住蒙古人的攻势。在城市遭到恣意洗劫、被付之一炬之后,一些居民被亚洲游牧民以典型的残忍方式屠杀,而其他人则遭受奴役。[308] 近几十年的考古挖掘发现了博尔加尔、必列尔(Biliar)(图110)和不里阿耳人的其他重要城市遭到兵燹的痕迹。[309]

拔都军队遭到八赤蛮率领的库蛮军队以及卡奇尔-乌库勒(Kachir-Ukule)所率雅西人军队的顽强抵抗。八赤蛮非常熟悉伏尔加河流域地形,他率军灵巧地穿插于大河之间的密林和岛屿之中,袭击入侵的蒙古军队。拖雷之子蒙哥,即未来的大汗,率军费了九牛二虎之力击败了八赤蛮率领的库蛮军队。[310] 当时蒙哥曾得到其兄拔绰的帮助。当八赤蛮的防守策略奏效之时,蒙哥建造了200艘船只,每艘可运送100名士兵,形成了一只临时打造的船队,埋伏在伏尔加河两岸。最终库蛮首领被俘,被押到蒙哥面前,蒙哥命令拔绰立即将其处死。[311] 这是当时蒙古人对胆敢反抗者的通行惩处。志费尼史书详细记载了双方的叙述,不仅展现出库蛮人拼命顽强抵抗,而且也揭示出蒙古人的战术创新。尽管如同欧亚草原其他游牧民,蒙古人也不擅于水

---

① 译者注:莫尔多瓦人为俄罗斯少数民族,主要分布在莫尔多瓦自治共和国。

战，但为了与八赤蛮交战，不得不打造一支中等规模的船队。即使波斯史书没有细说此事，但人们推测不是蒙古人而是交战区域的当地人造的船，他们被迫如此行事。

蒙古人征服了伏尔加河流域之后，在1237年的最后数月，进军罗斯诸公国。尽管卡尔卡河惨败的记忆犹新，不里阿耳人出乎意外被征服的消息迅速传播，罗斯诸公国却未联合起来反对可怕的敌人，相反，他们要么与蒙古人单打独斗，要么在某些情况之下，不战而降。长期不和恶化了各王公家族之间的关系，当时政治短视使得他们对其命运的威胁浑然无知，妨碍了他们联合起来抵抗入侵。在某些情况之下，他们没有联合起来的原因也许是估计蒙古人鞭长莫及，只会波及邻居封地，事不关己。由此，谨慎、恐惧或自私这些因素妨害了罗斯王公们同仇敌忾。

在进攻罗斯之前的1237年秋天[312]蒙古人召开了一次忽邻勒台，旨在解决战役的细节问题。尽管东欧的隆冬滋生诸多不便，但蒙古人毫不犹豫发起冬季攻势，可能也是为了避免遭遇渡河困难。实际上，在许多场合中蒙古人后裔在东欧建立的诸汗国更喜欢在冬季发起攻势，因为当时居民已在驻地聚拢畜群和收割庄稼，这提高了劫掠袭击的效率。一个尚未解决的问题是蒙古游牧民如何面对可怕的霜冻、在雪地行进、找到宿营之地、在辽阔荒无人烟之地为马匹寻找饲料，这仍旧是个谜。众所周知的是，拿破仑和希特勒在俄国发起冬季战役，都导致了灾难，尽管他们拥有现代武器。

第一个遭遇入侵灾祸的罗斯公国是梁赞。蒙古人从博尔加尔，沿着伏尔加河中游右岸，此后转向西南，到达梁赞领土的奥卡（Oka）河畔的梁赞城（与该国同名），今指老梁赞（Staraia Riazan），以便与今天梁赞相区别，两地相距大约50公里（约31英里）。

靠近公国边界时，拔都汗发出通牒要求该国十分之一的人口、马匹以及其他商品应当置于他的掌控之中。考虑到这一要求难以接受，大公尤里·伊戈列维奇（Iurii Igorevich）试图备礼游说拔都放弃索求。与此同时，他也派使节前往弗拉基米尔、尤里·伏伏洛多维奇（Iurii Vsevolodovich）等大公以及切尔尼戈夫和诺夫哥罗德－谢伟尔斯克公国宫廷寻求支持，但遭到拒绝。

他只好硬着头皮面对蒙古骑兵，后者开始在1237年12月16日围困梁赞。

梁赞城有一道复杂的大型土垒防御工事，长1500米，厚23—24米，高9—10米，在其上设有厚木栅栏，有几座塔楼及三座城门。毗连的壕沟有7米宽，约3米深，沟底到栅栏顶高度超过15米。[313]以木制结构为基础的类似防御体系遍布整个东欧，但它们却在蒙古人攻势之下显得弱不禁风，因为蒙古人曾在中国和中亚进攻过无比坚固的石垒或砖砌防御工事。

经过几天的交战，12月21日，公国的都城陷入拔都军队之手。他们野蛮掳掠，大肆屠杀居民，尤里·伊戈列维奇就是其中受害者之一。其他城市也遭遇类似的命运。[314]在波斯史料之中，梁赞可能被称为"阿儿盘"（Arpan）。据记载，它是第一座遭到蒙古人进攻的俄国城市。据称成吉思汗家族精英以拔都为首，斡儿答、贵由、蒙哥、合丹、不里和阔列坚参加了这场超过三天的征战。据说阔列坚因重伤死在了亦客（Ike）[315]，那是蒙古在阿儿盘（Arpan/Riazan，梁赞？）胜利之后进攻的第一个目标，其位置有待确认。

在梁赞的深度考古调查发现了大批珍贵文物，那是在蒙古进攻之时当地人惊慌失措中丢弃或掩藏的。在所发现的珍宝之中，最主要的是在1822年、1868年和1968—1973年所挖掘的，包括金银盒、手镯、指环、项链、耳饰、十字架、吊坠以及由许多精致饰件构成的垂饰[316]，反映出当时城市居民的富足，也揭露出蒙古人贪婪掳掠的行径。尽管遭到毁坏，梁赞（老梁赞）城的生活依旧延续，但城市却陷入长期衰退阶段，因邻近蒙古人所在的草原而雪上加霜，这也说明了他们在十四世纪选择奥卡河支流特鲁别日（Trubezh）河畔的佩列亚斯拉夫（Pereiaslavl/Riazanskiĭ）作为都城的原因。[317]

蒙古人入侵的下一个目标弗拉基米尔（Vladimir）公国，在当时的罗斯地区，可能是一个强大的国家。尤里·伏伏洛多维奇派遣的一支拦截军队被全歼。蒙古人轻取科洛姆纳（Kolomna）和莫斯科，然后围困弗拉基米尔。其城防在没有大公的情况之下，由其幼子弗谢沃洛德（Vsevolod）统帅。主教弥特若梵察觉守城者的士气正在动摇，激励其同乡即使冒着生命危险也要抵抗。尽管他们死守，但箭如雨发，伴随着蒙古人使用攻城器械猛攻，弗谢沃洛德认为抵抗已徒劳无益。为了拯救自己及其臣民，他仅带数人出城向拔都汗献礼。蒙古最高统帅对此无动于衷，下令处死弗谢沃洛德和摧毁该城。经过不到五天的抵抗，1238年2月7日，弗拉基米尔被攻破。拔都汗也不放过主教、王妃及其孩子。虽然他们藏身于一座教堂，拔都下令连人带教堂统统付之一炬。[318]

与此同时，拔都汗派出的其他分头部队攻破了苏兹达尔（Suzdal）等城市。3月4日在斯提（Siti）河与尤里·伏伏洛多维奇交战，罗斯军队战败，大公本人在战场被杀。随后蒙古人朝向诺夫哥罗德进军，那是一座以商业繁荣著称于世的城市。出于未知原因，该城未遭到蒙古人攻击，或是因为最高统帅的战略目标是其他城市，或是因为通向沃尔霍夫（Volkhov）河畔的那座大城市的道路因解冻、春雨频发而泥泞不堪。拔都汗的军队向南挺进，包围了切尔尼戈夫公国的科泽利斯克（Kozelsk）城，当地奋力抵抗了数周，直到合丹和不里军队加入攻城之后，该城失陷。作为对失败者的报复，所有城市居民遭到肆意屠杀。[319]

1238年夏，拔都之弟别儿哥在钦察大草原集结兵力，一举瓦解了库蛮人的抵抗。[320] 像对付俄国人一样，蒙古人轻而易举地完成了任务，这因为图兰部落联盟缺乏凝聚力。这一缺陷被蒙古军队所充分利用，在十三世纪最后几年，被关在阴暗的热那亚监狱里的威尼斯人马可波罗将这一失败的主要原因准确地记录在其吸引人的回忆录中。在最早的法文版[321]和意大利文译本[322]中，面对蒙古进攻时缺乏团结导致数国陷落：罗斯（Rosie）、库蛮尼亚（Comanie）、阿兰尼亚（Alanie/Alania）、拉卡（Lac/Lacca）①、马扎儿（Mengiar/Megia）、齐兹（Çic/Ziziri）②、斯科齐亚（Gutia/Scozia）③和克里米亚（Gaçarie/Gazarie）。

为了躲避战乱，一些库蛮部落藏身于高加索附近地区、巴尔干半岛和匈牙利。忽滩率领人数最多的部落，在匈牙利国王贝拉四世批准下移民潘

---

① 译者注：可能指列兹金人，也被译为"列兹根人"，是南高加索地区的一个民族，主要居住在俄罗斯达吉斯坦南部和阿塞拜疆东北部，主要信仰伊斯兰教逊尼派。
② 译者注：可能指西高加索人。
③ 译者注：可能指克里米亚的哥特人。

613 诺尼亚草原。[323] 意大利高级教士托雷·马焦雷的罗杰（Rogerius of Torre Maggiore）见证了蒙古人入侵阿尔帕德王朝。他提供资料，指出忽滩在头两个回合击败了入侵者，但在第三个回合，在蒙古人进攻之下崩溃，陷入一片混乱之中。[324]

德意志宫廷早已发现库蛮人被击败，四散奔逃，而那些未能跑掉的也被消灭殆尽。[325] 蒙古人与库蛮人之间激烈对抗，随后蒙古人大屠杀，库蛮人四散奔逃的迟来回音传播到近东的拉丁语地区。[326] 蒙古人从钦察大草原前往克里米亚，自1223年的袭击之后，那里对于一些蒙古人而言一直是很熟悉的地区。其他蒙古军队移至莫尔多瓦人的国家，打算以强硬手段重新建立权威。[327]

尽管在其他地区也采取军事行动，蒙古人对于高加索北部地区尤为感兴趣。1238年，蒙哥和合丹进攻切尔克斯人（Circassian），他们生活在黑海东北面的库班（Kuban）河流域。翌年，蒙哥进攻高加索北部的阿兰人，将对手拆散的计划奏效，由此一些首领臣服，甚至参战击败其同胞。不过，阿兰人在山区建造木垒防御工事，顽强抵抗，主要城市马加斯（Magas）经过数周围困之后，才在1240年年初被攻陷。[328] 甚至在完全征服阿兰地区之前，一支蒙古人偏师进攻了达吉斯坦（Daghestan），在那儿当地人和高地人的抵抗给蒙古人带来很多麻烦。尽管在与实力悬殊的敌军交战中失败，阿兰人和其他北高加索民族却不屈服。一旦他们看到有任何摆脱外来统治的机会，就
614 会毫不犹豫揭竿而起。[329]

经过近一年的休整之后，蒙古人重新进攻罗斯诸公国，这次指向南部地区。从军事角度观之，那里不如北方。大多数古代俄国史书不清楚佩列亚斯拉夫和切尔尼戈夫失陷的日期，也未记载相邻的要塞如何被攻陷。蒙古人所攻破南俄的第一座大城市是佩列亚斯拉夫，失陷于1239年3月3日。[330] 战争在冰天雪地之中展开。蒙古人可能从钦察大草原发起进攻，在攻打库蛮人之前，他们在那里集结兵力已达数月之久。

在佩列亚斯拉夫被攻破之前，当蒙古军队分散在东欧南部之时，一个名叫"亚罗斯拉夫"（Iaroslav）的人进攻卡缅涅茨[331]，那是一座位于基辅

公国西北部的城市。大公迈克尔·韦沃洛多维奇的妻子和侍臣被俘,后在加利奇-沃伦的公爵丹尼尔(Daniil)斡旋之下获释。[332] 这个亚罗斯拉夫被认定为弗拉基米尔的尤里·伏沃洛多维奇的兄弟和追随者[333],这看来有点奇怪,因为在一年多以前,罗斯东北的这个公国曾遭到拔都汗军队的致命打击。通盘考虑,有人认为征服卡缅涅茨的可能是卢茨克(Lutsk)公爵亚罗斯拉夫·英戈瓦瑞维奇(Iaroslav Ingvarevich),是加利奇-沃伦的封臣。[334] 不考虑亚罗斯拉夫的身份,攻打迈克尔·韦沃洛多维奇的西北领土暴露出一些王公的卑鄙行径,他们利用基辅的困境趁火打劫,对蒙古扩张的威胁一无所知。

攻克佩列亚斯拉夫七个半月之后,1239年10月18日,蒙古人进攻切尼尔戈夫,那是罗斯最繁华、最具威望的城市之一。尽管它有着防御体系和特殊的战略地位,部分归因于德斯纳(Desna)河蜿蜒而过,但最终失利,守军向入侵者投降。[335] 尽管佩列亚斯拉夫和切尼尔戈夫之间的距离轻骑兵仅花一个星期就能通过,而佩列亚斯拉夫和基辅之间路途更短,但蒙古战略家们行动审慎,避免冒险和准备不足。这可能是在历经长期间隔后南俄三个主要公国的中心才受到攻击的缘由。

"罗斯城市之母"基辅被攻陷的日期仍旧持有争议[336]:一些俄国编年史记载是11月19日[337],而其他史书因为资料更多,更为可靠,记载为1240年12月6日[338]。在发起进攻之前,蒙哥(俄国史书记载为Mangu-khan)率领的蒙古先锋部队进逼第聂伯河畔的这座大都市,要求其臣服。派去谈判的使臣被杀意味着战争迫近,在此状况之下,大公迈克尔·韦沃洛多维奇弃城出走,避难于匈牙利,这一空位在一段时间为斯摩棱斯克(Smolensk)公爵罗斯季斯拉夫·姆斯季斯拉维奇(Rostislav Mstislavich)填补,随后他被加利奇-沃伦的丹尼尔·罗曼诺维奇罢黜,后者用波维尔迪米特里(Dimitri)取而代之[339],这再次显示罗斯统治者们不能认清到这一地区面临的严峻形势,而他们只有放弃个人宿怨,同心协力,方能渡过难关。一些历史学家认为大公离开基辅并非准备反击入侵者,而仅是出于恐惧。[340] 基辅防卫的使命落到加利奇-沃伦派代表迪米特里的肩上,他是迈克尔的对手。[341]

集结优势兵力,继续发动西部攻势,拔都汗亲自组织进攻基辅。蒙古军队使用特殊攻城器械在内墙砸出缺口,攻入城市,纵兵掳掠。[342]如同梁赞、维什戈罗德（Vyshgorod）、雷基（Raiki）、科洛达津（Kolodeazhin）等其他罗斯城市,基辅的考古挖掘出入侵者屠城的遗迹。在一些建筑废墟中发现了与敌交战守城者的遗骸。代夏缇纳（Desiatinna）教堂的出土挖掘就显现这一幕。教堂倒塌砸死了大批来此藏身保命或哄抢珍贵物品（珠宝、武器、模具）的民众。[343]

灾难降临这座城市五年之后,人们依旧可以看到（正如见证者所称,也许夸大其词、大肆渲染）尸骨堆积成山。[344]烧杀抢掠使得该城长期衰败,直到现代才恢复过来。

与以往对不主动投降者大开杀戒的情况不同,在攻陷基辅之后,蒙古人饶了波维尔迪米特里一命,他将在下月追随拔都汗参加西南罗斯战役。[345]对基辅的军事行动结束之时,蒙古人前往公国西部,攻打科洛达津和卡缅涅茨。[346]为了攻克科洛达津,蒙古人动用了12部抛石机,但是未能在城防中砸出缺口。后来,虽然居民投降,但蒙古人还是毫不留情地屠杀了他们。[347]

对于蒙古人而言,基辅罗斯投降是大捷,这不仅对东斯拉夫人,而且对整个东欧产生了重大影响。当拔都在库蛮人（钦察人）的领土上时,他想禀告大汗"有长生天庇佑和皇叔垂青",梅格特城（Meget,可能是阿兰人的马加斯）被摧毁,罗斯人和其他十一个民族臣服。[348]除了这些捷报之外,他也指控堂弟不里和贵由不听号令,导致严重摩擦,这使得窝阔台干预,以防大军阵营出现纠纷,削弱进攻势头。[349]

尽管这些成吉思汗的后裔精英彼此不服以及其他因素导致摩擦,但战役正常演进,似乎未受到严重干扰,因为据记载拔都协调一切军事行动。

因不再担心与欧洲东部诸民族对抗,大汗窝阔台下令贵由、蒙哥和统治家族其他成员回朝。[350]尽管贵由撤退是因与远征军最高统帅有着不可调和的矛盾,但就蒙哥而言,人们不能援引同一理由,因为他和拔都相交甚厚,几年之后拔都衷心拥戴蒙哥称汗。[351]在接下来的西部战场中[352],拔都决定削弱成吉思汗沿袭的参与原则,亲统军队,看来战役的结果令人满意,而剑指中欧的行动就有点无关紧要。

攻克基辅公国都城是蒙古人在罗斯行动的必然目标，导致加利奇-沃伦笼罩着完全悲观失望的情绪，那里的公爵丹尼尔·罗曼诺维奇逃至匈牙利宫廷，因此反抗无比强大的敌军普遍被视为以卵击石。

在此状况之下，蒙古人征服弗拉基米尔·沃伦斯基（Vladimir Volynskiĭ）和加利奇，但未能进入克列缅列茨（Kremenets）和丹尼洛夫（Danilov）[353]，也许是因为它们不那么重要，不能刺激蒙古人的胃口。在蒙古人的攻击之下，弗拉基米尔不能抵抗，居民遭到无情屠杀。加利奇和其他城市的居民有着同一命运。[354]这些地方的考古挖掘出无数焚毁建筑和罹难者残骸，这说明了对抗的暴力程度。在一些情况之下，兵燹如此严重导致那些城市再也没有恢复过来。在蒙古人进攻之后，加利奇一直衰落乃至公国都城不得不迁至霍尔姆，市中心位置已变更。[355]

尽管与蒙古人的关系表里不一，丹尼尔害怕与他们有任何直接对抗，在战争期间不敢返回领地，像大公迈克尔一样暂时避难于马索维亚（Mazovia）。[356]也正像他一样，在蒙古人转向匈牙利王国之后，丹尼尔才在1242年返回罗斯。他返回故乡，在当地势力协助之下恢复往昔特权，这表明蒙古人还不能用亲蒙古的人士取代敌视的政治组织，这直到金帐汗国建立之后才有所转变。迄今为止，大入侵全面展开之时，蒙古人的主要兴趣在于军事机制的效率。就此，除了掳掠和捕获俘虏之外，他们的军队枕戈待旦，力图消灭在最近的将来可能强力反抗的任何力量。管辖草原（尤其是钦察大草原）的其他原则似乎是为了确保游牧民的活动空间，但遗憾的是，对此没有详细的资料记载。

（四）中欧战役

1240—1241年冬，大多数蒙古军队集结在加利奇-沃伦，做好进攻中欧诸国的最后准备。[357]最高统帅决定顺势入侵波兰和匈牙利，这一策略旨在瓦解敌方阵营的互为犄角之势，让他们没有时间加强防御（图115）。抵达欧洲东部的多明我会教派使者发现甚至早在大入侵开始之前，蒙古人就计划进攻德意志（Alemania）[358]，这一事实后来在一位法国僧侣编撰的史书中得到证实，书中记载了蒙古汗（rex Tartarorum）召唤腓特烈二世前往蒙古宫廷输诚的事实[359]。

在充分准备进攻波兰之前，蒙古人就已经在1241年1月和2月发动了一些袭击，意在兵力侦察。在这些场合中，蒙古分遣队进发卢布林（Lublin）和桑多梅日，从而抵达维斯瓦流域。3月攻势展开，在拜答儿、斡儿答和合丹分别率领之下，蒙古大军兵分几路：一路从桑多梅日到维斯瓦河左岸的克拉科夫，然后在摧毁奥博莱（Oppeln/Opole）和拉齐布日（Ratibor/Raciborz）之后进军布雷斯劳（Breslau/Wrocław）；另一路也计划抵达西里西亚（Silesia），仍旧迂回到西北，由此穿越库亚维亚（Kujavia）南部和大波兰（Great Poland）①东南；根据一些史学家的观点，第三路从立陶宛（Lithuania）和普鲁士（Prussia）前来支援，集结在小波兰（Little Poland）和西里西亚。3月18日在桑多梅日和克拉科夫之间某地，波兰军队被击败，当时他们试图阻击赫梅尔尼克（Chmielnik）的蒙古军队。缺乏足够兵力加强防御，克拉科夫在十天之后沦陷于入侵者之手。蒙古的进攻引发混乱，引发了各种谣言的流传。因此，在克拉科夫被蹂躏之后，流传着入侵军队像闪电一样兵分三路的谣言：这三路所指分别是挪威、波西米亚和匈牙利。[360]

摧毁小波兰后，蒙古进军布雷斯劳，在4月初合丹和拜答儿合兵一处，引发了西里西亚的惶恐不安，尽管公爵亨利二世聚集了大批军队，主要由德意志人和波兰人构成，并得到条顿骑士团（Teutonic order）、法国圣殿骑士团（Templars）、医护骑士团（Hospitallers）和摩拉维亚人派兵支持。两军在靠近利格尼茨（Liegnitz/Legnica）附近的维尔斯达特（Wahlstatt）——位于奥得（Oder）河左岸的布雷斯劳西北——交锋。不久之前，文策尔一世（Waclaw I）率领捷克军队也加入亨利二世阵营，由此，蒙古人兵力显然比对手少。在1241年4月9日的大战之中，尽管英勇作战，但西里西亚公爵的

---

① 译者注：大波兰是一个位于波兰中西部的历史地理区域。其首府为波兹南。大波兰为中世纪早期波兰的核心，通常被称为"波兰的摇篮"，有时简称"波兰"（拉丁语：Polonia）。这个地区的拉丁文名于1257年在"Polonia Maior"第一次被提到。该地区的名字可能解释该地区为老波兰，而不是新波兰。小波兰（拉丁语：Polonia Minor），位于波兰东南部，首府位于克拉科夫的地区。在1796年更名为波森大公国，在19世纪，大部分属于德意志帝国的波森省。

军队还是被击败，公爵本人被杀。[361]（图111—113）

调查了这些情况之后，波兰教区的多明我会牧师贾诺的朱德因（Jourdain of Giano）认为几乎全国"遭到这些野蛮民族的无情肆虐，他们不分男女老幼，不分贵贱统统屠杀，亵渎上帝的神圣教堂"。为基督教的命运感到忧心忡忡的这位牧师注意到入侵者以无与伦比的冲击力渡过河流，穿越密林，这给他们带来了可怕的名声。[362]

在西里西亚遭遇对抗之后，蒙古人放弃进攻德意志的计划，向摩拉维亚和波西米亚（Bohemia）进军，在那里国王文策尔拥有最坚固的要塞，并为反击做了周密准备，此外，还有德意志军队加入，这给远征的蒙古军团带来很大麻烦，因此他们只能小范围地劫掠了一些定居点。在未能攻克奥洛莫乌茨（Olomouc）之后，蒙古人不敢进攻其他重要城市。由于不能对付这一地区的高地，且受到当地武装反击的威胁，劫掠的机会减少，蒙古人由此转向南面进入多瑙河中部流域，加入拔都率领的远征军主力部队。[363]不过，波西米亚所蒙受的伤亡损失似乎有些惨重。国王文策尔在给邻国的信件之中照此描述，向那些王公求援抵抗蒙古人，因为危险依旧挥之不去。[364]

阿尔帕德王朝无疑是蒙古人入侵中欧的主要目标，那里集结了最多的蒙古军队，名将云集，拔都担任最高统帅。进攻之前，他们避免劫掠靠近匈牙利的东部地区，那是因为在返程之中能够利用那里的资源为军队提供补给，同时也唯恐引发马扎儿人（Magyar）前哨的任何警戒。[365]尽管采取了这些预防措施，但自1240年后期开始流传与俄国接壤地区一些劫掠行动的消息。[366]确保作战补给的同一目的促使蒙古人在1241年让博洛霍沃人（Bolokhovens）①为他们耕作谷物。[367]协调收割、储藏庄稼以及搜刮畜群也吸引着蒙古人远征匈牙利。[368]

自1235年忽邻勒台召开以来，征服阿尔帕德王朝一直是蒙古的优先选择[369]，当开始入侵伏尔加地区之时，这一计划的轮廓更为明晰[370]。在蒙古人意图攻击库蛮尼亚和匈牙利的传闻预警之下，匈牙利宫廷决定派遣几名多

---

① 译者注：博洛霍沃，位于俄罗斯图拉州中部的一个城市，距首府图拉东南20公里。

明我会牧师前往东欧的大匈牙利（Magna Hungaria）地区打探消息。当负有刺探情报使命的僧侣们历经百日筋疲力尽，抵达大匈牙利边界之时，那里已被蒙古人占领。[371]

为了完成这一计划，蒙古人小心谨慎，因为在十三世纪前半叶，匈牙利王国是欧洲最强大的国家之一，对于欧洲东部有着昭然若揭的扩张野心，引发了包括蒙古人在内的任何敌人的疑心和警觉。蒙古人还未领教其军力，但在此前曾有机会对阵过伏尔加地区的不里阿耳人、库蛮人和罗斯人。

在拔都汗的军队穿越喀尔巴阡山脉、兵临城下之前，匈牙利人似乎在与蒙古人对抗之中占据先机。这可从特鲁瓦方丹的阿尔贝利（Alberic de Trois Fontaines）所著史书的最后段落之中推断出来。他作为熙笃会成员，将有关喀尔巴阡山脉和巴尔干之间地区的消息传播到匈牙利和特兰西瓦尼亚。[372]他在兰斯（Reims）西南的马恩河（Marne valley）流域的弗朗索瓦（Vitry-le-François）附近担任牧师，因此在很多情况之下他掌握的资料出人意料地丰富和准确。相关段落聚焦于1239年爆发的一些事件，其中插入了对后期的引用（例如1246年的柏朗嘉宾使团），简要记录了蒙古人的远征。这场远征在特兰西瓦尼亚"伯爵"统帅之下，在靠近米奥提德湖［Meotid(a) Lake/Swamp，亚速海的古称］附近与蒙古人交战并获胜。[373]

据我们所知，在此援引的资料没有得到其他资料或文件的佐证，因此必须有保留地加以审视。法国僧侣似乎不知道整个特兰西瓦尼亚地区不存在伯爵的行政头衔，但这无关紧要。不过，鉴于这个国家和其他欧洲王室采取持续防守的姿态，在这种情况下匈牙利宫廷决定向蒙古展开先发制人的军事行动就显得匪夷所思。不过，假如我们考虑到匈牙利的军力以及其对于东面存有野心的话，就不能反驳特兰西瓦尼亚在喀尔巴阡山脉以外地区采取好战行动的假设，此行动意在保护匈牙利王室在罗马尼亚领土上的桥头堡或支持忽滩汗的库蛮人。绵延至亚速海的军力展示看来不大可能。特兰西瓦尼亚的一些"伯爵"指挥的行动，一定将其范围限定到靠近阿尔帕德王朝的地区。

自从到东欧之后，蒙古人数次派遣信使前往匈牙利宫廷劝降，但让蒙古人觉得奇怪的是匈牙利国王竟然没有回应。蒙古人自称是世界的主宰，这被匈牙利认为是精神错乱,尽管蒙古人进军攻势如潮,势不可挡。如果第一次劝降是宣称主宰权,那么在匈牙利同意接受库蛮逃兵之后,这一举措就被视为对蒙古人的大不敬,一场真正的挑战。为匈牙利王室庇护库蛮人的行动所冒犯,蒙古首领立即报复匈牙利。[374] 最后通牒以简单明了的形式招降,尽管矫揉造作,但仍旧反映出他们倾向于遵循一定的外交程式。在进攻梁赞、基辅、巴格达之前,蒙古人也采取类似做法,意在不战而屈人之兵。在某些场合之下,蒙古人拥有流利运用各种外语的使者。当他们准备进攻伏尔加河中游流域之时,当时资料指出一位蒙古信使能讲马扎尔语(Magyar)、俄语、库蛮语、德语、萨拉森语(Sarracen,阿拉伯语?)以及蒙古语。[375]

被多次警告有关亚洲游牧民的意图之后,国王贝拉除了在王国境内收留库蛮人之外,也花时间加固特兰西瓦尼亚的两座要塞以及在边界构筑木垒防御工事。[376] 在东喀尔巴阡山脉西边,人们发现了数座土垒和木垒要塞,其遗迹可追溯到十三世纪,尽管在这一阶段的研究中尚不能确定它们是在蒙古入侵之前不久建成的。与此同时,在这一地区发现的土墙尚未被准确地确定时间,但它们可能是匈牙利王国防御体系的一部分,由所谓的 indagines(木结构防御工事)构成。[377]

阿尔帕德君主针对来自亚洲中心强大敌人所采取的措施还远远不够,由此,他在与腓特烈二世和其他君主来往的信中遭到指责,被指控消极对待和玩忽职守。[378] 贝拉寻求一些天主教君主们的支持,但请求却没有得到任何回应。能给他帮助的两大力量——教皇和帝国却陷入彼此纠纷乃至不能意识到笼罩在匈牙利的巨大危险。实际上,贝拉四世和腓特烈二世的关系不睦,由此皇帝没有理由帮助他。当基督教面临严重威胁之时,欧洲政治弥漫的卑鄙行径体现在蒙古人入侵之前,十字军在匈牙利针对的不是蒙古人,而是皇帝。1241年2月,为了完成这一使命,教皇格里高利九世(Gregory IX)授予副执事和牧师西维特拉的约翰(John of Civitella)特权。[379]

1241年3月初,蒙古游牧民发起远征。在速不台的辅佐之下,拔都亲自率领蒙古军队主力,从加利奇地区直接开往维瑞克关,此关被当时资料称为"罗斯关"[380] 或"匈牙利关"[381]。与此同时,数支规模较小的部队受命参战,旨在误导敌人,以便在特兰西瓦尼亚的不同地区打击阿尔帕德王朝。为了完成这一任务,这些部队沿着罗马尼亚领土排开(图115)。零散的战斗策略有着双重角色:既防止敌军合兵一处,又增加了劫掠和获得补给的机会。

尽管贝拉竭力加强匈牙利与加利奇罗斯(Halichian Rus)之间的喀尔巴阡山峡谷要塞防御,派驻强大兵力,但蒙古人还是将其一一突破。维瑞克关配有坚固的木结构防御工事[所谓的gyepű(拉丁文资料为indagines)],但也被蒙古人以周密计划加以攻克。根据斯帕拉托的托马斯的记载,在进攻之前有4万人配备利斧,在密林中劈出一条道路。[382]那些开路者,尽管数量被夸大了,但很可能是来自加利奇-沃伦的罗斯人,被迫为入侵者效力,因为他们熟悉路线。

蒙古人深入匈牙利王国领地,进军蒂萨河流域,造成匈牙利宫廷恐慌。除了蒙古骑兵之外,拔都还统率库蛮人、罗斯人和穆斯林部队,他们都是被迫参战的。不像拔都,匈牙利君主只能依靠微不足道的外来支持,一些军队甚至到战斗结束也没来帮助他。例如,奥地利的腓特烈公爵只昙花一现地参加了战斗,后来甚至试图利用其邻居窘迫之际,趁火打劫。不仅如此,在峡谷的要塞被摧毁之后,贝拉四世发现在紧急关头,又遭受4万库蛮军队的抛弃(他们原谅了匈牙利暗杀其首领忽滩汗的行为之后,最近从钦察大草原来此避难)。[383]

为了进行准备工作,拔都派遣其弟昔班率兵1万为先锋。[384]蒙古人向对手搦战,放火焚烧村庄,在受到进攻之时,他们赶紧在战术上变阵。[385]1241年4月11日在靠近塞约河(Sajó river)和蒂萨河汇合处的莫希展开决战。国王贝拉将营盘设在塞约河的一座桥梁附近,在那里布置警戒。因周围是沼泽地,匈牙利相信蒙古人只能从警戒的桥梁方向发起进攻。这一如意算盘却大错特错,招致灾难,因为蒙古人发现了可在夜间神不知鬼不觉地渡过沼泽地,在早晨他们出其不意地攻击了敌军。暴风般的箭雨使匈牙利阵脚大乱。[386]当蒙古军队主力与昔班先遣队合兵一处之后,匈牙利军队陷入一片混乱。对于匈牙利而言,皇家大帐被摧毁又是另外一场心理重创,他们仓皇撤退,在战场留下数万具尸体。[387]其中就有王国的教会和政治精英的著名代表:埃斯泰尔戈姆（Esztergom）和考洛乔（Kalocsa）的大主教，杰尔（Gyor）、特兰西瓦尼亚和尼特拉（Nitra）的主教、副首相锡比乌（Sibiu）的尼古拉斯以及大批贵族。[388]

国王费了九牛二虎之力才逃出险境，避难于奥地利公爵的宫廷，但被扣留了一段时间，被迫交出一些珍宝，许诺割让靠近边境的三县。[389]匈牙利的其他逃亡者寻找摆脱蒙古人的藏身之地，也遭到奥地利的抢劫，且在边境地区引发军事对抗。[390]相当不体面地利用邻居的窘迫趁火打劫，这源于早期奥地利和匈牙利之间的紧张关系，1233年和1235年两国曾先后爆发冲突。[391]到达奥地利"好争论的腓特烈二世"（Friedrich der Streitbarer）的宫廷之时，贝拉派瓦茨（Vác）主教向皇帝和教皇求援。[392]在他获释之后，匈牙利国王暂时住在萨格勒布（Zagreb），他竭力重组未受入侵的多瑙河右岸领土。在宫廷仓皇避难的紧急状态之下，国王之弟去世，被埋葬在凯斯玛（Cesma/Császma）的多明我会修道院中。斯帕拉托的托马斯提供了这条信息[393]，这与许多编年史所宣称的皇家代表死于莫希之战中的说法相龃龉。

1241年5月12日，贝拉四世向教皇格里高利九世致函，说他们在蒙古入侵之中损失惨重，王国前景堪忧。[394]信函颇费周折才辗转至教皇手中，因此罗马教廷到6月16日才回信。[395]教皇信守了回信中要帮助匈牙利国王的诺言，并号召阿尔卑斯山以北的一些教团和高级教士一起组织反对蒙古人的十字军东征。[396]看来，德意志的好几位主教在这方面更有效率。因此，在埃尔福特（Erfurt）的会议中，美因茨（Mainz）大主教西格弗里德（Siegfried）连同他在马格德堡（Magdeburg）的同仁，号召其部下尽快在1241年4月25日参加十字军东征。[397]因为号召在莫希惨败的两周后才发出，所以这不可能是教皇的倡议。埃尔福特会议决议也发生在国王康拉德四世决定之前，因为他于5月19日在埃斯林根（Esslingen）发出号召[398]，对贝拉四世的求援做出了响应[399]。5月末，科隆大主教霍赫斯塔顿的康拉德（Conrad of Hochstaden）也宣布十字军东征。[400]不过，1241年6月20日，皇帝腓特烈二世下诏臣民与蒙古人交战[401]，这离格里高利九世做出类似决定的日期非常接近。当时一位意大利史学家里卡多达·山克托·杰玛诺

[Riccardoda(Richardus de) Sancto Germano]认为皇帝是在6月得悉匈牙利国王战败的消息[402]，尽管令人难以置信如此重要的消息会姗姗来迟。腓特烈二世拖延做出正式决定十字军东征的时间，更可能是因为他卷入了与罗马教会（Apostolic See）以及意大利北部城市因拒绝他的权威而发生的争执中。为了讨皇帝的欢心并获得他对抗蒙古的支持，贝拉四世的使节瓦茨主教表示愿意将匈牙利王国置于其保护之下[403]，由此成为神圣罗马帝国的封臣。

当拔都汗的军队深入匈牙利，进攻其中心地区之时，其他蒙古军队在其东部和东南部边界积极策应，与罗马尼亚人交战。后者没有明晰条理的国家组织机构、久经锤炼的军事组织和必备的防御体系，从而不能有效抵抗蒙古人。从加利奇-沃伦到摩尔达维亚的蒙古通道的痕迹在布科维纳（Bucovina）北部被记录了下来，在当地一些带有壕沟、土方工程和木制栅栏设防的定居点中，发现有兵燹之灾的痕迹，时间可追溯到十三世纪之前。[404]

合丹和不里所率领的强大骑兵穿越摩尔达维亚以及东部喀尔巴阡山脉之后，到达萨姆苏马雷（Someşul Mare）峡谷，然后抵达罗德纳（Rodna），那里是重要的采矿中心，主要居住着撒克逊人（Saxons）。为了迷惑防守者，蒙古人佯装撤退，然后出其不意，攻其不备，在1241年3月末轻取该地。佯装撤退、出乎意料地杀个回马枪是蒙古人的战术特色，屡试不爽。占领这座城市之后，蒙古人屠杀了大约四千居民[405]，强迫六百名撒克逊人作为向导加入西征的行列[406]。4月2日，特兰西瓦尼亚的另一座居住着撒克逊人的城市比斯特里察（Bistriţa/Nösen）沦陷于蒙古人，据说有六千人被杀。

卢森堡的厄克特纳（Echternach）修道院的笔记手稿（现存巴黎）包含了以上信息，也提及两天后，科克尔堡（Kümelburch/Kokelburg）村（有待确认）被占领，据说死难人数达到三万，这显然要么夸大其词，要么弄混淆了，因为当时在特兰西瓦尼亚没有哪个村庄或甚至城市可能居住如此众多的人口。同一支蒙古军队征服了克鲁日（Cluj）城。[407]在加入拔都军队之前，合丹用抛石机攻城，最终在城墙砸出缺口，攻占奥拉迪亚（Oradea），不分男女老幼统统屠杀。[408]

在合丹所率军队之中，应当有试图抵达比斯特里察山谷的特兰西瓦尼亚分遣队。他们摧毁了地处战略要地、戒备森严的尼亚姆茨（Bîtca Doamnei-Piatra-Neamț），并控制了这一地区。鉴于地处要塞之中的地下没有任何考古证据支撑十三世纪中期之后此地区存在居住地的观点，可以肯定的是当蒙古人到来之时，防守者放弃了这一地区。在焚毁的木垒防御工事遗迹发现了大批武器及遗弃的工艺品，显示出这一要塞充满血腥暴力的结局。[409]

另一支分遣队纵向穿越摩尔达维亚，可能沿着普鲁特（Prut）河或锡雷特（Siret）河。他们的主要目标是库蛮人主教辖区，位于东、南喀尔巴阡山脉交汇处。根据罗杰的记载，这支军队由一个名叫 Bochetor 的人率领，他被描绘为拔都汗"大帐"中最出色的将领。他的名字肯定被记错了，或是源于术语"巴图尔"[指游牧军事贵族，主要意指"英雄/勇敢的（人）"] 的误写[410]，或是来自一个人名 [可能是拖雷之子拔绰（Böček），或术赤之子、拔都兄弟伯克迭儿（Bärkačar）]。渡过锡雷特河之后，Bochetor 消灭了迎面而来的军队，占领了整个"库蛮主教辖区"。[411] 在那些与他迎面交锋的军队之中有罗马尼亚人。他们是这一主教辖区的大多数居民。

当蒙古人渡过锡雷特河之时，喀尔巴阡山脉东部人烟稀少，尤其在其南部，这起初由于在当地存在着不安分的图兰部落，导致当地人大批离去，这为过去几十年的考古挖掘所揭示。不过，一些叙述资料显示存在着一些罗马尼亚人的政治组织[412]，但其不够稳固有力，从而不能有效抵御蒙古军队。

有关蒙古入侵喀尔巴阡山脉与多瑙河之间地区的重要信息记载在拉施德丁（1247—1318）编撰的史书之中，此书以事实资料为依据。这位波斯学者的著作认为拔绰所率的一支军队"经过喀喇瓦拉几人（Qara-Ulagh）地界，穿越山区，击败了瓦拉几人（Ulagh）"，于是抵达 Mišlav 统治地区的边界，再次获胜。[413] 喀喇瓦拉几人肯定是居住在喀尔巴阡山外的"黑瓦拉几人"，而所谓的瓦拉几人似乎定居在瓦拉几亚的喀尔巴阡支脉地区或特兰西瓦尼亚南部。Mišlav 可能是当地某个政治组织的首领。与研究拉施德丁文本的其他学者不同，米申（D. Mishin）认为 Miš Lâw 不太可能是一个人的名字，而是一个族名（Namîš Lâr），可能指日耳曼（Nemtsy）族群。[414]

蒙古人经过罗马尼亚人地区的后期影响记载于意大利传教士里科

多·达·蒙特克罗齐的笔记之中。他认为一支蒙古军队沿着黑海海岸兜了一圈，劫掠了可萨里亚（Khazaria）以及罗马尼亚人、罗斯人和白俄罗斯人（White Ruthenians）所居住的地区，后来摧毁了匈牙利和波兰。[415]

在瓦拉几亚中部和西部，几个政治核心正在形成，其中一些位于蒙古军队进军阿尔帕德王朝的路线途中。1247年的医护骑士团文书提及约翰和法尔卡斯（Farcaș）的公国、奥尔泰尼亚的里托沃伊（Litovoi）总督区以及另外一个位于奥尔特（Olt）河以东的塞尼斯劳（Seneslau）总督区，他们都是匈牙利王室的封臣，拥有不同程度的独立地位。[416] 这些政治组织无疑在蒙古大入侵之前就已存在，因为入侵军队（正如其他地区一样，带来大破坏和混乱）撤退五年之后，不可能有创建更高级组织形式的必要条件。在匈牙利实力处于完全衰退阶段，它的权力延伸到喀尔巴阡山脉以南也不太可能。十三世纪中叶，瓦拉几亚的喀尔巴阡支脉地区存在着一个初具雏形的国家核心，这在阿尔杰什河畔库尔泰亚（Curtea de Argeș）[417]和登博维察（Dîmbovița）河流域中的塞塔托尼（Cetățeni）密切相关的发现中可以得到证明[418]。这种类型的政治组织不能阻挡蒙古人的进军，尽管也许可能从周围山脉和森林采取各种袭扰，迟滞敌军。实际上，瓦拉几亚地区受到入侵的消息也来自1250年的法令，该法令提及蒙古军队通过"多瑙河以外的库蛮人和不里阿耳人的周边地区"，进军匈牙利。[419]

蒙古人摧毁库蛮主教辖区之后，进军布尔萨，在三月末抵达那里。特兰西瓦尼亚总督试图阻止他们进军，但失败了，他的军队被消灭，统帅被杀。[420] 蒙古人可能从奥伊图兹山口（Oituz pass）翻过山去，那是中世纪摩尔达维亚与特兰西瓦尼亚之间最便捷的联系通道。

防守喀尔巴阡峡谷的责任由罗马尼亚人和塞克勒人承担，可从以下事实加以推断：自蒙古入侵之后，由于兵力不足，住在所谓的"森林"（Silvae）的这两个民族被赋予职责，加强边界山口防卫，阻止蒙古人进入这一王国。这些信息〔来源于一部佚名编年史，即所谓的《日耳曼志》（Gesta Germanorum），编撰于十三世纪末的日耳曼语东南部世界[421]〕也几乎同样记载于数十年后的几部史书之中。信息起初可能来自特兰西瓦尼亚，因为用

"Olaci"一词来称呼罗马尼亚人是马扎尔语音形式,尽管包含这些信息的史书记载的时间有误。

对此,来自卢卡的意大利多明我会的巴塞洛缪斯(Tholomeus/Bartholomeus/Ptolomaeus,1236—1326/1327)编撰的《编年史》有两个版本:A 版在 1303—1307 年编撰,B 版在 1303—1309 年编撰。该书在叙述 1230 年事件的一个段落中提及 Olleraci(在其他版本即 B 版有更准确的书写形式 Oll'aci)和西库里人(Siculi)①所完工的要塞[422],第一个族名显然指 Olaci/Blaci。在相同的语境之中,作者声称(这当然是错误的)匈牙利人用 Silvae 意指 montes Riffei,而鞑靼人在战斗之中穿过那里。[423] 在这种情况之下,地名 Ultra Silvas(Transylvania,特兰西瓦尼亚)的前半部分可能因元音省略而改变。巴塞洛缪斯援引各种资料但却未充分校对,他在《编年史》其他段落无意之中提到了蒙古人大举入侵匈牙利王国,但也错误地断定在 1222 年[424]和 1240 年[425]。

巴塞洛缪斯的另一部著作叙述了从古至 1312 年的教会史(可能在 1315—1316 年编撰),也有一个段落提及蒙古人入侵欧洲,错误地定在 1231 年。这一段落讲述了入侵者强行穿越里菲安(Riphei)山,此山被匈牙利人称为"森林"。在匈牙利和波兰被蹂躏之后,居住在"森林"的潘诺尼亚居民封闭峡谷以防被卷土重来的敌人穿越。[426] 并未意识到提及的是同一事件,巴塞洛缪斯再次记录蒙古人入侵是在 1222 年,且提出蒙古人穿越里菲安山和匈牙利边界上的森林,然后劫掠整个王国。[427] 正如所见,意大利多明我会的教会史以编年史的相同体例记载,只是略去了"封闭"峡谷民族的描述。

威尼斯的马里诺·萨努多(Marino Sanudo,称作 Torsello)的史书也犯了同一错误,该书编撰于十四世纪二十至三十年代。作者无疑未能意识到这一错误,将蒙古大入侵定在四个不同的时间:1222 年、1230 年、1241 年和 1244 年。[428] 1230 年的章节包含了有关 Olaci 和西库里人的细节。[429] 十四世纪前半叶末期,在方济各会修士波莱纳斯(Paulinus,马里诺·萨努多同时代之人)编撰的史书之中,有关罗马尼亚人和塞克勒人的信息时间定在 1231 年[430],尽管在列

---

① 译者注:西库里人(Siculi)是居住在西西里岛东部的古代西西里部落。

举遭到蒙古人肆虐的欧洲国家之时，时间定在1243年[431]，但在圣伯丁（Saint Bertin）修道院编年史［十四世纪后半段由伊普尔（Ypres）的吉安·伊昂内斯·朗格斯（Jean Ioannes Longus）编撰］记载之中，作为主角的Olaci和西库里人参与的事件发生在1233年[432]。

根据上述十四世纪的文本，我们推断出那些作者将罗马尼亚人和塞克勒人所居住的"森林"理解为Montes Riphei，且被作者们以不同方式描述：卢卡的巴塞洛缪斯称之为Riffei，马里诺·萨努多称之为Riphei，威尼斯的波莱纳斯称之为Rifei，杰汉·勒隆（Jehan Le Long）称之为Ziphei。这一地名由阿尔克曼（Alkman，约前650－前600年）首次提出，随后在古典时代被学者、地理学家和史学家们所提及，但其位置不明并发生了变动，大体在欧洲极北地区或欧洲东部，为斯基泰人和萨尔马特人（Sarmatians）所居住区域。[433]尽管像斯特拉波（Strabon）那样审慎的地理学家将那些谈论Ripaia óre和极北地区民族的人称作"说谎者"[434]，但这一术语继续被使用。例如奥罗修斯（Paulus Orosius）的作品在中世纪享有盛誉，将欧洲东界定在里菲安山、顿（Tanais）河和米奥提克（Meotic）湖。[435]在此讨论的情况之中，里菲安山的古称显然指喀尔巴阡山脉东部山链，而马扎尔君主在（Ultra）Silvas的罗马尼亚人和塞克勒人的帮助之下防守。提及的特兰西瓦尼亚以奥卓·希尔瓦娜［ultra sylvana（Ultrasilvana）］的形式出现在蒙古入侵的欧洲东部及匈牙利，也出现在十四世纪中期威尼斯的安德雷亚·丹多罗（Andrea Dandolo）所编史书中[436]，还出现在十五世纪前半段另一位威尼斯人洛伦佐·德·莫纳西斯［Laurentius (Lorenzo) de Monacis］编撰史书的段落之中[437]。

1239年，在特兰西瓦尼亚东部山区建造木垒防御工事（上文提及）过程中[438]，罗马尼亚人和塞克勒人可能也做出了重要贡献。塞克勒人享有军事威望，例如他们曾伴随国王安德鲁二世前往圣地参加十字军东征[439]，尽管没有成功，但正如拉丁马扎尔文史书所指出的，这仍旧是颇有裨益的经历。

一旦攻破在布尔萨地区的木垒防御工事、击败特兰西瓦尼亚王公的军队之后，蒙古分遣队沿着奥尔特河流域向西进军途中几乎畅通无阻。1241年4月11日，他们占领并摧毁锡比乌城之后，继续向匈牙利进军。[440]达尔马提亚

（Dalmatian）史学家和副神父斯帕拉托的托马斯（Thomas of Spalato）表明，蒙古军队致使整个特兰西瓦尼亚地区人口锐减。由于这一信息被放在有关入侵带来毁灭的叙述第一部分[441]，人们可以推断编年史家意指1241年的春季形势。

曾分别在波兰、摩拉维亚、摩尔达维亚、瓦拉几亚和特兰西瓦尼亚作战的蒙古军队与拔都主力（图115）合兵加强了蒙古人在多瑙河东部马扎尔诸省的地位，在那里自主要城市和要塞被攻克之后，游牧民开始在各个首领之中分配地盘[442]，显示出他们将这一地区置于直接控制的明确意图。匈牙利人暂时守住了多瑙河防线，同时采取一系列新措施，旨在加强多瑙河右岸的城市中心的防御。然而蒙古人的袭击不可能被阻止，布达被攻陷，埃斯泰尔戈姆被围（那里有一座王宫及大主教驻地，当地人在那里得到法国和伦巴第军队的帮助）。在经英勇抵抗后，他们不得不拱手将该城让于敌军，尽管敌人不能进入由西班牙人西米恩（Symeon）率军死守的城堡。[443]

布达和佩斯（Pest）遭受大规模的破坏，在过去几十年里，经过考古挖掘，几处遗迹被发现。[444]很多人为了免遭屠杀，前往佩斯的多明我会修道院寻求庇护，祈求神灵怜悯，但最终不过是一场幻想而已。蒙古人以玩世不恭的态度将修道院付之一炬。根据当时的资料，有1万人死亡。[445]这个数字显然被夸大，一个宗教场所不可能容纳这么多教民。

如果说西方对入侵伏尔加不里阿耳、库蛮尼亚和罗斯带来劫难的消息无动于衷（虽被视为严重事件，但并没有任何可能的影响）的话，那么在利格尼茨和塞约河的灾难，尤其是波兰、摩拉维亚和匈牙利遭受到的一系列严重打击的消息就犹如晴空霹雳。罗马教廷和欧洲诸君主，各王公们深为震撼于亚洲游牧民在欧洲东部基督教领地的暴行所造成的触目惊心的破坏，显然警觉到毁灭的冲击波将继续以并不缓和的步伐冲向既定目标，担心入侵纵深地带会重创远至北欧的贸易。[446]

自蒙古人征服匈牙利王国的大片领土和抵达多瑙河中游之后，流言盛传他们计划占领德国和法国[447]，不安也传递到布拉班特（Brabant）和佛兰德斯（Flanders）边界[448]。除了有关劫难之外，当时的人们也流传着各种稀奇

644 古怪的消息,诸如声称蒙古人吃人等野蛮行径之类的流言(图118:2)。[449]与此同时,也有无意中弄错的信息,例如,腓特烈皇帝之子亨利(海因里希)在战场被杀的消息[450],亨利显然被误作是同名的西里西亚(Silesian)公爵,他在利格尼茨附近的维尔斯达特战场英勇战死。

不过,贝拉在绝望之中向罗马教廷和各基督教王公求救,除了得到许多同情、建议、鼓励和许诺,只得到寥寥无几的积极回应,然而,神圣罗马帝国皇帝霍亨斯陶芬王朝的腓特烈二世(1212—1250)在一定程度上做出了响应,试图从这一机遇中获利,以协调罗马天主教世界君主们之间的军事行动,以防蒙古人的威胁转变为一场迫在眉睫的危险。他渴望恢复声望,因为在长期与教皇格里高利九世(1227—1241)的争吵中,他的声望大跌。[451]

教皇和帝国之间的冲突导致,他们在抵抗蒙古人进攻之时出现了组织中的种种失灵现象。尽管想方设法组织新的十字军东征圣地,神圣罗马帝国皇帝还是在1227年被革除了教籍。翌年,教廷固执地试图加入西部主要王国的庞大阵营以削弱皇帝的权力。不过,皇帝在国内外的地位相当稳固,由此,"卡诺萨时刻"(Canossa moment)①没有机会再现。[452]双方冲突再起,愈演愈烈,到1239年达到新的高峰。次年秋天,教皇邀请神圣罗马帝国皇
645 帝、高层牧师以及意大利北部各城市代表在罗马开会,计划在1241年3月31

---

① 译者注:自从查理大帝于800年被罗马教皇加冕为"罗马人的皇帝"以后,罗马教皇有了与世俗政权争权夺利的资本,从而导致了长达数百年之久的政教之争。在萨利安王朝亨利四世(1056—1106年在位)统治时期,这场政教之争最为激烈并最终导致战争。1075年,教皇格里高利七世(Gregory VII)趁德意志国内局势未稳之际,命令亨利四世放弃任命德意志境内各教会主教的权力,宣布教皇的地位高于一切世俗政权,甚至可以罢免皇帝。对此,亨利四世召集德意志主教会议,宣布废黜教皇。于是格里高利七世发布敕令,废黜德意志皇帝亨利四世,革除其教籍,解除臣民对他的效忠誓约。与此同时德意志国内以士瓦本公爵鲁道夫为首闹独立的一些诸侯宣称,倘若亨利四世不能得到教皇的宽恕,他们将不承认他的君主地位。在这种内忧外患的严峻形势下,亨利四世再也无法顾及自己高贵的皇帝身份,演出了一场德意志版的"负荆请罪"。这位德皇决定暂时委屈一下自己,前往意大利北部托斯坎纳伯爵夫人的卡诺莎城堡(Canossa),以向隐居在那里的教皇忏悔请罪的方式来争取时间。1077年1月,年仅26岁的亨利四世带着他的妻子和孩子站在满地白雪的卡诺莎城堡的院子里。根据习惯,年轻的德皇赤足披毡站在寒冷的雪地里苦苦恳请教皇接见,并请求其原谅他这个认了罪的人。而格里高利七世这位出身低微的手工匠人的儿子,硬是让高贵的德皇在室外等了整整三天,直到使其受尽了精神上的侮辱后才出来恩赐给这位忏悔者一个赦罪的吻。

日举行。教廷执拗地无视大批蒙古军队在征服大陆东部之后、正开始进攻中欧的危急局面。最终，神圣罗马帝国皇帝在比萨（Pisa）和西西里（Sicily）舰队帮助之下，挫败罗马会议的计划。1241年5月3日，他们在靠近托斯卡纳（Tuscany）海岸抓捕多位红衣主教，由此，针对腓特烈二世［在但丁的《神曲》(Inferno, XII, 75) 之中受到赞美的君主[453]］新的革除教门的行动[454]招致挫败。

为了摆脱格里高利九世的压力（实际上他不久之后就去世了），皇帝命令其子，即国王康拉德四世援助匈牙利人。不过，康拉德四世注意到多瑙河战场暂时处于胶着状态，由此他在没有向多瑙河左岸的蒙古人阵地投入一兵一卒的情况下，返回自己的国家。阿尔帕德王朝的状况继续吃紧，甚至出现极度悲观的论调，听来像挽歌，这被当时尼尔德拉奇（Niederaltaich）修道院［位于多瑙河北部、施陶宾（Staubing）与帕绍（Passau）之间］的巴伐利亚僧侣赫尔曼（1200—1275）写入对1241年事件的简要记载之中："今年匈牙利在建国350年之后，将被鞑靼人摧毁。"[455]

意识到匈牙利国王的威望会给反抗势力带来东山再起的危险，蒙古人派出一支劲旅打击贝拉四世，主要目的是抓获他。指挥官是大汗窝阔台之子合丹，拔都麾下的名将。由于没有侍卫扈从，国王逃到克罗地亚（Croatia）的达尔马提亚海岸，先后在靠近亚得里亚海的几个岛屿要塞之中避难，焦急等待危险的消退。出于安全考虑，他将其妻玛丽亚·拉斯卡瑞斯（Maria Laskaris，尼西亚的狄奥多尔一世之女）以及王位继承人，即尚未成年的斯蒂芬也送到达尔马提亚，在那里他们避难于克里斯（Klis/Clissa）要塞，靠近斯普利特（Spalato/Split）。[456] 由于未能抓住贝拉，也不拥有舰队，蒙古分遣队转而洗劫巴尔干西部地区。克罗地亚和达尔马提亚损失惨重，合丹军队在1241年晚冬至1242年年初春驻扎在那里。[457] 尽管想方设法，蒙古人还是不能攻克防守牢固的克里斯、斯普利特和杜布罗夫尼克（Dubrovnik）要塞[458]，由此，这再次证明唯一能抵抗蒙古人攻势的是要塞化的防御中心，而在野外交战对所有亚洲和欧洲敌人而言，总是灾难。不仅匈牙利王室、教士和贵族，而且大批当地人也躲进亚得里亚海岸的要塞避难。[459]

巴尔干半岛行动也影响到波斯尼亚（Bosnia）和塞尔维亚。根据斯帕拉托副主教托马斯的记载，蒙古人放火焚烧科托尔（Cattaro/Kotor，可能是要塞之外的郊区，亚得里亚海岸的一座重要港口），然后摧毁了斯瓦奇（Svač）和德里瓦斯托（Drivasto）两座城市。[460] 蒙古人的一支分遣队抵达色雷斯，被君士坦丁堡的拉丁皇帝鲍德温二世的军队击退。尽管在初次对抗之中蒙古军队被击败，但他们会卷土重来并加以报复。[461]

1242年上半年，以潘诺尼亚平原为进攻基地的蒙古游牧民发动了对奥地利东部地区的多次袭击，之后满载着奴隶及战利品返回。袭击可能是打算侦察他们的反击能力，为将来大规模入侵这一帝国做准备，而那里长期以来是拔都和其他蒙古将领的征服计划之一。这一火力侦察再度暴露出中欧各国防御体系的脆弱程度，如果亚洲骑兵计划入侵的话，这些地区肯定易受攻击。当蒙古人进军抵达奥地利的边界之时，意大利一想到蒙古人将入侵半岛，就会不寒而栗。[462]

战争乌云笼罩全国，奥地利公爵腓特烈二世竭力组织抵抗蒙古人的联盟，包括波西米亚的文策尔一世、阿奎莱亚的贝特霍尔德宗主教①（patriarch Berthold of Aquilea）、卡林西亚公爵伯恩哈德二世（Bernhard II）、巴登的边疆总督赫尔曼（margrave Hermann of Baden）等。当维也纳新城（Wiener Neustadt）面临包围的危险之时，联军前往救援[463]，表现出天主教西方诸君主的十字军团结精神并未完全泯灭。蒙古远征军被奥地利公爵打了个措手不及，因兵力不足，斟酌再三，决定避免对抗，返回匈牙利。通常情况下，草原骑兵移动速度远快于对手，在没有可能获胜的情况之下，会快速驰离。不像行动缓慢的敌人，他们在面临不利局面之时，只能硬着头皮，拼死一战。

在匈牙利战役之中，蒙古人通常依靠其他民族的军事贡献。如果他们在战场上的表现不尽如人意，将会受到严厉惩罚，在大多数情况之下会被斩首。[464] 库蛮人看来是主要的仆从军，因为他们在不同来源的大量资料中被提及站在蒙古人的阵营之中。[465] 一些史书记载库蛮人是唯一进攻罗德纳的

---

① 译者注：宗主教（拉丁文：Patriarcha），按东正教习惯翻译为牧首，是早期基督教在一些主要城市如罗马、君士坦丁堡、耶路撒冷、亚历山大和安条克的主教的称号。

部队。[466]

当匈牙利王国及周边地区处于极度危险之际，1241年12月11日，大汗窝阔台在哈拉和林的宫中去世。[467]尽管蒙古人快捷有效的通信体系在窝阔台统治时代得到了完善，但大汗去世的消息传到拔都帐中已是数月之后。信使任务之困难不仅在于蒙古和匈牙利之间有万里之遥，而且也在于正值寒冷刺骨的隆冬季节。汗位继承和蒙古帝国组织问题至关重要，不能被拔都等成吉思汗后裔王公们忽视。由此，他们决定撤出匈牙利，当地人依靠德意志等地的支持在王国最西端继续控制一些要塞和领土。

匈牙利的长期抵抗保住了至少三分之一的领土，这归因于坚固的据点和城市群集中在西部地区，那里不易被游牧民征服。甚至该国北部的一些要塞也没有投降，那里靠近入侵者的主要入口。[468]不过要塞兵力不足，且防卫薄弱，1250年，贝拉四世在写给教皇的信中曾透露过这一点[469]，那也是战后他实施密集的防御体系建设计划的原因。对蒙古人而言，吞并匈牙利领土需要投入大量时间和兵力，尤其是蒙古军队在经历漫长疲乏的战役之后，面对一个被战争肆虐得千疮百孔的国家而难以找到补给时。

蒙古人在匈牙利所遇到的最大障碍之一（实际上也是其撤退的原因）是食物供给问题。1241年的战火扰乱了农业生产活动（从播种到收获），引发了供给问题，尤其对数千入侵者及当地人而言。当然，饥荒肆虐大片地区，最受影响的是当地人。罗杰记载了在某种情况之下人们吃一种面粉与橡树皮混合制作的面包，这更可信，因他是根据亲身经历而写。[470]

为了独享食物供应，蒙古人在农民收割庄稼之后将他们统统屠杀。[471]尽管有这些防范措施，蒙古人从匈牙利撤退到库蛮尼亚之时，不再供给战俘食物，提供给他们不易食用的献祭动物的部分器官。[472]同样，一些西方编年史学者们宣称饥饿幽灵迫使居民吃死尸、狗、猫等[473]，其他资料描绘出更可怕的场景，据说有的母亲吃自己的婴儿[474]。可能援引多明我会修士特拉波的马丁（Martin of Troppau，也被称为Martinus Polonus 或 Oppaviensis）编撰的史书[475]，拉施德丁也认为在匈牙利和波兰，"大饥荒导致人们吃孩童"[476]。在描述荒芜状态之时，拉丁-马扎尔编年史声称由于不能农耕，死于饥荒的居民人数超过被敌军俘虏和杀死的总人数。[477]根据一些历史学家的估计，在阿尔帕德王朝全部人口之中大约有15%—20%死于入侵和饥荒。[478]

除了蒙古人之外，当地人也参与掠夺。他们利用国内的严重动荡局面，浑水摸鱼，那可能不是由恶魔驱使，而是生存所迫。实际上，那些发生在罗马天主教高层教会的案例显示教会财产也受到了影响。[479]尽管有大量人员、物质和精神财产损失，匈牙利实力雄厚，终于挨过入侵的毁灭性打击，当时他们在莫希之战战败可能会有1526年莫哈奇（Mohacs）之战①那样的灭顶之灾的危险。

事实上，牧场逐渐被牲畜挤满，因此不能提供给入侵者的马匹以足够的饲料，这被视为蒙古人放弃匈牙利草原的主要原因。几乎同样的状况也出现在1260年和1299年蒙古人与马穆鲁克人在叙利亚战场的较量之中。1260年艾因·贾鲁之战爆发前几个月，占领叙利亚部分地区的蒙古军队撤退，促使苏丹古突兹（Qutuz）取得决定性胜利。几十年后的1299年，尽管伊利汗国合赞汗（Ghazan）击败马穆鲁克军队，但在随后的几个月内，他的军队也撤出了叙利亚。一些历史学家解释其撤退的原因是他们不得不处理与其他地区蒙古政权的纠纷。[480]最近的观点指出，伊利汗国军队不得不撤退是由于那里正处在极为干旱炎热的气候之中，大批马匹等牲畜不能觅食草料，尤其是缺水。投入战场的有生力量与所控制放牧区域之间的失衡促使蒙古军队不得不面临严重的战略和后勤障碍。[481]

根据丹尼斯·塞诺（Denis Sinor）的估计，在匈牙利王国参战的蒙古兵力在10.5万至15万人之间，如果考虑伤亡数字，那么一定有10万人。蒙古骑兵远征之时总会携带大批备用马匹，大约有40万匹马。如果每匹马饲料需要25英亩牧场供给的话，那么匈牙利草场要达到4.2万平方公里，即10378425英亩，而我们所讨论区域只能给大约415156匹马提供饲料，那也是拔都所拥有马匹的总数。相关区域也栖息着其他物种的食草动物，尽管多瑙河中游平

---

① 译者注：莫哈奇之战，发生于1526年8月29日，双方为匈牙利兼波西米亚国王拉约什二世（又译路易二世）率领的匈牙利军队及由奥斯曼苏丹苏莱曼一世率领的奥斯曼军队，结果以匈牙利惨败告终，拉约什二世在逃窜时落水而死，匈牙利王国因此被奥斯曼帝国和哈布斯堡王朝分割。

原的放牧潜力很大，但也有限制。[482] 不过，正如所注意到的，这些限制不会终止大规模军事行动。[483] 然而，一系列诸多复杂因素造成的饮食和后勤问题，阻碍了蒙古人完全控制所入侵的这些地区，于是当大汗之死的噩耗传来之时，他们认为离开匈牙利并非下策，转而在黑海－里海草原彻底重整军队。

可能不稳定的气候造成了匈牙利的灾难状况。当时资料记载了1241年法国一些地区持续的干旱对农作物有着负面影响。干旱持续到夏天，也出现在第二年。1242年蝗虫入侵奥地利，摧毁了大多数葡萄园及其他果园。[484] 据记载，西欧和多瑙河中游之间经常出现类似气候，可能证实一个假设，即阿尔帕德王朝领土也受到1241—1242年干旱的影响，这导致入侵者和当地居民食物供给上的困难。

1242年春天蒙古人开始从入侵地区组织有序撤退，竭力防止通过系统劫掠所获食物受损或丢失。在返回途中，他们自然绕过早先经过的地区，因为那里已遭到他们此前的洗劫（图115），由此他们计划更大规模的劫掠。除了各种掳掠品之外，蒙古人捕获大批战俘，人数如此之多导致养活他们成为问题，因此计划将很多人贩卖至传统的奴隶市场。1246年10月1日，教皇英诺森四世（Innocent IV）试图劝说耶路撒冷的宗主教及其下属采取措施防止热那亚、比萨和威尼斯商人出售来自希腊、保加利亚和罗马尼亚的基督徒奴隶给穆斯林[485]，可能他指的是蒙古人在1236—1242年战争中抓获然后卖给奴隶贸易商的战俘。

其中一些游牧民冲向特兰西瓦尼亚，因为入侵者在一年之前快速通过以尽快抵达匈牙利，因此那里有相当多的未受侵扰的人口。当蒙古人前往潘诺尼亚草原之时，没有在他们离开的地方留兵驻守，当地人修筑了一些要塞，未雨绸缪。与亚洲骑兵交战与以前一样是场灾难。修道士罗杰在数月之前曾不幸作为蒙古人的俘虏，随着他们穿过特兰西瓦尼亚返回欧亚草原。他记载："除了几处要塞之外，蒙古人洗劫了整个地区，其地空空如也。"[486] 关于被蒙古人踩躏的阿尔巴（Alba/Iulia）城戏剧性的描述令人震撼。在那里，他"看到除了屠戮的残骸以及宫殿、教堂的残垣断壁之外一无所有，基督徒血水成河"。[487]

其他几支蒙古军队从巴尔干北部的塞尔维亚和保加利亚返回，经过多瑙河左岸，可能途经多布罗加。这一路线在拉施德丁史书之中得到了证实。根据该书，合丹军队摧毁Ulaqut国的Qirqin和Qila。[488]前两个地名被认定为特尔诺沃和基利亚（Chilia），而第三个地名被认为是巴尔干地区的"瓦拉几亚之地"（Wallachia Land），这一名称在中世纪东西方资料中经常被用来指代阿森政权。对于Qila可能指吉利亚的假说仍旧不能确定，至少迄今为止是这样的，没有与十二至十三世纪多瑙河的这个港口有关的书面或考古证据。[489]如果以Q.s.lah的形式出现在拉施德丁在德黑兰流行的《大纲》[490]是正确的话，那么不可能将其认定为吉利亚。

不过，蒙古人从多布罗加撤退在考古和钱币研究之中得到验证。在多瑙河下游诸如锡利斯特拉、佩库伊乌·卢伊·索阿雷（Păcuiul lui Soare，位于罗马尼亚康斯坦察县）和努法鲁（Nufăru）等要塞，研究人员发现了碎片层和毁坏痕迹，可追溯到大约十三世纪中叶，考古学家也注意到那时的钱币流通被暂时中断。[491]在大约同一阶段，好几处钱库被埋藏在韦特伦（Vetren）[492]、锡利斯特拉和伊萨克恰（Isaccea）[493]。

在菲利普·莫斯科特（Philippe Mousket）的韵文史书中有好几处提及保加利亚所发生的事件。这位法国诗人认为"瓦拉几国王"（li rois de la tière as Blas）成功打击了蒙古人[494]，在此，他指的是阿森沙皇国，其名来自其开国者阿森和彼得。这一资料准确与否仍旧存疑，因为不仅当时保加利亚君主科罗曼·阿森［Koloman (Căliman) Asan］尚未成年，不能参战，而且其他资料也显示在入侵中止后不久，沙皇国被迫进贡。实际上，保加利亚人的胜利微不足道，结果无关紧要，但经夸大其词，被传至法国学者。[495]

大汗窝阔台去世的消息传来之后，进攻停止并不意味着蒙古人放弃了1236—1242年战争中攻占的所有地区，除了匈牙利王国所占领土之外。正如我们已经提到的，反抗者没有被彻底击败。相反，那些军事争端已经明确有利于蒙古，那些没有机会战胜蒙古的国家都被划入他们的势力范围。

甚至在窝阔台继承人被推选之前，蒙古人劫掠了亚美尼亚和格鲁吉亚，1243年征服科尼亚苏丹国。很难相信这些远征的参战者是攻打波兰、匈牙利和保加利亚的同一支部队。在高加索和小亚细亚的战斗表明，大规模军事行动的主动权不一定需要帝国最高机构的批准和协调，蒙古地方当局主动进攻也会捷报频传。

这些事件后不久，1244年8月23日，耶路撒冷被花剌子模人占领，这是天主教西方必须要面对的新问题，而东正教国家则遭到来自拉丁人、穆斯林和蒙古人的接连打击，实际上不能以任何有效的方式做出回应。

（五）1236—1242年大入侵的直接后果

暴风骤雨般地大举入侵欧洲（但出乎意料地中止于1242年），无疑是有史以来最耀眼的战争事业，给欧亚大陆西半部的演变带来了持久的、极为深远的影响。

从蒙古人角度来看，这场远征焕然一新地展现出征服者的军事优势。他们令人叹为观止的领土扩张，对其西方邻国造成了损害。而对于遭遇游牧民屠杀和破坏经历的民族而言，这一入侵是一场浩劫，带来了恶劣影响。兵燹改变了东欧南部的民族、人口和政治格局。大批人口要么被消灭，要么被同化，从大陆地图上消失，抑或在更幸运的状况之下，背井离乡，移民域外。其他人暂时被限制在一个几乎默默无闻的危险之地，而此时一些国家消失了。

尽管那些难以想象的兵燹，显示出非人类所能为的破坏性力量，但蒙古人却不可能将他们赶尽杀绝，毁灭其文明。在欧洲两条最大的河流伏尔加河和多瑙河之间的辽阔领土被并入亚洲中心征服者的领地，受奴役的人数增加。

当时的人们将蒙古入侵视为世界末日的征兆，认为他们是地狱使者。这一联想使得天主教西方将鞑靼人（Tatars）的原始名称变形转变为Tartars（来自拉丁语tartarus，意为"地狱"），意为"地狱生物"。著名的编年史家、来自英国本笃会（Benedictine）的圣奥尔本斯（St Alban）修道院的马修·帕里斯（Matthew Paris）[1]在此观点上非常明确。调查了1240年发生的一些事件

---

[1] 译者注：马修·帕里斯，出生于1200年，十三世纪历史学家，马修·帕里斯创作了十三世纪最重要的历史著作——《大编年史》（*Chronica Majora*），记载了从创世之初到他去世（1259）之间发生的历史事件。《大编年史》不仅对早期圣奥尔本斯修道士罗杰·温德沃尔（Roger Wendover）所写的编年史《历史之花》（*Flores historiarum*）进行了修订和拓展，而且更重要的是，从1235

之后，他称鞑靼人是来自地狱的撒旦生物（exeuntes de Tartaro）。[496]类似的评论也记载在当时的其他资料之中。不过，以这种形式呈现的鞑靼人族名在蒙古人大入侵欧洲之前就已出现在好几种史料之中，这引发了一个问题，即它可能是西方语言的一种拼写形式。如果是这样，那么这些由于族名与地狱联系到一起而形成变体的假设就站不住脚。[497]不过，除了流传很广的形式Tartari之外，Tattari/Tatari[498]接近于真正的拼写形式，偶尔在东西方使用，似乎与上述主张相龃龉。

残忍地犯下罄竹难书的野蛮暴行的那群人，其外表和身材不同于受害者。人们以最黑暗的色调描绘蒙古人，不以为然地将其类比于四足动物或其他动物。亚美尼亚人格里哥尔·阿堪赤（Gregory of Akanc）的描述在此具有提示性。他的祖国曾屡次遭受蒙古人的入侵，这在一定程度上使他义愤填膺、夸大其词："他们（蒙古人）的相貌可怕得难以形容，有着水牛般的大脑袋，像雏鸟一样的窄眼睛，像猫一样的朝天鼻，像狗一样凸起的嘴巴，像蚂蚁一样的窄腰，猪一般的短腿，天生不留胡须。拥有狮子般的气力，嗓音比鹰隼更为刺耳。他们总会出现在意想不到的地区。"[499]

格里哥尔·阿堪赤的同乡乞剌可思（Kirakos）①通过描述入侵者的原型形象并配以更加夸张的辞藻和感伤的语言，加倍强化了蒙古人所造成的破坏。他以准确记载震颤十三世纪东方的那些事件而著称于世："鞑靼人丑陋残忍，对母亲的哭泣无动于衷，不尊重白发苍苍的老者。四周一有杀戮就会招来他们，正如客人奔赴盛宴一样。死尸枕藉，不加掩埋。朋友在哀悼挚爱之人之时，眼中无泪，没人敢为亡者落泪，都是因为害怕这些杂种。教堂里披麻戴孝，不再有往昔的美轮美奂，停止了宗教活动，不再给圣坛献祭，再也听不到唱诗班的声音。整个地区像笼罩阴霾一般。人们喜欢黑夜而非白昼，土地

（接上页）年开始，它是马修·帕里斯所见所闻的第一手记录。

① 译者注：乞剌可思（1200—1271），亚美尼亚史学家，著有《亚美尼亚史》。该书的第一部分涵盖了从四世纪初至1197年的历史，第二部分延伸至1265年。第二部分的价值更高，因为它是基于时人的口述和乞剌可思的亲历。他曾被蒙古人关押了很长时间。该书详细描述了花剌子模的统治者札阑丁入侵，尤其是蒙古入侵。乞剌可思的著作是研究蒙古帝国统治亚美尼亚及其邻国历史的最重要的参考资料。

失去了居民，异族之子们环顾四周，尽其所能抢走家具和珍贵物品。他们欲壑难填，搜寻每间房屋，片瓦不留。"[500]蒙古人的掠夺者恶名也被十四世纪后半叶巴尔干地区的戴梅特利尔斯·塞多尼斯（Demetrius Cydones）所记载。像其同乡一样，这位著名的拜占庭外交官及神学家以古语Σκύθαι称呼蒙古人。[501]

谢拉皮翁（Serapion）指控蒙古人残忍、贪婪和不宽容，这位未来的弗拉基米尔主教斥责他们是"野兽"。[502]在其他控诉者之中，大陆另一端的分析者，同时也是一位牧师认为蒙古人食人、动物、鸟，甚至吃蛇肉、饮血[503]，这有些虚构，虽不可信，但在当时所编撰的编年史中并不罕见。

除了由入侵受害的同胞以合情合理的夸大其词的方式通报的一些令人沮丧的现实之外，蒙古人还被指控犯下了灭绝人类的行为。受到前人观点的影响，阿拉伯人苏尤蒂（Suyúti/Usuyúti）①在十五世纪后半叶记载："蒙古人的目标是消灭人类，摧毁这个世界，以自己意愿支配和掠夺。"[504]当然，如此评论不能被视为定论，只能被视为纯粹的臆想。

蒙古人烧杀抢掠、奴役人口，再加之对无法挽回的物质和精神价值的无情破坏，所有一切在中世纪都史无前例。也许蒙古人犯下的残忍行径并不比中世纪其他社群如塞尔柱突厥人、十字军等更为严重，但他们都被归入这一时代的典型行列。如果蒙古人的极为残忍使当时人们不寒而栗，那是因为他们征服和吞并的步伐极为迅猛，占领的疆土幅员辽阔。

更文明的人口似乎遭受的痛苦尤为深重，随后就急剧衰退以及长时间地停滞不前。不过，西方在发展，人口蓬勃增长，新的耕作方法得到使用，在采矿和技术领域取得进步，他们的商业联系恢复发展，城市网络振兴和扩张，建筑、艺术和文化创作等进步得以推动，这一切导致东西方文明之间差距越来越大。

---

① 译者注：苏尤蒂，马木留克王朝末期的埃及学者。伊斯兰教最著名的多产作者之一。祖先为波斯人，后从巴格达迁居埃及苏尤特（Suyut）镇。生于开罗，其著作涉及经注学、圣训学、教法学、历史学、哲学、语言学、修辞学等，最驰名的著作有《古兰经学》、《华枝集》、《埃及史》、《哈里发史》等。

尽管未能吞并匈牙利，搁置了入侵神圣罗马帝国的计划，蒙古人却没有放弃主宰世界的观念，计划将霸权向南和向西延伸。如此倾向体现在1246年大汗贵由傲慢回应教皇英诺森四世的信中。他要求教皇归顺，召唤他前往蒙古宫廷以确保其特权。[505]

1259年，在其兄大汗蒙哥过世后不久，旭烈兀（Hülegü）也本着同一理念，向马穆鲁克苏丹发出归降的最后通牒。发往埃及和叙利亚君主的信件，副本见于拉施德丁的史书，也与这一表达相关，讲述神授成吉思汗后代统治世界的观点，绝不宽容任何形式的反抗："万能上帝庇佑成吉思汗家族，授权我们主宰人间。任何想逃避我们权威的人们将被剪除，包括他们的妻儿、亲朋好友，甚至仆人，因此全世界知道这是事实，承认这是真理。我们遮天蔽日军队的行动与鲁斯塔姆（Rustem）①和埃斯凡迪亚尔（Esphandiar）②的卓越行动一样著名。倘若你们作为奴仆归顺我们君主，进贡，亲自朝觐，请求我们任命总督；相反，倘若你们拒绝的话，就准备开战吧！"[506]

蒙古人都以相同的纡尊降贵的语调发函，要求近东和欧洲诸君主接受他们的霸权。[507] 他们的政治原则也影响到欧亚草原的其他统治者。宣称为成吉思汗王朝的继承人，继承其统治原则，著名的河中突厥首领帖木儿（1370—1405）（图101）展现出同样倨傲的理念统治全世界："在天堂只有上帝，在人间唯我独尊。"[508] 他的军事行动被视为神谕。1394年在给马穆鲁克苏丹扎希尔·巴尔库克（al-Zahir Barquq）的信中，帖木儿警告他如不归顺，将会大难临头，威胁将出动浩荡虎狼之师。他认为在信的开头点明自己是神意的代表是恰当的："汝等须知我们是上帝之师，因他愤怒所遣，派来统治惹他愤怒的人们，我们将既不怜悯那些呻吟者，也不同情叹息者的眼泪。上帝将仁慈从人们的心头抹去。由此，为那些没有理解我们往昔的人们呜呼哀哉！呜呼哀哉！"[509]

---

① 译者注：鲁斯塔姆是波斯史诗《列王纪》（菲尔多西所著）之中著名的英雄人物。
② 译者注：埃斯凡迪亚尔是《列王纪》中的勇士，国王戈什塔斯布之子，全身刀枪不入，人称"青铜勇士"。

最终蒙古人意识到,他们并非战无不胜,也有壮志难酬之时,由此,他们稍许收敛,以免冒犯潜在的盟友,而且这种方式也显得过时。

在大入侵之后的几年里,欧洲基督教世界一直生活在蒙古人随时返回的恐怖阴影之中。毫不奇怪,1245年在里昂召开的大公会议(ecumenical council)讨论如何抵抗蒙古人,建议在通往基督教诸国的各通道挖掘壕沟、构筑土墙和其他防卫体系,加强防护。[510] 遗憾的是,除了这些具体的建议之外,其他决策含糊不清,不能在教皇与帝国之间出现新仇旧恨的状况之下有效执行。[511] 因靠近金帐汗国,面对入侵可能再度带来的危险,匈牙利国王的地位岌岌可危,因此他向教廷求援,但却杳无音信,他倍感沮丧。[512] 他不得不采取失败主义的立场,考虑与蒙古人结盟[513],大概想加强彼此之间的联系[514]。不过,这些计划从未实行,也许蒙古可汗们对此无动于衷。

尽管并未实现1236—1242年大入侵的所有目标,诸如吞并匈牙利、劫掠德意志等,但蒙古人所占的土地广袤无垠,这被囊括入术赤兀鲁斯。起初的核心领土在额尔齐斯河与阿尔泰山之间,在远征"森林中的百姓"之后,成吉思汗在1207—1208年赐予其子术赤。十三世纪二十年代,术赤通过征战,将领土扩张到锡尔河流域和咸海周围,并根据大汗命令,囊括钦察大草原,这一理想只有在1236—1242年远征中才实现。尽管拔都并非术赤长子,但被授予最高权力,继承其父的封地,吞并东欧领土,这被称作"术赤兀鲁斯"。

这一兀鲁斯可分为两个主要部分:右翼在拔都的统治之下,左翼给予斡儿答等兄弟,不过拔都并未放弃那里的特权。与此同时,拔都欣赏其弟昔班在欧洲战役的杰出表现,分给他乌拉尔山、咸海和锡尔河与托波尔(Tobol)河之间的领土,这被一些东方编年史认定为蓝帐汗国(Kök Orda)。蓝帐汗国以东一直到额尔齐斯河和伊犁河,后者流入巴尔喀什湖,这一区域归为斡儿答统治的左翼,在当时史料上被称为白帐汗国(Ak Orda)。这些管辖单位都在名义上隶属于拔都及其继承人,但当斡儿答和昔班的继承人接任之时,逐渐获得独立地位。

拔都领地东抵西伯利亚冻土带,西面毗邻多瑙河河口,北面是罗斯诸公国，南面是黑海、高加索山和里海（图108），以金帐汗国著称于世，这一名称取自中世纪罗斯编年史和其他资料，最有可能转引自蒙古人或其他亚洲人，尽管这在那里并没有广泛流传。金帐汗国的概念也偶然出现在几部波斯文编年史中，但是未能准确说明其含义。在东方世界，这个国家经常被称为术赤兀鲁斯或钦察汗国，考虑到钦察人（库蛮人）以前一直是黑海-里海草原的居民，甚至在蒙古人侵入之后，也继续在这一地区的人口中占主导地位。[515] 金帐汗国继承了蒙古帝国制度框架的主要特征，严格分封土地给贵族，根据各种标准实行人口普查和税收制度、十进制的军队单位编制、驿站制度，以及定期要求封臣朝觐汗廷而获得特权等制度。

拔都汗（1237/1242—1256）建都萨莱，位于伏尔加河左岸，离里海不远，那是欧亚大陆重要的河流和陆地商业路线的十字路口，很早就形成了城市。其弟及继承人别儿哥（1257—1267）很快迁都到北部，也位于伏尔加河下游，在当时资料中同样被称为萨莱。为了加以区分，位于伏尔加格勒地区的前者被称为拔都-萨莱（Sarai-Batu）或老萨莱，而在茨雷沃（Tsarevo，阿斯特拉罕地区）的后者照惯例被称为别儿哥-萨莱（Sarai-Berke）或新萨莱。

在这两座城市发现了有着诸多用途的各种建筑，各种手工艺，精致的建筑艺术，富人对骄奢淫逸的追求品味，反映出人口的社会分层。当地发现的遗迹具有启示性，一方面反映出当地工匠的技术技能，另一方面反映出与相邻欧洲以及东方地区活跃的商业联系。[516]（图117；图119；图120：2—48；图121；图123：1—4；图124）

除了建造新城之外，在伏尔加河流域，蒙古统治者推动重建在大入侵中遭受重创的城市。在入侵之后几十年得到重建的一些城市曾经属于不里阿耳人，恢复了经济实力，再次并入横贯大陆的商业网络。与此同时，它们甚至在东部扩大了商品交易范围，这些经过最近几十年的考古挖掘显而易见。例如，博尔加尔的考古层研究，可追溯到十三世纪后半叶和下一个世纪，大量中国制作的青瓷和其他瓷器被发现。[517] 十三至十四世纪的青瓷和来自伊朗的上釉瓷［卡尚（Kashan）风格］在几座罗斯城市被发现，得益于沿着伏尔加河城市群形成的中转贸易。[518]

在汗王们强有力的中央集权统治之下，大批工匠和商人被抽调前往金帐汗国各地，推动城市发展。从族群和文化观点观之，这些城市一形成就获得了多元化元素。城市的主要人口并非游牧贵族，而是突厥语、斯拉夫语和高加索移民团体。不像欧洲和亚洲其他地区的城市都配有要塞防护，金帐汗国第一个都城没有防御工事，蒙古首领确信，拥有战无不胜之师是居民的绝对安全之保障。

甚至在金帐汗国形成和萨莱迁都之后，汗王在一些地区仍旧没有被完全承认。例如，加利奇-沃伦的罗斯经常表态以显示其自治，这归因于其外交政策而没冒太大风险。王公丹尼尔·罗曼诺维奇保留特权直至其1264年过世。[519]

自蒙古军队从匈牙利撤退之后，拔都派遣曼蛮（Manman）和巴拉（Bala）这两位巴图尔（bogatyrs/ ba'aturs）进攻丹尼尔。丹尼尔在得到一位名叫阿克泰（Aktai）的库蛮人的预警之后，采取措施加强防守其驻地霍尔姆。不过，他并未留在城中，而是与大主教库瑞尔（Kuril）一同避难于其兄弟瓦席尔科的封地弗拉基米尔·沃伦斯基。未遇任何阻挡，两位蒙古首领洗劫了其领地，并向沃洛格达（Volodava）城进军。[520] 这一插曲出现在1243年，为了打消当地的任何抵抗企图，蒙古人一直诉诸惩罚行动。不过，在1237—1240年战役中有着惊心动魄经历的那些大公不敢公开敌视势不可挡的蒙古人。

1245年，当柏朗嘉宾前往大汗之都之时，欧洲东部的一些阿兰人和萨西人（Saxi，通过这一族名，克里米亚的哥特人为人所知）仍旧躲避蒙古人无尽的霸权野心。萨西人可能在1238年成功消灭了进攻他们最重要城市的蒙古人，因为他们的战备远优于蒙古攻城者。因遭挫折，灰心丧气，蒙古人不敢再次进攻[521]，可能也因为他们在这一山区不便于发挥战斗力。在这位意大利方济各会士完成使命八年之后，威廉·鲁布鲁克在克里米亚南部登陆，注意到在赫尔松和索耳德亚（Soldaia）之间添设了40处要塞，这些要塞由不同势力防守，其中就有哥特人。[522] 实际上，在离开索耳德亚三天之后向北出发，这位佛兰德斯传教士才遇到第一批鞑靼人[523]，显示他们并未占领克里米亚半岛南部地区，那里以定期朝贡换取一定程度的自治。在十三世纪后半叶，蒙古人在克里米亚的管辖中心设在旧克里木（Solkhat），而半岛海岸的一些港口逐渐巩固其自治地位，主要由热那亚人建立的几座雄伟要塞加以防护。[524]

北高加索人明目张胆地敌视游牧民。1253年，在去往萨莱和哈拉和林的路上，鲁布鲁克记载了阿兰基督徒当时正与鞑靼人交战。[525]两年之后，从大汗宫廷返回之时，他在此提及阿兰人和列斯基人（Lensiens）在山区继续抵抗鞑靼人。[526]好像并非所有阿兰人都抵抗游牧民，因为在游记之中，他记载了包括阿兰人在内好几个国家的使臣在前往拔都汗宫廷之前参拜撒里答宫帐。[527]阿兰人在面对蒙古人之时的这种双重立场——一面是顺民[528]，另一面是反叛者[529]，也被柏朗嘉宾所证实。当然，阿兰人和靠近高加索山的其他民族的抵抗不能持续多久，因为汗王们在其吞并的地区不会容忍不顺从的行为。在十三世纪最后几年，阿兰人部队加入在多瑙河口附近交战的蒙古军队。不过，他们对自由的渴望不能被扼杀，一有机会，他们就试图摆脱萨莱的统治。1302年，利用金帐汗国内战的混乱局面，他们向维西纳（Vicina）主教求援，请求被安顿在拜占庭帝国。[530]

蒙古人将大片领土和不同民族囊括入帝国版图之内。尽管游牧民为郁郁葱葱的草原植被所吸引，成吉思汗及其继承人创建的帝国也有覆盖森林的山岳地带，但蒙古人通常并不真正定居于此。各大草原因气候、植被和水源等而有着不同特点。如果说他们对自然环境的适应并非是一个难以克服的问题，那么将庞大人口整合到一个单一国家的结构中则需要做出特别的努力。对此，蒙古人经常采取严厉的纠正措施并结合一系列的其他措施。

被征服人口是多民族和多宗教的结合体，各自都有其独特的经济关注点、社会和政治形态以及文化模式，很难在任何政策导向的反应中做出不情愿的妥协。因此，蒙古帝国代表游牧世界渴望建立一个游牧和定居社区融合的国家的评论观点是正确的。[531]没有其他类似的努力能达到成吉思汗及其直接继承者所追求和施展的范围。这一宏图伟业所做出的努力要受到诸如蒙古社会发展水准、接受外来文明影响的能力、帝国之内的离心力、减轻外来打击的能力等这些因素的影响。

在遭受大入侵蹂躏的地区之中，最为严重的是平原地区，那里可提供丰美牧场而备受蒙古人的青睐，他们维持着以密集型畜牧业为基础的游牧生活方式。那是他们实际活动的区域，直接控制其经济发展。金帐汗国大部分在钦察大草原，很大程度上延续了原来的民族和人口结构。尽管众多库蛮人在战争中死亡或被迫离开草原，但他们继续在整个黑海－里海地区人口中占多数。命运的讽刺就在于，成千上万的库蛮人和其他民族的奴隶被蒙古人贩卖之后，被编入了埃及和叙利亚的马穆鲁克人的劲旅之中，在十三世纪后半叶的1260年、1281年、1300年的地中海东部几场重要战役中重创了蒙古人，由此最终为那些背井离乡、失去自由的人们报了一箭之仇。[532]生活在里海和黑海以北地区的其他突厥语部落有花剌子模人、不里阿耳人、乌古斯人、巴什基尔人等。在很多领域与这些族群发生紧密联系之后，金帐汗国的蒙古人在大约一个世纪的混居交流之中使用突厥语言，尽管他们在这个国家拥有绝对的特权。[533]这是一再重复发生的现象：凌驾于大多数被奴役人口的异族被同化，这在中世纪的欧洲司空见惯。法兰克人被高卢－罗马人（Gallo-Romans），不里阿耳人被巴尔干斯拉夫人，伦巴德（Longobard）被意大利北部的罗曼语人口，瓦兰吉人被东斯拉夫人，诺曼人被盎格鲁－撒克逊人等同化也是如此。

为了有效管辖金帐汗国的所有领土，拔都汗将土地分配给一些杰出的蒙古首领，划分依据为这一地区的主要大河：第聂伯河、顿河、伏尔加河和乌拉尔河，这被柏朗嘉宾所记载。他在1245—1247年作为教皇英诺森四世的使者前往大汗宫廷。沿伏尔加河地区，金帐汗国都城位于此地，被置于拔都的直接统治之下。根据同一资料，第聂伯河以西大批领土被划给阔连察，当时学者认定他为斡儿答之子忽鲁迷失。他有常备军六千骑兵[534]，将权威覆盖到罗斯西部诸公国，可能也延伸到喀尔巴阡山脉之外的罗马尼亚地区。仅被赋予有限特权，他并没有取代萨莱汗，后者负责所有重要的政治行动。

罗斯诸公国、克里米亚南部一些中心、巴尔干地区与多瑙河之间地区、喀尔巴阡山脉东部和南部都是蒙古人的封臣，他们要定期朝贡和率军参加汗王发动的一些军事行动。对蒙古人的义务并非一成不变，随着时间和空间而变化，取决于多种环境因素。为了保住爵位，在大入侵之后不久，臣属国统治者必须朝觐哈拉和林大汗宫廷。当金帐汗国摆脱大汗权威之时，东欧和东南欧诸国的贵族高官被萨莱汗册封，维持着屈辱的个人朝觐礼节。在蒙古统治尤为牢固的地区，当地君主被迫摧毁现有的要塞，且不再修筑新的工事，这一措施在几个世纪之后被奥斯曼突厥人所效仿，意在防止形成反抗压迫者的核心力量。出于同样的原因，在臣属国的主要战略要地，蒙古人部署了担负监视任务的探马赤军。[535]

旨在确保索贡，在金帐汗国创建后不久，蒙古人在臣属地区开启了周密的人口普查。这一举措当然是按照东方模式，在十三世纪中后期开始在罗斯人和雅西人得到证实。这些工作由所谓的巴思哈（也称为达鲁花赤）的官员负责，配备有骑兵护卫队，职责是严密监视当地人口。巴思哈的行动不仅被记载在编年史等文本之中，也记载在地名学体系之中。俄罗斯南部和乌克兰（Baskach、Baskaki、Baskakovo 等）[536] 以及摩尔达维亚北部（Bascacouți、Băscăceni）的好几个地区之名都取自那些官员。

1431年4月30日，Bascacouți 在"好人"亚历山大（Alexandru cel Bun）签署的一份文件中首次被提及。[537] 它很有可能位于多罗霍伊（Dorohoi）县，十六世纪的文件证实了在 Başeu 和日日亚（Jijia）有着类似的地名。[538] 在以前的霍廷（Hotin）县也有一个村名为 Băscăceni，这在1636年和1645年的文件之中得到证实。[539] 蒙古显贵的名字也见于俄国中世纪的姓名学中：一个名叫费奥多尔·巴斯卡阔夫（Fedka/Fedor Baskakov）的人在编年史中被提及，记载了1554年发生的一些事情。[540]

可汗也在喀尔巴阡山脉以外地区推行财政制度，这可在借自蒙古语的罗马尼亚语术语 tamga 和 tarcan 中得到启示。1420年，tamga 在摩尔达维亚首次得到证实，指跨越德涅斯特河所要缴纳的一种税，载入罗斯执事僧侣佐西玛（Zosima）的游记之中，他当时正前往圣地。[541] 术语 tarcan 指一种免税，记载于1439年9月13日由总督伊利亚（Iliaș）所签发的文件[542] 以及1449年8月27日在总督亚历山大（Alexăndrel）下令签署的文件之中[543]。

蒙古人与多瑙河以北地区的联系反映在中世纪的当地地名学之中，这让人想起它们的名称。因此，在十四和十五世纪的文件之中，在摩尔达维亚、瓦拉几亚和特兰西瓦尼亚都含有蒙古人称谓的各种村庄（Tătari、Tătăraș、

Tătărăi、Tătăreşti/Tatarfalva、Tătăreuca、Tătăruşi）、溪流（Tatarcea、Tătărca）、山脉（Tătarul）、人物（Tartar、Tatar、Tatara、Tătarul）。[544]

金帐汗国的统治延伸到罗马尼亚地区的状况被记载于众多叙述、外交、考古、钱币和碑铭等资料中。甚至在1250年，匈牙利国王贝拉告知教皇英诺森四世，位于东方喀尔巴阡山脉东部的库蛮尼亚和布罗德尼克（Brodnik）在蒙古人的统治之下。[545] 著名历史学家佛罗伦萨人乔万尼·维兰尼（Giovanni Villani，1280/1285—1348）提到在被成吉思汗及其后裔征服的欧洲土地之中就有库蛮尼亚、阿兰尼亚和瓦拉几亚直到多瑙河（Bracchia infino al Danubio）。[546] 1253—1255年法国国王圣路易派往大汗之都的使臣威廉·鲁布鲁克游记中的评论凸显了黑海北部和巴尔干地区的政治现实："从顿河向西至多瑙河归于他们（蒙古人），甚至跨过多瑙河朝向君士坦丁堡，瓦拉几亚（那是阿森的国家）、小保加利亚（Little Bulgaria）到斯拉沃尼亚（Sclavonia）都向蒙古人进贡。"[547] 从这位佛兰德斯使臣的记录中，我们发现在东欧和东南欧，罗马尼亚人（Blaci）和其他民族经常前往拔都汗宫廷朝贡。[548]

这些蒙古人所征服的地区可见于几部东方史书之中。它们尽管是在蒙古人大入侵几十年之后撰写的，但包含准确可靠的证据，为各种中世纪资料所直接或间接证实。

在埃及学者安努韦利（1279—1333）所编撰的百科全书之中，有着饶有兴味的记载："成吉思汗之子术赤汗在其父健在之时就已征服花剌子模。在其父过世之后，他征服了北方诸国，消灭钦察突厥语部落以及诸如阿兰人、阿西斯人（Assis）、瓦拉几人、切尔克斯人（Cherkezes）①、罗斯人和北方诸国的其他民族。他加强统治这些国家，然后将汗位传给其子拔都汗，然后再传给撒里答，也是术赤汗之子，其后再传给拔都汗之子和兄弟。"[549] 除了把拔都汗征服归为其父术赤和认为撒里答是术赤之子之外，以上记载完全正

---

① 译者注：切尔克斯人为西亚民族，又称契尔卡斯人，主要分布在俄罗斯、土耳其、叙利亚、约旦和伊拉克，原住高加索黑海沿岸至库尔德斯坦地区，属欧罗巴人种地中海类型，使用切尔克斯语，属高加索语系阿布哈兹-阿迪盖语族，属逊尼派。

确,马穆鲁克的埃及和金帐汗国之间有着持续的宗教、经济和政治联系,由此安努韦利能得到可靠的信息来源。

基本上这些资料(包括那些以同样的方式列入的归顺的北方诸国的数据)再现于艾尼(al-'Aini, 1361—1451)①的编年史之中。他生于叙利亚,卒于开罗,纠正了安努韦利有关进攻上述民族的统帅的谬误,改为拔都及其亲戚。[550] 马穆鲁克政权的另一位历史学家卡勒卡尚迪入仕开罗,卒于伊历821年(1418年2月8日—1419年1月27日),他在一定程度利用了不同于其同胞的一份资料,就蒙古人的领地而言,他写道:"花刺子模、钦察大草原、可萨(Khazars)、克里米亚(Krymlens)、切尔克斯、不里阿耳、瓦拉几、阿西斯和罗斯等诸国。"[551]

与此同时,乌马里[生于大马士革,卒于伊历749年(1348年4月1日—1349年3月31日)]将大河德涅斯特(Turlu)河和多瑙河以及阿克曼城[Akkerman(Cetatea Albă,白色要塞)]纳入萨莱汗的领地。[552] 德涅斯特河的重要港口以莫罗·卡斯特罗(Mauro Castro)、莫卡斯特罗(Mocastro)等名称载入十四世纪意大利文和加泰罗尼亚文的几幅航海地图之中,其中有一面带有印记的旗帜盖印,这是成吉思汗宗主权的符号象征。[553]

蒙古人对于多瑙河河口周边地区尤为感兴趣,既因为那里提供了发展畜牧业的适宜条件,也因为那是战略要地,便于他们在政治和军事上控制巴尔干半岛东北部。在十三世纪末,野心勃勃的土绵那颜(tümen-noian)那海摆脱了萨莱汗的统治,暂时将总部设在伊萨克恰,那是从摩尔达维亚到达多布罗加最便捷的多瑙河渡口之一。为了加强对多瑙河河口以北地区的控制,将这一地区的经济潜能发挥到最佳,十四世纪前半叶,蒙古人支持在鲁特(Răut)河谷的老奥尔海伊(Orheiul Vechi)和波特纳(Botna)河畔的考斯提斯蒂(Costeşti)兴建两座城市,此前他们已授予阿克曼的热那亚商人重要的权利,该地已成为黑海最重要的港口之一。刺激开发多瑙河下游的商业资源的措施在一定程度上说明了多布罗加北部和摩尔达维亚东南部的货币流通频繁,

---

① 译者注:艾尼(al-'Aini, 1361—1451),叙利亚阿勒颇圣训学家,著有《欧姆代图嘎利》。

那里除了使用金帐汗国中心地区发行的货币之外,也使用当地货币。[554]

成吉思汗及其继承人创建的庞大蒙古帝国不仅就民族、人口、经济、文化和宗教模式,而且就地理、气候、植被和河流而言,极具多样性,且难以驾驭,尤其是前几位大汗还缺乏经验。尽管他们试图沿袭被征服国家的统治模式来弥补不足,但困难太大乃至于不能以满意的方式和当时可以利用的手段加以克服。

起初,削弱庞大政治结构的分离萌芽甚至在成吉思汗帝国形成之前就已吊诡地初显端倪,1206年忽邻勒台召开不久,大汗将兀鲁斯分给其正妻所生的四子,那些兀鲁斯的规模在几十年后才最终定型(图108)。在选举已故大汗继承人的过程中,由于拖延的长期空位期造成了一定影响,侵蚀了中央权威。因此,尽管窝阔台在1241年过世,其继承人长子贵由却晚至1246年才被授予汗位。自贵由1249年过世之后,汗位一直空缺到1251年蒙哥被授予汗位为止。成吉思汗帝国的继承纠纷将分离倾向转为一个严重的问题。甚至在大举入侵罗斯和库蛮尼亚之前,拔都和贵由之间就处于敌对状态,而到1248年演变为一触即发的态势,双方大规模调动部队,剑拔弩张。冲突因大汗过早去世而作罢。[555] 拔都年事已高,毫无保留地支持蒙哥继承大汗之位。作为回报,拔都获得与被拥护者平等的权力地位。成吉思汗后裔其他部落之间也存在着冲突。高加索地区的冲突局面尤为醒目,且演变为金帐汗国与伊朗的伊利汗国之间如火如荼的战争,在此期间曾有休战,正像八十年之后爆发的英法百年战争。尤其自1259年蒙哥汗去世之后,分离主义倾向演变得不可逆转,当时金帐汗国实际上成为一个独立国家。

金帐汗国在中亚和整个东欧、东南欧都是具有威胁性的政治和军事力量,在十三至十五世纪频繁远征周边国家。大约在十四世纪中期抵达巅峰之后,汗国因内部剧烈动荡而走下坡路,最终导致汗国解体,在十五世纪前半叶结束前分裂为喀山汗国、克里米亚汗国和阿斯特拉罕汗国。在遭受克里米亚汗国(自1475年成为奥斯曼帝国封臣)打击之后,1502年金帐汗国"正式"从欧洲东部政治舞台消失。喀山汗国和阿斯特拉罕汗国的国运分别延续到1552年和1557年,被沙皇"恐怖的伊万"先后吞并,克里米亚在1783年也被俄罗斯帝国最后兼并。鞑靼人在黑海北部的这个半岛一直生活到1944年，因被指控在二战中与德国人合作，斯大林一声令下，全体被流放。获得大赦之后，一些鞑靼人挨过了种族灭绝政策阶段，在二十世纪最后几十年返回故土。[556]

在摩尔达维亚，金帐汗国势力一直维持到1370年左右。自1484年奥斯曼军队征服阿克曼和基利亚之后，鞑靼军队被部署在两个重要战略中心周围，但自巴耶济德二世（Bayezid II）和斯特凡大公（Stephen the Great）签署和约之后，鞑靼军队从德涅斯特河以东撤出。不过，土耳其人并没有放弃将鞑靼人带回布贾克（比萨拉比亚）、置于这些要塞与摩尔达维亚公国之间的想法。1520年，鞑靼人飞地在阿克曼地区被证实，自1538年奥斯曼苏丹苏莱曼大帝（Süleyman I the Magnificent）远征摩尔达维亚，来自伏尔加河地区的诺盖鞑靼人在此移民之后，此地人口逐渐增加。诺盖鞑靼人因干旱和饥荒被迫在十六世纪后半叶前往西部。[557]他们作为比萨拉比亚的主人持续到1806—1812年俄罗斯人与土耳其人之间爆发战争，并最终被沙皇军队疏散到东部地区。

自成吉思汗开启，由其继承人所持续的征服给亚洲及欧洲东部的民族、文化和政治格局带来了长久的影响。由欧亚的无数部落联盟和国家所构成的政治马赛克组合体被取代了，一个巨大的政治结构屹然成型。蒙古帝国在其统治期间促进了人员、商品和思想的流动。源于中国、中亚、近东或东欧的各种科学和文化成就更易传播，获得普世价值。与此同时，它在彼此远离的各文明中心之间架起桥梁，拓展了人类的认知视野。此外，最后一波亚洲移民的浪潮也表明：与最可怕的灾难不同，最辉煌的军事胜利也绝非是璀璨演变的尾声。

■ 注释

[1] G. Doerfer, "Der Name der Mongolen bei Rašid ad-Din," *CAJ*, XIV, 1970, 1-3, pp. 73-77; P.B. Golden, *An Introduction*, pp. 283-284; M. Weiers, "Herkunft und Einigung der mongolischen Stämme: Türken und Mongolen," in *Die Mongolen in Asien und Europa*, eds. S. Conermann, J. Kusber (Kieler Werkstücke, F, 4), Frankfurt am Main, 1997, p. 27 ff.

[2] V. Thomsen, "Altürkische Inschriften aus der Mongolei in Übersetzung und mit Einleitung," *Zeitschrift der Deutschen Morgenländischen Gesellschaft*, NF, 3 (78), 1924, pp. 140, 145, 147, 156; S.E. Malov, *Pamiatniki drevnetiurkskoĭ pis'mennosti Mongolii i Kirkizii*, Moscow-Leningrad, 1959, pp. 21, 39-41, 45. 也参见 T. Gemil, "Problema etnogenezei tătarilor," in *Originea tătarilor. Locul lor în România şi în lumea turcă*, co-ord. T. Gemil, Bucharest, 1997, pp. 51-53。

[3] S.G. Kljaštornyj, "Das Reich der Tataren in der Zeit vor Činggis Khan," *CAJ*, 36, 1992, 1-2, pp. 75-77.

[4] Rachid-Eddin, *Extraits de l'Histoire des Mongols écrite en persan*, trans. J. de Hammer, JA, IX, 1832, p. 526.

[5] *Meng-Ta pei-lu und Hei-Ta shih-lüeh. Chinesische Gesandtenberichte über die frühen Mongolen 1221 und 1237*, Nach Vorarbeiten von E. Haenisch und Yao Ts'ung-wu, trans. P. Olbricht and E. Pinks, Wiesbaden, 1980, p. 3.

[6] R. Grousset, *L'Empire des steppes. Attila, Gengis-Khan, Tamerlan*, 4th ed., Paris, 1969, p. 243 ff.; L. Hambis, *Gengis-khan*, Paris, 1973, p. 7 ff.; L.L. Viktorova, *Mongoly. Proiskhozhdenie naroda i istoki kul'tury*, Moscow, 1980, p. 16 ff.; L. de Hartog, *Gengis Khan, Conqueror of the World*, London, 1989, p. 2 ff.; S.G. Kljaštornyj, *op. cit.*, pp. 72-83; J.-P. Roux, *Histoire de l'Empire Mongol*, Paris, 1993, p. 31 ff.

[7] *Meng-Ta...*, pp. 17 (*Meng-Ta...*), 87 (*Hei-Ta...*). 也参见注15。

[8] *Ibidem*, p. 87 (*Hei-Ta...*).

[9] *Ibidem*, p. 3 (*Meng-Ta...*).

[10] Rachid-Eddin, *Extraits...*, p. 525.

[11] G. Kara, "Le dictionnaire étymologique et la langue mongole," *AOH*, XVIII, 1965, 1-2, pp. 7-10.

[12] *Ibidem*, pp. 11-13.

[13] *Ibidem*, pp. 13-19.

[14] R. Cribb, *Nomads in archaeology*, Cambridge, 1991, pp. 20-22.

[15] B. Vladimirtsov, *Le régime social des Mongols. Le féodalisme nomade*, trans. M. Carsow, Paris, 1948, p. 39 ff.; R. Fox, *Gingis-han*, trans. I. Comşa, Bucharest, 1958, p. 31 ff.; O. Lattimore, "The Social History of Mongol Nomadism," in *Historians of China and Japan*, eds. W.G. Beasley and E.G. Pulleyblank, London, 1961, pp. 328-343; J.J. Saunders, *The History of the Mongol Conquest*, London, 1971, p. 9 ff.; Ch. Commeaux, *La vie quotidienne chez les Mongols de la conquête (XIIIe siècle)*, Paris, 1972, p. 45 ff.; L. Kwanten, *Imperial Nomads. A History of Central Asia. 500-1500*, University of Pennsylvania Press, 1979, p. 208 ff.; S. Jagchid and P. Hyer, *Mongolia's Culture and Society*, Boulder, Col. -Folkestone, 1979, p. 19 ff.; J.-P. Roux, *Histoire...*, p. 47 ff.; Ch. Dalai, *Mongoliia v XIII-XIV vekakh*, Moscow, 1983, pp. 81-101; J. Bosson, "Who Are the Mongols, and Why," in *Mongolia. The Legacy of Chinggis Khan*, eds. P. Berger, T.T. Bartholomew, London-New York-San Francisco, 1995, p. 10 ff.; D. Tseveendorj, "Horse and Mongols," in *The Colloquia of the XIII International Congress of Prehistoric and Protohistoric Sciences, Forli (Italia) 8-14 September 1996*, 16, *The Prehistory of Asia and Oceania*, eds. G. Afanas'ev, S. Cleuziou, J.R. Lukacs, M. Tosi, Forli, 1996, pp. 89-93. 有关蒙古马的生物学特征，参见 V.P. Alekseev, "Domashniaia loshad' Mongolii," in *Arkheologicheskie, ètnograficheskie i antropologicheskie issledovaniia v Mongolii*, gen. eds. A.P. Derevianko, Sh. Natsagdorzh, Novosibirsk, 1990, pp. 149-167。

[16] G.W.F. Hegel, *Vorlesungen über die Philosophie der Weltgeschichte*, I, *Die Vernunft in der Geschichte*, 5th ed. J. Hoffmeister, Hamburg, 1955, p. 194.

[17] *Meng-Ta...*, pp. 104-105 (*Hei-Ta...*).

[18] *Ibidem*, p. 117.

[19] *Ibidem*, p. 110.

[20] Johannes Schiltberger, *Reisen in Europa, Asia und Afrika von 1394 bis 1427*, ed. K. Fr. Neumann, Munich, 1859, p. 104.

[21] *Das mongolische Weltreich. Al-'Umari's Darstellung der mongolischen Reiche in seinem Werk Masalik al-abṣar fi mamalik al-amṣar*, ed. K. Lech, Wiesbaden, 1968, p. 137.

[22] Al-Makin ibn al-'Amid, *Chronique des Ayyoubides (602-658/1205-6-1259-60)*, eds. A.-M. Eddé and F. Micheau, Paris, 1994, p. 23.

[23] Marco Polo, *Il Milione*, 2nd ed. D. Olivieri, Bari, 1928, p. 61. 有关该书的中世纪翻译，参见 *Marka Pavlova z Benátek, Milion. Dle jediného rukopisu spolu s přislušným základem latinským*, ed. J.V. Prášek, Prague, 1902, p. 55。

[24] Ruy Gonzáles de Clavijo, *La route de Samarkand au temps de Tamerlan. Relation du voyage de l'ambassade de Castille à la cour de Timour Beg, 1403-1406*, ed. L. Kehren, Paris, 1990, pp. 186-188.

[25] Nicolae Milescu Spătarul, *Jurnal de călătorie în China*, ed. C. Bărbulescu, Bucharest, 1956, pp. 85-86. 也参见 R. Pop, "La Mongolie dans les ouvrages de Nicolae Spataru Milescu," *Studia et acta orientalia*, XI, 1983, pp. 89-95。

[26] *De Nicolao Rosembergio eiusque explanatione compendiosa de situ, moribus et diversitate Sciticarum gentium anno MCDXCIX scripta*/Mikołaja Rozembarskiego *Traktat z roku 1499 opochodzeniu tatarów*, ed. Z. Kowalska, Cracow, 1993, pp. 58-62, 64.

[27] Laonic Chalkokondil, *Expuneri istorice*, ed. V. Grecu, Bucharest, 1958, pp. 38, 91, 94, 101; Laonikos Chalkokondylos, *A Translation and Commentary of the «Demonstrations of Histories» (Books I-III)*, ed. N. Nicoloudis, Athens, 1996, pp. 96-97, 202-203, 294-295.

[28] Laonic Chalkokondil, *Expuneri...*, pp. 94-96; Laonikos Chalkokondylos, *A Translation...*, pp. 294-295.

[29] Giles Fletcher, *Of the Russe Commonwealth*, in *Rude and Barbarous Kingdom. Russia in the Accounts of Sixteenth-Century English Voyagers*, eds. L.E. Berry and R.O. Crummey, Madison, Milwaukee and London, 1968, p. 197.

[30] J.v. Klaproth, *Reise in den Kaukasus und nach Georgien unternommen in den Jahren 1807 und 1808*, I, Halle-Berlin, 1812, p. 161.

[31] S. Vainshtein, *Nomads of South Siberia. The Pastoral Economies of Tuva*, trans. M. Colenso, Cambridge, 1990, p. 83 ff. 鉴于游牧社区维持传统，现代民族志笔记对于追溯蒙古人中世纪的生活方式过程也有启发性和帮助，参见如下资料：A. M. Pozdneyev, *Mongolia and the Mongols, I - 1892*, ed. J.R. Krueger, trans. J.R. Shaw and D. Plank, Bloomington-The Hague, 1971; W. Radloff, *Aus Sibirien. Lose Blätter aus meinem Tagebuche*, I, II, 2nd ed., Leipzig, 1893; H.G.C. Perry-Ayscough and R.B. Otter-Barry, *With the Russians in Mongolia*, London; H. Consten, *Weideplätze der Mongolen im Reiche der Chalcha*, Berlin, I, 1919; II, 1920; H.H. Howorth, *History of the Mongols from the 9th to the 19th century*, IV, ed. W. Perceval Yetts, London, 1927, p. 30 ff.; R. Strasser, *The Mongolian Horde*, New York, 1930; S. Hedin, *Across the Gobi Desert*, New York, 1932; H. Haslund, *Tents in Mongolia (Yabonah). Adventures and Experiences among the Nomads of Central Asia*, trans. E. Sprigge and C. Napier, New York, 1934; idem, *Men and Gods in Mongolia (Zayagan)*, trans. E. Sprigge and C. Napier, New York, 1934; F. Lessing, M*ongolen. Hirten, Priester und Dämonen*, Berlin, 1935; M. Cable and

F. French, *The Gobi Desert*, London, 1944; *Norody Sibiri,* eds. M.G. Levin, L.P. Potapov (*Narody mira. Etnograficheskie ocherki*, gen. ed. S. P. Tolstov), Moscow-Leningrad, 1956; A. Mostaert, "Matériaux ethnographiques relatifs aux Mongols Ordos," *CAJ*, II, 1956, pp. 241-294; E. Thiel, *Die Mongolei. Land, Volk und Wirtschaft der Mongolischen Volksrepublik*, Munich, 1958; O. Lattimore, *Mongolie. Nomades et commissaires*, Paris, 1966; idem, *Mongol Journeys*, New York, 1975; W. Heissig, *Die Mongolen. Ein Volk sucht seine Geschichte*, 2nd ed., Munich-Nördlingen, 1978; *Nomades of Eurasia*, ed. V.N. Basilov, trans. M. Fleming Zirin, Los Angeles, 1989; K. Chabros, S. Dulam, *La nomadisation mongole: techniques et symbolique*, Bloomington, Indiana, 1990; D. Tangad, "Coutumes mongoles liées au poteau de yourte," *Études mongoles et sibériennes*, 21, 1990, pp. 37-57; A. Schenk, U. Haase, *Mongolei,* Munich, 1994, p. 75 ff.; P.A. Andrews, *Felt Tents and Pavilions. The Nomadic Tradition and its Interaction with Princely Tentage*, I, London, 1999, p. 271 ff.。

[32] *Histoire secrète des Mongols (Mongghol-un ni'uca tobciyan). Chronique du XIIIe siècle*, eds. M.-D. Even and R. Pop, Paris, 1994, pp. 65, 68-71, 78, 80-81, 104, 174.

[33] Ala-ad-Din 'Ata-Malik Juvaini, *History of the World-Conqueror*, I, ed. J.A. Boyle, Manchester, 1958, p. 139.

[34] Rashid al-Din, *The Successors of Genghis Khan*, ed. J.A. Boyle, New York-London, 1971, p. 61. 也参见 J.A. Boyle, "The Seasonal Residences of the Great Khan Ögedei," *CAJ*, XVI, 1972, pp. 125-131。

[35] V.V. Barthold, "History of the Semirechyé," in idem, *Four Studies on the History of Central Asia*, I, Leiden, 1956, p. 114; S.A.M. Adshead, *Central Asia in World History*, Houndmills-London, 1993, p. 79.

[36] Al-'Umari, p. 149. 有关伊利汗国宫廷一年二次迁徙的其他资料由方济各会士波代诺内的鄂多立（Odoric of Pordenone）提供，参见 *Sinica Franciscana*, I, *Itinera et relationes fratrum minorum saeculi XIII et XIV*, ed. A. v.d. Wyngaert, Ad Claras Aquas (Quaracchi-Florence), 1929, p. 418。

[37] J.M. Smith, Jr., "Mongol Nomadism and Middle Eastern Geography: Qîshlâqs and Tqmens," in *The Mongol empire and its legacy*, eds. R. Amitai-Preiss and D.O. Morgan, Leiden-Boston-Cologne, 1998, pp. 39-56.

[38] Johannes de Plano Carpini, *Ystoria Mongalorum*, in *Sinica Franciscana*, I, p. 108.

[39] Guillelmus de Rubruc, *Itinerarium,* in *Sinica Franciscana*, I, p. 212.

[40] B. Spuler, *Geschichte der Mongolen nach östlichen und europäischen Zeugnissen des 13. Und 14. Jahrhunderts*, Zurich-Stuttgart, 1968, p. 78.

[41] Plano Carpini, pp. 107-108.

[42] Rubruc, p. 172.

[43] Th. T. Allsen, "Sharing out the Empire: Apportioned Lands under the Mongols," in *Nomads in the Sedentary World*, eds. A.M. Khazanov and A. Wink, Richmond, Surrey, 2001, pp. 172-190.

[44] C. Brunel, "David d'Ashby auteur méconnu des Faits des Tartares," *Romania*, 87, LXXIX, 1958, pp. 42-43.

[45] É.-R. Huc, *Travels in Tartary*, ed. H. D'Ardenne de Tizac, trans. W. Hazlitt, New York-London, 1927, p. 47.

[46] S.V. Kiselev, L.A. Evtiukhova, L.R. Kyzlasov, N. Ia. Merpert, V.P. Lavatova, *Drevnemongol'skie goroda*, Moscow, 1965, p. 121 ff.; L.K. Minert, "Drevneĭshie pamiatniki mongol'skogo monumental'nogo zodchestva," in *Drevnie kul'tury Mongolii*, co-ord. R.S. Vasil'evskiĭ, Novosibirsk, 1985, pp. 184-209; V.N. Tkachev, "Karakorum v XIII veke," in *Mongolica, Pamiati akademika Borisa Iakovlevicha Vladimirtsova, 1884-1931*, Moscow, 1986, pp. 219-231. 有关大汗宫廷的氛围及其对于蒙古社会的影响，参见 S. Conermann, "«Hof» und «Herrschaft» zur Zeit des Khanates Chinggis Khans (1206-1227)," *Mitteilungen der Residenzen-Kommission der Akademie der Wissenschaften zu Göttingen*, 7, 1997, 1, pp. 13-39; W. Pohl, "The Regia and the Hring – Barbarian Places of Power," in *Topographies of Power in the Early Middle Ages*, eds. M. de Jong and F. Theuws with C. van Rhijn, Leiden-Boston-Cologne, 2001, pp. 449-466。

[47] H.-G. Hüttel, "Bericht über die Tätigkeit der Kommission für Allgemeine und Vergleichende Archäologie des Deutschen Archäologischen Instituts im Jahr 2001," *Beiträge zur Allgemeinen und Vergleichenden Archäologie*, 22, 2002, pp. 302-306; E. Pohl and H.R. Roth, "In Dschingis-Khans Hauptstadt," *Archäologie in Deutschland*, 2003, 3, pp. 14-19.

[48] Guillaume de Nangis, *Gesta Sanctae memoriae Ludovici, regis Franciae (Vie de Saint Louis)*, in *Recueil des historiens des Gaules et de la France*, XX, eds. [P.-C.-F.] Daunou and [J.] Naudet, Paris, 1840, pp. 362, 365.

[49] B. Spuler, *Die Goldene Horde. Die Mongolen in Russland, 1223-1502*, 2nd ed., Wiesbaden, 1965, pp. 439-446; idem, *Die Mongolen in Iran. Politik, Verwaltung und Kultur der Ilchanzeit, 1220-1350*, 2nd ed., Berlin, 1955, pp. 442-444; L. Hambis, "L'histoire des Mongols avant Gengiskhan d'après les sources chinoises et mongoles, et la documentation conservée par Rašidu-d'Din," *CAJ*, XIV, 1970, 1-3, pp. 125-133; D. Sinor, "Horse and pasture in Inner Asian history," in idem, *Inner*

Asia and its Contacts with Medieval Europa (Variorum Reprints), London, 1977, (II,) pp. 171-184; S. Szynkiewicz, "Nahrungsmittel und ihre Zubereitung," in *Die Mongolen*, eds. W. Heissig, C.C. Müller, Innsbruck-Frankfurt/Main, 1989, pp. 142-149; B.-O. Bold, "The Quantity of Livestock Owned by the Mongols in the 13th Century," *Journal of the Royal Asiatic Society*, 3rd Ser., 8, 1998, 2, pp. 237-246. 也参见注15。

[50] B. Spuler, *Die Goldene Horde...*, p. 387; R. Fox, *op. cit.*, p. 43; E. Haenisch, "Die Jagdgesetze im Mongolischen Ostreich," in *Ostasiatische Studien. Martin Ramming zum 70. Geburtstag gewidmet*, ed. I.L. Kluge, Berlin, 1959, pp. 85-93; J.A. Boyle, "A Mongol Hunting Ritual," in *Die Jagd bei den altaischen Völkern. Vorträge der VIII. Permanent International Altaistic Conference vom 30. 8. bis 4. 9. 1965 in Schloss Auel*, Wiesbaden, 1968, pp. 1-7; Ch. Commeaux, *op. cit.*, pp. 55-57; M. Tatár, "Die Jagd bei den Mongolen," in *Die Mongolen*, 1989, pp. 150-153.

[51] Juvaini, I, pp. 27-28; Al-'Umari, pp. 98-99.

[52] N. Machiavelli, *Il Principe*, ed. G. Lisio, Florence, 1927, pp. 89-90.

[53] B. Castiglione, *Curteanul*, ed. E. Boeriu, Bucharest, 1967, p. 55.

[54] *Meng-Ta...*, p. 175 (*Hei-Ta...*).

[55] A. de Saint-Exupéry, *Citadelle,* Paris, 1966, p. 330.

[56] Juvaini, I, pp. 127-128, 135, 162.

[57] Raschid-Eldin, *Histoire des Mongols de la Perse*, ed. M.E. Quatremère, Paris, 1836, pp. 337-339.

[58] *Ibidem*, p. 339.

[59] Plano Carpini, p. 28.

[60] *Ibidem*, p. 83.

[61] B. Spuler, *Die Mongolen in Iran...*, pp. 430-435; Th. T. Allsen, "Mongolian Princes and Their Merchant Partners, 1200-1260," *Asia Major*, 3rd Ser., II, 1989, 2, pp. 83-126; J.-P. Roux, *Histoire...*, pp. 463-464; V. Ciocîltan, *Mongolii şi Marea Neagră în secolele XIII-XV. Contribuţia Cinghizhanizilor la transformarea bazinului pontic în placă turnantă a comerţului euro-asiatic*, Bucharest, 1998, p. 54 ff.

[62] Grigor of Akanc', *History of the Nation of the Archers (the Mongols)*, eds. R.P. Blake and R.N. Frye, *Harvard Journal of Asiatic Studies*, 12, 1949, 2, pp. 275, 277.

[63] Juvaini, I, pp. 78-79.

[64] *Ibidem*, p. 267.

[65] *Ibidem*, p. 259.

[66] Nasir al-Din al-Tusi, in G. Chaliand, *The Art of War in World History from*

Antiquity to the Nuclear Age, Berkeley-Los Angeles-London, 1994, p. 445.

[67] Plano Carpini, p. 129. 有关金帐汗国的商业生活状况，参见 B. Spuler, *Die Goldene Horde*..., pp. 388-409; G.A. Fedorov-Davydov, *Städte der Goldenen Horde an der unteren Wolga*, trans. A. v. Schebek, Munich, 1984, pp. 101-105; idem, *The Silk Road and the Cities of the Golden Horde*, trans. A. Naymark, Berkeley, California, 2001, pp. 39-52; V. Ciocîltan, "Migratori şi sedentari: cazul mongol," *RI*, SN, 1993, 1-2, pp. 94-101; idem, *Mongolii*..., p. 13 ff.; A.Kh. Khalikov, *Mongoly, tatary, Zolotaia Orda i Bulgariia,* Kazan, 1994, p. 103 ff.。

[68] J. Gernet, *Le monde chinois*, Paris, 1972, p. 321.

[69] Plano Carpini, p. 33; Hayton, *La flor des estoires de la terre d'Orient*, in Recueil des historiens des Croisades. Documents arméniens, II, Paris, 1906, pp. 217, 337; S. Dörper (ed.), *Die Geschichte der Mongolen des* Hethum von Kyrykos *(1307) in der Rückübersetzung durch* Jean le Long, *Traitiez des estas et des conditions de quatorze royaumes de Aise (1351)*, Frankfurt am Main, 1998, p. 335; Hetoum, *A Lytell Cronycle*. Richard Pynson's Translation (c. 1520) of *La Fleur des histoires de la terre d'Orient* (c. 1307), ed. G. Burger, Toronto-Buffalo-London, 1988, p. 63; Marco Polo, p. 62; Marka Pavlova z Benátek, *Milion*, p. 56; Riccold de Monte Croce, *Pérégrination en Terre Sainte et au Proche Orient. Lettres sur la chute de Saint-Jean d'Acre*, ed. R. Kappler, Paris, 1997, pp. 84-85.

[70] Maulānā, Minhāj-ud-Din, Abū-'Umar-i-'Usmān [Guzğani], *Tabakāt-i-nāṣiri. A General History of the Muhammadan Dynasties of Asia*, II, ed. H.G. Raverty, London, 1881, p. 1292.

[71] Raschid-Eldin, *Histoire*..., p. 93.

[72] Plano Carpini, p. 39.

[73] C. de Clercq, *La législation religieuse franque de Clovis à Charlemagne. Étude sur les actes de conciles et les capitulaires, les statuts diocésains et les règles monastiques (507-814)*, Louvain-Paris, 1936, p. 76.

[74] Riccold de Monte Croce, pp. 84-87; *Relation du voyage de frère Bieul* (Ricold de Monte-Croce), in *L. de Backer, L'Extrême Orient au Moyen-Age*, Paris, 1877, pp. 281-283.

[75] Riccold de Monte Croce, pp. 86-89. 克罗齐有关蒙古人的其他资料，参见 U. Monneret de Villard, *Il libro della peregrinazione nelle parti d'Oriente di frate Ricoldo da Montecroce*, Rome, 1948, p. 34 ff.。有关成吉思汗直接继承人统治下蒙古社会的妇女情况，参见 G. Linck, "Nöchör (Gefährten) – Geschlechterverhältnisse bei den Mongolen im 13./14. Jahrhundert," in *Die Mongolen in Asien*..., pp. 179-205。

[76] Rubruc, p. 184.
[77] B. Vladimirtsov, *Le régime social...*, p. 73 ff.; B.D. Grekov, A.Iu. Iakubovskiĭ, *Zolotaia Orda i eëpadenie*, Moscow-Leningrad, 1950, p. 36 ff.; Ch. Dalai, *Mongoliia...*, p. 102 ff.; Th. Allsen, "The Rise of the Mongolian Empire and Mongolian Rule in North China," in *The Cambridge History of China*, 6, eds. H. Franke and D. Twitchett, Cambridge, 1994, pp. 324-327.
[78] Rubruc, pp. 173-174.
[79] Plano Carpini, pp. 36, 42-44.
[80] *The Travels of Ibn Battuta, A.D. 1325-1354*, ed. H.A.R. Gibb, II, Cambridge, 1962, p. 478.
[81] B. Vladimirtsov, *Gengis-khan*, p. 9
[82] Rubruc, p. 185.
[83] *Ibidem*, p. 280.
[84] *Histoire des campagnes de Gengis Khan. Cheng-wou Ts'in-Tcheng Lou*, I, eds. P. Pelliot and L. Hambis, Leiden, 1951, p. 3; K. Uray-Köhalmi, "Gesellschaftsstrukturen," in *Die Mongolen*, 1989, p. 118.
[85] P. Jackson, "From *Ulus* to Khanate: The Making of the Mongol States, c. 1220 c. 1290," in *The Mongol empire and its legacy*, eds. R. Amitai-Preiss and D.O. Morgan, Leiden-Boston-Cologne, 1998, pp. 12-37.
[86] L. Krader, "Qan-Qagan and the Beginnings of Mongol Kingship," *CAJ*, I, 1955, pp. 17-35; K. Hesse, "Zur Selbstkonzeption der sozialen Stratifikation der Mongolen in der Genealogie der Geheimen Geschichte (Mongkol-un ni'uca tobča'an)," *CAJ*, 29, 1985, pp. 190-217; J. letcher, "The Mongols: Ecological and Social Perspectives," *Harvard Journal of Asiatic Studies*, 46, 1986, I, pp. 21-24.
[87] [J.] Klaproth, "Examen des Extraits d'une Histoire des Khans mongols, insérés par M. J.-J. Schmidt dans le sixième volume des *Mines de l'Orient*," *JA*, II, 1823, pp. 201-203.
[88] D. Sinor, "The Making of a Great Khan," in idem, *Studies in Medieval Inner Asia* (Variorum), Aldershot, Hampshire-Brookfield, Vermont, 1997, (XIV,) pp. 241-258.
[89] *Meng-Ta...*, p. 16.
[90] *Ibidem*, p. 35 ff.
[91] *Ibidem*, p. 92 ff.(*Hei-Ta...*).
[92] *Histoire secrète...*, p. 168.
[93] K. Sagaster, "Herrschaftsideologie und Friedensgedanke bei den Mongolen," *CAJ*, XVII, 1973, p. 223 ff.; I. de Rachewiltz有关成吉思汗帝国的思想基础的

一些评论，参见 *Papers on Far Eastern History*, 7, 1973, pp. 21-36; J.-P. Roux, "Sacerdoce et empires universels chez les Turco-Mongols," *Revue de l'Histoire des Religions*, CCIV, 1987, 2, pp. 151-174。

[94] *Der Bericht* des fr. Iulianus, in H. Dörrie, "Drei Texte zur Geschichte der Ungarn und Mongolen," *Nachrichten der Akademie der Wissenschaften in Göttingen, Phil.-hist. Kl.*, 1956, 1, p. 179.

[95] Simon de Saint-Quentin, *Histoire des Tartares*, ed. J. Richard, Paris, 1965, p. 34.

[96] Jean de Mandeville, *Le livre des merveilles du monde*, ed. Ch. Deluz, Paris, 2002, p. 387.

[97] Matthaei Parisiensis *Chronica majora*, ed. H.R. Luard, IV, in *Rerum Britannicarum Medii Aevi, Scriptores* (Rolls Series) [57], London, 1877, p. 112; *Historia diplomatica Friderici secundi*, V, 2, eds. J.-L.-A. Huillard-Bréholles, A. de Luynes, Paris, 1859, p. 1149.

[98] Th.T. Allsen, *Conquest and Culture in Mongol Eurasia*, Cambridge, 2001, p. 19.

[99] *Ibidem*, pp. 20-21.

[100] Plano Carpini, p. 93.

[101] Mohammed en Nesawi, *Histoire du sultan Djelal ed-Din Markobirti, prince du Kharezm*, trans. O. Houdas, Paris, 1895, pp. 154-155.

[102] Juvaini, I, p. 25.

[103] P. Ratchnevsky, "Šigi-Qutuqu, ein mongolischer Gefolgsmann im 12.-13. Jahrhundert," *CAJ*, X, 1965, pp. 89-92; D. Morgan, *The Mongols*, Oxford-New York, 1987, p. 97.

[104] D.O. Morgan, "Yâsâ," in *The Encyclopaedia of Islam*, NE, XI, Leiden, 2002, p. 293.

[105] C. Alinge, *Mongolische Gesetze. Darstellung des geschriebenen mongolischen Rechts (Privatrecht, Strafrecht u. Prozess)*, Leipzig, 1934, pp. 27-31, 39-52; V.A. Riasanovsky, *Fundamental Principle of Mongol Law*, Tientsin, 1937, *passim*; G. Vernadsky, "The Scope and Contents of Cinghis Khan's Yasa," *Harvard Journal of Asiatic Studies*, 3, 1938, pp. 337-360; idem, "Juwaini's Version of Chingis Khan's Yasa," *Annales de l'Institut Kondakov (Seminarium Kondakovianum)*, XI, 1940, pp. 33-45; P. Poucha, "Über den Inhalt und die Rekonstruktion des ersten mongolischen Gesetzbuches," in *Mongolian Studies*, 1970, pp. 377-415; D. Ayalon, "The Great Yasa of Chingis Khan. A reexamination," *Studia Islamica*, XXXIII, 1971, pp. 97-140; XXXIV, 1971, pp. 151-180; XXXVI, 1972, pp. 113-158; XXXVIII, 1973, pp. 107-156; M. Haider, "The Mongol Traditions and their Survival in Central Asia (XIV-XV Centuries)," *CAJ*, 28, 1984, pp. 57-79; L. Moses and S.A. Halkovic, Jr.,

Introduction to Mongolian History and Culture, Bloomington, 1985, pp. 37-42; D.O. Morgan, "The «Great Yasa of Chingiz Khan» and Mongol Law in the Ilkhanate," *Bulletin of the School of Oriental and African Studies. University of London*, XLIX, 1986, 1, pp. 163-176; P. Ratchnevsky, "Die Rechtsverhältnisse bei den Mongolen im 12.-13. Jahrhundert," *CAJ*, 31, 1987, pp. 64-110; idem, *Genghis Khan. His Life and Legacy*, Oxford-Cambridge, Mass., 1992, pp. 187-196.

[106] B. Vladimirtsov, *Gengis-khan*, pp. 62-64.

[107] Rashid ad-Din, *The Successors*..., p. 77.

[108] R. Amitai-Preiss, " Ghazan, Islam and Mongol Tradition: a view from the Mamlūk Sultanate," *Bulletin of the School of Oriental and African Studies. University of London*, LIX, 1996, 1, pp. 1-10.

[109] Al-'Umari, pp. 96-97.

[110] *Meng-Ta*..., pp. 53 (*Meng-Ta*...), 172 (*Hei-Ta*...).

[111] *Ibidem*, p. 187 (*Hei-Ta*...).

[112] U. Onon, "Introduction," in *The History and the Life of Chinggis Khan (The Secret History of the Mongols)*, ed. U. Onon, Leiden-New York-Copenhagen-Cologne, 1990, p. XIV.

[113] Marco Polo, p. 57.

[114] J.M. Smith, Jr., "Mongol Army," in *Trade, Travel, and Exploration in the Middle Ages. An Encyclopedia*, eds. J.B. Friedman, K.M. Figg, assoc. ed. S.D. Westrem, collab. ed. G.G. Guzman, New York-London, 2000., p. 405.

[115] *Ibidem*, p. 406.

[116] Ibn Khaldûn, *Discours sur l'histoire universelle. Al-Muqaddima*, I, 2nd ed. V. Monteil, Paris, 1978, p. 17.

[117] Idem, *Le Voyage d'Occident et d'Orient*, trans. A. Cheddadi, 2nd ed., Paris, 1980, p. 246.

[118] 就军队的组织体系以及武器、作战战略及战术，参见 H. Morel, "Les campagnes mongoles au XIIIe siècle," *Revue militaire française*, 92, IV, NS, 1922, pp. 348-368; 92, V, NS, 1922, pp. 57-73; Ch. Oman, *A History of the Art of War in the Middle Ages*, II, *1278-1485*, 2nd ed., New York, 1924, pp. 315-335; W. Barthold, *Turkestan down to the Mongol Invasion*, 3rd ed., trans. T. Minorsky, ed. C.E. Bosworth, London, 1968, p. 382 ff.; C.C. Walker, *Jenghiz Khan*, London, 1939, p. 9 ff.; B. Spuler, *Die Goldene Horde*..., p. 373 ff.; idem, *Die Mongolen in Iran*..., p. 399 ff.; F. Lot, *L'art militaire et les armées au Moyen Âge en Europe et dans le Proche Orient*, II, Paris, 1946, p. 323 ff.; G. Vernadsky, *A History of Russia*, III,

The Mongols and Russia, New Haven, 1953, p. 110 ff.; P. Poucha, *Die Geheime Geschichte der Mongolen als Geschichtsquelle und Literaturdenkmal*, Prague, 1956, p. 110 ff.; D. Sinor, "On Mongol Strategy," in idem, *Inner Asia*..., (XVI,) pp. 238-247; J. Richard, "Les causes des victoires mongoles d'après les historiens occidentaux du XIIIe siècle," *CAJ*, XXIII, 1979, pp. 104-117; J. Chambers, *The Devil's Horsemen. The Mongol Invasion of Europe*, London, 1979, p. 51 ff.; J.M. Smith, Jr., "Mongol Campaign Rations: Milk, Marmots, and Blood?," *Journal of Turkish Studies*, 8, 1984 (=*Turks, Hungarians and Kipchaks. A Festschrift in Honor of Tibor Halasi-Kun*, ed. P. Oberling, Harvard University), pp. 223-228; idem, "Mongol Nomadism and Middle Eastern Geography: Qïshlāqs and Tümens," in *The Mongol empire and its legacy*, pp. 39-56; M.V. Gorelik, "Rannii mongol'skiĭ dospekh (IX-pervaia polovina XIV v.)," in *Arkheologiia, ètnografiia i antropologiia Mongolii*, eds. A.P. Derevianko, Sh. Natsagdorzh, Novosibirsk, 1987, pp. 163-208; V.F. Nemirov, "Voinskoe snariazhenie i oruzhie mongol'skogo voĭna XIII-XIV vv.," *SA*, 1987, 2, pp. 212-227; L. de Hartog, *Genghis Khan*..., pp. 42-54; R.W. Reid, "Mongolian Weaponry in The Secret History of the Mongols," *Mongolian Studies. Journal of the Mongolian Society*, XV, 1992, pp. 89-95; R. Neumann-Hoditz, *Dschingis Khan*, 3rd ed., Reinbek bei Hamburg, 1995, pp. 49-61; W. Świętosławski, *Uzbrojenie koczowników Wielkiego Stepu w czasach ekspansji mongołów (XII-XIV w.)* (Acta archaeologica Lodziensia, 40), Łódź, 1996, *passim*; O. Gamber, "Geschichte der mittelalterlichen Bewaffnung (Teil 5). Mongolen und Perser, Mamlucken und Osmanen, Mauren," *Waffen-und Kostümkunde*, 39, 1997, 1-2, p. 10 ff.; S. Conermann, "Činkiz Han – Organisator eines mongolischen Weltreiches?," in *Die Mongolen in Asien*..., p. 49 ff.; D.C. Nicolle, *Arms and Armour of the Crusading Era, 1050-1350*, 1, *Commentary*; 2, *Illustrations*, White Plains, New York, 1988, pp. 18-24; idem, *The Mongol Warlords. Genghis Khan, Kublai Khan, Hülegü, Tamerlane*, London, 1998, pp. 27-37; A. Matveev, "Main Aspects of «Classic» Mongol Warfare (Late 12th–13th Centuries)," in *Voennaia arkheologiia. Oruzhie i voennoe delo v istoricheskoĭ sotsial'noĭ perspektive*, Sankt-Peterburg, 1998, pp. 314-319; A.K. Kushkumbaev, "Voennoe iskusstvo kochevnikov Desht-i Kipchak po svedeniiam «Chingizname»," in *Desht-i Kipchak i Zolotaia Orda v stanovlenii kul'tury evraziĭskikh narodov*, gen. ed. D.M. Nasilov, Moscow, 2003, pp. 56-62。

[119] D. Morgan, *The Mongols*, pp. 87-88. 也参见 idem, "The Mongol Armies in Persia," *Der Islam*, LVI, 1979, 1, pp. 83-87。

[120] J.M. Smith, Jr., "Mongol Army," p. 405.
[121] Ibn Kathir, *Al-Bidaya wa'l-nihaya*, in *Islam from the Prophet Muhammad to the Capture of Constantinople*, 1, *Politics and War*, ed. B. Lewis, New York-Evanston-San Francisco-London, 1974, p. 82.
[122] J.M. Smith, Jr., "Mongol Manpower and Persian Population," *Journal of the Economic and Social History of the Orient*, XVII, 1975, 3, p. 274 ff.; idem, *Mongol Nomadism...*, pp. 39-41.
[123] Idem, "'Ayn Jālūt: Mamlūk Success or Mongol Failure ?," *Harvard Journal of Asiatic Studies*, 44, 1984, 2, pp. 307-311; R. Amitai-Preiss, *Mongols and Mamluks. The Mamluk-Ilkhânid War, 1260-1281*, Cambridge, 1995, p. 27.
[124] *Meng-Ta...*, p. 53; Plano Carpini, pp. 76-77; Juvaini, I, p. 31; Marco Polo, p. 64; Marka Pavlova z Benátek, *Milion*, p. 60.
[125] H. Göckenjan, "Zur Stammesstruktur und Heeresorganisation altaischer Völker. Das Dezimalsystem," in *Europa Slavica – Europa Orientalis. Festschrift für Herbert Ludat zum 70. Geburtstag*, Berlin, 1980, pp. 51-86.
[126] Gregory Abū'l-Faraj (Bar Hebraeus), *The Chronography*, I, ed. E.A. Wallis Budge, London, 1932, p. 354.
[127] *Meng-Ta...*, p. 172 (*Hei-Ta...*).
[128] *Annales de Burton,* in *Annales monastici,* I, ed. H.R. Luard, in *Rerum Britannicarum Medii Aevi, Scriptores* (Rolls Series) [36, 1], London, p. 274; Riccold de Monte Croce, pp. 88-89; J.v. Somogyi, "Ein arabischer Bericht über die Tataren im «Ta'rih al-Islam» von ad-Dahabi," *Der Islam*, XXIV, 1937, p. 114; Thomas Archidiaconus, *Historia Salonitana*, ed. Fr. Rački, in *Monumenta spectantia historiam Slavorum Meridionalium*, XXVI, *Scriptores*, III, Zagreb, 1894, p. 164; Jalálu'ddin a's Suyúti ('Abd Al-Rahman ibn Abi Bakr), *History of the Caliphs*, trans. H.S. Jarrett, Calcutta, 1881, p. 493.
[129] Plano Carpini, pp. 50-51.
[130] *Meng-Ta...*, p. 165 (*Hei-Ta...*).
[131] J.M. Smith, Jr., "'Ayn Jālūt...," p. 331.
[132] G. Doerfer, *Türkische und mongolische Elemente im Neupersischen*, II, *Türkische Elemente im Neupersischen*, Wiesbaden, 1965, pp. 521-526; P.B. Golden, "Some Notes on the *Comitatus* in Medieval Eurasia with Special Reference to the Khazars," *Russian History/Histoire russe*, 28, 2001, 1-4, pp. 164-165.
[133] J. Németh, "Wanderungen des mongolischen *nökür* «Genosse»," *AOH*, III, 1953, 1-2, pp. 1-23; idem, "Kun László király nyögerei," *Magyar nyelv*, XLIX, 1953,

3-4, pp. 304-318; L. Szabó, *A jászetnikai csoport (A jász etnikum és a jászsági műveltségi egység néprajza)*, I, Szolnok, 1979, p. 56 ff.; G. Székely, "Egy elfeledett nettegés: a második tatárjárás a magyar tőrténeti hagyománykban és azegyetemes ősszefűggésekben," *Századok*, 122, 1988, 1-2, pp. 67-68.

[134] A. Gonţa, *Românii şi Hoarda de Aur. 1241-1502*, Munich, 1983, p. 99.

[135] *Histoire secrète...*, pp. 198, 202.

[136] W. Barthold, *Turkestan...*, pp. 383-384. 也参见 S.M. Grupper, "A Barulas Family Narrative in the *Yuan Shih*: Some Neglected Prosopographical and Institutional Sources on Timurid Origins, "*AEMA*, VIII, 1992-1994, p. 41 ff.; Th.J. Barfield, *The Perilous Frontiers. Nomadic Empires and China*, Cambridge, Mass.-Oxford, 1996, pp. 191-197。

[137] Grigor of Akanc', p. 345.

[138] Iu.S. Khudiakov, "Kollektsia zheleznykh nakonechnikov strel Chitinskogo muzeia," in A*rkheologiia Severnoĭ Azii*, Novosibirsk, 1982, pp. 135-148; idem, "Zheleznye nakonechniki strel iz Mongolii," in *Drevnie kul'tury Mongolii*, co-ord. R.S. Vasil'evskiĭ, Novosibirsk, 1985, pp. 97-114; idem, *Vooruzhenie tsentral'noaziatskikh kochevnikov v epokhu rannego i razvitogo srednevekov'ia*, Novosibirsk, 1991, p. 72 ff.; V.F. Nemerov, "Voĭnskoe snariazhenie i oruzhie mongol'skogo voĭna XIII-XIV vv.," *SA*, 1987, 2, p. 212 ff.

[139] Hayton, pp. 218, 238. 也参见 Hethum (Haython) von Gorhigos, in *Welteroberer aus der Steppe. Spätmittelalterliche Kulturkontakte zwischen Asien und Europa*, ed. J. Giessauf, Graz, 2000, pp. 20-23。

[140] *Meng-Ta...*, p. 174 (*Hei-Ta...*).

[141] Thomas Archidiaconus, p. 170.

[142] Plano Carpini, pp. 77-78. 也参见 Simon de Saint-Quentin, pp. 42-43。

[143] Matthaei Parisiensis *Chronica majora*, IV, pp. 113, 115; *Historia diplomatica...*, V, 2, pp. 1149, 1151.

[144] Matthaei Parisiensis *Chronica majora*, III, London, 1876, p. 488.

[145] *Histoire de la Géorgie depuis l'Antiquité jusqu'au XIXe siècle*, I, *Histoire ancienne, jusqu'en 1469 de J.-C.*, trans. M. Brosset, St.-Pétersbourg, 1849, p. 486 (Wakhtang's Chronicle).

[146] Mohammed en-Nesawi, p. 14.

[147] K. Chase, *Firearms. A Global History to 1700*, Cambridge, 2003, pp. 31-33. 参见 the discussion in A. Rahman Zaky, "Gunpowder and Arab firearms in the Middle Age," *Gladius*, VI, 1967, pp. 45-58。

[148] I.A. Khan, "Coming of Gunpowder to the Islamic World and North India: Spotlight on the Role of the Mongols," *Journal of Asian History*, 30, 1996, pp. 29-35, 44-45.

[149] Th.T. Allsen, "The Circulation of Military Technology in the Mongolian Empire," in *Warfare in Inner Asian History (500-1800)*, ed. N. di Cosmo, Leiden-Boston-Cologne, 2002, pp. 265-293.

[150] *Ibidem*, pp. 285-286.

[151] G. Parker, *The Military Revolution. Military Innovation and the Rise of the West, 1500-1800*, 2nd ed., Cambridge, 1996; W.R. Thompson, "The Military Superiority Thesis and the Ascedancy of Western Eurasia in the World System," *Journal of World History*, 10, 1999, 1, pp. 143-178.

[152] Plano Carpini, pp. 82-83.

[153] Raschid-Eldin, *Histoire...*, pp. 129-137. 另一位著名史家认为在伊朗的旭烈兀军中有"来自中国的哲学家、天文学家和医生"效力。参见 K. Jahn, *Die Chinageschichte des Rašid ad-Din*, Vienna, 1971, p. 21。但不清楚这些人是跟随旭烈兀参战或是后来被抓至被征服领土。

[154] Al-'Umari, p. 145.

[155] Nasir al-Din al-Tusi, in G. Chaliand, *The Art of War...*, p. 444.

[156] 参见注118。

[157] Sigismund zu Herberstein, *Reise zu den Moskowitern 1526*, ed. T. Seifert, Munich, 1966, pp. 217-219. 也参见 R. Federmann, *Popen und Bojaren Herberstains Mission im Kreml*, Graz and Vienna, 1963, pp. 171-172。

[158] *Călători străini despre țările române*, IX, eds. M. Holban (gen. ed.), M.M. Alexandrescu-Dersca Bulgaru, P. Cernovodeanu, Bucharest, 1997, p. 275: Anonim turc (Sec. XVIII). 一些战争策略特征也体现在早期现代的克里米亚鞑靼人的作战行动中，参见 L.J.D. Collins, "The Military Organization and Tactics of the Crimean Tatars, 16th-17th Centuries," in *War, Technology and Society in the Middle East*, eds. V.J. Parry and M.E. Yapp, London, 1975, pp. 257-276: S.A. Ishchenko, "Voĭna i voennoe delo u krymskikh tatar XVI-XVIII vv. (po zapiskam inostrannykh puteshestvennikov i diplomatov)," in *Severnoe Prichernomor'e i Povolzh'e vo vzaimootnosheniiakh Vostoka i Zapada v XII-XVI vekakh*, gen. ed. G. A. Fëdorov-Davydov, Rostov-on-Don, 1989, pp. 136-145。

[159] Călători străini..., IX, p. 191: I.C. Weiss.

[160] D. Sinor, "On Water-Transport in Central Eurasia," in idem, *Inner Asia...*, (IV,) pp. 156-179.

[161] Sun Tzu, *Arta războiului*, trans. R. Pârvu, Oradea, 1996, p. 7 ff.

第五章 蒙古人 567

[162] H.H. Howorth, *op. cit.*, IV, pp. 90-214; N. Pallisen, "Die alte Religion der Mongolen und der Kultus Tschingis-Chans," *Numen*, III, 1956, pp. 178-229; P. Poucha, *Die Geheime Geschichte...*, pp. 174-183; W. Heissig, "Die Religionen der Mongolei," in G. Tucci, W. Heissig, *Die Religionen Tibets und der Mongolei*, Stuttgart-Berlin-Cologne-Mainz, 1970, pp. 293-428; idem, "Mongol Religions," in *The Encyclopedia of Religion*, ed. in chief M. Eliade, 10, New York-London, 1987, pp. 54-57; idem, *Die alten Götter der Mongolen*, in *Die Mongolen*, 1989, pp. 223-226; M. Hermanns, *Schamanen-Pseudoschamanen Erlöser und Heilbringer. Eine vergleichende Studie religiöser Urphänomene*, 1, Schamanen, Wiesbaden, 1970, pp. 278-332; J.A. Boyle, "Turkish and Mongol Shamanism in the Middle Ages," *Folklore*, 83, 1972, 3, pp. 177-193; L. Lörincz, "Die mongolische Mythologie," *AOH*, XXVII, 1973, 1, pp. 103-126; P. Vitebsky, "Some Medieval European Views of Mongolian Shamanism," *Journal of the Anglo-Mongolian Society*, 1, 1974, 1, pp. 24-42; L. Kwanten, *Imperial Nomads...*, pp. 216-220; S. Jagchid and P. Hyer, *op. cit.*, p. 163 ff.; J.-P. Roux, *La religion des Turcs et des Mongols*, Paris, 1984, *passim*; idem, "Les religions dans les sociétés turco-mongoles," *Revue de l'Histoire des Religions*, CCI, 1984, 4, pp. 393-420; idem, "La religion des Turcs et des Mongols," in *Mythes et croyances du monde entier*, IV, *Les mondes asiatiques*, co-ord. A. Akoun, Paris, 1985, pp. 38-49; M. Eliade, *A History of Religious Ideas*, 3, *From Muhammad to the Age of Reforms*, trans. A. Hiltebeitel and D. Apostolos-Cappadona, Chicago-London, 1985, pp. 1-22; R. Kaschewsky, "Die Religion der Mongolen," in *Die Mongolen*, ed. M. Weiers, with editorial assistance of V. Veit and W. Heissig, Darmstadt, 1986, pp. 87-124; D. Morgan, *The Mongols*, pp. 40-44; E. Taube, "Schamanen, Geisterbeschwörer und Gesundbeter," in *Die Mongolen*, 1989, pp. 216-218; C.C. Müller, "Die Religion der Mongolen," ," in *Die Mongolen und ihr Weltreich*, ed. A. Eggebrecht, with editorial assistance of E. Eggebrecht and M. Gutgesell, Mainz am Rhein, 1989, pp. 169-184; M.-L. Beffa, "Le concept de *tänggäri*, «ciel», dans l'*Histoire secrète des Mongols*," *Études mongoles et sibériennes*, 24, 1993, pp. 215-236; A. Ruotsala, *Europeans and Mongols in the Middle of the Thirteenth Century Encountering the Other*, Helsinki, 2001, pp. 24-31.

[163] Hayton, p. 147; S. Dörper (ed.), *Die Geschichte...*, p. 236.
[164] Hayton, pp. 148-149, 217, 337; S. Dörper (ed.), *Die Geschichte...*, pp. 238, 245, 335.
[165] T.D. Skrynnikova, "Shamanism in Inner Asia: two archetypes," *Sibirica. Journal of Siberian Studies*, 2, 2002, 1, p. 70.

[166] *Ibidem*, p. 76.
[167] *Ibidem*, p. 77.
[168] Grigor of Akanc', p. 343.
[169] Ch. Lemercier-Quelquejay, *La paix mongole. Joug tatar ou paix mongole?*, Paris, 1970, p. 75.
[170] Al-'Umari, p. 96.
[171] *E Chronico* Alberici, monachi Trium Fontium, in *Recueil des historiens des Gaules et de la France*, XXI, eds. Guigniaut and De Wailly, Paris, 1855, p. 620.
[172] *Prodolzhenie Lavrentievskoĭ letopisi (Lavr. Radz. Troitsk. I)*, in *PSRL*, I, Sanktpeterburg, 1846, p. 203; *Nik. let.*, in *PSRL*, X, p. 141.
[173] *A Source Book for Russian History*, I, *Early Times to the Late Seventeenth Century*, eds. G. Vernadsky (senior editor), R.T. Fisher, A.D. Ferguson, A. Lossky, S. Pushkarev, New Haven-London, 1972, p. 49; N.M. Malov, A.B. Malyshev, "Khristianstvo v Zolotoĭ Orde (po dannym istoriograficheskogo analiza, arkheologicheskim i pis'mennym istochnikam)," in *Epokha bronza i ranniĭ zheleznyĭ vek v istorii drevnikh plemen iuzhnorusskikh stepeĭ*, Saratov, 1997, p. 189. 也参见 S. Hackel, "Under Pressure from the Pagans? The Mongols and the Russian Church," in *The Legacy of Saint Vladimir. Byzantium-Russia-America*, eds. J. Breck, J. Meyendorff and E. Silk, Crestwood, NY, 1990, pp. 45-56。
[174] Matthaei Parisiensis *Chronica majora*, VI, *Additamenta*, London, 1882, p. 114.
[175] Plano Carpini, p. 125.
[176] *Prodolzhenie Lavrentievskoĭ letopisi*, p. 204; *Nik. let.*, in *PSRL*, X, p. 143; *Letopisnyĭ sbornik imennuemyĭ Tverskoiu letopis'iu*, in *PSRL*, XV, Sanktpeterburg, 1893, col. 401-402.
[177] *Prodolzhenie Lavrentieskoĭ letopisi*, p. 200; *Ip. let.*, col. 781-782; *Novgorodskaia chetvertaia letopis'*, in *PSRL*, IV, Sanktpeterburg, 1848, p. 35; *Letopisnyĭ svod 1497 g.*, in *PSRL*, 28, ed. M.N. Tikhomirov, Moscow-Leningrad, 1963, p. 54; *Letopisnyĭ svod 1518 g. (Uvarovskaia letopis')*, in *ibidem*, p. 212.
[178] *Prodolzhenie Lavrentievskoĭ letopisi*, p. 200; *Ip. let.*, p. 782; *Novgorodskaia chetvertaia letopis'*, p. 34; *Letopis' po Voskresenskomu spisku*, in *PSRL*, VII, Sanktpeterburg, 1856, p. 144; *Letopisnyĭ sbornik imennuemyĭ Tverskoiu letopis'iu*, col. 373; *Letopisnyĭ svod 1497 g.*, p. 53; *Letopisnyĭ svod 1518 g.*, p. 212; *Mazurinskiĭletopisets*, in *PSRL*, 31, ed. V.I. Buganov, Moscow, 1968, p. 71.
[179] *Prodolzhenie Lavrentievskoĭ letopisi*, p. 196; *Troitskaia letopis'*, ed. M.D. Priselkov, Moscow-Leningrad, 1950, p. 313; *Letopis' po Voskresenskomu spisku*, p. 139; *Nik.*

let., in *PSRL*, X, p. 106; *Vologodsko-Permskaia letopis'*, ed. M.N. Tikhomirov, in *PSRL*, 26, Moscow-Leningrad, 1959, p. 71. 一首关于摧毁梁赞的歌曲讲述了蒙古人攻破该城之时，主教不在城中（参见 *Povest' o razorenii Riazani Batyem v 1237 g.*, ed. D.S. Likhachëv, in *Voĭnskie povesti drevneĭ Rusi*, co-ord. V.P. Adrianova-Peretts, Moscow-Leningrad, 1949, p. 26: *Spisok khronografa 1599 g.*), 这首歌的另一版本误称主教被入侵者杀死（参见 *Povest'...*, p. 12: *Volokolamskiĭ spisok XVI v.*）。

[180] Moufazzal ibn Abil-Fazaďl, *Histoire des sultans Mamlouks (II)*, trans. E. Blochet, in *Patrologia orientalis*, XIV, 3, eds. R. Graffin, F. Nau, Paris, 1920, p. 437.

[181] R. Hennig, *Terrae incognitae. Eine Zusammenstellung und kritische Bewertung der wichtigsten vorcolumbischen Entdeckungsreisen an Hand der darüber vorliegenden Originalberichte*, 2nd ed., II, *200-1200 n. Chr.*, Leiden, 1950, pp. 438-460; III, *1200-1415*, Leiden, 1953, pp. 11-23; Ch. E. Nowell, "The Historical Prester John," *Speculum*, XXVIII, 1953, 3, pp. 435-445; G.A. Bezzola, *Die Mongolen in abendländischer Sicht (1220-1270)*, Bern-Munich, 1974, p. 13 ff.; J.-P. Roux, in collaboration with S.-A. Roux, *Les explorateurs au Moyen Âge*, Évreux (Eure), 1985, pp. 76-80; L.N. Gumilev, *Searches for an Imaginary Kingdom. The Legend of the Kingdom of Prester John,* trans. R.E.F. Smith, Cambridge-New York-New Rochelle-Melbourne-Sidney, 1987; U. Knefelkamp, "Der Priesterkönig Johannes und sein Reich – Legende oder Realität?," *Journal of Medieval History*, 14, 1988, 4, pp. 337-355; R. Silverberg, *The Realm of Prester John*, London, 1990, pp. 74-139; A. Klapprogge, *Ursprung und Ausprägung des abendländischen Mongolenbildes im 13. Jahrhundert. Ein Versuch zur Ideengeschichte des Mittelalters*, Wiesbaden, 1993, p. 105 ff.; idem, "Das Mongolenbild im Abendland," in *Die Mongolen in Asien...*, pp. 88-95; D. Morgan, "Prester John and the Mongols," in *Prester John, the Mongols and the Ten Lost Tribes,* eds. C.F. Beckingham and B. Hamilton, Aldershot-Brookfield, Vermont, 1996, pp. 159-170; I. de Rachewiltz, "Prester John and Europe's Discovery of East Asia," *East Asian History*, 11, 1996, pp. 59-74; H. Franco Jr., "La construction d'une utopie: l'Empire de Prêtre Jean," *Journal of Medieval History*, 23, 1997, 3, pp. 211-225; W. Baum, *Die Verwandlungen des Mythos vom Reich des Priesterkönigs Johannes. Rom, Byzanz und die Christen des Orients im Mittelalter*, Klagenfurt, 1999; I. Bejczy, *La lettre du Prêtre Jean. Une utopie médiévale*, Paris, 2001.

[182] 在远东蒙古人举行的宗教仪式，参见 N. Pallisen, *op. cit.*, p. 218 ff.; P. Ratchnevsky, "Über den mongolischen Kult am Hofe der Grosskhane in China," in *Mongolian*

Studies, ed. L. Ligeti, Amsterdam, 1970, pp. 417-443; E. Endicott-West, "Notes on Shamans, Fortune-tellers and *Yin-Yang* Practitioners and Civil Administration in Yüan China," in *The Mongol empire and its legacy*, p. 224 ff.。

[183] Rubruc, p. 307.

[184] Guiragos, in *Les Mongols d'après les historiens arméniens*, ed. Éd. Dulaurier, *JA*, 5th Ser., XI, 1858, 2-3, p. 249. 也参见 I. de Rachewiltz, "Some Remarks...," pp. 21-36; D. Aigle, "Le mythe créateur d'histoire," in *Figures mythiques des mondes musulmans. Revue des mondes musulmans et de la Méditerranée, Série Histoire*, 89-90, 2000, p. 7 ff.; eadem, "Les transformations d'un mythe d'origine. L'exemple de Gengis Khan et de Tamerlan," in *ibidem*, pp. 152-160。

[185] *The Mongol Chronicle Altan Tobči*, ed. Ch. Bawden, Wiesbaden, 1955, p. 128.

[186] K. Sagaster, "Rasipunguy und der Beginn der kritischen Geschichtsschreibung der Mongolen," *Zentralasiatische Studien*, 4, 1970, p. 295.

[187] *Meng-Ta...*, p. 12.

[188] *Die Weisse Geschichte (Čayan teüke). Eine mongolische Quelle zur Lehre von den Beiden Ordnungen. Religion und Staat in Tibet und der Mongolei*, ed. K. Sagaster, Wiesbaden, 1976, p. 109.

[189] *Ibidem*, p. 141.

[190] *Ibidem*, p. 108.

[191] Plano Carpini, p. 38.

[192] *Ip. let.*, col. 795; *Novgorodskaia pervaia letopis' starshego i mladshego izvodov*, ed. A.N. Nasonov, Moscow-Leningrad, 1950, pp. 298-303; *Letopis' po Voskresenskomu spisku*, pp. 152-156; *Russkiĭ khronograf"*, 1, *Khronograf" redaktsii 1512 goda*, in *PSRL*, XXII, 1, S.Peterburg, 1911, p. 400; *Vologodsko-Permskaia letopis'*, pp. 82-85; *Letopisnyĭ svod 1497 g.*, p. 56; *Letopisnyĭ svod 1518 g.*, p. 214; *Mazurinskiĭ letopisets*, p. 72; *Kholmogorskaia letopis'*, eds. Ia.S. Lur'e and K.N. Serbin, in *PSRL*, 33, Leningrad, 1977, pp. 69-71.

[193] M. Dimnik, "Pokloninnia Mikhaĭlovi Vsevolodovichu iak sviatomu," in *Sviatiĭ kniaz' Mikhaĭlo Chernigivs'kiĭ ta ĭogo doba*, gen. ed. V.P. Kovalenko, Chernigiv, 1996, pp. 19-21; A.A. Molchanov, "Kul't sviatykh muchenikov chernigovskikh Mikhaila i Fedora v srednevekovoĭ Moskve (K voprosu o vremeni i putiakh pronikhoveniia)," in *ibidem*, pp. 23-26; S. Pavlenko, *Kniaz' Mikhaĭlo Chernigivs'kiĭ ta ĭogo viklik Ordi*, Chernigiv, 1996, pp. 53-59.

[194] V.V. Barthold, *op. cit.*, p. 116.

[195] Plano Carpini, p. 125; Juvaini, I, p. 259.

[196] Guillaume de Nangis, *Gesta*..., pp. 358-359.
[197] 参见注505。
[198] Rubruc, p. 209.
[199] Juvaini, I, p. 268; *Extrait de l'Histoire universelle de* Vartan, in *Les Mongols d'après les historiens arméniens*, ed. Éd. Dulaurier, *JA*, 5th Ser., XVI, 1860, 10-11, p. 291; Gregory Abū'l-Faraj, p. 398.
[200] Guiragos, ed. *cit., JA,* 5th Ser., XI, 1858, 4-5, p. 459.
[201] Tiesenhausen, I, pp. 121 (Baibars), 152 (an-Nuwairi), 379 (Ibn Khaldun); Ibn Khaldūn, *Le Voyage d'Occident et d'Orient*, 2nd ed. A. Cheddadi, Paris, 1980, p. 225; Taki-Eddin-Ahmed-Makrizi, *Histoire des sultans Mamlouks de l'Égypte*, trans. [M.É.] Quatremère, I, 2, Paris, 1840, pp. 56, 83; *Istoriia mongolov po armianskim istochnikam*, I, ed. K.P. Patkanov, S.-Peterburg, 1873, p. 26 (*Iz istorii* Vardana); A.P. Grigor'ev, O. B. Frolova, "Geograficheskoe opisanie Zolotoĭ Ordy ventsiklopedii al-Kalkashandi," *Tiurkologicheskiĭ sbornik*, 2001, *Zolotaia Orda i eë nasledie*, p. 298. 也参见 J. Richard, "La conversion de Berke et les débuts de l'islamisation de la Horde d'Or," *Revue des études islamiques*, XXXV, 1967, pp. 173-184; M.A. Usmanov, "Etapy islamizatsii Dzhuchieva ulusa i musul'manskoe dukhovenstvo v tatarskikh khanstvakh XIII-XVI vekov," in *Dukhovenstvo i politicheskaia zhizn' na Blizhnem i Srednem Vostoke v period feodalizma*, eds. G.F. Kim, G.F. Girs, E.A. Davidovich, Moscow, 1985, p. 177 ff.; I. Vásáry, "«History and Legend» in Berke Khan's Conversion to Islam," in *Aspects of Altaic Civilizations*, III, *Proceedings of the Thirteenth Meeting of the Permanent International Altaistic Conference, Indiana University, Bloomington, Indiana, June 19-25, 1987*, ed. D. Sinor, Bloomington, Indiana, 1990, pp. 230-252; D. DeWeese, *Islamization and Native Religion on the Golden Horde. Baba Tükles and Conversion to Islam in Historical and Epic Tradition*, University Park, Pennsylvania, 1994, pp. 81-90。
[202] B. Spuler, *Die Goldene Horde*..., pp. 216-220; B.D. Grekov, A.Iu. Iakubovskiĭ, *op. cit*., pp. 166-168; D. DeWeese, *op. cit.*, pp. 90-158.
[203] Tiesenhausen, I, p. 457; Ahmed Ibn Arabshah, *Tamerlan or Timur, the Great Amir*, trans. J.H. Sanders, London, 1936, p. 73.
[204] C. Eubel, "Die während des 14. Jahrhunderts im Missionsgebiet der Dominikaner und Franziskaner errichteten Bisthümer," in *Festschrift zum elfhundertjährigen Jubiläum des Deutschen Campo Santo in Rom*, Freiburg im Breisgau, 1897, pp. 180-182; R. Loenertz, *La Société des Frères Pérégrinants. Études sur l'Orient dominicain*, I, Romae, 1937, pp. 89-134; E. Hill, "The Church and the Mongols,

1245-91," *The Eastern Churches Quarterly*, XII, 1957, 1, pp. 1-13; B. Spuler, "Le christianisme chez les Mongols aux XIIIe et XIVe siècles," in *Tractata altaica. Denis Sinor sexagenario optime de rebus altaicis merito dedicata*, eds. W. Heissig, J.R. Krueger, F.J. Oinas, E. Schütz, Wiesbaden, 1976, pp. 621-631; J. Richard, "Les missions chez les Mongols aux XIIIe et XIVe siècles," in *Histoire universelle des missions catholiques*, gen. ed. S. Delacroix, I, *Les missions des origines au XIVe siècle*, Monaco, 1956, p. 178 ff.; idem, *La papauté et les missions d'Orient au Moyen Âge (XIIIe-XVe siècles)*, Rome, 1977; 2nd ed., Rome, 1998, *passim*; idem, "Le soutien de l'Église latine aux chrétiens d'Orient durant le moyen-âge," in *Conversion and Continuity. Indigenous Christian Communities in Islamic Lands, Eighth to Eighteenth Centuries*, eds. M. Gervers and R.J. Bikhazi, Toronto, 1990, pp. 389-405; J. Muldoon, *Popes, lawyers, and infidels. The Church and the Non-Christian World, 1250-1550*, Liverpool, 1979, p. 36 ff.; K.-E. Lupprian, *Die Beziehungen der Päpste zu islamischen und mongolischen Herrschern im 13. Jahrhundert anhand ihres Briefwechseln* (Studi e testi, 291), Città del Vaticano, 1981, pp. 46-82; G. de Paris, *Histoire de la fondation et de l'évolution de l'ordre des Frères Mineurs aux XIIIe siècle*, Rome, 1982; M.W. Baldwin, "Missions to the East in the Thirteenth and Fourteenth Centuries," in *A History of the Crusades*, gen. ed. K.M. Setton, V, Madison, Wisconsin, 1985, pp. 452-518; C. Schmitt, "L'epopea francescana nell'Impero mongolo nei secoli XIII-XIV," in *Venezia e l'Oriente*, ed. L. Lanciotti, Florence, 1987, pp. 379-408; O. Pritsak, "Christian Missionary Activities in the *Pax Mongolica*," in *Il battesimo delle terre russe. Bilancio di un millennio*, ed. S. Graciotti, Florence, 1991, pp. 59-72; R.A.E. Mason, "The Mongol Mission and Kyivan Rus'," *The Ukrainian Quarterly*, XLIX, 1993, 4, pp. 398-402; L, 1994, 1, pp. 36-51; V. Spinei, *Moldova în secolele XI-XIV*, 2nd ed., Chișinău, 1994, pp. 285-287; G.G. Guzman, "European clerical envoys to the Mongols: Reports of Western merchants in Eastern Europe and Central Asia, 1231-1255," *Journal of Medieval History*, 22, 1996, 1, pp. 53-67; J.D. Ryan, "To Baptize Khans or to Convert Peoples? Missionary Aims in Central Asia in the Fourteenth Century," in *Christianizing Peoples and Converting Individuals*, eds. G. Armstrong and I.N. Woods, Turnhout, 2000, pp. 247-257; F. Schmieder, "*Cum hora undecima*: The Incorporation of Asia into the *orbis Christianus*," in *ibidem*, pp. 259-265; A. Ruotsala, *Europeans...*, p. 38 ff.

[205] A.N. Nasonov, *Mongoly i Rus' (Istoriia tatarskoĭ politiki na Rusi)*, Moscow-Leningrad, 1940, pp. 45-47; J. Meyendorff, *Byzantium and the Rise of Russia. A*

Study of Byzantino-Russian Relations in the Fourteenth Century, Crestwood, New York, 1989, pp. 46, 70-71.

［206］ M.D. Poluboiarinova, *Russkie liudi v Zolotoï Orde*, Moscow, 1978, p. 49 ff.

［207］ *Ip. let.*, col. 849.

［208］ Stéphannos Orbélian, *Histoire de la Siounie*, I, trans. Brosset, Saint-Pétersbourg, 1864, p. 264.

［209］ *Nik. let.*, in *PSRL*, XI, p. 125. In *Letopis' po Tipografskomu spisku*, in *PSRL*, XXIV, Petrograd, 1921, pp. 159-160, 这发生在1392年，这两位酋长的命名方式记载得略微不同：Baty and Khidyr。也参见 *Kniga Stepennaia tsarskogo rodosloviia*, in *PSRL*, XX, 2, S.-Peterburg, 1913, p. 414。

［210］ Guiragos, *ed. cit., JA*, 5th Ser., XI, 1858, 6, p. 491; Vartan, p. 291. 证实该城基督教居民的悲观态度，参见 Gregory Abu'l-Faraj, p. 431; Ibn Kathir, *Al-Bidaya wa'l-nihaya,* in *Islam...*, pp. 83-84。

［211］ Raschid-Eldin, *Histoire...*, pp. 93-95.

［212］ Grigor of Akanc', pp. 341, 351; R.W. Thomson, "The Historical Compilation of Vardan Arewelc'i," *Dumbarton Oaks Papers*, 43, 1989, pp. 220-221; Hayton, p. 169. 也参见 P. Jackson, "Hülegü Khan and the Christians: the making of a myth," in *The Experience of Crusading*, II, *Defining the Crusader Kingdom*, eds. P. Edburg and J. Phillips, Cambridge, 2003, p. 196 ff.

［213］ Guiragos, *ed. cit.*, *JA*, 5th Ser., XI, 1858, 6, p. 507.

［214］ Ibn Khaldûn, *Le Voyage...*, p. 224.

［215］ Stéphannos Orbélian, I, p. 235.

［216］ *Ibidem*, p. 237.

［217］ Bedr-Eddyn Alaïïny, *Extrait du livre intitulé Le collier de perles*, in *Recueil des historiens des Croisades. Historiens orientaux*, II, 1, Paris, 1887, p. 215.

［218］ M.R. Makhdumi, "Judaism in Central Asia during Mongol Rule," *Journal of Asian Civilizations*, Islamabad, XXIV, 2001, 2, pp. 87-92.

［219］ Marco Polo, p. 61.

［220］ J.-P. Roux, *La mort chez les peuples altaïques anciens et médiévaux d'après les documents écrits*, Paris, 1963, p. 117 ff.; idem, *La religion...*, p. 247 ff.; L.R. Kyzlasov, *Istoriia Tuvy s srednie veka*, Moscow, 1969, p. 160 ff.; V.V. Barthold, J.M. Rogers, "The Burial Rites of the Turks and the Mongols," *CAJ*, XIV, 1970, 1-2, pp. 203-227; J.A. Boyle, "The Thirteenth-Century Mongols' Conception of the After Life: the Evidence of Their Funerary Practices," *Mongolian Studies. Journal of the Mongolia Society*, I, 1974, pp. 5-14; B.-O. Bold, "The death and burial of Chinggis Khaan," *Central Asian*

Survey, 19, 2000, 1, pp. 95-115; O. Belli, *Kirgizistan'da taş balbal ve insane biçimli heykeller/Stone Balbals and Statues in Human Form in Kirghizistan*, Istanbul, 2003, pp. 111-117. 马可波罗详细地描述了蒙古首领的葬礼，参见 Marco Polo, p. 61; Marka Pavlova z Benátek, *Milion*, p. 55。

[221] Rashid ad-Din, *The Successors*..., p. 31.

[222] V.I. Goshkevich, "Pogrebeniia, datirovannye dzhuchidskimi monetami. Iz raskopok I. Ia. Stempkovskogo," *Visnik Odes'koï Komisii Kraeznavstva pri Ukrainskiï Akademiï Nauk*, 4-5*, Sektsiia arkheologichna*, Odessa, 1930, pp. 104-111; A.O. Dobroliubskiï, *Kochevniki Severo-Zapadnogo Prichernomor'ia v epokhu srednevekov'ia*, Kiev, 1986, pp. 65-79; V.A. Ivanov, V.A. Kriger, *Kurgany kypchakskogo vremeni na Iuzhnom Urale (XII-XIV vv.)*, Moscow, 1988, *passim*.

[223] *Meng-Ta*..., p. 72.

[224] *Ibidem*, p. 79.

[225] Plano Carpini, pp. 33-35; Rubruc, pp. 173, 182-183.

[226] *Meng-Ta*..., p. 75.

[227] *Ibidem*, p. 82.

[228] Plano Carpini, p. 110.

[229] Rubruc, pp. 175-176.

[230] Th.T. Allsen, "Command Performances: Entertainers in the Mongolian Empire," *Russian History/Histoire russe*, 28, 2001, 1-2, pp. 37-46.

[231] *Ibidem*, pp. 37-38; Th. T.Allsen, *Commodity and exchange in the Mongol empire. A cultual history of Islamic textiles*, Cambridge, 1997, p. 31.

[232] *The History and the Life of Chinggis Khan*..., ed. U. Onon, 1990, p. 173; *Histoire secrète*..., p. 248. 也参见 *the translation from The Secret History of the Mongols*, I (*Translation*), ed. F.W. Cleaves, Cambridge, Mass.-London, 1982, p. 228: 鼠儿年忽阑撒拉忽邻勒台召集之时书毕矣……

[233] *Histoire secrète*..., p. 248.

[234] U. Onon, "Introduction," to *The History and the Life of Chinggis Khan*..., pp. VII-XIX; H.-P. Vietze, "The Title of «The Secret History of the Mongols»," *CAJ*, 39, 1995, 2, pp. 303-309.

[235] 此书译本包括编撰者有关蒙古人起源问题显而易见的引用。参见 *Die Geheime Geschichte der Mongolen aus einer mongolischen Niederschrift des Jahres 1240 von der Insel Kode'e im Kerulen-Fluss*, ed. E. Haenisch, Leipzig, 1941; 2nd ed., Leipzig, 1948; S.A. Kozin, *Sokrovennoe skazanie*, I, Moscow-Leningrad, 1941; *Histoire secrète des Mongols* (P. Pelliot, *Oeuvres posthumes*, I), Paris, 1949; L.

Ligeti, *A mongolok titkos története*, Budapest, 1962; *Tajna historia mongolów. Anonimowa kronika mongolska z XIII w.*, ed. S. Kałużyński, Warsaw, 1970; *The Secret History of the Mongols*, ed. I. de Rachewiltz, in *Papers on Far Eastern History*, 4, 1971, pp. 115-164; *A tatárjárás emlékezete*, ed. T. Katona, with editorial assistance of G. Györffy, J. Szűcs, Budapest, 1981, pp. 35-57; *Die Geheime Geschichte der Mongolen*, ed. W. Heissig, trans. E. Haenisch, Düsseldorf-Cologne, 1981; *The Secret History...*, ed. F.W. Cleaves, 1982; *Geheime Geschichte der Mongolen. Herkunft, Leben und Aufstieg Činggis Qans*, ed. M. Taube, Munich, 1989; *The History and the Life of Chinggis Khan...*, ed. U. Onon, 1990; *Histoire secrète...*, eds. M.-D. Even and R. Pop, 1994; *Storia segreta dei mongoli*, ed. S. Kozin, trans. M. Olsufieva, Milan, 2000。也参见 W. Hung, "The Transmission of the Book Known as The Secret History of the Mongols," *Harvard Journal of Asiatic Studies*, 14, 1951, pp. 433-492; A. Mostaert, "Sur quelques passages de l'Histoire secrète des Mongols," *ibidem*, 15, 1952, pp. 285-395; G. Doerfer, "Zur Datierung der Geheimen Geschichte der Mongolen," *Zeitschrift der Deutschen Morgenländischen Gesellschaft*, 113, 1963, pp. 87-111; G. Ledyard, "The Mongol Campaigns in Korea and the Dating of the Secret History of the Mongols," *CAJ*, IX, 1964, pp. 1-22; Kuo-Yi Pao, *Studies on the Secret History of the Mongols*, Bloomington-The Hague, 1965; I. de Rachewiltz, "Some remarks on the dating of the Secret History of the Mongols," *Monumenta Serica. Journal of Oriental Studies*, XXIV, 1965, pp. 185-205; Sh. Bira, *Mongol'skaia istoriografiia (XIII-XVII vv.)*, Moscow, 1978, pp. 36-76; D. Morgan, *The Mongols*, pp. 9-14; T.H. Barrett, "The Secret History of the Mongols: Some fresh revelations," *Bulletin of the School of Oriental and African Studies. University of London*, LV, 1992, 1, pp. 115-119。

[236] L.L. Viktorova, *Mongoly...*, p. 60 ff.; Ch. Dalai, *Mongoliia...*, p. 147 ff.; V. Ronge, "Kunst und Kunstgewerbe bei den Mongolen," in *Die Mongolen*, 1986, p. 125 ff.; J. Bosson, "Script and Literacy in the Mongol World," in *Mongolia. The Legacy...*, pp. 88-95.

[237] E.M. Murzaev, *Die Mongolische Volksrepublik. Physisch-geographische Beschreibung*, trans. F. Tutenberg, Gotha, 1954, p. 15 ff.; N.Z. Ionescu, *Republica Populară Mongolă*, Bucharest, 1981, p. 7 ff.; *Vegetation Dynamics of Mongolia*, eds. P.D. Gunin, E.A. Vostokova, N.I. Dorofeyuk, P.E. Tarasov and C.C. Black, Dordrecht-Boston-London, 1999.

[238] F.E.A. Krause, *Cingis Han. Die Geschichte seines Lebens nach den chinesischen*

Reichsannalen, Heidelberg, 1922, p. 8 ff.; R. Grousset, *op. cit.*, p. 243 ff.; B. Vladimirtsov, *Gengis-khan*, p. 7 ff.; L. Hambis, "L'histoire des Mongols...," p. 125 ff.; J.J. Saunders, *The History...*, p. 31 ff.; J. Tamura, "The Legend of the Origin of the Mongols and Problem concerning Their Migration," *Acta Asiatica*, 24, 1973, pp. 1-19; Sh. Sandag, "Obrazovanie edinogo mongol'skogo gosudarstva i Chingiskhan," in *Tataro-mongoly...*, pp. 23-26; D. Morgan, *The Mongols*, pp. 44-50; L. de Hartog, *Gengis Khan...*, p. 12 ff.; P. Ratchnevsky, *Genghis Khan...*, p. 1 ff.; P.B. Golden, *An Introduction*, pp. 283-287; S.G. Kljaštornyj, *op. cit.*, pp. 72-83; J.-P. Roux, *Histoire...*, p. 36 ff.; Th. Allsen, "The Rise...," pp. 322-324.

[239] *Histoire secrète...*, p. 48.

[240] *Meng-Ta...*, p. 16.

[241] *Histoire secrète...*, p. 48.

[242] *Ibidem*, p. 50.

[243] *Ibidem*, pp. 48 and 260. 也参见 *The Mongol Chronicle Altan Tobči*, p. 117。有关在诸多亚洲和欧洲语言之中，术语 ba'atur/bahadur/bagatur 的形式和含义，参见 G. Doerfer, *Türkische und mongolische Elemente...*, II, Wiesbaden, 1965, pp. 366-377; G. Clauson, *An Etymological Dictionary of Pre-Thirteenth-Century Turkish*, Oxford, 1972, p. 313。

[244] *Histoire secrète...*, pp. 51-53.

[245] Rubruc, pp. 208, 307; Georges Pachymérès, *Relations historiques*, II, ed. A. Failler, trans. V. Laurent, Paris, 1984, pp. 444-445; Roger Bacon, *The "Opus majus,"* ed. J. H. Bridges, I, Oxford, 1897, p. 369; *The Travels of Ibn Battuta*, III, 1971, p. 551.

[246] *Histoire secrète...*, pp. 57-60.

[247] *Ibidem*, p. 95 ff.

[248] F.E.A. Krause, *op. cit.*, p. 20.

[249] *Histoire secrète...*, p. 109 ff.

[250] Juvaini, I, p. 38.

[251] *Histoire secrète...*, p. 170.

[252] M. Prawdin, *Tschingis-Chan und sein Erbe*, Stuttgart-Berlin, 1938, p. 17 ff.; R. Grousset, *op. cit.*, p. 254 ff.; B. Vladimirtsov, *Gengis-khan*, pp. 12-66; M. de Ferdinandy, *Tschingis Khan. Der Einbruch des Steppenmenschen*, Hamburg, 1958, pp. 40-98; P. Pelliot, *Notes on Marco Polo*, I, Paris, 1959, p. 281 ff.; W. Bingham, H. Conroy, F.W. Iklé, *A History of Asia*, I, *Formation of Civilizations from Antiquity to 1600*, Boston, 1964, p. 409 ff.; E.D. Phillips, *The Mongols*, London, 1969, p. 37 ff.; P. Brent, *The Mongol Empire. Genghis Khan: His Triumph and his Legacy*, London, 1976, p. 11 ff.;

第五章 蒙古人 577

J. Abbot, *Makers of History. Genghis Khan. Life and Conquests*, New Delhi, 1975, p. 62 ff.; F. Mackenzie, *Dschingis Khan*, trans. M. Csollány, Bern-Munich, 1977, p. 15 ff.; Sh. Sandag, *op. cit.*, pp. 27-45; L. Kwanten, *Imperial Nomads*, p. 108 ff.; L. Lörincz, *Histoire de la Mongolie des origins à nos jours*, Budapest, 1984, p. 44 ff.; P. Ratchnevsky, *Genghis Khan*..., p. 15 ff.; V.P. Alekseev, "Some Aspects of the Study of Productive Forces in the Empire of Chenghiz Khan," in *Rulers from the Steppe. State Formation on the Eurasian Periphery*, eds. G. Seaman and D. Marks, Los Angeles, 1991, pp. 186-198; J.-P. Roux, *Histoire*..., pp. 58-138; I. Togan, *Flexibility and limitation in steppe formations. The Kerait Khaganate and Chinggis Khan*, Leiden-New York-Cologne, 1998, p. 124 ff.; D. Farale, *De Gengis Khan à Qoubilaï Khan. La grande chevauchée mongole*, Paris, 2003, p. 71 ff.; B.R. Zoriktuev, "Rekonstruktsia nachal'nogo etapa ranneĭ istorii mongolov," *Voprosy istorii*, 2003, 2, pp. 41-57.

［253］参见注105。

［254］Al-Makin, p. 23.

［255］L.R. Kyzlasov, *op. cit.*, pp. 132-133; P.D. Buell, "Early Mongol Expansion in Western Siberia and Turkestan (1207-1219): A Reconstruction," *CAJ*, 36, 1992, 1-2, p. 1 ff.; J.-P. Roux, *Histoire*..., pp. 149-150; B.R. Zoriktuev, "Mongoly i lesnye narody (sobytiia 1207 i 1217 gg.)," *Voprosy istorii*, 2000, 11-12, pp. 119-127.

［256］B. Vladimirtsov, *Gengis-khan*, pp. 72-74; W. Bingham, H. Conroy, F.W. Iklé, *op. cit.*, pp. 416-417; L. Kwanten, "Chingis Khan's Conquest of Tibet. Myth or Reality?," *Journal of Asian History*, 8, 1974, pp. 1-20; E.I. Kychanov, "Mongolo-tangutskie voĭny i gibel' gosudarstva Si Sia," in *Tataromongoly*..., p. 46 ff.; R. Dunnel, "The Fall of the Xia Empire. Sino-Steppe Relations in the Late 12th-Early 13th Centuries," in *Rulers from the Steppe*..., pp. 158-185; idem, "The Hsi Hsia," in *The Cambridge History of China*, 6, pp. 205-214; P.B. Golden, "«I will give the people unto thee»: The Činggisid Conquests and Their Aftermath in the Turkic World," *Journal of the Royal Asiatic Society*, 3rd Ser., 10, 2000, 1, p. 26 ff.; M.C. Brose, "Uygurs under the Mongol Rule," in *The Turks*, 1, *Early Ages*, p. 431 ff.

［257］*Meng-Ta*..., p. 61.

［258］*Histoire de l'Empire de Kin ou Empire d'Or. Aisin Gurun-i Suduri Bithe*, trans. C. de Harlez, Louvain, 1887, p. 223.

［259］H. Cordier, *Histoire générale de la Chine et de ses relations avec les pays étrangers depuis les temps les plus anciens jusqu'à la chute de la dynastie mandchoue*, II, *Depuis les cinq dynasties (907) jusqu'à le chute des Mongols (1368)*, Paris, 1920,

p. 204 ff.; F.E.A. Krause, *Geschichte Ostasiens*, I, *Altere Geschichte*, Göttingen, 1925, p. 171 ff.; F. Grenard, *Gengis-Khan*, Paris, 1935, p. 105 ff.; C.C. Walker, *op. cit.*, p. 33 ff.; O. Franke, *Geschichte des chinesischen Reiches*, IV, Berlin, 1948, p. 265 ff.; M. de Ferdinandy, *Tschingis Khan*, p. 108 ff.; E.O. Reischauer, J.K. Fairbank, *East Asia. The Great Tradition*, Boston, 1960, pp. 267-276; I. de Rachewiltz, "Personnel and Personalities in North China in the Early Mongol Period," *Journal of the Economic and Social History of the Orient*, IX, 1966, pp. 88-144; idem, "Muqali, Bôl, Tas and An-t'ung," *Papers on Far Eastern History*, 15, 1977, pp. 45-62; T.N. Dupuy, *The Military Life of Genghis, Khan of Khans*, New York, 1969, p. 31 ff.; E.D. Phillips, *The Mongols*, p. 51 ff.; L. Hambis, *Gengis-khan*, p. 96 ff.; Ch.A. Peterson, "First Sung Reactions to the Mongol Invasion of the North, 1211-17," in *Crisis and Prosperity in Sung China*, ed. J.W. Haeger, Tucson, Arizona, 1975, pp. 215-252; P. Brent, *op. cit.*, pp. 54-60; G.V. Melikhov, "Ustanovlenie vlasti mongol'skikh feodalov v Severo-Vostochnom Kitae," in *Tataro-mongoly...*, p. 62 ff.; R. Grousset, *Histoire de la Chine classique*, Vervier, 1980, p. 263 ff.; M. Hoàng, *Gengis-khan*, Paris, 1988, p. 209 ff.; L. Kwanten, *Imperial Nomads*, p. 114 ff.; L. Lörincz, Histoire de la Mongolie..., p. 94 ff.; L. de Hartog, *Genghis Khan...*, p. 60 ff.; P. Ratchnevsky, *Genghis Khan*, p. 105 ff.; Th. J. Barfield, "Inner Asia and Cycles of Power in China's Imperial Dynastic History," in *Rulers from the Steppe...*, pp. 21-62; idem, *The Perilous Frontiers...*, pp. 197-206; J.-P. Roux, *Histoire...*, p. 164 ff.; H. Franke, "The Chin Dynasty," in *The Cambridge History of China*, 6, pp. 252-262; Th. Allsen, "The Rise...," pp. 350-364; F.W. Mote, *Imperial China, 900-1800*, Cambridge, Mass.-London, 1999, p. 425 ff.

[260] B. Vladimirtsov, *Gengis-khan*, pp. 85-86; R. Grousset, *L'Empire des steppes...*, pp. 292, 314-315;Th. Allsen, "The Rise...," pp. 375-378.

[261] Al-Makin, p. 103.

[262] J. Gernet, *op. cit.*, p. 316 ff.

[263] F.W. Cleaves, "Daruǧa and Gerege," *Harvard Journal of Asiatic Studies*, 16, 1953, pp. 237-259; H.F. Schurmann, "Mongolian Tributary Practices of the Thirteenth Century," *ibidem*, 19, 1956, pp. 304-389; J.M. Smith, Jr., "Mongol and Nomadic Taxation," *ibidem*, 30, 1970, pp. 46-85; V.V. Kargalov, "Baskaki," *Voprosy istorii*, 1972, 5, pp. 212-216; J. Vásáry, "The Golden Horde Term Daruga and its Survival in Russia," *AOH*, XXX, 1976, 2, pp. 187-197; idem, "The Origin of the Institution of Basqaqs," *ibidem*, XXXII, 1978, 2, pp. 201-206; Ch. J. Halperin, *Russia and the Golden Horde*, Bloomington, 1985, pp. 33-43; idem, "Muscovite Political Institutions in the 14th Century," *Kritika: Explorations in*

Russian and Eurasian History, NS, 1, 2000, 2, pp. 249-254; E. Endicott-West, *Mongolian Rule in China. Local Administration in the Yuan Dynasty*, Cambridge, Mass.-London, 1989, pp. 16-19; D. Ostrowski, *Muscovy and the Mongols crosscultural influences on the steppe frontier*, Cambridge, 1998, p. 36 ff.; Iu.V. Krivosheev, *Rus'i mongoly. Issledovanie po istorii Severo-Vostochnoĭ Rusi XII-XIV vv.*, Sankt-Peterburg, 1999, pp. 207-217.

［264］ C. D'Ohsson, *Histoire des Mongols depuis Tchinguiz-khan jusqu'à Timour bey ou Tamerlan*, I, The Hague-Amsterdam, 1834, p. 216 ff.; R. Grousset, *Histoire de l'Extrême-Orient*, II, Paris, 1929, pp. 420-424; W. Barthold, *Turkestan...*, p. 37 ff.; M. Prawdin, *op. cit.*, p. 150 ff.; C.C. Walker, *op. cit.*, p. 71 ff.; M. de Ferdinandy, *Tschingis Khan*, p. 114 ff.; B. Spuler, *Die Mongolen in Iran...*, p. 22 ff.; T.N. Dupuy, *The Military Life...*, p. 59 ff.; J.A. Boyle, "Dynastic and Political History of the Il-Khans," in *The Cambridge History of Iran*, 5, *The Saljuq and Mongol Periods*, ed. J.A. Boyle, Cambridge, 1968, p. 303 ff.; E.D. Phillips, *The Mongols*, p. 57 ff.; J. Abbot, *op. cit.*, p. 195 ff.; F. Mackenzie, *op. cit.*, p. 193 ff.; P. Brent, *op. cit.*, pp. 61-73; I.P. Petrushevskiĭ, "Pokhod mongol'skikh voĭsk v Sredniuiu Aziiu v 1219-1224 gg. i ego posledstviia," in *Tataromongoly...*, p. 107 ff.; M. Hoàng, *op. cit.*, p. 271 ff.; Z.M. Buniiatov, *Gosudarstvo khorezmshakhov-Anushteginidov 1097-1231*, Moscow, 1986, p. 45 ff.; L. de Hartog, *Genghis Khan...*, p. 94 ff.; P. Ratchnevsky, *Genghis Khan*, p. 119 ff.

［265］ W. Barthold, *Turkestan...*, p. 427 ff.; J.A. Boyle, "Dynastic and Political History...," p. 319 ff.; K. Itani, "Jalāl al-Din Khwārazmshāh in West Asia," *Memoirs of the Research Department of the Toyo Bunko (The Oriental Library)*, Tokyo, 47, 1989, pp. 145-164; P. Jackson, "Jalāl al-Din, the Mongol, and the Khwarazmian Conquest of the Panjab and Sind," *Iran. Journal of the British Institute of Persian Studies*, XXVIII, 1990, p. 45 ff.; T. Fitzherbert, "Portrait of a lost leader. Jalal al-Din Khwarazmshah and Juvaini," in *The Court of the Il-khans 1290-1340*, eds. J. Raby and T. Fitzherbert, Oxford, 1994, pp. 63-77.

［266］ Mohammed en-Nesawi, *Histoire du sultan Djelal ed-Din Mankobirti, prince de Kharezm*, trans. O. Houdas, Paris, 1859, p. 70; Juvaini, II, p. 468.

［267］ *Extrait de la chronique intitulée Kamel-Altevarykh par* Ibn Alatyr, in *Recueil des historiens des Croisades. Historiens orientaux*, II, 1, Paris, 1887, p. 157.

［268］ Tiesenhausen, II, p. 32 (Rāšid od-Din).

［269］ *Extrait de la chronique intitulée Kamel-Altevarykh par* Ibn Alatyr, pp. 154-159; Tiesenhausen, II, pp. 32-33 (Rāšid od-Din); Guiragos, *ed. cit.*, *JA*, 5th Ser., XI,

1858, 2-3, pp. 197-200; Vartan, pp. 278-279; *Istoriia mongolov*..., I, 1873, pp. 2-3 (*Iz Istorii Vardana*); II, 1874, pp. 1-4 (*Iz Istorii* Kirakosa Gandzaketzi); *Simon de Saint-Quentin*, p. 56; *Aboul-Ghâzi Bèhâdour Khan, Histoire des Mongols et des Tatares*, II, ed. Desmaisons, St. Pétersbourg, 1874, pp. 129-130. 也参见 G. Altunian, *Die Mongolen*..., p. 17 ff.; E. Schütz, "Tatarenstürme in Gebirgsgelände (Transkaukasien, 1220, 1236)," *CAJ*, XVII, 1973, p. 253 ff.; Th.T. Allsen, "Mongols and North Caucasia," *AEMA*, VII, 1987-1991, pp. 11-15。

［270］ *Extraits* d'Ibn-Alathir, in *Fragments de géographes et d'historiens arabes et persans inédits relatifs aux anciens peuples du Caucase et de la Russie Méridionale* (II), ed. Defrémery, *JA*, 4th Ser., XIII, 1849, 11-12, pp. 455-457.

［271］ *Novgorodskaia pervaia letopis'*..., pp. 61, 264.

［272］ Ibn-Alathir, *ed. cit.*, *JA*, 4th Ser., XIII, 1849, 11-12, pp. 457-459; Tiesenhausen, II, pp. 32-33 (Räšid od-Din); *Novgorodskaia pervaia letopis'*..., pp. 61-63, 264-265; *Ip. let.*, col. 741-745; *Lavrent'evskaia letopis'*, 3, *Prilozheniia: Prodolzhenie Suzdal'skoĭ letopis' po Akademicheskomu spisku*, 2nd ed., ed. E.F. Karskiĭ, in *PSRL*, I, 3, Leningrad, 1928, col. 503-509; *Sofiĭskaia pervaia letopis' po spisku I. N. Tsarskogo*, eds. V.I. Buganov, B.A. Rybakov, in *PSRL*, 39, Moscow, 1994, pp. 73-75. 也参见上一章库蛮人注440。

［273］ *Lavrent'evskaia letopis'*, 3, col. 509; *Nik. let.*, in PSRL, X, p. 92; *Letopisnyĭ sbornik imenuemyĭ Tverskoiu letopis'iu*, col. 342; *Letopisnyĭ svod 1497 g.*, p. 50; *Letopisnyĭ svod 1518 g.*, p. 208; *Vologodsko-Permskaia letopis'*, p. 69.

［274］ Heinrich von Lettland, *Livländische Chronik* (Heinrici Chronicon Livoniae), eds. L. Arbusow and A. Bauer, Darmstadt. 1959, pp. 280-281.

［275］ *Ip. let.*, col. 745.

［276］ Ibn-Alathir, *ed. cit.*, *JA,* 4th Ser., XIII, 1849, 11-12, pp. 459-460.

［277］ *Ibidem*, p. 460.

［278］ *Histoire secrète*..., pp. 231-234 and 308, footnote 16; Juvaini, I, pp. 182-183. 也参见 E. Haenisch, "Die letzten Feldzüge Cinggis Han's und sein Tod nach der ostasiatischen Überlieferung," *Asia Major*, IX, 1933, pp. 503-551; W. Barthold, *Turkestan*..., pp. 457-462; B. Vladimirtsov, *Genghiskhan*, pp. 112-116; P. Ratchnevsky, *Genghis Khan*, pp. 141-144。

［279］ I. de Rachewiltz, "Searching for Činggis Qan: Notes and Comments on Historic Sites in Xentiĭ Aĭmag, Northern Mongolia," *Rivista degli studi orientali*, LXXI, 1997, 1-4, pp. 239-256; B.-O. Bold, "The death and burial of Chinggis Khaan," *Central Asian Survey*, 19, 2000, 1, pp. 95-115.

[280] Rintchen, "L'explication du nom Burqan qaldun," *AOH*, I, 1950, 1, p. 189.
[281] P. Jackson, "From Ulus to Khanate: The Making of the Mongol States, c. 1220-c. 1290," in *The Mongol Empire and its Legacy*, pp. 12-38.
[282] *Histoire secrète...*, pp. 219-223; Juvaini, I, pp. 180-182.
[283] *Histoire secrète...*, pp. 234-235; W. Abramowski, *Die chinesischen Annalen von Ögödei und Güyük – Übersetzung des 2. Kapitels des Yüan-shih*, in *Zentralasiatische Studien*, 10, 1976, p. 124; Juvaini, I, pp. 183-187.
[284] F.W. Cleaves, "The Sino-Mongolian Inscription of 1346," *Harvard Journal of Asiatic Studies*, 15, 1952, pp. 24-25, 29, 81.
[285] Hamd-Allah Mustawfi of Qazwini, *The Geographical Part of the Nuzhat-al-Qulūb*, trans. G. Le Strange, Leiden-London, 1919, p. 253. 也参见 P. Pelliot, *Notes on Marco Polo*, I, pp. 165-169; L. Moses, Ch. Greer, "Kara Korum and its Peri-Urban Environment: The Imperial District of the Mongol Empire," *Eurasian Studies Yearbook*, 70, 1998, pp. 105-122; K. Sagaster, "Die mongolische Hauptstadt Karakorum," *Beiträge zur Allgemeinen und Vergleichenden Archäologie*, 19, 1999, pp. 113-128。
[286] Wassaf, *Geschichte*, ed. [J.] Hammer-Purgstall, I, Vienna, 1856, p. 22.
[287] E. Pohl and H. R. Roth, *op. cit.*, pp. 14-19.
[288] G. V. Tsulaia, "Dzhelad al-Din v otsenke gruzinskoĭ letopisnoĭ traditsii," in *Letopisi i khroniki 1980 g.*, Moscow, 1981, pp. 112-128.
[289] Mohammed en-Nesawi, pp. 409-410.
[290] H.L. Gottschalk, *Al-Malik al-Kāmil von Egypten und seine Zeit. Eine Studie zur Geschichte Vorderasiens und Egyptens in der ersten Hälfte des 7./13. Jahrhunderts*, Wiesbaden, 1958, pp. 181-197. 也参见注259。
[291] Hok-lam Chan, *The Fall of the Jurchen Chin. Wang E's Memoir on Ts'ai-Chou under the Mongol Siege (1233-1234)*, Stuttgart, 1993, pp. 80, 82, 102.
[292] *Ibidem*, p. 81.
[293] U.B. Barkmann, "Some Comments on the Consequences of the Decline of the Mongol Empire on the Social Development of the Mongols," in *The Mongol empire and its legacy*, pp. 275-276.
[294] Guzğani, *Tabakāt-i-nāṣiri*, p. 1101; Tiesenhausen, II, p. 14.
[295] *Lavrent'evskaia letopis'*, 2, *Suzdal'skaia letopis' po Lavrent'evskomu spisku*, 2nd ed., ed. E.F. Karskiĭ, in *PSRL*, I, 2, Leningrad, 1927, col. 453; Juvaini, I, p. 190. 也参见 Tiesenhausen, II, p. 34 (Räšid od-Din)。
[296] Tiesenhausen, I, p. 73 (Ibn Wasil).

[297] *Letopisnyǐ svod 1497 g.*, p. 52; *Letopisnyǐ svod 1518 g.*, p. 209; *Kholmogorskaia letopis'*, p. 66.

[298] *Lavrent'eskaia letopis'*, 2, col. 459; *Nik. let.*, in *PSRL*, X, p. 103; *Troitskaia letopis'*, p. 312.

[299] Guiragos, *ed. cit., JA*, 5th Ser., XI, 1858, 2-3, p. 216 ff.; Vartan, p. 282; *Armianskie istochniki o mongolakh izvlecheniia iz rukopiseǐ XIII-XIV vv.*, ed. A.G. Galstian, Moscow, 1962, p. 34; Juvaini, II, pp. 438-440; Rashid al-Din, *The Successors...*, pp. 43-45.

[300] Juvaini, I, pp. 196-200, 268-269; Rashid al-Din, *The Successors...*, pp. 61, 107-108. 也参见 W. Abramowski, *op. cit.*, p. 129（忽邻勒台召开是在1234年）。

[301] Juvaini, I, p. 266.

[302] *Histoire secrète...*, pp. 219-223; Juvaini, I, pp. 180-182.

[303] 成吉思汗本人将术赤兀鲁斯授予拔都的信息不能确定（Guzğani, *Tabakāt-i-nāṣiri*, pp. 1164-1165）。成吉思汗卷入术赤被杀的信息也不可信（*Ibidem*, p. 1101），因为这未被任何其他文件或资料所证实，尽管这两人关系紧张。

[304] *Meng-Ta...*, p. 194 (*Hei-Ta...*). 也参见 pp. 194-199, footnote 20。有关这位杰出战略家的个性，也参见 P.D. Buell, "Sübötei Ba'atur," in *In the Service of the Khan. Eminent Personalities of the Early Mongol Yüan Period (1200-1300)*, eds. I. de Rachewiltz, Hok-lam Chan, Hsiao Ch'i-ch'ing and P.W. Geier, in collaboration with M. Wang, Wiesbaden, 1993, pp. 13-26。

[305] Tiesenhausen, II, p. 34 (Räšid od-Din).

[306] V.K. Koshchev, "Eshchë raz o chislennosti mongol'skogo voǐska v 1237 godu," *Voprosy istorii*, 1993, 10, pp. 131-135.

[307] A.P. Motsia, A. Kh. Khalikov, *Bulgar – Kiev. Puti – sviazi – sud'by*, Kiev, 1997, pp. 40-42.

[308] Juvaini, I, p. 269; Rashid al-Din, *The Successors...*, pp. 56-57; *Lavrent'evskaia letopis'*, 2, col. 460; *Lavrent'evskaia letopis'*, 3, col. 513; *Letopis' po Voskresenskomu spisku*, p. 138; *Nik. let.*, in *PSRL*, X, p. 104; *Rogozhskiǐ letopisets*, in *PSRL*, XV, 1, Petrograd, 1922, col. 29; *Letopisnyǐ svod 1497 g.*, p. 52; *Letopisnyǐ svod 1518 g.*, p. 210; *Kholmogorkaia letopis'*, p. 66; *Troitskaia letopis'*, pp. 312-313.

[309] *Issledovaniia Velikogo goroda*, co-ord. V.V. Sedov, Moscow, 1976, *passim*; *Gorod Bolgar. Ocherki istorii i kul'tury*, co-ord. G.A. Fëdorov-Davydov, Moscow, 1987, *passim*. 也参见 R. G. Fakhrutdinov, *Ocherki po istorii Volzhskoǐ Bulgarii*, Moscow, 1984, pp. 99-103。

[310] Juvaini, II, pp. 553-554; Rashid al-Din, *The Successors...*, pp. 58-59; E.

Bretschneider, *Mediaeval Researches from Eastern Asiatic Sources*, I, London, 1910, pp. 310-312; P. Pelliot, "A propos des Comans," *JA*, 11th Ser., XV, 1920, pp. 165-167.

［311］ Tiesenhausen, II, p. 24 (Juvaini); Juvaini, II, pp. 253-254.

［312］ Tiesenhausen, II, p. 36 (Räšid od-Din).

［313］ A.L. Mongaït, *Staraia Riazan'* (MIA, 49), Moscow, 1955, pp. 33-39.

［314］ *Ip. let.*, col. 778-779; *Lavrent'evskaia letopis'*, 2, col. 460; *Lavrent'evskaia letopis'*, 3, col. 514; *Novgorodskaia pervaia letopis'*..., pp. 74-75, 285; *Letopis' po Voskresenskomu spisku*, p. 139; *Nik. let.*, in *PSRL*, X, p. 105.

［315］ Tiesenhausen, II, p. 36 (Räšid od-Din).

［316］ A.L. Mongaït, *op. cit.*, pp. 140-153; V.P. Darkevich, A.L. Mongaït, *Klad iz Staroĭ Riazani*, Moscow, 1978. 有关其他遗迹，参见*Arkheologiia Riazanskoĭ zemli*, co-ord. A.L. Mongaït, Moscow, 1974。

［317］ A.L. Mongaït, *op. cit.*, p. 28 ff.; idem, *Riazanskaia zemlia*, Moscow, 1961, pp. 154, 358-359.

［318］ *Ip. let.*, col. 779-780.

［319］ *Ip. let.*, col. 779-781; *Lavrent'evskaia letopis'*, 2, col. 460-467; *Lavrent'evskaia letopis'*, 3, col. 514-523; *Novgorodskaia pervaia letopis'*..., pp. 75-77; *Letopis' po Voskresenskomu spisku*, pp. 139-144; *Nik. let.*, in *PSRL*, X, pp. 105-113; *Troitskaia letopis'*, pp. 313-318; *Vologodsko-Permskaia letopis'*, p. 75; *Russkiĭ khronograf"*, 1, p. 399. 弗拉基米尔公国的战役以及斯提河决战，参见 K. I. Komarov, "K voprosu o meste bitvy 1238 g. na Siti," in *Problemy sovetskoĭ arkheologii*, co-ord. V.V. Kropotkin, G.N. Matiushin, B.G. Peters, Moscow, 1978, pp. 209-218。

［320］ Rashid al-Din, *The Successors*..., pp. 60-69; *Ip. let.*, col. 781; *Nik. let.*, in *PSRL*, X, p. 113.

［321］ Marco Polo, *Il milione*, ed. L. Foscolo Benedetto, Florence, 1928, p. 234; idem, *La description du monde*, ed. L. Hambis, Paris, 1955, p. 326.

［322］ Marco Polo, *Il milione*, ed. D. Olivieri, Bari, 1928, p. 245.

［323］ Rogerii *Carmen miserabile (IIR, V)*, 1935, pp. 22-23, 61.

［324］ *Ibidem*, pp. 22, 61.

［325］ Matthaei Parisiensis *Chronica majora*, IV, p. 113; *Historia diplomatica*..., V, 2, p. 1149.

［326］ *L'estoire de Eracles empereur et la conqueste de la terre d'outremer*, in *Recueil des historiens des Croisades. Historiens occidentaux*, II, Paris, 1859, pp. 635-636.

［327］ *Lavrent'evskaia letopis'*, 2, col. 470; *Nik. let.*, in *PSRL*, X, p. 115; *Troitskaia letopis'*, p. 321; *Ermolinskaia letopis'*, in *PSRL*, XXIII, S.-Peterburg, 1910, p. 77.

[328] Juvaini, I, p. 269; Rashid al-Din, *The Successors...*, p. 60.

[329] L.I. Lavrov, "Nashestvie mongolov na Severnyĭ Kavkaz," *Istoriia SSSR*, 1965, 5, pp. 98-102; B. Limper, *Die Mongolen und die christlichen Völker des Kaukasus. Eine Untersuchung zur politischen Geschichte Kaukasiens im 13. und beginnenden 14. Jahrhundert* (Inaugural-Dissertation zur Erlangung des Doktorgrades der Philosophischen Fakultät zu Universität Köln), 1980, p. 123 ff.; Th.T. Allsen, *op. cit.*, *AEMA*, VII, 1987-1991, pp. 17-25; H. Fähnrich, *Geschichte Georgiens von den Anfängen bis zur Mongolenherrschaft*, Aachen, 1993, p. 171 ff.

[330] *Letopisnyĭ sbornik, imenuemyĭ Letopis'iu Avraamki*, in *PSRL*, XVI, S. Peterburg, 1889, col. 51; *Pskovskaia I-ia letopis'. Tikhanovskiĭ spisok*, in *Pskovskie letopisi*, I, ed. A. Nasonov, Moscow-Leningrad, 1941, p. 11(在此，事件误定于1230年)。也参见注117。

[331] *Letopis' po Voskresenskomu spisku*, p. 144.

[332] *Ip. let.*, col. 782-783. 也参见 *Lavrent'evskaia letopis'*, 2, col. 469。

[333] M. Dimnik, *Mikhail, Prince of Chernigov and Grand Prince of Kiev, 1224-1246*, Toronto, 1981, pp. 83-84; A.A. Gorskiĭ, *Russkie zemli v XIII-XIV vekakh. Puti politicheskogo razvitiia*, Moscow, 1996, pp. 25, 92.

[334] S. Pavlenko, *op. cit.*, p. 35.

[335] *Letopisnyĭ sbornik, imenuemyĭ Letopis'iu Avraamki*, col. 51; *Pskovskaia I-ia letopis'. Tikhonovskiĭ spisok*, p. 12. 大多数编年史未能准确确定该城被攻克的日期，参见 *Gustinskaia letopis'*, in *PSRL*, II, Sanktpeterburg, 1843, pp. 338-339; *Sofiĭskaia pervaia letopis'*, in *PSRL*, V, Sanktpeterburg, 1851, p. 175; *Ermolinskaia letopis'*, p. 77。也参见注177。

[336] V. I. Staviskiĭ, "O dvukh datakh shturma Kieva v 1240 g. po russkim letopisiam," *Trudy Otdela Drevnerusskoĭ Literatury*, XLIII, 1990, pp. 282-290.

[337] *Letopisnyĭ sbornik, imenuemyĭ Letopis'iu Avraamki*, col. 51; *Pskovskaia 1-ia letopis'. Tikhonovskiĭ spisok*, p. 12.

[338] *Lavrent'eskaia letopis'*, 2, col. 470; *Letopis' po Voskresenskomu spisku*, p. 145; *Nik. let.*, in *PSRL*, X, p. 117; *Letopisnyĭ sbornik imenuemyĭ Tverskoiu letopis'iu*, col. 375; *Rogozhskiĭ letopisets*, col. 29; *Letopis' po Tipografskomu spisku*, p. 95; *Simeonovskaia letopis'*, in *PSRL*, XVIII, S.-Peterburg, 1913, p. 61; *Ermolinskaia letopis'*, p. 77; *Vologodsko-Permskaia letopis'*, p. 76; *Letopisnyĭ svod 1497 g.*, p. 54; *Letopisnyĭ svod 1518 g.*, p. 212; *Russkiĭ khronograf*, 1, p. 399; *Kniga Stepennaia tsarskogo rodosloviia*, in *PSRL*, XXI, 1, S.-Peterburg, 1908, p. 288.

[339] *Ip. let.*, col. 782.

［340］ P.P. Tolochko, *Kochevye narody stepeĭ i Kievskaia Rus'*, Kiev 1999, pp. 173-174.
［341］ *Ip. let.*, col. 785-786.
［342］ Rashid al-Din, *The Successors* ..., p. 69; *Ip. let.*, col. 784-787. 也参见注337、338。
［343］ M.K. Karger, *Drevniĭ Kiev,* I, Moscow-Leningrad, 1958, pp. 496-508; A.L. Mongait, *Arheologia în U.R.S.S.*, Bucharest, 1961, p. 342 ff.; *Tserkva Bogoroditsi Desiatinna v Kiëvi,* co-ord. P. Tolochko, eds. V. Pavlova, M. Panchenko, Kiev, 1996, *passim.*
［344］ Plano Carpini, pp. 71-72.
［345］ *Ip. let.*, col. 786. 也参见 M. Dimnik, *Mikhail* ..., pp. 110-111。
［346］ *Ip. let.*, col. 786.
［347］ *Ibidem,* col. 786.
［348］ *Histoire secrète*..., p. 239.
［349］ *Ibidem,* pp. 239-247.
［350］ Rashid al-Din, *The Successors* ..., p. 108.
［351］ *Ibidem,* pp. 200-203.
［352］ H. Göckenjan, "Der Westfeldzug (1236-1242) aus mongolischer Sicht," in *Wahlstatt 1241. Beiträge zur Mongolenschlacht bei Liegnitz und zu ihren Nachwirkungen,* ed. U. Schmilewski, Würzburg, 1991, pp. 42-44.
［353］ *Ip. let.*, col. 786.
［354］ *Ibidem.*
［355］ P.P. Tolochko, *Kochevye narody*..., pp. 179-180.
［356］ *Ip. let.*, col. 787-788.
［357］ *Ibidem,* col. 786-790; *Letopis' po Voskresenskomu spisku,* p. 145; *Nik. let.*, in *PSRL,* X, pp. 117-118.
［358］ *Descriptio itineris prioris fr. Iuliani a fr. Richardo,* in L. Bendefy, *Fontes authentici itinera (1235-1238) fr. Iuliani illustrates,* in *AECO,* III, 1937, 1-4, pp. 25, 29, 33; *Der Bericht des fr. Riccardus,* in H. Dörrie, *ed. cit.*, p. 158.
［359］ Alberic, p. 622.
［360］ E. Hurmuzaki, *Documente privitoare la istoria românilor,* I, ed. N. Densuşianu, Bucharest, 1887, p. 189.
［361］ Boguphali II episcopi Posnaniensis *Chronicon Poloniae,* in *MPH,* II, ed. A. Bielowski, Lwow, 1872, p. 561; *Rocznik świętokrzyski,* ed. A. Bielowski, in *MPH,* III, Lwow, 1878, p. 71; *Kronika xiążąt polskich,* ed. Z. Węclewski, in *ibidem,* p. 71; *Annales Silesiaci compilati,* ed. M. Blażowski, in *ibidem,* pp. 678-679; *Rocznik cystersów henrykowskich,* ed. A. Bielowski, in *ibidem,* p. 701; *Rocznik*

lubiaski, ed. A. Bielowski, in *ibidem*, p. 707; *Nagrobki xiazat szlaskich*, ed. A. Bielowski, in *ibidem*, p. 712; *Kronika szlaska skróconna*, ed. A. Semkowicz, in *ibidem*, p. 725; *Rocznik kapituły Gnieźnieńskiej, 1192-1247*, in *MPH*, SN, VI, *Annales Poloniae Maioris*, ed. B. Kürbis, adiuvantibus G. Labuda, G. Luciński et R. Walczak, Warsaw, 1962, pp. 5-6; *Cronica Poloniae Maioris*, in *MPH*, SN, VIII, ed. B. Kürbis, Warsaw, 1970, pp. 87-88; *Annales S. Crucis*, ed. A. Rutkowska-Płachcińska, in *MPH*, SN, XII, Cracow, 1996, pp. 36-37; *Incipit prefaciuncula de vita beate Hedwigis, quondam ducisse Slesie*, in *Scriptores rerum Silesiacarum*, II, ed. G. A. Stenzel, Breslau, 1839, pp. 5, 13, 44; C. de Bridia Monachi, *Hystoria Tartarorum*, ed. A. Önnerfors, Berlin, 1967, pp. 19-20; Ioannis Długossii *Annales seu Cronicae incliti regni Poloniae*, [IV,] *Liber septimus, Liber octauus*, ed. D. Turkowska, in collaboration with M. Kowalczyk, Warsaw, 1975, pp. 11-26; Martini Cromeri *De origine et rebus gestis Polonorum libri XXX*, Basileae, 1554, pp. 206-207; Marcin Bielski, *Kronika*, in *Zbior dziejopisow polskich*, IV, Warsaw, 1764, pp. 134-137; Alexander Gwagnin, *Kronika Sarmacyey Europskiey*, trans. M. Paszkowski, in *Zbior dziejopisow polskich*, IV, Warsaw, 1768, pp. 51-53. 也参见 G. Bachfeld, *Die Mongolen in Polen, Schlesien, Böhmen und Mähren. Ein Beitrag zur Geschichte des grossen Mongolensturmes im Jahre 1241*, Innsbruck, 1889, *passim*; G. Strakosch-Grassmann, *Der Einfall der Mongolen in Mitteleuropa in den Jahren 1241 und 1242*, Innsbruck, 1893, pp. 37-67; S. Iwamura, "Mongol Invasion of Poland in the Thirteenth Century," *Memoirs of the Research Department of the Toyo Bunko (The Oriental Library)*, Tokyo, 10, 1938, p. 103 ff.; H. Aubin, *Die Schlacht auf der Wahlstatt bei Liegnitz am 9. April 1241*, Breslau, 1941; S. Krakowski, *Polska w walce z najazdami tatarskimi w XIII wieku*, Warsaw, 1956, pp. 119-153; B. Szcześniak, "Hagiographical Documentation of the Mongol Invasions of Poland in the Thirteenth Century," *Memoirs of the Research Department of the Toyo Bunko (The Oriental Library)*, Tokyo, 17, 1958, pp. 167-195; G. Labuda, "Wojna z Tatarami w roku 1241," *Przeglad historyczny*, L, 1959, 2, pp. 189-224; idem, "O udziale krzyżaków i o śmierci wielkiego mistrza zakonu krzyżackiego Poppo von Osterna w bitwie z tatarami pod Legnicą w roku 1241," *Zapiski historyczne*, XLVII, 1982, 4, pp. 89-128; J. Matuszewski, *Relacja Długosza o najeździe tatarskim w 1241 roku. Polskie zdania legnickie*, Lódź, 1980; J. Tyszkiewicz, *Tatarzy na Litwie i w Polsce. Studia z dziejów XIII-XVIII w.*, Warsaw, 1989, p. 81 ff.; *Wahlstatt 1241-1991. Drei Vorträge anlässlich des 21. Liegnitzer Patenschaftstreffens vom 15.-17. Juni 1990* in *Wuppertal*, Lorch/Württ, 1990; *Wahlstatt 1241. Beiträge zur Mongolenschlacht bei Liegnitz und zu ihren*

Nachwirkungen, ed. U. Schmilewski, Würzburg, 1991 (U. Schmilewski, H. Göckenjan, F. Schmieder, R.v. Donat, W. Irgang, T. Jasiński, M. Weber, W. Bein, V. Schmilewski, H. Grüger)。

[362] *Lettres* du frère Jourdains, in Jourdain de Giano, Thomas d'Eccleston et Salimbene d'Adam, *Sur les routes d'Europe au XIIIe siècle,* ed. M.-T. Laureilhe, Paris, 1959, pp. 64-65.

[363] F. Palacky, *Geschichte von Böhmen. Grösstentheils nach Urkunden und Handschriften,* II, 1, Prague, 1839, pp. 117-121; idem, "Der Mongolen Einfall im Jahre 1241. Eine kritische Zusammenstellung und Sichtung aller darüber vorhandenen Quellennachrichten, mit besonderer Rücksicht auf die Niederlage der Mongolen bei Olmütz," *Abhandlung der k. böhm. Gesellschaft der Wissenschaften,* Prague, V Folge, 2, 1842, pp. 371-408; O. Wolff, *Geschichte der Mongolen oder Tataren,* Breslau, 1872, p. 213 ff.; B. Bretholz, "Die Tataren in Mähren und die moderne mährische Urkundenfälschung," *Zeitschrift des Vereines für die Geschichte Mährens und Schlesiens,* I, 1897, 1, pp. 1-65; V. Novotný, *České dějiny,* I, 3, *Čechy královské za Přemysla I. a Václava I. (1197-1253),* Prague, 1928, p. 715 ff.; A. Kreuzer, "Von Mongolen- und Kumaneneinfällen in Mähren," *Mährisch-schlesische Heimat,* 20, 1975, pp. 11-20.

[364] *Scriptores rerum Silesicarum,* II, pp. 462-463; Fr. Böhmer, "Briefe über den Anmarsch der Mongolen gegen Deutschland im Jahr 1241," *Neue Mittheilungen aus dem Gebiet historisch-antiquarischer Forschungen,* IV, 1839, 2, pp. 110-111; J. Freiherrn von Hormayr-Hortenburg, *Die golden Chronik von Hohenschwangau, der Burg der Welfen, der Hohenstauffen und der Scheyren,* II, Munich, 1842, pp. 66-67; *Liv-, Est- und Kurländisches Urkundenbuch nebst Regesten,* ed. F.G.v. Bunge, fortgesetz von H. Hildebrand, Ph. Schwartz, A.v. Bulmerincq, Neudruckausgabe, Abt. 1, Bd. 1, *1093-1300,* reprinted Aaalen, 1967, pp. 498-499.

[365] Rogerius, pp. 32, 71.

[366] *Ibidem,* pp. 29, 68.

[367] *Ip. let.,* col. 792.

[368] Rogerius, pp. 49-51, 89-91.

[369] Juvaini, I, p. 199.

[370] *Der Bericht* des fr. Iulianus, in H. Dörrie, *ed. cit.,* pp. 177-178.

[371] Alberic, p. 621.

[372] L. Koszta, "Die Gründung von Zisterzienserklöstern in Ungarn, 1142-1270," *Ungarn-Jahrbuch,* 23, 1997, pp. 65-80. 也参见M. Thalgott, *Die Zisterzienser von*

Kerz. Zusammenhänge, Munich, 1990, p. 9 ff.。
[373] Alberic, p. 625.
[374] *Der Bericht* des fr. Iulianus, in H. Dörrie, *ed. cit.*, p. 179.
[375] *Descriptio itineris prioris fr. Iuliani a fr. Richardo*, pp. 24-25, 29, 33; *Der Bericht des fr. Riccardus,* in H. Dőrrie, *ed. cit.*, p. 158.
[376] Alberic, p. 625.
[377] K.K. Klein, "Grenzwüstung und Siedlung: Gyepü und Gyepüvorland," in idem, *Saxonica Septemcastrensia. Forschungen, Reden und Aufsätze aus vier Jahrzehnten zur Geschichte der Deutschen in Siebenbürgen*, Marburg, 1971, pp. 117-136; Z. Székely, "Contribuţii la problema fortificaţiilor şi formelor de locuire din sud-estul Transilvaniei," *Aluta*, VIII-IX, 1976-1977, pp. 53-64; A.A. Rusu, "Arheologia, cronologia şi interpretarea istorică a unor cetăţi medievale timpurii din Transilvania de est. Note critice," *Crisia*, XXIV, 1994, pp. 43-54; I.M. Ţiplic, "Über Verteidigungslinien nach Art der Verhaue in Siebenbürgen (9.-13. Jahrhundert)," *Zeitschrift für Siebenbürgische Landeskunde*, 24, 2001, 2, pp. 169-179.
[378] Matthaei Parisiensis *Chronica majora*, IV, p. 113; *Historia diplomatica...*, V, 2, pp. 1149-1150. 有关蒙古大入侵时期，德意志皇帝与匈牙利人的关系，参见 S. Markus, "Federico II e l'Ungheria," in *Atti del Convegno Internazionale di Studi Federiciani*, Palermo, 1952, pp. 207-219; Z.J. Kosztolnyik, *Hungary in the Thirteenth Century*, Boulder-New York, 1996, pp. 169-171。
[379] *MGH, Epistolae saeculi XIII e regestis pontificum Romanorum selectae*, I, ed. C. Rodenberg, Berolini, 1883, p. 707.
[380] Rogerius, pp. 32, 71.
[381] *Ip. let.*, col. 764.
[382] Thomas Archidiaconus, p. 154
[383] Rogerius, pp. 35-36, 74-75.
[384] Juvaini, I, p. 270.
[385] Rogerius, pp. 38, 77.
[386] *Ibidem*, pp. 38-39, 77-79.
[387] Juvaini, I, p. 271.
[388] Rogerius, pp. 40-42, 80-81.
[389] *Ibidem*, pp. 43-44, 83-84. 也参见 *Continuatio Garstensis,* ed. W. Wattenbach, in *MGH, SS,* IX, ed. G.H. Pertz, Hannoverae, 1851, p. 597; F. Palacky, "Der Mongolen Einfall...," p. 386。
[390] Rogerius, pp. 44-45, 84-85.

[391] *Continuatio Mellicensis*, ed. W. Wattenbach, in *MGH, SS*, IX, p. 508.

[392] *Chronica Regia Coloniensis (Annales maximi Coloniensis)*, ed. G. Waitz, in *Scriptores rerum Germanicarum in usum scholarum ex Monumentis Germaniae historicis recusi*, [18,] Hannoverae, 1880, pp. 280-281; Rogerius, pp. 44, 84; *Annales Sancti Pantaleonis Coloniensis*, ed. H. Cardauns, in *MGH, SS*, XXII, ed. G. H. Pertz, Hannoverae, 1872, p. 535.

[393] Thomas Archidiaconus, p. 172.

[394] A. Theiner (ed.), *Vetera monumenta historica Hungariam sacram illustrantia*, I, *1216-1352*, Romae-Parisiis-Vindobonae, 1859, p. 182; *Das Baumgartenberger Formelbuch. Eine Quelle zur Geschichte des XIII. Jahrhunderts vornehmlich der Zeiten Rudolfs von Habsburg*, ed. H. Baerwald, in *FRA*, Zweite Abtheilung, *Diplomataria et acta*, XXV, 1866, pp. 347-349; J.B. Tkalčić, *Monumenta historica liberae regiae civitatis Zagrabiae*, I, Zagrabiae, 1889, no. 16, pp. 13-14.

[395] Io. Lavrentii Moshemii *Historia Tartarorum ecclesiastica*, Helmstadi, 1741, no. VII, pp. 38-40; *MGH, Epistolae saeculi XIII...*, I, 1883, pp. 721-722; Albert Behaim, *Das Brief- und Memorialbuch,* eds. Th. Frenz and P. Herde, in *MGH, Briefe des späteren Mittelalters*, I, Munich, 2000, pp. 123-125.

[396] *Bullarium Franciscanum Romanorum Pontificum*, I, ed. J.H. Sbaralea, Romae, 1759, pp. 296-298; *Regesta diplomatica nec non epistolaria Bohemiae et Moraviae*, I, *Annorum 600-1253*, ed. C.J. Erben, Pragae, 1855, p. 489.

[397] J.Fr. Böhmer, *Regesta Archiepiscoporum Maguntinensium. Regesten zur Geschichte der Mainzer Erzbischöfe von Bonifatius bis Uriel von Gemmingen, 742?-1514*, II, *Von Konrad I. bis Heinrich II. 1161-1288*, ed. C. Will, Innsbruck, 1886, pp. 262-263; *Historia diplomatica Friderici secundi*, V, 2, pp. 1209-1213; *Annales Wormatienses*, in *MGH, SS*, XVII, Hannoverae, 1861, pp. 46-47. 一部记载十五世纪前半叶的编年史，辑选了很多先前资料，错误地显示十字军在五月传道，目标是"整个德意志"：*Huius tempore anno domini 1241. in Maio predicata fuit crux Tartaros per totam Alamaniam sub Sifrido episcopo Moguntino*。参见 *Chronicon pontificum et imperatorum Rhenense ab Innocentio III. usque ad annum 1429*, in L. Weiland, "Beschreibung einiger Handschriften der Universitätsbibliothek zu Giessen," *Neues Archiv der Gesellschaft für ältere deutsche Geschichskunde*, IV, 1879, p. 74。

[398] *MGH, Legum sectio IV, Constitutiones et acta publica imperatorum et regum*, II, Hannoverae, 1896, pp. 444-446; *Historia diplomatica Friderici secundi*, VI, 1, ed. J.-L.-A. Huillard-Bréholles, Paris, 1860, pp. 1214-1215; *Chronique anonyme des rois de France finissant en MCCLXXXVI*, in *Recueil des historiens des Gaules et de*

la France, XXI, eds. Guigniaut and De Wailly, Paris, 1855, p. 82.

［399］ Fr. Böhmer, "Briefe über den Anmarsch...," pp. 113-114; J. Freiherrn von Hormayr-Hortenburg, *op. cit.*, p. 65; *Schlesisches Urkundenbuch*, II, *1231-1250*, ed. W. Irgang, Vienna-Cologne-Graz, 1977, p. 134; *Codex diplomaticus et epistolaris Slovaciae/Slovenský diplomatár*, II, *Inde ab a. MCCXXV usque ad a. MCCLX*, ed. R. Marsina, Bratislavae, 1987, pp. 65-66.

［400］ *Die Regesten der Erzbischöfe von Köln im Mittelalter*, III, *1205-1304*, 1, *1205-1261*, ed. R. Knipping, Bonn, 1909, no. 1016, p. 152.

［401］ *MGH, Legum sectio IV, Constitutiones et acta publica...*, II, pp. 322-325; *Historia diplomatic Friderici secundi*, VI, 1, pp. 1215-1216.

［402］ Richardi de S. Germano *Chronicon rerum per Orbem gestarum ab excessu Guillelmi Siciliae Regis, Anno scilicet Domini MCLXXXIX. ad annum usque MCCXLIII*, in *RIS*, ed. L.A. Muratorius, VII, Mediolani, 1725, col. 1046; Ryccardi de Sancto Germano notarii *Chronica*, in *MGH, SS*, XVIIII [XIX], Hannoverae, 1866, p. 380.

［403］ Richardi de S. Germano *Chronicon...*, col. 1046; Ryccardi de Sancto Germano notarii *Chronica*, p. 380.

［404］ B.O. Timoshchuk, *Pivnichna Bukovina – zemlia slav'ians'ka*, Uzhgorod, 1969, p. 76 ff.; I.P. Rusanova, B.A. Timoshchuk, *Drevnerusskoe Podnestrov'e*, Uzhgorod, 1981, p. 89 ff. 在被蒙古人摧毁的布科维纳北部据点之中，最近有了重要的考古挖掘，地点在乌克兰的乔尔尼夫卡 [Cernauca/Chornivka (Suliţa Nouă county, Cernăuţi/Chernovtsy region)]，位于普鲁特河左边的一条支流 Moscău 河畔。彻底挖掘显示住宅以及大批木垒要塞被肆意焚毁。在碎片层发现大量家用物品、珠宝、礼拜物、马具等，说明这一场所在匆忙中被放弃。参见 I.P. Voznyĭ, *Chornivs'ka feodal'na ukriplena sadiba XII-XIII st.*, Chernovtsy (= Cernăuţi), 1998。

［405］ *Annales Frisacenses*, ed. L. Weiland, in *MGH, SS*, XXIV, Hannoverae, 1879, p. 65 (The Echternach Note).

［406］ Rogerius, pp. 33, 72. 也参见 Rashid al-Din, *The Successors...*, p. 70。

［407］ *Ibidem.*

［408］ Rogerius, pp. 45-46, 85-86.

［409］ V. Spinei, "Contribuţii la istoria spaţiului est-carpatic din secolul al XI-lea pînă la invazia mongolă din 1241," *Memoria Antiquitatis*, VI-VIII, 1974-1976, pp. 145-148.

［410］ G. Doerfer, *Türkische und mongolische Elemente...*, II, p. 366 ff.; G. Clauson, *An Etymological Dictionary...*, Oxford, 1972, p. 313.

［411］ Rogerius, pp. 33, 72.

［412］ Şt. Ştefănescu, "Organizarea statală pe teritoriul României în evul mediu timpuriu," *Revista muzeelor şi monumentelor*, XVII, 1980, 4-5, pp. 86-87; Gh. Postică, *Civilizaţia veche românească din Moldova*, Chişinău, 1995, pp. 64-77; V. Spinei, "Incipient Forms of Statal Organisation with the Romanians East of the Carpathians," *Transylvanian Review*, V, 1996, 2, pp. 44-54.

［413］ Rashid al-Din, *The Successors...*, p. 70; Tiesenhausen, II, p. 38; A. Decei, "L'invasion des Tatars de 1241/1242 dans nos régions selon la *Djami ot-Tevarikh* de Fäzl ol-lah Räšid od-Din," *Revue Roumaine d'Histoire*, XII, 1973, 1, p. 103.

［414］ D. Mishin, "Information on the Vlachs in Medieval Islamic Literature (Arabic and Persian)," *Romanian Civilization*, VI, 1997, 2, pp. 41, 45-47.

［415］ Riccold de Monte Croce, pp. 106-107.

［416］ *DRH, B*, I, eds. P.P. Panaitescu and D. Mioc, 1966, no. 1. 也参见 Şt. Ştefănescu, *Ţara Românească de la Basarab I "Întemeietorul" pînă la Mihai Viteazul*, Bucharest, 1970, pp. 24-26; S. Iosipescu, "Românii din Carpaţii Meridionali la Dunărea de Jos de la invazia mongolă (1241-1243) pînă la consolidarea domniei a toată Ţara Românească. Războiul victorios purtat la 1330 împotriva cotropirii ungare," in *Constituirea statelor feudale româneşti*, gen. ed. N. Stoicescu, Bucharest, 1980, p. 41 ff.; Ş. Papacostea, *Românii în secolul al XIII-lea între cruciată şi Imperiul mongol*, Bucharest, 1993, pp. 138-141.

［417］ N. Constantinescu, *Curtea de Argeş (1200-1400). Asupra începuturilor Ţării Româneşti*, Bucharest, 1984.

［418］ L. Chiţescu, "Cercetări arheologice la Cetăţeni, jud. Argeş," *Cercetări arheologice*, II, 1976, pp. 170-173.

［419］ E. Hurmuzaki, I, p. 261.

［420］ *Annales Frisacenses*, p. 65 (The Echternach Note).

［421］ B. Schmeidler, "Einleitung," in Tholomeus von Lucca, *Die Annalen*, ed. B. Schmeidler, in *MGH, SRG*, NS, VIII, Berlin, 1930, pp. XXIV-XXV.

［422］ Tholomeus von Lucca, *Die Annalen*, p. 117: 在他们离开之后，居住在上述森林附近的潘诺尼亚人，即Olaci人和西库里人，小心翼翼地不让他们再越过这里。

［423］ *Ibidem.*

［424］ *Ibidem*, p. 110.

［425］ *Ibidem*, p. 124. 有关卢卡的巴塞洛缪斯的传记和著作，参见 K. Krüger, *Des Ptolomäus Lucensis Leben und Werke*, Göttingen, 1874; Th. Kaeppeli, E. Panella, *Scriptores Ordinis Praedicatorum Medii Aevi*, IV, Rome, 1993, pp. 318-325。

［426］ Ptolomaei Lucensis *Historia ecclesiastica. A Nativitate Christi usque ad Annum circiter MCCCXII*, in *RIS,* ed. L.A. Muratorius, XI, Mediolani, 1727, col. 1137: 他们离开后, 居住在上述森林附近的潘诺尼亚人小心翼翼地关闭了通道, 使他们无法再通过。

[427] *Ibidem*, col. 1132.

[428] Marinus Sanutus dictus Torsellus, *Liber secretorum fidelium Crucis super Terrae Sanctae recuperatione et conservatione* [*Gesta Dei per Francos*, II, ed. I. Bongarsius], Hanoviae, 1611, pp. 210, 214, 217.

[429] *Ibidem*, p. 214: 在 (蒙古人) 离开之后, 居住在上述森林附近的潘诺尼亚人, 即Olaci人和西库里人 (Siculi), 关闭了通道, 使他们无法再通过。

[430] Paulinus von Venedig, *Bruchstücke aus der Weltchronik (I. Recension)*, ed. W. Holtzmann, I (*Texte zur Kulturgeschichte des Mittelalters*, ed. F. Schneider, 3), Rome, 1927, p. 29: 在他们撤退之后, 居住在上述地区附近森林中的潘诺尼亚民族, 即Olaci人和西库里人, 关闭了通道, 使他们无法再穿越。

[431] *Ibidem*, p. 31.

[432] Johannis Iperii abbatis *Chronicon Sythiense S. Bertini*, in *Thesaurus novus anecdotorum*, III, eds. E. Martène and U. Durand, Lutetiae Parisiorum, 1717, col. 717. 也参见 A.F. Gombos, *Catalogus fontium historiae Hungaricae*, II, Budapest, 1937, p. 1332: 他们离开后, 居住在里菲安山脉或匈牙利森林附近的潘诺尼亚人, 即Olaci和西库里人等民族关闭了这些山口, 使鞑靼人无法再通过。

[433] Kiessling, "Pίπαία ὅρη," in Paulys *Real-Encyclopädie der classischen Altertumswissenschaft*, Neue Bearbeitung begonnen von G. Wissowa, eds. W. Kroll and K. Witte, I Al, Stuttgart, 1914, col. 846-916.

[434] Strabonius *Geographica*, ed. A. Meineke, II, Lipsiae, 1853, p. 405; Strabon, *Géographie*, trans. A. Tardieu, II, 2nd ed., Paris, 1894, p. 12.

[435] Pauli Orosii *Historiarum adversum paganos libri VII*/Orosius, *Istoria împotriva păgînilor în şapte cărţi*, in *FHDR*, II, pp. 188-189; Orose, *Histoires (Contre les Païens)*, I, ed. M.-P. Arnaud-Lindet, Paris, 1990, p. 13.

[436] Andreae Danduli *Chronicon Venetum a pontificatu sancti Marci ad annum usque MCCCXXXIX*, in *RIS*, XII, Mediolani, 1728, col. 354; *Andreae Danduli Chronica per extensum descripta aa. 46-1280 d. C.*, ed. E. Pastorello, in *RIS*, NE, XII, Bologna, 1938, p. 299.

[437] Laurentii de Monacis Veneti Cretae cancellarii *Chronicon de rebus Venetis Ab U. C. ad Annum MCCCLIV sive ad conjurationem ducis Faledro*, ed. F. Cornelius, Venetiis, 1758, p. 106.

[438] Alberic, p. 625.

[439] Simonis de Keza *Gesta Hungarorum*, ed. A. Domanovszky, in *SRH*, I, p. 184.
[440] *Annales Frisacenses*, p. 65 (The Echternach Note); *Cronica S. Petri Erfordensis moderna*, ed. O. Holder-Egger, in *MGH, SRGUSSE*, [42,] Hannoverae et Lipsiae, 1899, p. 237.
[441] Thomas Archidiaconus, p. 167.
[442] Rogerius, pp. 42, 82.
[443] *Ibidem*, pp. 54, 94.
[444] L. Gerevich, *The Art of Buda and Pest in the Middle Ages*, Budapest, 1971, *passim*.
[445] Thomas Archidiaconus, p. 167.
[446] G.A. Bezzola, *op. cit.*, *passim*; Ch.W. Connell, *Western Views of the Tartars, 1240-1340*（1969年，该论文提交给新泽西州新布伦瑞克罗格斯大学研究生院）, Ann Arbor, Michigan, 1977, p. 75 ff.; F. Schmieder, *Europa und die Fremden. Die Mongolen im Urteil des Abendlandes vom 13. bis in das 15. Jahrhundert*, Sigmaringen, 1994, p. 73 ff.
[447] Richeri *Gesta Sononiensis ecclesiae*, ed. G. Waitz, in *MGH, SS*, XXV, Hannoverae, 1880, p. 310.
[448] Balduini Ninovensis *Chronicon*, ed. O. Holder-Egger, in *ibidem*, p. 543.
[449] *Ex Annalibus S. Medardi Suessionensibus*, ed. G. Waitz, in *MGH, SS*, XXVI, Hannoverae, 1882, p. 522.
[450] *Ex Annalibus Wigorniensibus et Teokesburiensibus*, ed. R. Pauli, in *MGH, SS*, XXVII, Hannoverae, 1885, p. 468.
[451] P. Jackson, "The Crusade Against the Mongols (1241)," *The Journal of Ecclesiastical History*, 42, 1991, 1, p. 10 ff.
[452] Th. Curtis van Cleve, *The Emperor Frederick II of Hohenstaufen, Immutator Mundi*, Oxford, 1972, pp. 194-201; J. Lehmann, *Die Staufer. Glanz und Elend eines deutschen Kaisergeschlechts*, Munich, 1978, p. 306 ff.; D. Abulafia, *Frederick II: a medieval emperor*, London, 1988, pp. 164-170, 196-197; A. Sommerlechner, *Stupor mundi? Kaiser Friedrich II. und die mittelalterliche Geschichtsschreibung*, Vienna, 1999, *passim*; W. Stürner, *Friedrich II.*, 2, *Der Kaiser, 1220-1250*, Darmstadt, 2000, p. 458 ff.; H.J. Mierau, "Exkommunikation und Macht der Öffentlichkeit: Gerüchte im Kampf zwischen Friedrich II. und der Kurie," in *Propaganda, Kommunikation und Öffentlichkeit (11. -16. Jahrhundert)*, ed. K. Hruza, Vienna, 2002, p. 47 ff.
[453] E. Menestró, "Federico II nelle opere di Dante," in *Esculum e Federico II. L'imperatore e la città:per una rilettura dei percorsi della memoria*, ed. E.

Menestró, Spoleto, 1998, pp. 229-257.

［454］ Albert Behaim, pp. 112-115; Ch.-J. Hefele, *Histoire des conciles d'après les documents originaux*, trans. H. Leclercq, V, 2, Paris, 1913, pp. 1582-1611; B. Roberg, "Der Konzilsversuch von 1241," *Annuarium Historiae Conciliorum*, 24, 1992, 2, pp. 286-319; W. Stürner, *op. cit.*, pp. 507-508.

［455］ Hermanni Altahensis *Annales*, ed. Ph. Jaffé, in *MGH, SS*, XVII, Hannoverae, 1861, p. 394. 也参见 *Annales Osterhovenses*, ed. W. Wattenbach, in *ibidem*, p. 545。

［456］ Thomas Archidiaconus, p. 171; Andreae Danduli *Chronica...*, 1938, p. 299.

［457］ Thomas Archidiaconus, pp. 173-177. 也参见 T. Smičiklas, *Poviest Hrvatska*, I, *Od najstarijih vremena do godine 1526*, Zagreb, 1882, pp. 347-349; G. Strakosch-Grassmann, *Der Einfall...*, pp. 160-170; F. Šišić, *Pregled povijesti hrvatskoga naroda od najstarijih dana do godine 1873*, Zagreb, 1916, pp. 98-99; L. de Voinovitch, *Histoire de Dalmatie*, I, *Des origines au marché infâme (1409)*, 2nd ed., Paris, 1934, pp. 404-407; A. Tresić Pavičić, *Izgon mongola iz Hrvatske*, Zagreb, 1942, p. 85 ff.; S. Guldescu, *History of Medieval Croatia*, The Hague, 1964, pp. 204-208; J.R. Sweeney, "«Spurred on by the Fear of Death»: Refugees and Displaced Populations during the Mongol Invasion of Hungary," in *Nomadic Diplomacy, Destruction and Religion from the Pacific to the Adriatic*, eds. M. Gervers and W. Schlepp, Toronto, 1994, pp. 46-53。

［458］ Thomas Archidiaconus, pp. 175-177.

［459］ *Ibidem*, p. 173.

［460］ *Ibidem*, p. 177.

［461］ Paltrami seu Vatzonis *Chronicon Austriacum*, in *Scriptores rerum Austriacarum*, I, ed. H. Pez, Lipsiae, 1721, col. 714; Anonymi Leobiensis *Chronicon*, in *ibidem*, col. 816; *Continuatio Sancrucensis II*, ed. W. Wattenbach, in *MGH, SS*, IX, ed. G.H. Pertz, Hannoverae, 1851, p. 641.

［462］ Giovanni Villani, *Cronica*, in *Croniche di* Giovanni, Matteo e Filippo Villani, ed. A. Racheli, I, Trieste, 1858, p. 85; idem, *Nuova cronica*, I, ed. G. Porta, Parma, 1990, p. 312.

［463］ Matthaei Parisiensis *Chronica majora*, IV, pp. 270-277: 纳博讷（Narbonne）的伊普尔（Yvo）致波尔多总主教（archbishop of Bordeaux）马尔默尔的格姆扎尔（Gérard of Malemort）的信。(*Voyages faits principalement en Asie dans les XII, XIII, XIV, et XV siècles*, II, The Hague, 1735, pp. 33-38), J.F. Michaud (*Bibliothèque des Croisades*, II, Paris, 1829, p. 816), J.J. Saunders ("Matthew Paris and the Mongols," in *Essays in medieval history presented to Bertie Wilkinson*, eds. T.A. Sandquist and M.R. Powicke, Toronto, 1969, p. 125) etc. in 1243, which is yet more likely to have been written in the latter half of the year 1241 (参见 F. Palacky, "Der Mongolen Einfall...," pp. 378-380; G. Strakosch-Grassmann, *Der Einfall*..., pp. 187-191) or in 1242 at the latest(参见 P. Pelliot, "Les Mongols et la Papauté," *Revue de l'Orient Chrétien*, 3ème Série, IV [XXIV], 1924, pp. 258-259, 学者依旧倾向于将时间定在1241年). 有关蒙古进攻维也纳新城不太准确的记载, 参见 K. Rudolf, "Die Tartaren 1241/1242. Nachrichten und Wiedergabe: Korrespondenz und Historiographie," *Römische historische Mitteilungen*, 19, 1977, pp. 100-107; P. Jackson, "The Crusade...," pp. 8-9。

[464] Thomas Archidiaconus, p. 170.

[465] *Ibidem*; Rogerius, pp. 49-50, 89-90; *Continuatio Mellicensis*, ed. W. Wattenbach, in *MGH, SS*, IX, p. 508; *Continuatio Lambacensis*, ed. W. Wattenbach, in *ibidem*, p. 559; *Continuatio Sancrucensis II*, in *ibidem*, pp. 640-641; *Notae Altahenses*, ed. Ph. Jaffé, in *MGH, SS*, XVII, ed. G.H. Pertz, Hannoverae, 1861, p. 422; *Annales Sancti Pantaleonis Coloniensis*, p. 535; *Chronica Regia Coloniensis*, p. 280; *Gestorum Treverorum continuatio quarta*, ed. G. Waitz, in *MGH, SS*, XXIV, Hannoverae, 1879, p. 404; *Cronica* fratris Salimbene de Adam ordinis Minorum, ed. O. Holder-Egger, in *MGH, SS*, XXXII, Hannoverae et Lipsiae, 1905-1913, p. 36; Matthaei Parisiensis *Chronica majora*, IV, p. 131; Thomas Ebendorfer, *Chronica Austriae*, ed. A. Lhotsky, in *MGH, SRG, NS*, XIII, Berlin-Zurich, 1967, p. 113; Anonymi Leobiensis *Chronicon*, col. 815-816. 在某些编年史中, 鞑靼人 (Tartari, Tartarini) 被误认为库蛮人 [Cumans (Comani)], 参见 *Annali Sancti Rudberti Salisburgenses*, ed. W. Wattenbach, in *MGH, SS*, IX, p. 787; *Ex Annalibus S. Medardi Suessionibus*, ed. G. Waitz, in *MGH, SS*, XXVI, Hannoverae, 1882, p. 522。

[466] *Continuatio Sancrucensis II*, p. 640; Paltrami seu Vatzonis *Chronicon Austriacum*, col. 713; Anonymi Leobiensis *Chronicon*, col. 815; *Chronicon Claustroneoburgense*, in *Rerum Austriacarum scriptores*, I, ed. A. Rauch, Vindobonae, 1793, p. 84; A.F. Gombos, *Catalogus*..., I, 1937, p. 506 (*Chronicon Austriacum anonymi*).

[467] 不像其他资料, 柏朗嘉宾主张窝阔台是由贵由的一个朋友毒死的。谋害者及同伙在审判之后被处死。这位意大利方济各会士认为蒙古军队从匈牙利撤退也是这次谋杀的直接后果。参见 Plano Carpini, pp. 95, 121。

[468] E. Fügedi, *Castle and Society in Medieval Hungary (1000-1437)*, Budapest, 1986, pp. 42-49.

[469] E. Hurmuzaki, I, pp. 259-262 (在信中, 被误定在1254年); *Der Mongolensturm. Berichte von Augenzeugen und Zeitgenossen, 1235-1250*, eds. H. Göckenjan and J.

R. Sweeney, Graz-Vienna-Cologne, 1985, pp. 306-310.

[470] Rogerius, pp. 57, 96.

[471] *Ibidem*, pp. 50-51, 90-91.

[472] *Ibidem*, pp. 55, 95.

[473] Johann de Columna, in *Recueil des historiens des Gaules et de la France*, XXIII, eds. Wailly, Delisle and Jourdain, Paris, 1876, p. 113: Guillaume de Nangis, *Gesta...*, pp. 342-343; *Continuatio Sancrucensis II*, p. 641; *Les grandes chroniques de France*, ed. J. Viard, VII (*Louis VIII et Saint Louis*), Paris, 1932, pp. 104-105; *Chronicon* Cornelii Zantfliet, S. Jacobi Leodiensis monachi, *Ab anno MCCXXX. ad MCCCCLXI*, in *Veterum scriptorum et monumentorum historicorum, dogmaticorum, moralium, amplissima collectio*, V, eds. E. Martène and U. Durand, Paris, 1729, col. 76; G. Abgarjan, "Chronologische Angaben über Ungarn und Kilikisch-Armenien in der «Lübeckischen Chronik» (14. Jahrhundert)," *AOH*, L, 1997, 1-3, p. 3.

[474] Martini Oppaviensis *Chronicon Pontificum et Imperatorum*, in *MGH, SS*, XXII, p. 472; *Flores temporum auctore fratre ord. Minorum*, ed. O. Holder-Egger, in *MGH, SS*, XXIV, p. 241; *E Chronico* Anonymi Cadomensis, in *Recueil des historiens des Gaules et de la France*, XXII, eds. Wailly and Delisle, Paris, 1865, p. 23; Iohannis Vitodurani *Chronica*, in *MGH, SRG*, NS, III, 2nd ed. Fr. Baethgen, Berlin, 1955, p. 5; Giovanni Villani, *Nuova cronica*, I, p. 313; *Chronicon, quod conservatur in Monte S. Georgii*, ed. B. Pukánszky, in *SRH*, II, p. 282; Ioannis Dlugossii *Annales...*, [IV,] 1975, p. 31.

[475] K. Jahn, "Einleitung," in idem, *Die Frankengeschichte des Rašid ad-Din*, Vienna, 1977, pp. 14-16; A.-D. v.d. Brincken, "Geographisches Weltbild und Berichshorizont in der Papst-Kaiser-Chronik des Martin von Troppau OP," in *Ex ipsis rerum documentis. Beiträge zur Mediävistik. Festschrift für Harald Zimmermann zum 65. Geburtstag*, eds. K. Herberts, H.H. Körtüm and C. Servatius, Sigmaringen, 1991, p. 91.

[476] Rashid al-Din Fadl Allah Abul-Khair, *Histoire universelle*, I, *Histoire des Francs*, ed. K. Jahn, Leiden, 1951, p. 65.

[477] *Chronicon Posoniense*, ed. A. Domanovzsky, in *SRH*, II, p. 43; *Chronici Hungarici composition saeculi XIV*, ed. A. Domanovzsky, in *SRH*, I, p. 468; *Chronicon Budense*, ed. I. Podhradczky, Buda, 1838, p. 200; Johannes de Thurocz, *Chronica Hungarorum*, I, *Textus*, eds. E. Galántai and J. Kristó, Budapest, 1985, p. 137.

[478] L. Kontler, *Millenium in Central Europe. A History of Hungary*, Budapest, 1999, p. 78.

〔479〕 E. Hurmuzaki, I, p. 217.

〔480〕 J. Glubb, *Soldiers of Fortune. The Story of the Mamlukes*, New York, 1988, p. 182.

〔481〕 J.M. Smith, Jr., "Nomads on Ponies vs. Slaves on Horses," *Journal of the American Oriental Society*, 118, 1998, 1, pp. 54-62; idem, "Mongol Society and Military in the Middle East: Antecedents and Adaptations," in *War and Society in the Eastern Mediterranean, 7th-15th Centuries,* ed. Y. Lev, Leiden-New York-Cologne, 1997, p. 249 ff.

〔482〕 D. Sinor, "The Mongols in the West," *Journal of Asian History*, 33, 1999, 1, pp. 19-20. 也参见 idem, "Horse and pasture...," in idem, *Inner Asia...*, (II,) pp. 181-182。

〔483〕 Ch.J. Halperin, *Russia and the Golden Horde*, pp. 47-48; G.S. Rogers, "An Examination of Historians' Explanations for the Mongol Withdrawal from East Central Europe," *East European Quarterly*, XXX, 1996, 1, pp. 10-11, 18-19.

〔484〕 P. Alexandre, *Le climat en Europe au Moyen Age. Contribution à l'histoire des variations climatiques de 1000 à 1425, d'après les sources narratives de l'Europe occidentale*, Paris, 1987, pp. 389-390.

〔485〕 *Documenta Pontificum Romanorum historiam Ucrainae illustrantia (1075-1953)*, I, *1075-1700*, ed. A.G. Welykyj, Rome, 1953, pp. 34-35.

〔486〕 Rogerius, pp. 55, 94-95.

〔487〕 *Ibidem*, pp. 56, 96. 也参见 F. Babinger, "Maestro Ruggiero delle Puglie relatore prepoliano sui Tatari," in *Nel VII centenario della nascita di Marco Polo*, Venice, 1955, pp. 51-61。

〔488〕 Rashid al-Din, *The Successors...*, p. 71; A. Decei, "L'invasion...," pp. 104, 120-121.

〔489〕 S. Baraschi, "Die Donausiedlungen aus der Dobrudscha in den schriftlichen Quellen des XI. Bis XIV. Jahrhunderts," *Dacoromania. Jahrbuch für Östliche Latinität*, 4, 1977-1978, pp. 34-35, 40-41; eadem, "Les sources byzantines et la localisation de la cité de Kilia (XIIe-XIIIe siècles)," *RESEE*, XIX, 1981, 3, pp. 473-484.

〔490〕 D. Mishin, *op. cit.*, p. 42, footnote 20. 俄国学者并没有考虑这种可能性，而是赞成大多数历史学家的流行看法，认为这位波斯学者指的是多瑙河上的基利亚。*Ibidem*, p. 47.

〔491〕 S. Baraschi, "Cîteva accente la istoria aşezării de la Păcuiul lui Soare," *Cultură şi civilizaţie la Dunărea de Jos*, III-IV, Călăraşi, 1987, pp. 123-132.

〔492〕 G. Atanasov, I. Iordanov, *Srednovekovniiat Vetren na Dunav*, Shumen, 1994, pp. 69, 93.

〔493〕 E. Oberländer-Târnoveanu, "Începuturile prezenţei tătarilor în zona Gurilor Dunării în lumina documentelor numismatice," in *Originea tătarilor...*, 1997, pp. 97-98.

[494] Philippe Mousket, *Fragment de la Chronique rimée*, in *Recueil des historiens des Gaules et de la France*, XXII, Paris, 1865, p. 77.

[495] 一些学者倾向于相信菲利普·莫斯科特（Philippe Mousket）有关蒙古人战败的信息，参见 R. Şt. Ciobanu, "Les chroniqueurs français de la IVe Croisade et les Roumains de l'aire de la latinité orientale," in *Nouvelles études d'histoire,* VII, Bucharest, 1985, pp. 171-172; idem [R. Şt. Vergatti], "Români, bulgari, cumani şi tătari la Dunărea de Jos în prima parte a secolului al XIII-lea," *Studii şi materiale de istorie medie*, XXI, 2003, pp. 96-100。

[496] Matthaei Parisiensis *Chronica majora*, IV, p. 76.

[497] A. Klapprogge, *Ursprung...*, pp. 155-159. 也参见 Ch. W. Connell, *op. cit.*, pp. 29-33。

[498] *Cronica fratris* Salimbene de Adam..., p. 206 ff.（是有这两种拼法，但偏向 Tattari，认为这更贴切）; Matthaei Parisiensis *Chronica majora*, IV, pp. 270-277. T(h)atar(us)(o) 作为绰号，也出现在中世纪罗马天主教的族群命名体系之中。参见 *Notaio di Venezia del sec. XIII (1290-1292)*, ed. M. Baroni (*Fonti per storia di Venezia*, Sez. III. – *Archivi notariali*), Venice, 1977, pp. 67, 89 (documents of 1291); *Monumenta medii aevi historica res gestes Poloniae illustrantia*, IV, *Libros antiquissimos civitatis Cracoviensis, 1300-1440,* ed. J. Szujski, Cracow, 1878, pp. 37, 40, 146 (documents of 1316, 1340); *Codex diplomaticus regni Croatiae, Dalmatiae et Slavoniae*, XI, ed. T. Smičiklas, Zagreb, 1913, pp. 41, 46, 91-92, 95, 172, 224 (documents of 1343-1344); XIII, collegit T. Smičiklas, digesserunt M. Kostrenčić, E.N. Laszowski, Zagreb, 1915, p. 495 (document of 1366); XVII, collegit T. Smičiklas, digessit S. Gunjača, Zagreb, 1981, pp. 532, 535, 538-541 (document of 1393)。

[499] Grigor of Akanc', p. 295.

[500] Guiragos, *ed. cit.*, *JA*, 5th Ser., XI, 1856, 2-3, p. 218.

[501] Demetrii Cydonii *Ad Romaeos deliberativa*, in *Patrologiae cursus completus. Patrologiae Graecae*, ed. J.-P. Migne, CLIV, Paris, 1866, col. 971-972.

[502] *Poucheniia Serapiona Vladimirskago*, in E. Petukhov, *Serapion Vladimirskiĭ, russkiĭ prapovednik XIII veka*, Sanktpeterburg, 1888, pp. 8-9.

[503] *Ex Annalibus S. Medardi Suessionibus*, ed. G. Waitz, in *MGH, SS*, XXVI, Hannoverae, 1882, p. 522.

[504] Jalālu'ddin a's Suyūti, p. 493.

[505] *Cronica* fratris Salimbene de Adam..., p. 208; *Relatio* Fr. Benedicti Poloni, in *Sinica Franciscana*, I, pp. 142-143; P. Pelliot, "Les Mongols et la Papauté," *Revue de l'Orient Chrétien*, 3ème Série, III (XXIII), 1922-23, pp. 13-14, 18-23; L. Waddingus Hibernus, *Annales Minorum seu trium ordinum a S. Francisco*

Institutorum, III *(1238-1255)*, 3rd ed. J. M. Fonseca ab Ebora, Ad Claras Aquas (Quaracchi), 1931, pp. 624-625; *Guyuk Khan's Letter to Pope Innocent IV (1246)*, in C. Dawson, *The Mongol Mission*, London-New York, 1955, pp. 85-86; J.A. Brundage, *The Crusades. A Documentary Survey*, Milwaukee, Wisconsin, 1962, pp. 259-260.

[506] Rashid-Eldin, *Histoire...*, p. 343.

[507] E. Voegelin, "The Mongol Orders of Submission to European Powers, 1245-1255," *Byzantion*, XV, 1940-1941, pp. 378-413; J. Richard, "Ultimatums mongols et lettres apocryphes: L'Occident et les motifs de guerre des Tartares," *CAJ*, XVII, 1973, p. 212 ff.; idem, "Les Mongols et l'Occident: deux siècles de contacts," in *1274. Année charnière. Mutations et continuités*, Paris, 1977, pp. 85-88.

[508] M. -M. Alexandrescu-Dersca, *La campagne de Timour en Anatolie (1402)*, Bucharest, 1942, p. 32. 也参见 B. F. Manz, "Tamerlane and the Symbolism of Sovereignity," *Iranian Studies*, XXI, 1988, 1-2, pp. 105-122。

[509] Abu l-Mahasin ibn Taghrî Birdi, *History of Egipt, 1382-1469 A.D.*, I, *1382-1399 A.D.*, trans. W. Popper (University of California Publications in Semitic Philology, 13), Berkeley-Los Angeles, 1954, p. 141.

[510] J.D. Mansi, *Sacrorum conciliorum nova et amplissima collectio*, NE, 23, Paris, 1903, col. 627; *Conciliorum oecumenicorum decreta*, 3rd ed. J. Alberigo, J.A. Dossetti, P.-P. Joannou, C. Leonardi, P. Prodi, Bologna, 1973, p. 297.

[511] *Conciliorum oecumenicorum decreta*, pp. 278-283. 也参见 H.K. Mann, *The Lives of the Popes in the Middle Ages*, XIV, *Innocent IV, the Magnificent, 1243-1254*, London, 1928, pp. 69-80; B. Roberg, "Zur Überlieferung und Interpretation der Hauptquelle des Lugdunense I von 1245," *Annuarium Historiae Conciliorum*, 22, 1990, 1-2, p. 31 ff.; W. Stürner, *op. cit.*, p. 533 ff.; H. J. Mierau, *op. cit.*, p. 60 ff.。

[512] E. Hurmuzaki, I, pp. 259-262（1250年的文件被编撰者误定在1254年）; A. Kovách, "Der 'Mongolenbrief' Bélas IV. an Papst Innozenz IV. über einen zu erwartenden zweiten Mongoleneinbruch um 1250," in *Überlieferung und Auftrag. Festschrift für Michael de Ferdinandy zum sechzigsten Geburtstag 5. Oktober 1972*, ed. J.G. Farkas, Wiesbaden, 1972, pp. 495-506. 也参见 N. Berend, "Hungary «the Gate of Christendom»," in *Medieval Frontiers: Concepts and Practices*, eds. D. Abulafia and N. Berend, Aldershot-Burlington, 2002, pp. 195-196, 207-215.

[513] E. Hurmuzaki, I, pp. 280-285(1259年的文件).

[514] *Ibidem*, pp. 311-314 (1264年颁布的两项法令).

[515] N.N. Mingulov, "K nekotorym voprosam izucheniia istorii Ak-Orda," in

Kazakhstan v epokhu feodalizma, Alma-Ata, 1981, p. 79 ff.; V.P. Iudin, "Ordy: Belaia, Siniaia, Seraia, Zolotaia...," in *Kazakhstan, Sredniaia i Tsentral'naia Aziia v XVI-XVIII vv.*, co-ord. B.A. Tulepbaev, Alma-Ata, 1983, p. 106 ff.; Th. T. Allsen, "The Princes of the Left Hand: an Introduction to the History of the Ulus of Orda in the Thirteenth and Early Fourteenth Centuries," *AEMA*, V, 1985, p. 5 ff.; D.M. Iskhakov, I.L. Izmašlov, "Etnopoliticheskaia istoriia tatar v VI-pervoĭ chetverti XV veka," in *Tatary*, gen. ed. R.K. Urazmanova, S.V. Cheshko, Moscow, 2001, p. 64 ff.

[516] F.V. Ballod, *Privolzhskie «Pompei»*, Moscow-Petrograd, 1923; idem, *Staryĭ i Novyĭ Saraĭ, stolitsy Zolotoĭ Ordy*, Kazan, 1923; A. Iakubovskiĭ, *Feodalizm na Vostoke. Stolitsa Zolotoĭ Ordy – Saraĭ Berke*, Leningrad, 1932; *Goroda Povolzh'ia v srednie veka*, co-ord. A.P. Smirnov and G.A. Fëdorov-Davydov, Moscow, 1974; G.A. Fëdorov-Davydov, "V drevneĭ del'te Volgi (iz rabot Povolzhskoĭ arkheologicheskoĭ ekspeditsii)," in *Puteshestviia v drevnost'*, ed. V.L. Ianin, Moscow, 1983, pp. 50-76; idem, *Städte der Goldenen Horde...*; idem, *The Culture of the Golden Horde Cities*, trans. H. Bartlett Wells (BAR International Series 198), Oxford, 1984; idem, *Zolotoordynskie goroda Povolzh'ia*, Moscow, 1994, *passim*; idem, *The Silk Road...*, p. 37 ff.; A. Tereshchenko, "Okonchatel'noe issledovanie mestnosti Saraia, socherkom sledov Desht-Kypchakskogo tsarstva," *Tatarskaia arkheologiia*, Kazan, 1-2 (8-9), 2001, pp. 12-21. 有关金帐汗国的城市中心，也参见 B.D. Grekov, A.Iu. Iakubovskiĭ, *op. cit.*, p. 141 ff.; V.L. Egorov, *Istoricheskaia geografiia Zolotoĭ Ordy v XIII-XIV vv.*, Moscow, 1985; L.F. Nedashkovskiĭ, *Zolotoordynskiĭ gorod Ukek i ego okruga*, Moscow, 2000; R.G. Fakhrutdinov, *Istoriia tatarskogo naroda i Tatarstana. Drevnost' i srednevekov'e*, Kazan, 2000, p. 123 ff.。

[517] M.D. Poluboiarinova, "Kitaĭskiĭ seladon iz Bolgara," *Rosiĭskaia arkheologiia*, 2003, 2, pp. 155-164; eadem, "Kitaĭskiĭ farfor s Bolgarskogo gorodishcha," *ibidem*, 2003, 3, pp. 136-144.

[518] V.Iu. Koval', "Keramika Vostoka na Rusi v zolotoordynskuiu epokhu," in *Sviatiĭ kniaz' Mikhaĭlo Chernigivs'kiĭ ...*, pp. 110-111.

[519] *Ip. let.*, col. 792 ff. 也参见 M.B. Ždan, "Ukraina pid panuvanniam Zolotoĭ Ordy," *Ukrains'kiĭ istorik*, VII, 1970, 1-3 (25-27), pp. 82-94; M.F. Kotliar, *Danilo Galits'kiĭ*, Kiev, 1979, p. 127 ff.; Ch. J. Halperin, *The Tatar Yoke*, Columbus, Ohio, 1986, pp. 53-56。

[520] *Ip. let.*, col. 794.

第五章 蒙古人 601

[521] Plano Carpini, p. 91.
[522] Rubruc, p. 170.
[523] *Ibidem*, p. 171.
[524] A.L. Iakobson, *Krym v srednie veka*, Moscow, 1973, p. 84 ff.; M. Balard, *La Romanie génoise (XIIe – début du XVe siècle)*, I, Rome, 1978, p. 150 ff.; idem, "Les formes militaires de la colonisation génoise (XIIIe-XVe siècle)," in *Castrum*, 3, *Guerre, fortification et habitant dans le monde méditerranéen au Moyen Age*, ed. A. Bazzana, 1988, pp. 67-78; *Severnoe Prichernomor'e i Povolzh'e...*, pp. 38-45 (A.G. Gertsen), 46-62 (I.A. Baranov).
[525] Rubruc, p. 199.
[526] *Ibidem*, pp. 317-318.
[527] *Ibidem*, p. 209. 也参见 A. Alemany, *Sources on the Alans. A Critical Compilation*, Leiden-Boston-Cologne, 2000, pp. 153-158。
[528] Plano Carpini, p. 89.
[529] *Ibidem*, p. 91.
[530] Georgii Pachymeris *De Michaele et Andronico Paleologis*, ed. Im. Bekker, II, Bonn, 1835, p. 307; Georges Pachymérès, *Relations historiques*, IV, *Livres X-XIII*, ed. A. Failler, Paris, 1999, pp. 336-339.
[531] M.R. Drompp, "Centrifugal Forces in the Inner Asian «Heartland»: History *versus* Geography," *Journal of Asian History*, 23, 1989, p. 147.
[532] B. Flemming, *Landschaftsgeschichte von Pamphylien, Pisidien und Lykien im Spätmittelalter*, Wiesbaden, 1964, p. 34 ff.; R. Irwin, *The Middle East in the Middle Ages. The Early Mamluk Sultanate 1250-1382*, London-Sydney, 1986, pp. 15-18, 30 ff.; R. Amitai, "Mongol Raids into Palestine (A.D. 1260 and 1300)," *Journal of the Royal Asiatic Society*, 1987, 2, pp. 236-255; idem [R. Amitai-Preiss], *Mongols and Mamluks...*, p. 8 ff.
[533] W. Barthold, *Histoire des Turcs d'Asie Centrale*, Paris, 1945, pp. 136, 155-156; B.D. Grekov, A.Iu. Iakubovskiĭ, *op. cit.*, pp. 65-67, 296-298; G.A. Fedorow-Dawydow, *Die Goldene Horde*, trans. A. Häusler, Vienna-Munich, 1973, p. 94 ff.; P.D. Buell, "Mongol Empire and Turkicization: The Evidence of Food and Foodways," in *The Mongol empire and its legacy*, pp. 200-223.
[534] Plano Carpini, pp. 106, 108. 也参见 Jean de Plan Carpin, *Histoire des Mongols*, trans. C. Schmitt, Paris, pp. 101, 103; Giovanni di Pian di Carpine, *Storia dei Mongoli*, eds. P. Daffinà, C. Leonardi, M.C. Lungarotti, E. Menestró, L. Petech, Spoleto, 1989, pp. 306-309; Johannes von Piano Carpine, *Die Mongolengeschichte*,

ed. J. Giessauf, Graz, 1995, pp. 209-210。

[535] B. Spuler, *Die Goldene Horde*...; B.D. Grekov, A.Iu. Iakubovskiĭ, *op. cit.*, p. 57 ff.; G. Vernadsky, *A History of Russia*, III; B. Ischboldin, *Essays on Tatar History*, New Delhi, 1963; G.A. Fedorow-Dawydow, *Die Goldene Horde*; idem, *Obshchestvennyĭ stroĭ Zolotoĭ Ordy*, Moscow, 1973; P.H. Silfen, *The Influence of the Mongols on Russia: A Dimensional History*, Hicksville, New York, 1974; Ch. J. Halperin, "Russia in the Mongol Empire in Comparative Perspective," *Harvard Journal of Asiatic Studies,* 43, 1983, 1, pp. 239-261; idem, *Russia and the Golden Horde*, passim; M. Weiers, "Die Goldene Horde oder Das Khanat Qyptschaq," in *Die Mongolen*, 1986, p. 345 ff.; J. Martin, *Medieval Russia, 980-1584*, Cambridge, 1995, p. 140 ff.; P. Nitsche, "Mongolensturm und Mongolenherrschaft in Russland," in *Die Mongolen in Asien*..., pp. 65-79.

[536] A.N. Nasonov, *op. cit.*, pp. 18-19; *Russisches Geographisches Namenbuch*, I, co-ord. I. Coper, I. Doerfer, J. Prinz and R. Siegmann; eds. M. Vasmer and H. Bräuer, Wiesbaden, 1964, pp. 284-285.

[537] *DRH, A*, I, eds. C. Cihodaru, I. Caproşu and L. Şimanschi, 1975, no. 102.

[538] *Documente privind istoria României, A. Moldova, veacul XVI*, IV, Bucharest, 1952, p. 256 (document of 1599); Gh. Ghibănescu, *Surete şi izvoade*, XVI, Iaşi, 1926, p. 94 (document of 1667); *Moldova în epoca feudalismului*, VII, 1, *Recensămintele populaţiei Moldovei din anii 1772-1773 şi 1774*, ed. P.G. Dmitriev, Kishinev [= Chişinău], 1975, pp. 81, 529.

[539] Gh. Ghibănescu, *Ispisoace şi zapise (Documente slavo-române)*, Iaşi, II, 1, 1909, p. 114; II, 2, 1910, p. 76.

[540] *Lebedevskaia letopis'*, in *PSRL*, 29, Moscow, 1965, p. 232.

[541] Zosima the Deacon, in G.P. Majeska, *Russian Travelers to Constantinople in the Fourteenth and Fifteenth Centuries*, Washington, 1984, p. 181.

[542] *DRH, A*, I, no. 200.

[543] *DRH, A*, II, ed. L. Şimanschi, with editorial assistance of G. Ignat and D. Agache, 1976, no. 7.

[544] Gh. I. Lahovari, C.I. Brătianu, Gr. G. Tocilescu, *Marele dicţionar geografic al României,* V, Bucharest, 1902, pp. 557-562; Em. Grigorovitza, *Dicţionarul geografic al Bucovinei*, Bucharest, 1908, pp. 221-222; C. Suciu, *Dicţionar istoric al localităţilor din Transilvania*, II, Bucharest, 1966, pp. 181-184; *Tezaurul toponimic al României. Moldova*, I, *Repertoriul istoric al unităţilor administrativ-teritoriale, 1772-1988*, 2, co-ord. D. Moldovanu, Bucharest, 1992, pp. 1166, 1179-1182, 1633.

［545］ E. Hurmuzaki, I, p. 260.

［546］ Giovanni Villani, *Cronica,* p. 71; idem, *Nuova cronica*, I, p. 256.

［547］ Rubruc, pp. 167-168. 也参见 the translations of the passage in *Itinéraire de Guillaume de Rubruk*, in A. T'Serstevens, *Les précurseurs de Marco Polo,* Paris, 1959, p. 209; Guillaume de Rubrouck, *Voyage dans l'Empire mongol (1253-1255)*, trans. C. and R. Kappler, Paris, 1985, p. 86; *The Mission of Friar William of Rubruck. His journey to the court of the Great Khan Möngke 1253-1255*, trans. P. Jackson, London, 1990, pp. 65-66。也参见Roger Bacon, p. 370: 现在他们的统治范围从北方一直到波兰，因为整个俄罗斯都受他们管辖。东边至多瑙河及多瑙河以外的所有土地，即保加利亚和瓦拉几亚，都是他们的附属国。这样他们就掌握着远至君士坦丁堡土地的权力。

［548］ Rubruc, p. 209.

［549］ Tiesenhausen, I, p. 149, footnote 1.

［550］ *Ibidem*, p. 503; D. Mishin, *op. cit.*, p. 48.

［551］ Tiesenhausen, I, p. 404, footnote 3.

［552］ Al-'Umari, p. 142.

［553］ A.E. Nordenskiöld, *Periplus utkast till sjökortens och sjöböckernas äldsta historia*, Stockholm, 1897; R. Almagià, *Planisferi, carte nautiche e affini dal secolo XIV al XVII esistenti nella Biblioteca Apostolica Vaticana (=Monumenta cartographica Vaticana*, I), Città del Vaticano, 1944; B. Dimitrov, *Bǔlgariia v srednovekovnata morska kartografiia XIV-XVII vek*, Sofia, 1984, *passim*; I. Dumitriu-Snagov, *Monumenta Romaniae Vaticana. Manoscritti – Documenti – Carte. Catalogo della mostra Salone Sistino*, Rome, 1996, p. 199 ff.; I. Kupčik, *Münchner Portolankarten «Kunstmann IXIII» und zehn weitere Portolankarten*, Munich-Berlin, 2000, *passim*.

［554］ L.L. Polevoĭ, *Ocherki istoricheskoĭ geografii Moldavii XIII-XV vv.*, Kishinev [= Chișinău], 1979; V. Spinei, "La genèse des villes du sud-est de la Moldavie et les rapports commerciaux des XIIIe-XIVe siècles," *Balkan Studies*, 35, 1994, 2, p. 209 ff.; E. Oberländer-Târnoveanu, "Începuturile prezenței tătarilor...," p. 93 ff.; V. Ciocîltan, *Mongolii...*, *passim*.

［555］ Rubruc, p. 241; Rashid al-Din, *The Succesors...*, pp. 120, 185; Al-'Umari, p. 101. 也参见 P. Jackson, "The Dissolution of the Mongol Empire," *CAJ*, XXII, 1978, 1-2, pp. 200-201。

［556］ B. Spuler, *The Muslim World. A Historical Survey*, II, *The Mongol Period*, trans. F.R.C. Bagley, Leiden, 1969, p. 80 ff.; V. Monteil, *Les Musulmans soviétiques*,

Paris, 1982; A.-A. Rorlich, *The Volga Tatars. A Profile in National Resilience*, Stanford, 1986; A.W. Fisher, *The Crimean Tatars,* Stanford, 1987; M. Ablay, *Din istoria tătarilor de la Gingis Han la Gorbaciov*, Bucharest, 1997, p. 183 ff.

[557] I. Chirtoagă, "Apariţia tătarilor (nogailor) pe teritoriul Moldovei şi semnificaţia noţiunii Bugeac," in *Originea tătarilor...*, 1997, pp. 162-171; idem, *Din istoria Moldovei de Sud-Est până în anii '30 ai secolului al XIX-lea*, Chişinău, 1999, p. 98 ff.

参考文献

Ablay, M., *Din istoria tătarilor de la Gingis Han la Gorbaciov*, Bucharest, 1997.

Abu-Lughod, J.L., *Before European Hegemony. The World System A.D. 1250-1350*, New York-Oxford, 1989.

Adshead, S.A.M., *Central Asia in World History*, Houndmills-London, 1993.

Alinge, C., *Mongolische Gesetze. Darstellung des geschriebenen mongolischen Rechts (Privatrecht,Strafrecht u. Prozess)*, Leipzig, 1934.

Allsen, Th. T., "Prelude to the Western Campaigns: Mongol Military Operations in the Wolga-Ural Region, 1217-1237," *AEMA*, III, 1983, pp. 5-24.

Idem, *Mongol Imperialism. The Policies of the Grand Qan Möngke in China, Russia, and the Islamic Lands, 1251-1259*, Berkeley-Los Angeles-London, 1987.

Idem, *Commodity and Exchange in the Mongol Empire. A Cultual History of Islamic Textiles*, Cambridge, 1997.

Idem, *Conquest and Culture in Mongol Eurasia*, Cambridge, 2001.

Idem, "The Circulation of Military Technology in the Mongolian Empire," in *Warfare in Inner Asian History (500-1800)*, ed. N. di Cosmo, Leiden-Boston-Cologne, 2002, pp. 265-293.

Almási, T., *A tizenharmadik század története*, [Budapest,] 2000.

Altunian, G., *Die Mongolen und ihre Eroberungen in kaukasischen und kleinasiatischen Ländern im XIII. Jahrhundert*, Berlin, 1911.

Amitai-Preiss, R., *Mongols and Mamluks. The Mamluk-Ilkhanid War, 1260-1281*, Cambridge, 1995.

Anderson, T., *Russian Political Thought. An Introduction*, Ithaca, New York, 1967.

Andrews, P.A., *Felt Tents and Pavilions. The Nomadic Tradition and its Interaction with Princely Tentage*, I, II, London, 1999.

Arslanova, A., *Ostalis' knigi ot vremen bylykh... Persidskie istoricheskie sochineniia mongol'skogo perioda po istorii narodov Povolzh'ia*, Kazan, 2002.

Atiyá, A.S., *The Crusade in the Later Middle Ages*, 2nd ed., London, 1938 (reprinted New York, 1965).

Aubin, H., *Die Schlacht auf der Wahlstatt bei Liegnitz am 9. April 1241*, Breslau, 1941.

Aubin, J., *Émirs mongols et vizirs persans dans les remous de l'acculturation* (Studia Iranica, 15), Paris, 1995.

Atwood, Ch.P., *Encyclopedia of Mongolia and the Mongol Empire*, New York, 2004.

Avenarius, A., "Tatári ako problém byzantskej politiky a diplomacie," *Historický časopis*, 32, 1984, 6, pp. 849-863.

Babaian, L.O., *Sotsial'no-ekonomicheskaia i politicheskaia istoriia Armenii v XIII-XIV vekakh*, Moscow, 1969.

Bachfeld, G., *Die Mongolen in Polen, Schlesien, Böhmen und Mähren. Ein Beitrag zur Geschichte des grossen Mongolensturmes im Jahre 1241*, Innsbruck, 1889.

Baker, R., "Magyars, Mongols, Romanians and Saxons: population mix and density in Moldavia, from 1230 to 1365," *Balkan Studies*, 37, 1996, 1, pp. 63-76.

Bakó, G., "Invazia tătarilor din anul 1241 în sud-estul Transilvaniei," *Culegere de studii şi cercetări. Muzeul Regional Braşov*, I, 1967, pp. 115-119.

Balodis, F., *Alt-Sarai und Neu-Sarai, die Hauptsätdte der Goldenen Horde*, Riga, 1926.

Barckhausen, J., *L'Empire jaune de Gengis-Khan*, Paris, 1942.

Barfield, Th. J., *The Perilous Frontiers. Nomadic Empires and China*, Cambridge, Mass.-Oxford, 1996.

Barthold, W., *An Historical Geography of Iran*, trans. S. Soucek, Princeton, New Jersey, 1984.

Batton, A., *Wilhelm von Rubruk, ein Weltreisender aus dem Franziskanerorden und seine Sendung in das Land der Tataren* (Franziskanische Studien, 6), Münster in Westf., 1921.

Batura, R., *Lietva tanty kovoje prieš Aukso Orda. Nuo Batu antpludžio iki mušio prie Melynuju Vandenu*, Vilnius, 1975.

Baum, W., *Die Verwandlungen des Mythos vom Reich des Priesterkönigs Johannes. Rom, Byzanz und die Christen des Orients im Mittelalter*, Klagenfurt, 1999.

Becker, J., "Zum Mongoleneinfall von 1241," *Zeitschrift des Vereins für Geschichte Schlesiens*, 66, 1932, pp. 34-57.

Bedrosian, R.G., *The Turco-Mongol Invasions and the Lords of Armenia in the 13-14th Centuries* (Submitted in partial fulfillment of the requirements for the degree of Doctor of Philosophy in the Faculty of Philosophy, Columbia University, 1979), Ann Arbor,

Michigan-London, 1982.

Idem, "Armenia during the Seljuk and Mongol Periods," in *The Armenian People from Ancient to Modern Times*, I, *The Dynastic Periods: From Antiquity to the Fourteenth Century*, ed. R.G. Hovannisian, New York, 1997, pp. 241-271.

Bélénitsky, A.M., "Les Mongols et l'Asie Centrale," *Cahiers d'histoire mondiale*, V, 1960, 3, pp. 606-620.

Bezzola, G.-A., "Orient et Extrême-Orient," in *Le siècle de Saint Louis*, Paris, 1970, pp. 230-237.

Idem, *Die Mongolen in abendländischer Sicht (1220-1270)*, Bern-Munich, 1974.

Biggalli, D., *I Tartari e l'Apocalisse. Ricerche sull'escatologia in Adamo Marsh e Ruggero Bacone*, Florence, 1971.

Borosy, A., "Történetírók a tatárjárásról," *Hadtörténelmi közlemények*, 104, 1991, 1, pp. 3-21.

Bournoutian, G.A., *A History of the Armenian People*, I, *Pre-History to 1500 A.D.*, Costa Mesa, California, 1995.

Boyle, J.A., *The Mongol World Empire, 1206-1370* (Variorum Reprints), London, 1977.

Brătianu, G.I., *L'organisation de la paix dans l'histoire universelle des origines aux 1945*, Bucharest, 1997.

Brent, P., *The Mongol Empire. Genghis Khan: His Triumph and His Legacy*, London, 1976.

Brentjes, B., "Miniaturen zur Geschichte der mongolischen Eroberung des Irak und die Biographie des Kuo K'an," *Archaeologische Mitteilungen aus Iran*, 28, 1995/1996, pp. 401-405.

Bretholz, B., "Die Tataren in Mähren und die moderne mährische Urkundenfälschung," *Zeitschrift des Vereines für die Geschichte Mährens und Schlesiens*, I, 1897, 1, pp. 1-65.

Bretschneider, E., *Mediaeval Researches from Eastern Asiatic Sources*, I, II, London, 1910.

Brincken, A.-D. v.d., *Fines Terrae. Die Enden der Erde und der vierte Kontinent auf mittelalterlichen Weltkarten* (*MGH, Schriften*, 36), Hannover, 1992.

Bruce Boswell, A., "Territorial Division and the Mongol Invasion," in *The Cambridge History of Poland from the Origins to Sobieski (to 1696)*, eds. W.F. Reddaway, J.H. Penson, O. Halecki, R. Dyboski, Cambridge, 1950, pp. 85-107.

Bryer, A., "The Grand Komnenos and the Great Khan at Karakorum in 1246," in *Itinéraires d'Orient. Hommages à Claude Cahen*, eds. R. Curiel and R. Gyselen, Bures-sur-Yvette, 1994, pp. 257-261.

Cahen, C., *The Formation of Turkey. The Seljukid Sultanate of Rum: Eleventh to Fourteenth Century*, trans. P.M. Holt, Harlow, 2001.

Cahen, G., "Les Mongols dans les Balkans," *Revue historique*, 49, CXLVI, 1924, pp. 55-59.

Cahun, L., *Introduction à l'histoire de l'Asie. Turcs et Mongols des origines à 1405*, Paris, 1896.

The Cambridge Economic History of Europe, I, *The Agrarian Life of the Middle Ages*, 2nd ed., ed. M.M. Postan, Cambridge, 1966; II, *Trade and Industry in the Middle Ages*, 2nd ed., eds. M.M. Postan and E. Miller, assisted by C. Postan, Cambridge, 1987.

The Cambridge History of China, 6, *Alien regimes and border states, 907-1368*, eds. H. Franke and D. Twitchett, Cambridge, 1994.

The Cambridge History of Iran, 5, *The Saljuq and Mongol Periods*, ed. J.A. Boyle, Cambridge, 1968.

Central Asia, ed. G. Hambly, in collaboration with A. Bennigsen, D. Bivar, H. Carrère d'Encausse, M. Hajianpur, A. Lamb, C. Lemercier-Quelquejay and R. Pierce, London-Edinburgh, 1969.

Chambers, J., *The Devil's Horsemen. The Mongol Invasion of Europe*, London, 1979.

Cheshire, H.T., "The Great Tartar Invasion of Europe," *The Slavonic Review*, V, 1926, pp. 89-105.

Chklovski, V., *Le voyage de Marco Polo*, trans. M. Slonim, Paris, 1938.

Ciocîltan, V., "Geneza politicii pontice a Hoardei de Aur (1261-1265)," *Anuarul Institutului de Istorie "A.D. Xenopol"*, XXVIII, 1991, pp. 81-101.

Idem, *Mongolii și Marea Neagră în secolele XIII-XV. Contribuția Cinghizhanizilor la transformarea bazinului pontic în placă turnantă a comerțului euro-asiatic*, Bucharest, 1998.

Claverie, P.-V., "L'apparition des Mongols sur la scène politique occidentale (1220-1223)," *Le Moyen Âge,* CV, 1999, 3-4, pp. 601-611.

Columbia Project on Asia in the Core Curriculum. Asia in Western and World History. A Guide for Teaching, eds. A.T. Embree and C. Gluck, Armonk, New York-London, 1997.

Commeaux, Ch., *La vie quotidienne chez les Mongols de la conquète (XIIIe siècle)*, Paris, 1972.

Connell, Ch.W., "Western views of the origin of the «Tartars»: an example of the influence of myth in the second half of the thirteenth century," *The Journal of Medieval and Renaissance Studies*, 3, 1973, pp. 115-137.

Cordier, H., *Histoire générale de la Chine et de ses relations avec les pays étrangers depuis les temps les plus anciens jusqu'à la chute de la dynastie mandchoue*, II, *Depuis les cinq dynasties (907) jusqu'à le chute des Mongols (1368)*, Paris, 1920.

Curtin, J., *The Mongols in Russia*, London, 1908.

Dainelli, G., *Missionari e mercadanti rivelatori dell'Asia nel Medio Evo*, Turin, 1960.

Dalai, Ch., *Mongoliia v XIII-XIV vekakh*, Moscow, 1983.

Decei, A., "L'invasion des Tatars de 1241/1242 dans nos régions selon la *Djami ot-Tevarikh* de Fäzl ol-lah Räšid od-Din," *Revue Roumaine d'Histoire*, XII, 1973, 1, pp. 101-121.

Desht-i Kipchak i Zolotaia Orda v stanovlenii kul'tury evraziĭskikh narodov, gen. ed. D.M. Nasilov, Moscow, 2003.

DeWeese, D., "The Influence of the Mongols on the Religious Consciousness of Thirteenth Century Europe," *Mongolian Studies*, 5, 1978-1979, pp. 41-78.

Idem, *Islamization and Native Religion on the Golden Horde. Baba Tükles and Conversion to Islam in Historical and Epic Tradition*, University Park, Pennsylvania, 1994.

Drompp, M.R., "Centrifugal Forces in the Inner Asian «Heartland»: History *versus* Geography," *Journal of Asian History*, 23, 1989, pp. 134-163.

Dukes, P., *A History of Russia. Medieval, Modern, Contemporary c. 882-1996*, 3rd ed., Houndmills-London, 1998.

Dupuy, T.N., *The Military Life of Genghis, Khan of Khans*, New York, 1969.

Eck, A., *Le Moyen Âge russe*, 2nd ed., The Hague-Paris, 1968.

Euler, H.,"Die Begegnung Europas mit den Mongolen im Spiegel abendländischer Reiseberichte ," *Saeculum*, 23, 1972, 1, pp. 47-58.

Fakhrutdinov, R.G., *Ocherki po istorii Volzhskoĭ Bulgarii*, Moscow, 1984.

Farale, D., *De Gengis Khan à Qoubilaï Khan. La grande chevauchée mongole*, Paris, 2003.

Farquhar, D.M., *The Government of China under Mongolian Rule. A Reference Guide*, Stuttgart, 1990.

Favier, J., *Les grandes découvertes d'Alexandre à Magellan*, Paris, 1991.

Fëdorov-Davydov, G.A., "Kochevaia orda v uluse Dzhuchi," *Vestnik Moskovskogo Universiteta*, IXth Ser., *Istoriia*, 1970, 5, pp. 75-86.

Idem, *Obshchestvennyĭ stroĭ Zolotoĭ Ordy*, Moscow, 1973.

Idem (Fedorow-Dawydow), *Die Goldene Horde*, trans. A. Häusler, Vienna-Munich, 1973.

Idem (Fyodorov-Davydov), *The Culture of the Golden Horde Cities*, trans. H. Bartlett Wells (BAR International Series 198), Oxford, 1984.

Idem, *Städte der Goldenen Horde an der unteren Wolga*, trans. A.v. Schebek, Munich, 1984.

Idem, *Zolotoordynskie goroda Povolzh'ia*, Moscow, 1994.

Idem, *The Silk Road and the Cities of the Golden Horde*, trans. A. Naymark, Berkeley, California, 2001.

Fennell, J.L.I., "The Tale of Baty's Invasion of North-East Rus' and its Reflexion in the Chronicles of the Thirteenth-Fifteenth Centuries," *Russia Mediaevalis*, III, 1977, pp. 41-78.

Idem, *The crisis of medieval Russia, 1200-1304*, London-New York, 1983.

Ferdinandy, M. de, *Tschingis Khan. Der Einbruch des Steppenmenschen*, Hamburg, 1958.

Fletcher, J.F., *Studies on Chinese and Islamic Inner Asia*, ed. B.F. Manz (Variorum), Aldershot-Brookfield, Vermont, 1995.

Florinsky, M.T., *Russia. A History and an Interpretation*, I, New York, 1960.

Foltz, R., "Ecumenical Mischief Under the Mongols," *CAJ*, 43, 1999, 1, pp. 42-69.

Fox, R., *Gingis-han*, trans. I. Comşa, Bucharest, 1958.

Franke, H., "Europa in der ostasiatischen Geschichtschreibung des 13. und 14. Jahrhunderts," *Saeculum*, II, 1951, 1, pp. 65-75.

Fried, J., "Auf der Suche nach der Wirklichkeit. Der Mongolen und die europäische Erfahrungswissenschaft im 13. Jahrhundert," *Historische Zeitschrift*, 243, 1986, pp. 287-332.

Gadzhiev, M.G., Davudov, O.M., Shikhsaidov, A.R., *Istoriia Dagestana s drevneĭshikh vremen do kontsa XV veka*, Makhachkala, 1996.

Gaziz, G., *Istoriia Tatar*, trans. S.G. and A.Kh. Gubaĭdulin, Moscow, 1994.

Gemil, T., "The Issues of Tatars' Ethnogenesis," *Geopolitica*, II, 2004, 6, pp. 148-152.

Georgian, P., "Invaziile tătăreşti pînă la întemeierea Principatelor," *Convorbiri literare,* 57, 1925, 5, pp. 353-365; 57, 1925, 9, pp. 651-661.

Giessauf, J., "Abriss der politisch-militärischen Geschichte der Mongolen. Von den Anfängen Tschinggis Khan bis zum Ende des Westfeldzuges 1242," in *Die Mongolengeschichte des Johannes von Piano Carpine*, ed. J. Giessauf, Graz, 1995, pp. 1-19.

Gil, J., *En demanda del Gran Kan. Viajes a Mongolia en el siglo XIII*, Madrid, 1993.

Giurescu, C.C., "O nouă sinteză a trecutului nostru," *Revista Istorică Română*, II, 1932, 1, pp. 1-45.

Göckenjan, H., "Einleitung," in *Der Mongolensturm. Berichte von Augenzeugen und Zeitgenossen, 1235-1250*, eds. H. Göckenjan and J.R. Sweeney, Graz-Vienna-Cologne, 1985, pp. 20-66.

Idem, "Kundschafter und Späher. Ein Beitrag zur Strategie und Taktik reiternomadischer Kriegsführung," *AOH*, 53, 2000, 3-4, pp. 187-202.

Golden, P.B., "«I will give the people unto thee»: The Činggisid Conquests and Their Aftermath in the Turkic World," *Journal of the Royal Asiatic Society*, 3rd Ser., 10, 2000, 1, pp. 21-41.

Gonţa, Al., *Românii şi Hoarda de Aur, 1241-1502*, Munich, 1983.

Gorelik, M.V., "Ranniĭ mongol'skiĭ dospekh (IX-pervaia polovina XIV v.)," in *Arkheologiia, ètnografiia i antropologiia Mongolii*, co-ord. A.P. Derevianko, Sh.

Natsagdorzh, Novosibirsk, 1987, pp. 163-208.

Gorelik, M.V., Kramarovskiĭ, M.G.,"The Mongol-Tatar States of the Thirteenth and Fourteenth Centuries," in *Nomads of Eurasia*, ed. V.N. Basilov, trans. M. Fleming Zirin, Los Angeles, 1989, pp. 67-86.

Gorskiĭ, A.A., *Russkie zemli v XIII-XIV vekakh. Puti politicheskogo razvitiia*, Moscow, 1996.

Gowen, H.H., *Histoire de l'Asie*, trans. G. Lepage, Paris, 1929.

Grekov, B.D., Iakubovskiĭ,A.Iu., *Zolotaia Orda i eë padenie*, Moscow-Leningrad, 1950.

Grenard, F., *Gengis-Khan*, Paris, 1935.

Grousset, R., *Histoire de l'Extrême-Orient*, II, Paris, 1929.

Idem, *L'empire mongol (1re phase)*, Paris, 1941.

Idem, *Le conquérant du Monde (Vie de Gengis-khan)*, Paris, 1944.

Idem, *Bilan de l'histoire*, Paris, 1946.

Idem, *Histoire de la Chine classique*, Vervier, 1980.

Guéret-Laferté, M., *Sur les routes de l'Empire mongol. Ordre et rhétorique des relations de voyage aux XIIIe et XIVe siècle*, Paris, 1994.

Guzman, G.G., "European clerical envoys to the Mongols: Reports of Western merchants in Eastern Europe and Central Asia, 1231-1255," *Journal of Medieval History*, 22, 1996, 1, pp. 53-67.

Haenisch, E., *Die Kulturpolitik des mongolischen Weltreichs*, Berlin, 1943.

Halperin, Ch.J., "Soviet Historiography on Russia and the Mongols," *Russian Review*, 41, 1982, 3, pp. 306-322.

Idem, "Tsarev ulus: Russia in the Golden Horde," *Cahiers du Monde Russe et Soviétique*, XXIII, 1982, 2, pp. 257-263.

Idem, "Russia in the Mongol Empire in Comparative Perspective," *Harvard Journal of Asiatic Studies*, 43, 1983, 1, pp. 239-261.

Idem, *Russia and the Golden Horde*, Bloomington, 1985.

Idem, " Russia and the Steppe: George Vernadsky and Eurasianism," *Forschungen zur Osteuropäischen Geschichte*, 36, 1985, pp. 55-194.

Idem, *The Tatar Yoke,* Columbus, Ohio, 1986.

Idem, "Russo-Tatar Relations in Mongol Context. Two Notes," *AOH*, 51, 1998, 3, pp. 321-339.

Idem, "The East Slavic Response to the Mongol Conquest," *AEMA*, 10, 1998-1999, pp. 98-117.

Idem, "Muscovite Political Institutions in the 14th Century," *Kritika: Explorations in*

Russian and Eurasian History, NS, 1, 2000, 2, pp. 249-254.

Hambis, L., *Gengis-khan*, Paris, 1973.

Hammer-Purgstall, J.v., *Geschichte der Goldenen Horde in Kiptschak. Die Mongolen in Russland*, Pest, 1840.

Idem, *Geschichte der Ilchane, das ist der Mongolen in Persien, 1200-1350*, I, Darmstadt, 1842 (reprinted Amsterdam, 1974).

Haneda, A., "Problems of the Islamization," *Acta Asiatica. Bulletin of the Institute of Eastern Culture*, Tokyo, 34, 1978, pp. 12-21.

Hartog, L. de, *Genghis Khan, Conqueror of the World*, London, 1989.

Idem, *Russia and the Mongol Yoke. The History of the Russian Principalities and the Golden Horde, 1221-1502*, London-New York, 1996.

Heissig, W., "Die Religionen der Mongolei," in G. Tucci, W. Heissig, *Die Religionen Tibets und der Mongolei*, Stuttgart-Berlin-Cologne-Mainz, 1970, pp. 293-428.

Idem, *Die Mongolen. Ein Volk sucht seine Geschichte*, 2nd ed., Munich-Nördlingen, 1978.

Hennig, R., *Terrae incognitae. Eine Zusammenstellung und kritische Bewertung der wichtigsten vorcolumbischen Entdeckungsreisen an Hand der darüber vorliegenden Originalberichte*, 2nd ed., II, *200-1200 n.Chr.*, Leiden, 1950; III, *1200-1415 n.Chr.*, Leiden, 1953.

Histoire des Arméniens, co-ord. G. Dedeyan, Toulouse, 1982.

Howorth, H.H., *History of the Mongols from the 9th to the 19th century*, London, I, 1876; II, 1,2, 1880; III, 1888; IV, 1927.

Humphreys, R.S., *From Saladin to the Mongols. The Ayyubids of Damascus, 1193-1260*, Albany/New York, 1977.

Iakubovskiĭ, A.Iu., Petrushevskiĭ, I.P., "Iran pod vdadycheskom mongol'skikh khanov (1220-1336)," in N.V. Pigulevskaia, A.Iu. Iakubovskiĭ, I.P. Petrushevskiĭ, L.V. Stroeva, A.M. Belenitskiĭ, *Istoriia Irana s drevneĭshikh vremen do kontsa XVIII veka*, Leningrad, 1958, pp. 164-210.

Ionescu, N.Z., *Republica Populară Mongolă*, Bucharest, 1981.

L'Iran face à la domination mongole, ed. D. Aigle, Teheran, 1997.

Iskhakov, D.M., Izmaĭlov, I.L., *Etnopoliticheskaia istoriia tatar v VI-pervoĭ chetverti XV v.*, Kazan, 2000.

Istoriia Mongol'skoĭ Narodnoĭ Respubliki, 2nd ed., co-ord. E.M. Zhukov, A.A. Guber, G.F. Kim, S.D. Dylykov, B. Shirendyb, Sh. Natsagdorzh, Kh. Perle, Sh. Bira, Moscow, 1967.

Istoriia Ukraïns'koĭ RSR, I, 2, gen. ed. V.O. Goloduts'kiĭ, Kiev, 1979.

Jackson, P., "The Dissolution of the Mongol Empire," *CAJ*, XXII, 1978, 1-2, pp. 186-224.

Idem, "The Crusade Against the Mongols (1241)," *The Journal of Ecclesiastical*

History, 42, 1991,1, pp. 1-18.

Idem, *The Delhi Sultanate. A Political and Military History*, Cambridge, 1999.

Idem, "Christians, Barbarians and Monsters: the European Discovery of the World beyond Islam," in *The Medieval World*, eds. P. Linehan and J.L. Nelson, London-New York, 2001, pp. 93-110.

Jensen, K.V., "Djengis Khan. En historisk myte," *Semiramis. Tidsskrift om Orienten*, 1, Copenhagen, 1990, pp. 53-72.

Kafali, M., *Altin Orda Hanliğinin Kuruluş ve Yükseliş Devirleri*, Istanbul, 1976.

Kałużyński, S., *Imperium mongolskie*, Warsaw, 1970.

Kappler, C., "L'image des Mongols dans le *Speculum historiale* de Vincent de Beauvais," in *Vincent de Beauvais: intentions et réceptions d'une oeuvre encyclopédique au Moyen Âge*, eds. M. Paulmier-Foucart, S. Lusignan, A. Nadeau, Saint-Laurent (Québec)-Paris, 1990, pp. 219-240.

Kargalov, V.V., "Osvoboditel'naia bor'ba Rusi protiv mongolo-tatarskogo iga," *Voprosy istorii*, 1969, 2, pp. 145-159; 1969, 3, pp. 105-118; 1969, 4, pp. 121-137.

Idem, *Konets ordynskogo iga*, Moscow, 1980.

Idem, *"Na granitsach stoiat' krepko!"*. *Velikaia Rus' i Dikoe pole. Protivostoianie XIII-XVIII vv.*, Moscow, 1998.

Kennedy, H., *Mongols, Huns and Vikings. Nomads at War*, gen. ed. J. Keegan, London, 2002.

Khachikyan, L.S., "Mongols in Transcaucasia," *Cahier d'histoire mondiale*, 1958, Special issue, pp. 98-125.

Khalikov, A.Kh., *Mongoly, tatary, Zolotaia Orda i Bulgariia*, Kazan, 1994.

Klapprogge, A., *Ursprung und Ausprägung des abendländischen Mongolenbildes im 13. Jahrhundert. Ein Versuch zur Ideengeschichte des Mittelalters*, Wiesbaden, 1993.

Klimkeit, H.-J., *Die Seidenstrasse. Handelsweg und Kulturbrücke zwischen Morgen- und Abendland*, Cologne, 1988.

Konovalov, P.B., *Etnicheskie aspekty istorii Tsentral'noĭ Azii (Drevnost' i srednevekov'e)*, Ulan-Ude, 1999.

Konovalova, I.G., Russev, N.D., "Zolotaia Orda i zhizni gorodov Dnestrovsko-Dunaĭskogo regiona (Po svedeniiam pis'mennykh istochnikov)," in *Evul mediu timpuriu în Moldova (Probleme de istoriografie și istorie urbană)*, gen. ed. D. Dragnev, Chișinău, 1994, pp. 70-106.

Kosztolnyik, Z.J., *Hungary in the Thirteenth Century*, Boulder-New York, 1996.

Kotwicz, W., "Les Mongols, promoteurs de l'idée de paix universelle," in *La Pologne au VIIe Congrès International des sciences historiques, Varsovie 1933*, I, Warsaw, 1933, pp. 199-204.

Krader, L., "The Cultural and Historical Position of the Mongols," *Asia Major*, 2nd Ser., III, 1952,1, pp. 169-183.

Idem, "Feudalism and the Tatar Polity of the Middle Ages," *Comparative Studies in Society and History*, I, 1958, 1, pp. 76-99.

Krakowski, St., *Polska w walce z najazdami tatarskimi w XIII wieku*, Warsaw, 1956.

Kramarovskiĭ, M., *Zoloto Chingisidov: kul'turnoe nasledie Zolotoĭ Ordy*, Sankt-Peterburg, 2001.

Krause, F.E.A., *Die Epoche der Mongolen. Ein Kapitel aus der Geschichte und Kultur Asiens*, Heidelberg, 1924.

Kreuzer, A.,"Von Mongolen- und Kumaneneinfällen in Mähren," *Mährisch-schlesische Heimat*, 20, 1975, pp. 2-24.

Krivosheev, Iu.V., *Rus' i mongoly. Issledovanie po istorii Severo-Vostochnoĭ Rusi XII-XIV vv.*, Sankt-Peterburg, 1999.

Kwanten, L., *Imperial Nomads. A History of Central Asia, 500-1500*, University of Pennsylvania Press, 1979.

Kychanov, E.I., *Zhizn' Temuchzhina dumavshego pokorit' mir. Chingis-khan: lichnost' i ėpokha*, 3rd ed., Bishkek, 1973.

Kyzlasov, L.R., *Istoriia Tuvy v srednie veka*, Moscow, 1969.

Labuda, G., "Woyna z Tatarami w roku 1241," *Przeglad historyczny*, L, 1959, 2, pp. 189-224.

Lamb, H., *Gengis-Khan*, trans. M. Faguer, Paris, 1929.

Lambton, A.K.S., *Continuity and Change in Medieval Persia. Aspects of Administrative, Economic and Social History, 11th-14th Century*, Albany, NY, 1988.

Langdon, J.S., "Byzantium's Initial Encounter with the Chinggisids: An Introduction to the Byzantino-Mongolica," *Viator*, 29, 1998, pp. 95-140.

Lattimore, O., "Chingis Khan and the Mongol Conquests," *Scientific American*, 209, 1963, 2, pp. 55-65.

Lederer, E., "Tatarskoe nashestvie na Vengriiu v sviazi s mezhdunarodnymi sobytiiami epokhy," *Acta Historica Academiae Scientiarum Hungaricae*, II, 1953, 1-2, pp. 3-45.

Legrand, J., "Aux origines des Mongols: formation ethnique, histoire et pastoralisme nomade," *Slovo. Revue du Centre d'Études Russes, Eurasiennes et Sibériennes*, 14, 1994, pp. 23-44.

Lewis, A.R., *Nomads and Crusaders, A.D. 1000-1368*, Bloomington-Indianapolis, 1966.

Lewis, B., "The Mongols, the Turks and the Muslim Polity," *Transactions of the Royal Historical Society*, 5th Ser., 18, 1968, pp. 49-68.

Limper, B., *Die Mongolen und die christlichen Völker des Kaukasus. Eine Untersuchung zur politischen Geschichte Kaukasiens im 13. und beginnenden 14. Jahrhundert* (Inaugural-Dissertation zur Erlangung des Doktorgrades der Philosophischen Fakultät zu Universität Köln), 1980.

Lippard, B.G., *The Mongols and Byzantium, 1243-1341*, Ann Arbor, Michigan, 1986.

Lister, R.P., *Genghis Khan*, New York, 1969.

Lomperis, L., "Medieval Travel Writing and the Question of Race," *The Journal of Medieval and Early Modern Studies*, 31, 2001, 1, pp. 147-164.

Lörincz, L., *Histoire de la Mongolie des origines à nos jours*, Budapest, 1984.

Lot, F., *L'art militaire et les armées au Moyen Âge en Europe et dans le Proche Orient*, II, Paris, 1946.

Lupprian, K.-E., *Die Beziehungen der Päpste zu islamischen und mongolischen Herrschern im 13. Jahrhundert anhand ihres Briefwechseln* (Studi e testi, 291), Città del Vaticano, 1981.

Marcello, L., *Sălbatica "civilizaţie" a stepelor*, trans. L. Gomboşiu, Bucharest, 1999.

Marshall, R., *Storm from the East. From Genghiz Khan to Khubilai Khan*, London, 1994.

Martin, J., *Medieval Russia, 980-1584*, Cambridge, 1995.

Mason, R.A.E., "The Mongol Mission and Kyivan Rus'," *The Ukrainian Quarterly*, XLIX, 1993, 4, pp. 385-402; L, 1994, 1, pp. 36-51.

Menache, S., "Tartars, Jews, Saracens and the Jewish-Mongol «Plot» of 1241," *History. The Journal of the Historical Association*, 8, 1996, 263, pp. 319-342.

Merpert, N. Ia., Pashuto, V.T., Cherepnin, L.V., "Chingis-khan i ego nasledie," *Istoriia SSSR*, 1962, 5, pp. 92-119.

Meyendorff, J., *Byzantium and the Rise of Russia. A Study of Byzantino-Russian Relations in the Fourteenth Century*, Crestwood, New York, 1989.

Mingulov, N.N., "K nekotorym voprosam izucheniia istorii Ak-Orda," in *Kazakhstan v epokhu feodalizma*, Alma-Ata, 1981, pp. 79-95.

Minorsky, V., "Caucasica III. The Alân capital Magos and the Mongol campaigns," *Bulletin of School of Oriental and African Studies, University of London*, XIV, 1952, 2, pp. 221-238.

Miyawaki, J., "The Chinggisid Principle in Russia," *Russian History*, 19, 1992, 1-4, pp. 261-277.

The Mongol empire and its legacy, eds. R. Amitai-Preiss and D.O. Morgan, Leiden-Boston-Cologne,1998.

Die Mongolen, ed. M. Weiers, with editorial assistance of V. Veit and W. Heissig, Darmstadt, 1986.

Die Mongolen, eds. W. Heissig, C.C. Müller, Innsbruck-Frankfurt/Main, 1989.

Die Mongolen in Asien und Europa, eds. S. Conermann, J. Kusber (Kieler Werkstücke, F, 4), Frankfurt am Main, 1997.

Die Mongolen und ihr Weltreich, ed. A. Eggebrecht, with editorial assistance of E. Eggebrecht and M. Gutgesell, Mainz am Rhein, 1989.

Mongolia. The Legacy of Chinggis Khan, eds. P. Berger, T.T. Bartholomew, London-New York-San Francisco, 1995.

Mongolian Studies, ed. L. Ligeti, Amsterdam, 1970.

Morgan, D.O., "Persian Historians and the Mongols," in *Medieval Historical Writing in the Christian and Islamic Worlds*, ed. D.O. Morgan, London, 1982, pp. 109-124.

Idem, *The Mongols*, Oxford-New York, 1987.

Idem, *Medieval Persia, 1040-1797*, London-New York, 1988.

Idem, "The Mongols and the Eastern Mediterranean," *Mediterranean Historical Review*, 4, 1989,1, pp. 198-211.

Moses, L. and Halkovic, Jr., S.A., *Introduction to Mongolian History and Culture*, Bloomington, 1985.

Mote, F.W., *Imperial China, 900-1800*, Cambridge, Mass.-London, 1999.

Müller, U., "Dschingis Khan und die Dschingisiden: «Der Kaiser aller Menschen», die Mongolen und Mogule," in *Herrscher, Helden, Heilige*, eds. U. Müller, W. Wunderlich, co-ord. L. Gaebel, St. Gallen, 1996, pp. 173-195.

Münkler, M., *Erfahrung des Fremden: Die Beschreibung Ostasiens in den Augenzeugenberichten des 13. und 14. Jahrhunderts*, Berlin, 2000.

Murphey, R., "An Ecological History of Central Asian Nomadism," in *Ecology and Empire. Nomads in the Cultural Evolution of the Old World*, ed. G. Seaman, Los Angeles, 1989, pp. 41-58.

Murzaev, E.M., *Die Mongolische Volksrepublik. Physisch-geographische Beschreibung*, trans. F. Tutenberg, Gotha, 1954.

Nasonov, A.N., *Mongoly i Rus' (Istoriia tatarskoĭ politiki na Rusi)*, Moscow-Leningrad, 1940.

Nazarenko, A.V., "Rus' i mongolo-tatary v khronike splitskogo arkhid'iakona Fomy (XIII v.)," *Istoriia SSSR*, 1978, 5, pp. 149-159.

Neagoe, M., *Attila, Ginghiz-Han şi Tamerlan*, Bucharest, 1971.

Nemerov, V.F., "Voĭnskoe snariazhenie i oruzhie mongol'skogo voĭna XIII-XIV vv.," *SA*, 1987, 2, pp. 212-227.

Neumann-Hoditz, R., *Dschingis Khan*, 3rd ed., Reinbek bei Hamburg, 1995.

Nicolle, D., *The Mongol Warlords. Genghis Khan, Kublai Khan, Hülegü, Tamerlane*, London, 1998.

Oberländer-Târnoveanu, E., "Începuturile prezenţei tătarilor în zona Gurilor Dunării în lumina documentelor numismatice," in *Originea tătarilor. Locul lor în România şi în lumea turcă*, co-ord. T. Gemil, Bucharest, 1997, pp. 93-128.

D'Ohsson, C., *Histoire des Mongols depuis Tchinguiz-khan jusqu'à Timour bey ou Tamerlan*, I, II, The Hague-Amsterdam, 1834; III, IV, Amsterdam, 1852.

Olchváry, O., "A muhi csata," *Századok*, XXXVI, 1902, pp. 309-325, 412-427, 505-527.

Olschki, L., *Marco Polo's Precursors*, Baltimore, 1943.

Ostrowski, D., *Muscovy and the Mongols cross-cultural influences on the steppe frontier, 1304-1589*, Cambridge, 1998.

Idem, "The tamma and the dual-administrative structure of the Mongol empire," *Bulletin of School of Oriental and African Studies, University of London*, 61, 1998, 2, pp. 262-277.

Palacky, F., "Der Mongolen Einfall im Jahre 1241. Eine kritische Zusammenstellung und Sichtung aller darüber vorhandenen Quellennachrichten, mit besonderer Rücksicht auf die Niederlage der Mongolen bei Olmütz," *Abhandlung der k. böhm. Gesellschaft der Wissenschaften*, Prague, V Folge, 2, 1842, pp. 371-408.

Pallisen, N., "Die alte Religion der Mongolen und der Kultus Tschingis-Chans," *Numen*, III, 1956, pp. 178-229.

Papacostea, Ş., *Românii în secolul al XIII-lea între cruciată şi Imperiul mongol*, Bucharest, 1993.

Parasca, P.F., *Vneshnepoliticheskie usloviia obrazovaniia Moldavskogo feodal'nogo gosudarstva*, Kishinev [= Chişinău], 1981.

Paris, G. de, *Histoire de la fondation et de l'évolution de l'ordre des Frères Mineurs aux XIIIe siècle*, Rome, 1982.

Pashuto, V.T., *Geroicheskaia bor'ba russkogo naroda za nezavisimost' (XIII vek)*, Moscow, 1956.

Idem, *Ocherki istorii SSSR. XII-XIII vv.*, Moscow, 1960.

Paviot, J., "Joinville et les Mongols," in *Jean de Joinville: de la Champagne aux royaume d'Outre-Mer*, co-ord. D. Quéruel, Langres-Saints-Geosmes, 1998, pp. 207-218.

Pelliot, P., "Les Mongols et la Papauté," *Revue de l'Orient Chrétien*, 3ème Série, III (XXIII), 1922-23, pp. 3-30; IV (XXIV), 1924, pp. 225-335; XXVIII, 1931-32, pp. 3-84.

Idem, *Notes sur l'histoire de la Horde d'Or*, Paris, 1949.

Idem, *Notes on Marco Polo*, I, Paris, 1959.

Percheron, M., *Sur les pas de Gengis Khan*, Paris, 1956.

Petrova, M., "Leben und Kultur der nördlichen nomadisierenden Viehzüchter nach Mitteilungen von Wilhelm de Rubruck," *Byzantino-Bulgarica*, IV, 1973, pp. 121-143.

Phillips, E.D., *The Mongols*, London, 1969.

Idem, "Mongols and Turks," *Journal of the Anglo-Mongolian Society*, I, 1974, 1, pp. 1-7.

Phillips, J.R.S., *The Medieval Expansion of Europe*, 2nd ed., Oxford, 1998.

Pochat, G., *Das Fremde im Mittelalter: Darstellung in Kunst und Literatur*, Würzburg, 1997.

Pokhlëbkin, V.V., *Tatary i Rus'. 360 let otnosheniĭ Rusi s tatarskimi gosudarstvami v XIII-XVI vv., 1238-1598 gg. (Ot bitvy na r. Sit' do pokoreniia Sibiri). Spravochnik*, Moscow, 2000.

Prawdin, M., *Genghis Khan*, trans. A. Cogniet, Paris, 1980.

Prester John, the Mongols and the Ten Lost Tribes, eds. C.F. Beckingham and B. Hamilton, Aldershot-Brookfield, Vermont, 1996.

Pritsak, O., "Christian Missionary Activities in the *Pax Mongolica*," in *Il battesimo delle terre russe. Bilancio di un millennio*, ed. S. Graciotti, Florence, 1991, pp. 59-72.

Rachewiltz, I. de, *Papal Envoys to the Great Khans*, London, 1971.

Idem, "Some Remarks on the Ideological Foundations of Chingis Khan's Empire," *Papers on Far Eastern History*, 7, 1973, pp. 21-36.

Ratchnevsky, P., *Genghis Khan. His Life and Legacy*, Oxford-Cambridge, Mass., 1992.

Raverty, H.G., "On the Turks, Tattars, and Mughals," in *Travaux de la troisième session du Congrès international des orientalistes, St. Pétersbourg 1876*, II, ed. V.R. Rosen, S. Peterburg-Leiden, 1879, pp. 73-124.

Reischauer, E.O., Fairbank, J.K., *East Asia. The Great Tradition*, Boston, 1960.

Riasanovsky, V.A., *Fundamental Principle of Mongol Law*, Tientsin, 1937.

Richard, J., *Orient et Occident au Moyen Âge: contacts et relations (XIIe-XVe s.)* (Variorum Reprints), London, 1976.

Idem, *Les relations entre l'Orient et l'Occident au Moyen Âge. Études et documents* (Variorum Reprints), London, 1977.

Idem, *Croisés, missionnaires et voyageurs. Les perspectives orientales du monde latin médiéval* (Variorum Reprints), London, 1983.

Idem, "A propos de la mission de Baudouin de Hainaut: L'Empire latin de Constantinople et les Mongols," *Journal des Savants*, 1992, 1, pp. 115-121.

Idem, *The Crusades, c. 1071- c. 1291*, trans. J. Birrell, Cambridge, 1999.

Idem, "Byzance et les Mongols," *Byzantinische Forschungen*, XXV, 1999, pp. 83-100.

Rogers, G.S., "An Examination of Historians' Explanations for the Mongol Withdrawal from East Central Europe," *East European Quarterly*, XXX, 1996, 1, pp. 3-26.

Rogers, J.M., "Recent Archaeological Work on the Golden Horde. Review Article," *Bulletin of the Asia Institute*, NS, 14, 2000, pp. 135-146.

Ronay, G., *The Tartar Khan's Englishman*, London, 1978.

Rossabi, M., "The Muslims in the Early Yüan Dynasty," *China under Mongol Rule*, ed. J.D. Langlois, Jr., Princeton, 1981, pp. 257-295.

Rousselot, J., *Gengis Khan*, Paris, 1959.

Roux, J.-P.,"Les religions dans les sociétés turco-mongoles," *Revue de l'Histoire des Religions*, CCI, 1984, 4, pp. 393-420.

Idem, *Histoire de l'Empire Mongol*, Paris, 1993.

Roux, J.-P., in collaboration with Roux, S.-A., *Les explorateurs au Moyen Âge*, Évreux (Eure), 1985.

Rudolf, K.,"Die Tartaren 1241/1242. Nachrichten und Wiedergabe: Korrespondenz und Historiographie ," *Römische historische Mitteilungen*, 19, 1977, pp. 79-107.

Rulers from the Steppe. State Formation on the Eurasian Periphery, eds. G. Seaman and D. Marks (*Proceedings of the Soviet-American Symposia in Conjuction with the Museum Exhibition* Nomads:Masters of the Eurasian Steppe, 2), Los Angeles, 1991.

Ruotsala, A., *Europeans and Mongols in the Middle of the Thirteenth Century Encountering the Other*, Helsinki, 2001.

Sacerdoțeanu, A., "Guillaume de Rubrouck et les Roumains au milieu du XIIIe siècle," *Mélanges de l'École Roumaine en France*, 1929, 2, pp. 159-335.

Idem, *Marea invazie tătară și sud-estul european*, Bucharest, 1933.

Safargaliev, M.G., *Raspad Zolotoĭ Ordy*, Saransk, 1960.

Sakharov, A.M., "Rus and Its Culture in the Thirteenth to Fifteenth Centuries," *Soviet Studies in History*, XVIII, 1979-80, 3, pp. 11-52.

Salia, K., *History of the Georgian Nation*, trans. K. Vivian, Paris, 1983.

Saunders, J.J., "Matthew Paris and the Mongols," in *Essays in medieval history presented to Bertie Wilkinson*, eds. T.A. Sandquist and M.R. Powicke, Toronto, 1969, pp. 116-132.

Idem, *The History of the Mongol Conquests*, London, 1971.

Idem, *Muslims and Mongols. Essay on Medieval Asia*, Christchurch, New Zealand, 1977.

Savvides, A.G.C., *Byzantium in the Near East: its Relations with the Seljuk*

Sultanate of Rum in Asia Minor, the Armenians of Cilicia and the Mongols A.D. c. 1192-1237, Thessaloniki, 1981.

Schamiloglu, U., *Tribal Politics and Social Organization in the Golden Horde*, Columbia University, 1986.

Schenk, A., Haase, U., *Mongolei*, Munich, 1994.

Schmieder, F., *Europa und die Fremden. Die Mongolen im Urteil des Abendlandes vom 13. bis in das 15. Jahrhundert*, Sigmaringen, 1994.

Eadem, "«... sind sie ganz normale Menschen»? Die Mongolen zwischen individueller Erscheinung und Typus des Fremden in der Wahrnehmung des spätmittelalterlichen Abendlandes," in *Der Umgang mit dem Fremden in der Vormoderne. Studien zur Akkulturation in bildungshistorischer Sicht*, eds. C. Lüth, R.W. Keck and E. Wiersing, Cologne-Weimar-Vienna, 1997.

Schmitt, C., "L'epopea francescana nell'Impero mongolo nei secoli XIII-XIV," in *Venezia e l'Oriente*, ed. L. Lanciotti, Florence, 1987, pp. 379-408.

Schreiner, P., "Die Tataren und Bulgarien. Bemerkungen zu einer Notiz im Vaticanus Reginensis Gr. 18," *Études Balkaniques*, XXI, 1985, 4, pp. 25-29.

Schurmann, H.F., "Mongolian Tributary Practices of the Thirteenth Century," *Harvard Journal of Asiatic Studies*, 19, 1956, pp. 304-389.

Schütz, Ö., "A mongol hóditás néhány problémájához," *Századok*, 93, 1959, 2-4, pp. 209-232.

Idem [Schütz, E.], "Tatarenstürme in Gebirgsgelände (Transkaukasien, 1220, 1236)," *CAJ*, XVII, 1973, pp. 253-273.

Senyk, S., *A History of the Church in Ukraine*, I, *To the End of the Thirteenth Century*, Rome, 1993.

Serruys, H., *The Mongols and Ming China: Customs and History*, ed. F. Aubin (Variorum Reprints), London, 1987.

Silfen, P.H., *The Influence of the Mongols on Russia: A Dimensional History*, Hicksville, New York, 1974.

Sinor, D., "Les relations entre les Mongols et l'Europe jusqu'à la mort d'Arghoun et de Bela IV," *Cahiers d'histoire mondiale*, III, 1956, 1, pp. 39-62.

Idem, "Notes on Inner Asian Bibliography, IV, History of the Mongols on the 13th Century," *Journal of Asian History*, 23, 1989, pp. 26-79.

Idem, "The Mongols in the West," *Journal of Asian History*, 33, 1999, pp. 1-44.

Skrynnikova, T.D., *Kharizma i vlast' v epokhu Ghingis-khana*, Moscow, 1997.

Smirnov, A.P., *Volzhskie bulgary*, Moscow, 1951.

Smith Jr., J.M., "Demographic Considerations in Mongol Siege Warfare," *Archivum Ottomanicum*, XIII, 1993-1994, pp. 229-334.

Idem, "Dietary Decadence and Dynastic Decline in the Mongol Empire," *Journal of Asian History*, 34, 2000, 1, pp. 35-52.

Sokrovishcha Zolotoĭ Ordy/The Treasures of the Golden Horde, Sankt-Peterburg, 2000 (M.A. Usmanov, M.G. Kramarovskiĭ).

Solov'ev, K.A., *Vlastiteli i sud'i. Legitimatsiia gosudarstvennoĭ vlasti v drevneĭ i srednevekovoĭ Rusi. IX-pervaia polovina XV vv.*, Moscow, 1999.

Soranzo, G., *Il Papato, l'Europa cristiana e i Tartari. Un secolo di penetrazione occidentale in Asia*, Milan, 1930.

Sozanski, D.v., "Anfang und Ende des Mongolensturms in Osteuropa 1241-1242," *Südostdeutsche Vierteljahresblätter*, 29, 1980, pp. 282-287.

Spinei, V., "Aspekte der politischen Verhältnisse des Gebietes zwischen Donau und Schwarzem Meer zur Zeit der Mongolenherrschaft (XIII.-XIV. Jahrhundert)," *Dacoromania. Jahrbuch für Östliche Latinität*, 3, 1975-1976, pp. 29-38.

Idem, "La genèse des villes du sud-est de la Moldavie et les rapports commerciaux des XIIIe-XIVe siècles," *Balkan Studies*, 35, 1994, 2, pp. 197-269.

Idem, "Cronicari italieni despre repercusiunile marii invazii mogole din 1141-1142 asupra românilor, " *Studii şi materiale de istorie medie*, XIX, 2001, pp. 169-206.

Spuler, B., *Die Mongolen in Iran. Politik, Verwaltung und Kultur der Ilchanzeit, 1220-1350*, 2nd ed., Berlin, 1955.

Idem, "Die Goldene Horde und Russlands Schicksal," *Saeculum*, VI, 1955, 4, pp. 397-406.

Idem, *Die Goldene Horde. Die Mongolen in Russland, 1223-1502*, 2nd ed., Wiesbaden, 1965.

Idem, *The Muslim World. A Historical Survey*, II, *The Mongol Period*, trans. F.R.C. Bagley, Leiden,1969.

Idem, "Nomadismus und sesshafte Gesellschaft: Die Goldene Horde," *Archaeologische Mitteilungen aus Iran*, NF, 9, 1976, pp. 217-224.

Idem, "Die Religionspolitik der Mongolen," in idem, *Gesammelte Aufsätze*, Leiden, 1980, pp.138-149.

Idem, *Les Mongols dans l'histoire*, Paris, 1981.

Strakosch-Grassmann, G., *Der Einfall der Mongolen in Mitteleuropa in den Jahren 1241 und 1242*, Innsbruck, 1893.

Sweeney, J.R., "Thomas of Spalato and the Mongols: a Thirteenth-Century Dalmatian

View of Mongol Customs," *Florilegium*, 4, 1982, pp. 156-183.

Idem, "«Spurred on by the Fear of Death»: Refugees and Displaced Populations during the Mongol Invasion of Hungary," in *Nomadic Diplomacy, Destruction and Religion from the Pacific to the Adriatic*, eds. M. Gervers and W. Schlepp, Toronto, 1994, pp. 34-62.

Szűcs, J., *Az utolsó Árpádok*, Budapest, 1993.

Szynkiewicz, S., "The Mongol Society in the 13th Century," in *Archäologisches Zellwerk. Beiträge zur Kulturgeschichte in Europa und Asien. Festschrift für Helmut Roth zum 60. Geburtstag*, eds. E. Pohl, U. Recker and C. Theune, Rahden/Westf., 2001, pp. 169-178.

Şchiopul, I., "Invaziunea tătarilor din 1241, 1, Rogerius şi invaziunea," *Dacia istorică*, 1938, 1, pp.19-27.

Idem, *Ţările româneşti înainte de secolul al XIV-lea*, Bucharest, 1945.

Tagirov, I.R., *Istoriia natsional'noĭ gosudarstvennosti tatarskogo naroda i Tatarstana*, Kazan, 2000.

Tardy, L., *Sklavenhandel in der Tartarei. Die Frage der Mandscharen*, trans. M. Esterházy, Szeged,1983.

Tataro-mongoly v Azii i Evrope, 2nd ed. S.L. Tikhvinskiĭ, Moscow, 1977.

Tatary, gen. eds. R.K. Urazmanova, S.V. Cheshko, Moscow, 2001.

Themenheft "Mongolensturm 1241," ed. H. Zimmermann, *Siebenbürgische Semesterblätter*, 2, Munich, 1988, 2.

Thevenet, J., *Les Mongols de Gengis-khan et d'aujourd'hui*, Paris, 1986.

Togan, I., *Flexibility and limitation in steppe formations. The Kerait Khaganate and Chinggis Khan*, Leiden-New York-Cologne, 1998.

Tognetti, G., "Dalla rilettura di alcuni documenti europei sulle relazioni coi Mongoli, 1237-1247," *Annali (Istituto Universitario Orientale*, Napoli), 58, 1998, 3-4, pp. 394-408.

Tournebize, Fr., "Histoire politique et religieuse de l'Arménie," *Revue de l'Orient chrétien*, IX, 1904, pp. 107-138, 212-239, 393-408, 537-559.

Trepavlov, V.V., "Sopravitel'stvo v Mongol'skoĭ imperii (XIII v.)," *AEMA*, VII, 1987-1991, pp. 249-278.

Idem, *Gosudarstvennyĭ stroĭ Mongol'skoĭ imperii XIII v.*, Moscow, 1993.

Tresić Pavičić, A., *Izgon mongola iz Hrvatske*, Zagreb, 1942.

Trillmich, W., "Der Tatareneinfall des Jahres 1241 und seine Bedeutung für den deutschen Osten," *Jomsburg. Völker und Staaten im Osten und Norden Europas*, 5, 1941, 2, pp. 181-194.

Turnbull, S.R., *The Mongols*, London, 1980.

Idem, *Mongol Warrior, 1200-1350*, Oxford, 2003.

Tyszkiewicz, J., *Tatarzy na Litwie i w Polsce. Studia z dziejów XIII-XVIII w.*, Warsaw, 1989.

Vásáry, I., *Az Arany Horda*, Budapest, 1986.

Vergatti, R. Şt., "Români, bulgari, cumani şi tătari la Dunărea de Jos în prima parte a secolului al XIII-lea," *Studii şi materiale de istorie medie*, XXI, 2003, pp. 81-101.

Viktorova, L.L., *Mongoly. Proiskhozhdenie naroda i istoki kul'tury*, Moscow, 1980.

Vladimirtsov, B., *Le régime social des Mongols. Le féodalisme nomade*, trans. M. Carsow, Paris, 1948.

Idem, *Gengis-khan,* trans. M. Carsow, Paris, 1948.

Wahlstatt 1241. Beiträge zur Mongolenschlacht bei Liegnitz und zu ihren Nachwirkungen, ed. U. Schmilewski, Würzburg, 1991 (U. Schmilewski, H. Göckenjan, F. Schmieder, R.v. Donat, W. Irgang, T. Jasiński, M. Weber, W. Bein, V. Schmilewski, H. Grüger).

Welteroberer aus der Steppe. Spätmittelalterliche Kulturkontakte zwischen Asien und Europa, ed. J. Giessauf, Graz, 2000.

Wertner, M., *Negyedik Béla király története*, Temesvár [= Timişoara], 1893.

Whaley, M.A., "An Account of 13th Century Qubchir of the Mongol «Great Courts»," *AOH*, 54, 2001, 1, pp. 1-84.

Wolff, O., *Geschichte der Mongolen oder Tataren*, Breslau, 1872.

Wylie, T.V., "The First Mongol Conquest of Tibet Reinterpreted," *Harvard Journal of Asiatic Studies*, 37, 1977, 1, pp. 103-133.

Yule, H., *Cathay and the way thither, being a collection of medieval notices of China*, London, I, II, 1866.

Zentralasien (Fischer Weltgeschichte, 16), ed. G. Hambly, Frankfurt am Main, 1966.

Zichy, L., *A tatárjárás Magyarországon*, Pécs, 1934.

Ziegler, Ch. E., *The History of Rusia*, Westport, Connecticut-London, 1999.

Zimonyi, I., "The Volga Bulghars between Wind and Water (1220-1236)," *AOH*, XLVI, 1992/93, 2-3, pp. 347-355.

第六章　欧亚大陆西部的骑马游牧民

要想真正多层面地再现欧亚西部草原人口的状况存在着诸多困难，因为在大多数情况下，所能获得的叙述资料是由游牧民的对手所书写的，而他们曾饱受游牧民好战行为的困扰。由此，他们总是丑化游牧民，怀有偏见地突显其原始、残忍和贪婪。在一些文献也曾出现过中肯的陈述，试图表达更加客观的观点，但那些文献寥寥无几。草原地区自己撰写的书面资料凤毛麟角，这些资料以游牧民自己的视角记载其独特的领地状况。

事实上，那些揭示游牧社会弊端的信息盛行于几乎所有相关的国际学术文献之中。与此同时，认为游牧生活方式是落伍的经济和社会现实的观点，也加深了这一感受，因为无论游牧生活的遗迹在哪里继续存在，它都被视为一个痛苦的存在，存在于被视为文明世界边缘的地方。梳理了历史编纂学之中那些有着广泛影响的观点——未能理解游牧现象——之后，一位该领域的专家以"历史学家讨厌游牧民"作为结论收场。[1]当然，这位历史学家的说法有一定道理。不过，最近几十年出现了一些观点，不仅抛弃了那种对草原骑马游牧民不以为然的看法，而且甚至转而赞扬游牧民。尤其是民族志学者支持这一观点，他们一直与被整合入当代国家单位的游牧民（即从军事观点观之，游牧民失去独立地位，几乎完全被剥夺财产）打交道。受制于经济和管辖压力，他们的牧场资源耗竭，引起了人们的理解和同情。[2]我们必须记住，游牧社会设法生存了下来并一直延续到现代，但却缺乏中世纪同行描述中可以发现的一个基本维度：作为战士的游牧民。由此，民族志文献记载了古代草原骑马游牧民肆意劫掠，纵饮无度。事实上，定居文明的成员也曾频繁发动过血腥战争，烧杀抢掠，赶尽杀绝，但却未能引发现代史学家的反思，他们沉溺于片面再现这些事件。

如果今天的游牧仅仅成为往昔时代的过时遗迹，那么直到早期现代之前，这种生活方式曾在全球大范围扩散，在那时的政治舞台上曾拥有显赫的声望和影响力。根据人类属性和地理环境的特性（塑造着游牧或被游牧所塑造），游牧（覆盖了半个地球）在时空中有着各种形式。因其特性，欧亚草原作为真正的大陆，被证明是近乎完美的环境。骑马游牧民在世界其他地区不可能发现如此广阔舞台，可以大显身手。

欧亚游牧部落所居住的辽阔区域，从黑龙江直至多瑙河下游，在地形、气候、植被以及族群和人口构成方面都是一幅拼图。他们所占的最大区域是平原或高低起伏的高原。然而，他们也拥有一些高地、丘陵或山脉（阿尔泰山、帕米尔高原、高加索山），不过面积较小。他们还拥有覆盖树木的草原、半沙漠或紧凑森林地带，但并非很多。骑马游牧民所控制区域的基本特征是覆盖一层厚厚的草本植物，适合密集放牧。整个欧亚地区有着极端的大陆性气候：烈烈炎夏和凛凛寒冬，季节之间温差大。最西面有着温和的大陆性气候，极地地区影响不显著，水文循环更均衡。与此同时，一些沿海地区和山链充当温度调节器，为局部一些地区添加特有的气候特征。[3]

尽管当前研究阶段不易收集中世纪资料，但专家们运用多学科展开综合调查，已经复原出世界各地气候的主要特征。冷、热和旱季转换的信息可以解释导致一些地区经济扰动及随后的地区动荡的原因。各个变化并非在整个大陆同时发生，但可能会形成几个趋同阶段。因此，中国发生气候变冷是在公元前400年左右、200—300年、12世纪和17、18世纪，在尼罗河流域是650—1070年（很可能）、1180—1350年、1470—1500年（也许直到1700年）以及1800—1830年，在里海流域是公元前1700—前1200年、前600—前400年、前2世纪、1—4世纪、9—11世纪、1200—1350年（非常集中）以及大约1400—1550年。[4]在900年左右里海水位上升数米，引发这一地区水灾，但在北岸草原却出现极度干旱期。[5]

对于欧洲西半部而言，气候因素变化的数据在公元1000年之后可能更准确。在十二世纪后半叶的阿尔卑斯山脉以北地区严冬与暖冬交替，直到1240年左右，出现另一种气候，冬季普遍低温。随后直到大约1310年出现暖冬，而从1200年至大约1310年在暖春之前是旱季（除了这一阶段的前20年）。1300年左右，西欧似乎出现"中世纪气候最佳期"，其后到14世纪中期是较冷阶段。据记载1550—1700年气温明显下降，这被不很准确地称作"小冰期"（the little glaciation）。[6]现在很难说在多大程度上这些气候变动会引发迁徙，但显然它们会影响人类活动。随着研究技术的不断进步，我们可以认真研究过去的气象条件。

在可能导致一些部落迁徙的急剧气候变化中，值得注意的是那些大约900年至1200年所发生的事件。这最先给可萨人造成重大损失，又迫使匈牙利人向西迁移[7]，其他则对应于成吉思汗统治之下蒙古人开始扩张的阶段[8]。不仅持续数十年的气候周期性变化会导致草原人口大批离去，甚至仅具有数月破坏性的短期旱季也可能危害牲畜饲养，由此唯一的解决方法就是迁徙。

当时资料几乎不揭示迁移的原因，只记载演变的一些高潮，那时征服者正与一些重要国家发生冲突。作为高等文明的代表，编年史学家们通常仇视游牧世界，由此没有兴趣研究"野蛮人"的历史。[9]在某些情况之下，很可能那些游牧社会本身忘记了什么促使他们迁徙，而那些只发生在遥远的过去。考虑到现代记录游牧部落的数据，我们可设想游牧人口的先前运动由多种因素导致：气候、生态、经济或政治。由冗长旱季导致的一些自然环境因素紊乱，最终严重影响了畜群放牧，给游牧社会带来灾难，食物殆尽。不利的气候变化导致牲畜之间传染病蔓延，也可能毁灭大批畜群。

另一方面，另一批骑马游牧民在毫无征兆之下的劫掠也不会给一些游牧部落留下任何食物供应。周边部落掠夺土地的做法也会导致相似窘境。在很多情况下，摆脱困境的唯一方法是离开故土而迁徙到其他地区，这会冒着与其他地区的领主发生激烈对抗的风险。当然并非所有的扩张行动都是由生存需要所导致，因为他们可能旨在争夺资源更丰富的领地，那里物产丰饶，拥有良好的水源供给，天气温和，富含盐和金属资源等，意味着能确保大幅改善其生存条件。为保护财产、维持自治和远征征服,更强大、更老练和更坚韧的对手才是胜利者。哪一方有决心,哪一方就会获胜。

欧亚游牧民在饲养各种动物物种方面拥有专门的知识,主要是饲养马匹和绵羊。相比之下,牛、山羊和骆驼不那么重要。根据现当代学者的观点,欧亚草原并没有实行单一物种专门化,即牲畜养殖户并非只饲养一个物种,至少应有两种。这是为了规避诸如传染病那样的自然灾害所带来的风险。传染病暴发,通常只会打击某一物种,而不会伤害其他物种,由此可以保证牧民的生活需要。另一方面,放牧不止一种牲畜也更有利可图,因为各种畜群会在特定地区生长,有的地区绵羊、山羊和牛长得好,而其他地区为马匹偏爱,由此各种畜群可共享不那么广阔的牧场。显然并非所有牧场都适合所有种类的畜群。绵羊和山羊可以放牧在不那么丰腴的牧场,骆驼却能够留在水源缺乏的地区,牛马需要丰腴牧场和充足水源。这是影响游牧民转场的因素。游牧民的行程根据各个区域的地形、气候和植被特性而相应发生着变化,必须考虑到他们所饲养的牲畜物种的需求。[10]

每个牲畜物种都有一定的经济价值,因为它们能确保其主人的基本食物,其皮毛可制作成衣服。马和骆驼不仅具有经济价值,而且也有社会和政治价值,因为它们可帮助放牧其他牲畜,或可被骑乘,在战斗之中为主人效力。[11]若非密集使用马匹,就不能想象游牧民为何能控制广袤无垠的草原和建立霸权。实际上,除了欧亚草原之外,诸如在北美大草原、南美南部的潘帕斯(pampases)草原和澳大利亚中部地区都没有发现覆盖丰腴草本植被的地区,这解释了为何这些地区没有变成广阔的游牧区域。

著名史学家阿诺德·汤因比(Arnold Toynbee)言简意赅地总结了草原游牧民生活方式的主要特征:"比起静态的农耕民族而言,游牧民移动范围更广,不过,他们在贫瘠和不适宜居住的环境组织众多人群和畜群之时,会受到严重的后勤问题的制约。游牧民在辽阔的草原中转场必须按照气候周期来驱赶牛羊群,举家迁徙,而气候周期决定着饲养牲畜的转场能力。如果迷失于旷野荒地或找不到水源和牧场,游牧民及畜群就会死。由此,他们就必须准确预测距离和方向。游牧民首领如果不拥有深谋远虑、自力更生以及身心耐力那些军事统帅所具备的优点（从其管控之下的人畜索取财富），他们就不能在旷日持久的经济活动中赢得胜利，而当人与人而非人与大自然作战之时，就会从其军队中索取。"[12]

在很大程度上，欧亚草原的移居者将自己整合到更大范围的骑马游牧社会之中，换言之，为了谋生，他们主要依靠饲养畜群。大多数人完全忽视农业，只有边缘游牧部落或那些处于异族统治的部落会将畜牧业与农业结合起来，这是贫困社区所采取的一种基本生存策略。后一种类型包含一定程度的劳动分工，农业作为补充的副业，由此通常被称为"半游牧民"。

一般而言，游牧社会几乎不会接受在生活方式乃至社会、政治和宗教领域的标新立异。如果你仔细审阅古代史学家[希罗多德、希波克拉底（Hippocrates）、斯特拉波和阿米亚努斯·马塞林努斯（Ammianus Marcellinus）等]、中世纪学者和外交官[伊本·法德兰（Ibn Fadlan）①、约翰·思利特扎（Ioannes Skylitzes）、尼基塔斯·蔡尼亚提斯、罗伯特·德·克拉里、柏朗嘉宾、威廉·鲁布鲁克、伊本·白图塔、伊本·赫勒敦、鲁伊·冈萨雷斯·克拉维约等]所给出的证据，以及一些现代旅行家[赫伯斯滕的西格蒙德、埃纳曼、帕拉斯（P.S. Pallas）②、克拉普罗特、德米多夫、泽维尔·霍梅尔·德·黑尔（X. Hommaire de Hell）、莫泽（H. Moser）、普尔热瓦尔斯基（N. Przhevalski）和拉德洛夫（W. Radloff）等]的游记，就会了解这种传统主义或相当程度的保守主义。

尽管这些文本在数个世纪中的不同时段被编撰，但它们不会让我们认为在欧亚草原西部游牧民的日常生活在不同发展阶段会有着结构变化。相反，那些文本记载了他们始终不渝地依恋骑马放牧，随着季节变迁，举家携带畜群以及所有财产而迁徙，朝着预先设定的行程会合。他们住在货车、帐篷或

---

① 译者注：伊本·法德兰，十世纪阿拉伯外交官、编年史家、旅行家、作家。所著旅行报告是关于伏尔加河地区的重要史料。
② 译者注：彼得·西蒙·帕拉斯（P.S. Pallas, 1741—1811），德国医生、旅行家。曾任俄罗斯皇家科学院院士，博物学教授，瑞典皇家与王家科学院院士，1768至1774年受俄国女皇叶卡捷琳娜委托，赴俄国的亚洲地区考察研究，1793至1794年再赴俄国南部及克里米亚地区，著有《蒙古历史资料汇编》。

蒙古包里（图44、95、126、127）。实际上，他们不从事农耕，基本食物由乳制品与（牲畜和猎物的）肉类构成；他们按照部落和部落联盟划分，定期对周边劫掠，在战场中出其不意地攻击敌人，意在捕获和出售奴隶；他们的战争手段残忍，对外邦人的传教几乎无动于衷；等等。考古研究证实了古代游牧民日常生活的一些特征。由于游牧民的住宅由易腐材料做成，在目前的调查阶段，通过挖掘只找到寥寥无几的可以辨认的材料。我们对于它们的印象几乎完全通过墓地挖掘而得到验证。[13]

尽管在其他地缘政治环境之中，畜牧业和游牧业是两种不同的概念，但在欧亚草原，从结构观之，两者紧密相连。这一状况是两种现象相互依赖的结果，正如一些学者早已做出的评论："畜牧程度越高，游牧民族倾向越强。"[14]最近在安纳托利亚做出的观察，按照这条格言，人们注意到在一个定居化人口大行其道的环境之中，社区的贫穷成员会在村庄里饲养牲畜，而拥有大批畜群的牧民将牲畜赶向其他条件更优越的地区。[15]不过，在安纳托利亚，定居生活已经在突厥语社区深深扎根，农业受到尊崇，这一形势完全不同于欧亚大陆。从今天所拥有的历史和民族志数据，我们能得出结论：在中亚和东欧的平原地区，游牧生活方式盛行且延续到现代。在这种情况下，为了生存，居民们必须饲养大批畜群，这意味着他们需要来回迁徙相当远的距离。因此结论是密集畜牧需要采取游牧的生活方式。另一方面，草原游牧的生活方式不能确保养活狩猎-采集社区，除非他们同时饲养牲畜。欧亚游牧民的历史开始于草原，尽管游牧没有谢幕，但作为游牧民本身的条件却不可扭转地消失了。

一些骑马部落的联合有时出现在危急存亡时刻，正如不可阻止的飓风爆发一样。当联盟出现之时，他们总会迅速镇压各部落，一些被收编，而其他部落在混乱之中匆忙逃往遥远的地区。与此同时，很多游牧民的部落联盟和国家开始形成，正如格鲁塞（René Grousset）所说的"草原帝国"。[16]例如，乌古斯人和蒙古人渴望成为世界主宰。或多或少地，他们有权继承之前存在的"帝国"，但其分裂也同样迅速。草原游牧民构建的所有政治框架都被证明是沙堡，只能延续一两个世纪，很难再久。它们要么解体，要么被其他部落或国家单元所吸纳。[17] 历史经验显示在现代之前的草原地区，国家或民族不能持续很久。定居社会地区却沿着截然不同的模式：他们的国家（边界可能伸缩）持续数世纪或甚至千年。由诸如阿尔泰山、高加索山、喀尔巴阡山、阿尔卑斯山或比利牛斯（Pyrenees）山环绕所保护的民族，即使季节性迁移放牧，随着时间变迁也能维持其族裔特征长达数百年或甚至数千年之久。

随着驯化和骑乘马匹（时间在文献资料上有待商榷）[18]，牧民的速度和穿透力显著提高。从军事角度观之，这也给予游牧民非凡的活力和稳定性，使他们在与定居社会对抗之中占了上风。

大多数游牧民迁徙的起点是中亚地区，那里是异常活跃且取之不尽的族裔贮水池。在东欧平原经过或长或短的中途停留之后，他们推进到多瑙河河口，其中一些部落设法进入潘诺尼亚平原或巴尔干半岛。正如考古研究显示，自史前时起，人们就已穿越黑海-里海草原。希腊、罗马、拜占庭、阿拉伯、波斯、斯拉夫和西方的编年史（经过考古遗迹确认）也记载了游牧族群在上述区域迁徙。自辛梅里安人（Cimmerians）①、斯基泰人和萨尔马特人之后，接着是匈人、不里阿耳人、乌提古尔人（Utigurs）②、库特里格斯人（Kutrigurs）③、可萨人、阿瓦尔人（Avars）、匈牙利人、佩切涅格人、乌古斯人、贝伦代伊人（Berendeis）、库蛮人和蒙古人，此外，还有其他次要民族。如果说公元前第一千纪至公元第一千纪初期的中亚和东欧南部，伊朗语族群在人口网络乃至政治舞台上如日中天的话，那么在公元第一千纪的前几个世纪天平却决定性倒向突厥语族群。他们从亚洲的中心地区大举渗透，几乎完全同化了伊朗语飞地，在结构上改变了欧亚大陆民族和人口格局，迁移这一重要现象的影响在今天依然有效。紧密的突厥语东欧集团的渗透记载于公元第一个千纪谢幕之际。从语言学和生活方式观之，正是由于匈牙利人受到影响之后他们才定居在多瑙河中游，从而免遭突厥语迫在眉睫的同化危险。蒙古人

---

① 译者注：辛梅里安人是从约公元前1200年起居住在大高加索山脉和黑海以北的南俄草原上的一支印欧人种的民族。
② 译者注：乌提古尔人是骑马游牧民，在六世纪兴盛于黑海-里海草原，类似于西方的库特里格斯人。
③ 译者注：库特里格斯人是五世纪和六世纪活动在黑海-里海草原的众多草原游牧族群之一。

大规模向西运动对于突厥语游牧世界是一个真正的打击。此后蒙古人强行施加霸权，但最终在语言上被突厥语族群所同化，后者从文化角度观之，人口更多，文化更发达。[19]

游牧民的人口潜力无法与定居民相比。直到现代开始从事农耕之前，欧亚平原地区人口不多。十七到十九世纪穿越那里的外国旅行者经常将其称为荒凉地带，散落着小型营地，只有一些牧民活动。时至今日，曾经是古代骑马游牧民中心的一些区域依旧人口稀疏。例如蒙古国的领土面积是156.46万平方公里，比法国、西班牙、葡萄牙、英国和爱尔兰面积的总和还大，但在二战结束后的第一年人口只有大约90万，即人口密度0.6人/平方公里。[20]该国在几十年相当审慎的现代化进程中人口显著增加，1975年跃升到150万，因此达到了人口密度1人/平方公里。[21]总之，这种增长节奏在两次大战之前非常缓慢。类似状况在今天哈萨克斯坦超过3/4领土上可以看出端倪，那里估计在1996年拥有1720.9万居民，其面积是271.73万平方公里。大约有一半人口是俄罗斯人、乌克兰人、德国人、白俄罗斯人（Bielorussians）以及现当代的沙俄、苏联政府的其他民族移民。另一半是哈萨克人和中亚其他民族，但他们大多数聚集在哈萨克斯坦南部的城市[22]，因此在平原和沙漠地区居住人口密度很小，不会超过2人/平方公里。遗憾的是，我们没有对应于中世纪中亚西部人口数字的准确资料，尽管我们可以假设这一数字比上述的人口更少。

不过，我们有一些十一世纪中期迁徙到巴尔干半岛突厥语部落规模的数据，这由拜占庭资料提供。约翰·思利特扎的编年史显示，在1046年佩切涅格汗基肯（Kegen）的战士为拜占庭帝国所效力的人数达到2万人，整合为2个部落。[23]因此，一个部落大约有1万人。不过，谈到迁徙到多瑙河南岸的泰拉赫（Tyrach）汗所率11个部落的兵员之时，作者估计人数是80万。[24]如果将这一数字除以11个部落，我们将得到平均每个部落大约有7.27万人，这一数字远远大于基肯部落的兵员，看来并不可信。由于编年史家惯于肆意夸大与己方敌对的力量，以便渲染其同胞的战绩，显然约翰·思利特扎夸大了泰拉赫属民的人数。根据一位在佩切涅格人历史方面公认的专家的观点，他们的人数只有10万。[25]1064—1065年冬季迁入多瑙河右岸的乌古斯人，当时拜占庭编年史显示其兵员为60万[26]，但与泰拉赫部落的例子一样，这一数字不可靠。我们认为佩切涅格人在整个黑海－里海地区的人数超过25万人，而乌古斯人数更少。

因遭受蒙古人进攻东欧、库蛮人大批离去的资料记载更为可靠。这些资料显示有4万库蛮士兵被纳入匈牙利王国，但不包括其家庭成员。[27]据说另外1万库蛮人也因同一威胁而被驱赶到巴尔干半岛。[28]这后面的数字包括部落中妇孺在内的所有成员。关于这三个西迁突厥语部落的数据的不一致，不仅可以解释各种资料的可信度参差不齐，而且可以解释导致他们大批离去的不同环境。当佩切涅格人和乌古斯人设法进入了多瑙河下游地区时，他们的有生力量在与其他图兰人和罗斯人对抗之中稍有减少，而库蛮人的境况则要坎坷得多。蒙古部落给他们带来了致命的打击，大多数人被屠杀，而其他人不得不臣服。鉴于这一灾难，那些能够设法在欧亚边缘地区避难的比例远远低于此前统治黑海－里海地区的同行。库蛮人控制了更大的地盘和其优越的战场表现显示出，比起前人，他们的人口更多。我们尽管拿不出足够可靠的论据来支撑这一论点，但依旧认为在前蒙古时期，库蛮人在咸海和多瑙河河口之间的人数在50万至100万之间。

鉴于以上数字，我们可以肯定同一阶段欧洲人口要高得多。根据估计，在600年前后，大陆西部可能有大约1470万居民，十四世纪中叶黑死病爆发期间，人口有2260万。700年左右，整个欧洲拥有2700万人，1000年左右拥有4200万人，1300年拥有7300万人。人们认为自十世纪到十四世纪中期欧洲人口翻了一番，人口增长归因于耕地面积扩大和农业利润增加，这是由新型技术革新所推动的。[29]根据其他观点，欧洲人口从600年的大约2500万—3000万增加到1000年的4000万—4500万、1500年的8000万—8500万。[30]

在中世纪，欧洲人口密度最高的是西部。有关人口增长的节奏和规模的观点众说纷纭，这是由于可获得的资料稀疏的缘故。最近研究者们认为1328年法国人口数从加洛林王朝的300万—500万上升到1340万，意大利人口数达到840万，超过了英格兰人口。[31]根据其他资料，在十四世纪中期黑死病爆发之前，不列颠群岛有350万人，法兰西王国大约有1200万—1600万人，意大利有800万—1000万人[32]，德国在1300年拥有1200万—1300万人[33]。人口密度在东欧逐渐下降，且当时资料提供的信息含糊不清，这也是专家们众说纷纭的原因。因此，基辅罗斯的人口估计达到400万—500万或700万—900万。[34] 有关匈牙利王国的数据更准确可靠。一些历史学者认为在他们遭到拔都汗攻击之时，匈牙利拥有200万居民。[35] 推测特兰西瓦尼亚、巴纳特（Banat）和克里沙纳（Crişana）的人口从1000年的20万上升到1100年的30万、1200年的45万，在蒙古大入侵前达到55万。[36] 中世纪的亚洲大陆人口密度的数据大体上不太准确。尤其对中国而言，基于财政档案形成更有启发性的演绎推算。在第二个千纪的前几个世纪，中国人口可能几乎等于或甚至超过整个欧洲大陆的人口。[37]

即便可能高估，但很明确欧亚游牧民和欧洲世界在人口资源方面有着显著差异。就定居人口而言，人口增加可由农业生产力和食物质量提高所推动[38]，而游牧民不能从更有效的牲畜饲养革新之中受益，反过来牲畜饲养作为优质食物供给可推动人口增长。

尽管定居农耕社会拥有确凿无疑的人口资源优势，但在面对草原骑兵的攻击之时往往会显得弱不禁风。有时游牧民凌厉的进攻会给他们带来严重的灾难，沉重打击了古老繁荣的文明世界。塞尔柱突厥人在中东和近东，蒙古人在金朝、宋朝的茫茫人海中都以较少兵力取得了辉煌胜利，时至今日依旧是历史之谜。

抵达东欧南部的所有庞大的部落联盟并非由单一族群构成。沿着几千公里路途，许多其他游牧部落无论族裔异同都加入迁徙队伍。其中一些部落因战败而被迫加入，而其他部落出于各种因素同意加入更强大的部落。因此，匈牙利人从黑海北部迁徙到潘诺尼亚草原，有三个突厥系卡巴（Kabars）部落与他们同行。[39] 为了在多瑙河中游地区巩固其地位和继续在西欧审慎展开劫掠行动，匈牙利领导精英实行吸纳军事成员的一贯政策，其人员来自大陆东部，并最终将他们整合入辅助部队中。[40] 匈牙利语有大量词汇源于突厥语，表明他们有文化涵化现象，可能意味着匈牙利部落吸收了一些突厥语族群成员。[41] 在一个较长时期内，欧洲东部的匈牙利曾使用源于伊朗语的古老术语可能也是相同现象[42]，伊朗语族群看来也被吸纳入佩切涅格部落联盟[43]。另一方面，在九世纪末至十世纪早期，并非所有的佩切涅格人都向西迁徙，其中一些飞地宁愿留在欧洲最东部而被并入乌古斯部落联盟之中。[44]在所占据的辽阔领土之中，库蛮部落降服了众多军事实力较弱的族群。[45]欧亚游牧民的扩张巅峰是由成吉思汗及其继承人实现的，蒙古帝国真正成为多民族集团。从族裔和人口角度来看，蒙古人在除了故乡之外的几乎所有地区，反受其好战行动所累，丧失了其民族特征，随着时间变迁在语言上也被同化。[46]

不但族裔的血缘关系促使部落联盟凝聚到一起，而且经济和军事方面的共同利益也起到推动作用。共同利益旨在放牧水草丰美的牧场、抵抗外来入侵、征税、有效组织劫掠袭击和扩张等。部落组织呈现为动态有机体，其力量随着部落首领及成员解决困难、满足游牧民生活需要的方式而上升或下降。通常的驱动力是部落或部落联盟最初的核心军事力量。[47]处于生存紧急时刻的游牧社区有赖于游牧民首领所扮演的关键角色，其杀伐决断和能力高下决定着部落的兴衰成败。[48]在更发达的游牧社会，部落联盟的首领渴望神圣化，即他们宣称自己受到神灵保佑，是上天在人间的代表。[49]

当然，部落联盟的多民族构成妨碍了其维持凝聚力，激发了分离主义和离心主义倾向，在共同体最初核心的框架之内以独立的方式出现。这些倾向也是他们的生活侧重于饲养牲畜所导致的，由此很多游牧民族诸如佩切涅格人、库蛮人等不想实现政治统一和创建国家，这在面对各种主要的外来危险之时将会产生负面影响。通常只有在出现那些风险的迹象以及迫切需要更有效的掠夺性远征的情况之下才会在各部落之间形成凝聚力，这种凝聚力通过拥戴唯一的首领而得到保证；另一方面，部落联盟的多民族属性会有助于其处理与其他社群的关系，增加外来影响渗透的可能性。在一定程度上，他们吸收其他族群的创造力而会形成一种优势，尽管人为进步不会持续长久。抱残守缺、拒绝其他文化模式和不能利用他们创造性的资源导致游牧社会裹足不前。

游牧社区的等级结构有着自身特点，截然不同于我们当代的大型国家单位。通过翔实的西欧资料，中世纪史学的杰出代表富有洞察力地揭示出大陆西部的社会现实。其中一个主要特征是他们将社会主要分为三类：神职人员、劳作者和军人。他们的使命是：为了整个社区，一些人必须祈祷，一些人必须劳动，还有一些人必须战斗。这三者互补，在整个制度机制中形成平衡。反过来，这三类有着自己的等级划分，主要取决于其地位和财富。[50] 即使书写证据和术语准确性不如西方，在世界的其他地区（中国、中东、拜占庭、俄国等），除了物质商品生产之外，神职人员和军人职能分工在古代也得到明确的限定和体现。在洲际范围内，三种功能体制间的比例记录了通常的共时变化和历时变化。

在公元第一千纪晚期和接下来的几个世纪中，骑马游牧民大行其道，欧亚世界形成其他功能组合。在游牧部落，劳作者和军人角色合一，游牧民在日常生活中饲养牲畜，但当从事劫掠之时，又摇身一变为战士。这一双重角色彼此兼容，因为牲畜饲养职业使得游牧民处处遇到威胁，他们必须保卫家庭、畜群和所有其他财产免遭食肉动物和侵略者的攻击。跨上骏马，游牧民守望牲畜放牧和转场，也从事狩猎（图128、129），因此自孩提时起，他们就获得了骑术，且将骑术训练得尽善尽美，由此精于骑兵攻击，这是军事战略的基本组成部分。神职人员即萨满，成员很少，其职责就是在紧急时刻做出政治决策，这看来不重要。就蒙古人而言，一些萨满的特权在某一时刻为可汗所拥有。在这些场合之下，神权和统治权的分离及彼此之间长期龃龉在游牧部落社会之内不至演变为战场厮杀。

比起拥有复杂的三种职能形式的中世纪国家而言，欧亚草原世界的社会和职业结构具有明显的单一性。这并不意味着这些人群的普遍同质性和稳固的凝聚力，因为就职业和其他因素而言，那些人群有着明显分层。在游牧社会世袭等级达到社会金字塔的顶端，其等级地位并不取决于任何军事优势或其他美德，而是取决于家族血统。它汇聚了军事、行政和司法功能。威望越高，越渴望神圣化。由此草原民族的等级顶端与中世纪的主要国家之间有着一些相似之处。

不过，在继承标准方面可找不到这些相似性，因为可汗至尊不是父子相传，而是叔侄相继。后来当父子相传之后，并非只有长子拥有特权。长子继承这条标准直到后来才被使用，也许是在周边君主影响之下的结果。可汗在其年老时可以指定继承人，但是必须得到主要部落代表们的批准。欧亚游牧部落的继承体制促使领导氏族中最有才干的成员登上汗位。不过，缺点是由于没有认可资格的明确标准，在不同候选强人角逐汗位之时会引发纠纷，有时会演变为激烈对抗。

回到"战士"的概念上来，我们必须注意，不像草原之外所有欧洲和亚洲国家那样均拥有步兵和骑兵，欧亚游牧民军队几乎完全由骑兵构成。第一千纪后期中亚突厥语政权拥有小规模步兵才被偶尔记载。[51] 有时成吉思汗系王公发动战役参战的步兵可能不是从蒙古人，而是从臣服民族中招募，他们被迫为蒙古人服兵役。每名游牧战士在远征中通常携带数匹备用马，在行军途中换乘，马匹不会疲乏，可迅速飞驰。这一神奇因素总会让游牧民占上风，使得他们的军事远征成为真正的艺术，出其不意地使用骑兵快速攻击，确保他们在与周边国家的军队交战之时屡屡获胜。实际上，他们也影响到了其对手所采取的策略，后者为了有效反击，必须考虑自己的轻骑兵以发挥更为重要的作用。游牧社会对改进军事战略的另一个贡献是他们出于战略目的而使用战车，尤其是用战车来临时加固环绕大营。中东欧许多国家的军队在中世纪依靠这种防御体系，尤其是胡斯派（Hussites）在十五世纪将其发扬光大。甚至在近代，美国殖民者穿越西部大草原时也依赖这种可移动的要塞。

在很大程度上，弓箭手稳定准确的射击，能提高游牧民的作战效率。他们没有专门的弓箭手部队，所有士兵均配备弓箭，可在马背上娴熟使用弓箭。据记载，史前时代就已有弓箭，它是所有定居社会使用的主要武器，但通常归步兵使用。例如，百年战争中英国人的辉煌胜利往往是凭弓箭手取得的。当对手找到方法冲入步兵弓箭手阵地之中时，就会引发近战，并将其大多数消灭。不过，骑兵射手很难被中途拦截，甚至在撤退时，可继续向追赶者射箭，杀伤他们，由此提高作战效率。

直到中世纪后期，在更文明的国家（大多数在欧洲），改进的火器能够抵消草原骑兵弓箭手的打击力。游牧民突然进攻的效率不可扭转地变弱，因为他们不能赶上军事技术改进的步伐。这导致了游牧世界崩溃，不能阻挡周边国家的攻势。从失去政治自治到经济受制，游牧民最终放弃游牧生活并转向定居生活，这只有一步之遥。衰弱是不治之症的征兆。

从史前至1236—1242年的蒙古大入侵，迁徙潮持续不断地涌向里海北部平原、高加索山脉、黑海和多瑙河下游，很少会出现中断。由此我们认为不像中西欧[52]，大陆东部不能说是真正进入了迁徙（Völkerwanderungszeit）时代，因为各部落迁徙没有中断，因此他们在常态化的迁徙模式中融合在一起。换言之，东欧的迁徙并非在规定的时间内发生，而是一个永恒的现象，伴随着无规律的起伏。有时迁徙的势头和比例达到高峰，引发巨大灾难，且在大陆西部产生反响。尽管定居人口［哥特人（Goths）、泰法人（Taifals）①和斯拉夫人等］迁徙只是偶然发生，但那些游牧部落的迁徙演变成一个持续的现象。

游牧民从欧亚向东欧南部迁徙的方向是由东到西，大规模偏离这种模式的情况尚未得知。对这种稳定迁徙方向的解释是，中亚地区是游牧民谋生、称霸而引发激烈争执的舞台，有时那里人口过剩。与此同时，那里气候要比欧洲东部更严酷，而后者还有更充足的牧场。在靠近里海和黑海北岸气候更温和的区域，当军事对抗不再残酷之后，骑马游牧民的生活方式会逐渐丧失活力，由此他们与后来更为强健的游牧民发生冲突之时会甘拜下风。黑海-里海草原游牧民脆弱的另一个因素是部落联盟分散和缺乏政治统一，而后来者以密集方式进军，至少在持续迁徙期间，他们必须接受集权统治，这是有效的军事行动协调的必要条件。新一波游牧民的打击迫使东欧地域的原有居民要么接受统治，要么在西部避难。中亚地区的族群和人口动荡引发周边草原各民族真正的链式反应。这些反应导致大范围的混乱和不稳定，随后是深度族群调整和政治重组。这足以解释来自欧亚的大迁徙不但是人口现象，而且也是军事和政治现象。

为了回应一个著名口号，人们可以说草原族群的人口动态具有向西进军（Drang nach Westen）的特征。他们沿着草原宽阔的走廊向西迁徙，这里在千年之中依旧处于骑马游牧民的统治之下。这一走廊直到中世纪晚期从未

---

① 译者注：泰法人，属于日耳曼人或萨尔马特人，最早记载在三世纪中叶的多瑙河以北。

被置于周边国家一劳永逸的统治之下。那些国家只能暂时控制那里的小片区域。他们的扩张主义的尝试通常注定失败，正如大流士（Darius）与斯基泰人交战那样。那些游牧社会面临的最严重的危险并非来自定居社会，而是来自其他游牧民，因为只有他们才有兴趣定居在草原地区，通过饲养牲畜促进土地生产效率。不过，在古代和中世纪的技术条件之下，即使土壤质量能够确保丰收，农耕者面临的休耕和耕种的问题也难以解决。鉴于欧亚草原周边地区没有人口的高度集中，那些地区也不是可能影响游牧民居住地区大规模迁徙的起点。

　　第二千纪早期出现两个方向相反的迁徙：游牧民向西和欧洲人向东，但二者并未发生直接碰撞，因为前者是沿着草原地区，而后者主要朝向覆盖森林的草原。大多数时间，向东进军（Drang nach Osten）[53]现象及其后果［在大陆东部（Ostsiedlung）殖民］都被归因于日耳曼人。值得注意的是，在充分认识到他们在不同进程的主要参与（不论是政治、民族，还是人口方面）的同时，除了日耳曼人以外，波兰人、拉脱维亚人、罗斯人、匈牙利人和罗马尼亚人也在向东扩张中扮演了角色。[54]由于他们渗透的方向，所有这些民族比起日耳曼人而言在更大程度上干涉到突厥语和蒙古语部落。他们试图向东移动，最终抵达草原本部，这只有在中世纪的发展阶段才被记载了下来，而我们所研究的阶段比这个时期要晚。

　　正如神圣罗马帝国制定的政策那样，中世纪游牧部落联盟首领不仅受到"向西进军"的诱惑，而且也有"向南进军"的渴望。这包含着向偏南地区迁徙，即放弃草原的故土。富饶繁荣的南方——中国、波斯、阿拉伯帝国（Arab Caliphates）、拜占庭，对于处于野蛮世界的牲畜饲养民族而言是一个真正的海市蜃楼。利用他们懈怠的反击或放松警惕，骑马游牧民对那些地区展开了无数次劫掠远征。在某些地区，他们更大胆，全体南或西南迁徙，或是长期占领那些地区。[55]像匈牙利的部落联盟的分支斯瓦陶伊·阿斯法劳伊（Savartoi Asfaloi），泰拉赫和基肯所率领的佩切涅格部落、乌古斯人的塞尔柱人分支，远征中原、花剌子模等地的蒙古军队都属于这种情况。在欧亚的西半部，向南迁徙力度没有亚洲那么大，因为里海、高加索山和黑海几乎都有不能逾越的天然屏障。一些游牧民向南迁徙是因为在与草原其他部落激烈对抗之下要确保生存。在其他情况之下，这是一种旨在征服高度文明地区的扩张。

如果说向西和向南方向存在千年的延续性的话，那么游牧社会不会冒险向北迁徙，因为那里有冻土带的屏障和不适于畜群的北极气候。鉴于这种不适合畜群的严酷气象条件，那些土地从不吸引骑马游牧民。

在公元第一千纪晚期和接下来的几个世纪中，骑马部落在草原之外展开军事行动之时，他们在亚洲南部比起中欧和东南欧更有效率。匈牙利人占领潘诺尼亚草原是草原世界在中欧政治舞台的最后一次重要胜利。即使拜占庭帝国不得不面对强有力的迁徙浪潮，它还是设法在与从多瑙河北岸深入而来的突厥语部落冲突中扭转了形势。这些游牧民一旦被殖民就会被巴尔干地区定居民族所同化。保加利亚第一帝国①在面对草原骑兵进攻之时也没有退缩。直到蒙古大入侵之前，罗斯诸公国也站稳阵地，挡住突厥语族群的进攻。匈牙利王国在皈依基督教之后也加入那些国家行列，成为抵抗游牧民族试图向大陆西部和东南部进军扩张的有效屏障。

随着加洛林王朝的"文艺复兴"，西方不可逆转地历经了一场演变过程，这一过程尽管有着起伏，但在所有领域都取得了重大进展。所谓的千禧年时刻，长期被认为是黑暗时刻，但也是西欧社会发展阶段的里程碑[56]，仔细审阅可利用的资料之后，发现其不仅没有过去估计得那么黑暗和紧张，而且更为和谐[57]。相反，欧洲东部和北部在千禧年前后也发生了结构性的变化，尤其因为波兰、罗斯、匈牙利和斯堪的纳维亚正式皈依了基督教。[58]可萨汗国的分崩离析使得其他强国出现，启动了由东而来的迁移浪潮。所谓的"可萨治世"（Pax chazarica）②的压制也打破了缓冲带，它曾防止黑海-里海游牧民渗透入他们的地盘，因此迁徙更为频繁。在某些关键时刻，东方文明在面

---

① 译者注：保加利亚第一帝国，是保加利亚人于681年在多瑙河三角洲建立的一个国家。在其鼎盛时期，疆域东至黑海、南至爱琴海和亚得里亚海。第一帝国于1018年被拜占庭帝国消灭，其继承者为1185年建立的保加利亚第二帝国。
② 译者注：可萨治世，指可萨汗国强盛时期（700—950），钦察草原至北高加索无征战，商队自由往来。

对游牧部落侵略之时显得弱不禁风。塞尔柱突厥人和蒙古人在中国、波斯、阿拉伯东方获得大片领土,甚至拜占庭人也失去了一些安纳托利亚省份,急剧侵蚀着其人口、经济和军事潜能。

游牧部落与周边民族之间的关系性质呈现多样化和复杂化。当时的资料主要记载了冲突事件,即战争对抗,但这并非是这些社会之间的全部。在很多方面,暴力争端与和谐共存自然交替发生。因更具机动性并且拥有更适合周密军事行动的社会和政治结构,骑马游牧民往往与邻居们发生冲突,毫不迟疑地向对手频繁发动劫掠袭击。邻国钦佩游牧民的军力,经常向他们寻求援助,打击危害其利益的敌人。在不同场合,各国推测游牧人口会出现导致分裂的纠纷,由此挑动他们之间彼此对抗。

游牧社会的外交也使用非常规的政治手段,因为他们也利用周边势力无休止的冲突,或独自行动或与不同族群结盟参与内部争斗,通过洗劫迫使当地定居民屈服。当那些从游牧民主体分离的族群认为合适之时,会向草原之外的统治者们提供军事服务,离开自己的地域,迁徙到新保护人的地盘。一些从佩切涅格人、乌古斯人、库蛮人和贝伦代伊人部落联盟分离出去的游牧民会选择为中亚西部、近东、格鲁吉亚、罗斯、拜占庭、匈牙利、保加利亚等地的君主效力,承担军事职责。我们不太清楚那些骑马游牧民放弃他们的同伴和迁徙的动机。有时他们不得不如此是有来自其他游牧部落威胁的压力。鉴于他们迁徙也出现在没有紧急的外来威胁之下,我们可以假设那是内部纷争的结果,导致在经济、宗教或其他领域不那么强大的部落出现混乱或是被边缘化。不过在正常情况下,游牧民不愿意放弃草原老家,也不愿意放弃独特的生活方式[59],但最好——当他们拥有一定的军力时——他们会渴望将霸权扩张到周边的领土上。

在农耕区发起劫掠远征和征税并不意味着(正如一些文献所假定的那样,从生活资源的角度观之)游牧民变成了一个寄生社会或他们依赖于农耕民族。[60]实际上,这是不可能的,主要原因有两个:一方面,游牧民的食物与定居民截然不同,迫使各自社群自力更生,满足自己的食物需求;另一方面,中世纪的农业和制造业相当不稳定的技术水平不能满足当地人口和入侵者的食物供给。在这些情况之下,后者必须坚持他们的游牧生活方式和继续自己的生产,对农耕民族的强行剥削仅仅获得额外收入。

为了获得这些额外收入,游牧部落经常诉诸劫掠袭击、征税和占领周边领土。远征的优点是在短期内掳掠大量物品和战俘,尽管这些袭击不能过于频繁,因为潜在和实际的受害者没有机会休养生息。征税体制给他们带来不那么多的物品,不过有定期收益;另一方面,那也免去了军事行动所面临的自然风险。臣服地区在征税中会失去一些收入,但其领土和商路会得到庇护,其经济结构和管辖、社会和政治组织免受动荡。当获得一定的军事和人口潜能,游牧民就会诉诸占领农耕社会的一些地区,直接统治或通过代理人统治。这会改变当地的管辖体系,但游牧民所施加的财政政策因此更严厉和高效。[61]

有时迁徙到异地的游牧民的目标是消灭整个当地人口,将耕地转为牧场。这种斩尽杀绝的做法很罕见,只会在短期出现在小片区域。塞尔柱突厥人在近东,蒙古人在中原就是这么做的。多瑙河左岸的伯勒甘(Bărăgan)和比萨拉比亚的平原地区在十一世纪因佩切涅格人的迁徙也招致人口减少(图52)。 即使承认有关草原骑马游牧民毁灭性的入侵以及所犯暴行的资料夸大其词,很明显事实也远非田园诗般的美好。在很多情况之下,入侵者不仅乐于劫掠,也会沉溺于烧杀抢掠。他们的道德规范并不包含对人类社会的尊重。在很大程度上,这些做法也为当时的定居社会所效仿,残忍和暴力在中世纪欧亚大陆司空见惯。由此很难说游牧民战士在残忍和虐待行动方面比起其他民族做得更过分。尽管显示出独特的特点,游牧战士的理想和天主教西方、东正教拜占庭和穆斯林东方的骑士一样,旨在追求勇士的普遍美德:勇敢、忠诚、责任感、牺牲精神与渴望征服。

不像基督教和伊斯兰社会的军事精英热衷于劝教改宗事业,欧亚游牧民并未受到如此倾向的影响。他们并不计划在其家乡和征服之地达到宗教同一。尽管东西方的剑与矛为十字架和新月开道,游牧民并不需要实现宗教理想。

在公元第一千纪晚期和接下来的几个世纪中,欧洲东部和亚洲一些地区明显存在宗教骚动,但这些趋势在草原世界只有微弱的回响。基督教、伊斯兰教、犹太教（Mosaic）、道教、佛教或婆罗门教上层在劝教改宗活动中承担主导角色，而当蒙古人在亚洲和欧洲辽阔土地上叱咤风云之时，萨满们既不认为这是合适的，也没有使命去参与其中，即使他们发现通过劝说更容易传播自己的宗教信仰。相反，萨满们和游牧部落贵族并没有取消宗教宽容的原则。被动的游牧民被最具威望和热情的劝教核心——基督教、伊斯兰教、道教、佛教等所利用。这些核心设法使离开故土的游牧民改变宗教信仰。总之，留在欧亚草原地区的人们不太愿意回应这些行为，劝教行动在那里不太奏效，因为那些游牧部落在生活方式、职业、社会组织、宗教和仪式选择方面恪守传统。

区分入侵和迁徙并不容易。为了能了解差异，我们有必要弄清楚军事行动是否对族裔和语言方面产生了影响及其持续的时间。在大多数情况之下，在中国、波斯、阿拉伯、高加索、拜占庭、保加利亚、匈牙利、罗马尼亚等地，突厥语或蒙古语部落最终被当地人同化，后者不仅人数众多，而且在文明发展水平上占有优势。这一同化进程既影响了很多游牧民，使其成为定居殖民国家的附庸，也影响了那些成为被征服国家的首领的群体。不同的同化进程包括族裔、宗教和文化同化。尽管游牧飞地被纳入当地组织之中，但影响却是双向的。实际上，当地社会也受到新来者的复杂影响，既有积极方面，也有消极方面，还有一些彼此兼而有之。

当游牧民和定居民处于自行发展和独立生活之时，各自保持着自己的文化认同。生活方式、职业、社会、宗教和政治组织方面的大相径庭是真正融合的障碍。基本上，游牧和定居社会是两种不同类型的文明，彼此相反。当它们之间关系一触即发之时，双方都有毁灭对方的企图，但其间也交替着和平共处的阶段，这使得宗教、商业交往与军事合作成为可能。这些愉快的时刻筑起两种文明之间联系的桥梁，但仍旧未出现彼此融合。只有当小群游牧民在定居社会领土上殖民或骑马游牧民将霸权扩张到周边国家并与当地人口形成共栖的复杂形态之时，才会出现共生以及随后发生的文化融合现象。游牧民因其活力和韧性有时能够深入定居社会环境之中，并注入额外的能量和活力。

在大多数情况下，定居社会的文明水平要优于游牧社会，因为游牧民的生活方式使得他们总要移动，其畜牧职能妨碍了他们有机会在文化领域取得卓越的表现。与此同时，他们的生活准则浸淫于传统主义，陷入抵制进步的模式。尽管如此，考古研究展现出一些游牧社区对金属和兽角加工有着真正的偏爱。他们制作出各式各样的铁制武器、工具和马具配件，那些是在战场、狩猎和骑马游牧所绝对必要的。就武器而言，毫无疑问它们不可能从周边社会购买，后者不会冒着巨大风险向其潜在的敌人提供武器。除了铁制品以外，东欧草原的一些部落包括匈牙利人、佩切涅格人和库蛮人能非常娴熟地制作青铜、银和金制配件和装饰品，且使用复杂的方法制成植物状、几何形、动物形和拟人化的图案。（图5；图7；图8；图11；图12；图18：2—8；图23：3；图32：6—11；图33：2—10；图38；图39；图40：1—13；图41；图42；图89；图92：2—11）

大量游牧民的物品证明他们不仅具有丰富的金属加工技术，而且还有雅致的艺术品味。它们的质量水平超过了其定居邻居所制的物品。我们也可以说人像石雕，即所谓的石人，同样技术高超，它们由第一千纪最后几个世纪的突厥语族群以及第二千纪早期几个世纪东欧的库蛮人（以及可能有其他突厥语族群）所制作（图66、67、69—71、75）。由于他们拥有大量的羊毛，游牧部落可能会制作细薄织物。遗憾的是，这些产品的易腐性使得考古学家难以发现它们。尽管中世纪大多数游牧政权没有自己的书写体系，但他们的一些学术知识和艺术作品在草原世界里可通过口头传统传承。他们的艺术表现形式受到一些外来影响，尤其是来自东方，与此同时，保持自己基本的独创性和生龙活虎般的习性作为他们无尽依恋其祖先传统的标志。

只要定居社会仍处于乡村发展状态，那么他们与游牧社会的文化水平之间差距就不会很大，因为乡村农耕社会从事土地耕种，辛勤劳作，谷物收入较少，从而没有时间从事知识生产活动。实际上，先入为主地认为定居民与游牧民相比具有文化优越性的观点是错误的。就此而言，我们接受吕西安·费弗尔（Lucien Lebvre）的论断："草原游牧可能且往往比起消极屈辱的定居生产方式而言是一种进步。"[62]

城市居民却截然不同，因为门类齐全、高效的制造业和商业活动创造了财富，形成了严格的劳动分工，从事艺术和文化职业享有特权。将城市（不管在亚洲还是欧洲）的经济和文化表现与游牧部落的相比较，都显然会使后者相形见绌。真正的游牧民即使在抵达城市附近时，通常也不会为城市的生活方式所吸引，尽管实际上他们艳羡其奢华。当他们占领和统治周边国家的城市之时，他们通常不会将家搬到归他们所有的富丽堂皇的建筑中去，也不希望将他们传统的帐篷固定到那些城市里。尽管如此，甚至自第一千纪最后几个世纪至前蒙古时代，来自中亚的各个突厥语游牧民构筑了要塞和建造了城市建筑。它们被用作可汗和部落精英代表的官邸以及商业中心。当然中国和中亚西部相当密集的城市网络是游牧民的样板。[63]由其他人群建造的一些城市也归乌古斯人、库蛮人和蒙古人统治，由此受他们保护，因为那些游牧民知道对一些有利可图的活动征税会带来利润。尽管他们对建造真正的城市没有做出过直接贡献，东欧南部一些部落首领的住宅，尤其是他们及其牲畜冬天居住的地方，可变成永久营地，具有城市前身的一些特征，吸引了许多制造商和交易商聚集，尽管只有一个季节可以经营。尽管没有从商的经验，游牧民对此却不轻视；相反，他们总是鼓励商业发展，从国外招徕商人到其统治地域，既为了获得一些货物，也为了在保护中转贸易之中牟取利润。

游牧社会因经济困难、内部族群和人口矛盾、重要的气候变化，尤其在来自国外压力等情况之下出现定居化。[64]由此，草原上的游牧部落社会表现得更为脆弱，他们不得不离开自己的地盘，定居在其他国家的领土上，失去了自主地位。行政、军事、经济和宗教压力促使他们的生活方式逐渐改变，同时发生的还有改宗和归化进程。被迫迁徙和定居对于维持他们民族实体产生了毁灭性的影响，由此曾经充满活力的众多人口最终逐渐被其更强大或更文明的邻居所同化。并非所有因欧亚地区混乱而放弃故土的游牧民族都有如此悲哀的命运。相反，一些游牧民努力获得适合其畜牧职业的其他领土，维持独立地位。尽管这些民族（诸如匈牙利人和奥斯曼突厥人）在某些方面呈现采取定居生活方式的一些倾向，但这些倾向并没有引发任何内部不稳定的动荡，这是因为从一种生活方式向另一种生活方式的演变是在一个有利的政治环境中渐进，在平衡的状态之下进行的。

　　游牧民曾在世界大部分地区普遍存在，《旧约》就产生于那个时代，在其中的创世纪章节，亚当与夏娃的长子、从事耕作的该隐（Cain）杀死了从事放牧的兄弟亚伯（Abel）。在《圣经》的世界里，农业是侵略元素，其受害者是牧民，那是大多数古代文献所反对的。那么在第二个千年末期至第三个千年早期，这是否预示着所有形式的游牧都要陷入痛苦的日薄西山之中呢？

■ 注释

[1] R.P. Lindner, "What Was a Nomadic Tribe ?," *Comparative Studies in Society and History*, 24, 1982, p. 689. 也参见 A.M. Khazanov, "Nomads in the History of the Sedentary World," in *Nomads in the Sedentary World*, eds. A.M. Khazanov and A. Wink, Richmond, Surrey, 2001, p. 1 ff.。

[2] P. Centlivres, "Etre nomade: la peur, le désir et la fin," in *Etre nomade aujourd'hui*, Neuchâtel, 1979, p. 15 ff.; P. Bonte, "Les sociétés de pasteurs nomades," in *ibidem*, p. 29 ff.; D. Couchaux, *Habitats nomades*, Paris, 1980, p. 10 ff.; E. Turri, *Gli uomini delle tente. I pastori nomadi traecologia e storia, tra deserto e bidonville*, Milan, 1983, p. 48 ff.; R.B. Sulejmenov, "La formation de la société nomade. Problèmes et méthode," in *Nomades et sédentaires en Asie Centrale. Apports de l'archéologie et de l'ethnologie*, ed. H.-P. Francfort, Paris, 1990, p. 227 ff.; M. Bollig and M.J. Casimir, "Pastorale Nomaden," in *Handbuch der Ethnologie. Festschrift für Ulla Johansen*, eds. Th. Schweizer, M. Schweizer, W. Kokot, Berlin, 1993, p. 521 ff.

[3] W.H. Parker, *An Historical Geography of Russia*, London, 1968, p. 13 ff.; G. Goehrke, "Die geographischen Gegebenheiten Russland in ihrem historischen Beziehungsgeflecht," in *Handbuch der Geschichte Russlands*, eds. M. Hellmann, K. Zernach, G. Schramm, I, Stuttgart, 1981, p. 20 ff.

[4] B. Brentjes, "Nomadenwanderung und Klimaschwankungen," *CAJ*, 30, 1986, 1-2, pp. 14-15. 也参见 idem, "Die Entwicklung des Nomadismus im Alten Orient nach archäologischen Quellen und unter Berücksichtigung der postglazialen Klimaschwankungen," in *Die Nomaden in Geschichte und Gegenwart*, Berlin, 1981, pp. 41-48; idem, "Climatic Changes and Nomadisation in the Central Asia. Ecology of the Steppes and Economy," in *The Archaeology of the Steppes. Methods and Strategies*, ed. B. Genito, Naples, 1994, p. 489 ff.。

[5] L.N. Gumilëv, "A kazárok utódai," *Törtenelmi szemle*, XI, 1968, 1-2, pp. 12-16.

[6] P. Alexandre, *Le climat en Europe au Moyen Age. Contribution à l'histoire des variations climatiques de 1000 à 1425, d'après les sources narratives de l'Europe occidentale*, Paris, 1987, pp. 770-771, 805-808. 也参见 E. Le Roy Ladurie, *Histoire du climat depuis l'An Mil*, Paris, 1967, p. 238 ff.; H.H. Lamb, *Climate, history and the modern world*, London-New York, 1982, pp. 173-197; J.C. Drăgan, Şt. Airinei, *Geoclima şi istoria*, Bucharest, 1993, pp. 239-255。

[7] L.N. Gumilëv, *op. cit.*, pp. 12-14; P. Veres, "Le rôle des facteurs écologiques et économiques dans la conquête du bassin des Carpathes par les Hongrois en 896,"

in *Les questions fondamentales du peuplement du bassin des Carpathes du VIIIe au Xe siècle*, ed. L. Gerevich, Budapest, 1972, p. 213 ff.

[8] G. Jenkins, "A Note on Climatic Cycles and the Rise of Chinggis Khan," *CAJ*, XVIII, 1974, 4, pp. 217-226; H.H. Lamb, *op. cit.*, p. 175.

[9] H. Ahrweiler, "Byzantine Concepts of the Foreigner: The Case of the Nomads," in *Studies on the Internal Diaspora of the Byzantine Empire*, eds. H. Ahrweiler and A.E. Laiou, Washington, D.C., 1998, pp. 1-15; R.G. Messina, "Tipologia della rappresentazione dei Turchi in fonti bizantine dei secc. XI-XII," *Byzantinische Forschungen*, XXV, 1999, pp. 305-321; É. Malamut, "Les peuples étrangers dans l'idéologie impériale. Scythes et Occidentaux," in *L'Étranger au Moyen Âge. XXXe Congrès de la S.H.M.E.S. (Göttingen, juin 1999)*, Paris, 2000, p. 119 ff.; M. Balivet, "Un peuple de l'An Mil: les Turcs vus par leurs voisins," in *Année mille – An Mil*, eds. C. Carozzi and H. Taviani-Carozzi, Université de Provence, 2002, p. 25 ff.

[10] O. Lattimore, *Mongol Journeys*, New York, 1975, p. 179 ff.; A.M. Khazanov, *Nomads and outside world*, trans. J. Crookenden, Cambridge, 1984, *passim*; idem, "Ecological Limitations of Nomadism in the Eurasian Steppes and Their Social and Cultural Implications," *Asian and African Studies*, 24, 1990, pp. 3-4; B. Litvinskii, "The Ecology of the Ancient Nomads of Soviet Central Asia and Kazakhstan," in *Ecology and Empire. Nomads in the Cultural Evolution of the Old World*, ed. G. Seaman (*Proceedings of the Soviet-American Academic Symposia in Conjunction with the Museum Exhibition* Nomads: Masters of the Eurasian Steppe, 1), Los Angeles, 1989, pp. 61-72; S. Vainshtein, *Nomads of South Siberia. The Pastoral Economies of Tuva*, trans. M. Colenso, Cambridge-London-New York-New Rochelle-Melbourne-Sydney, 1990, p. 83 ff.; N.E. Masanov, "La dispersion comme loi générale de l'activité de la société nomade," in *Nomades et sédentaires en Asie Centrale. Apports de l'archéologie et de l'ethnologie*, ed. H.-P. Francfort, Paris, 1990, pp. 193-203; B. Erdenebaatar, "Socio-Economic Aspects of the Pastoral Movement Patterns of Mongolian Herders," in *Culture and Environment in Inner Asia*, 1, *The Pastoral Economy and the Environment*, eds. C. Humphrey and D. Sneath, Cambridge, 1996, pp. 58-110.

[11] F. Kussmaul, "Das Reiternomadentum als historisches Phänomen," in *Nomadismus als Entwicklungsproblem*, ed. W. Kraus, Bielefeld, 1969, pp. 31-34; L. Bazin, "The Turkish and Mongol Peoples of the Steppes: Pastoral Nomadism," in *History of Humanity. Scientific and Cultural Development*, IV, *From the Seventh to the Sixteenth Century*, eds. M.A. Al-Bakhit, L. Bazin, S.M. Cissoko, co-eds. M.S.

Asimov, A. Gieysztor, I. Habib, Y. Karayannopoulos, J. Litvak King, P. Schmidt, Paris-London-New York, 2000, pp. 465-466.

［12］ A. Toynbee, *A Study of History*, a new edition revised and abridged by the author and J. Caplan, Norwich, 1972, p. 134. 也参见 *ibidem*, *A Study of History*, III, 2nd ed., London-New York-Toronto, 1951, pp. 15-19, 395 ff.。

［13］ S.A. Pletněva, "Pechenegi, torki i polovtsy v iuzhnorusskikh stepiakh," *MIA*, 62, Moscow-Leningrad, 1958, p. 153 ff.; G.A. Fëdorov-Davydov, *Kochevniki Vostochnoĭ Evropy pod vlast'iu zolotoordynskikh khanov*, Moscow, 1966, p. 11 ff.; V. Spinei, *Realități etnice și politice în Moldova Meridională în secolele X-XIII. Români și turanici*, Iași, 1985, p. 110 ff.; C. Bálint, *Die Archäologie der Steppe. Steppenvölker zwischen Volga und Donau vom 6. bis zum 10. Jahrhundert*, Vienna-Cologne, 1989; P.P. Tolochko, *Kochevye narody stepeĭ Kievskaia Rus'*, Kiev, 1999; G.N. Garustovich, V.A. Ivanov, *Oguzy i pechenegi v evraziĭskikh stepiakh*, Ufa, 2001.

［14］ R. Cribb, *Nomads in archaeology*, Cambridge, 1991, p. 17.

［15］ *Ibidem*. 也参见 S. Vainshtein, *Nomads...*, p. 86。

［16］ R. Grousset, *L'Empire des steppes. Attila, Gengis-Khan, Tamerlan*, 4th ed., Paris, 1969.

［17］ 有关欧亚地区游牧国家的起源和特征，参见 L. Krader, "The Origin of the State among the Nomads of Asia," in *Die Nomaden in Geschichte...*, pp. 71-82; G. Seaman, "World Systems and State Formation on the Inner Eurasian Periphery," in *Rulers from the Steppe. State Formation on the Eurasian Periphery*, eds. G. Seaman and D. Marks (*Proceedings of the Soviet-American Academic Symposia in Conjunction with the Museum Exhibition Nomads:Masters of the Eurasian Steppe*, 2), Los Angeles, 1991, pp. 1-20; P. Crone, "Tribes and States in the Middle East," *Journal of the Royal Asiatic Society*, Third Series, 3, 1993, pp. 354-375; M. Tosi, "The Egalitarian Foundations of Steppe Empires," in *The Archaeology of the Steppes...*, pp. 651-665; N.N. Kradin, "The Origins of the State Among the Pastoral Nomads," in *Ethnohistorische Wege und Lehrjahre eines Philosophen. Festschrift für Lawrence Krader zum 75. Geburtstag*, Frankfurt am Main, 1995, pp. 163-177; E. Kürsat-Ahlers, "Aspects of State Formation Processes among the Ancient Eurasian Nomads," in *The Colloquia of the XIII International Congress of Prehistoric and Protohistoric Sciences, Forli (Italia) 8-14 September 1996, 16, The Prehistory of Asia and Oceania*, eds. G.E. Afanas'ev, S. Cleuziou, J.R. Lukacs, M. Tosi, Forli, 1996, pp. 25-47; D. Christian, "State Formation in the Inner Eurasian Steppe," in *Silk Road Studies*, II, *Worlds of the Silk Roads: Ancient and Modern*, eds. D. Christian and C. Benjamin, Macquarie University, Australia, 1998, pp. 51-76; N.

di Cosmo, "State Formation and Periodization in Inner Asian History," *Journal of World History*, 10, 1999, 1, p. 8 ff.; S. Alishev, "Traditsionnaia posledovatel'nost' v razvitii gosudarstvennosti u tiurkov," in *Drevnetiurkskiĭ mir: istoriia i traditsii,* Kazan, 2002, pp. 5-9。

[18]　S.I. Vajnshtejn, "The Problem of Origin and Formation of the Economic-Cultural Type of Pastoral Nomads in the Moderate Belt of Eurasia," in *The Nomadic Alternative. Modes and Models of Interaction in the African-Asian Deserts and Steppes*, ed. W. Weissleder, The Hague-Paris, 1979, p. 127 ff.; R. Murphy, "An Ecological History of Central Asian Nomadism," in *Ecology and Empire...*, pp. 44-46; S. Bökönyi, "The Role of the Horse in the Exploitation of Steppes," in *The Archaeology of the Steppes...*, p. 17 ff.; J. Makkay, "Horses, Nomads and Invasions from the Steppe from an Indo-European Perspective," in *ibidem*, p. 149 ff.; F. Scholz, *Nomadismus. Theorie und Wandel einer sozio-ökologischen Kulturweise*, Stuttgart, 1995, pp. 59-60.

[19]　*Ocherki istorii SSSR. Pervobytno-obshchinnyĭ stroĭ drevneĭshie gosudarstva na territorii SSSR*, co-ord. P.N. Tret'iakov and A.L Mongaĭt, Moscow, 1956; *Ocherki istorii SSSR. Krizis rabovladel'cheskoĭ sistemy i zarozhdenie feodalizma na territorii SSSR III-IX vv.*, co-ord. B.A. Rybakov, Moscow, 1958; V.V. Bartol'd, *Sochineniia*, II, 1, Moscow, 1963; *The Cambridge History of Early Inner Asia*, ed. D. Sinor, Cambridge, 1990; I.O. Kniaz'kiĭ, *Rus' i step'*, Moscow, 1996; J.-P. Roux, *L'Asie Centrale. Histoire et civilisation,* Paris, 1997; I. Vásáry, *Geschichte des frühen Innerasiens*, trans. T. Schäfer, Herne, 1999; M.U. Rodrigues, *Nómadas e sedentários na Ásia Central. Continuidade e descontinuidade no processo civilizatório*, Porto, 1999; S. Soucek, *A History of Inner Asia*, Cambridge, 2000; E. Hildinger, *Warriors of the Steppe. A Military History of Central Asia, 500 B.C. to 1700 A. D.*, Cambridge, Mass., 2001; I. Lebedynsky, *Les Nomades. Les peuples nomades de la steppe des origines aux invasions mongoles (IXe siècle av. J.-C. -XIIIe siècle apr. J.-C.)*, Paris, 2003.

[20]　Ë.M. Murzaev, *Die Mongolische Volksrepublik. Phisisch-geographische Beschreibung*, Gotha, 1954, p. 39.

[21]　*Der Fischer Weltalmanach 1990*, gen. ed. H. Haefs, Frankfurt am Main, 1989, p. 378; D. and M. Frémy, *Quid 1997*, Paris, 1997, p. 1310.

[22]　D. and M. Frémy, *op. cit.*, p. 1283.

[23]　Ioannis Skylitzae *Synopsis historiarum*, ed. I. Thurn, Berolini et Novi Eboraci, 1973, pp. 455-456; Georgii Cedreni *Compendium historiarum*, ed. Im. Bekker, II,

Bonn, 1839, p. 583.
[24]　Skylitzes, p. 458; Kedrenos, p. 585. 也参见 Jean Skylitzès, *Empereurs de Constantinople*, trans. B. Flusin, ed. J.-C. Cheynet, Paris, 2003, p. 379。
[25]　P. Diaconu, *Les Petchénègues au Bas-Danube*, Bucharest, 1970, p. 62.
[26]　Michaelis Attaliotae *Historia*, ed. Im. Bekker, Bonn, 1953, p. 83; *Excerpta ex breviario historico* Ioannis Skylitzae Curopalatae, in Kedrenos, II, p. 654; Michaelis Glycae *Annales*, ed. Im. Bekker, Bonn, 1836, p. 605.
[27]　Rogerii *Carmen miserabile* (*IIR*, V), 1935, pp. 23, 61.
[28]　Nicephori Gregorae *Byzantina historia*, ed. L. Schopen, I, Bonn, 1829, p. 37.
[29]　J. Le Goff, *La civilisation de l'Occident médiéval*, Paris, 1984, pp. 77-80, 278-279.
[30]　V.I. Kozlov, "Environment and population," in *History of Humanity*..., IV, p. 18.
[31]　D. Herlihy, "Outline of Population Development in the Middle Age," in *Determinanten der Bevölkerungsentwicklung im Mittelalter*, eds. B. Herrmann and R. Sprandel, Weinheim, 1987, p. 11.
[32]　R. Fossier, "La première expansion européenne," in idem, *Le Moyen Âge*, 2, *L'éveil de l'Europe*, Paris, 1982, p. 235.
[33]　W. Abel, *Die drei Epochen der deutschen Agrargeschichte*, Hannover, 1962, p. 21.
[34]　L.V. Čerepnin, "Die Rus' vom 10. bis 14. Jahrhundert," in *Handbuch der europäischen Wirtschafts- und Sozialgeschichte*, ed. H. Kellenbenz, 2, *Europäische Wirtschafts- und Sozialgeschichte im Mittelalter*, ed. J.A. van Houtte, Stuttgart, 1980, p. 683.
[35]　J.A. van Houtte, "Europäische Wirtschaft und Gesellschaft von den grossen Wanderungen bis zum Schwarzen Tod," in *ibidem*, p. 17.
[36]　P. Niedermaier, *Der mittelalterliche Städtebau in Siebenbürgen, im Banat und im Kreischgebiet, 1, Die Entwicklung vom Anbeginn bis 1241*, Heidelberg, 1996, p. 47.
[37]　R.Şt. Vergatti, *Populaţie. Timp. Spaţiu, Privire asupra demografiei istorice universale*, Brăila, 2003, pp. 185-187.
[38]　G. Duby, R. Mandrou, *Histoire de la civilisation française*, 1, *Moyen Âge – XVIe siècle*, Paris, 1958, pp. 75-83; U. Willerding, "Paläo-ethnobotanische Befunde über die Lebens- und Umweltverhältnisse im Mittelalter," in *Determinanten...*, pp. 109-126; H. Reichstein, "Tierknochenfunde: Eine Quelle zur qualitativen und quantitativen Erfassung des Nahrungskonsums ?," in *ibidem*, pp. 127-142.
[39]　*DAI*, pp. 174-175.
[40]　H. Göckenjan, *Hilfsvölker und Grenzwächter im mittelalterlichen Ungarn*, Wiesbaden, 1972; N. Berend, *At the Gate of Christendom. Jews, Muslims and*

«Pagans» in Medieval Hungary, c. 1000-c. 1300, Cambridge, 2001; A. Pálóczi-Horváth, "Assimilation et survivances dans la Hongrie médiévale. L'exemple des peuples orientaux," in Conquête, acculturation, identité: des Normands aux Hongrois. Les traces de la conquête (Cahiers du GRHIS, 13), ed. P. Nagy, Rouen, 2001, pp. 65-78.

[41] G. Bárczi, "Quelques conclusions tirées de l'étude des plus anciens mots d'emprunt turcs du hongrois," *AOH*, XXV, 1972, pp. 383-390; A. Róna-Tas, "The Character of Hungarian-Bulgaro-Turkic Relations," in *Studia Turco-Hungarica*, V, *Turkic-Bulgarian-Hungarian Relations (VIth-XIth Centuries)*, Budapest, 1981, pp. 119-128; P. Juhász, *Tiurko-bǔlgari i madzhari. Vliianie na tiurksko-bǔlgarskata kultura vǔrkhu madzharite*, Sofia, 1985.

[42] J. Kiss, "Die ungarische Sprache," in *Die Ungarn. Ihre Geschichte und Kultur*, ed. L. Kósa, trans. A. Friedrich, Budapest, 1994, p. 38; G. Kristó, *Hungarian History in the Ninth Century*, Szeged, 1996, pp. 123-125.

[43] O. Pritsak, "The Pečenegs," *AEMA*, I, 1975, pp. 6-8.

[44] *DAI*, pp. 168-169.

[45] V.A. Ivanov, *Pitiami stepnykh kocheviǐ*, Ufa, 1984, p. 76 ff.; S.A. Pletněva, *Polovtsy*, Moscow, 1990; A. Gökbel, "Kipchaks and Kumans," in *The Turks*, 1, *Early Ages*, eds. H.C. Güzel, C.C. Oğuz, O. Karatay, chief of the editorial board Y. Halaçoğlu, Ankara, 2002, p. 643 ff.

[46] U. Schamiloglu, *Tribal Politics and Social Organization in the Golden Horde*, Columbia University, 1986; P.D. Buell, "Mongol Empire and Turkicization: The Evidence of Food and Foodways," in *The Mongol empire and its legacy*, eds. R. Amitai-Preiss and D.O. Morgan, Leiden-Boston-Cologne, 1999, p. 200 ff.; Th.T. Allsen, *Culture and Conquest in Mongol Eurasia*, Cambridge, 2001, *passim*; D.M. Iskhakov, I.L. Izmaǐlov, "Etnopoliticheskaia istoriia tatar v VI-pervoǐ chetverti XV veka," in *Tatary*, gen. eds. R.K. Urazmanova, S.V. Cheshko, Moscow, 2001, p. 64 ff.; M.A. Usmanov, "About the Peculiarities of the Early Development of the Ethnic History of the Juchid Ulus," in *The Turks, 2, Middle Ages*, Ankara, 2002, pp. 835-840.

[47] R.P. Lindner, *op. cit.*, pp. 698-701.

[48] J.M. Smith, Jr., "Turanian Nomadism and Iranian Politics," *Iranian Studies*, XI, 1978, pp. 63-64; R.P. Lindner, *op. cit.*, pp. 700-701; S. Koca, "The State Tradition and Organization among Ancient Turks," in *The Turks, 1, Early Ages*, pp. 699-702.

[49] K. Czeglédy, "Das sakrale Königtum bei den Steppenvölkern," *Numen*, XIII, 1966, pp. 14-26; P.B. Golden, "Imperial Ideology and the Sources of Political Unity

Amongst the Pre-Činggisid Nomads of Western Eurasia," *AEMA*, II, 1982, p. 37 ff.; N. di Cosmo, *op. cit.*, pp. 19-21; S. Koca, *op. cit.*, pp. 698-699.

[50] G. Duby, *Les trois ordres ou l'imaginaire du féodalisme*, Paris, 1978; J. Le Goff, "Les trios fonctions indo-européennes, l'historien et l'Europe féodale," *Annales. Économies, Sociétés, Civilisations*, 34, 1979, 6, pp. 1187-1215; J.-P. Poly, É. Bournazel, *La mutation féodale Xe-XIIe siècle*, 2nd ed., Paris, 1991, pp. 224-233.

[51] D. Sinor, "Horse and pasture in Inner Asian history," in idem, *Inner Asia and its Contacts with Medieval Europe* (Variorum Reprints), London, 1977, (II,) pp. 172-173.

[52] B. Schmidt, *Die späte Völkerwanderungszeit in Mitteldeutschland*, Halle (Saale), 1961, p. 8 ff.; H. Mitscha-Märheim, *Dunkler Jahrhunderte goldene Spuren. Die Völkerwanderungszeit in Österreich*, Vienna, 1963; K. Bosl, *Europa im Mittelalter. Weltgeschichte eines Jahrtausends*, Vienna-Heidelberg, 1970, p. 30 ff.; L. Vajda, "Zur Frage der Völkerwanderungen," *Paideuma. Mitteilungen zur Kulturkunde*, XIX-XX, 1973/74, pp. 5-53; H. Friesinger, H. Adler, *Die Zeit der Völkerwanderung in Niederösterreich*, St. Pölten-Vienna, 1979; H.-J. Diesner, *Die Völkerwanderung*, 2nd ed., Leipzig, 1980; K. Fischer Drew, "Barbarians, Invasion of," in *Dictionary of the Middle Age*, ed. in chief J.R. Strayer, 2, New York, 1983, pp. 88-97; W. Pohl, *Die Völkerwanderung. Eroberung und Integration*, Stuttgart-Berlin-Cologne, 2002, p. 100 ff.

[53] H. Lemberg, "Der «Drang nach Osten» – Schlagwort und Wirklichkeit," in *Deutsche im europäischen Osten. Verständnis und Missverständnis*, eds. F.B. Kaiser and B. Stasiewski, Cologne-Vienna, 1976, pp. 1-17.

[54] G. Stadtmüller, in H. Franke, H. Jedin, O. Köhler, P. Meinhold, B. Spuler, G. Stadtmüller, G. Tellenbach, *Saeculum Weltgeschichte*, V, *Die Epoche des Mongolensturms. Die Formation Europas. Die neuen islamischen Reiche*, Freiburg-Basel-Vienna, 1970, p. 240 ff.; G. Rhode, "Die Ostbewegungen des deutschen, polnischen und russischen Volkes im Mittelalter. Versuch eines Vergleichs," in *Europa Slavica – Europa Orientalis. Festschrift für Herbert Ludat zum 70. Geburtstag*, eds. K.-D. Grothusen and K. Zernack, Berlin, 1980, pp. 178-204; J. Wyrozumski, "La géographie des migrations en Europe centrale et orientale au Moyen Age et au début des temps modernes," in *Le migrazioni in Europa secc. XIII-XVIII*, ed. S. Cavaciocchi, Florence, 1994, pp. 191-198.

[55] R. Grousset, *Bilan de l'Histoire*, Paris, 1946, pp. 279-283.

[56] H. Focillon, *L'An mil*, Paris, 1952; J. Le Goff, *La civilisation...*, p. 69 ff.; G. Duby, *L'An mil*, Paris, 1967; "L'an mil: rythmes et acteurs d'une croissance", *Médiévales*,

21, 1991, *passim*.

[57] D. Barthélemy, "The Year 1000 Without Abrupt or Radical Transformation," in *Debating the Middle Ages: Issues and Readings*, eds. L.K. Little and B.H. Rosenwein, Malden, Mass.-Oxford, 1998, pp. 134-147; P. Riché, *Les grandeurs de l'an mille*, Paris, 1999, p. 11 ff.; S. Gouguenheim, *Les fausses terreurs de l'an mil. Attente de la fin des temps ou approfondissement de la foi ?*, Paris, 1999, p. 23 ff.; R. Landes, "The Fear of an Apocalyptic Year 1000: Augustinian Historiography, Medieval and Modern," *Speculum. A Journal of Medieval Studies*, 75, 2000, 1, pp. 97-145.

[58] F. Dvornik, *The Making of Central and Eastern Europe*, Gulf Breeze, Florida, 1974; *Europas Mitte um 1000. Beiträge zur Geschichte, Kunst und Archäologie*, 1, 2, eds. A. Wieczorek and H.-M. Hinz, Stuttgart, 2000; *Europe around the year 1000*, ed. P. Urbańczyk, Warsaw, 2001, *passim*.

[59] F. Ratzel, *Anthropogeographie*, I, *Grundzüge der Anwendung der Erdkunde auf die Geschichte*, 4th ed., Stuttgart, 1921, p. 104; S. Koca, "The Migration and Expansion of the Turks," in *The Turks*, 1, *Early Ages*, pp. 76-80.

[60] Th.S. Noonan, "European Russia, c. 500-c. 1050," in *The New Cambridge Medieval History*, III, *c. 900-c. 1024*, ed. T. Reuter, Cambridge, 1999, p. 492.

[61] H.H. Stahl, *Studii de sociologie istorică*, Bucharest, 1972, pp. 42-46; idem, *Teorii şi ipoteze privind sociologia orînduirii tributale*, Bucharest, 1980, p. 131 ff.

[62] L. Febvre, *La Terre et l'évolution humaine. Introduction géographique à l'histoire*, Paris, 1938, p. 321.

[63] T. Nagrodzka-Majchrzyk, *Geneza miast u dawnych ludów tureckich (VII-XII w.)*, Wrocław-Warsaw-Cracow-Gdańsk, 1978, p. 28 ff.; E. Esin, "Baliq and Ordu (The early Yurkish circumvallotions, in architectural aspects)," *CAJ*, 27, 1983, pp. 168-208.

[64] A.M. Khazanov, "Characteristic Features of Nomadic Communities in the Eurasian Steppes," in *The Nomadic Alternative*···, p. 121 ff.; *When Nomads Settle. Processes of Sedentarization As Adaptation and Response*, ed. Ph.C. Salzman, with the assistance of E. Sadala, New York, 1980; D. Kshibekov, *Kochevoe obshchestvo: genezis, razvitie, upadok*, Alma-Ata, 1984, p. 209 ff.; J.E. Rafferty, "The Archaeological Record on Sedentariness: Recognition, Development, and Implications," in *Advances in Archaeological Method and Theory,* 8, ed. M.B. Schiffer, Orlando, Florida, 1985, p. 118 ff.

参考文献

Akishev, K.A., "K probleme proiskhozhdeniia nomadizma v aridnoĭ zone drevnego Kazakhstana," in *Poiski i raskopki v Kazakhstane*, Alma-Ata, 1972, pp. 31-46.

Andrews, P.A., *Nomad Tent Types in the Middle East*, I, *Framed Tents*, 1, 2, Wiesbaden, 1997.

Idem, *Felt Tents and Pavilions. The Nomadic Tradition and its Interaction with Princely Tentage*, I, II, London, 1999.

L'Asie des steppes d'Alexandre le Grand à Gengis Khan, co-ord. J.-P. Desroches, Paris-Barcelona, 2000.

Barfield, T.J., *The Perilous Frontiers. Nomadic Empires and China*, Cambridge, Mass.-Oxford, 1996.

Bazin, L., "Les peuples turcophones en Eurasie: un cas majeur d'expansion ethnolinguistique," *Hérodote. Revue de géographie et de géopolitique*, 42, 1986, 3, pp. 75-108.

Bollig, M. and Casimir, M.J., "Pastorale Nomaden," in *Handbuch der Ethnologie. Festschrift für Ulla Johansen*, eds. Th. Schweizer, M. Schweizer, W. Kokot, Berlin, 1993, pp. 521-560.

Bregel, Y., "Turko-Mongol influences in Central Asia," in *Turko-Persia in Historical Perspective*, ed. R.L. Canfield, Cambridge-NewYork-Port Chester-Melbourne-Sydney, 1991, pp. 53-77.

Brentjes, B., Vasilievsky, R.S., *Schamanenkrone und Weltenbaum. Kunst der Nomaden Nordasiens*, Leipzig, 1989.

Cahen, C., "Nomades et sédentaires dans la monde musulman du milieu du Moyen Âge," in idem, *Les peuples musulmans dans l'histoire médiévale*, Damascus, 1977, pp. 423-437.

Chabros, K., Dulam, S., *La nomadisation mongole: techniques et symbolique*, Bloomington, Indiana,1990.

Change and Development in Nomadic and Pastoral Societies, eds. J.G. Galaty and Ph.C. Salzman, Leiden, 1981.

Chapman, J. and Hamerow, H., "Introduction: On the Move Again – Migrations and Invasions in Archaeological Explanation," in *Migrations and Invasions in Archaeological Explanation*, eds. J.Chapman and H.Hamerow, Oxford, 1997, pp. 1-7.

Christian, D., "State Formation in the Inner Eurasian Steppe," in *Silk Road Studies*, II, *Worlds of the Silk Roads: Ancient and Modern*, eds. D. Christian and C. Benjamin, Macquarie University, Australia, 1998, pp. 51-76.

Idem, "Silk Roads or Steppe Roads? The Silk Roads in World History," in *Silk Road Studies*, IV, *Realms of the Silk Roads: Ancient and Modern*, eds. D. Christian and C. Benjamin, Macquarie University, Australia, 2000, pp. 67-94.

Couchaux, D., *Habitats nomades*, Paris, 1980.

Cultural Interaction and Conflict in Central and Inner Asia, eds. M. Gervers, U.E. Bulag, G. Long, Toronto, 2004.

Culture and Environment in Inner Asia, 1, *The Pastoral Economy and the Environment*, eds. C. Humphrey and D. Sneath, Cambridge, 1996.

Drompp, M.R., "Centrifugal Forces in the Inner Asian «Heartland»: History *versus* Geography," *Journal of Asian History*, 23, 1989, pp. 134-163.

Eberhard, W., *Conquerors and Rulers. Social Forces in Medieval China,* 2nd ed., Leiden, 1970.

Ecology and Empire. Nomads in the Cultural Evolution of the Old World, ed. G. Seaman (*Proceedings of the Soviet-American Academic Symposia in Conjunction with the Museum Exhibition* Nomads: Masters of the Eurasian Steppe, 1), Los Angeles, 1989.

Ecsedy, I., "Nomadic Society and the Hungarian Conquerors' Tribal Society of Oriental Origin," *AOH*, 55, 2002, 1-3, pp. 135-141.

Etnografia continentelor, II, 2, gen. eds. S.P. Tolstov, M.G. Levin and N.N. Cheboksarov, Bucharest, 1961.

Etre nomade aujourd'hui, Neuchâtel, 1979.

Febvre, L., *La Terre et l'évolution humaine. Introduction géographique a l'histoire*, Paris, 1938.

Fourniau, V., "Le Semiretchie et la Transoxiane: leurs liens dans l'histoire des turcisations et des sédentarisations en basse Asie Centrale," in *Hommes et terres d'Islam. Mélanges offerts à Xavier de Planhol*, ed. D. Balland, II, Teheran-Louvain, 2000, pp. 229-242.

Frend, W.H.C., "Nomads and Christianity in the Middle Ages," *Journal of Ecclesiastical History*, XXVI, 1975, 3, pp. 209-221.

Galvin, K.A., "Nomadism," in *Encyclopedia of Cultural Anthropology*, eds. D. Levinson, M. Ember, 3, New York, 1996, pp. 859-862.

Göckenjan, H., "Kundschafter und Späher. Ein Beitrag zur Strategie und Taktik reiternomadischer Kriegsführung", *AOH*, 53, 2000, 3-4, pp. 187-202.

Golden, P.B., "Some Notes on the *Comitatus* in Medieval Eurasia with Special Reference to the Khazars," *Russian History/Histoire russe*, 28, 2001, 1-4, pp. 153-170.

Golowin, S., *Das Reich des Schamanen. Der eurasische Weg der Weisheit*, Basel, 1981.

Grønbech, K., "The Steppe Region in World History, II," *Acta Orientalia ediderunt Societates Orientales Danica Norvegica Svecica (Le Monde Oriental)*, XXIV, 1959, pp. 15-28.

Hänsel, B., "Die Steppe und der südosteuropäische Subkontinent. Nomadeneinfälle und Transhumanz," in *Civilisation grecque et cultures antiques périphériques. Hommage à Petre Alexandrescu à son 70e anniversaire*, eds. A. Avram and M. Babeş, Bucharest, 2000, pp. 31-42.

Hartog, F., "Les Scythes imaginaires: espace et nomadisme," *Annales. Économies, Sociétés, Civilisations*, 34, 1979, 6, pp. 1137-1154.

Herrmann, A., *Die alten Seidenstrassen zwischen China und Syrien*, I, Berlin, 1910.

Jagchid, S., "Patterns of Trade and Conflict between China and the Nomads of Mongolia," *Zentralasiatische Studien*, 11, 1977, pp. 177-204.

Jentsch, Ch., *Das Nomadentum in Afghanistan. Eine geographische Untersuchung zu Lebensund Wirtschaftsformen im asiatischen Trockengebiet*, Meisenheim am Glan, 1973.

Jettmar, K., "Die Entstehung der Reiternomaden," *Saeculum*, 17, 1966, pp. 1-11.

Khazanov, A., "Ecological Limitations of Nomadism in the Eurasian Steppes and Their Social and Cultural Implications," *Asian and African Studies*, 24, 1990, pp. 1-15.

Klengel, H., *Zwischen Zelt und Palast. Die Begegnung von Nomaden und Sesshaften im alten Vorderasien*, Vienna, 1972.

Klimkeit, H.-J., *Die Seidenstrasse. Handelsweg und Kulturbrücke zwischen Morgen- und Abendland*, Cologne, 1988.

Kradin, N.N., "The Origins of the State Among the Pastoral Nomads," in *Ethnohistorische Wege und Lehrjahre eines Philosophen. Festschrift für Lawrence Krader zum 75. Geburtstag*, Frankfurt am Main, 1995, pp. 163-177.

Idem, "Social Evolution among the Pastoral Nomads," in *The Colloquia of the XIII International Congress of Prehistoric and Protohistoric Sciences, Forli (Italia) 8-14 September 1996*, 16, *The Prehistory of Asia and Oceania*, eds. G.E. Afanas'ev, S. Cleuziou, J.R. Lukacs, M. Tosi, Forli, 1996, pp. 11-47.

Kramarovsky, M.G., Shchukin, M.B., "Nomads on Their Way to Europe (Northern Black Sea Reaches in the 3d-4th – 13th-14th c.c.)," in *Teoderico e i Goti tra Oriente e Occidente*, ed. A. Carile, Ravenna, 1995, pp. 161-170.

Kunst und Kultur entlang der Seidenstrasse, ed. H.G. Franz, Graz, 1986.

Kürsat-Ahlers, E., "Aspects of State Formation Processes among the Ancient Eurasian Nomads," in *The Colloquia of the XIII International Congress of Prehistoric and Protohistoric Sciences, Forli (Italia) 8-14 September 1996*, 16, *The Prehistory of Asia and Oceania*, eds. G.E. Afanas'ev, S. Cleuziou, J.R. Lukacs, M. Tosi, Forli, 1996, pp. 25-48.

Kwanten, L., *Imperial Nomads. A History of Central Asia, 500-1500*, University of Pennsylvania Press, 1979.

Lattimore, O., *Mongol Journeys*, New York, 1975.

Leeuwen, C.v., Emeljanenko, T., Popova, L., *Nomads in Central Asia. Animal husbandry and culture in transition (19th-20th century)*, Amsterdam, 1993.

Legrand, J., "Aux origines des Mongols: formation ethnique, histoire et pastoralisme nomade," *Slovo. Revue du Centre d'Études Russes, Eurasiennes et Sibériennes*, 14, 1994, pp. 23-44.

Lindner, R.P., "What Was a Nomadic Tribe ?," *Comparative Studies in Society and History*, 24, 1982, pp. 689-711.

Machatschek, F., *Landeskunde von russisch Turkestan*, Stuttgart, 1921.

Makkay, J., "The Formation of Pastoral Economy in the Carpathian Basin," in *The Colloquia of the XIII International Congress of Prehistoric and Protohistoric Sciences, Forli (Italia) 8-14 September 1996*, 16, *The Prehistory of Asia and Oceania*, eds. G.E. Afanas'ev, S. Cleuziou, J.R. Lukacs, M. Tosi, Forli, 1996, pp. 121-131.

Migrations en Asie. Migrants, personnes déplacées et réfugies/Migrationen in Asien. Abwanderung, Umsiedlung und Flucht, ed. M. Centlivres-Demont, Bern, 1983.

Miquel, A., *La géographie humaine du monde musulman jusqu'au milieu du 11e siècle. Géographie arabe et représentation du monde: la terre et l'étranger*, I, II, Paris, 2001.

Nagrodzka-Majchrzyk, T., *Geneza miast u dawnych ludów tureckich (VII-XII w.)*, Wrocław-Warsaw- Cracow-Gdańsk, 1978.

Die Nomaden in Geschichte und Gegenwart, Berlin, 1981.

Nomaden und ihre Umwelt im Wandel, ed. E. Baum, Witzenhausen, 1989.

Nomades et sédentaires en Asie Centrale. Apports de l'archéologie et de l'ethnologie, ed. H.-P. Francfort, Paris, 1990.

Nomadismus als Entwicklungsproblem, ed. W. Kraus, Bielefeld, 1969.

Nomads of Eurasia, ed. V.N.Basilov, trans. M. Fleming Zirin, Los Angeles, 1989.

Novik, E.S., *Ritual und Folklore im sibirischen Schamanismus. Eine vergleichende Strukturanalyse*, Hamburg, 1989.

Numelin, R., *Les migrations humaines. Étude de l'esprit migratoire*, trans. V. Forbin, Paris, 1939.

Oshanin, L.V., *Anthropological Composition of the Population of Central Asia, and the Ethnogenesis of its Peoples*, II, trans. V.M. Maurin, Cambridge, Mass., 1964.

Pastoral production and society: proceedings of the international meeting on nomadic pastoralism, Paris 1-3 December 1976, Cambridge, 1979.

Pohl, W., Metzner-Nebelsick, C., Daim, F., "Reiternomaden," in *Reallexikon der Germanischen Altertumskunde von* Johannes Hoops, co-ord. R. Müller, eds. H. Beck, D. Geuenich, H. Steuer, Berlin-New York, 2003, pp. 395-412.

Prjévalski, N., *Mongolie et Pays des Tangoutes*, trans. G. du Laurens, Paris, 1880.

Radloff, W., *Aus Sibirien. Lose Blätter aus meinem Tagebuche*, I, II, 2nd ed., Leipzig, 1893.

Ratzel, F., *The History of Mankind*, III, trans. A.J. Butler, London, 1898.

Rowton, M., "Enclosed Nomadism," *Journal of the Economic and Social History of the Orient*, XVII, 1974, 1, pp. 1-30.

Idem, "Economic and Political Factors in Ancient Nomadism," in *Nomads and Sedentary Peoples*, ed. J.S. Castillo *(30th International Congress of Human Sciences in Asia and North Africa)*, Mexico, 1981, pp. 25-36.

Rulers from the Steppe. State Formation on the Eurasian Periphery, eds. G. Seaman and D. Marks (*Proceedings of the Soviet-American Academic Symposia in Conjunction with the Museum Exhibition* Nomads: Masters of the Eurasian Steppe, 2), Los Angeles, 1991.

Rafferty, J.E., "The Archaeological Record on Sedentariness: Recognition, Development, and Implications," in *Advances in Archaeological Method and Theory*, 8, ed. M.B. Schiffer, Orlando, Florida, 1985, pp. 113-156.

Shepard, J., "The Russian Steppe-Frontier and the Black Sea Zone," Αρχειον Ποντου, 35, 1979, pp. 218-237.

Sinor.D, "Central Eurasia," in idem, *Inner Asia and Its Contacts with Medieval Europe* (Variorum Reprints), London, 1977, (1,) pp. 93-119.

Smith Jr., J.M., "Turanian Nomadism and Iranian Politics," *Iranian Studies*, XI, 1978, pp. 57-81.

Idem, "Mongol Nomadism and Middle Eastern Geography: Qîshlâqs and Tümens," in *The Mongol empire and its legacy*, eds. R. Amitai-Preiss and D.O. Morgan, Leiden-Boston-Cologne, 1998, pp.39-56.

Stahl, H.H., *Studii de sociologie istorică*, Bucharest, 1972.

Strasser, R., *The Mongolian Horde*, New York, 1930.

Turri, E., *Gli uomini delle tente. I pastori nomadi tra ecologia e storia, tra deserto e bidonville*, Milan, 1983.

Vainshtein, S., *Nomads of South Siberia. The Pastoral Economies of Tuva*, trans. M. Colenso, Cambridge-London-New York-New Rochelle-Melbourne-Sydney, 1990.

Vardiman, E.E., *Nomaden. Schöpfer einer neuen Kultur im Vorderen Orient*, Vienna-Düsseldorf, 1977.

Viehwirtschaft und Hirtenkultur. Ethnographische Studien, ed. L. Földes, Budapest, 1969.

When Nomads Settle. Processes of Sedentarization As Adaptation and Response, ed. Ph.C. Salzman, with the assistance of E. Sadala, New York, 1980.

Zhdanko, T.A., "Nomadizm v Sredneĭ Azii i Kazakhstane (Nekotorye istoricheskie i ètnograficheskie problemy)," in *Istoriia, arkheologiia i ètnografiia Sredneĭ Azii*, Moscow, 1968, pp. 274-281.

图 片

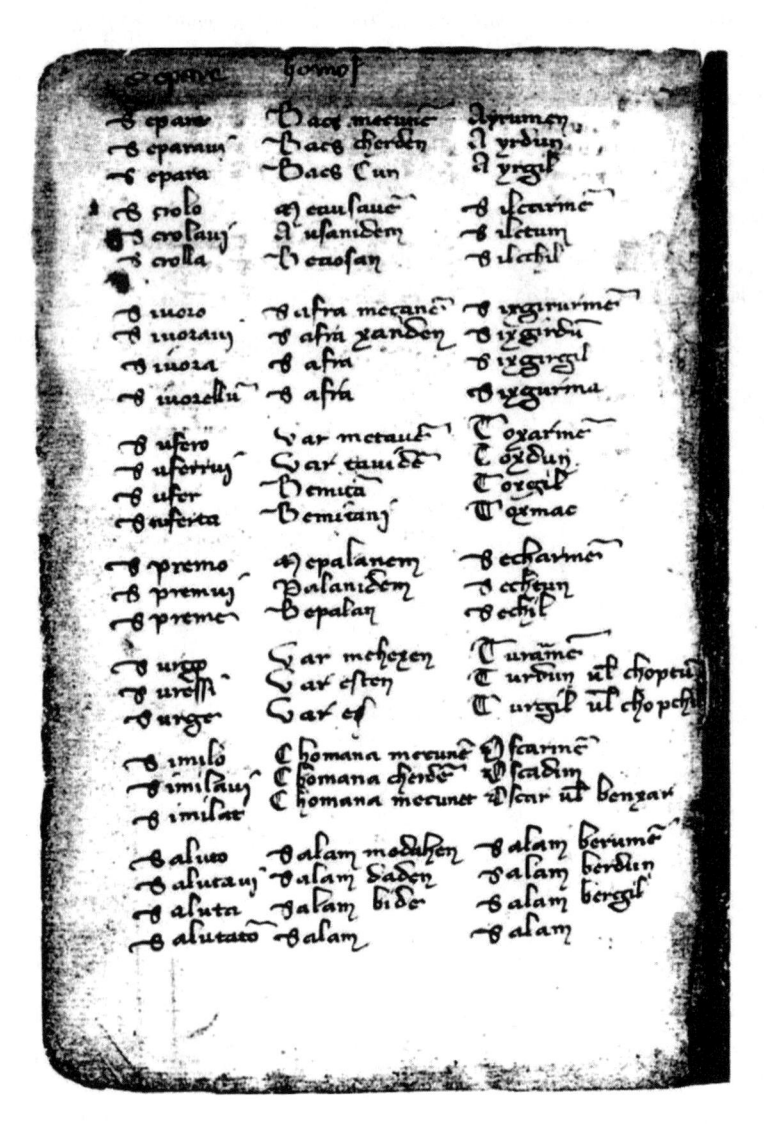

图57　叶26v

藏于威尼斯的玛西亚娜国家图书馆的《库蛮语汇编》手稿。

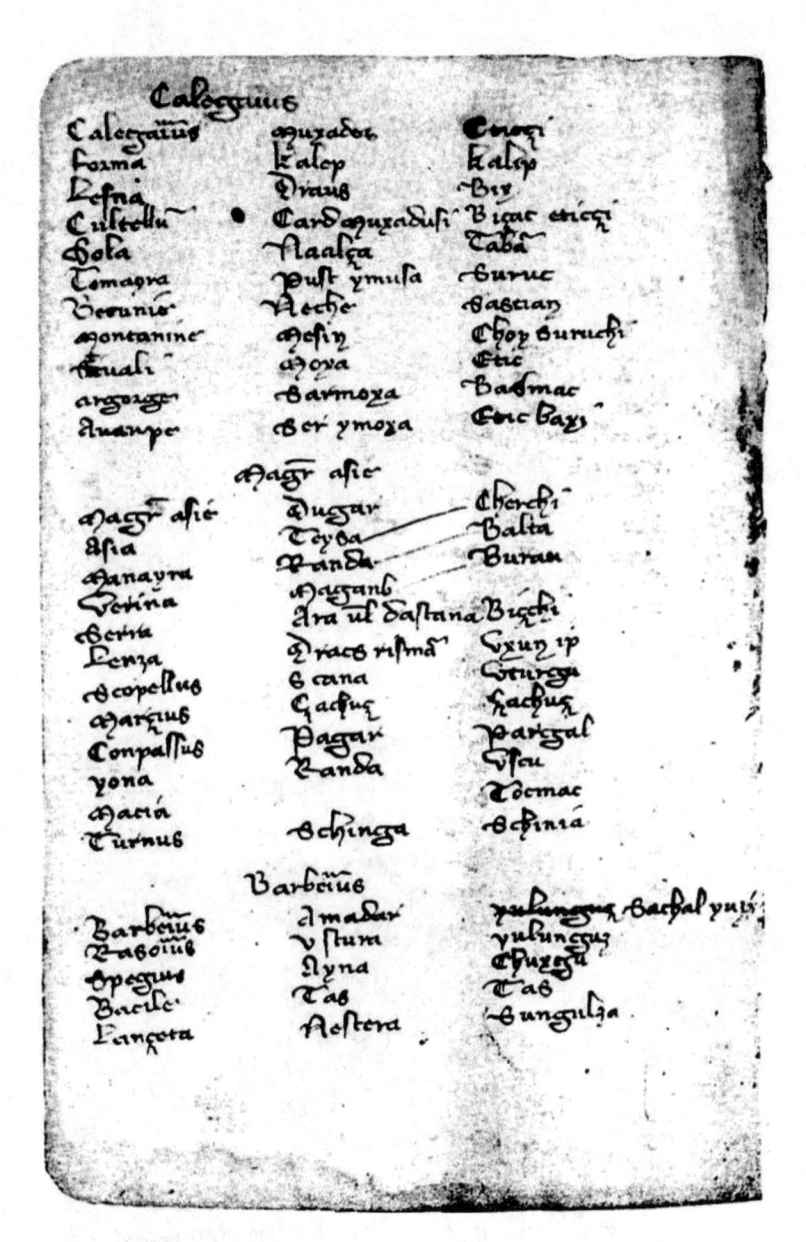

图58 叶43v

藏于威尼斯的玛西亚娜国家图书馆的《库蛮语汇编》手稿。

图59 《拉齐维乌编年史》中插图所绘波罗维茨人／库蛮人所用车辆

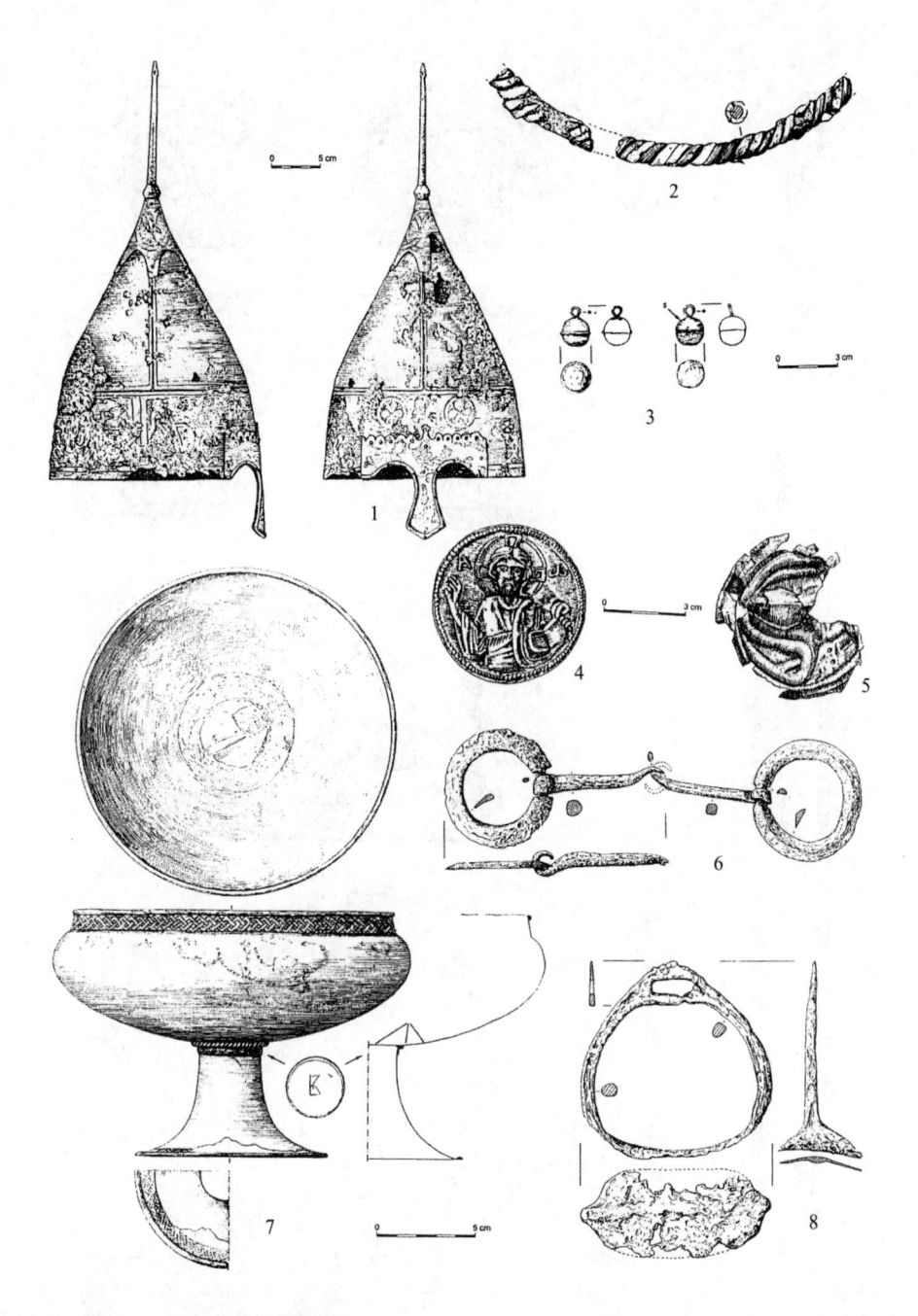

图60 一位库蛮武士的随葬品

出土于十三世纪乌克兰塔汗察（Taháncza）陵墓。

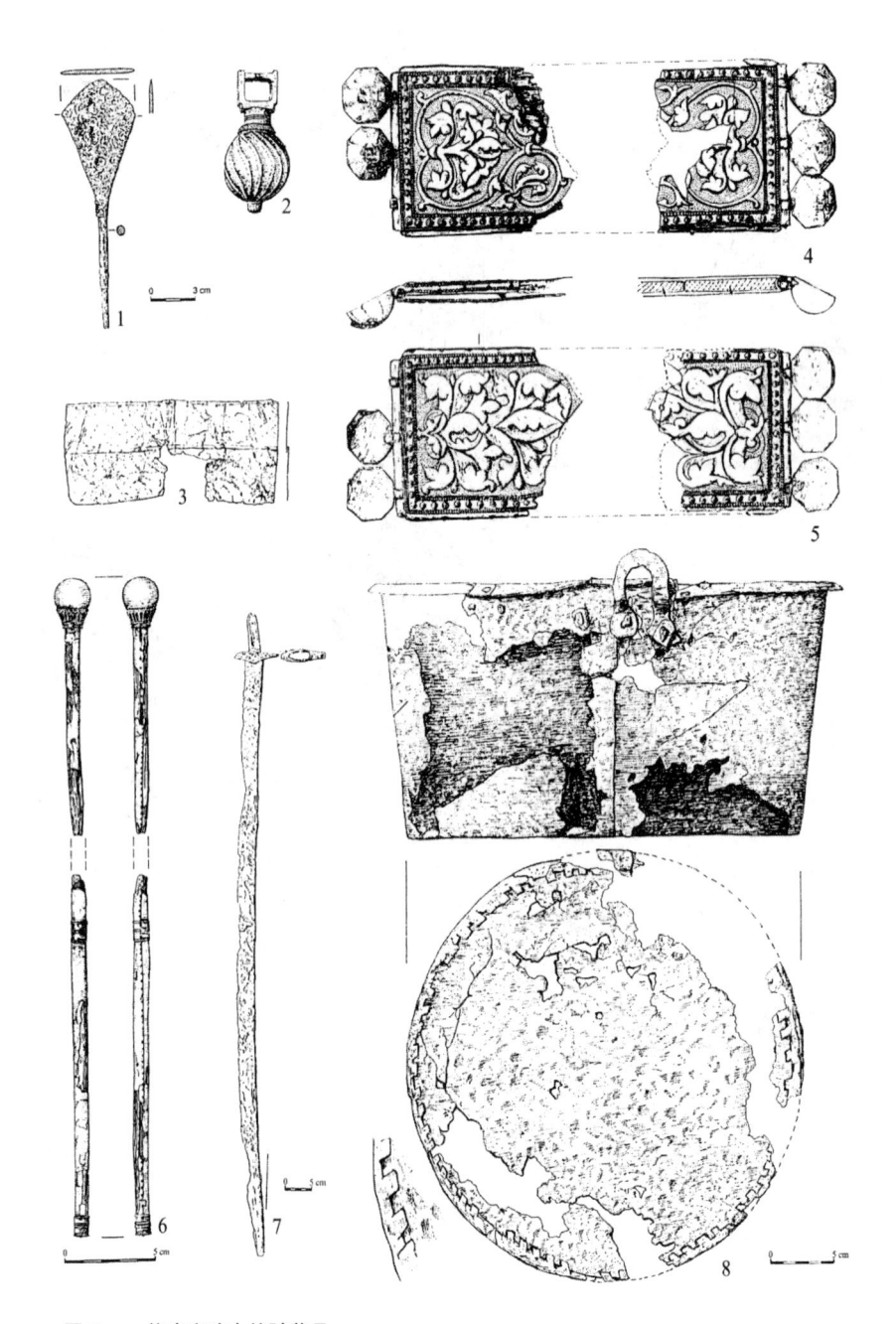

图61 一位库蛮武士的随葬品

出土于十三世纪乌克兰塔汗察陵墓。

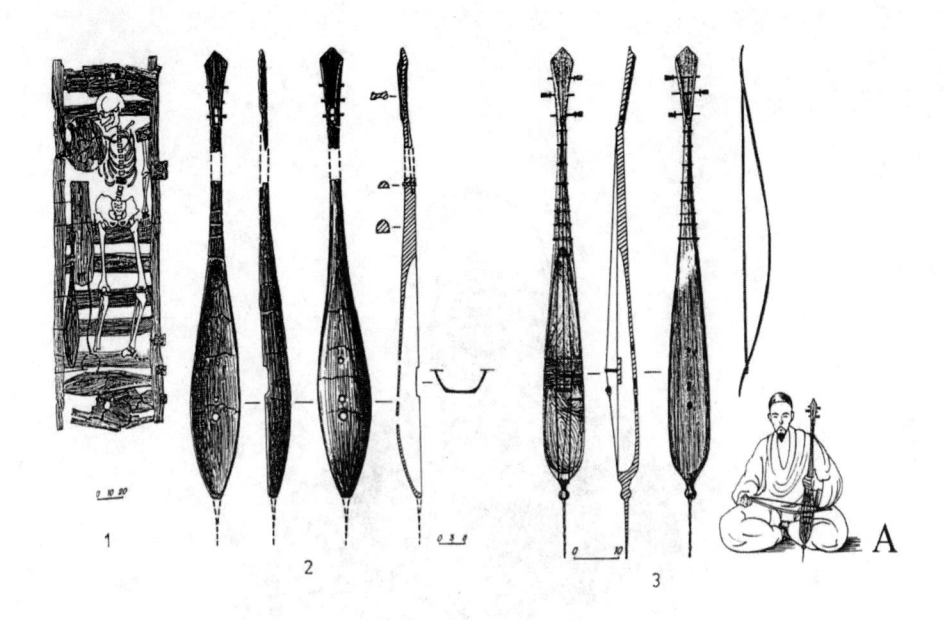

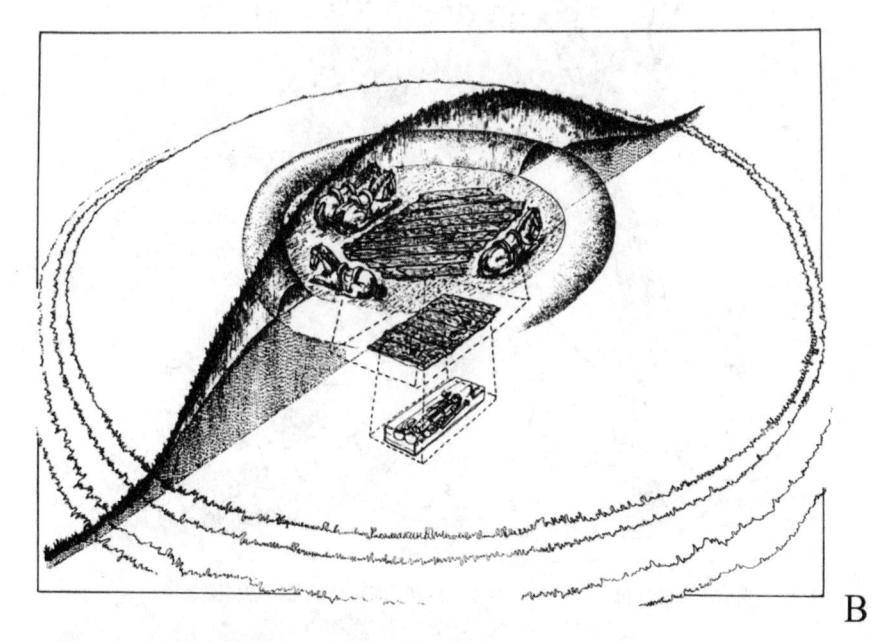

图62 管弦乐和库蛮汗墓地构造示意图

A.管弦乐（2.出土于基罗夫的一座古墓，属于一位库蛮人；1、3.复原形状和弹奏）；B.十二至十三世纪成格尔古墓群（位于乌克兰）中库蛮汗墓地构造示意图。

图63 成格尔古墓（位于乌克兰）中波罗维茨/库蛮汗的服饰重构图

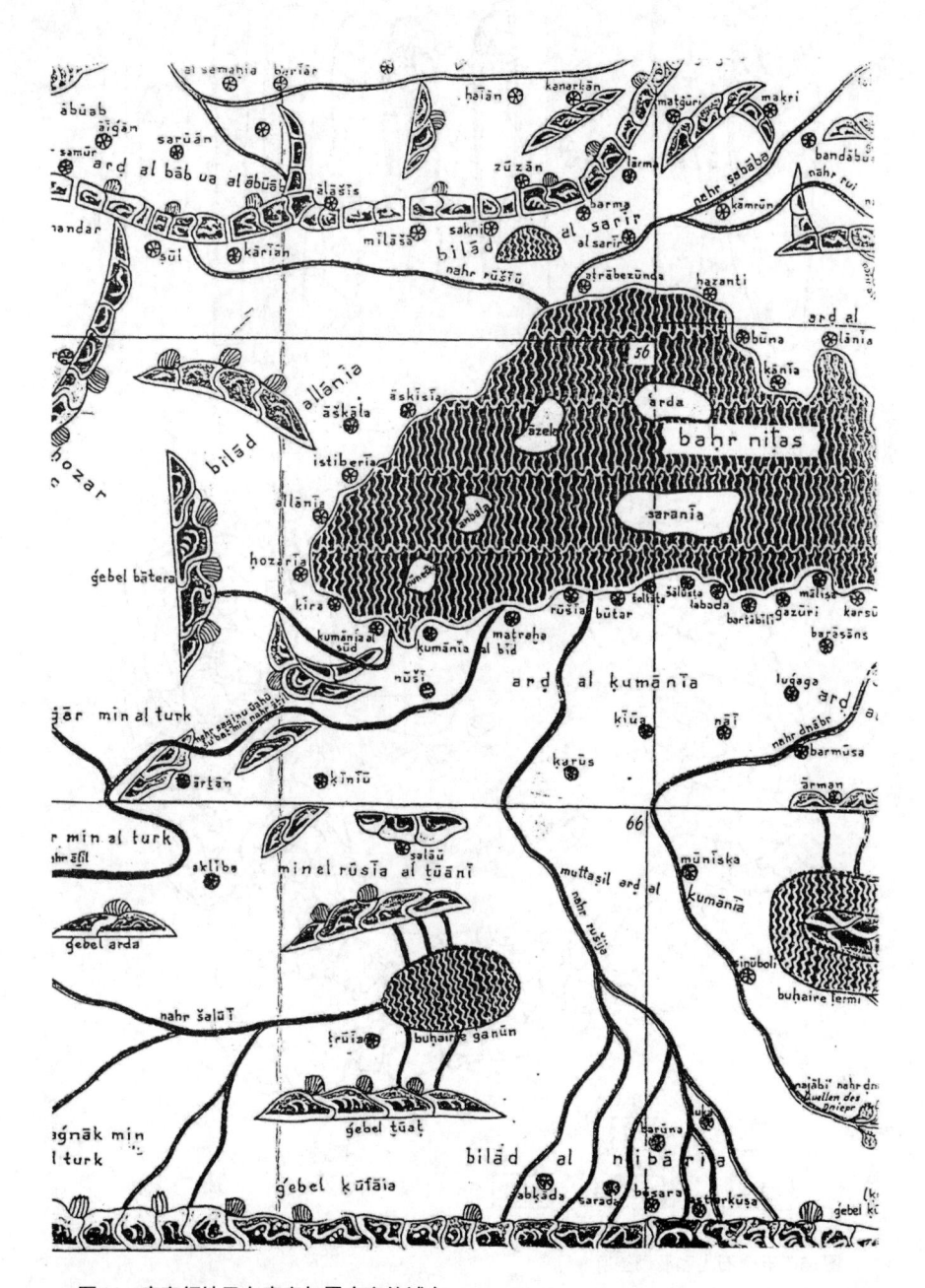

图64 库蛮领地及白库蛮与黑库蛮的城市

位于黑海以北,来源于1154年阿拉伯地理学家伊德里西所绘《罗杰尔之书》。

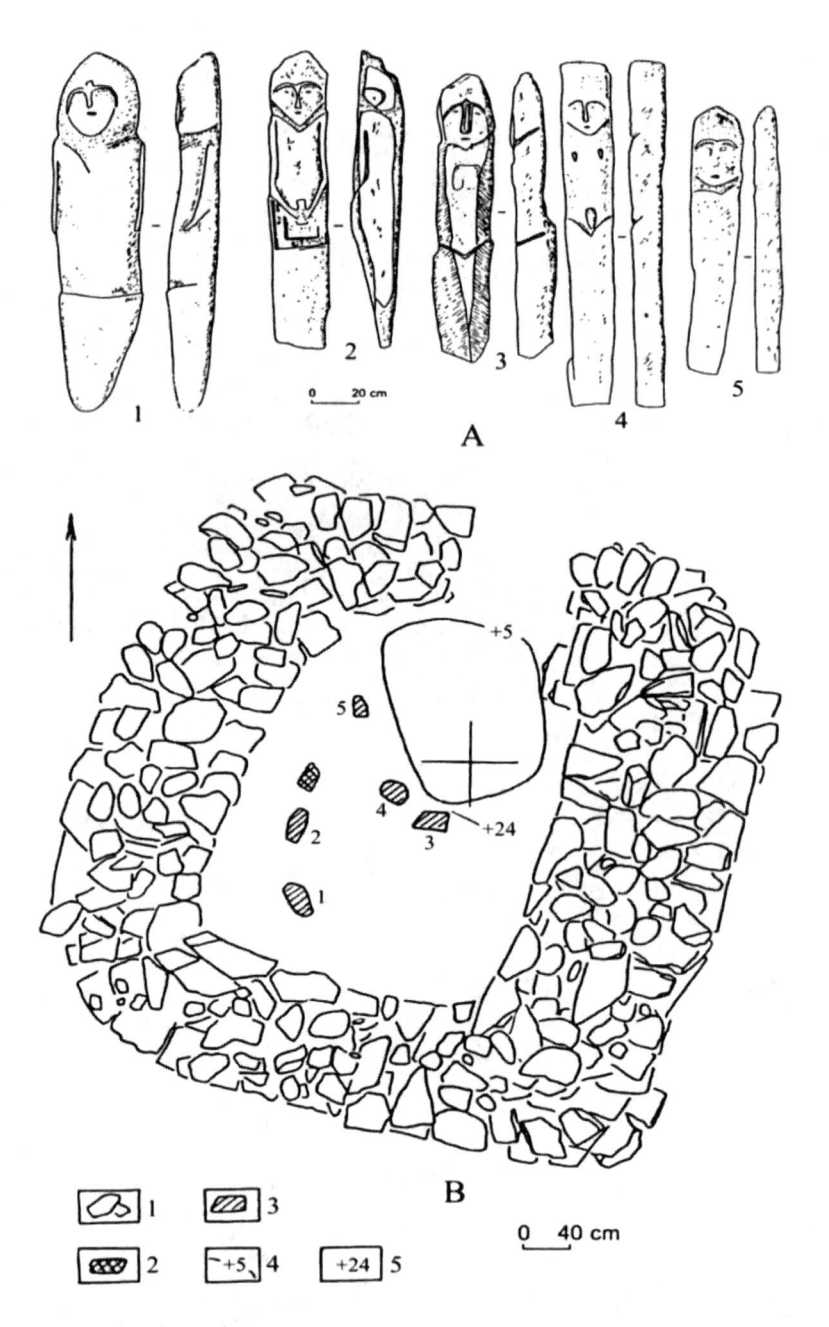

图65 五个石人和石砌圣所

A.五个石人（1.石头；2.石人；3.破碎的石人；4.献祭坑的轮廓；5.玻璃珠），位于哈萨克斯坦卡拉干达州的克孜勒阿莱山；B.位于日尼什克河岸的石砌圣所。

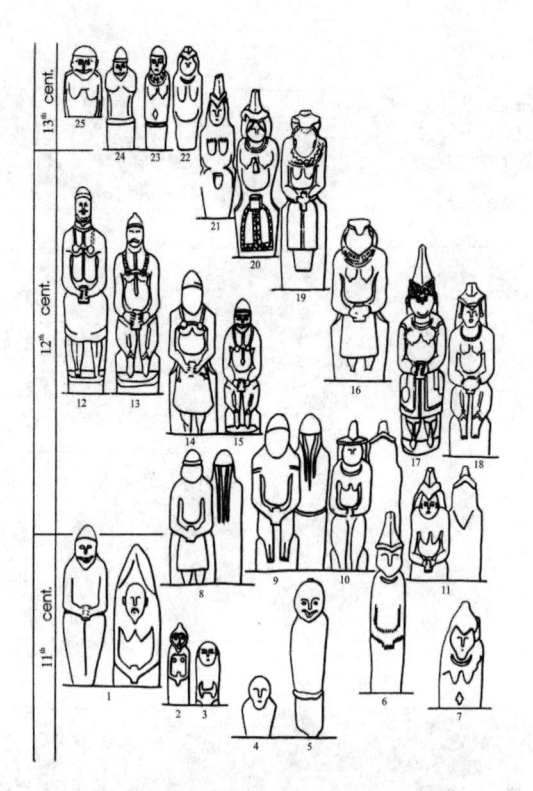

图 66　东欧波罗维茨／库蛮石人的演变图

图 67　波罗维茨／库蛮石人
藏于乌克兰敖德萨的历史博物馆。

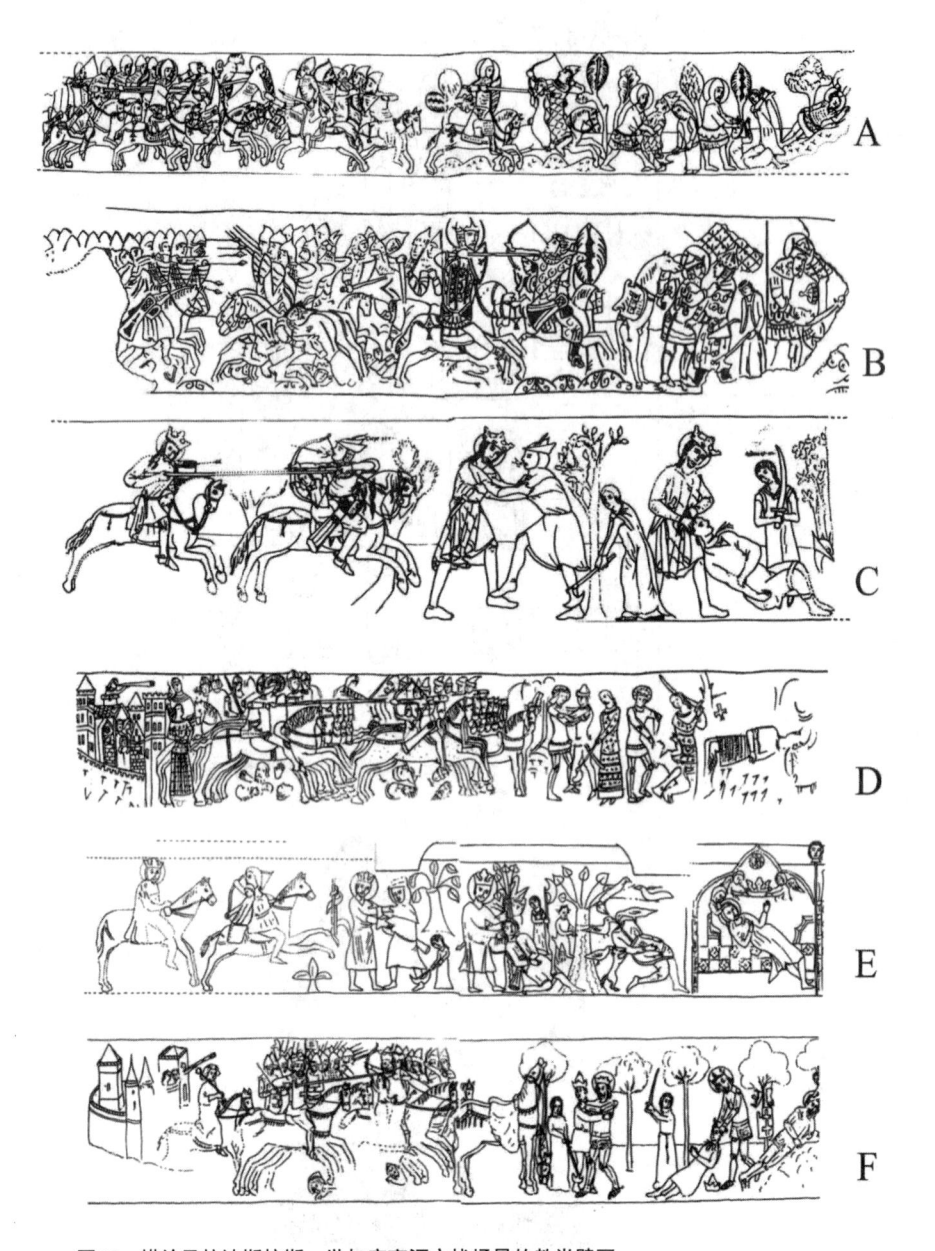

图 68 描绘圣拉迪斯拉斯一世与库蛮汗交战场景的教堂壁画

A.在莫阿卡（Moacşa）；B.在罗马尼亚的契列尼（Chilien）；C.在韦尔卡-洛米尼卡（Vel'ka Lominica）；D.在瑞玛卫斯卡-巴纳（Rimavská Bana）；E.在韦特考瓦斯（Vitkovce）；F.在斯洛伐克的克拉斯考夫（Karaskovo）。

图 69 波罗维茨/库蛮石人

藏于乌克兰第聂伯罗彼得罗夫斯克（Dnepropetrovsk）历史博物馆。

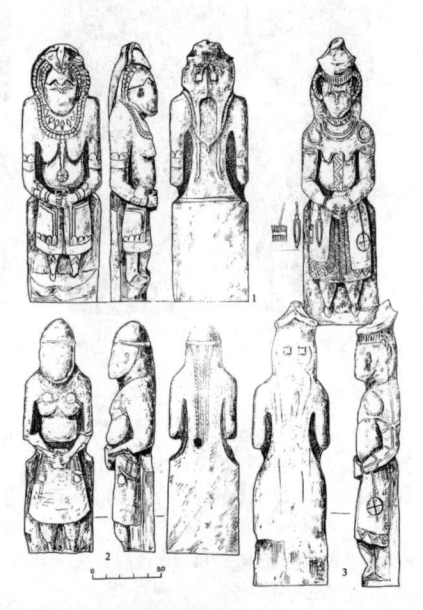

图 70 波罗维茨/库蛮石人

藏于乌克兰第聂伯罗彼得罗夫斯克历史博物馆。

图71　波罗维茨/库蛮石人

分别出土于：1. 斯克托瓦托（Skotovatoe），位于顿涅茨克州（Donetsk district）；2. 诺夫-塔什克夫卡（Novo Tashkovka），位于卢甘斯克州（Lugansk district）；3. 克拉斯诺达尔-斯塔瑞亚-列什科夫斯克亚（Krasnodar-Staraia Leushkovskaia），位于克拉斯诺达尔县（Krasnodar county）；4. 克拉斯诺达尔-玛洛若斯亚（Krasnodar-Malorosiiskaia），位于克拉斯诺达尔县；5. 发现地不详（藏于基辅历史博物馆）；6. 尼古拉耶夫卡（Nikolaevka），位于卢甘斯克州；7、8. 斯图匹基（Stupki），位于顿涅茨克州。以上均在乌克兰。

图72 拉齐维乌编年史中插图所绘波罗维茨人/库蛮人与罗斯人交战场景

图73 拉齐维乌编年史中插图所绘波罗维茨人/库蛮人与罗斯人交战场景

图74 拉齐维乌编年史中插图所绘波罗维茨人/库蛮人与罗斯人交战场景

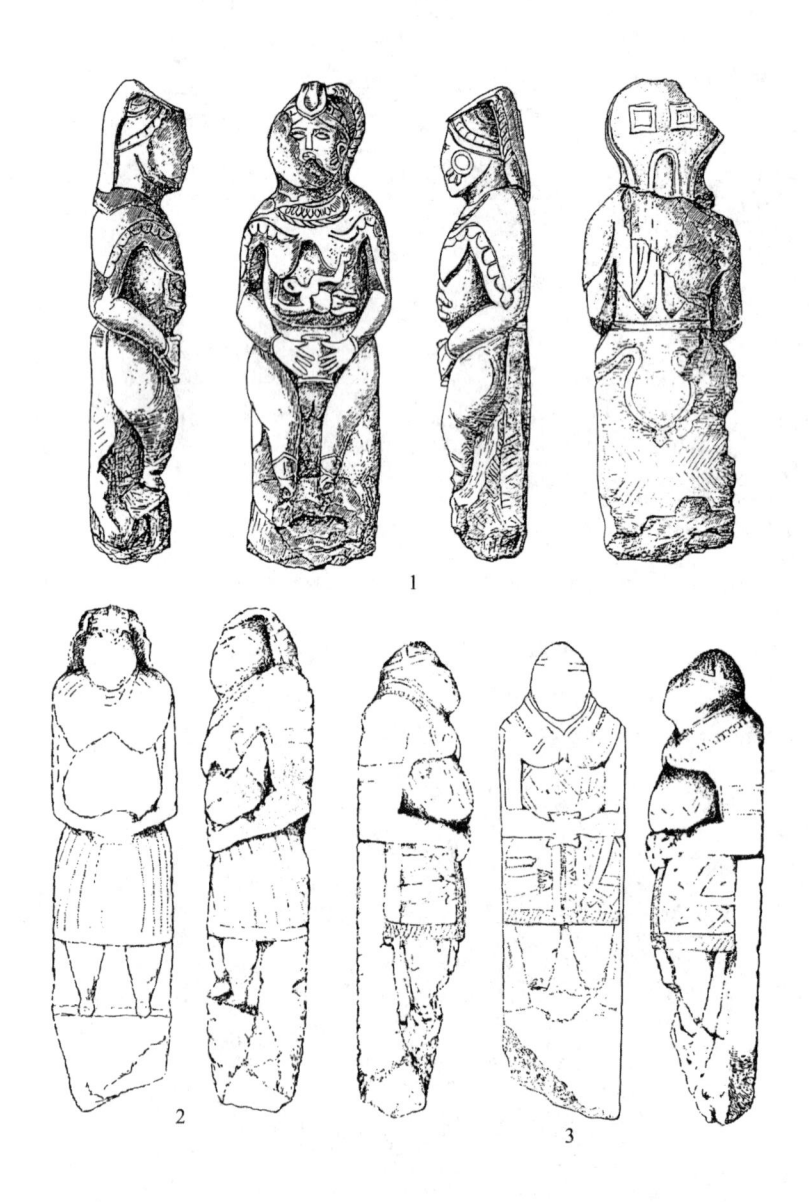

图75 波罗维茨／库蛮石人

文物出土地点如下：1.切尔尼基诺（Chernikhino），位于乌克兰卢甘斯克州；2、3.察廖夫－布罗德［即前恩哲（Endzhe），位于保加利亚的舒门州（Shumen）］。

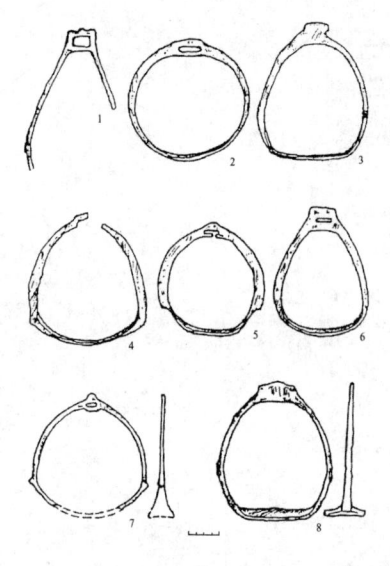

图76 十一至十三世纪突厥语游牧民的典型铁制马镫

出土于保加利亚巴尔干山脉以南地区。

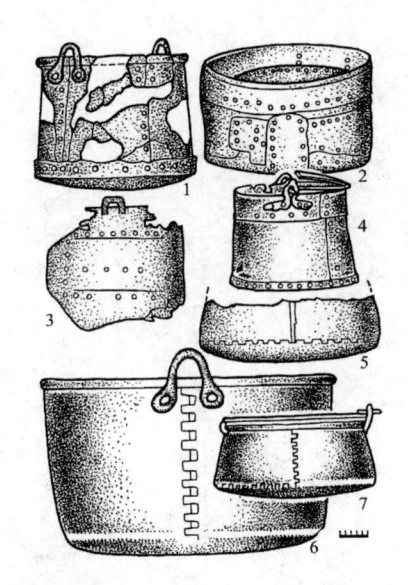

图77 黑海以北游牧民使用的金属锅

分别出土于：1. 尼基福罗夫卡（Nikiforovka）；2. 艾祖木（Izium）；3. 希若科尔（Shirokol）；4. 乃尼亚科钦卡（Nizhniaia Kozinka）；5. V. 塔拉索夫卡（V. Tarasovka）；6. 扎波罗热（Zaporozhie）；7. 莫思科亚－科沙拉（Morskaia Koshara）。

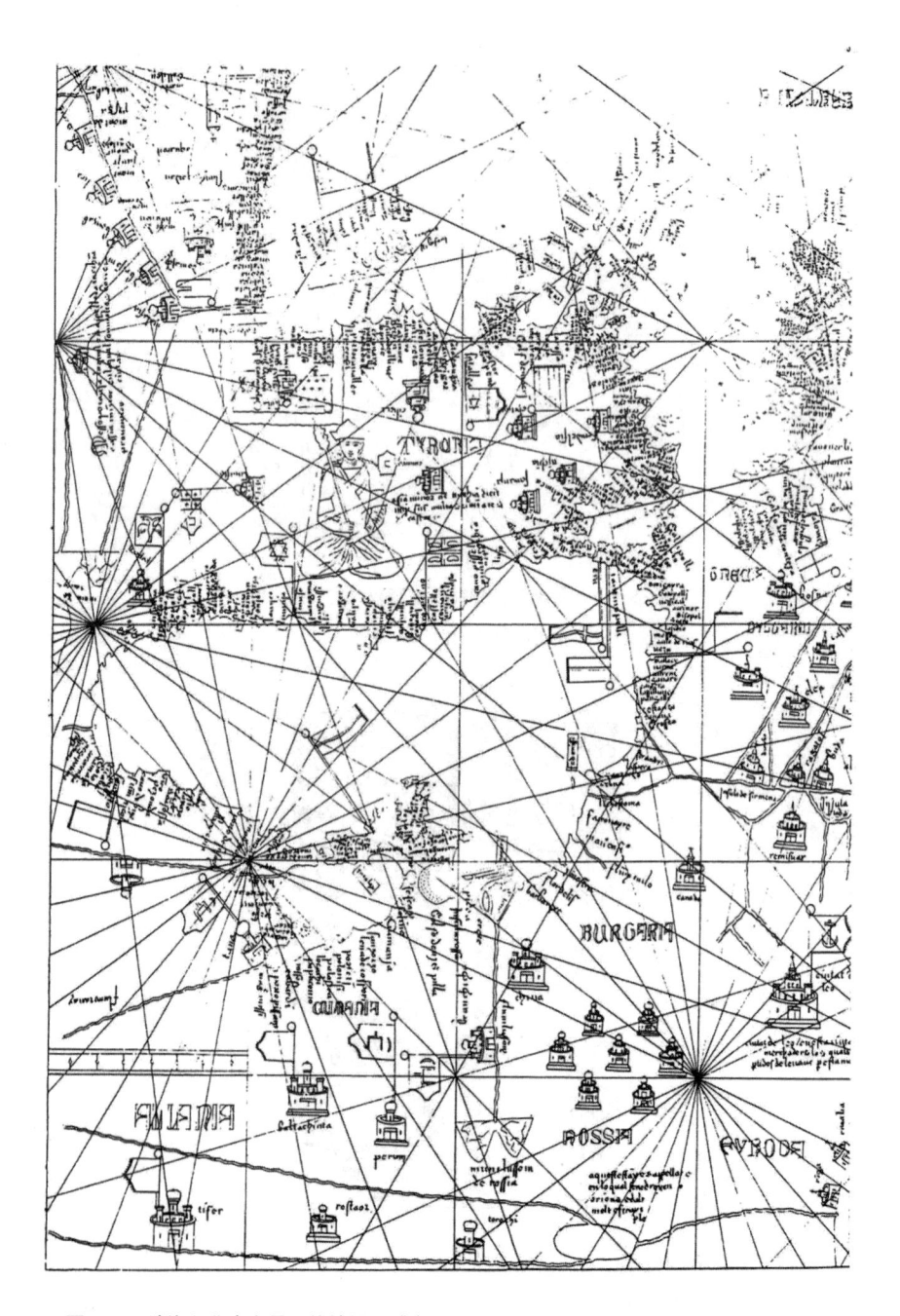

图78 亚速海以北库蛮尼亚的地区和城市（？）

来源于1374—1376年的《卡塔兰地图集》。

图79 1320年马里诺·萨努多绘制的圆形图
图中库蛮尼亚位于黑海以北。

图80 1457年弗拉·毛罗（Fra Mauro）绘制的圆形图
图中库蛮尼亚位于黑海以北。

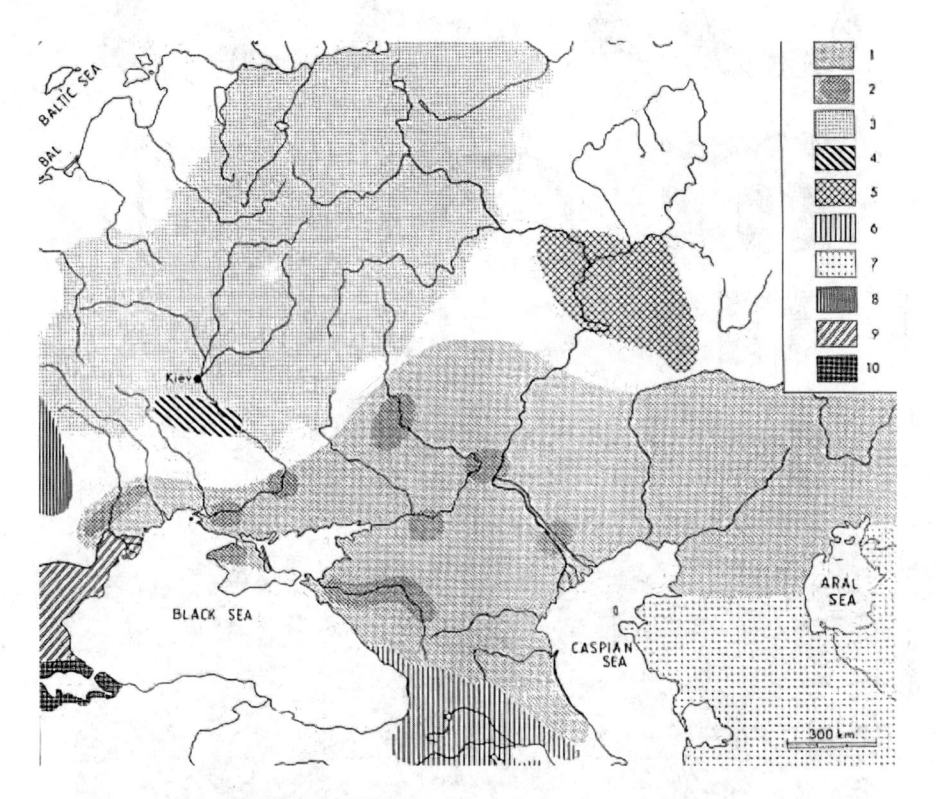

图81 库蛮人及周边族群居住区域图

1.波罗维茨人/库蛮人/钦察人；2.库蛮部落；3.基辅罗斯；4.居住在南俄地区的佩切涅克人、乌古斯人；5.伏尔加河的不里阿耳人；6.谷儿只人；7.花剌子模人；8.匈牙利人；9.直至1185年被并入拜占庭帝国的保加利亚；10.拜占庭。

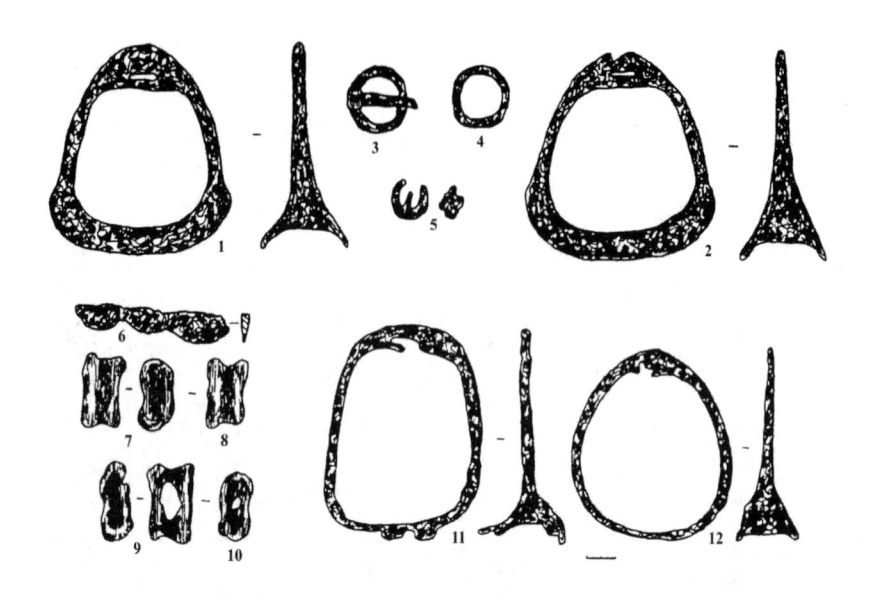

图 82　十三至十四世纪突厥语族群坟墩的随葬品

出土于伊万诺夫卡（Ivanovca），位于摩尔达维亚共和国的弗洛雷什蒂县（Floreşti county）。

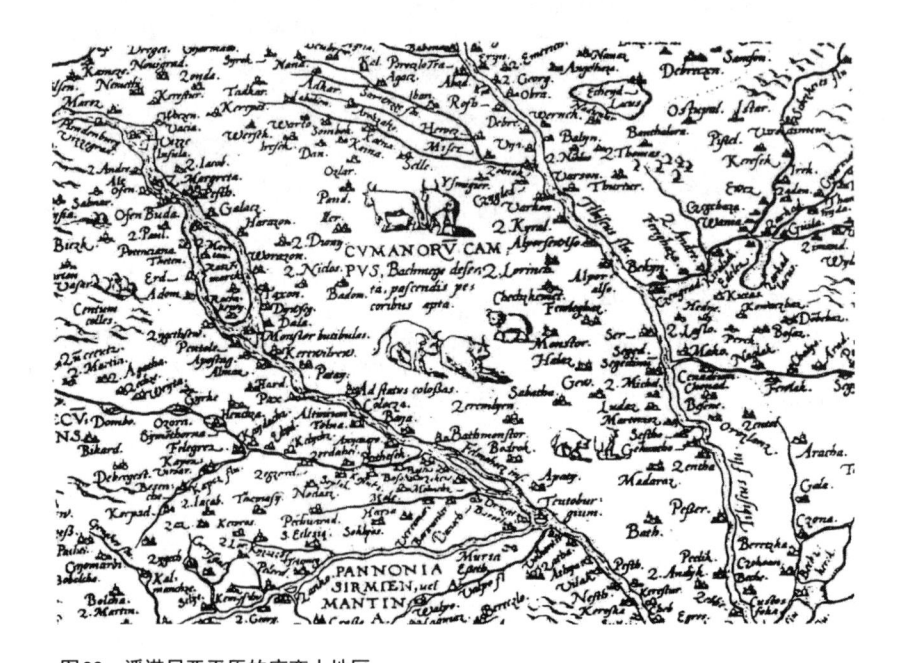

图 83　潘诺尼亚平原的库蛮人地区

来源于 1570 年沃尔夫冈·拉泽斯所绘地图。

图84 十四世纪中叶编年史插图所载"库蛮人"拉迪斯拉斯四世肖像图

图85 十四世纪中叶编年史所载"库蛮人"拉迪斯拉斯四世及其凶手插图

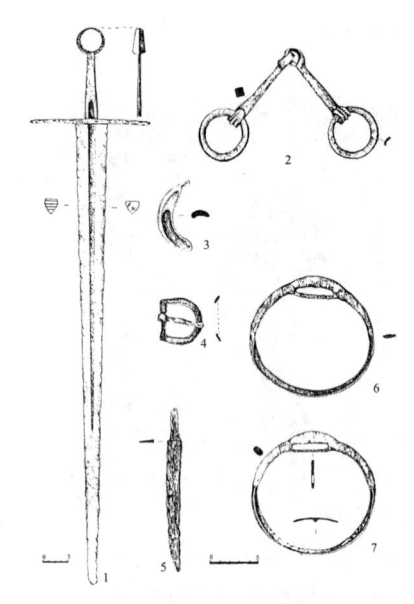

图86 十三至十四世纪库蛮武士随葬品

出土于匈牙利昆森特马尔托尼-杰克索帕特（索尔诺克县）。

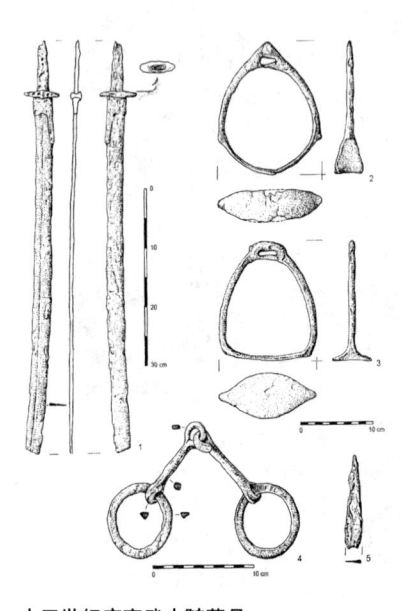

图87 十三世纪库蛮武士随葬品

出土于匈牙利的基什孔毛伊绍-屈布利斯（Kiskunmajsa-Kuklis）。

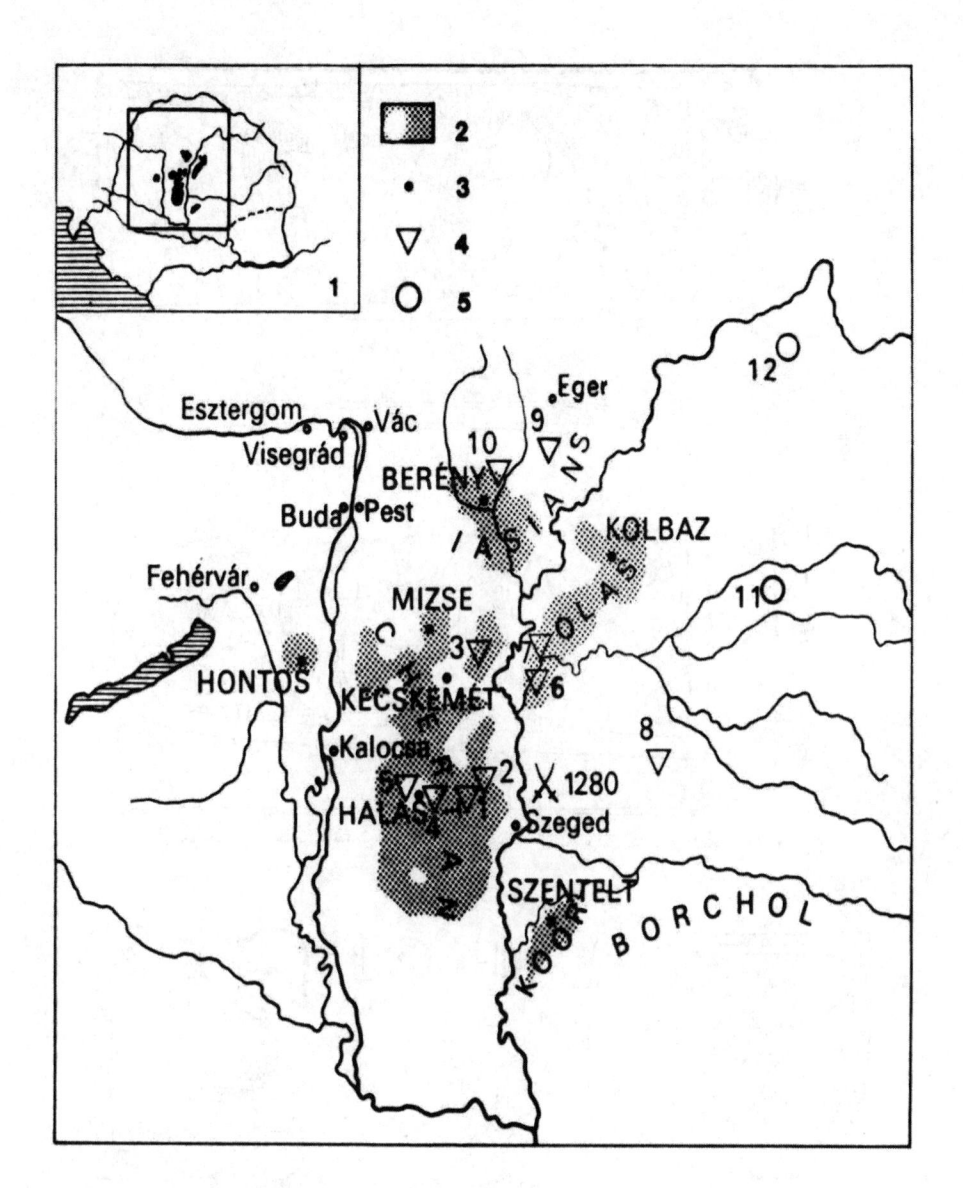

图88 中世纪匈牙利的库蛮人和雅西人定居点图

1.十三世纪中叶的匈牙利王国；2.十四世纪的库蛮人和雅西人定居点；3.十五世纪库蛮人和雅西人的活动范围中心；4.库蛮人坟墓［1.基吉斯普斯塔；2.乔约什；3.芬索森基兰；4.巴洛塔普斯塔；5.基斯肯哈拉斯-伊诺卡（Kiskunhalas-Inoka）；6.昆森特马尔托尼；7.浩茂克；8.本库特；9.耶尔罗特雷克］和雅西人坟墓［10.亚斯多茨］；5.源于东方的其他中世纪发现［11.阿尔丹-佐明普斯塔（Ártánd-Zomlinpuszta）；12.耶尔罗特雷克］。

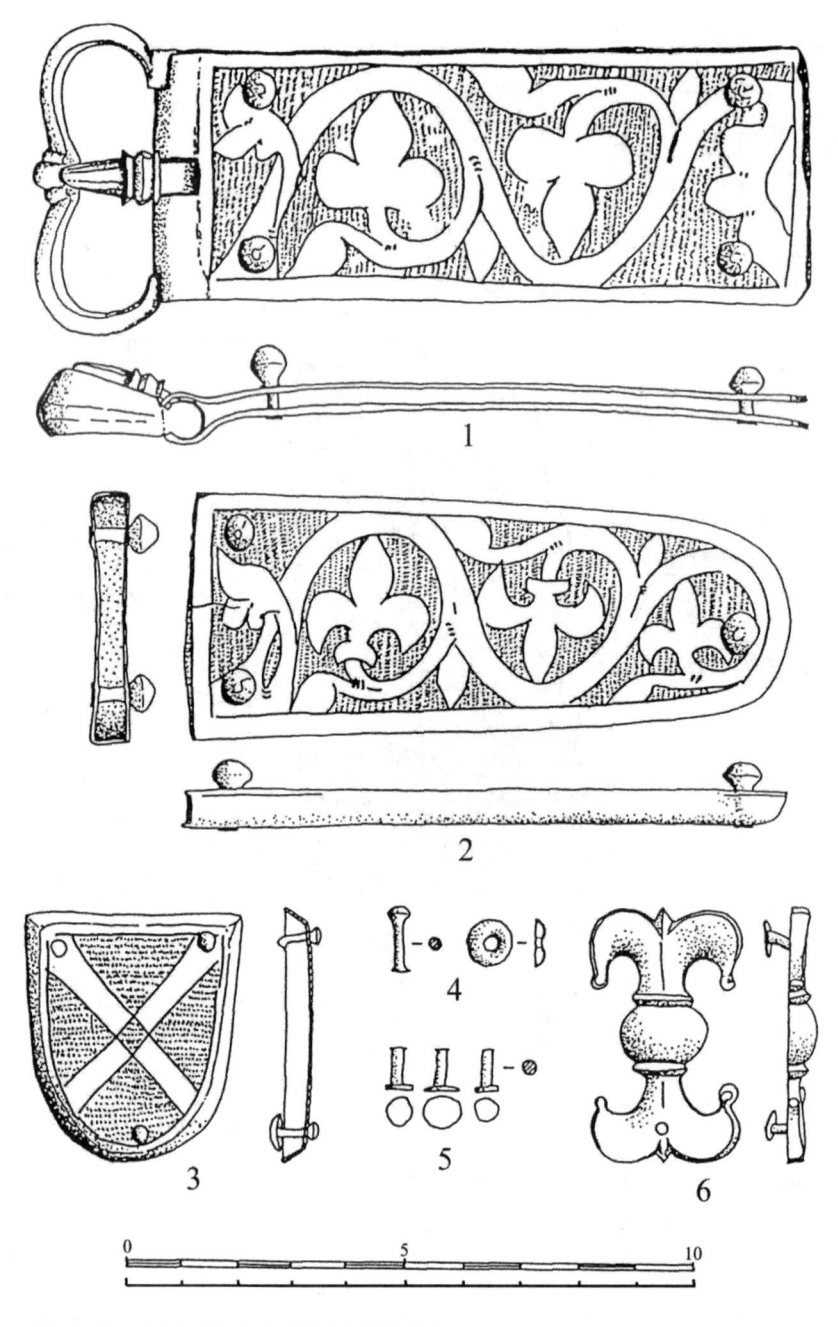

图89 十三至十四世纪库蛮人随葬品腰带部分

出土于芬索森基兰（匈牙利）。

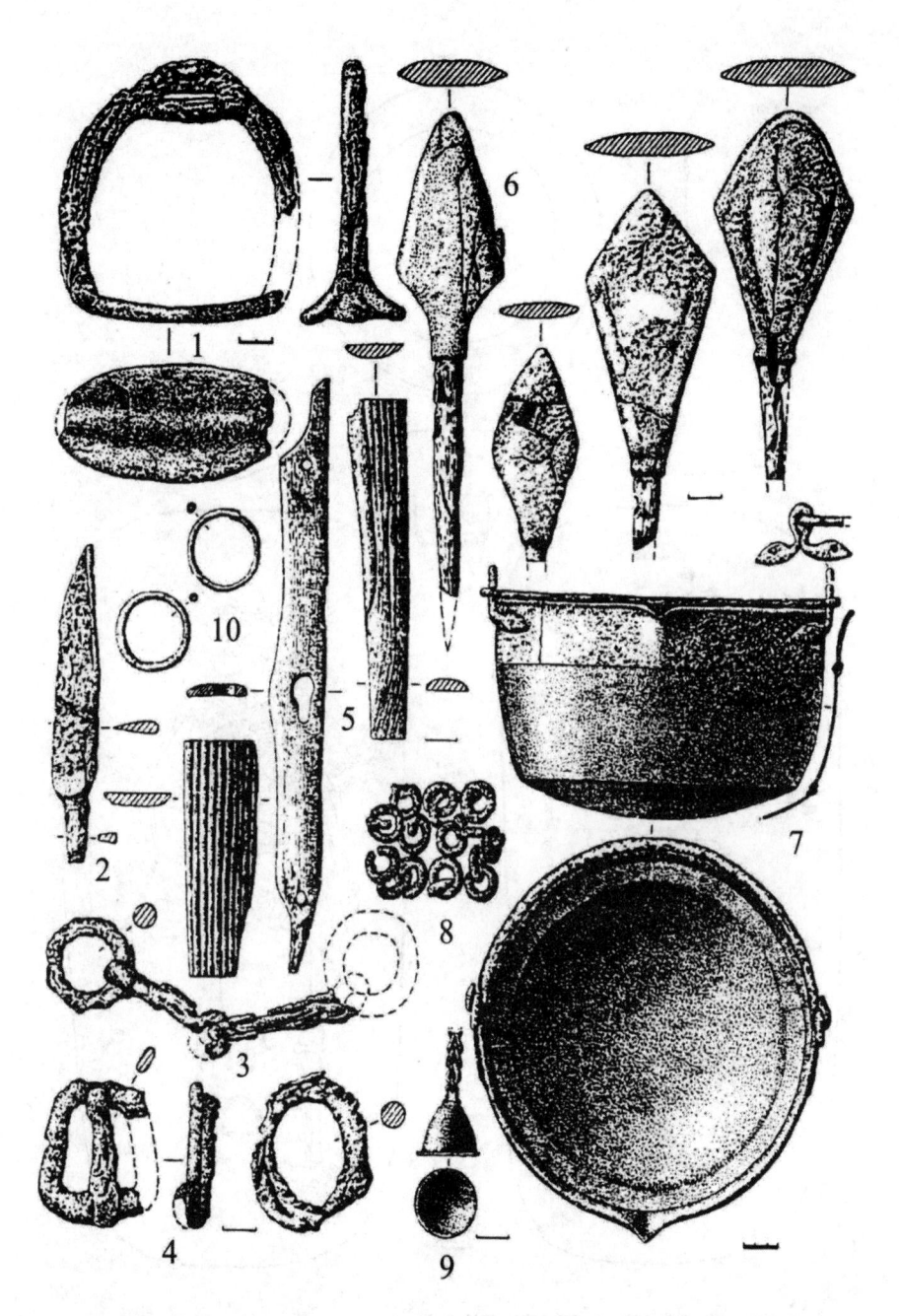

图90 布拉戈维申卡（Blagoveshchenka，位于乌克兰克森县）库蛮人坟墓出土的铁制、青铜制和骨制品（十一至十二世纪）

688　九至十三世纪东欧和东南欧的民族大迁徙

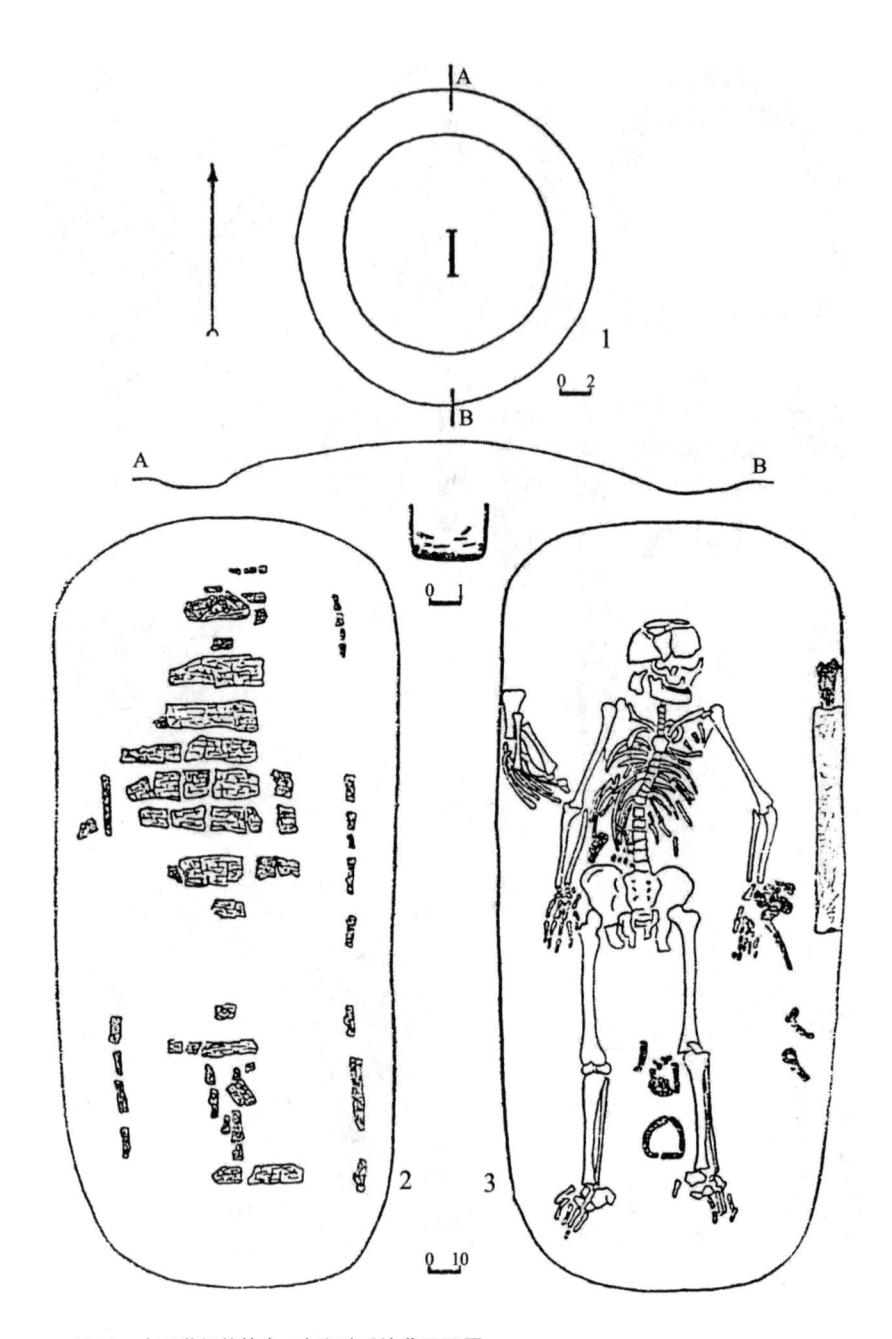

图91　十四世纪的钦察/库蛮骑兵坟墓平面图
出土于哈萨克斯坦塔斯莫拉（Tasmola）。

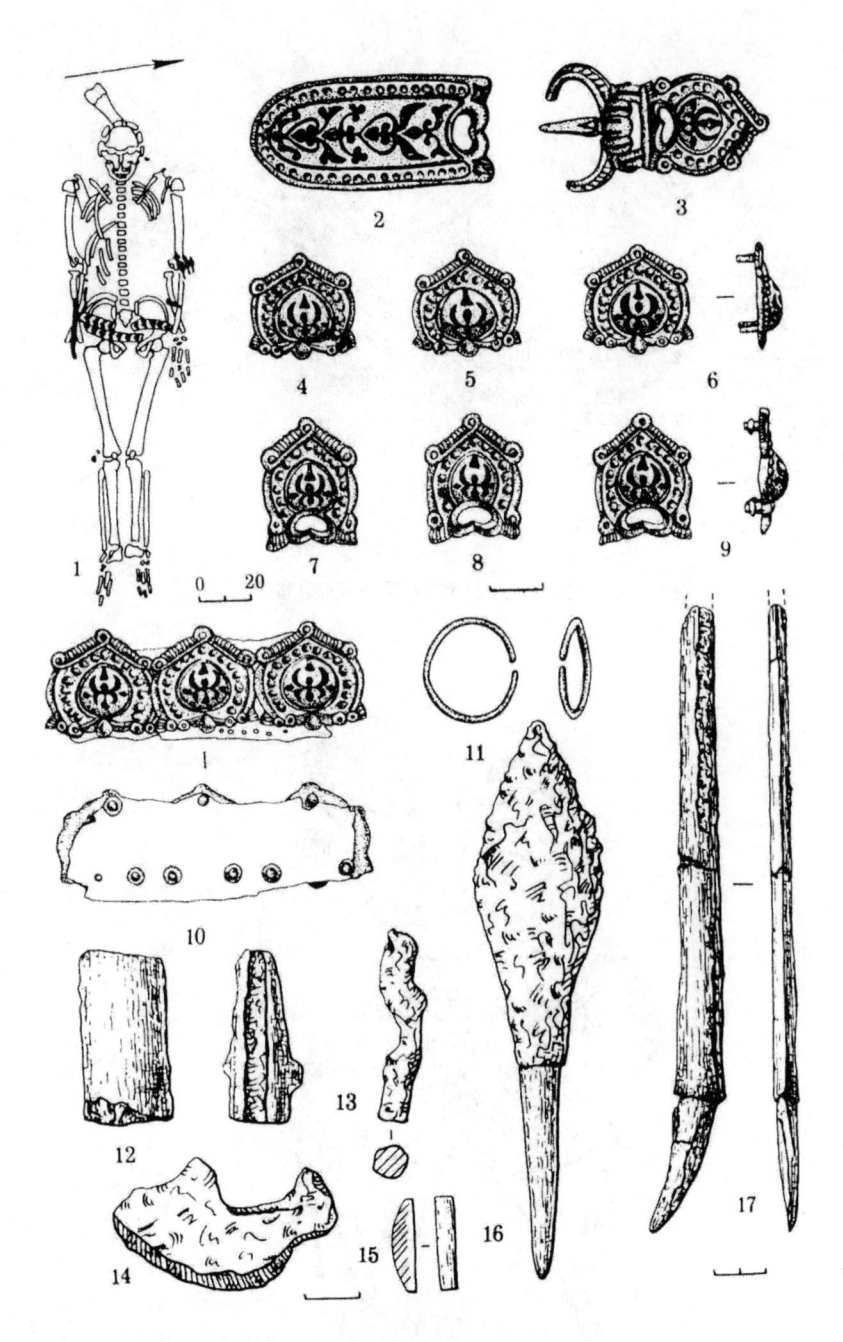

图 92 十二至十三世纪库蛮人坟墓平面图及随葬品

出土于鲍基拉基维奇（Bǎdragii Vechi，位于摩尔多瓦共和国）。

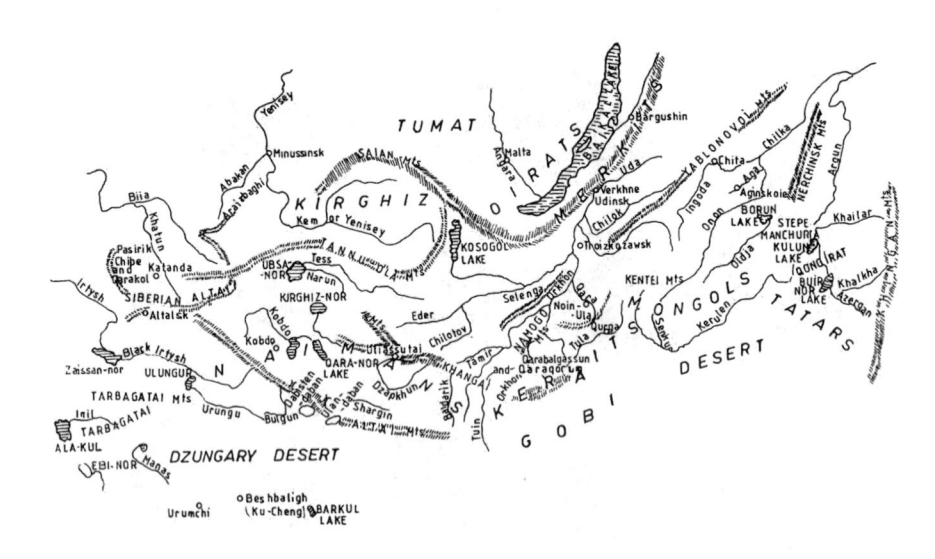

图93 十二世纪末至十三世纪初蒙古各部分布图

图94 中国木版画中所绘十五至十六世纪蒙古武士

图95 卡尔梅克人（与蒙古人相似）的帐篷宿营地
来源于帕拉斯（P.S. Pallas）专著（圣彼得堡1776年出版）中的插图。

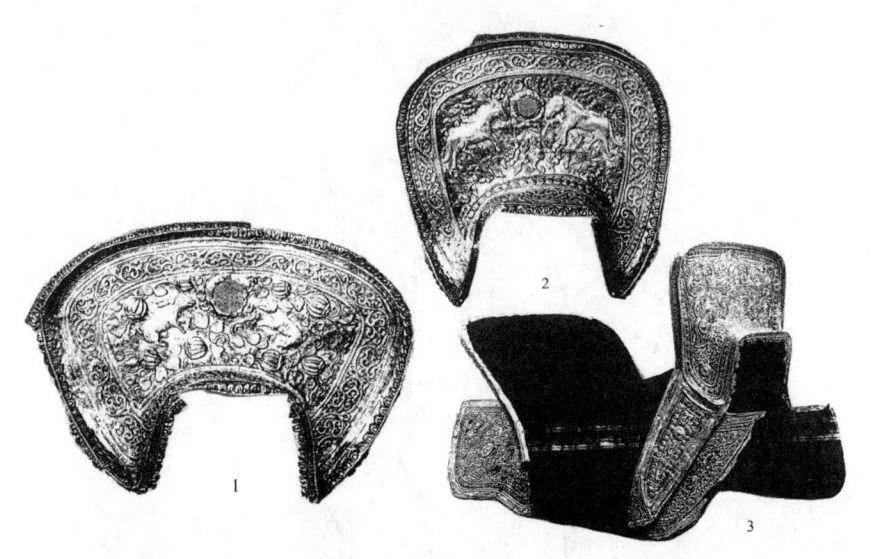

图96 十三世纪前半叶蒙古帝国的马鞍及配件
1、2.镀金白银的凸纹马鞍；3.金制的凸纹马鞍及配件。均来自十三世纪前半叶蒙古帝国。

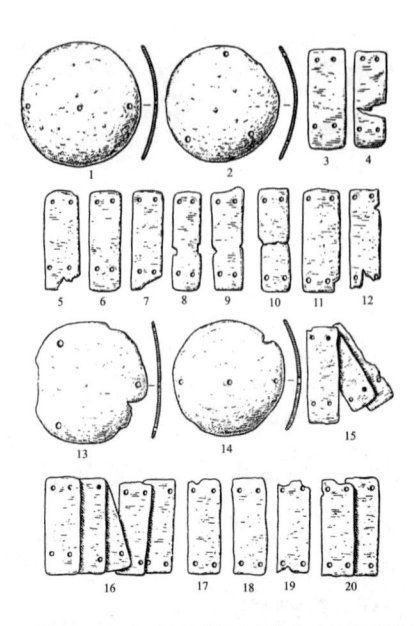

图97 十三至十四世纪蒙古武士随葬品中的配甲

出土于贝加尔湖地区。

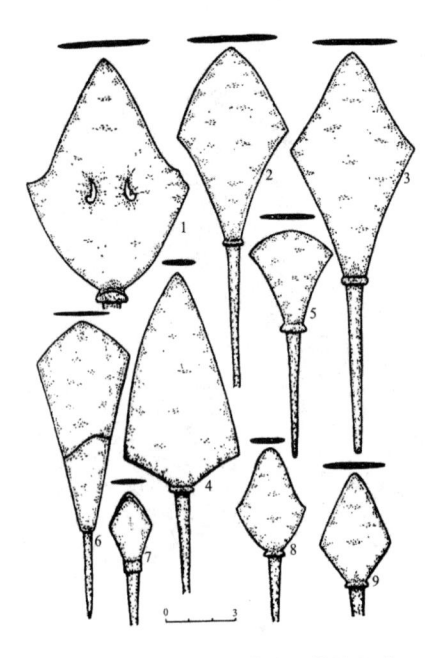

图98 第二千纪早期蒙古的箭镞类型

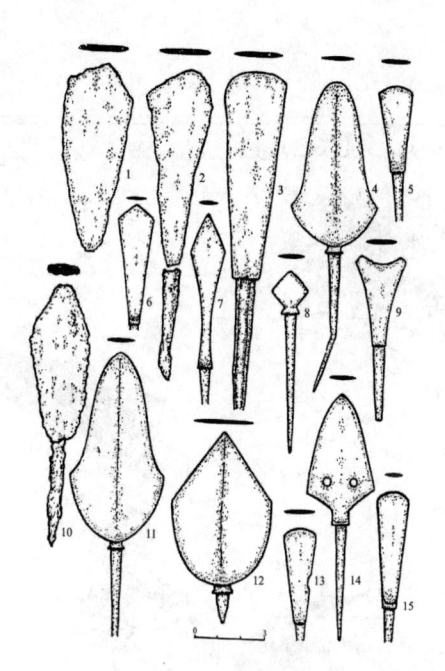

图99 第二千纪早期蒙古的箭镞类型

图100 蒙古人采用的抛射的燃烧物装置(火炮)

图101　1403年帖木儿军队抵达格鲁吉亚的高汀（Gortin）城堡

来源于公元1436年（伊历839年）书法家雅克布·伊本·哈桑（Ya'qūb ibn Hasan）完工的歇里甫·爱丁·阿里·亚兹迪（Sharaf al-Dīn 'Alī Yazdī）的《武功纪》（*Zafar-nāmeh*）手稿。

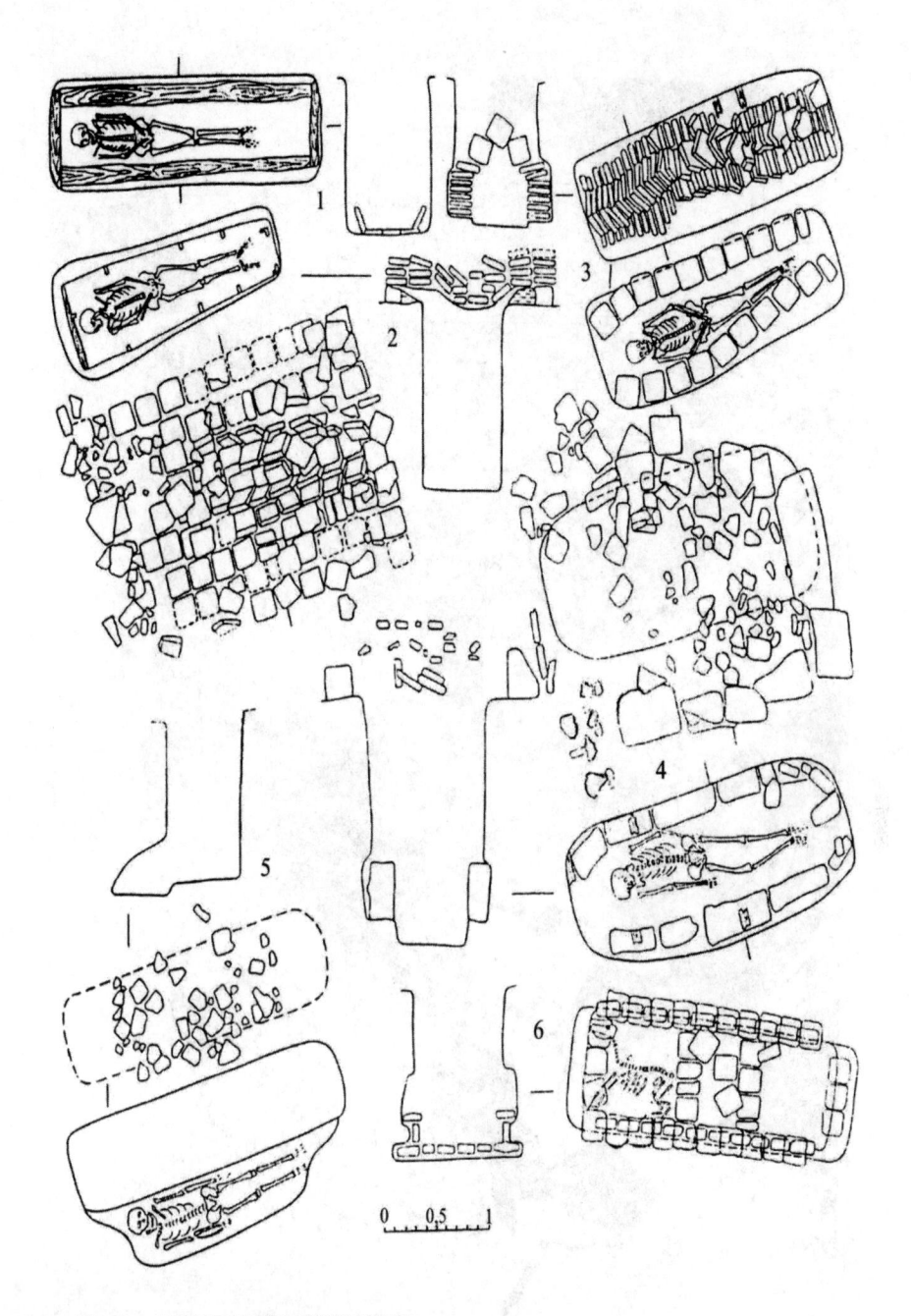

图 102　金帐汗国时期不同类型的坟葬

出土于伏欧第安索（Vodianskoe）墓地。

图103　1398年波斯文手稿之中有关成吉思汗与中原（Cathay）君主交战的插图

图104 中国历代帝王像之成吉思汗画像

图105 中国历代帝王像之蒙古大汗窝阔台（成吉思汗之子及继承人）画像

图106 1221年成吉思汗攻占尼沙布尔

面前为战俘,出自拉施德丁史书手稿。

图 107 在交战之中，蒙古人使用抛石机
来源于拉施德丁史书手稿（藏于爱丁堡大学图书馆）。

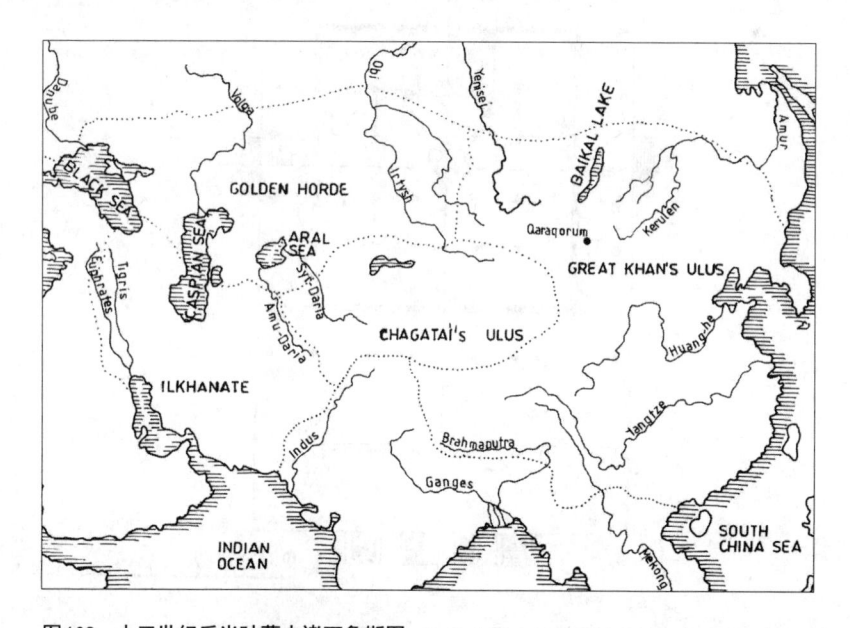

图 108 十三世纪后半叶蒙古诸兀鲁斯图

700　九至十三世纪东欧和东南欧的民族大迁徙

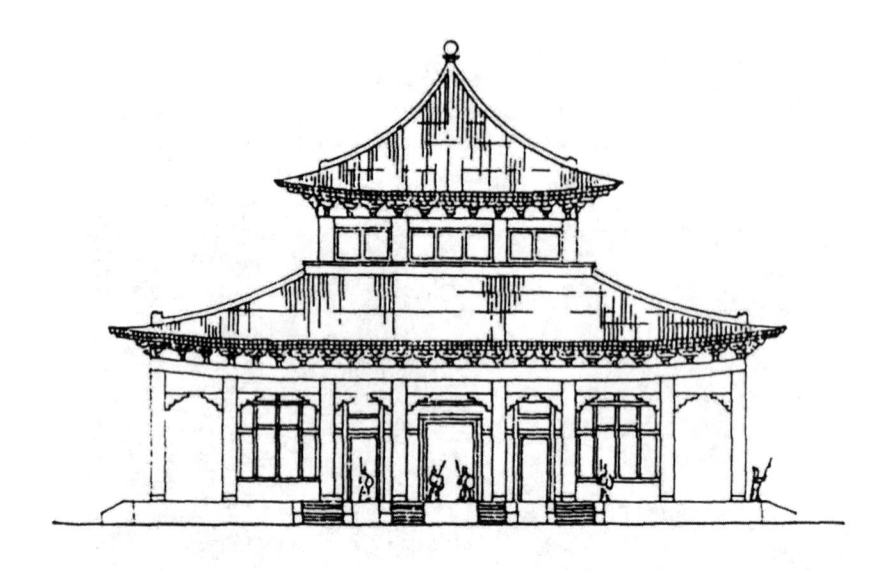

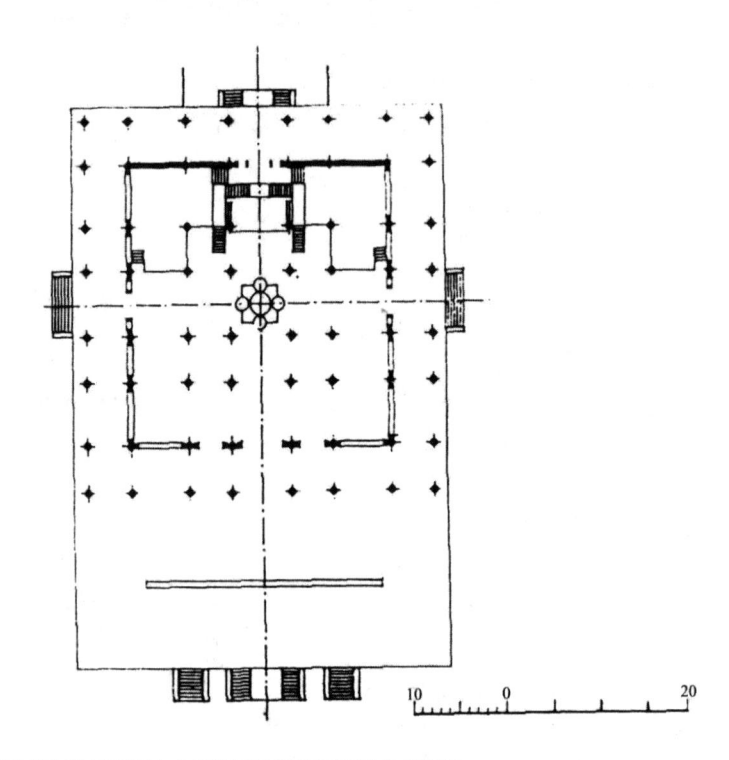

图 109　位于哈拉和林的窝阔台大汗宫殿南门及平面重构示意图

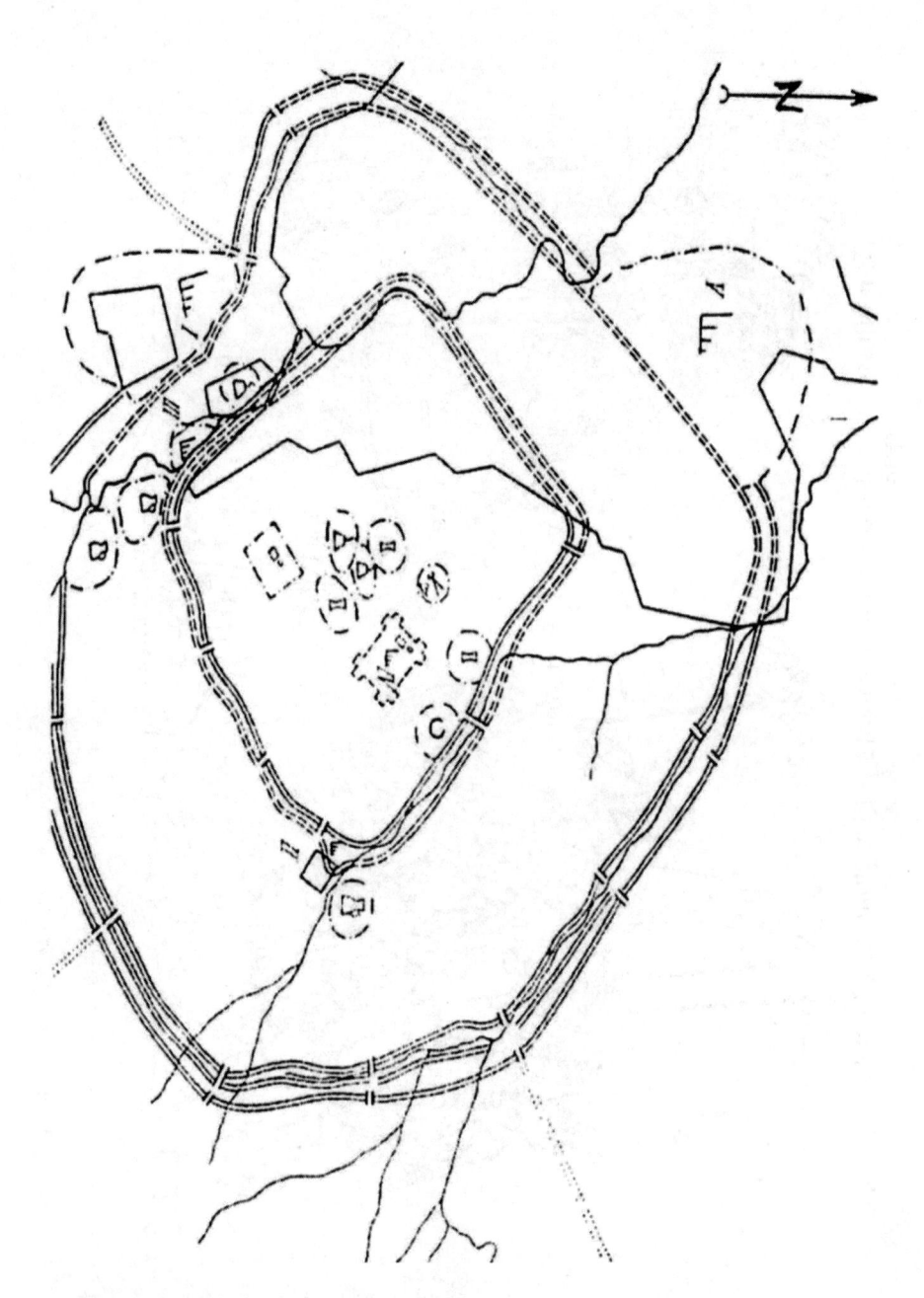

图110 伏尔加河不里阿耳人的必列尔要塞平面图
1236年被蒙古人摧毁。

图111 1241年蒙古军队进抵利格尼茨要塞

来源于1353年《海德薇格法典》(*Hedwig Codex*)。

图112 利格尼茨附近爆发维尔斯达特战役
来源于公元1353年《海德薇格法典》。

Von dem geyste der weyssagunge.

Alhy herczogk Heynrich der heyligen fra-
wen sandt Hedwigen son. Streyttet mith
den Tattern vff der walstadt bey Lygenitz
vnd wirdt do erschlagen. vnd seyn herren
vnd seyner ritterschafft gar vil mitk em.

图113　1241年4月9日利格尼茨附近爆发维尔斯达特战役

来源于海德薇格传说的古版本，1504年由康拉德·鲍姆加滕（Conrad Baumgarten）所印。

图114　1241年蒙古人与奥地利或匈牙利骑兵交战

来源于《海屯东方历史荟萃》（*Livre de la fleur des histoires d'Orient of Hayton*）（十四世纪）。

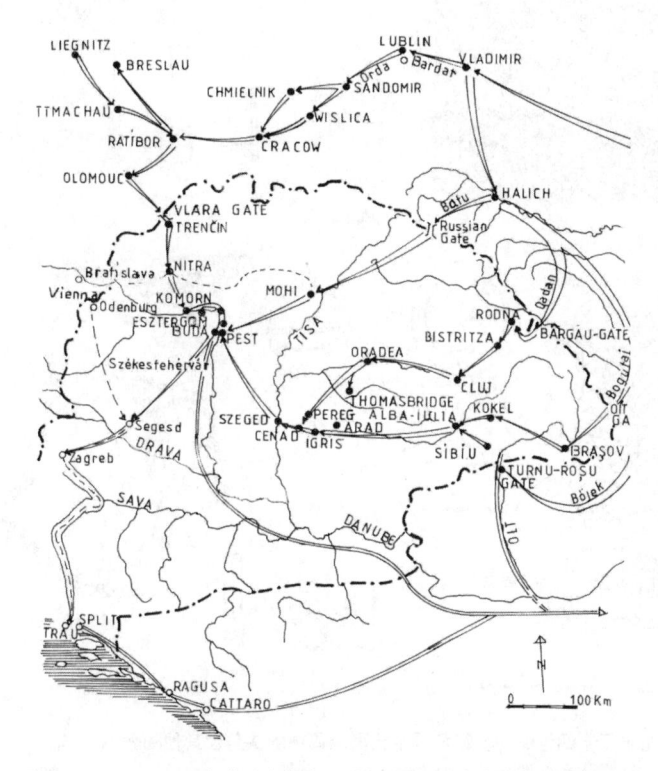

图115　1241—1242年蒙古入侵匈牙利王国及周边地区的主要路线图

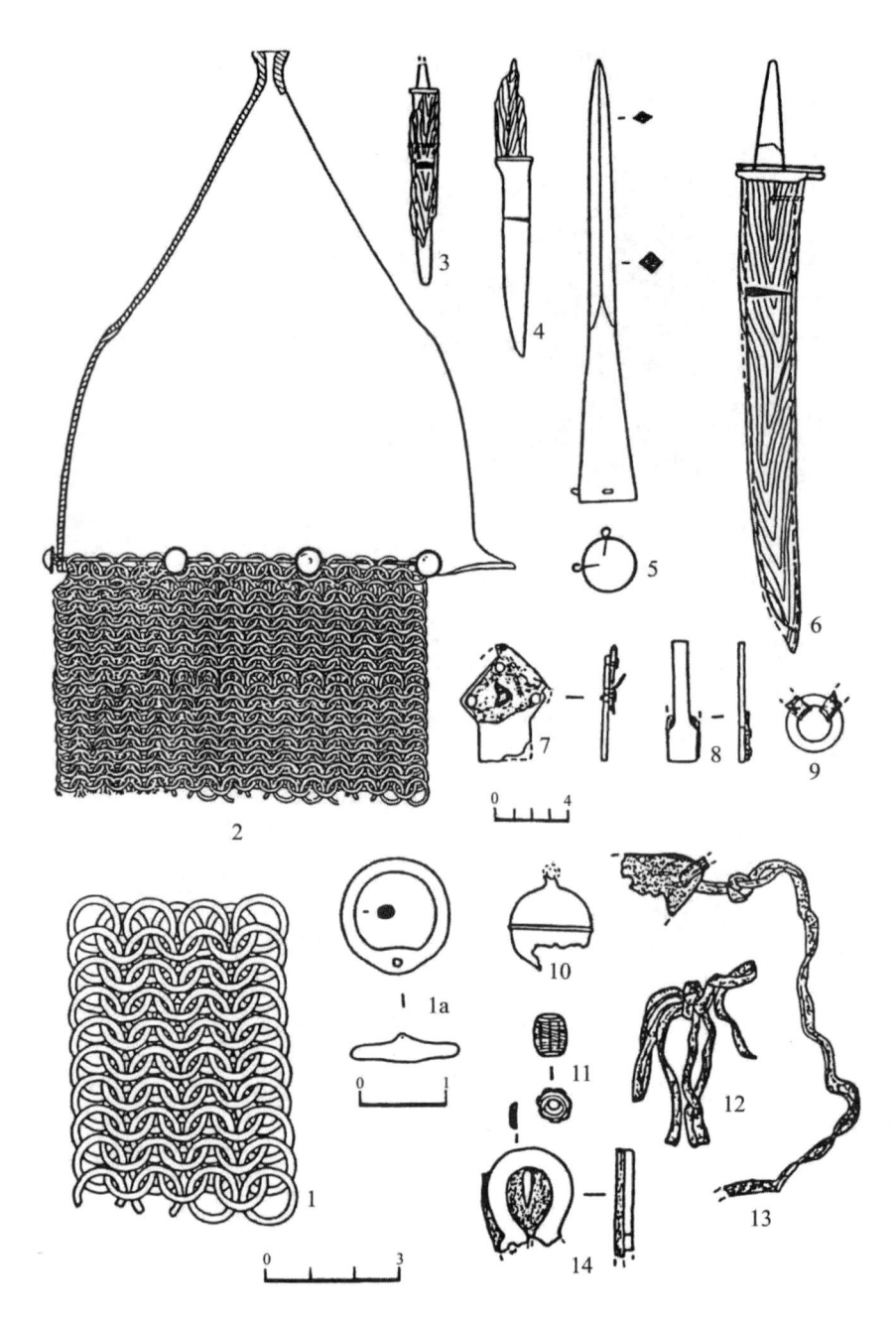

图116 十三世纪末至十四世纪初金帐汗国游牧民坟墓中的头盔及其他随葬品

出土于奥伦·科洛德兹〔Olen'-Kolodez',位于顿河流域的沃罗涅什（Voronezh）县〕。

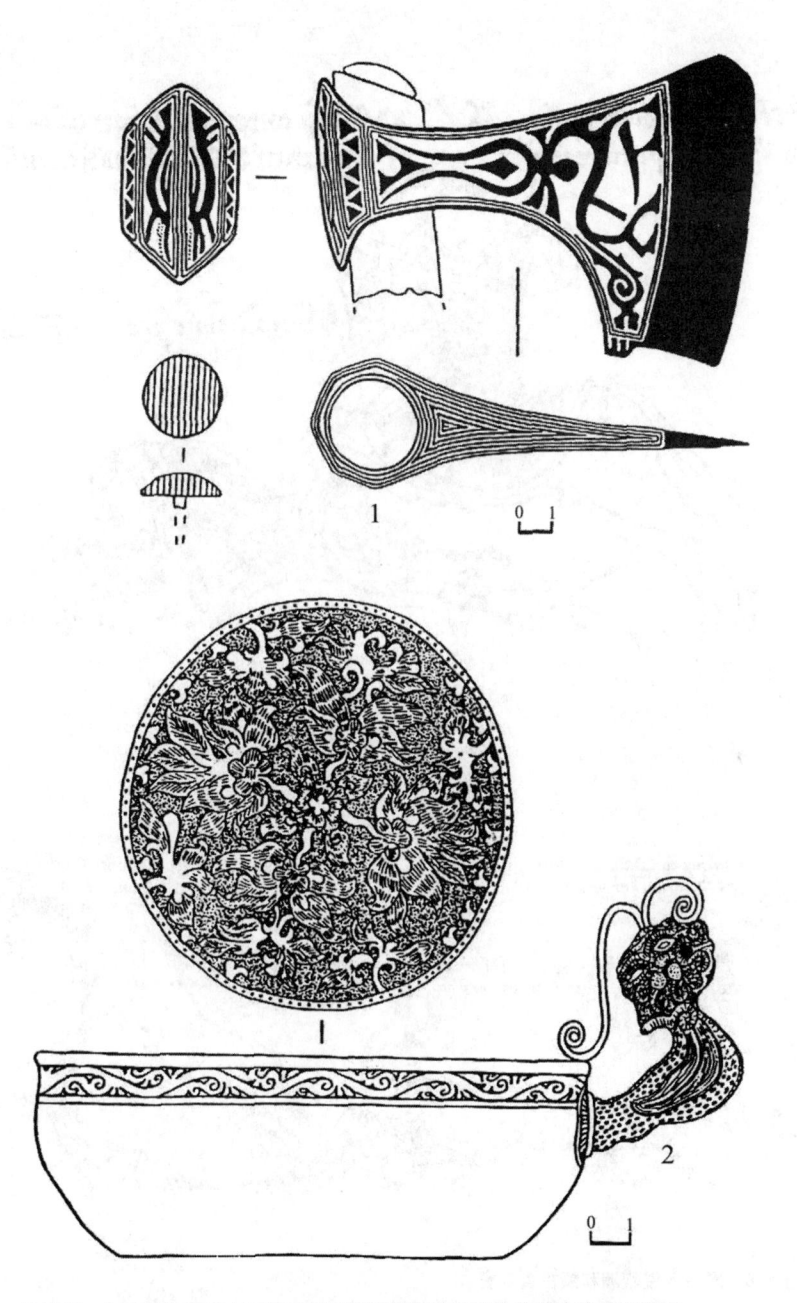

图117 十三世纪末至十四世纪初金帐汗国游牧民出土的镶金战斧和银柄

1.镶金战斧；2.银柄。出土于奥伦·科洛德兹（位于顿河流域的沃罗涅什县）。

图118 蒙古入侵欧洲和蒙古食人宴

1.蒙古入侵欧洲;2.蒙古食人宴。参见马修·帕里斯编《大编年史》(*Chronica majora*,剑桥大学基督圣体学院16,卷144和166)。

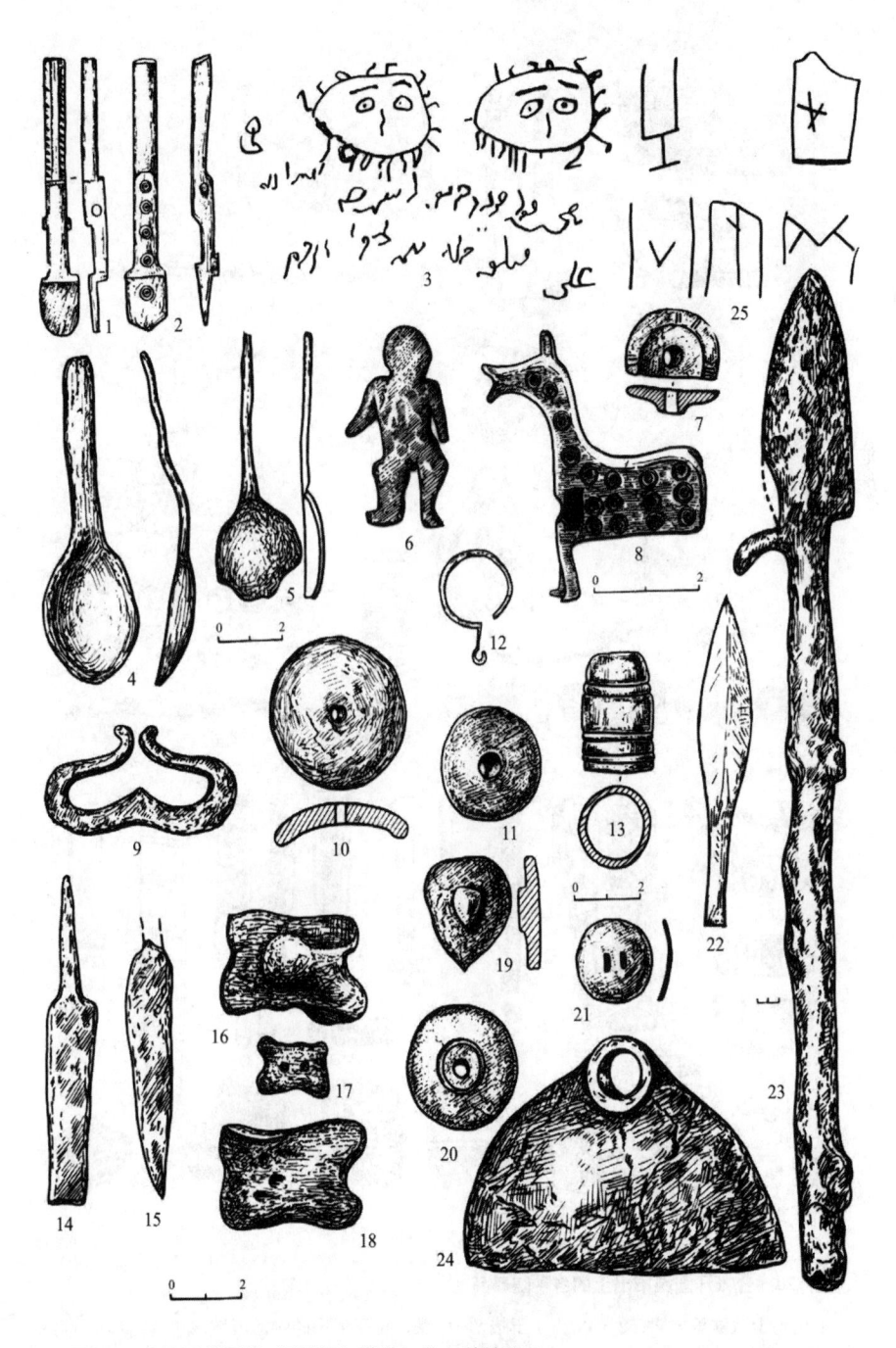

图119 出土于茨雷沃（别儿哥-萨莱）的各种随葬品

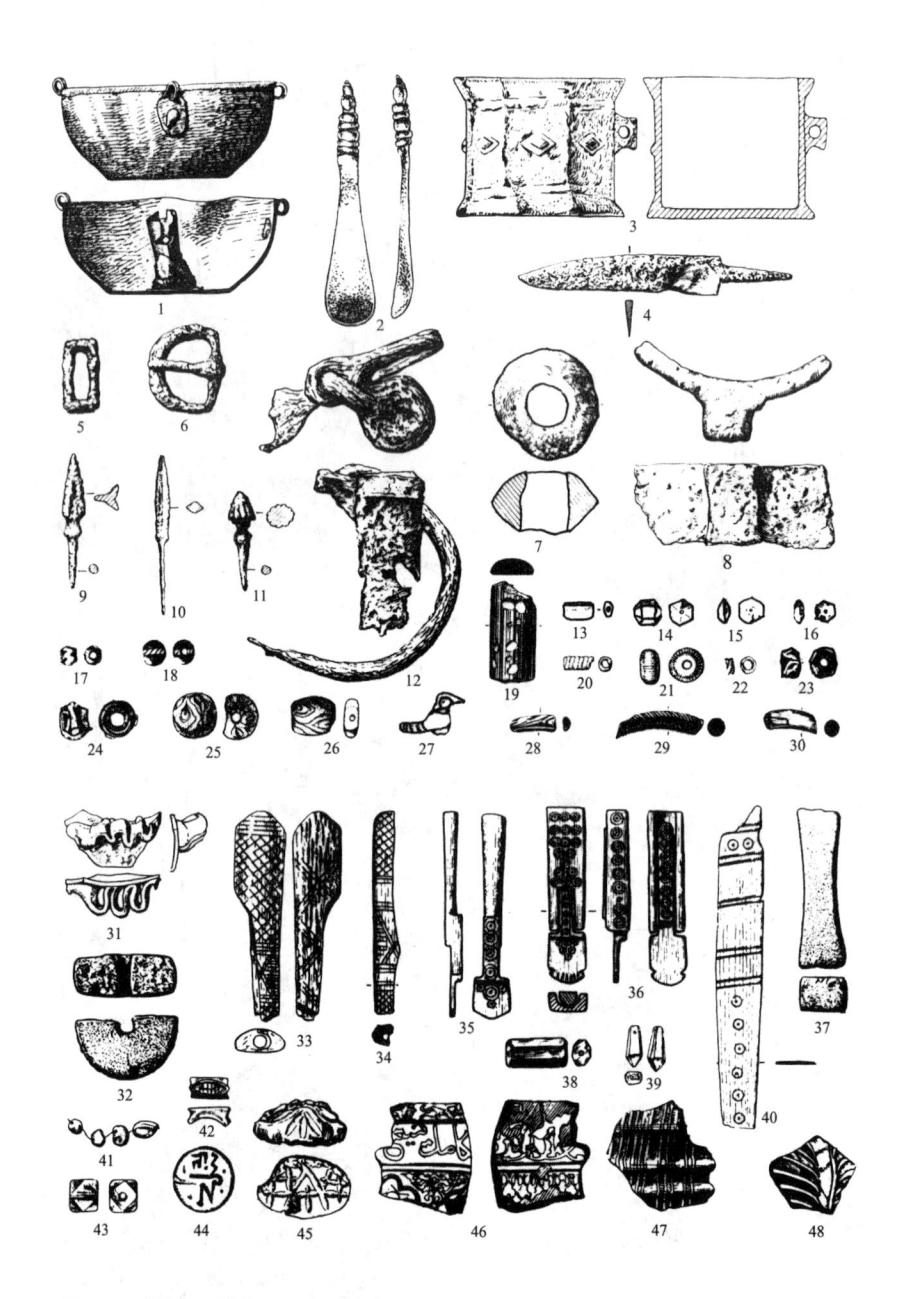

图120 金帐汗国城市出土的各种随葬品

1.出土于伏欧第安索；2—48.出土于拔都-萨莱，位于俄国的顿河流域。

图121 镶金铁盔

出土于萨莱，位于伏尔加河流域。

图122 十三世纪后半段伏尔加河流域的博尔加尔金帐汗国当局发行的十三世纪银币

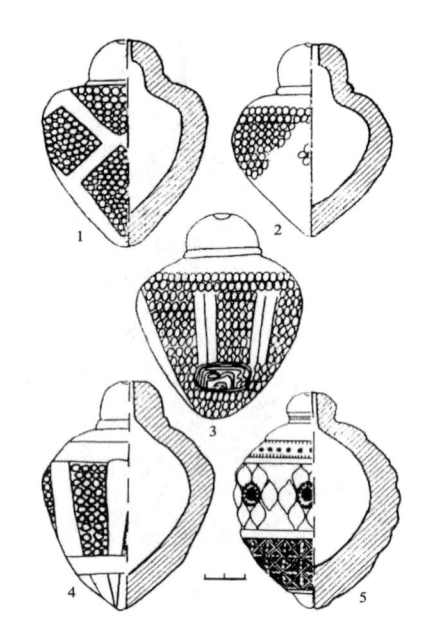

图123 出土于金帐汗国一些城市的小球状器皿

1—4.出土于茨雷沃，即别儿哥-萨莱（新萨莱）；5.出土于伏欧第安索，位于俄国的顿河流域。

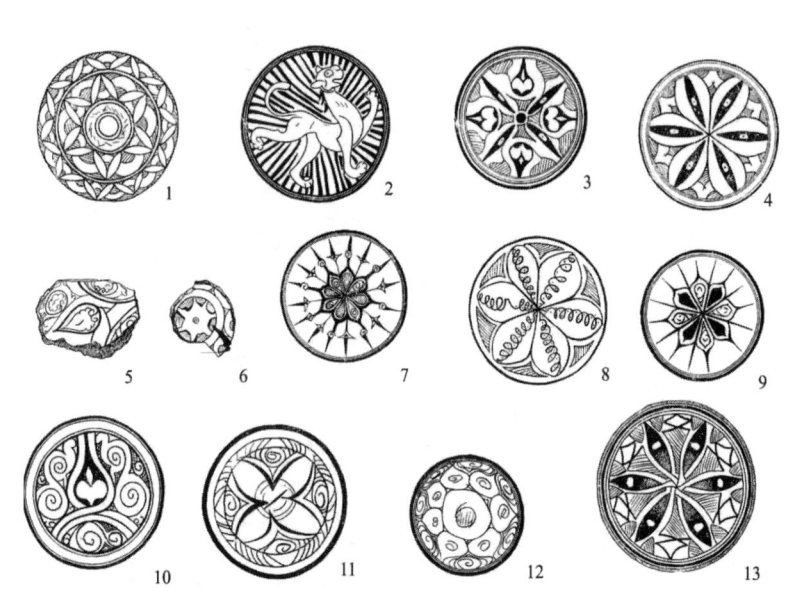

图124 出土于金帐汗国都城茨雷沃［别儿哥-萨莱（新萨莱）］釉陶上的装饰图案

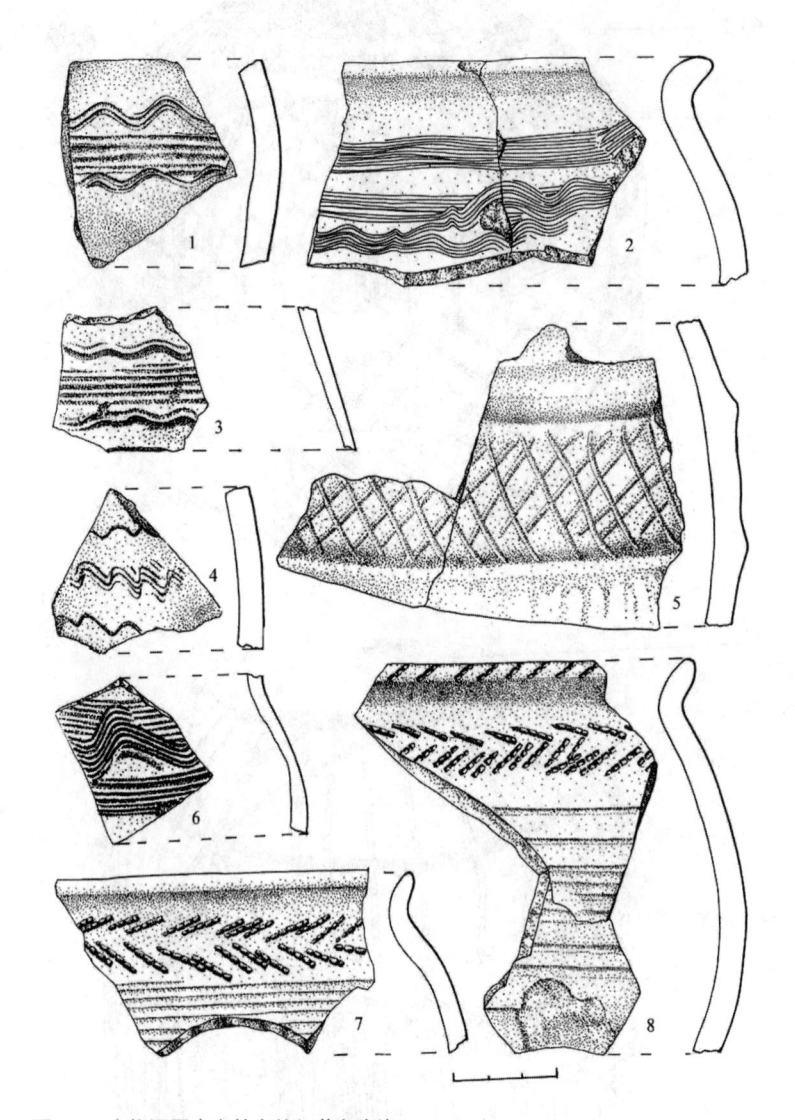

图125　金帐汗国中心特有的红黄色陶瓷

出土于罗马尼亚比拉德·普罗达娜（Bîrlad-Prodana）。10号住宅有1、3、4、6，9号住宅有2，12号住宅有5，3号住宅有7，6号住宅有8。年代均为十四世纪。

714　九至十三世纪东欧和东南欧的民族大迁徙

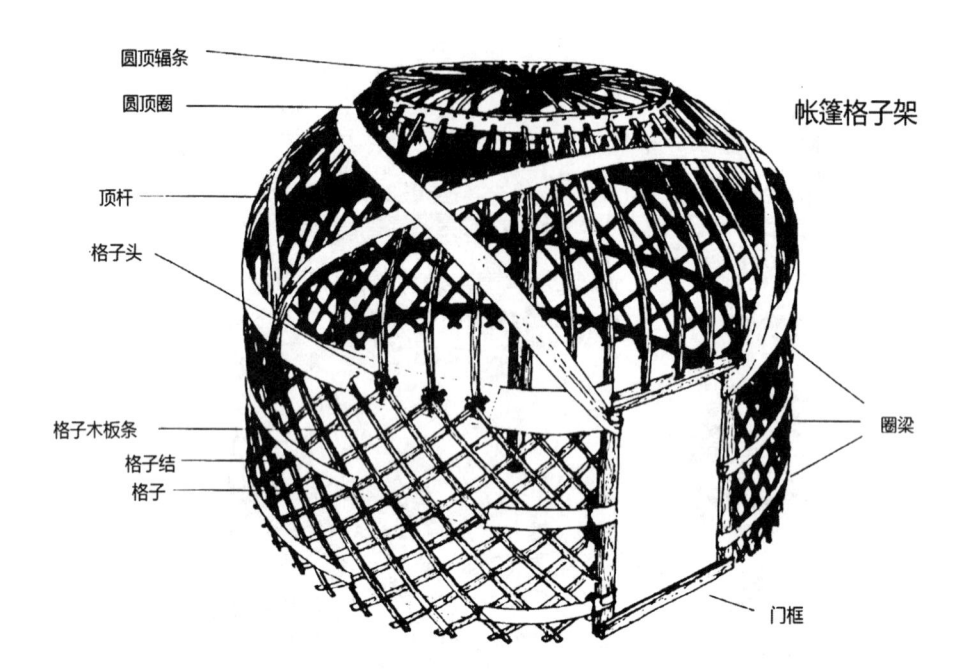

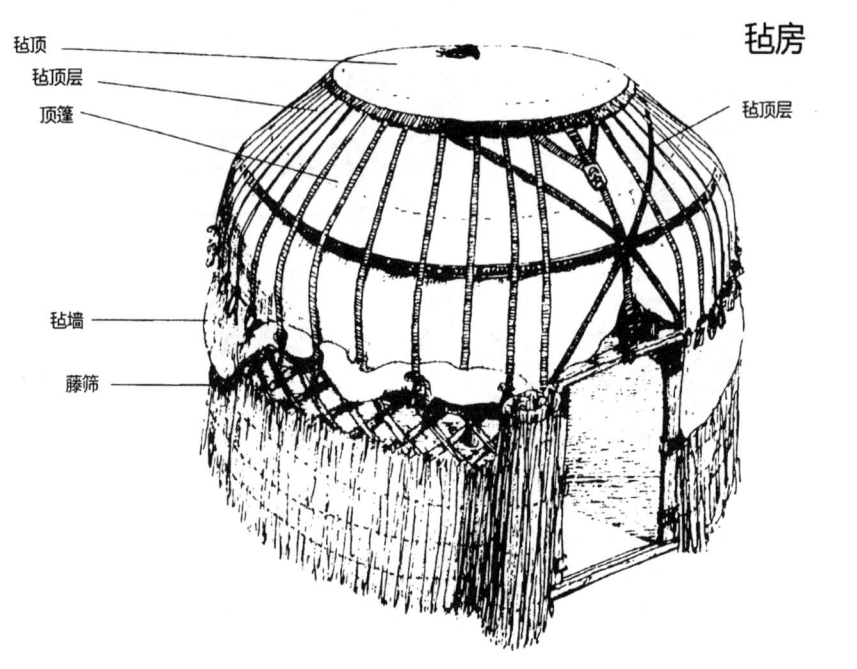

帐篷格子架

- 圆顶辐条
- 圆顶圈
- 顶杆
- 格子头
- 格子木板条
- 格子结
- 格子
- 圈梁
- 门框

毡房

- 毡顶
- 毡顶层
- 顶篷
- 毡顶层
- 毡墙
- 藤筛

图126　1968年安纳托利亚中部埃米尔达（Emirdağ）土库曼人的帐篷格子

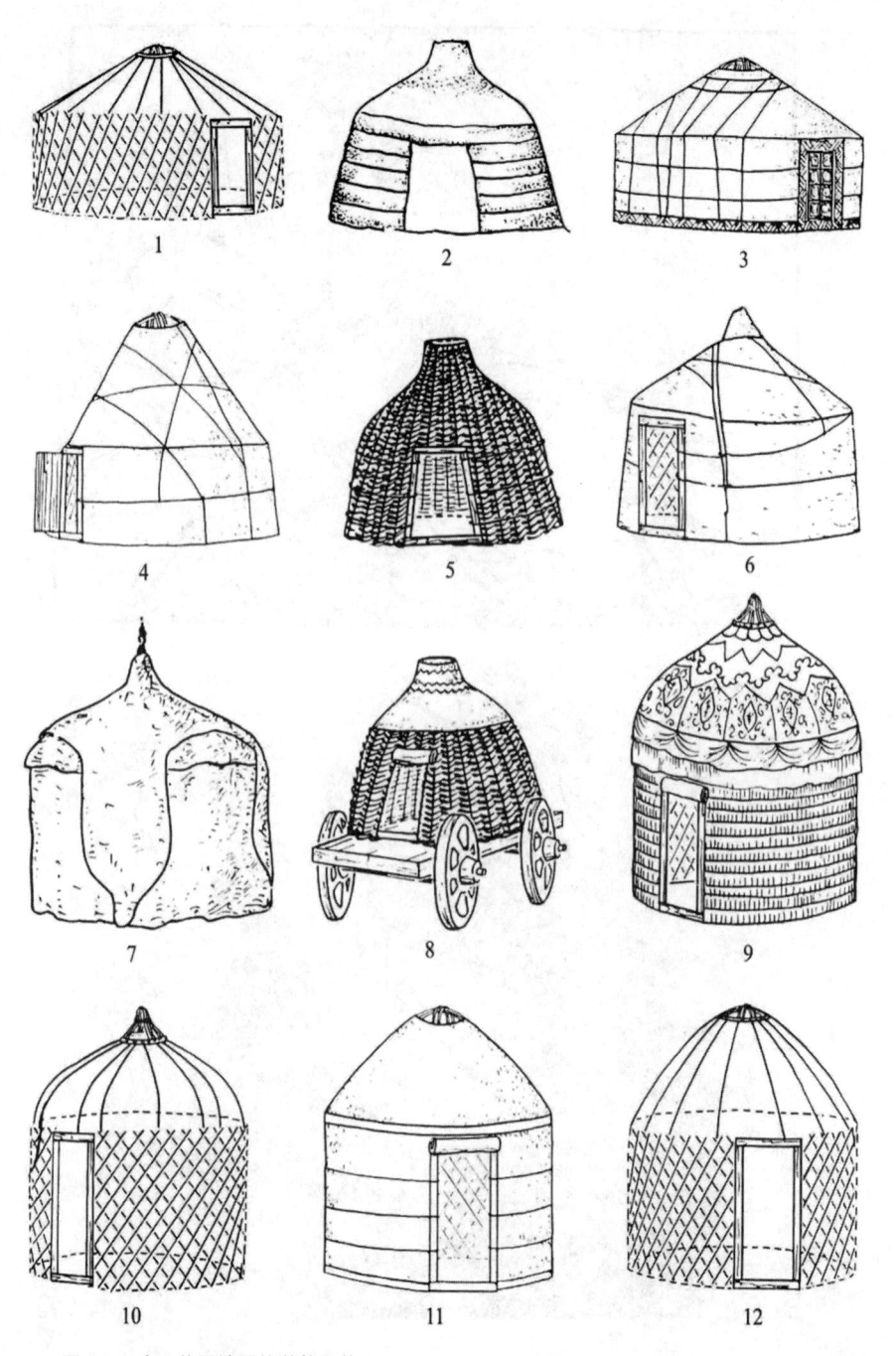

图127 欧亚草原地区的游牧民住所

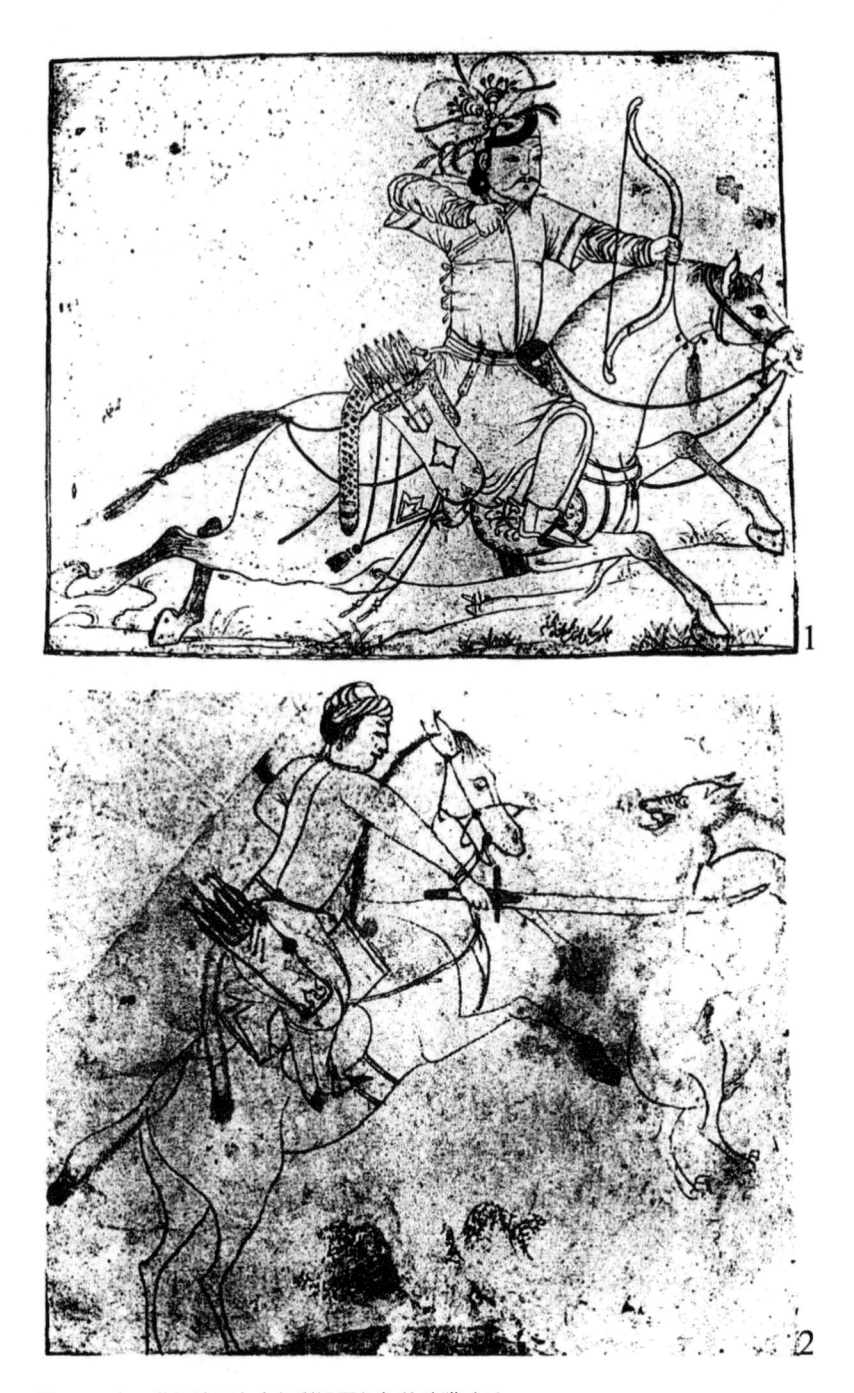

图 128　十五世纪绘画之中伊利汗国伊朗的狩猎骑兵

图 129　波斯诗人菲尔多西 (Ferdowsi) 所著《列王纪》(*Shāh-nāmeh*) 手稿中的传说形象（伊朗，十四世纪初）

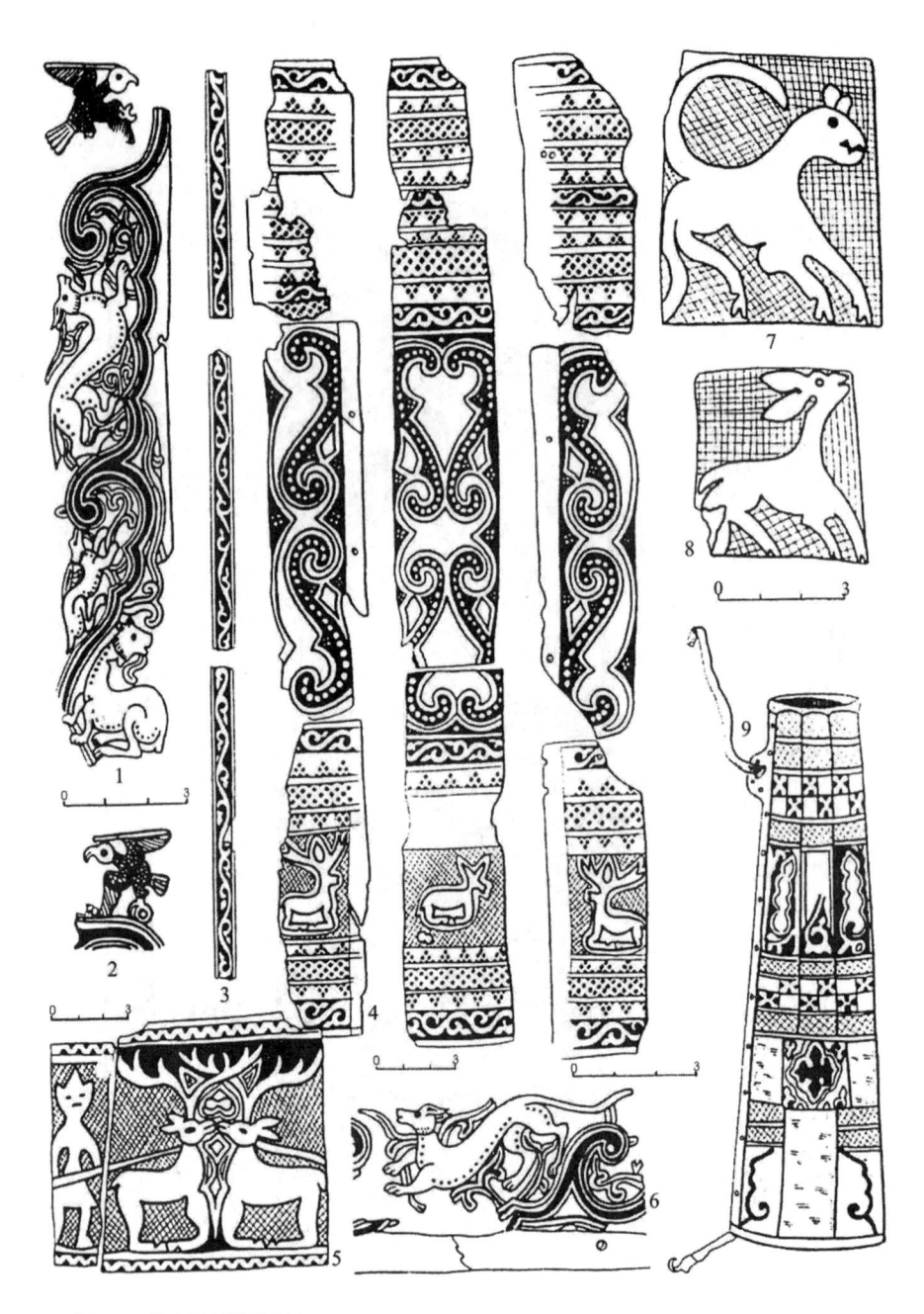

图130 弓夹骨板装饰图案
出土于十三至十四世纪伏尔加河流域游牧民的坟墓。

通用性参考文献

Alemany, A., *Sources on the Alans. A Critical Compilation*, Leiden-Boston-Cologne, 2000.

Allgemeine Geschichte des Mittelalters, gen. ed. B. Töpfer, 2nd ed., Berlin, 1991.

Angelov, D., *Istoriia na Vizantiia*, Sofia, I, *395-867*, 6th ed., 1976; II, *867-1204*, 3rd ed., 1968; III, *1204-1453*, 5th ed., 1976.

Arkheologiia Ukrains'koĭ RSR, III, gen. ed. V.I. Dovzhenok, Kiev, 1975.

Arkheologiia Ukrains'koĭ SSR, III, *Ranneslavianskiĭ i drevnerusskiĭ periody*, gen. ed. V.D. Baran, Kiev, 1986.

L'Asie des steppes d'Alexandre le Grand à Gengis Khan, co-ord. J.-P. Desroches, Paris-Barcelone, 2000.

Ashtor, E., *A Social and Economic History of the Near East in the Middle Ages*, London, 1976.

Balard, M., Genet, J.-Ph., Rouche, M., *Le Moyen Age en Occident. Des Barbares à la Renaissance*, Paris, 1990.

Barnea, I., Ştefănescu, Şt., *Din istoria Dobrogei*, III, *Bizantini, români şi bulgari la Dunărea de Jos*, Bucharest, 1971.

Barthold, W., *Histoire des Turcs d'Asie Centrale*, ed. M. Donskis, Paris, 1945.

Idem [Bartol'd, V.V.], *Sochineniia*, II, 1, Moscow, 1963.

Idem, *Turkestan down to the Mongol Invasion*, 3rd ed., trans. T. Minorsky, ed. C.E. Bosworth, London, 1968.

Belopol'skiĭ, A., *SSSR na fone proshlogo Rossii*, Washington, 1973.

Berend, N., *At the Gate of Christendom. Jews, Muslims and «Pagans» in Medieval Hungary, c.1000-c. 1300*, Cambridge, 2001.

Bibikov, M.V., *Vizantiĭskie istochniki po istorii Drevneĭ Rusi i Kavkaza*, Sankt-

Peterburg, 1999.

Bingham, W., Conroy, H., Iklé, F.W., *A History of Asia*, I, *Formation of Civilizations from Antiquity to 1600*, Boston, 1964.

Boldur, A.V., *Istoria Basarabiei. Contribuţii la studiul istoriei românilor*, I, Chişinău, 1937.

Bosl, K., *Europa im Mittelalter.Weltgeschichte eines Jahrtausends*, Vienna-Heidelberg, 1970.

Bosworth, C.E., *Les Dynasties musulmanes*, trans. Y. Thoraval, Arles, 1996.

Božilov, I., Gjuzelev, V., *Istoriia na Bŭlgariia*, I, *Istoriia na srednovekovna Bŭlgariia, VII-XIV vek*, Sofia, 1999.

Brătianu, G.I., *La mer Noire. Des origines à la conquète ottomane*, Munich, 1969.

Bréhier, L., *Le monde byzantin*, I, *Vie et mort de Byzance*, Paris, 1948; II, *Les institutions de l'Empire byzantin*, 1949; III, *La civilisation byzantine*, 1950.

Brentjes, B., *Mittelasien. Eine Kulturgeschichte der Völker zwischen Kaspischen Meer und Tien-Schan*, Vienna, 1977.

Brian-Chaninov, N., *Histoire de Russie*, Paris, 1929.

Brun, F.K., *Chernomor'e. Sbornik izsledovaniĭ po istoricheskoĭ geografii Iuzhnoĭ Rossii*, Odessa, I, 1879; II, 1880.

Bunea, A., *Încercare de istoria românilor pînă la 1382*, Bucharest, 1912.

Cabrera, E., Segura, C., *Historia de la Edad Media*, II, *Oriente*, Madrid, 1988.

Cahen, C., *Les peuples musulmans dans l'histoire médiévale*, Damascus, 1977.

Idem, *Orient et Occident au temps des Croisades*, Paris, 1983.

The Cambridge History of Early Inner Asia, ed. D. Sinor, Cambridge, 1990.

The Cambridge Medieval History, IV, *The Eastern Roman Empire (717-1453)*, Cambridge, 1936.

The Cambridge Medieval History, IV, *The Byzantine Empire*, 1, *Byzantium and its neighbours*, ed. J.M. Hussey, with editorial assistance of D.M. Nicol and G. Gowan, Cambridge, 1966.

Chahin, M., *The Kingdom of Armenia. A History*, 2nd ed., Richmond, Surrey, 2001.

Chaliand, G., *Les Empires nomades de la Mongolie au Danube (Ve-IVe siècles av. J.-C. – XVe-XVIe siècles ap. J.-C.)*, Paris, 1995.

Chekin, L.S., "The Godless Ishmaelites: The Image of the Steppe in Eleventh-Thirteenth-Century Rus'," *Russian History*, 19, 1992, 1-4, pp. 9-28.

Chirnoaga, P., *Istoria Daciei şi continuitatea daco-romană*, Madrid, 1971.

Chirtoagă, I., *Din istoria Moldovei de Sud-Est până în anii '30 ai secolului al XIX-*

lea, Chișinău, 1999.

Clauson, G., *An Etymological Dictionary of Pre-Thirteenth-Century Turkish*, Oxford, 1972.

Idem, *Studies in Turkic and Mongolic Linguistics*, 2nd ed., London-New York, 2002.

A Concise History of Slovakia, ed. E. Mannová, Bratislava, 2000.

Conte, F., *Les Slaves. Aux origines des civilisations d'Europe centrale et orientale (VIe-XIIIe siècles)*, Paris, 1986.

Cosmo, N. di, "State Formation and Periodization in Inner Asian History," *Journal of World History*, 10, 1999, 1, pp. 1-40.

Cribb, R., *Nomads in archaeology*, Cambridge, 1991.

Cross, S.H., *Les civilisations slaves à travers les siècles*, trans. P. Poivre, Paris, 1955.

Davnia istoriia Ukraïni, 3, *Slov'iano-Rus'ko doba*, gen. ed. P.P. Tolochko, eds. Ia.E. Borovs'kiĭ, V.D. Baran, G.Iu. Ivakin, O.P. Motsia, R.V. Terpilovs'kiĭ, Kiev, 2000.

Dějiny Byzance, co-ord. B. Zástěrová, Prague, 1992 (A. Avenarius, R. Dostálová, V. Fiala, V. Hrochová, M. Loos, O. Túma, V. Vavřinek, B. Zástěrová).

Dictionary of the Middle Ages, ed. J.R. Strayer, New York, 1, 1982; 2-3, 1983; 4, 1984; 5-6, 1985; 7, 1986; 8-9, 1987; 10-11, 1988; 12-13, 1989.

Diehl, Ch., Oeconomos, L., Guilland, R., Grousset, R., *Histoire du Moyen Âge*, IX, 1, *L'Europe Orientale de 1081 à 1453* (Histoire générale, ed. G. Glotz), Paris, 1945.

Dobroliubskiĭ, A.O., *Kochevniki Severo-Zapadnogo Prichernomor'ia v epokhu srednevekov'ia*, Kiev, 1986.

Idem, *Tainy prichernomorskikh kurganov*, Odessa, 1988.

Doerfer, G., *Türkische und mongolische Elemente im Neupersischen*, Wiesbaden, I, 1963; II, 1965; III, 1967; IV, 1975.

Donnert, E., *Altrussisches Kulturlexikon*, 2nd ed., Leipzig, 1988.

Dostálová, R., *Byzantská vzdělanost*, Prague, 1990.

Ducellier, A., *Byzance et le monde orthodoxe*, 3rd ed., Paris, 1997.

Dujčev, I., Velkov, V., Mitev, I. and Panayotov, L., *Histoire de la Bulgarie des origines à nos jours*, Roanne, 1977.

Dvornik, F., *The Slavs in European History and Civilization*, New Brunswick, New Jersey, 1962.

Elekes, L., Lederer, E., Székely, G., *Magyarország története. Az őskortól 1526-ig* (*Magyarország története*, I), Budapest, 1965.

Encyclopaedia Iranica, ed. E.Yarshater, I, 1985, London-Boston-Melbourne-Henley; II, 1987; III, 1989; IV, 1990, London-New York; V, 1992; VI, 1993; VII, 1996; VIII, 1998,

Costa Mesa, California; IX, 1999; X, 2001; XI, 2003, New York, NY.

The Encyclopaedia of Islam, NE, I, eds. H.A.R. Gibb, J.H. Kramers, E. Lévi-Provençal, J. Schacht, B. Lewis, Ch. Pellat, Leiden-London, 1960; II, eds. B. Lewis, Ch. Pellat, J. Schacht, Leiden-London, 1965; III, eds. B. Lewis, V.L. Ménage, Ch. Pellat, J. Schacht, Leiden-London, 1971; IV, eds. E.v. Donzel, B. Lewis, Ch. Pellat, C.E. Bosworth, Leiden, 1978; V, eds. C.E. Bosworth, E.v. Donzel, B. Lewis, Ch. Pellat, Leiden, 1986; VI, eds. C.E. Bosworth, E.v. Donzel, B. Lewis, Ch. Pellat, W.P. Heinrichs, Leiden, 1991; VII, eds. C.E. Bosworth, E.v. Donzel, W.P. Heinrichs, Ch. Pellat, Leiden-New York, 1993; VIII, eds. C.E. Bosworth, E.v. Donzel, W.P. Heinrichs, G. Lecomte, Leiden, 1995; IX, eds. C.E. Bosworth, E.v. Donzel, W.P. Heinrichs, G. Lecomte, Leiden, 1997; X, eds. P.J. Bearman, Th. Bianquis, C.E. Bosworth, E.v. Donzel, W.P. Heinrichs, Leiden, 2000; XI, eds. P.J. Bearman, Th. Bianquis, C.E. Bosworth, E.v. Donzel, W.P. Heinrichs, Leiden, 2002.

Encyclopedia of the Middle Ages, I *(A-J),* II *(K-Z),* ed. A. Vauchez in conjuction with B. Dobson and M. Lapidge, trans. A. Walford, Paris-Cambridge-Rome, 2000.

Encyclopedia of Ukraine, Toronto-Buffalo-London, I, *A-F,* 1984; II, *G-K,* 1988, ed. V. Kubijovyč; III, *L-Pf,* 1993; IV, *Ph-Sr,* 1993; V, St-Z, 1993, ed. D.H. Struk.

Engel, P., *Beilleszkedés Európába, a kezdetektöl 1440-ig,* Budapest, 1990.

Idem, *The Realm of St Stephen. A History of Medieval Hungary, 895-1526,* trans. T. Pálosfalvi, ed. A. Ayton, London-New York, 2001.

Esin, E., *A History of Pre-Islamic and Early Turkish Culture* (Supplement to the *Handbook of Turkish Culture,* Series II, vol. 1/b), Istanbul, 1980.

L'Eurasie XIe-XIIIe siècles, co-ord. G. Duby and R. Mantran, Paris, 1982.

Fakhrutdinov, R.G., *Istoriia tatarskogo naroda i Tatarstana. Drevnost' i srednevekov'e,* Kazan, 2000.

Fëdorov, G.B., Polevoĭ, L.L., *Arkheologiia Rumynii,* Moscow, 1973.

Fëdorov-Davydov, G.A., *Kochevniki Vostochnoĭ Evropy pod vlast'iu zolotoordynskikh khanov,* Moscow, 1966.

Idem, *Iskusstvo kochevnikov i Zolotoĭ Ordy,* Moscow, 1976.

Fessler, I.A., *Geschichte von Ungarn,* I, 2nd ed. E. Klein, Leipzig, 1867.

Fliche, A., *La chrétienté médiévale (395-1254),* Paris, 1929.

Fossier, R., *Le Moyen Age,* Paris, 2, *L'éveil de l'Europe,* 1982; 3, *Le temps des crises,* 1983.

Foundations of Empire. Archaeology and Art of the Eurasian Steppes, ed. G. Seaman *(Proceedings of the Soviet-American Symposia in Conjuction with the Museum Exhibition* Nomads: Masters of the Eurasian Steppe, 3), Los Angeles, 1992.

Franke, H., Jedin, H., Köhler, O., Meinhold, P., Spuler, B., Stadtmüller, G., Tellenbach, G., *Saeculum Weltgeschichte*, V, *Die Epoche des Mongolensturms. Die Formation Europas. Die neuen islamischen Reiche*, Freiburg-Basel-Vienna, 1970.

Frédéric, L., *Encyclopaedia of Asian Civilization*, Villecresnes, I, 1977; II, 1977; III, 1977; Paris, IV, 1978; V, 1979; VI-VII, 1984; VIII, 1984; IX, 1984; X, 1984; XI, 1987.

Geanakoplos, D.J., *Medieval Western Civilization and the Byzantine and Islamic Worlds. Interaction of Three Cultures*, Lexington, Mass.-Toronto, 1979.

Geschichte der Ukraine, ed. F. Golczewski, Göttingen, 1993 (G. Pickhan).

Die Geschichte Ungarns, co-ord. E. Pamlényi, Budapest, 1971.

Gitermann, V., *Geschichte Russlands*, I, Zurich, 1944.

Giurescu, C.C., *Istoria românilor*, I, 3rd ed., Bucharest, 1938.

Giurescu, D.C., Fischer-Galaţi, St. (eds.), *Romania. A Historic Perspective*, Boulder, New York, 1998 (S. Brezeanu, Şt. Andreescu).

Göckenjan, H., *Hilfsvölker und Grenzwächter im mittelalterlichen Ungarn*, Wiesbaden, 1972.

Goehrke, C., Hellmann, M., Lorenz, R., Scheibert, P., *Russland*, Frankfurt am Main, 1972.

Golden, P.B., "Nomads and their Sedentary Neighbors in Pre-Činggisid Eurasia," *AEMA*, VII, 1987-1991, pp. 41-81.

Idem, *An Introduction to the History of the Turkic Peoples*, Wiesbaden, 1992.

Idem, "War and Warfare in the Pre-Činggisid Western Steppes of Eurasia," in *Warfare in Inner Asian History (500-1800)*, ed. N. di Cosmo, Leiden-Boston-Cologne, 2002, pp. 105-172.

Golubovskiĭ, P., *Pechenegi, torki i polovtsy do nashestviia tatar. Istoriia iuzhno-russkikh stepeĭ IX-XIII vv.*, Kiev, 1884.

Grigorian, T., *Istoria şi cultura poporului armean*, Bucharest, 1993.

Gritzak, P., *Galits'ko-Volins'ka derzhava*, New York, 1958.

Grousset, R., *Histoire des Croisades et du Royaume de Jérusalem*, Paris, I, 1934; II, 1935; III, 1936.

Idem, *L'Empire des steppes. Attila, Gengis-Khan, Tamerlan*, 4th ed., Paris, 1969.

Grushevs'kiĭ, M., *Istoriia Ukraini-Rusi*, I, *Do nachatku XI vika*, 3rd ed., Kiev, 1913 (reprinted Kiev, 1991); II, *XI-XIII vik*, Lwow, 1905 (reprinted Kiev, 1992); III, *Do roku 1340*, Lwow, 1905 (reprinted Kiev, 1993).

Gumilëv, L.N., *Drevniaia Rus' i Velikaia step'*, 1, 2 (=idem, *Sochineniia*, ed. A.I. Kurkchi, 7, 8), Moscow, 1997.

Hâncu, I.Gh., *Cultura băştinaşilor din spaţiul pruto-nistrean în evul mediu timpuriu*, Chişinău, 2002.

Handbuch der europäischen Geschichte, ed. Th. Schieder, 2, *Europa im Hoch- und Spätmittelalter*, ed. F. Seibt, Stuttgart, 1987.

Handbuch der europäischen Wirtschafts- und Sozialgeschichte, ed. H. Kellenbenz, 2, *Europäische Wirtschafts- und Sozialgeschichte im Mittelalter*, ed. J.A. van Houtte, Stuttgart, 1980.

Handbuch der Geschichte Russland, eds. M. Hellmann, K. Zernack, G. Schramm, I, Stuttgart, 1981.

Handbuch der Orientalistik, Erste Abteilung: Der Nahe und der Mittlere Osten, ed. B. Spuler, V, *Altaistik, 2, Mongolistik*, Leiden-Cologne, 1964.

Hantsch, H., *Die Geschichte Österreichs*, I, 5th ed., Graz-Vienna-Cologne, 1969.

Härtel, H.-J., Schönfeld, R., *Bulgarien. Vom Mittelalter bis zum Gegenwart*, Regensburg-Munich, 1998.

Haumann, H., *Geschichte Russlands*, Munich-Zurich, 1996.

Heers, J., *Précis d'histoire du Moyen Age*, Paris, 1968.

Heller, M., *Histoire de la Russie et de son empire*, trans. A. Coldefy-Faucard, Plon, 1997.

Heyd, W., *Histoire du commerce du Levant au Moyen-Âge*, I, II, 2nd ed. F. Raynaud, Leipzig, 1936.

Hildinger, E., *Warriors of the Steppe. A Military History of Central Asia. 500 B.C. to 1700 A.D.*, Kent, 1997.

Histoire du christianisme des origines à nos jours, IV, *Évêque, moines et empereurs (610-1054)*, eds. G. Dagron, P. Riché and A. Vauchez, 1993; V, *Apogée de la papauté et expansion de la chrétienté (1054-1274)*, ed. A. Vauchez, 1993.

Histoire universelle des missions catholiques, gen. ed. S. Delacroix, I, *Les missions des origines au XIVe siècle*, Monaco, 1956.

History of civilizations of Central Asia, III, *The crossroads of civilizations: A.D. 250 to 750*, ed. B.A. Litvinsky, co-eds. Zhang Guang-da and R. Shabani Samghabadi, Paris, 1996; IV, 1, *The age of achievement: A.D. 750 to the end of the fifteenth century*, eds. M.S. Asimov and C.E. Bosworth, Paris, 1998.

A History of the Crusades, gen. ed. K.M. Setton, I, 2nd ed. M.W. Baldwin, 1969; II, 2nd ed., R.L. Wolff, H.W. Hazard, Madison-Milwaukee-London, 1969; III, ed. H.W. Hazard, 1975; IV, ed. H.W. Hazard, 1977; V, eds. N.P. Zacour and H.W. Hazard, Madison, Wisconsin, 1985.

History of Humanity. Scientific and Cultural Development, III, *From the Seventh*

Century BC to the Seventh Century AD, eds. J. Herrmann, E. Zürcher, co-eds. J. Harmatta, J.K. Litvak, R. Lonis, T. Obenga, R. Thapar, Zhou Yiliang, London-New York, 1996; IV, *From the Seventh to the Sixteenth Century*, eds. M.A. Al-Bakhit, L. Bazin, S.M. Cissoko, co-eds. M.S. Asimov, A. Gieysztor, I. Habib, Y. Karayannopoulos, J. Litvak King, P. Schmidt, Paris-London-New York, 2000.

A History of Hungary, gen. ed. P.F. Sugar, assoc.ed. P. Hanák, Bloomington-Indianapolis, 1990.

History of the Turkic Peoples in the Pre-Islamic Period/Histoire des Peuples Turcs à l'Époque Pré-Islamique, ed. H.R. Roemer, with the assistance of W.-E. Scharlipp (*Philologiae et Historiae Turcicae Fundamenta*, I), Berlin, 2000.

Holle Welt- und Kulturgeschichte, eds. G. Du Ry van Beest Holle and collab., Baden-Baden, 8, 700-950, 1972; 9, 950-1200, 1972; 10, 1200-1454, 1972.

Hóman, B. and Szekfű, G., *Magyar történet*, I, Budapest, 1935 (B. Hóman).

Hösch, E., *Die Kultur der Ostslaven* (*Handbuch der Kulturgeschichte*, begründet von H. Kindermann, ed. E. Thurnher, Zweite Abteilung: *Kultur der Völker*), Wiesbaden, 1977.

Idem, *Geschichte der Balkanländer: von der Frühzeit bis zur Gegenwart*, 2nd ed., Munich, 1993.

Idem, *Geschichte Russland. Vom Kiever Reich bis zum Zerfall des Sowjetimperiums*, Stuttgart-Berlin-Cologne, 1996.

Hosking, G., *Russia and Russians. A History*, London, 2001.

Hutton, J., *Central Asia from the Aryan to the Cossack*, London, 1875 (Reprinted Nendeln/Liechtenstein, 1977).

Iorga, N., *La place des Roumains dans l'histoire universelle*, ed. R. Constantinescu, Bucharest, 1980.

Idem, *Istoria poporului românesc*, ed. G. Penelea, Bucharest, 1985.

Idem, *Istoria românilor*, Bucharest, II, *Oamenii pămîntului (Pănă la anul 1000)*, eds. I. Ioniță, V. Mihailescu-Bîrliba, V. Chirica, 1992; III, *Ctitorii*, ed. V. Spinei, 1993.

Idem, *Chestiunea Dunării (Istorie a Europei Răsăritene în legătură cu această chestie)*, ed. V. Spinei, Iași, 1998.

Der islamische Orient – Grundzüge seiner Geschichte, eds. A. Noth and J. Paul, Würzburg, 1998 (J. Paul, M. Gronke).

Istoria României, Bucharest, I, co-ord. C. Daicoviciu, E. Condurachi, I. Nestor, Gh. Ștefan, M.D. Matei, 1960; II, co-ord. A. Oțetea, M. Berza, B.T. Câmpina, Șt. Pascu, Șt. Ștefănescu, 1962.

Istoria României. Transilvania, I, co-ord. A. Drăgoescu, Cluj-Napoca, 1997 (M. Rusu,

I.A. Pop).

Istoria românilor, III, *Genezele româneşti*, co-ord. Şt. Pascu, R. Theodorescu, Bucharest, 2001.

Istoriia Bashkortostana s drevneĭshikh vremen do 60-kh godov XIX v., gen. ed. Kh.F. Usmanov, Ufa, 1997.

Istoriia na Bŭlgariia, Sofia, 2, *Pŭrva Bŭlgarska dŭrzhava*, co-ord. D. Angelov (gen. ed.), P. Petrov, V. Primov, 1981; 3, *Vtora Bŭlgarska dŭrzhava*, co-ord. S. Lishev (gen. ed.), V. Gjuzelev, P. Tubchev, G. Cankova-Petkova, 1982.

Istoriia na Bŭlgarite, I, *Ot drevnostta do kraia na XVI vek*, gen. ed. G. Bakalov, Sofia, 2003.

Istoriia Kazakhskoĭ SSR s drevneĭshikh vremen do nashikh dneĭ, Alma-Ata, I, 1957; II, 1979.

Istoriia kul'turi davn'ogo naselennia Ukraïni, 1, gen. ed. P.P. Tolochko, Kiev, 2001.

Istoriia SSSR, I, *S drevneĭshikh vremen do kontsa XVIII v.*, gen. eds. V.I. Lebedev, B.D. Grekov, S.V. Bakhrushin, Moscow, 1939.

Istoriia SSSR, I, *S drevneĭshikh vremen do 1861 g.*, 2nd ed., gen. ed. L.V. Cherepnin, Moscow, 1964.

Istoriia tatar s drevneĭshikh vremen, I, *Narody stepnoĭ Evrazii v drevnosti*, gen. ed. M. Usmanov, R. Khakimov, Kazan, 2002.

Istoriia Ukrainskoĭ SSR, I, gen. ed. I.I. Artemenko, Kiev, 1981 (P.P. Tolochko).

Istoriia Ukrainskoĭ SSR, I, gen. ed. A.K. Kasimenko, Kiev, 1953.

Istoriia Vengrii, I, gen. ed. V.P. Shusharin, Moscow, 1971.

Istoriia Vizantii, gen. ed. S.D. Skazkin, 2, ed. A.P. Kazhdan, Moscow, 1967.

Istorija srpskog naroda, I, *Od najstarijih vremena do Maričke bitke (1371)*, gen. ed. S. Đirkovid, Belgrade, 1981.

Ivanov, V.A., *Pitiami stepnykh kocheviĭ*, Ufa, 1984.

Jireček, C.J., *Geschichte der Bulgaren*, Prague, 1876.

Karamzin, N.M., *Istoriia Gosudarstva Rosiĭskogo*, ed. A.N. Sakharov, Moscow, II, III, 1991; IV, 1992; V, 1993.

A Kárpát-medence és a steppe, ed. A. Márton, Budapest, 2001.

Khazanov, A.M., *Nomads and the outside world*, trans. J. Crookenden, Cambridge, 1984.

Idem, "The Spread of World Religions in Medieval Nomadic Societies of the Eurasian Steppes," in *Nomadic Diplomacy, Destruction and Religion from the Pacific to the Adriatic*, eds. M. Gervers and W. Schlepp, Toronto, 1994, pp. 11-33.

Kleindel, W., *Österreich. Daten zur Geschichte und Kultur*, 4th ed., eds. J. Ackerl and G.K. Kodek, Vienna, 1995.

Kliashtornyĭ, S.G., Savinov, D.G., *Stepnye imperii Evrazii*, Sankt-Peterburg, 1994.

Kliashtornyĭ, S.G., Sultanov, T.I., *Gosudarstva i narody Evraziĭskikh stepeĭ. Drevnost'I srednevekov'e*, 2nd ed., Sankt-Peterburg, 2004.

Kniaz'kiĭ, I.O., *Rus' i step'*, Moscow, 1996.

Idem, *Slaviane, volokhi i kochevniki Dnestrovsko-Karpatskikh zemel' (konets IX – ser. XIII vv.)*, Kolomna, 1997.

Koder, J., *Der Lebensraum der Byzantiner. Historisch-geographischer Abriss ihres mittelalterlichen Staates im östlichen Mittelmeerraum*, Graz-Vienna-Cologne, 1984.

Kogălniceanu, C., *Istoria veche a românilor*, Bucharest, 1938.

Konovalova, I.G., Perkhavko, V.B., *Drevniaia Rus' i Nizhnee Podunav'e*, Moscow, 2000.

Kontler,L., *A History of Hungary. Millennium in Central Europe*, Houndsmills-New York, 2002.

Korai magyar történeti lexikon (9-14. század), gen. ed. G. Kristó, eds. P. Engel and F. Makk, Budapest, 1994.

Kotwicz,W., "Contributions à l'histoire de l'Asie Centrale," *Rocznik orientalistyczny*, XV, 1939-1949, pp. 159-195.

Krader, L., *Peoples of Central Asia*, 2nd ed., The Hague, 1966.

Kristó, G., *Die Arpadendynastie. Die Geschichte Ungarns von 895 bis 1301*, Budapest, 1993.

Idem, *Honfoglalás és társadalom*, Budapest, 1996.

Idem, *Magyarország története 895-1301*, Budapest, 1998.

Idem, *Histoire de la Hongrie médiévale*, I, *Le temps des Árpáds*, trans. Ch. Philippe, Rennes, 2000.

Krym, Severo-Vostochnoe Prichernomor'e i Zakavkaz'e v epokhu srednevekov'ia, IV-XIII veka (Arkheologiia), co-ord. T.I. Makarova, S.A. Pletnëva, Moscow, 2003.

Kshibekov, D., *Kochevoe obshchestvo: genezis, razvitie, upadok*, Alma-Ata, 1984.

Kuznetsov, V.A., *Alaniia v X-XIII vv.*, Ordzhonikidze, 1971.

Lattimore, O., "The Nomads and South Russia," Αρχειον Ποντου, 35, 1979, pp. 193-200.

Le Goff, J., *La civilisation de l'Occident médiéval*, Paris, 1984.

Lexikon des Mittelalters, Munich-Zurich, I, 1980; II, 1983; III, 1986; IV, 1989; V, 1991; Munich, VI, 1993; VII, 1995; VIII, 1997; IX, 1998.

Litschauer, G.F., *Österreichische Geschichte*, 3rd ed., Vienna, 1965.

Magocsi, P.R., *A History of Ukraine*, Toronto-Buffalo-London, 1996.

Magyarország hadtörténete, 1, *A honfoglalástól a kiegyezésig*, gen. ed. J. Borus, Budapest, 1984.

Magyarország története. Előzmények és magyar történet 1242-ig, 1/1, 1/2, gen. ed. G. Székely, ed. A. Bartha, Budapest, 1984.

Makkai, L., *Histoire de Transylvanie*, Paris, 1946.

Mavrodina, R.M., *Kievskaia Rus' i kochevniki (Pechenegi, torki, polovtsy). Istoriograficheskiĭ ocherk*, Leningrad, 1983.

Mayer, [F.M.,] Kaindl, [R.Fr.,] Pirchegger, [H.,] *Geschichte und Kulturleben Österreichs von der ältesten Zeiten bis 1493*, 6th ed. A.A. Klein, Vienna-Stuttgart, 1974.

Mayer, H.E., *Geschichte der Kreuzzüge*, 5th ed., Stuttgart-Berlin-Cologne-Mainz, 1980.

Menges, K.H., *The Turkic languages and peoples. An Introduction to Turkic studies*, Wiesbaden, 1968; 2nd, rev. ed., Wiesbaden, 1994.

Meyendorff, J., Papadakis, A., *L'Orient chrétien et l'essor de la papauté. L'Église de 1071 à 1453*, trans. F. Lhoest, Paris, 2001.

Meyers Illustrierte Weltgeschichte in 20 Bänden, ed. W. Digel, Mannheim-Vienna-Zurich, 10, *Die Ausbildung des Feudalismus (9.-10.Jh.)*, 1980; 11, *Der Aufstieg der Städte (11.-12. Jh.)*, 1980; 12, *Das späte Mittelalter (13.-14. Jh.)*, 1980.

Milioukov, P., Seignobos, Ch. and Eisenmann, L., *Histoire de Russie*, I, *Des origines à la mort de Pierre le Grand*, NE, Paris, 1935.

Dal mille al mille. Tesori e popoli dal Mar Nero, Milan, 1995.

Minorsky, V., *The Turks, Iran, and the Caucasus in the Middle Age* (Variorum Reprints), London,1978.

Mokhov, M.A., *Moldaviia epokhi feodalizma*, Kishinev [= Chişinău], 1964.

Moravcsik, G., *Byzantinoturcica*, I, *Die byzantinischen Quellen der Geschichte der Türkvölker;* II, *Sprachreste der Türkvölker in der byzantinischen Quellen*, 2nd ed., Berlin, 1958.

Moss, W.G., *A History of Russia, I, To 1917*, New York, 1997.

Mutafchiev, P., *Istoriia na bŭlgarskiia narod (681-1323)*, co-ord. V. Gjuzelev, Sofia, 1986.

Nemeskürty, I., *Nous, les Hongrois. Histoire de Hongrie*, Budapest, 1994.

Die Neue Propyläen-Weltgeschichte, ed. W. Andreas, II, *Der Aufstieg des Germanentums und die Welt des Mittelalters*, Berlin, 1940.

The New Cambridge Medieval History, Cambridge, III, *c. 900-c. 1024*, ed. T. Reuter, 1999; V, *c.1198-c. 1300*, ed. D. Abulafia, 1999; VI, *c. 1300-c. 1415*, ed. M. Jones, 2000.

Nicolle, D.C., *Arms and Armour of the Crusading Era, 1050-1350*, 1, Commentary; 2, *Illustrations*, White Plains, New York, 1988.

Idem, *Attila and the Nomad Hordes. Warfare on the Eurasian Steppes 4th-12th centuries*, London, 1990.

Nistor, I.I., *Istoria românilor*, I, ed. F. Rotaru, Bucharest, 2002.

Nomads in the Sedentary World, eds. A.M. Khazanov and A. Wink, Richmond, Surrey, 2001.

Norwich, J.J., *Byzanz*, II, *Auf dem Höhepunkt der Macht, 800-1071*, trans. E. Mattille, U. and M. Halbe, Düsseldorf-Vienna-New York-Moscow, 1994; III, *Verfall und Untergang, 1072-1453*, trans. C. Wang, U. and M. Halbe-Bauer, Düsseldorf, 1996.

Obolensky, D., *The Byzantine Commonwealth. Eastern Europe, 500-1453*, London, 1974.

Ostrogorsky, G., *Geschichte des byzantinischen Staates*, 3rd ed., Munich, 1963.

T*he Oxford Dictionary of Byzantium*, eds. A.P. Kazhdan, A.-M. Talbot, I-III, New York-Oxford, 1991.

Pálóczi Horváth, A., *Petschenegen, Kumanen, Jassen. Steppenvölker im mittelalterlichen Ungarn*, Budapest, 1989.

Panaitescu, P.P., *Introducere la istoria culturii româneşti*, Bucharest, 1969.

Parker, W.H., *An Historical Geography of Russia*, London, 1968.

Pascu, Şt., *Voievodatul Transilvaniei*, I, 2nd ed., Cluj, 1972; IV, Cluj-Napoca, 1989.

Pashuto, V.T., *Vneshniaia politika Drevneĭ Rusi*, Moscow, 1968.

Paszkiewicz, H., *The Origin of Russia*, London, 1954.

Patlagean, É., "Les États d'Europe centrale et Byzance, ou l'oscillation des confins," *Revue historique*, CCCII, 124, 2000, 4, pp. 827-868.

Perroy, E., *Le Moyen Age. L'expansion de l'Orient et la naissance de la civilisation occidentale*, Paris, 1993.

Peyronnet, G., *L'Islam et la civilisation islamique VIIe-XIIIe siècles*, Paris, 1992.

Philologiae Turcicae Fundamenta, I, eds. J. Deny, K. Grønbech, H. Scheel, Z.V. Togan, Wiesbaden, 1959.

Pirenne, J., *Les grands courants de l'histoire universelle*, II, *De l'expansion musulmane aux traités de Westphalie*, Neuchatel-Paris, 1950.

Platonov, S., *Histoire de la Russie. Des origines à 1918*, Paris, 1929.

Pletnëva, S.A, "Pechenegi, torki i polovtsy v iuzhnorusskikh stepiakh," *MIA*, 62, Moscow-Leningrad, 1958, pp. 151-226.

Eadem, *Kochevniki srednevekov'ia*, Moscow, 1982.

Eadem, *Kochevniki iuzhnorusskikh stepeĭ v epokhu srednevekov'ia IV-XIII veka. Uchebnoe posobie*, Voronezh, 2003.

Polonska-Vasylenko, N., *Geschichte der Ukraine. Von den Anfängen bis 1923*, trans. R. Szuper, Munich, 1988.

Pop, I.A., *Istoria Transilvaniei medievale de la etnogeneza românilor până la Mihai Viteazul*, Cluj-Napoca, 1997.

Poppe, N., *Introduction to Altaic Linguistics*, Wiesbaden, 1965.

Potapov, L.P., *Ocherki po istorii altaĭtsev*, Moscow-Leningrad, 1953.

Pritsak, O., *Studies in medieval Eurasian history* (Variorum Reprints), London, 1981.

Propyläen Weltgeschichte. Eine Universalgeschichte, eds. G. Mann and A. Nitschke, 5, 6, Berlin-Frankfurt am Main, 1991.

Rambaud, A., *Histoire de la Russie depuis origines jusqu'à nos jours*, 7th ed., Paris, 1918.

Rásonyi, L., "Les Turcs non-islamisés en Occident (Péçénègues, Ouzes et Qiptchaqs, et leur rapports avec les Hongrois)," in *Philologiae Turcicae Fundamenta*, III, 1, Wiesbaden, 1970, pp. 1-26.

Relations between the autochthonous population and the migratory populations on the territory of Romania, co-ord. M. Constantinescu, Şt. Pascu and P. Diaconu, Bucharest, 1975.

Rezachevici, C., *Istoria popoarelor vecine şi neamul românesc în evul mediu*, Bucharest, 1998.

Rodrigues, M.U., *Nómadas e sedentários na Ásia Central. Continuidade e descontinuidade no processo civilizatório*, Porto, 1999.

Roux, J.-P., *La religion des Turcs et des Mongols*, Paris, 1984.

Idem, *Histoire des Turcs. Deux mille ans du Pacifique à la Méditerranée*, Paris, 1984.

Idem, *L'Asie Centrale. Histoire et civilisations*, Paris, 1997.

Ruzé, A., *Ukrainiens et Roumains (IXe-XXe siècle). Rivalités carpatho-pontiques*, Paris-Montréal, 1999.

Scholz, F., *Nomadismus. Theorie und Wandel einer sozio-ökologischen Kulturweise*, Stuttgart, 1995.

Serczyk, W.A., *Historia Ukrainy*, Wrocław-Warsaw-Cracow-Gdańsk, 1979.

Sharanevich, I., *Istoriia Galitsko-Volodimirskoĭ Rusi ot naĭdavneĭshikh vremen do roku 1453*, Lwow, 1863.

Shramko, B.A., *Drevnosti Severskogo Dontsa*, Harkov, 1962.

Sinor, D., *Introduction à l'étude de l'Eurasie Centrale*, Wiesbaden, 1963.

Idem, *Inner Asia and its Contacts with Medieval Europa* (Variorum Reprints), London, 1977.

Idem, *Essays in Comparative Altaic Linguistics*, Bloomington, Indiana, 1990.

Idem, *Studies in Medieval Inner Asia* (Variorum), Aldershot-Brookfield, Vermont, 1997.

Slatarski [Zlatarski], W.N., *Geschichte der Bulgaren, I, Von der Gründung des bulgarischen Reiches bis zur Türkenzeit (679-1396)*, Leipzig, 1918.

Slaviane i ich sosedi, 10, *Slaviane i kochevoĭ mir. K 75-letiiu akademika G.G. Litavrina*, Moscow, 2001.

Solov'ev, S.M., *Istoriia Rossii s drevneĭshikh vremen*, Moscow, I (1-2), co-ord. G.D. Tsinzerling and V.S. Rykalov, 1959; II (3-4), co-ord. V.S. Rykalov, 1960.

Soucek, S., *A History of Inner Asia*, Cambridge, 2000.

Spinei, V., *Moldova în secolele XI-XIV*, Bucharest, 1982; 2nd ed., Chişinău [=kishinev], 1994.

Idem, *Realități etnice și politice în Moldova Meridională în secolele X-XIII. Români și turanici*, Iași, 1985.

Idem, *Moldavia in the 11th-14th Centuries*, Bucharest, 1986.

Spuler, B., *Gesammelte Aufsätze*, Leiden, 1980.

Stahl, H.H., *Teorii și ipoteze privind sociologia orînduirii tributale*, Bucharest, 1980.

Stepi Evrazii v drevnosti i srednevekov'e. K 100-letiiu so dnia rozhdeniia M.P. Griaznova, II, gen.ed. Iu.Iu. Piotrovskiĭ, Sankt-Peterburg, 2003.

Step' Evrazii v epokhu srednevekov'ia, gen. ed. S.A. Pletnëva (Arkheologiia SSSR), Moscow, 1981.

Stökl, G., *Russische Geschichte von den Anfängen bis zum Gegenwart*, 2nd ed., Stuttgart, 1965.

Storia universale, co-ord. E. Pontieri, IV, 1, Milan, 1960 (S. Mochi Onory, G. Fasoli, A. Tamborra, R. Morghen).

Strayer, J.R., Munro, D.C., *The Middle Ages, 395-1500*, 5th ed., New York, 1970.

Strzygowski, J., *Altai-Iran und Völkerwanderung*, Leipzig, 1917.

Świętosławski, W., *Uzbrojenie koczowników Wielkiego Stepu w czasach ekspansji mongołów (XII-XIV w.)* (Acta archaeologica Lodziensia, 40), Łódź, 1996.

Ştefănescu, Şt., *Istoria medie a României, I, Principatele Române. Originea și afirmarea lor*, Bucharest, 1991.

Thompson, J.W., *The Middle Ages. 300-1500*, I, II, 2nd ed., New York, 1972.

Tolochko, P.P., *Kochevye narody stepeĭ i Kievskaia Rus'*, Kiev, 1999.

Torke, H.-J., *Einführung in die Geschichte Russlands*, Munich, 1997.

Toynbee, A.J., *A Study of History*, III, 2nd ed., London-New York-Toronto, 1951.

Trade, Travel, and Exploration in the Middle Ages. An Encyclopedia, eds. J.B. Friedman, K.M. Figg, assoc. ed. S.D. Westrem, collab. ed. G.G. Guzman, New York-London, 2000.

Treadgold, W., *A History of the Byzantine State and Society*, Stanford, 1997.

The Turkic Languages, eds. L. Johanson and É.Á. Csató, London-New York, 1998.

The Turkic Peoples of the World, ed. M. Bainbridge, London-New York, 1993.

The Turks, eds. H.C. Güzel, C.C. Oğuz, O. Karatay, chief of the editorial board Y. Halaçoğlu, editorial advisor H. Inalcik, 1, *Early Ages*; 2, *Middle Ages*; 3, *Ottomans*; 4, *Ottomans*; 5, *Turkey*; 6,*Turkish World*, Ankara, 2002.

Vásáry, I., *Geschichte des frühen Innerasiens*, trans. T. Schäfer, Herne, 1999.

Vasiliev, A.A., *Histoire de l'Empire byzantin,* trans. P. Brodin and A. Bourguina, I, II, Paris, 1932.

Idem, *The Goths in the Crimea*, Cambridge, Mass., 1936.

Vernadsky, G., *A History of Russia*, New Haven-London, I, *Ancient Russia*, 7th ed., 1969; II, *Kievan Russia*, 5th ed., 1966; III, *The Mongols and Russia*, 4th ed., 1966.

Volpe, G., *Le moyen âge*, trans. C. Darmouni, Paris, 1977.

Vostochnaia Evropa v drevnosti i srednevekov'e, co-ord. L.V. Cherepnin, Moscow, 1978.

Wasilewski, T., *Istoria Bułgarii*, Wrocław-Warsaw-Cracow-Gdańsk-Łódż, 1988.

Welt der Slawen. Geschichte, Gesellschaft, Kultur, ed. J. Herrmann, Munich, 1986.

Xenopol, A.D., *Istoria românilor din Dacia Traiană*, I, 4th ed.,V. Mihăilescu-Bîrliba, Bucharest, 1985.

Zarek, O., *Die Geschichte Ungarns*, Zürich, 1938.

Zimmermann, H., *Das Mittelalter*, I, *Von den Anfängen bis zum Ende des Investiturstreites*; II, *Von den Kreuzzügen bis zum Ende der grossen Entdeckungsfahrten*, Braunschweig, 1975.

Zlatarski, V.N., *Istoriia na bŭlgarskata dŭrzhava prezŭ srednite vekove*, Sofia, I, 2, 1927; II, 1934; III, 1940.

Zsoldos, A., *Az Árpádok és alattvalóik (Magyarország története 1301-ig)*, Debrecen, 1997.

缩写列表

AAH	*Acta Archaeologica Academiae Scientiarum Hungaricae.*
AECO	*Archivum Europae Centro-Orientalis.*
AEMA	*Archivum Eurasiae Medii Aevi.*
AM	*Arheologia Moldovei.*
AOH	*Acta Orientalia Academiae Scientiarum Hungaricae.*
BZ	*Byzantinische Zeitschrift.*
CAJ	*Central Asiatic Journal.*
DAI	Constantinus Porphyrogenitus, *De administrando imperio*, eds.G. Moravcsik-R.J.H. Jenkins, Washington, 1967.
DRH, A; B; C; D	*Documenta Romaniae Historica, A. Moldova; B. Țara Românească; C. Transilvania; D. Relații între Țările române*, Bucharest.
FHDR, II, III, IV	*Fontes historiae Daco-Romanae*, Bucharest, II, eds. H. Mihăescu, Gh. Ștefan, R. Hîncu, Vl. Iliescu, V.C. Popescu, 1970; III, eds. A.Elian, N.-Ș. Tanașoca, 1975; IV, eds. H. Mihăescu, R. Lăzărescu, N.-Ș. Tanașoca, T. Teoteoi, 1982.
FRA	*Fontes rerum Austriacarum. Oesterreichische Geschichts-Quellen,* Vienna.
P.B. Golden, *An Introduction*	P.B. Golden, *An Introduction to the History of the Turkic Peoples*, Wiesbaden, 1992.
Hudūd	*Hudūd al-'Ālam. "The Region of the World". A Persian Geography 372 A.H. - 982 A.D.*, ed. V. Minorsky, London, 1937.
IIR	*Izvoarele istoriei românilor*, ed. G. Popa-Lisseanu, Bucharest.
Ip. let.	*Ipat'evskaia letopis'*, 2nd ed., A.A. Shakhmatov, in *PSRL*, II, S.-Peterburg, 1908.

JA	Journal Asiatique.
JOB	Jahrbuch für Österreichischen Byzantinistik.
MGH	Monumenta Germaniae Historica.
MGH, SRG	Monumenta Germaniae Historica, Scriptores rerum Germanicarum.
MGH, SRGUSSE	Monumenta Germaniae Historica, Scriptores rerum Germanicarum in usum scholarum ex separatim editi.
MGH, SS	Monumenta Germaniae Historica. Scriptores.
MIA	Materialy i issledovaniia po arkheologii SSSR.
MPH	Monumenta Poloniae Historica.
Nik. let.	Letopisnyĭ sbornik, imenuemyĭ Patriarsheiu ili Nikonovskoiu letopis'iu, in PSRL, Sanktpeterburg, IX, 1862; X, 1885; XI, 1897.
Orient.Ber.	H. Göckenjan and I. Zimonyi, Orientalische Berichte über die Völker Osteuropas und Zentralasiens im Mittelalter. Die Ğayhānī-Tradition (Ibn Rusta, Gardīzī, Hudūd al-'Ālam, al-Bakrī und al-Marwazī), Wiesbaden, 2001.
PSRL	Polnoe sobranie russkikh letopiseĭ.
PVL, I, II	Povest' vremënnykh let, I, ed. D.S. Likhachëv, co-ord. V.P. Adrianova-Peretts; II, Prilozheniia, ed. D.S. Likhachëv, Moscow-Leningrad, 1950.
RESEE	Revue des études sud-est européennes.
RI	Revista istorică.
RIS	Rerum Italicarum Scriptores.
SA	Sovetskaia arkheologiia.
SCIV(A)	Studii şi cercetări de istorie veche (şi arheologie).
SRH, I, II,	Scriptores rerum Hungaricarum, ed. E. Szentpétery, Budapest, I,1937; II, 1938.
Tiesenhausen, I, II	Sbornik materialov otnosiashchikhsia k istorii Zolotoĭ Ordy, I, co-ord. V. Tiesenhausen, Sanktpeterburg, 1884; II, co-ord. V.G.Tiesenhausen, eds. A.A. Romaskevich and S.L. Volin, Moscow-Leningrad, 1941.

图片来源

图1　C. Bálint, "A honfoglalás kori lovastemetkezések néhány kérdése," *A Móra Ferenc Múzeum Évkönyve*, I, 1969, p. 109, fig. 1.

图2　L. Révész, *A karosi honfoglalás kori temetők*, Miskolc, 1996, p. 249, fig. 27.

图3　A. Točik, *Altmagyarische Gräberfelder in der Südwestslowakei*, Bratislava, 1968, p. 74, pl. VIII.

图4　M. Kőhegyi, "Das landnahmezeitliche Gräberfeld von Madaras," *AAH*, 32, 1980, p. 217.

图5　L. Révész, "Archäologische Angaben zur Geschichte der oberen Theissgegend im 10. Jh.," in *Ethnische und kulturelle Verhältnisse an der mittleren Donau vom 6. bis zum 11. Jahrhundert*, eds. D. Bialeková, J. Zábojnik, Bratislava, 1996, p. 374, fig. 3.

图6　L. Marosi, "Zur Frage des Quellenwertes mittelalterlicher Darstellung. «Orientalismus» in der Ungarischen Bilderchronik," in *Alltag und materielle Kultur im mittelalterlichen Ungarn*, eds. A. Kubinyi and J. Laszlovszky, Krems, 1991, fig. 8.

图7　L. Selmeczi, "Der landnahmezeitliche Fund von Kétpó," *AAH*, 32, 1980, p. 258.

图8　C. Bálint, *Südungarn im 10. Jahrhundert*, Budapest, 1991, pl. XLVI.

图9　N.M. Bokiĭ, S.A. Pletněva, "Zakhoronenie sem'i voĭna-kochevnika X v. v basseĭne Ingula," *SA*, 1988, 2, p. 102.

图10　*Ibidem*, p. 103.

图11　E. Dąbrowska, "Éléments hongrois dans les trouvailles archéologiques au nord des Karpates," *AAH*, XXXI, 1979, 3-4, p. 346, fig. 3.

图12　O.M. Prikhodniuk, L.M. Churilova, "Koshtovnosti z s. Korovchine na Dnipropetrovschini," *Arkheologiia*, Kiev, 2001, 1, pp. 96-105, fig. 1, 4, 5.

图13　A. Koperski, M. Parczewski, "Wczesnośredniowieczny grób Węgra-koczownika z

Przemyśla," *Acta Archaeologica Carpathica*, XVIII, 1978, pp. 158-159, fig. 6-7.

图14　M. Schulze-Dörrlamm, "Untersuchung zur Herkunft der Ungarn zum Beginn ihrer Landnahme im Karpatenbecken," *Jahrbuch des Römisch-Germanischen Zentralmuseums Mainz*, 35, 1988, p. 439, fig. 61; eadem, "Bemerkungen zur Beginn der ungarischen Landnahme," *Ethnische und kulturelle Verhältnisse...*, p. 363, fig. 2.

图15　F. Mendeleţ, D. Tănase, E. Gáll, "X. századi honfoglalás temetöszlet Vejtén (Temes megye, Románia)," *Archeologiai Értesitö*, 126, 2001, 1-2, pp. 102, 104, fig. 3 and 5.

图16　*Die "Gesta Hungarorum" des anonymen Notars*, ed. G. Silagi, with the collab. of L. Veszprémy, Sigmaringen, 1991, map.

图17　J. Purgina, *Tvorcovia kartografie Slovenska do pol. 18. storočia*, Bratislava, 1972, map 37.

图18　*Istoria României*, I, co-ord. C. Daicoviciu, E. Condurachi, I. Nestor, Gh. Ştefan, M. D. Matei, Bucharest, 1960, p. 771.

图19　A. Kiss, "Studien zur Archäologie der Ungarn im 10. und 11. Jahrhundert," in *Die Bayern und ihre Nachbarn*, II, eds. H. Friesinger, F. Daim, Vienna, 1985, pl. I.

图20　M. Ruttkay, "Siedlungarchäologische Beobachtung zum Landesausbau im frühen Mittelalter (Westslowakei)," *Przegląd Archeologiczny*, 46, 1998, fig.11.

图21　M. Schulze, "Das ungarische Kriegergrab von Aspres-lès-Corps. Untersuchungen zu den Ungarneinfällen nach Mittel-, West- und Südeuropa (855-955 n. Chr.)," *Jahrbuch des Römisch-Germanischen Zentralmuseum Mainz*, 31, 1984, p. 480, fig. 6.

图22　*Ibidem*, p. 481, fig. 7.

图23　L. Révész, "Das landnahmezeitliche Gräberfeld von Bezdéd. Angaben zur Ausgrabung und zur Auswertung des Fundmaterials," *Communicationes Archaeologicae Hungariae*, 2003, p. 143, fig. 6/4, 5; p. 151, fig. 11.

图24　L. Révész, *A karosi honfoglalás ...*, p. 224, pl. 2.

图25　B. Eberl, *Die Ungarnschlacht auf dem Lechfeld (Gunzenlê) im Jahre 955*, Augsburg-Basel, 1955, p. 49.

图26　*Ibidem*, p. 1.

图27　V.G. Bubulici, V.P. Haheu, "Issledovanie kurganov v Kamenskom raĭone na levoberezh' e Srednego Dnestra," in *Severnoe Prichernomor'e ot ėneolita k antichnosti*, Tiraspol, 2002, p. 115, fig. 2.

图28　S.A. Pletnëva, "Kochevnicheskiĭ mogil' nik bliz Sarkela-Beloĭ Vezhi," *MIA*, 109, Moscow-Leningrad, 1963, pp. 248-249, fig. 21; 22/3-4.

图29　A.M. Shcherbak, "Znaki na keramike i kirpichakh iz Sarkela-Beloĭ Vezhi," *MIA*,

75, Moscow-Leningrad, 1959, pl. III.
图 30 S.A. Pletnëva, "Kochevniki v Tamatarkhe," *Rossiĭskaia arkheologiia*, 2001, 2, p. 101, fig. 4.
图 31 A.Iu. Chirkov, "Novye dannye o pozdnykh kochevnikakh Srednego Poprut' ia," in *Arkheologicheskie issledovaniia molodykh uchënykh Moldavii*, Kishinev (= Chişinău), 1990, p. 160, fig. 2.
图 32 V.P. Shilov, *Ocherki po istorii drevnikh plemen Nizhnego Povolzh'ia*, Leningrad, 1975, p. 44, fig. 34.
图 33 A.I. Kubyshev, R.S. Orlov, "Uzdechnyĭ nabor XI v. iz Novo-Kamenki," *SA*, 1982, 1, pp. 240, 245, fig. 2/1-4; 5.
图 34 V. Spinei, *Realități etnice și politice în Moldova Meridională în secolele X-XIII. Români și turanici*, Iași, 1985, p. 204, fig. 32.
图 35 I. Hîncu, *Vetre strămoșești din Republica Moldova. Materiale arheologice informativdidactice*, Chişinău, 2003, pp. 276, 292 and 380.
图 36 A. Pálóczi Horváth, *Petschenegen, Kumanen, Jassen. Steppenvölker im mittelalterlichen Ungarn*, Budapest, 1989, pp. 28-29, fig. 17.
图 37 G. Hatházi, "A besenyő megtelepedés régészeti nyomai Fejér megyében," *Savaria*, 22/3, 1992-1995, *Pars archaeologica*, pp. 247-248, pl. 3/1-4; 4/2-3.
图 38 *Ibidem*, p. 245, pl. 1.
图 39 L. Doncheva-Petkova, "Adornments from a 11th Century Pechenegs' Necropolis by Odartsi Village, Dobrich District (North-Eastern Bulgaria)," *Archaeologia Bulgarica*, II, 1998, 3, p. 135, fig. 6.
图 40 1-13 – L. Doncheva-Petkova, *op. cit.*, p. 133, fig. 5; 14 – I.Ĭordanov, "Pechati na Ĭoan Kegen, magistŭr i arkhont na Pechenegiia (1050-1051)," *Numizmatika i sfragistika*, V, 1998, 1, p. 97, fig. 1.
图 41 1, 6 – G. Atanasov, "Srednevekovni amuleti ot Silistra," *Izvestiia na Narodniia Muzeĭ-Varna*, 22 (37), 1986, pl. II, 1, 4; 2, 3 – Al. Suceveanu, "Un mormînt din secolul XI e.n. la Histria," *SCIV*, 24, 1973, 3, pp. 497-498, fig. 3/1, 2; 4 – A. Kusheva-Grozevskaia, *Zolotoordynskie drevnosti Gosudarstvennogo Istoricheskogo Muzeia iz raskopok 1925-26 gg. v nizhnem Povolzh'e*, Saratov, 1928, p. 14 and pl. II; 5 – S.A. Pletnëva, *op. cit.*, MIA, 109, p. 256, fig. 27/1.
图 42 1 – M. G. Elkin, "Kurgannyĭ mogil' nik pozdnego zheleznogo veka v doline reki Ur," *Izvestiia Laboratorii arkheologicheskikh issledovaniĭ*, Kemerovo, 2, 1970, p. 81, fig. 7; 2 – S. A. Pletnëva, *op. cit.*, in *MIA*, 109, p. 256, fig. 27/2; 3, 5 – P. Diaconu, "Două pandantive foliforme de bronz de la Păcuiul lui Soare," in *Cultură și civilizație*

la Dunărea de Jos, III-IV, Călăraşi, 1987, pp. 113-114 and pl. LXXIX, 1-2; 4 – V. Spinei, *Marile migraţii din estul şi sudul Europei în secolele IX-XIII*, Iaşi, 1999, p. 133, fig. 28/4.

图43 V. Leahu and G. Trohani, "Două morminte de călăreţi nomazi din Cîmpia Teleormanului," *SCIVA*, 29, 1978, 4, pp. 231-232, fig. 2-3.

图44 A. Vambéry, *Travels in Central Asia*, New York, 1865, p. 363.

图45 G.N. Garustovich, V.A. Ivanov, *Oguzy i pecenegi v evraziĭskikh stepiakh*, Ufa, 2001, p. 135, fig. 6.

图46 V.A. Ivanov, G.N. Garustovič, "The Results of the Statistical Analyses of Funeral Rites of the Nomads in the «Great Steppe Belt» in the 10th-11th Centuries and their Ethnic Interpretation," in *The Archaeology of the Steppe. Methods and Strategies*, ed. B. Genito, Naples, 1994, p. 586, fig. 2.

图47 S.P. Tolstov, *Po sledam drevnekhorezmiĭskoĭ tsivilizatsii*, Moscow-Leningrad, 1948, p. 253, map 4.

图48 *History of Civilizations of Central Asia*, IV, 1, eds. M.S. Asimov and C.E. Bosworth, Paris, 1998, p. 429, map 3.

图49 M. Kretschmar, *Pferd und Reiter im Orient. Untersuchungen zur Reiterkultur Vorderasiens in der Seldschukenzeit*, Hildesheim-New York, 1980, pp. 524-526, fig. 23, 24, 27.

图50 B. Brentjes, *Die Söhne Ismaels. Geschichte und Kultur der Araber*, Leipzig, 1971, pl. 120.

图51 *Ibidem*, p. 176.

图52 V. Spinei, "Populaţiile nomade turce în regiunile româneşti în secolele X-XIV: Aprecieri sintetice," *Suceava. Anuarul Muzeului Judeţean*, XIII-XIV, 1986-1987, p. 121, fig. l.

图53 K. Mesterházy, "Az Ártánd-zomlin pusztai uz sírlelet," *A Debreceni Déri Múzeum Évkönyve*, 1976, p. 74, fig. 4.

图54 S.A. Pletněva, *Drevnosti chërnykh klobukov* (Arkheologiia SSSR. Svod arkheologicheskikh istochnikov, El-19), Moscow, 1973, p. 13, fig. 4.

图55 *Ibidem*, p. 16, fig. 5.

图56 E.I. Narozhnyĭ, "Chërnye klobuki na Severnom Kavkaze. O vremeni i usloviiakh pereseleniia," in *Arkheologiia vostochnoevropeĭskoĭ lesostepi*, 14, *Evraziĭskaia step' i lesostep' v epokhu rannego srednevekov'ia*, Voronezh, 2000, p. 139, fig. 1.

图57 V. Drimba, *Codex Comanicus. Édition diplomatique avec fac-similés*, Bucharest, pl. 26 v.

图 58   *Ibidem*, pl. 43 v.
图 59   S.A. Pletnëva, "Pechenegi, torki i polovtsy v iuzhnorusskikh stepiakh," *MIA*, 62, Moscow-Leningrad, 1958, p. 202, fig. 25, 26.
图 60   W. Gawrysiak-Leszczyńska, K. Musianowicz, "Kurhan z Tahańczy," *Archeologia Polski*, XLVII, 2002, 1-2, pp. 287-340, fig. 1; 11/a,c; 13/b-d; 14; 15.
图 61   *Ibidem*, pp. 287-340, fig. 6/a; 9; 12; 13/e; 16/a; 17.
图 62   A.-G.L. Evdokimov, "«... Sing ihm doch polovzische Lieder» (Nestor-Chronik)," in *Gold der Steppe. Archäologie der Ukraine*, eds. R. Rolle, M. Müller-Wille and K. Schietzel, with editorial assistance of P.P. Toločko and V.Ju. Murzin, Schleswig, 1991, p. 282, fig. 2-3; B.–V.V. Ostroičenko and Iu.Iu. Rassamakin, "Der Polovzer-Khan aus dem Čingul' -Kurgan," in *ibidem*, p. 269, fig. 1.
图 63   V.V. Ostroščenko and Iu. Iu. Rassamakin, *op. cit.*, p. 270, fig. 3.
图 64   K. Miller, *Weltkarte des Arabers Idrisi vom Jahre 1154*, Stuttgart, 1981, color map.
图 65   L.N. Ermolenko and Z.K. Kurmankulov, "A Sanctuary on the Zhinishke River and issues of the original appearance of the Kypchak stelae," *Archaeology, Ethnology and Anthropology of Eurasia*, 3 (11), 2002, pp. 81-82, fig. 4 and 7.
图 66   S.A. Pletnëva, in *Stepi Evrazii epokhu srednevekov'ia*, co-ord. S.A. Pletnëva (Arkheologiia SSSR), Moscow, 1981, p. 264, fig. 87.
图 67   Photo: Dr. Magda Mantu (2001).
图 68   G. László, *A Szent László-legenda középkori falképei*, Budapest, 1993, pp. 70-71, 82-83, 110-111, 122-123, 148-149, 152-153; fig. 47, 64, 107, 125, 177, 188.
图 69   S.A. Pletnëva, *Polovetskie kamennye izvaianiia* (Arkheologiia SSSR. Svod arkheologicheskikh istochnikov, E4-2), Moscow, 1974, p. 128, pl. 12.
图 70   *Ibidem*, pl. 11.
图 71   P.P. Tolochko, *Kochevye narody stepeĭ i Kievskaia Rus'*, Kiev, 1999, pp. 147-148, fig. 34-35.
图 72   S.A. Pletnëva, *op. cit.*, *MIA*, 62, 1958, pp. 201, 203, fig. 24, 27.
图 73   *Rauchspur der Tauben. Radziwiłł-Chronik*, eds. H. Grasshoff, D. Freydank and G. Sturm, with the collab. of J. Harney, Leipzig-Weimar, 1986, pp. 222, 253.
图 74   *Ibidem*, pp. 297, 343.
图 75   1-L.S. Geras'kova, "Novoe v izuchenii monumental'noĭ skul'ptury kochevnikov srednevekov'ia," *Stratum plus*, 1999, 5, p. 421, fig. 5; 2-3-G. Fehér, *Les monuments de la culture protobulgare et leurs relations hongroises*, Budapest, 1931, pp. 92, 94, 100; fig. 48, 53-54, 56.
图 76   B. Borisov, G. Sheĭleva, "Arkheologicheski danni za kŭsni nomadi na iug ot

Balkana," in *Pliska-Preslav*, 8, 2000, p. 249, fig. 1.
图 77　P.P. Tolochko, *op. cit.*, p. 150, fig. 36.
图 78　J.A.C. Buchon and J. Tastu, "Notice d' un atlas en langue catalane," *Notices et extraits des manuscrits de la Bibliothèque du roi et autres bibliothèques*, XIV, 1841 (reprinted in *Acta Cartographica*, XI, 1971).
图 79　R. Hennig, *Terrae incognitae. Eine Zusammenstellung und kritische Bewertung der wichtigsten vorcolumbischen Entdeckungsreisen an Hand der darüber vorliegenden Originalberichte*, III, 2nd ed., Leiden, 1953, p. 129.
图 80　*Ibidem*, IV, 2nd ed., Leiden, 1956, pl. II.
图 81　J. Roth, "Die Polovzer aus historischer Sicht," in *Gold der Steppe...*, p. 260, fig. l.
图 82　V. Haheu, V. Gukin, "Rezultatele investigaţiilor unor complexe tumulare din r-ul Floreşti, Republica Moldova," in *Vestigii arheologice din Moldova*, Chişinău, 1997, p. 192, fig. 4.
图 83　A. Pálóczi Horváth, *A kunok emléke Magyarországon. Régészeti kiállítás Kiskunfélegyházán a Kiskun Múzeumban, 1985. augusztus 9-től 1986. március 31-ig*, Kiskunfélegyháza, 1985, p. 23.
图 84　N. Berend, "How many medieval Europes? The «pagans» of Hungary and regional diversity in Christendom," in *The Medieval World*, eds. P. Linehan and J. L. Nelson, London-New York, 2001, fig. 5, 2.
图 85　A. Pálóczi Horváth, *Petschenegen...*, pl. 55.
图 86　L. Selmeczi, "Angaben und Gesichtspunkte zur archäologischen Forschung nach den Kumanen im Komitat Szolnok," *A Móra Ferenc Múzeum Évkönyve*, 1971, 2, p. 190, pl. I.
图 87　F. Horváth, "Újabb kun vezéri sir leletei a Kiskunságból: Kiskunmajsa-Kuklis-tanya," *A Móra Ferenc Múzeum Évkönyve, Studia Archaeologica*, IX, 2003, p. 383, fig. 3.
图 88　A. Pálóczi Horváth, *Petschenegen...*, p. 55, fig. 35.
图 89　Idem, "A felsöszentkirályi kun sirlelet," *Cumania*, I, Archeologia, 1972, p. 191, fig. 12.
图 90　P.P. Tolochko, *op. cit.*, p. 153, fig. 39.
图 91　M.K. Kadyrbaev, R.Z. Burnasheva, "Pogrebenie kypchaka pervoĭ poloviny XIV veka iz mogil' nika Tasmola," in *Po sledam drevnikh kul'tur Kazakhstana*, Alma-Ata, 1970, p. 43, fig. 1.
图 92　A.Iu. Chirkov, "Novye dannye o pozdnykh kochevnikakh Srednego Poprut' ia," in *Arkheologicheskie issledovaniia molodykh uchënykh Moldavii*, Kishinev (=

Chişinău), 1990, p.162, fig. 4.

图93　R. Grousset, *L'empire mongol (1re phase)*, Paris, 1941, map 1.

图94　W. Heissig, *Die Mongolen. Ein Volk sucht seine Geschichte*, 2nd ed., Munich-Nördlingen 1978, p. 197.

图95　A. Róna-Tas, "Die unübertroffene Technik der mongolischen Jurte," in *Die Mongolen*, eds.W. Heissig, C.C. Müller, Innsbruck-Frankfurt/Main, 1989, p. 135.

图96　*The Legacy of Genghis Khan. Courtly Art and Culture in Western Asia, 1256-1353*, eds. L.Komaroff and S. Carboni, New York-New Haven and London, 2002, pp. 16, 66; fig. 9, 63.

图97　V.F. Nemerov, "Voĭnskoe snariazhenie i oruzhie mongol' skogo voĭna XIII-XIV vv.," *SA*,1987, 2, p. 213, fig. 1.

图98　Iu.S. Khudiakov, "Zheleznye nakonechniki strel iz Mongolii," in *Drevnie kul'tury Mongolii,* co-ord. R.S. Vasil' evskiĭ, Novosibirsk, 1985, p. 104, fig. 6.

图99　*Ibidem*, p. 105, fig. 7.

图100　I.A. Khan, "Coming of Gunpowder to the Islamic World and North India: Spotlight on the Role of the Mongols," *Journal of Asian History*, 30, 1996, p. 32, fig. 1.

图101　*Islamische Kunst. Meisterwerke aus dem Metropolitan Museum of Art New York/ The Arts of Islam. Masterpieces from The Metropolitan Museum of Art New York*, Berlin-New York, 1982, pp. 174-175.

图102　G.A. Fëdorov-Davydov, in *Stepi Evrazii epokhu srednovekov'ia*, gen. ed. S.A. Pletnëva (Arkheologiia SSSR), Moscow, 1981, p. 276, fig. 97.

图103　D. Talbot Rice, *Islamic Art*, New York-Washington, 1965, p. 215, fig. 219.

图104　O.Lattimore, "Chingis Khan and the Mongol Conquests," *Scientific American*, 209, 1963, 2, p. 54.

图105　D. Morgan, *The Mongols*, Oxford-New York, 1987, p. 113.

图106　J.A. Boyle, "The Mongol Invasion of Eastern Persia, 1220-1223," in idem, *The Mongol World Empire, 1206-1370* (Variorum Reprints), London, 1977, (IV,) p. 623.

图107　M. Rossabi, "Mongolia from Chinggis Khan to Independence," in *Mongolia. The Legacy of Chinggis Khan*, eds. P. Berger, T.T. Bartholomew, London-New York-San Francisco,1995, p. 28, fig. 2.

图108　Drawing: Waltraud Delibaş.

图109　L.K. Minert, "Drevneĭshie pamiatniki mongol' skogo monumental' nogo zodchestva," in *Drevnie kul'tury...*, pp. 190, 199, fig. 1, 4.

图 110　A.Kh. Khalikov, "Istoriia izucheniia Biliarskogo gorodishcha i ego istoricheskaia topografiia," in *Issedovaniia Velikogo goroda*, gen. ed. V.V. Sedov, Moscow, 1976, p. 40, fig. 11.

图 111　J. Krása and K. Kratzsch, "Beschreibung der Handschrift und kunsthistorische Einordung der Miniaturen," in *Der Hedwigs-Codex von 1353. Sammlung Ludwig*, ed. W. Braunfels, 2, Texte und Kommentare, Berlin, 1972, f. 12 r.

图 112　*Ibidem*, f. 11v.

图 113　V. Schmilewski, "Die Schlacht von Wahlstatt in mittelalterlichen Bildzeugnissen," in *Wahlstatt 1241. Beiträge zur Mongolenschlacht bei Liegnitz und zu ihren Nachwirkungen*, ed. U. Schmilewski, Würzburg, 1991, p. 188.

图 114　H. Dopsch, K. Brunner and M. Weltin, *Österreichische Geschichte 1122-1278. Die Länder und das Reich. Der Ostalpenraum im Hochmittelalter*, Vienna, 1999, p. 196.

图 115　*Der Mongolensturm. Berichte von Augenzeugen und Zeitgenossen. 1235-1250*, eds. H. Göckenjan and J.R. Sweeney, Graz-Vienna-Cologne, 1985, p. 318; H. Göckenjan, "Der Westfeldzug (1236-1242) aus mongolischer Sicht," in *Wahlstatt 1241. Beiträge zur Mongolenschlacht...*, p. 47.

图 116　K.Iu. Efimov, "Zolotoordynskie pogrebeniia iz mogil' nika «Olen' -Kolodez' »," *Rossiĭskaia arkheologiia*, 2000, 1, p. 169, fig. 2.

图 117　*Ibidem*, p. 172, fig. 5.

图 118　S. Lewis, *The Art of Matthew Paris in the Chronica Majora*, Berkeley-Les Angeles-London-Cambridge, 1987, pp. 285-286, fig. 179-180.

图 119　G.A. Fëdorov-Davydov, in *Stepi Evrazii...*, p. 277.

图 120　Idem, *Städte der Goldenen Horde an der unteren Wolga*, Munich, 1984, p. 95, fig. 90-138.

图 121　N. Kondakov, *Ukazatel' otdeleniia srednikh vekov i epokhi vozrozhdeniia*, S.-Peterburg,1891, p. 363, fig. 60.

图 122　G.A. Fëdorov-Davydov, "Denezhnoe delo i denezhnoe obrashchenie Bolgara," in *Gorod Bolgar. Ocherki istorii i kul'tury*, co-ord. G.A. Fëdorov-Davydov, Moscow, 1987, p. 173, fig.32.

图 123　Idem [G.A. Fyodorov-Davydov], *The Culture of the Golden Horde Cities*, trans. H. Bartlett Wells (BAR International Series 198), Oxford, 1984, pl. 51.

图 124　G.A. Fëdorov-Davydov, I.S. Vainer, T.V. Guseva, "Issledovanie trekh usadeb v vostochnom prigorode Novogo Saraia (Tsarevskogo gorodishcha)," in *Goroda Povolzh'ia v srednie veka*, gen. ed. A.P. Smirnov and G.A. Fëdorov-Davydov, Moscow, 1974, p. 122, pl. VII.

图 125　Excavations: Victor Spinei: 1971, 1972, 1975. Drawings: Waltraud Delibaş.
图 126　P.A. Andrews, *Felt Tents and Pavilions. The Nomadic Tradition and its Interaction with Princely Tentage*, I, London, 1999, p. XL, fig. 1.
图 127　S.I. Vainshtein, "Problems of the history of the dwellings of the steppe nomads of Eurasia," *Soviet Anthropology and Archaeology*, XVIII, 1979, 1, pp. 72-73, fig. 6.
图 128　B. Brentjes, "Waffen der Steppenvölker (II): Kompositbogen, Goryt und Pheil – ein Waffenkomplex der Steppenvölker," *Archaeologische Mitteilungen aus Iran*, 28, 1995-1996, pl. 7.
图 129　*Islamische Kunst...*, pp. 70-71.
图 130　G.A. Fëdorov-Davydov, in *Stepi Evrazii ...*, p. 278, fig. 99.

索 引*

（索引页码为英文原书页码，即本书边码）

A

Abaqa 524, 562, 571
Abbach 105
Abbas, Armenian king 178
Abbasid Caliphate 257, 264, 265, 483
Abbasids 265, 266, 483, 486, 592
Abbot, J. 583, 593
Abdallah ibn Tahir 257
Abd ar-Răšid al-Bakuvi, s. al-Bakuvi
Abdu'r-Rahmān 340
Abel 735
Abel, O. 456
Abel, W. 714
Abgarjan, G. 650
Abkhaz 178, 263, 439
Abkhazia 267
Ablay, M. 684, 685
Aboú Bakr Ahmad ibn Thâbit al-Khatib al-Bagdâdhî, s. al-Khatib
Abou-Chamach, s. Abu Shamah
Aboulféda, s. Abu'l Fida
Aboul-Ghazi Behadour Khan, s. Abu'l-Ghazi
Abou-Obeid al-Bécri, s. al-Bakri
Abou-Zëid Ahmed ben Sahl el-Balkhî, s. el-Balkhî
Abraham Iakobsen (Ibrahim ben Yakub) 16, 171
Abramowski, W. 600, 605
Abrilebo 291
Abu Hamid el Granadino (al Garnati) 18, 237, 293
Abulafia, D. 644, 663, 748
Abu'l-Faraj, Gregory (Bar Hebraeus) 240, 241, 249, 536, 544, 567, 571
Abu'l Fida 144, 145, 161, 230, 350, 396
Abu'l-Ghazi 240, 245, 246, 295, 322, 379, 596
Abu'l K Abu'l Kâsim Obaidallah ibn Abdallahibn Khordadhbeh, s. Ibn Khordâdhbeh
Abul Kasin 273
Abu-Lughod, J.L. 685
Abu Sa'id 144
Abu Shamah 396
Abū-'Umar-i-Usmān, s. Guzǧani

---

* 作者勘误：因书稿已送至出版社，参考文献所列的一些作者之名（第690—697页和737—750页）被排至相邻页面，因此现本之索引出现了一些轻微的失误，即索引所列之页码与实际页码相差一页。

索　引　745

Abydos 375
Abyssinians 265
aç-Çâghhûn, s. Çâghhûn
Achaea 447
Ackerl, J. 746
Acre (Saint-Jean-d'Acre) 525
Acropolites, s. Akropolites
Adalbert, chronicler 117
Adam 340, 735
Adam of Bremen 323
Adémar of Chabannes (Ademarus Cabannensis) 159, 160
Adhémar Le Puy 212
Adiamka 63
Adler, A. 171
Adler, H. 722
Adler, M.N. 148, 171
Adravanti, F. 685
Adrianople 64, 194, 213, 291, 366, 376, 377, 407, 416, 418, 421, 447
Adrianova-Peretts, V.P. 310, 562, 752
Adriányi, G. 50
Adriatic Sea 211, 214, 645, 646
Adrobalanos, s. Constantine patricius
Adshead, S.A.M. 517, 685
Aegean Sea 203, 273, 274, 421, 447, 449
Aepa 382
Afanas'ev, G. (E.) 66, 123, 474, 512, 710, 738
Afghanistan 232, 247, 486, 593, 594
Africa 565
Afshar (Avshar) 245, 277
Agache, D. 676
Agadzhanov (Agadžanov), S.G. 264, 267, 273, 302
Agathopolis 403, 404

Agnès de Montferrat 425
d'Aguilers, Raymond, s. Raymond d'Aguilers
Aguz (Oguz) 283
Ahmad ibn Ismail 32
Ahmed, s. Teküder
Ahmed ibn Arabshah, s.Ibn Arabshah
Ahrgau 105
Ahrweiler, H. 703
Ahtum (Ohtum, Ajtony) 28,94
Aidar 352
al-'Aini (Alaïny) 436, 573, 679
Aigle, D. 565, 690
Airaldi, G. 693
Airinei, Şt. 702
Akhinzhanov, S.M. 332, 349, 363, 435, 494
Akhmat 492
Akhtuba 281
Akkerman (Cetatea Albă, modem Bielgorod Dnestrovskiĭ), town 679
Akkerman (Cetatea Albă), region 684
Akishev, K.A. 736
Akoluthos, Michael 197
Ak Orda, s. White Horde
Akoun, A. 157, 251, 559
Akropolites, Georgios 341, 402, 407, 411, 418, 421, 422, 425, 444, 445, 447
Aktai 669
Akus (Akos) 369
Ala 492
Alamania, Alamannia (Germany) 116, 631
Alammani, Allamanni (Germans) 85, 451
A-lan, Al-Lān (Alans) 135
Alania, Alanie 56, 612, 678
Alans 31, 56-58, 61, 135, 138, 161, 180, 214, 230, 322, 378, 394, 396-398, 422, 435, 436,

438, 439, 444, 473, 475, 483, 531, 596, 607, 613, 617, 669, 671, 678
Alay 233
Alba (Fehéregyháza) 36
Alba (Iulia) 442, 655
Alba Ungria 159
Al-Bakhit, M.A. 704, 745
Albanians 280, 422
Alberic (Aubry) de Trois Fontaines 352, 353, 355, 414, 422, 425, 445, 452, 560, 561, 619, 625, 627, 641
Alberigo, J. 663
Albert, chronicler 406
Albert of Aachen (d'Aix) (Albertus Aquensis) 210, 213, 377
Albrecht of Habsburg 469
Alcay (Altai) 573
Alcedar 172, 179
Alči Tatar (-tatar) 506
Alecseevca-Svetlîi 285
Alekseev, N.A. 157
Alekseev, V.P. 512, 583
Alemania (Germany) (s. also Alamania) 619
Alemany, A. 135, 181, 474, 481, 741
Aleppo (Alep) 270, 396, 524
Alexander the Great 452, 598
Alexander III, pope 390
Alexander IV, pope 456
Alexandre, P. 653
Alexandrescu-Dersca (-Bulgaru), M.M. 226, 336, 372, 451, 555, 662
Alexandru cel Bun (Alexander the Good), 676
Alexăndrel, voievode 676
Alexios I Comnenos 136, 143, 144, 149, 154, 202, 203, 205, 206, 208, 209, 212, 272, 273, 276, 290, 291, 367, 368, 375, 376, 377, 386, 387
Alexios II Comnenos 392
Alexios III Angelos 277, 408, 410-412
Alexios Slav, s. Slav, Alexios
Alföld (Middle Danube Plain) (s. also Pannonia and Pannonian Plain) 79
Algyö 47
Ali, Mustafa 364
Alin, V.V. 222, 494
Alinge, C. 537, 685
Alishev, S. 710
Ali-Tegin 261
Alkman 640
Allen, W.E.D. 741
Allsen, Th. (T.) 440, 520, 524, 530, 535, 552, 575, 580, 588, 590, 596, 614, 666, 685, 717
Almagià, R. 482, 679
Almási, T. 685
Almaş 88
Almós (Almus, Almutzes) 40, 41, 43, 44, 76
Alp Arslan 247, 248, 263, 266-268, 270, 271, 366
Alpra (Alpar) 456, 463, 465
Alps 36, 103, 116, 119, 121, 702, 710
Alqa-bölük (Alqir-evli) 245
Alsace 104, 116
Alta 181, 366
Altai Mountains 137, 158, 328, 507, 513, 559, 573, 577, 664, 701, 710
Altai, region 233, 328
Altheim, F. 139
Althoff, G. 119, 123
Altstadt, A.L. 302
Altunian, G. 596, 685

Altunopa 349, 373, 381
Aluqai (Aruqai)-tatar 532
Alyilmaz, G. 235
Amar, É. 289
Ambaqai 581
Ambultan 476
Americans 545, 722
Amitai (-Preiss), R. 518, 532, 538, 544, 674, 685, 692, 717, 739
Ammianus Marcellinus 270, 707
Amu-Daria 180, 263, 271, 593, 594
Amur 578, 700
Amurat 352
Anastasijevič, D. 494
Anatolia (s. also Asia Minor) 198, 208, 214, 220, 235, 241, 263, 267, 270-273, 276, 277, 279, 445, 449, 518, 705, 709, 727
Anatolian Seljuk 248, 249
Anchialos 376
Ancyra (Ankara) 277
Andalusia 26, 116
Andea, S. 184
Anderson, T. 685
Ando, S. 484
André of Longjumeau 561
Andreas, son of Chakan 476
Andreas, son of Zuagan 476
Andreas, W. 748
Andreescu, Şt. 744
Andreescu-Treadgold, I. 10
Andreev, P.P. 741
Andrew (András) I, king of Hungary 182
Andrew II 184, 414, 424-426, 429, 432, 434, 442, 641
Andrew III the Venctian 469

Andrew, son of Andrew II 442
Andrew, son of Vladimir the Monomakh 382
Andrew of Chernigov 527
Andrews, P.A. 517, 685, 736, 756
Andronikos I Comnenos 392
Andronikos II Paleologus 448, 449
Andronovo, archaeological culture 20
Angelov, D. 222, 404, 741, 746
Anglo-Saxons 548, 674
Angold, M. 222, 270, 302, 494
Ani, town 266, 267, 287
Anjou (Angevins), family and dynasty 469, 470, 471
Anke, B. 139
Anna Comnena, s. Comnena, Anna
Anonymus, chronicler (Notary) of king Bela (III) 16, 19, 26, 36, 40, 43, 44, 60, 70, 74, 76, 83, 85, 87-90, 92, 94, 117, 159, 164, 182
Anonymus, French chronicler 211
Anonymus, geographer 449
Anonymus of Béthune 417
Anonymus Cadomensis 651
Anonymus Leobiensis 418, 466, 469, 470, 646, 648
Ansbert (Pseudo-) 405, 407
Anselm of Milan 212
Antaeus 220
Anthony, bishop of Novgorod 413
Antioch, fortress 272
Antioch, region 270
Antonios, monk/proedros 114
Antonius de Bonfinius, s. Bonfini
Antonopoulos, P.T. 111
Anushteginid dynasty 397

Aorsoi 134
Apennine Peninsula 103, 107, 116
Apostolic See/Chair (s.also Curia and Holy See) 55, 353, 432, 463, 464, 489, 568, 632, 663
Apostolos-Cappadona, D. 251, 559
Apulia 107
Aquilea 101, 647
Aquitaine 116, 212, 213, 377
Arab Chaliphates 725, 731
Arabs 15, 16, 18, 24, 26, 28, 29, 58, 73, 97, 99, 107, 109, 116, 133, 141, 144, 145, 151, 157, 175, 229, 237, 238, 244, 247, 256, 257, 264-266, 271, 321, 346, 347, 353, 362, 396, 482, 538, 571, 581, 659, 710
Aral Lake (Sea) 75, 138, 239, 246, 257, 258, 267, 347, 362, 365, 664, 714
Aragon, Kingdom 470
Arap, R.J. 342
Arbagi, M. 123
Arbusow, L. 330, 597
Arbuz 468
Arcadiopolis 407
Ardeal (s. also Transylvania) 40
D'Ardenne de Tizac, H. 520
Arendt, W. 131, 383
Arens, M. 76
Argunsah, M. 280
Argeş 637
Arianites, Constantine (Constantine rector ?) 196
Aristov, N. 494
Armbruster, A. 426, 432
Armenia 178, 259, 263, 266, 267, 287, 439, 553, 657

Armenians 133, 134, 178, 263, 266, 321, 322, 326, 328, 363, 364, 395, 406, 524, 531, 548, 567, 605, 658
Armstrong, G. 48, 569
Armstrong, P. 302
Arnasen, J.P. 737
Arnaud-Lindet, M.-P. 640
Arndt, W. 458, 469, 472
Arnhem 454
Arnold of Lubeck 434
Arnpeck, Veit (Arnpeckius, Vitus) 453, 456
Arnulf of Carinthia (Kärntner), king and emperor 72, 99, 108
Arnulf of Bavaria, son of Liutpold 106, 107, 117
Arpad 16, 26, 36, 40-44, 73, 75, 76, 83, 87, 92, 94, 103, 104, 112, 164, 182
Arpadian state/Kingdom 54, 94, 115, 182, 184, 218, 296, 349, 352, 367, 370, 390, 432, 441, 443, 453, 459, 466, 613, 624, 627, 628, 636, 645, 651, 652
Arpadians 43, 284, 453, 469, 625, 627
Arpan (Riazan ?) 610
Arpan, son of Zuagan 476
Ars 348, 363, 364
Arslan (Israil), son of Seljuk 254, 261, 263
Arslan-Tash 396
Arslanapa 381
Arslanova, A. 685
Artamonov, M.I. 175, 222, 496
Ártánd 50, 80, 288
Ártánd-Zominpuszta 477
'Artaq 236
Artemenko, I.I. 746
Ärtim 151

As 133, 134, 180
Asan (Asen) 392, 393, 402, 403, 405-408, 410, 411, 656
Asan brothers 403, 406-408, 414, 421, 434, 447, 451
Asan (Assen) state/Tsardom 425, 444, 450, 655, 656, 678
Asăvoaie, C. 280
Aschbach 105
Asdracha, C. 494
Ashtor, E. 741
Asia 8, 192, 196, 263, 271, 515, 531, 559, 560, 562, 565, 580, 628, 639, 658, 668, 684, 711, 715, 723, 725, 730, 733
Asia Minor (s. also Anatolia) 109, 205, 210, 239, 240, 263, 266, 271, 274, 277, 279, 280, 368, 375, 392, 405, 407, 445, 447, 448, 657
Asimov, M.S. 313, 704, 745
Āskäl 78
Askold 61
Asolik of Tarôn, Stephen 178, 180
Asoteos 197
Aspres-lès-Corps 106
Assis (Iassians) 679
Assisi 530
Astrakhan, Khanate 515, 682
Astrakhan, region 666
Asup 381
Atanasov, G. 191, 200, 202, 222, 280, 313, 451, 656
Atelkuzu/Etelkuzu 60, 62, 63
Athenasi (Tanaces) 291
Athens 452
Athos 450
Athyra 420

Atil, town 175
Atil, river 62
Atiyá, A.S. 685
Atlantic Ocean 116
Atlantic wall 587
Äträk (s. also Otrok) 394
Atsiz ibn Abaq 270
Attaliates, Michael 152, 197-200, 202, 268, 286, 289-291, 366, 713
Attila 36, 43, 76, 85, 99, 138, 358
Atwood, Ch.P. 685
Aubin, F. 696
Aubin, J. 685
Aubin, H. 621, 685
Aufhauser, J.B. 109
Augsburg 105, 117, 118, 159
23 August, Constanţa county 257
Auner, C. 441
Australia 706
Austria 13, 86, 100, 106, 452, 453, 455, 458-460, 462, 466, 469, 470, 525, 629, 630, 646, 647, 653
Austrians 453, 630, 633
Auxerre 527, 528
Avaria 68
Avar Kaghanate 19, 48, 66, 68, 82, 83, 86
Avars 17, 28, 48, 67, 68, 76, 82, 85, 104, 119, 136, 138, 139, 711
Avars (Hungarians) 19
Avenarius, A. 48, 115, 685, 742
Avlona 211
Avram, A. 737
Axiopolis 375
Ayalon, D. 302, 486, 537
Ayda, A. 141

Ayiri'ut-tatar 532
Äymür 245
Ayn Jalut 544, 652
Ayton, A. 743
Ayyubids 396, 404, 484, 594
Ayyubid Sultanate 396
Azakians 679
Azerbaidjan 235, 238, 241, 263, 266, 396, 518, 601
Azers 266
Azov Sea 44, 135, 162, 180, 356, 372, 389, 428, 439, 474, 482, 596, 625
Azûdjerten 348

B
Baán, I. 114
Babadag 279
Babaian, L.O. 685
Babcock, E.A. 211, 238
Babenberg, dynasty 453
Babeş, M. 737
Babinger, F. 655
Babkine, A. 323, 341, 494
Bacanâk, Bečene (Pechenegs) 171
Băčanak (Bijne) (Pechenegs) 245, 246, 277
Bachanāk-i Khazar (Khazarian Pechenegs) 151
Bachfeld, G. 621, 685
Bachman 443, 444, 608, 609
Bachrach, B.S. 119
Backer, L. de 528
Bacon, Roger 54, 322, 581, 678
Baden 647
Bádenas, P. 276, 302
Badj (a)nāk (Pechenegs) 135

Badjghird (Hungarians) 18
Baerwald, H. 631
Baethgen, F. 651
Bağānākīya (Pechenegs) 141, 254
Baghdad 245, 248, 264-266, 483, 517, 543, 571, 588, 592, 608, 627
Bagley, F.R.C. 684, 697
Bahlui, river 492
Baibars 479, 567
Baidar 605, 619, 621
Baikal Lake 235, 507, 510, 541, 578, 600
Bainbridge, M.140, 750
Bajanāk (Pechenegs) 254, 281
Bakalov, G. 746
Bakay, K. 32, 123
Baker, R. 76, 685
Bakhit, M.A., s. Al-Bakhit
Bakhrushin, S.V. 746
Bakhty (Baty)-khozia 570
Bakó, G. 685
al-Bakri (al-Bécri) 16, 24, 141, 145, 157, 310
Bäktili (Begdili) 245
al-Bakuvi 238, 243, 251, 254, 332
Bala, ba'atur 669
Balaban 491, 492
Balachia (Wallachia) 405
Balard, M. 10, 226, 328, 463, 494, 671, 741
Balascef, G.D. 279, 302
Balassa. I. 29
Balaton 104, 182
Balatzertes (Baltzar ?) 198
Baldric (Baudri), bishop of Dol 212
Balducci Pegolotti, F., s. Pegolott
Baldwin (Baudouin) I of Flandra 211, 416, 417, 420, 424, 425

索 引 751

Baldwin II (Baudouin) of Courtenay 445, 646
Baldwin (Baudouin) of Edessa 214
Baldwin of Hainaut 445
Baldwin, chronicler 442
Baldwin, M.W. 569, 745
Balić, S. 222
Balica (Balyk, Baliq) 280
Balin 332
Bálint, C. 10, 30, 31, 34, 50, 52, 68, 76, 81, 82, 86, 94, 123, 136, 148, 311, 707
Balivet, M. 261, 264, 302, 303, 703
Balkan Peninsula (Balkans) 8, 34, 86, 109, 111, 116, 119, 121, 138, 146, 152, 158, 170, 176, 188, 191, 192, 194-196, 198, 199, 202, 203, 209, 210, 212-215, 217, 218, 220, 235, 268, 271-274, 276, 280, 281, 284, 286, 287, 291, 299, 329, 342, 355, 356, 368, 369, 374, 377, 386, 387, 389, 390, 392, 393, 402, 405-408, 411, 412, 414, 416, 421, 425, 426, 444, 445, 448-452, 466, 474, 493, 612, 625, 646, 655, 659, 678, 681, 710, 713, 727
Balkan Mountains 171, 176, 187, 194, 197-199, 204-206, 208, 216, 290, 366, 367, 369, 375, 376, 404, 407, 411, 413, 419, 420, 447, 655, 675
Balkan Slavs (s. also Bulgarians and Serbs) 674
Balkh 263, 592
Balkhash Lake 362, 600, 664
el-Balkhî 251
Balodis, s. Ballod
Balland, D. 737
Ballod (Balodis), F.V. 668, 685
Balotapuszta 473, 477
Baltag. C. 156

Baltic regions 330, 597
Baltic Sea 97, 166
Baltzar 198
Bana 80
Banat 28, 87, 90, 92, 94, 114, 164, 715
Banca 285
Bang, W. 241, 305, 323, 499
Bánkeszi 47
Bànkút 473, 477
Bar Habracus (Bar 'Eghrâyâ, Son of the Jew), s. Abu'l-Faraj
Barab 259
Barabás, S. 184
Baran, V.D. 741, 742
Baranli (Koyunlu) 261
Baranov, I.A. 671
Bárány-Oberschall, M.v. 115
Baraschi, S. 655, 656
Barbier de Meynard, C. 18, 168, 230
Barbovescu, J. 494
Barbu, V. 387
Barckhausen, J. 686
Bárczi, G. 21
Bardach, J. 69
Barfield, T.J. 546, 588, 686, 736
Bari 268
Bärkäčar 635
Barkmann, U.B. 602
Barnea, I. 188, 200, 222, 226, 287, 336, 388, 502, 741
Baroni, M. 658
Barrett, T.H. 577
Bars, county 458
Bartha, A. 21, 29, 42, 62, 75, 123, 128, 747
Barthélemy, D. 727

Barthold, W. (V.V.) (Bartol'd, V.V.) 230, 235, 239, 245, 249, 263, 295, 302, 358, 435, 436, 502, 517, 542, 546, 566, 574, 593, 594, 598, 674, 686, 711, 741
Bartholomew, T.T. 512, 693, 755
Barlett Wells, H. 668, 688, 756
Bartol'd, V.V., s. Barthold, W. (V.V.)
Barton, P.F. 67, 123
Bartonick, E. 182, 370
Bartsch, K. 85
Bartusis, M.C. 276, 447-449, 494
Baruh, ríver 63
Basarab, prince 472, 491
Basarab, Turkic name 491
Basarabi, Dolj county 387
Basarabia, s. Bessarabia
Basarîsî 266
Bascacouți 675
Bascardi (Bashkírs) 54, 55
Basel 105
Bāšgird, Bāšgin (Hungarians) 18
Bashkiria 20, 24, 38
Bashkirs 20, 53-56, 258, 443, 607, 674
Bashkirs (Hungarians) 18-20
Basil II 215, 418
Basil, bishop 414
Basil Monachos, s. Monachos, Basil
Basilov, V.N. 157, 517, 689, 739
Baskach 675
Baskaki 675
Baskakov, Fedka (Fedor) 676
Baskakov, N.A. 136, 231, 235, 329, 492
Baskakovo 675
Basty 352
Başeu, river 676

Baştav, Ş. 268, 302
Baştovanca 285
Bata, G.L. 58
Batariuc, P.V. 370
Batton, A. 686
Batts, M.S. 220
Batu-khan 370, 452, 458, 478, 518, 525, 527, 534, 549, 566, 567, 575, 600, 605, 608, 610-612, 614, 616, 617, 622, 624, 625, 628, 629, 632, 634, 635, 641, 645, 646, 648, 652, 664, 666, 669, 671, 674, 678, 679, 682, 715
Batura, R. 686
Baturlin 492
Baty, s. Bakhty
Batzaria, N. 280
Bauer, A. 19, 171, 330, 597
Baum, E. 739
Baum, W. 564, 686
Baumgarten, Conrad 626
Bausani, A. 303
Bavaria 68, 70, 100, 103, 104, 106-108, 116, 117, 212, 213, 377, 470
Bavarians 67, 72, 85, 100, 104, 121, 513, 645
Bawden, Ch. 565
Bayat 245, 248
Bayezid II 684
Baykara, T. 141
Bayundur 245, 277
Bazin, L. 134, 140, 229, 251, 252, 326, 704, 736, 745
Bazzana, A. 671
Bădragii Vechi 285, 490
Bălăbani 285
Băldălui 492
Bănăgui 492

索引 753

Bănescu, N. 57, 194, 204, 222, 302, 402
Bărăgan 218, 730
Bărbulescu, C. 515
Bărlui 492
Băscăceni 676
Bătrîna, A. 370
Bătrîna, L. 370
Bârlea, O. 441
Bearman, P.J. 743
Beasley, W.G. 512
Beaton, R. 276, 488
Be-ča-nag (Pechenegs) 133, 161
Beck, H. 739
Becker, J. 686
Beckingham, C.F. 564, 694
al-Bécri, s. al-Bakri
Bedjâ 348
Bedr-Eddyn Alainy, s. al-'Aini
Bedrosian, R.G. 267, 302, 686
Beduins 396
Beegzan 476
Beffa, M.-L. 559
Begovars 442
Behaim, Albert 631, 645
Beijing, s. Peking
Bein, D. 76
Bein, W. 622, 698
Bejan, A. 92, 164
Bejczy, I. 564
Békés, county 473
Bekker, Im. 64, 73, 141, 144, 152, 168, 187, 268, 277, 289, 338, 341, 366, 374, 479, 671, 712, 713
Bela II 296, 373, 434
Bela III 16, 40, 44, 83, 85, 92, 164, 404, 408, 425, 479
Bela IV 349, 441-443, 452, 453, 455, 456, 458, 459, 612, 627, 628-632, 644-646, 650, 678
Belaia, I.N. 354
Belaia Vezha, s. Sarkel-Belaia Vezha
Beldiuz (Belduz, Bel'duz) 335, 381
Belenitskiĭ (Bélénitsky), A.M. 686, 690
Belermanis (Belemarnis, Belemarme) 188
Belgorod, s. Bielgorod
Belgrade 187, 210, 213, 268
Belli, O. 355, 361, 574
Beloberezhie 176
Belolesie 285
Belo'polskiĭ, A. 741
Belyĭ, O.B. 354
Bendefy, L. 24, 54, 56, 619
Benedict IV, pope 103
Benedict the Poles 55, 660
Benjamin of Tudela 148
Benjamin, C. 710, 736
Benkö, E. 10
Benkö, L. 38, 62, 123
Benkö, M. 129
Benningsen, A. 687
Benzing, J. 231, 232, 250
Berchtold 117
Berdj-Oglû 348
Beremend 81
Berend, N. 463, 465, 469, 494, 663, 716, 741, 754
Berendeis 217, 293, 295-297, 386, 397, 492, 711, 728
Beren'di 296
Berendics, s. Berendeis

Berengar I of Friuli 25, 99, 103, 106, 108
Bereşti 285
Beret 348
Bergamo 101
Berger, P. 512, 693, 755
Bergeron, P. 647
Berghû 348
Berkc-khan 527, 567, 568, 605, 612, 666
Berkoa Tatar 506
Berladnik, s. Ivan Rostislavich
Berladniks 393
Berlin 10, 11, 14
Bernhard II of Carinthia 647
Bernshtam, A.N. 139
Beroe (modern Stara Zagora) 206, 341, 404
Berta, Á. 38, 53, 303, 497
Berthold of Aquilea 647
Berza, M. 200, 226, 304, 499, 746
Besançon 105
Bešenov 80, 81
Besenyö, Bečenäk (Pechenegs) 133
Beševliev, V. 66
Bessarabia (Basarabia) 172, 179, 235, 279, 280, 336, 358
Bessi, s. Bisseni
Besslau, H. 70
Beşenova (Bessenew) 184
Béthune, anonyme de, s. Anonymus de Béthune
Betschenaer, Betschner, Betsenäre (Pechenegs) 221
Bezânki 348
Bezdéd, s. Tiszabezdéd
Bezus'ko, L.G. 342
Bezzola, G.A. 564, 642, 686

Bharati, A. 157
Bialeková, D.102, 125, 311
Bianquis, Th. 264, 303, 743
Bibikov, M.V. 222, 302, 494, 741, 743
Biçak, A. 718, 736
Bichir, Gh. 287
Biel 80
Bielgorod (Belgorod), near Kiev 177, 296
Biclorussians 712
Bielowski, A. 152, 383, 621
Bielski, Martin 621
Bietigheim 106
Biggalli, D. 686
Biharea 80, 87, 88, 185
Bihor 185, 369
Bijelo-Brdo, archaeological culture 81, 82
Bijne, s. Bäčänäk
Bikhazi, R.J. 569
Bilgä kaghan (the White kaghan) 247
Biliar 282, 606, 608
Biliarsky, I.A. 450
Bimek 348
Bingham, W. 583, 585
Bingzhong, Liu 526
Bira, Sh. 577
Birdzhandi 230
Biró, B.M. 322
Birrell, J. 695
Al-Birüni (Al-Bîrünî) 135, 180
Bishopric of the Cumans, s. Cumans Bishopric
Bisseni, Bysseni, Bessi (Pechenegs) 133, 182, 184
Bistriţa (Nösen), town 634
Bistriţa, river 635
Bithynia 194, 272

Bitola 447
Bivar, D. 687
Bîc, river 172
Bîrlad-Moara lui Chicoş 285
Bîrlad-Parc 285
Bîrlad-Prodana 683
Bîrsa Land (Ţara Bîrsei) 429, 430, 432, 468, 637, 641
Al-Bîrünî, s. Al-Birüni
Bitca Doamnei-Piatra Neamţ 635
Bjnak, Bjanak, Bajanak (Pechenegs) 133
Blac, Blaci, Blacci, Blacki, Blas (s. also Vlachs) 55, 56, 85, 88, 90, 416-418, 427, 436, 438, 656, 676
Blachia 414, 678
Black Bulgarians 175
Black Cumania 347, 348, 482
Black Cumans 347
Black Hoods (Cheomye klobuki) 293-295, 297, 299, 300, 386, 397, 408
Black Sea 24, 28, 36, 44, 56, 60, 75, 76, 157, 164, 166, 180, 220, 267, 283, 287, 291, 295, 297, 299, 329, 332, 333, 364, 366, 403, 421, 474, 481, 484, 493, 568, 613, 636, 664, 674, 682, 722, 723, 725
Black Tatars 478, 509
Black Vlachs (Qara-Ulagh) 636
Blaeu, Willem 454
Blagoveshchenka 485
Bláhova, M. 462
Blake, R.P. 59, 236, 240, 249, 524
Blakie 416
Blank, C.C. 578
Blas, s. Blac
Blau, O. 494

Blażowski, M. 621
Blochet, E. 237, 333, 562
Blókumenn (Vlachs) 181
Blue Horde (Kök Orda) 664
Blue (Köke) Sky 558
Blum, W. 447
Boba, I. 58, 68, 76, 104, 123, 124
Böček 635, 636
Bochetor 635
Bodin of Dalmatia 370
Bodoczky, N. 38, 129
Boehmer (Böhmer), J.Fr. 456, 462, 470, 624, 631, 632
Boemi (Czechs) (s. also Bohemians) 427
Boeriu, E. 523
Bogas, John 167
Bogdan, H. 432
Boghal (Bowal) 605
Bogres (Bulgarians) 416
Boguphal, chronicler 483, 621
Bogyay, Th.v. 109, 111, 117, 124
Bohemia 72, 384, 434, 453, 456, 460, 462, 469, 470, 621, 622, 647
Bohemians 40, 72, 427
Bohemond of Tarent 211, 214
Böhme, H.W. 108
Böhmer, s. Boehmer
Boiana 450
Boileau, G. 157
Bokiǐ, N.M. 63, 311
Bökönyi, S. 28, 52, 710
Bold, B.-O. 522, 574, 600
Boldur, A.V. 641
Boleslaw I the Brave (Chrobry) 178, 180
Boleslaw III Krzywousty 379

Boleslaw IV the Curley 383
Bolgar 282, 607, 608, 666, 673
Bolgrad 285
Bollig, J. 143
Bollig, M. 700, 736
Bolokhovens 297, 624
Bolshie Tarkhany 53
Bolshie Tigani 52
Bolşacov-Ghimpu, A.A. 494
Bolush 365
Bóna, I. 119, 124, 139, 185
Bonev, Č. 494
Bonfante, G. 481
Bonfini, Antonio 17, 19, 367, 369, 472
Bongarsius, I. 211, 378, 639
Boniak 293, 349, 368, 372, 373, 381, 382
Boniface de Montferrat 420, 424
Bonn 10, 521
Bonte, P. 700
Bordeaux 647
Bordones (Brodniks) 434
Boril 411, 422, 424, 425
Boris, son of Vladimir the Saint 178
Borisăuca 285
Borisov, B.D. 187, 420, 495, 754
Borosy, A. 686
Borotalmat 151
Borovs'kiĭ, E. 742
Borsova, town 367
Borsova, county 367
Borst, A. 427
Borsu (Bors) 44
Börte 600, 605
Bortz (Burch, Boricius) 352, 434, 441
Borus, J. 747

Boru Tolmač 151
Bosnia 646
Bosnians 79
Bosl, K. 722, 741
Bosphorus (s. also Straits) 75, 112, 194, 211, 274, 277, 283, 368, 405, 414, 416, 448
Bossi (Bosnians) 474
Bosson, J. 512, 577
Bosworth, C.E. 247, 264, 272, 303, 313, 435, 542, 741, 743, 745
Botna, river 681
Botteghi, L.A. 456
Bougain, P. 159
Boulgaroktonos (Basil II) 418
Bourguina, A. 750
Bournazel, É. 719
Bournoutian, G.A. 686
Bowlus, Ch.R. 67, 69, 70, 104, 108, 119, 124
Boyle, J.A. 272, 303, 397, 439, 517, 522, 558, 574, 593, 594, 686, 687, 755
Boyta 90, 92
Božilov, I.A. 222, 741
Bozsóky, P.G. 50
Brabant 116, 642
Bracchia (Vlachia) 678
Braĭchevskiĭ, M.Iu. 400, 495
Branas, Alexios 403
Brand, Ch.M. 402, 403, 407, 413, 495
Brandenburg 476
Brands, H.W. 250
Braničevo 405
Bratislava 101, 103, 464
Brăuer, H. 675
Braunfelds, W. 755
Brăila 11

索引 757

Brătianu, C.I. 676
Brătianu, G. (Gh.)I. 124, 199, 279, 302, 495, 686, 741
Breck, J. 561
Bfeclay-Pohansko 106
Bredekamp, F. 495
Bregel, Y. 302, 397, 736
Bréhier, L. 406, 742
Bremen 105
Brendemoen, B. 303, 497
Brent, P. 583, 588, 593, 686
Brenta 99, 101
Brentjes, B. 302, 313, 686, 701, 736, 742, 756
Brerewood, E. 481
Bresc, H. 264, 303
Brescia 101
Breslau (Wroclaw) 55, 619, 621
Bretholz, B. 622, 686
Bretschneider, E. 608, 686
BrezalanBrezalanspurch/Braslaverspurch (Pressburg?) 103, 106
Brezeanu, S. 86, 289, 402, 426, 451, 491, 744
Brian-Chaninov, N. 742
Bridges, J.H. 54, 322, 581
Bridia, C. of, s. C. de Bridia Monachi
Brincken, A.-D.v.d. 651, 686
British Archipelago (s. also Great Britain) 714
Brockelmann, C. 136, 231, 235, 245
Brockhoff, E. 50, 123
Brodin, P. 750
Brodnik, country 434, 678
Brodniks 429, 435, 438
Brook, K.A. 354

Brose, M.C. 586
Brosset, M.-F. 268, 345, 364, 549, 570
Brown, P. 48
Bruce Boswell, A. 495, 686
Brudiu, M. 222
Brun, F.K. (Bruun, Ph.) 742
Brundage, J.A. 660
Brunel, C. 520
Brünn 39
Brunner, K. 124, 755
Bruno of Augsburg 160
Bruno von Querfurt 152, 159, 160
Bruno (Prun/Prunward) of Sankt Gallen 160
Brutos (Prut), river 63
Bryennios, Nikephoros, chronicler and general 200
Bryennios, Nikephoros, general 202
Bubenok, O.B. 435, 474, 495
Bubulici, V.G. 312
Bucharest (s. also Bucuresti) 9
Buchek 444, 605, 608
Buchner, R. 116
Buchon, J.A.C. 754
Bucovina 443, 634
Bucureşti (Bucharest)-Lacul Tei 285
Buda 463, 464, 641, 642
Budachi (Primorscoe) 285
Budapest 10, 80, 468
Buell, P.D. 585, 605, 674, 686, 717
Bug (South Bug) 63, 299
Bug group (Cumans) 349
Buganov, V.I. 221, 370, 413, 562, 597
Bügdüz 245
Bugeac (Budjak) 218, 284, 287, 336, 364, 489, 555, 684, 730

Bugut 251
Buiri'ut-tatar 532
Bukhara 261, 592, 593
Bula-Čopan 151
Bulag, U.E. 736
Bulatzopon (s. also Bula-Čopan) 151
Bulcsú 112, 117
Bulgak 492
Bulgakov 492
Bulgari (Bulgarians from Balkan Peninsula) 290, 427
Bulgaria (on the Balkan Peninsula) 73, 109, 112, 151, 167, 170, 176, 187, 193-196, 200, 210, 213, 215, 279, 296, 350, 355, 358, 388, 414, 415, 420, 437, 449, 450, 492, 655-657, 678, 728, 731
Bulgaria (on the Balkan Peninsula) 32, 34, 282, 642
Bulgaria (on the Volga) 32, 34, 53, 282, 642
Bulgaria "beyond the Istros river" 64
Bulgaria Magna 55
Bulgarian Khanate 64, 66, 68
Bulgarian Tsardom 46, 73, 83, 90, 111, 112, 167, 170, 197, 408, 444, 447, 450, 491, 656
Bulgarians (Protobulgarians) 17, 280, 711
Bulgarians (from Balkan Peninsula) 64, 66, 68, 70, 73, 75, 78, 79, 83, 85, 90, 97, 109, 112, 114, 122, 136, 138, 167, 170, 174, 176, 200, 205, 208, 211, 214, 280, 289, 291, 341, 342, 350, 378, 392, 398, 402-408, 410, 412, 416, 417, 420-422, 424, 427, 444, 445, 447-449, 451, 460, 474, 478, 637, 653, 656, 674
Bulgarians (from Volga) 20, 31, 53, 57, 58, 78, 119, 162, 163, 236, 259, 282, 283, 437,

597, 604, 606, 607, 608, 609, 625, 666, 674, 679
Bulmerincq, A.v. 624
Bumin 137, 139, 147
Bumke, J. 85
Bunea, A. 742
Bunge, F.G.v. 624
Bunger 44
Buniiatov, Z.M. 238, 332, 593
Burachikov, P. 495
Burandai (Burundai) 570
Burch 434
Burgarella, F. 303
Burger, G. 527
Burgundy 104, 106, 116
Büri 605, 610, 612, 617, 634
Bunaš 492
Burnasheva, R.Z. 484, 754
Burqan Qaldun Mountain 517, 582, 598
Bursuq 236
Burtas (Burdās) 162, 163, 607
Buschinger, D. 85, 220
Busse, H. 264, 267, 303
Busuioc-von Hasselback, D.N. 184, 222, 495
Butler, A.J. 739
Buttner, H. 117
Buyids 263-266
Buzău, town 285
Bysseni, s. Bisseni
Byzantine Empire (s. also Byzantium and Greece) 36, 59, 73, 92, 107, 109, 115, 116, 119, 138, 149, 152, 158, 161, 167, 168, 170, 174, 187, 188, 190-192, 197-199, 203, 204, 208, 209, 213, 214, 216, 217, 263, 266-268,

索引 759

270, 272-274, 276, 284, 287, 289, 290, 299,
332, 344, 350, 365-368, 370, 372, 377-379,
386, 388, 390, 392, 402-405, 407, 408,
410-412, 436, 448, 671, 712, 725, 731
Byzantines 41, 58, 66, 86, 145, 149, 160, 167,
170, 181, 187, 190-192, 194, 196-198, 204-
206, 209, 211-214, 216, 229-231, 239, 245,
263, 266, 273, 274, 276, 284, 289-291, 341,
355, 365, 367, 369, 370, 374, 375, 377, 378,
382, 387, 388, 390, 398, 402-404, 407, 411,
413, 414, 416, 421, 447, 449, 460, 488, 489,
515, 659, 710
Byzantium (s. also Byzantine Empire and
Greece) 34, 73, 97, 107, 109, 111, 112,
115, 117, 137, 148, 158, 164, 166, 167,
171, 172, 175, 176, 187, 188, 190, 204,
205, 208, 212-214, 220, 263, 267, 272-274,
276, 291, 299, 342, 350, 366, 368, 369,
374, 375, 377-379, 383, 386, 388-390, 403,
406-409, 412, 414, 421, 424, 437, 448, 449,
534, 548, 719, 725, 727, 728, 730
Byzantium (antic town) 449

C
C. de Bridia Monachi 54, 621
Ča'a'an (Čaqan)-tatar 532
Cable, M. 517
Cabrera, E. 742
Cadusa 90, 92
Caesar, Julius 598
Caesarea 562
Caffa 568
Čagan (Čaqan) Tatar 506, 532
aç-Çâghûn 236
Cahen, C. 240, 246, 263, 272, 279, 303, 686,
736, 742
Cahen, G. 686
Cahun, L. 686
Cain 735
Cario 265, 679
Cakajovce 106
Calafat 387
Calanciac 285
Calfa 172
Calmard, J. 264, 303
Cambridge 55, 661
Camenca 285
Campagna 107
Campus Ungariscus 107
Canal, D.-A. 212, 225
Canard, M. 59, 236, 240, 243, 247, 249, 252,
256, 332
Canfield, R.L. 302, 397, 736
Cankova-Petkova, G. 403, 407, 425, 495, 746
Canossa 644
Cantemir, D. 336
Capcac (Qipchaq) 322
Capetian house 213
Capidava 192
Capitani, O. 107
Caplan, J. 706
Caplani 285
Čaplovič, D. 124
Čäpni (Chebni) 245
Cappadocia 274
Caproşu, I. 675
Captchac (Kafdjak), Capthat, Capchap
(Qipchaq) 322, 396
Carantanians 67
Caratzas, S.C. 451

Carbon 518
Carboni, S. 755
Cardauns, H. 630
Carducci, G. 405, 439
Carile, A. 495, 738
Carinthia 68, 72, 460, 647
Carloman (Karlmann) 69, 70
Carmoly, E. 329
Carolingian house/dinasty 70, 104, 107
Carozzi, C. 259, 302, 703
Carpathians (s. also Eastern/Oriental Carpathians, Southern Carpathians and Western Carpathians) 64, 78, 83, 85, 87, 94, 96, 97, 146, 152, 171, 172, 190, 215, 217, 218, 299, 355, 369, 378, 379, 390, 426, 427, 429, 430, 432, 443, 466, 489, 491, 492, 554, 625, 628, 635-637, 640, 674-676, 710
Carra de Vaux, B. 18, 168
Carrère d'Encausse, H. 687
Carsow, M. 512, 698
Cartellieri, A. 124
Čaruqlugh 245
Casimir, M.J. 700, 736
Casola, s. Niccolò da Casola
Caspian Sea 21, 24, 44, 56, 57, 62, 74, 138, 166, 220, 237, 246, 258, 261, 263, 267, 270, 281, 282, 332, 363, 364, 366, 397, 561, 593, 604, 664, 666, 674, 701, 722, 723, 725
Castiglione, B. 523
Castilians 353
Castillo, J.S. 739
Cate, J.L. 212
Cathay (China) 534, 579
Cattaro (Kotor) 646
Caucasian Mountains 21, 56, 57, 62, 135, 283, 299, 436, 444, 554, 596, 701, 710, 722
Caucasian regions 56, 178, 180, 265, 266, 299, 397, 513, 570, 571, 594, 601, 602, 605, 612, 657, 664, 668, 671, 682, 725, 731
Caucasians 282, 323, 405
Cavaciocchi, S. 726
Cavarcere 101
Cavarna 450
Cave, C.di 76, 106, 124
Călmăţui 492
Călui 492
Căpuş 90
Căuşani 285
Câmpina, B.T. 746
Cândea, I. 11, 222, 390, 495
Cârja, I. 503
Ceacalopol, G.D. 305
Cebotarenko, G.F. 172
Cedrenus, s. Kedrenos
Celje 103
Cenad, comitat/county 184
Centlivres, P. 700
Central Asia 137-139, 161, 166, 231, 238, 239, 241, 242, 244-247, 249, 251, 256, 257, 259, 261-263, 267, 268, 276, 277, 283, 322, 328, 329, 338, 355, 360-362, 435, 484, 486, 492, 509, 510, 513, 517, 549, 574, 592, 596, 600, 610, 682, 684, 709, 710, 711, 721, 732, 733
Central Europe 8, 19, 28, 48, 60, 66, 70, 81, 94, 97, 108, 133, 138, 140, 171, 234, 321, 434, 618, 619, 624, 645, 722, 725
Cerepnin, L.V., s. Cherepnin, L.V.
Cernauca (Chornivka) 634
Cernavoda 375
Cernăuţi (Chernovtsy), region 634

Cernovodeanu, P. 336, 555
Červenik 27, 80
Cesma (Csázma) 630
Cetatea Albă, town (s. also Akkerman) 679, 681, 684
Cetatea Albă, region 684
Cetățeni 637
Chabot, J.-B. 144, 237, 377
Chabros, K. 517, 736
Chagatai 517, 537, 566, 600
Chagatai's Ulus 484, 600
Chaghri 261, 263
Chahin, M. 742
Chakan 476
Chalandon, F. 222, 390, 495
Chalcidic Peninsula 392
Chaliand, G. 242, 525, 554, 742
Chalikov, A.H., s. Khalikov
Chalikova, E.A., s. Khalikova
Chalis, s. Tatos
Chalkokondyles, Laonikos 231, 236, 515
Chalmeta, P. 16, 116, 171
Chamaz 476
Chambers, J. 542, 687
Champagne 116
Chan, Hok-lam 602, 605
Chanet 439
Chao Hung, s. Hung. Chao
Chapman, J. 736
Charaboi 151, 152
Charanis, P. 268
Charswoj 151
Chareth 476
Charlemagne 48, 66, 69, 97, 119
Charles II of Naples 469

Charles Robert of Anjou 184, 464, 469, 470, 472, 476
Charmoy, F.B. 257
Charon 52
Chase, K. 551
Cheaka, s. Tzakas
Chebni, s. Čäpni
Cheboksarov, N.N. 737
Cneddadi, A. 236, 542, 567
Cheglavok 492
Chekh, eponymous hero 17
Chekin, L.S. 221, 742
Chelebi, Kiatip 264
Chenegrepa 381
Cheornye klobuki, s. Black Hoods
Chepliivka 299
Cherepanova, E.N. 168
Cherepnin (Čerepnin), L.V. 224, 304, 500, 692, 715, 746, 750
Cherkezes 679
Chernetsov, V.N. 32, 129
Chernigov, town 372, 384, 562, 614, 615
Chernigov, knezate 286, 366, 372, 610, 612
Chernikhino 415
Chernovtsy, s. Cemăuți
Cherson, town 59, 157, 167, 333, 342, 374, 669
Cherson, theme 175
Chersonese 174, 264
Cheshire, H.T. 687
Cheshko, S.V. 666, 697, 717
Cheynet, J.C. 149, 198, 270, 273, 303, 712
Chidmas 58
Ch'i-ch'ing Hsiao 604
Chifăr, N. 48
Chilia 655, 684

Chilieni 371
China 137, 138, 238, 265, 507, 509, 533, 534, 540, 543, 544, 549, 551-553, 557, 564, 565, 574, 575, 580, 585-588, 592, 594, 601, 602, 605, 610, 684, 701, 715, 719, 725, 727, 730, 731, 733
Chinānjkath (Chinesetown) (s. also Jinānjkath) 238
Chindina, L.A. 52
Chinese 321, 507, 509, 510, 524, 533, 539, 540, 549, 557, 560, 576, 577, 580, 582, 586, 587, 590, 594, 598, 602
Chingilous 58
Chingiz-khan 277, 328, 435, 439, 443, 484, 507, 509, 510, 515, 517, 524, 526-528, 531, 532, 534-537, 539, 543-546, 558, 564-566, 569, 574, 576, 577, 579, 581-586, 588, 589, 592, 593, 598, 601, 604, 605, 617, 660, 662, 664, 672, 678, 681, 684, 702, 717
Chingiz-Khan'clan (Chingizkhanids) 396, 509, 520, 532, 537, 538, 553, 554, 558, 574, 605, 610, 617, 648, 660, 681, 682, 717, 721
Chingiz-khan's Empire, s. Mongol Empire
Chingul 339, 342, 343
Chios 273, 274
Chiraleş 187
Chircăeşti 285
Chirica, V. 286, 745
Chirkov, A.Iu. 312, 754
Chirnoaga, P. 742
Chirovsky, N.L.Fr. 742
Chirtoagă, I. 684, 742
Chisliţa 285
Chistopol 53
Chiţescu, L. 637

Chklovski, V. 687
Chmielnik 619
Choldin, T. 156
Chomani (Cumans) 321
Choniates, Nicetas 144, 149, 152, 216, 277, 324, 336, 338, 341, 350, 356, 388, 389, 392, 402, 403, 407, 408, 411-414, 417, 418, 420, 434, 707
Chopon 151
Chormaqan 601
Christian, D. 710, 736
Chropovský, B. 59
Churilova, L.M. 64, 311
Chroust, A. 405
Chrysos 277, 411, 412
Chumania 482
Ciauş 285
Çic/Ziziri 612
Čierna nad Tisou 80
Cihodaru, C. 184, 222, 352, 495, 675
Čila'un 435
Cilicia 266, 406
Cimmerians 711
Cinnamus, s. Kinnamos
Ciobanu, R.St. (s. also Vergatti) 656
Ciocîltan, V. 524, 525, 681, 687
Ciocîltani 285
Circassians 613
Cissoko, S.M. 704, 745
Ciugudean, N. 125
Cîndea 42
Cîndeşti 42
Cîrnăţeni 285
Clauson, G. 140, 233, 235, 303, 332, 581, 636, 742

Claverie, P.-V, 687
Clavijo, s. Gonzáles, Ruy
Cleaves, F.W. 576, 577, 590, 601
Clercq C. de 528
Cleuziou, S. 123, 512, 710, 738
Cluj (-Napoca) 11, 90, 634
Cluj (-Napoca)-Dostoevski (Zápolya) Street 93, 94
Cocicovatoc 285
Cogniet, A. 694
Coke, R. 265
Coldefy-Faucard, A. 745
Colenso, M. 516, 704, 740
Collins, L.J.D. 555
Colnat, A. 131
Cologne (Köln) 454, 632
Comain, Comans, Conmain, Cumains (Cumans) 417, 418
Coman 491, 492
Comana 492
Comani (Cumans) 291, 321, 322, 378, 648
Comani, village 387
Comania, Cumanle (s. also Cumania) 389, 482, 612
Comănăuţi 492
Comăneasa 492
Comăneşti 492
Commani, Commains (Cumans) 322
Commeaux, Ch. 512, 522, 687
Comnena, Anna 136, 144-146, 149, 154, 175, 176, 197, 202-206, 208-210, 214, 273, 274, 284, 287, 289, 290, 342, 367, 368, 370, 374-378, 386, 388
Comnenos dynasty 276
Comşa, E. 200, 210, 226, 287, 336, 502

Comşa, I. 512
Comşa, M. 200, 226, 287, 336, 502
Condurachi, E. 312, 745
Conea, I. 387, 388, 493
Conermann, S. 506, 521, 543, 693
Connel, C.W. 642, 658, 687
Conrad (Konrad) 1107
Conrad III 213, 390, 404
Conrad IV 631, 645
Conrad of Hochstaden 632
Conroy, H. 583, 585, 741
Constable, G. 200
Constantine, s. Cyril
Constantine VII Porphyrogenetos 16, 26, 40, 57-59, 67, 70, 73, 111, 112, 114, 134, 141, 148, 151, 174, 246, 283, 751
Constantine VIII 125
Constantine IX Monomachos 158, 190, 192, 194, 197, 215, 263, 382
Constantine X Dukas 289, 290
Constantine patricius, called Adrobalanos 192
Constantine Margarites, s. Margarites
Constantinescu, E.-M. 222
Constantinescu, I. 387
Constantinescu, M. 94, 749
Constantinescu, N. 637
Constantinescu, R. 745
Constantinides Hero, A. 200
Constantinople 40, 46, 87, 107, 109, 112, 114, 138, 145, 148, 158, 167, 171, 174, 176, 188, 190, 191, 194, 196-199, 202, 203, 208, 211, 212, 264, 271-273, 277, 279, 283, 341, 367, 369, 370, 378, 388, 391, 402, 404-408, 412- 414, 416, 418, 421, 422, 425, 444, 448,

452, 608, 646, 678
Constanţa county 287, 374
Consten, H. 516
Conte, F. 742
Cook, R. 181
Copanca 285
Coper, L. 675
Čopon 151
Cordier, H. 588, 686
Cordoba Caliphate 116
Corenza (Qurumshi) 518, 674
Corjova 285
Cornelius, F. 641
Corpaci 285
Corradi Musi, C., s. Musi, C. Corradi
Cosma of Prague 456
Cosma, C. 88
Cosmo, N. di 552, 685, 710, 718, 742, 744
Costa Ungarisca 107
Costello, E.J. 405
Costeşti, Bălţi county 285
Costeşti, Chişinău county 681
Couchaux, D. 700, 736
Courteille, P. de 18, 168, 230
Covurlui 492
Cozar (Khazars) 87
Cracow (Kraków) 374, 476, 483, 619, 621
Crepey, M. 417
Cribb, R 512, 707, 709, 742
Crichton, M. 236, 240
Crimea, Khanate 682
Crimea, peninsula 46, 59, 168, 174, 235, 277, 279, 326, 328, 332, 333, 342, 354, 358, 374, 436, 444, 555, 596, 613, 669, 682
Criş 94, 453

Crişana 87, 88, 92, 94, 715
Croatia 68, 81, 112, 369, 474, 645, 646
Croatians 79, 85, 109, 111
Cromer, Martin 621
Crone, P. 709
Crookenden, J. 746
Cross, C.I. 58
Cross, S.H. 742
Cruceburg (Kreuzburg) 429, 432
Csallány, D. 139
Csanád, s. Cenad
Csangos 76
Csató, É. Á. 232, 303, 750
Csendes, P. 123
Csepel 26
Csernus, S. 21, 127, 224
Csollány, M. 583
Csólyos 454, 473, 477
Csongrád 50, 81
Csorba, C. 124
Csorna 80
Csorna-Sūlyhagy 80
Cuconeştii Vechi 285
Culianu, I.P. 156
Cumains 417
Cuman/Coman, names 451
Cuman Bishopric/diocese 353, 434, 441, 635, 637
Cumani (Cumans) 427, 453, 454, 459, 469, 470, 471
Cumania (s. also Comania and Desht-i Qipchag) 56, 355, 405, 427, 428, 431, 433, 463, 482, 489, 624, 642, 650, 678, 682
Cumanni (Cumans) 396
Cumanorum Campus, Cvmanorum Campvs

(Cuman's Field) 454, 457
Cumans 9, 17, 37, 136, 145, 154, 163, 172, 180, 185, 204-206, 209-211, 213, 216-218, 220, 256, 267, 277, 279, 280, 283, 286, 291-293, 295-297, 299, 321-493, 574, 596, 597, 604, 607-609, 612-614, 617, 625, 627, 629, 635, 637, 647, 648, 664, 669, 672, 711, 713, 714, 717, 718, 728, 732, 733
Cumans (Kabars) 44, 72
Cumans (Pechenegs) 90, 166
Cumans Ford, s. Vadul Cumanilor
Cumaria (Cumania) 405
Cundu, Cund (Kündü) 40
Cuni (Cumans) 321, 474
Cunowe (Cumans) 469
Čur 151
Curcani 285
Curia (s. also Apostolic See/Chair and Holy See) 459, 464, 631, 642, 644
Curiel, R. 251, 307, 686
Curta, F. 124
Curtea de Argeş 637
Curtin, J. 687
Curtis van Cleve, Th. 644
Curzan (Kurszán) 40
Custurea, G. Gh. 109, 192, 205, 222, 287
Cuşa, A. 14
Čuvaldar (Juvuldur) 245
Cydones, Demetrius 659
Cyprian, metropolitan 571
Cyprus 567
Cyril/Constantine 46, 56, 69
Czech Republic 69, 106
Czechs 17, 79, 370, 384, 400, 621
Czeglédy, K. 21, 42, 75, 128, 718

Czigány, L. 128
Czopek, S. 102

D

Dąbrowska, E. 63, 124, 311
Dabrowski, I. 160, 478
Dabrowski, K. 226
Dacia 355
Dacia Mediterranea 210
Dacia Ripensis 210
Dacians (Pechencgs) 134, 171
Dada, Dadan (Mongols) 506
Daffinà, P. 54, 674
Daghestan 613
Dagron, G. 744
Daicoviciu, C. 312, 745
Daim, F. 67, 68, 82, 127, 139, 312, 739
Dainelli, G. 687
Dalai, Ch, 512, 530, 577, 687
Dalassenos, Constantine 274
Dall'Aglio, F. 422
Dalmatia 370, 474, 645, 646
Dalmatian coast 86, 291
Damascus 144, 270, 271, 538, 568, 573, 608, 679
Danapris (Dniepr) 151
Dandanakan 261, 263
Dandolo, Enrico 416
Dandulo (Dandolo), Andreas 185, 347, 641, 646
Danes 178
Dani, I. 184
Daniil Romanovitch 297, 442, 443, 570, 614, 615, 618, 668, 669
Danilo Kobiakovich (Kobiak's son) 436

Danilov 618
Danishmend 274
Danishmends 277
Dankoff, R. 136, 230
Dantchéva-Vassiléva, A. 203
Dante 655
Danube Danube (s. also Lower Danube and Middle Danube), *passim*
Danube Delta 287
Danube group (Cumans) 349
Danube Plain 387
Danubius (Danube) 453
Dardanelles 75, 274, 405
Darius I the Great 726
Darkevich, V.P. 611
Darkó, E. 53
Darmouni, C. 750
Dashkevich, Ia.R. (Daszkiewicz J. R) 326, 327, 358, 495
Dashkov 492
Daunou, P.-C.-F. 417, 521
David IV Agmashenebeli 394
David Igorievich 379
David Narin 535
David Sviatoslavich 381
Davidovich, E.A. 568
Davletshin, G.M. 282
Davudov, O.M. 688
Dawson, C. 660
Dăbîca 90, 185
Debrecen 10, 22
Decei, A. 24, 279, 406, 655, 687
Dedeyan, G. 690
Dede Korkut 241, 248, 636
Deér, J. 42, 124

Defrémery, Ch.F. 16, 141, 596
Delacroix, S. 569, 745
Delamitians 265
Delehaye, H. 64
Deletant, D. 13
Delhi 486, 594
Delibaş, W. 755, 756
Delisle, L. 417, 650, 651
Deluz, Ch. 217, 524
Demawend Mountains 237
Demecser 477
Demetrius, son of Gubul 476
Demetrius, son of Keskene 476
Demetrius, son of Keyan 476
Demidoff, A.de 336
Den (Don) 74
Denmark 383
Densuşianu, N. 330, 621
Dentumoger (Dentümogyer) 40, 74
Deny, J. 232, 748
Derbend 394, 440, 594
Derevianko, A.P. 512, 542, 689
Derlui 492
Derniame, O. 417
Desceliers, Pierre 56
Desht-i Berke (The Steppe of Berke [-khan]) 568
Desht-i Khazar (The Steppe of the Khazars) 364
Desht-i Qipchaq (The Steppe of the Qipchaqs/ Cumans) 329, 341, 353, 364, 379, 397, 421, 436, 441, 442, 444, 474, 478, 482, 483, 488, 513, 568, 597, 604, 612-614, 629, 664, 672, 679
Desiatinna 616

索引　767

Desmaisons 240, 322, 596
Desna, river 615
Desroches, J.-P. 736, 741
Devillers, O. 144
Devin 81
DeWeese, D. 568, 687
Diaconescu, E. 387, 495
Diaconu, P. 94, 188, 196, 202, 204, 206, 222, 223, 287, 303, 313, 374, 387, 388, 402, 451, 493, 495, 713, 749
Didymoteichon 407, 447
Diehl, Ch. 175, 263, 267, 272, 303, 742
Dienes, I. 42, 125
Diesner, H.-J. 722
Diessen 105
Dicten, I.A. v, 336
Dieter, K. 223
Digel, W. 747
Digors 283
Diiu (Vidin) 387
al-Dimashqi, s. Shems ed-Din
Dimitri, boyar 616
Dimitrov, B. 679
Dimitrov, H. 124
Dimitrov, S. 280, 410
Dimnik, M. 400, 495, 566, 614, 616
Dinogetia, s. Garvăn-Dinogetia
Dir 61
Đirković, S. 746
Distra, s. Drista
Dîmbovița, river 637
Djadjirat, tribe 582
Djamuka 582
Djankent-kala 258
al-Djayhani (Ğayhānî) 16

Djebli, M. 436
Djurdjan 243, 259
Djurdjaniya 239, 243
Djuvara, N. 491
Dtugosz, Jan 160, 466, 472, 478, 621, 651
Dmitriev, P.G. 676
Dnepropetrovsk, town 380, 385
Dnepropetrovsk, region 63, 70
Dnieper 57-59, 61, 63, 64, 66, 141, 151, 152, 158, 166, 174, 176, 181, 188, 286, 293, 340, 344, 347, 349, 356, 358, 365, 368, 372, 374, 381, 383, 393, 394, 398, 408, 436, 438, 440, 518, 596, 615, 617, 674
Dnieper group (Cumans) 349
Dniester 63, 78, 142, 172, 218, 299, 336, 364, 443, 489, 676, 679, 684
Dobrá 80
Dobrich district 193, 195, 215
Dobroliubskiĭ, A.O. 146, 299, 338, 354, 495, 574, 742
Dobrovský, J. 400
Dobrotich 280, 450, 451
Dobrudja 192, 200, 205, 279, 280, 287, 450, 655, 656, 681
Dobson, B. 743
Doerfer, G. 332, 506, 546, 577, 581, 635, 742
Doerfer, I. 675
Doimi de Francopan, P. 202
Dôkhuz-khathun 527, 571
Dolj, county 387
Dölger, F. 167, 223
Dollen, B.v.d. 108
Domanovszky, A. 17, 19, 26, 37, 40, 44, 61, 62, 75, 78, 83, 85, 87, 182, 185, 347, 641, 651
Dombrovskiĭ, O.I. 168

Dominic of Guzman (Domingo de Guzmán) 353
Don 58, 59, 62, 63, 66, 74, 147, 170, 174, 300, 344, 356, 381, 398, 436, 474, 518, 640, 649, 654, 674, 678
Don group (Cumans) 349
Donat, I. 387, 388, 493
Donat, R.v. 622, 698
Doncheva (Dončeva)-Petkova, L. 217, 313, 450
Donets 356, 451
Donets group (Cumans) 349
Donetsk district 391
Donnert, E. 743
Donskis, M. 741
Donzel, E.v. 743
Dopsch, H. 69, 124, 755
Dorohoi, county 676
Dorofeyuk, N.I. 578
Dorostolon, s. Drista
Dörper, S. 322, 527, 559
Dörrie, H. 24, 54, 534, 619, 624, 627
Dorul'a, J. 124
Dossetti, J. A. 663
Dostálova, R. 742, 743
Dostourian, A.E. 143, 268
Dosymbaeva, A.M. 360
Dovzhenko, V.I. 641
Drabek, A.M. 124
Dragnev, D. 691
Dragomir, S. 86
Dragotā, A. 125
Drava 86
Drăgan, J.C. 702
Drăganu, N. 86

Drăgoescu, A. 746
Drevlianians 59, 60, 152
Dridu, archaeological culture 64, 171, 172
Dridu-Snagov 285
Drimba, V. 250, 326, 753
Drista/Distra/Dristra/Dorostolor (Silistra) 73, 170, 190, 199, 203, 205, 367, 374, 451
Drivasto 646
Drochia, county 358
Drompp, M.R. 672, 687, 736
Dron, I. 496
Drüll, D. 326
Dubler, C.E. 18, 237
Dubosarii Vechi 285
Dubrovnik, s. Ragusa
Duby, G. 715, 719, 727, 743
Ducellier, A. 226, 463, 494, 743
Duda, H.W. 279, 436
Dudurgha, s. Tutirqa
Duemmler, E. 48
Duft, J. 99
Duisburg 454
Dujčev, I. 223, 450, 743
Dukak (Timur-Yaligh), father of Seljuk 259
Dukas, Michacl 290
Düke (r), s. Tögär
Dukes, P. 688
Dulam, S. 517, 736
Dulaurier, Éd. 259, 323, 395, 565, 567
Dulebs 85
Dulinicz, M. 63
Dülün-Boldaq, region 581
Dumitrașcu, S. 88
Dumitriu, L. 202
Dumitriu-Snagov, I. 679

Duncalf, F. 212
Dunlop, D.M. 175
Dunnel, R. 586
Dupuy, T.N. 588, 593, 688
Durand, U. 417, 640, 650
Durazzo 211, 212, 291
Dürnkrut 462
Durut 440
Du Ry van Beest Holle, G. 745
Duta'ut-tatar 532
Dutour, O. 22
Dvornik, F. 46, 48, 727, 743
Dybo, A. 739
Dyboski, R. 686
Dylykov, S.D. 690
Dyson-Hudson, N. 737
Dyson-Hudson, R. 737
Dzhakson, T.N. 743

E
Eastern (Oriental) Carpathians 76, 78, 164, 185, 187, 347, 369, 627, 634, 635, 678
Eastern Europe 8, 13, 16, 21, 22, 29, 31, 48, 55, 56, 59, 74, 115, 133, 135, 137, 138, 148, 149, 164, 166, 172, 180, 215, 220, 236, 259, 281-283, 296, 321-323, 328, 329, 338, 350, 353, 357, 360, 362, 373, 434, 436, 441, 443, 473, 483, 491, 505, 513, 515, 530, 560, 570, 576, 602, 604, 605, 607, 609, 610, 614, 617, 619, 624, 627, 657, 676, 682, 684, 709-711, 713, 714, 716, 717, 722, 723, 730, 732, 733
Eastern Frank (ish) Empire 46, 66
Eastern Turks 139, 235
East Franks 69

East-Slavic regions 17
East Turkestan 233
Eastmond, A. 302, 306
Ebendorfer, Thomas 453, 468, 469, 648
Eberhard 462, 737
Eberl, B. 117, 125, 312
Ebert, M. 130
Ebner, H. 689
Ebstorf 221
Echimăuți 172, 179
Echtermach 634, 637, 641
Eck, A. 688
Ecsedy, I. 30, 737
Edburg, P. 571
Eddé, A.-M. 514
Edessa 270
Edinburgh 595
Edrisi, s. Idrisi
Edroiu, N. 90
Edwards, P. 178
Efimenko, A.Ia. 496
Efimov, K.Iu. 756
Efrem 402, 404, 411, 413, 421, 422
Eggebrecht, A. 559, 692
Eggebrecht, E. 559, 692
Egger, C. 414, 417
Eggers, M. 68, 69, 70, 83, 104, 125
Eggert, W. 66
Egorov, V.L. 668
Egyházy-Jurovská, B. 129
Egypt 250, 340, 404, 444, 482, 484, 486, 489, 514, 548, 553, 567, 594, 660, 672, 679
Egyptian-Syrian society 483
Egyptians 236, 270, 348, 396, 484, 486, 678
Ehinger Berg 106

Ehrenfeuchter, E. 462
Ehrismann, G. 426
Einhard 67
Einsle, H. 117
Eisenmann, L. 747
Ekatòn bunoi (One thousand mountains/ hillocks) 196
Ekkehard of Aura 213, 377
Ekkehart IV 99
Ekrem, M.A. 264, 303
Elekes, L. 743
Eleud (Elöd) 40
Eliade, M. 44, 156, 157, 251, 558, 559
Elian, A. 309, 751
Elisabeth I 515
Elisabeth, wife of Stephen V 455
Elisséeff, N. 272, 303
Elkin, M.G. 313
Elkina, A.K. 342
Ellend 81
el-Elmi 324
Elpumes 403
El-tämür, s. Oldamir
Eltimir 450
Elter, I. 26
Elterish 257
Ember, M. 737
Embree, A.T. 687
Emeljanenko, T. 738
Emeric, king of Hungary 434
Emirdağ 705
Emler, J. 455, 456
Emon 441
Empire of the black Tatans <Tatars> 509
En-ch'u (Onogurs ?) 161

Endicott-West, E. 564, 592
Endzhe, s. Tsarev Brod
Eneman, Michael 336, 707
Engel, P. 48, 743, 746
England 382, 383, 404, 426, 489, 515, 548, 549, 682, 714
English 54, 56, 217, 322, 481, 722
English Channel 99
Enns 104, 119
Eperjeske 34, 80, 96
Eperjessy, C. 17, 348
Ephtimios, monk 158
Epirus 203, 214, 447, 449
Erben, C.J. 631
Erdely, Erdevelu (Ardeal, Transylvania) 40
Erdélyi, I.F. 21, 32, 41, 55, 56, 62, 123, 125, 129, 223
Erdenebaatar, B. 704
Erdevelu, s. Erdely (Transylvania)
Erdötelek 473, 477
Eremia, A. 496
Eresburg 105
Erfurt 631
Ermolenko, L.N. 358, 360, 753
Ernöháza 47
Érszegi, G. 50
Erzerum 263
Esin, E. 733, 743
Esphandiar 662
Esslingen 632
Esterházy, M. 697
Eszlar 474
Esztergom (Strigonium) 80, 352, 630, 641
Ete 40
Etel 62

Etelköz, Etelkuzu 62, 63
Eternal (Möngke) Sky (Tengri) 558
Ethela (Attila) 43
Ethyl (Volga) 24
Etival 105
Etul (Don) 62
Etulia 285
Eubel, C. 354, 569
Euchaitos, Johannes, s. Mauropus, Ioannes
Eudes of Deuil, s. Odo of Deuil
Euler, H. 688
Euphorbenos, Georgios 205
Eurasia (s. also Eurasian plains/steppes) 54, 74, 75, 138, 140, 229, 235, 350, 358, 505, 534, 552, 602, 699-701, 706-709, 711, 713, 715, 721, 725
Eurasian plains/steppes 7, 159, 230, 246, 247, 250, 321, 335, 338, 350, 484, 512, 527, 531, 538, 544, 555, 568, 577, 583, 609, 655, 684, 699, 703, 704, 706, 707, 719, 730, 735
Europe (s. also Central Europe, Eastern Europe, Northern Europe, Western Europe) 97, 100, 194, 196, 241, 270, 389, 427, 432, 509, 565, 580, 639, 640, 642, 657, 658, 661, 662, 668, 674, 714, 715, 722, 723, 730, 733
Europeans 323, 338, 355, 545, 581, 646, 663, 726
Eustathios of Thessaloniki 216, 402
Eutzapelon 192
Evans, A. 328
Evdokimov, G.L. 340, 360, 753
Eve 735
Even, M.-D. 517, 577
Evglevskiĭ, A.V. 344
Evry 14

Evtiuhkova, L.A. 521

F
Faguer, M. 691
Fähnrich, H. 614
Failler, A. 447, 581, 671
Fairbank, J.K. 588, 695
Fajsz 112
al-Fakhri 249
Fakhrutdinov, R.G. 609, 668, 687, 743
Falben (Valwen, Cumans) 321, 426
Falones, Falonex (Valwen, Cumans) 145, 321
Faral, Ed. 416
Farale, D. 583, 688
Farcaș, Romanian knez 636
Far East 564
Farkas, J.G. 124, 663
Farquhar, D.M. 688
Fasoli, G. 108, 117, 121, 125, 749
Fatimid Caliphate 265
Fatimids 265, 266, 270
Favier, J. 688
Febvre, L. 732, 733, 737
Fedalto, G. 354
Federmann, R. 555
Fedele, P. 439
Fëdorov, G.B. 172, 743
Fëdorov, G.S. 349, 496
Fëdorov, L.A. 349, 496
Fëdorov Fëdorov-Davydov (Fedorow-Dawydow), G.A. 146, 282, 338, 344, 348, 354, 358, 496, 525, 555, 609, 668, 674, 675, 688, 707, 743, 755, 756
Fehér, G. 58, 125, 223, 358, 754
Fejer, county 80

Fejér, G. 414
Feldbauer, P. 303
Felsöszentkirályi 454, 473, 477, 480
Fennell, J.L.I. 688
Feodor, boyar 566
Ferdinandy, M.de 58, 131, 583, 588, 593, 688
Ferdowsi 724
Ferenczi, I. 125
Ferenţ, I. 441, 496
Ferghana 233, 236
Ferguson, A.D. 561
Ferluga, J. 223, 390
Fermo 463
Fessler, I.A. 743
Fettich, N. 30, 50, 125
Fiala, V. 742
Fiedler, U. 14, 31, 83, 125
Field, H. 500
Figg, K.M. 540
Findeisen, H. 157
Fine Jr, J.V.A. 188, 223, 496
Finé, Orance (Orantius Finaeus) 55
Finke, H. 470
Finke, P. 737
Finlay, G. 223
Finno-Ugrians 15, 19, 20, 22, 24, 29, 42
Fiorini, V. 405, 439, 456
Firnhaber, Fr. 465
First Bulgarian Tsardom 727
First Turk Kaghanate 233, 247
Fischa 101
Fischer, E. 496
Fischer Drew, K. 722
Fischer-Galaţi, St. 744
Fisher, A.W. 684

Fisher, R.T. 561
Fitzherbert, T. 594
Flächen (Vlachs) 426
Flanders 642
Flavius, Josephus 135
Fleming Zirin, M. 517, 689, 739
Flemish 322, 669, 671, 678
Flemming, B. 674
Fletcher, J. (F.) 532, 688
Fliche, A. 743
Flodoard, chronicler 117
Florence 678
Florentines 528
Florescu, R. 305
Floreşti, county 431
Florianus, M. 17, 185, 465
Florinsky, M.T. 688
Flusin, B. 149, 198, 712
Focillon, H. 727
Fodor, I. 10, 21, 29-31, 43, 50, 53, 54, 57, 62, 76, 123, 125, 127
Fógel, I. 17, 367
Folcuin 19
Foldes, L. 740
Foltz, R. 688
Fomin, A.V. 34
Fonalka, M. 496
Fonseca ab Ebora, J.M. 328, 660
Font, M.F. 79, 458
Forbin, V. 739
Forester, Th. 240
Foscolo Benedetto, L. 612
Foss, C. 273
Fossier, R. 743
Fourniau, V. 737

索引 773

Fax, R. 512, 522, 688
Fradier, G. 127
Fra Mauro 433
France 121, 213, 353, 383, 404, 549, 642, 653, 678, 682, 712, 714
France, A. 347
Francfort, H.-P. 700, 704, 739
Franco Jr., H. 564
Franconia 104, 116
Frank Empire 68
Frank, A.J. 444
Franke, H. 530, 588, 687, 688, 726, 744
Franke, O. 588
Frankfurt am Main 10
Franklin, S. 166, 223, 496
Franks 48, 66, 67, 75, 78, 85, 100, 104, 111, 116, 377, 394, 451, 594, 674
Franz von Prag 470
Franz, H.G. 738
Frassetto, M. 259
Frédétric, L. 744
Frederick I Barbarossa 213, 277, 373, 374, 389, 390, 404-406
Frederick II of Hohenstaufen 453, 535, 549, 619, 628, 632, 644, 645
Frederick III the Handsome 470
Frederick II the Quarrelsome (Babenberg) 629, 630, 647
Frederick of Swabia 407
Freiburg im Breisgau 10
Freising 105
Frémy, D. 712
Frémy, M. 712
French 55, 56, 210, 213, 321, 355, 421, 445, 520, 619, 625, 642, 656

French Templars 621
French, F. 517
Frend, W.H.C. 737
Frenz, Th. 631
Freydank, D. 753
Fridensfeld (Mimopole) 285
Fried, J. 688
Friedman, J.B. 540, 750
Friedrich, A. 20, 716
Friendly, A. 267, 270, 303
Friesinger, H. 126, 127, 312, 722
Fritz, W.D. 117
Friuli 68, 107
Frolova, O.B. 567
Frumuşica 285
Frye, R.N. 59, 236, 240, 249, 524
Fuchs, F. 69, 125
Fügedi, E. 650
Fulda 73, 105
Fu-lin (Byzantine Empire)161
Furduh 476
Füssen 105

G
Gaborieau, M. 264, 303
Gabrieli, F. 405
Gaçaria/Gaçarie/Gazaric (Khazaria) 612
Gádoros 50, 80
Gadzhiev, M.G. 688
Gacbel, L. 693
Gagauz 136, 235, 279, 280
Galád 92
Galántai, E. 17, 182, 347, 651
Galaty, J.G. 736
Galaţi, county 171

Galdan, Tayii 565
Galicia (Halich) 414
Galilea 396
Gáll, E. 96, 311
Gallo-Romans 674
Galstian, A.G. 605
Galvin, K.A. 737
Gamber, O. 543
Ganfridus 470
Gangloff, S. 280, 303
Garcin, J.-C. 264, 303
Gardizi 24, 34, 59, 149, 162, 163, 231, 238, 247, 251, 310, 362
Gardthausen, V. 270
Garkavi, A.I. 171
Gars-Thunau 106
Garufi, C.A. 439
Garustovič, G.N. 146, 223, 256, 257, 303, 304, 313, 707
Garvăn-Dinogetia 192, 200, 285, 287, 336
Gáva-Market 80
Gawrysiak-Leszczyńska, W. 344, 753
Ğayhānî, s. al-Djayhani
Gaziz, G. 689
Gaznevids, state/dynasty 238, 261, 263, 270, 486
Geanakoplos, D.J. 448, 496, 744
Gebhardt, B. 126
Gégény 80
Gehrts, H. 157
Geier, P.W. 605
Gelu 87, 88, 90, 166
Gemil, T. 506, 688, 694
Genet, J.-Ph. 741
Genito, B. 223, 256, 304, 313, 701

Genoa 525, 653
Genoese 671, 681
George I Terter 450
Georgia 56, 266, 350, 352, 394, 395, 439, 535, 563, 570, 601, 657, 728
Georgian, P. 688
Georgians 133, 178, 240, 263, 321, 394, 395, 397, 437, 439, 524, 531, 548, 594, 605
Georgios Monachos 64, 109, 111, 168
Georgius, son of Chakan 476
Georgius, son of Magar 476
Gérard of Malemort 647
Geras'kova, L.S. 342, 358, 360, 754
Gerevich, L. 74, 129, 642, 702
Gerhard, chronicler 117
Gerland, E. 496
Germans 26, 28, 79, 85, 86, 97, 103, 107, 117-120, 122, 138, 145, 176, 178, 182, 184, 210, 213, 277, 321, 322, 324, 326, 354, 368, 370, 374, 378, 390, 404, 405, 407, 432, 442, 451, 469, 478, 516, 577, 621, 622, 628, 636, 682, 712, 725, 726
Germany 10, 24, 69, 103, 106-109, 111, 116, 117, 121, 323, 426, 434, 460, 619, 622, 631, 642, 646, 648, 664, 714
Gernet, J. 526, 590
Gertsen, A.G. 671
Gervasius of Tilbury (Tilberienses) 426
Gervers, M. 569, 646, 697, 736, 737, 746
Geszteréd 34, 36, 80, 97
Getae (Romanians) 426
Geuenich, D. 739
Geza I 18, 182, 185
Geza II 183, 373, 374, 434
Geza, father of Stephen I 43, 114

Gfrörer, A.F. 223, 303
Ghazan-khan 591
Ghazna 524
Gherghel, I. 223, 303, 496
Ghibănescu, Gh. 675, 676
Ghiurchens 581, 586, 602
Ghuzz, Ghuz (Uzes) 229, 230, 236, 238, 245, 252, 257, 259, 282
Giazichopon 151
Gibb, H.A.R. 353, 530, 743
Giesler, J. 68, 81, 86, 108, 126
Giessauf, J. 54, 352, 548, 674, 688, 689, 698
Gieysztor, A. 704, 745
Gil, J. 689
Gillamont 105
Gingerick Berry, V. 231, 388
Giovanni Diaconus 37
Girs, G.F. 568
Gitelman, Z. 400
Gitermann, V. 744
Giulea 42
Giuleşti 42
Giurescu, C.C. 496, 689, 744
Giurescu, D.C. 496, 744
Gjuzelev, V. 355, 403, 478, 746, 747
Glad 87, 90, 92, 164
Glassl, H 432
Glavinitza 203
Glazier, S.O. 157
Glazyrina, G.V. 742
Glotz, G. 263, 267, 303, 742
Glubb, J. 652
Gluck, C. 687
Glück, E. 92, 432
Glukhov 362

Glumov, V. 739
Glycas, Michael 187, 289, 374, 713
Glykatzi-Ahrweiler, H. (s. also Ahrweiler, H.) 199
Gobi 510, 513, 578
Göbl, R. 136
Göckenjan, H. 126, 182, 185, 310, 544, 617, 622, 650, 689, 698, 716, 737, 744, 752, 755
Godfrey (Godefroi) of Bouillon 210, 211
Godfrey of Lorraine 210
Goehrke, C. 701, 737, 744
Goeje, J.de 230, 363
Goetz, H.-W. 68, 139
Gokalp, A. 249, 303
Gökbel, A. 323, 365, 717
Golczewski, F. 744
Golden, P.B. 17, 58, 133, 135, 137, 140, 151, 161, 223, 229, 245, 248, 250, 257, 264, 267, 282, 295, 303, 309, 321, 322, 324, 326, 348, 350, 354, 362-364, 394, 436, 496, 497, 506, 546, 580, 586, 689, 718, 737, 744, 751
Golden Horde 295, 328, 348, 350, 352-395, 466, 479, 481, 483, 486, 489, 492, 513, 515, 518, 525, 527, 543, 553, 561, 562, 566-569, 572, 574, 618, 649, 654, 663, 664, 666, 667, 668, 671-675, 677-684
Göllner, C. 470
Goloduts'kiĭ, V.O. 690
Goloe 376
Golowin, S. 157, 737
Golubovskiĭ, P. 497, 744
Gombocz, Z. 478, 481
Gombos, A.F. 73, 117, 211, 453, 455, 470, 640, 648
Gomboşiu, L. 692

Gonţa, A. 546, 689
Gonzáles de Clavijo, Ruy 514, 707
Gorelik, M.V. 542, 689
Gorskiĭ, A.A. 370, 497, 614, 689
Gortin 563
Gorun, Gh. 131, 367
Gorze 105
Goshkevich, V.I. 354, 574
Goths 138, 284, 723
Goths of Crimea (s. also Tetraxid Goths) 669
Gottschalk, H.L. 602
Gouguenheim, S. 259, 727
Gowan, G. 689, 742
Gowen, H.H. 689
Graciotti, S. 569, 694
Graf, H.-J.135
Grffin, R. 333, 562
Grla, H. 413
Granada 237
Grnsshoff, H. 753
Grădeşti 285
Grădiştea 285
Great Britain 13, 712
Great Cumania 474
Great Hungary (s. also Magna Hungaria and Ungaria maior) 54-56
Great Moravia (s. also Moravia) 68, 70, 100, 102
Great Poland 619
Great Seljuks 261, 271, 273
Great Tartaria 513
Great Varadin (Oradea) 370
Great Wall 137
Greci (Greeks) 426

Grecov, B.D., s. Grekov, B.D.
Grecu, V. 40, 231, 515
Greece (s. also Byzantium and Byzantine Empire) 92, 141, 217
Greeks (ancient) 577
Grecks (s. also Byzantins) 83, 115, 133, 158, 166, 170, 198, 199, 200, 214, 267, 268, 272, 276, 277, 321, 356, 378, 393, 404, 407, 416, 418, 420, 427, 445, 449, 483, 488, 577, 653, 710
Greenway, D. 240
Greer, Ch. 601
Gregoire, H. 57, 109, 126
Gregoras, Nikephoros 417, 425, 444, 445, 448, 479, 714
Gregory IX, pope 441, 628, 631, 632, 644, 645
Gregory (Grigor) of Akanc' 524, 536, 544, 548, 560, 567, 571, 658, 659
Grekov, B.D. 166, 530, 568, 668, 674, 675, 689, 746
Grenard, F. 588, 689
Greu, Grieu, Griex (Greeks) 417
Gribova, s. Naduşita
Grierson, Ph. 192
Grigor of Akanc, s. Gregory of Akanc'
Grigor'ev, A.P. 567
Grigorian, T. 744
Grigorovitza, Em. 676
Grikklandi, Griclandi (Greece, Byzantium) 141
Gritzak, P. 744
Grivec, F. 46
Griviţa, Galaţi county 285
Griviţa, Vaslui county 285

Grønbech, K. 232, 326, 737, 748
Gronke, M. 745
Grot, K.I. 126
Grothusen, K.-D. 726
Grousset, R. 212, 263, 267, 268, 272, 406, 509, 580, 583, 588, 590, 593, 689, 709, 725, 742, 744, 754
Grozeşti 285
Grüger, H. 622, 698
Grundmann, M.126
Gruntov, I. 739
Grupper, S.M. 546
Grushevs'kiĭ, M. (s. also Hruševśkyj, M.) 744
Grushin, T.I. 326
Grzesik, R. 50
Guang-da, Zhang 140, 251, 745
Guber, A.A. 690
Guboglu, M. 364
Gubul 476
Gueret-Laferté, M. 689
Guichard, P. 264, 303
Guigniaut 352, 561, 632
Guilland, R. 267, 272, 403, 407, 742
Guillaume de Nangis 417, 521, 567, 650
Guillaume de Tyr, s. William of Tyr
Guillou, A. 303, 392
Guiragos (Kirakos) 565, 567, 571, 596, 606, 659
Guiscard, Robert, s. Robert Guiscard
Gukin, V. 754
Guldescu, S. 646
Gumilëv, L.N. 74, 564, 702, 744
Gündisch, G. 470
Gündisch, K.G. 184, 352

Gundogdyev, O. 283
Gündüz, T. 245, 257
Güngör, H. 279
Gunin, P.D. 578
Gunjača, S. 658
Gura Bîcului 285
Gürelgü 517
Gurganj (s. also Urghench) 263
Gurkin, S.V. 360, 382, 497
Guseva, T.V. 756
Gusseinov, R.A. (s. also Husseinov, R.A.) 303
Gutia/Scozia (Gothia, Crimea) 612
Gutgesell, M. 559, 693
Guţu, Gh. 336
Güyük 525, 535, 561, 566, 567, 605, 610, 617, 648, 660, 682
Güzel, H.C. 21, 135, 235, 264, 280, 323, 717, 750
Guzğani 527, 604, 605
Guzman, G.G. 304, 540, 569, 689, 750
Guzz (Uzes) 163, 231
Gwagnin, Alexander 621
Gyárfás, I. 223, 456, 458, 476, 478, 497
Gyarmat 38
Gylas (Gyula ?)114
Gyömöre 80
Gyóni, M. 204, 223, 304
Gyor 630
Györffy, G. 38, 40, 42, 44, 48, 62, 75, 83, 89, 96, 103, 114, 123, 126, 152, 160, 223, 321, 326, 463, 491, 497, 577
Györffy, I. 497
Gyselen, R. 251, 307, 686
Gyula 40, 114
Gyulai, P. 90

H

Haarmann, H. 258
Haase, U. 517, 696
Habib, I. 704, 745
Habsburg, dynasty 370, 462
Hackel, S. 561
Hadrian, brother of Alexios I 206
Haefele, H.F. 99
Haefs, H. 712
Haeger, J.W. 588
Haenisch, E. 507, 522, 576, 577, 598, 689
Hageneder, O. 414, 417
Hagenmayer, H. 211, 212
Hagimus 285
Haheu, V.P. 312, 754
Haider, M. 537
Hajda, L. 400
Hajdú, P. 21, 42, 123
Hajdú-Bihor, comitat/county 288
Hajdúböszormény 80
Hajdúböszormény-Erdöstanya 80
Hajdúdorog 50
Hajdúsámson 80
Hajianpur, M. 687
Hakam I 486
Halaçoğlu, Y. 21, 135, 235, 264, 280, 323, 717, 750
Halasi-Kun, T. 126, 250, 497
Halbe (-Bauer), M. 748
Halbe (-Bauer), U. 748
Halecki, O. 686
Halich, town 618
Halich Knezate (s. also Halichian Rus') 392, 413, 414, 439, 442, 443, 628
Halich-Volhynia 297, 412, 413, 456, 614-616, 618, 619, 629, 634, 668
Halichians 297, 384, 393, 408, 412, 436, 443
Halichians Rus' (s. also Halich) 393, 413, 442, 629
Halimba 81
Halkovic Jr., S.A. 537, 693
Halldórsson, B. 143
Halperin, Ch.J. 370, 488, 497, 590, 653, 669, 675, 689
Halphen, L. 126
Hambis, L. 509, 522, 532, 580, 588, 612, 689
Hambly, G. 687, 698
Hamd-Allah Mustawfi of Qazvini, s. Qazvini
Hamerow, H. 736
Hamilton, B. 564, 694
Hamilton, J. 140, 230, 304
Hammer- (Purgstall), J.v. 34, 59, 231, 304, 483, 601, 689
Hampel, J. 30, 50, 126
Han, dynasty 526
Hanák, P. 745
Hanak, W.K. 69
Haneda, A. 690
Hannover 221
Hänsel, B. 737
Hantsch, H. 744
Hanuliak, M. 102
Harat 592
Hârem 524
Harhoiu, R. 202
Harka 40, 96
Harlez, C.de 587
Harmatta, J. 62, 126, 479, 745
Harney, J. 754

索 引 779

Härtel, H.-J. 744
Hartog, F. 737
Hartog, L.de 509, 543, 580, 588, 593, 690
Harun ar-Rašid 265, 486
Hasan, son of Musa 263
Hasan-Kale 263
Hase, C.B. 111, 141
Haslund, H. 516
Hatházi, G. 182, 223, 313
Haumann, H. 744
Häusler, A. 225, 674, 688
Haussig, H.W. 141, 304
Havlik, L.E. 123
Hayton, s. Hethum
Hazai, G. 34, 141, 304
Hazard, H.W. 745
Hazlitt, W. 520
Hăncăuți 285
Hebrews 577
Hedin, S. 516
Heers, J. 744
Hefele, Ch.-J. 645
Hegel, G.W.F. 512
Hehl, E.-D. 414
Heike-Ringel, I. 414
Heinrich of Heimburg 463
Heinrich von Lettland 330, 597
Heinrich of Mügeln, s. Henric de Mügeln
Heinrichs, W.P. 743
Heissig, W. 517, 522, 558, 559, 577, 690, 693, 754, 755
Heitel, R. 126
Helgason, J. 143
Hellas 289
Heller, M. 745

Hellespont (Dardanelles) 405
Hellgardt, E. 218
Hellmann, M. 115, 701, 744
Hencida 50, 80
Henin, M. 417
Hennig, R. 160, 220, 564, 690, 754
Henning, J. 131
Henning, J. (Frankfurt a./M) 97, 129
Henning, U. 220
Henric de Mügeln 17, 44, 61, 62, 75, 83, 84, 187, 198, 373, 453, 456, 465
Henrix, H.M. 160
Henry I the Fowler (Heinrich der Vogler), king 108, 116
Henry III, emperor 182
Henry III of England 549
Henry II of Bavaria 121
Henry of Hainaut 417, 420, 424
Henry (Heinrich der Fromme) II of Silesia 621
Henry, brother of Frederick II 470
Henry, son of Frederick II 644
Henry of Huntingdon 240
Henry of (Henri de) Valenciennes 417, 418, 424
Hephtalites 138, 246
Herberstein, s. Siegmund of Herberstein
Herberts, K.651
Herde, P. 631
Herlihy, D. 714
Hermann of Baden 453, 647
Hermann of Reichenau 116, 117
Hermann of Niederaltaich 453, 456, 460, 645
Hermanns, M. 156, 558

Herodotus 333, 358, 707
Herrmann, A. 737
Herrmann, B. 714
Herrmann, J. 745, 750
Hersfeld 105
Herzfeld 105
Hesse, K. 532
Hethum (Hayton) of Koryos 322, 527, 548, 559, 571, 633
Hetumoger (Dentumoger) 40
Heves, county 473
Heyd, W. 745
Heywood, C. 279
Hibernia 427
Hidan, C. 129
Hierotheos 114
Hifčāh (Qipchaqs) 363
Hildebrand, H. 624
Hildinger, E. 711, 745
Hill, E. 569
Hill, J.H. 211, 212, 291, 377
Hill, L.L. 211, 212, 291, 377
Hillenbrandt, R. 302
Hiller, H. 117, 406
Hilt, V. 282
Hiltebeitel, A. 251, 559
Himalaya 505
Himka, J.-P. 400
Hinz, H.-M. 50, 125, 727
Hippocrates 707
Hirsch, Th. 462
Histria 201, 285
Hitler, A. 609
Hîncu (Hâncu), I. 172, 312, 744
Hîncu, R. 309, 751

Hlaváček, I. 462
Hoàng, M. 588, 593
Hochstrasser, G. 184
Hád, s. Hood, lake
Hódmezövásárhely 50, 465
Höelun 581
Hoffmann, G. 486
Hoffmeister, J. 512
Holban, M. 336, 476, 555
Holboca 285
Holder-Egger, O. 117, 406, 417, 456, 459, 641, 642, 648, 651
Holl, I. 10
Hollingsworth, P. 177
Holm 618, 669
Holmscoe 285
Holt, P.M. 303, 332, 486, 497, 686
Holtzmann, R. 126
Holtzmann, W. 639
Holy Land 209, 212, 291, 377, 396, 404, 406, 414, 429, 641, 676
Holy Roman Empire 374, 382, 390, 405, 406, 628, 632, 644, 660, 663, 725
Holy (Apostolic) See (s. also Apostolic See/Chair and Curia) 55, 352, 441, 464, 644, 645
Holy Tomb 594
Hóman, B. 108, 126, 745
Homok 473, 477
Hommaire de Hell, X. 707
Honigmann, E. 304
Honorius III, pope 429
Hood, lake (Hód, Hódmezövásárhely) 465
Hopf, Ch. 448
Hoppál, M. 157
Hoppe, E.M. 280

Hopwood, K. 304
Hor (Uzes) 161
Horca (Harka) 40, 96
Horedt, K. 81, 127, 430
Horgoshi, E. 474
Hormayr-Hortenburg, J. Freiherrn v. 624, 632
Horom (Haram) 90
Horváth, F. 754
Horváth, P. 453, 454, 466, 476, 497
Hösch, E .745
Hosking, G. 745
Hospitaller's order 621, 636
Hosran II 52
Hoste 80
Hostler, C.W. 304
Hotin, county 676
Houdas, O. 440, 535, 594
Houtsma, M.Th. 245, 295, 304, 396
Houtte, J.A. van 715, 744
Hovannisian, R.G. 267, 302, 686
Howard-Johnston, J. 223
Howorth, H.H. 516, 558, 690
Hrbek, I. 18
Hrenkó, P. 453, 454
Hrdina, J. 462
Hriban, C. 14
Hrochová, V. 742
Hruševśkyj, M. (s. also Grushevs'kiĭ, M.) 127
Hruza, K. 644
Hsien-pi 578
His-Hsia (s. also Tanguts) 585
Hsi-Hsia Kingdom 586, 598
Hsiung (Hiong)-nu 137, 138, 249

Huang-he, s. Yellow River
Huart, Cl. 251
Huas (Uvas)532
Huba 40
Huc, É.-R. 520
Hugh of Provence 27, 103
Huillard-Bréholles, J.-L.-A. 535, 632
Hülegü 483, 524, 527, 543, 546, 553, 560, 571, 588
Humbertopoulos, Constantine 204
Humphrey, C. 704, 736-738
Humphreys, R.S. 690
Hung, Chao 507
Hung, W. 577
Hungari (Hungarians) 16, 17
Hungaria 454
Hungaria Antiqua 56
Hungaria Magna (s. also Magna Hungaria) 55, 56
Hungarian Kingdom (s. also Arpadian state/ Kingdom and Hungary) 145, 329, 372, 429, 432, 452, 453, 455, 459, 460, 463, 474, 477-479, 549, 618, 624, 627, 629, 632, 638, 642, 643, 645, 648, 653, 656, 713, 715, 727
Hungarians (s. also Magyars) 9, 15-122, 133, 136, 159, 170, 171, 174, 178, 181, 184, 198, 204, 210, 230, 268, 289, 321, 347, 367, 373, 378, 384, 390, 392, 424, 432, 434, 438, 442, 451, 452, 455, 456, 458-460, 465, 466, 468-470, 476, 479, 531, 618, 625, 627-630, 633, 637, 639, 641, 645, 646, 648, 702, 711, 716, 725, 726, 732, 735
Hungary 10, 18, 22, 25, 29, 33-35, 45, 47, 53, 81, 104, 110, 113-115, 151, 159, 182-187, 189, 210, 217, 220, 284, 288, 296, 299, 350, 355,

366, 367, 369, 370, 373, 382, 383, 392, 408,
413, 432, 434, 437, 440-442, 444, 452-454,
458-460, 462-464, 466, 469-471, 473, 475-
480, 492, 534, 612, 615, 619, 621, 622, 624,
625, 627-629, 632, 636, 637, 639-642, 647,
648, 650-653, 655, 657, 660, 663, 664, 669,
727, 728, 731
Huni 17, 214
Hunor, eponymous hero 17, 44, 61, 75
Huns 15, 17, 22, 26, 62, 75, 76, 78, 85, 136,
138, 144, 358, 711
Huns (Avars) 67
Huns (Bulgarians) 70
Huns (Cumans) 324
Huns (Hungarians) 70
Hurmuzaki, E. 184, 330, 347, 349, 414, 427,
429, 430, 432, 434, 441, 442, 453, 455, 456,
458, 459, 463-466, 468, 470, 489, 621, 637,
650, 652, 663, 678
Hurz 476
Husi (Uzes) 290
Husseinov, R. (s. also Gusseinov) 251, 304
Hussey, J.M. 742
Hussites 722
Hust (Huszt) 32
Hüttel, H.-G. 521
Hutton, J. 745
Huxley, G. 62
Huygens, R. B.C. 210
Hydrus, s. Otranto
Hyer, P. 512, 558
Hypatian monastery, s. St Hypatian

I
Iabdiertim 151, 152

Iablona 285
Iacob de Vitriaco, s. Jacques de Vitry
Iacubovschi, s. Iakubovskiĭ, A.I.
Iaila Mountains 168
Iakobsen, Abraham, s. Abraham Iakobsen
Iakobson, A.L. 671
Iakubovskiĭ, A.I. 175, 279, 530, 568, 668, 674,
675, 690
Ialomița 287
Iambor, P. 90, 127, 466
Ianin, V.L. 223, 497, 668
Iaphet 26
Iaropolk, son of Sviatoslav 177, 178
Iaropolk, son of Vladimir the Monomakh
296, 474
Iaroslav the Wise 180, 181, 286, 366, 474
Iaroslav Ingvarevich 614
Iaroslav Osmomysli 393
Iaroslav II Vsevolodovich 352, 614
Iarovoĭ, E.V. 358
Iarun 596
Iasians, Iassians, Iassi 135, 180, 435, 451,
473, 474, 476-479, 481, 608, 675
Iași 9-11, 14, 478
Iáz, Iazygi (Iasians) 481
Iberia 192
Iberian Peninsula 18, 116
Ibn Abî I'Hadîd al-Madâ'inî 436, 439
Ibn-Altahir (Alatyr, el-Athîr), s. Ibn el-Asyr
Ibn Arabshah 568
Ibn el-Asyr 341, 394, 396, 397, 436, 438,
594, 596, 597
Ibn Battuta 353, 481, 530, 581, 707
Ibn Bibi 279
Ibn Dasta <Ibn Rusta>, s. Ibn Rusta

索 引 783

Ibn Fadlan 58, 59, 236, 240, 243, 244, 249, 256, 282, 707
Ibn Hauqal 175, 230, 239, 243, 258
Ibn Hayyān (Ibn Hajjān) 26, 171
Ibn Kathir 543, 571
Ibn Khaldûn 236, 295, 348, 440, 479, 540, 542, 567, 571, 707
Ibn Khurdadbeh (Ibn Khordâdhbeh) 230, 247, 362, 363
Ibn Rusta (Ibn Rustch) 15, 22, 24, 28, 29, 34, 59, 60, 162, 163, 310
Ibn Tagribirdi 444
Ibn Wasil 440, 604
Ibrahim I al-Aglab 486
Ibrahim ben Yakub, s. Abraham Iakobsen
Ibrahim Yinal 263, 266
Ibrány 50
Iconium (s.also Konya) 276
Iconium Sultanate (s. also Rum Sultanate) 392, 448, 657
Iconomu, C. 286
Idrisi 238, 346, 347, 350, 482
Iel (Lel) 40
Iewä (Yive) 245
Igdir (Yigder) 245
Ignat, G. 676
Igor 167, 170, 174
Igor Sviatoslavich 400
Ike 610
Iklé, F.W. 583, 585, 741
Ildeĭ 177
Ildephonso ab Arx 99
Ili, river 517, 664
Iliaş, voievode 676
Iliescu, O. 289, 375

Iliescu, VI. 309, 751
Il'inska, A.P. 342
Ilkhanid Empire 245, 527, 538, 543, 571, 573
Ilkhanids 510, 517, 518, 553, 571
Illyricum 214, 289
Ilovaiskiĭ, D. 497
Imad ed-Din 396
Imber, C. 279
Imre, S. 81
Inalcik, H. 248, 750
Inanğ 236
India 138, 261, 265, 486, 551
Indians 577, 594
Ingolstadt 453
Ingul 63, 358
Inn 85, 106
Inner Asia 559
Innocent III 414
Innocent IV 489, 653, 660, 674, 678
Inoka 473, 477
Ioannes Cameniata 64, 168
Ioannes Cantacuzenos, s. John VI Cantacuzenos
Ioannes Longus, s. Jean Le Long
Ioannes Mauropus, s. Mauropus
Ioannes Skylitzes, s. Skylitzes
Ioannes Staurakios 402, 422
Ioannes of Tourkia (Turkey) 114
Ioannitsa, s. Kaloian
Iohannes Vitoduranes, s. Johannes von Winterthur
Ionas, Cuman khan 445
Ionchev, L. 376, 422
Ionescu, N.Z. 578, 690
Ioniţă, A. 430

Ioniță, I. 745
Iordanes (Jordanes) 144
Ĭordanov, s. Jordanov
Iorga, N. 223, 286, 304, 326, 388, 497, 745
Iosipescu, S. 280, 406, 637
Iotov, V. 202
Iran (s. also Persia) 232, 261, 263, 271, 279, 486, 517, 527, 546, 553, 594, 682, 720, 724
Iranians (s. also Persians) 138, 161, 271, 358, 365, 577, 711, 716
Iraq 261, 264, 271, 594
Ireland 712
Irgang, W. 622, 632, 698
Iron Gates, s. Sidera
Irpen, river 177
Irtysh, river 20, 257, 362, 363, 507, 664
Irwin, R. 486, 674
Isaak I Comnenos 197
Isaak II Angelos 402-405, 408, 410
Isaccea 200, 656, 681
Isbidjab 260
Ischboldin, B. 675
Ischôk 237, 395
Isfakhan 270
Ishchenko, S.A. 555
Ishim 20
Iskhakov, D.M. 666, 690, 717
Ismail ibn Ahmad 32
Ispahan 440
al-Istakhri 230, 245, 257
Istämi 247
István, s. Stephen
Istvánovits, M. 178, 479
Italy 37, 99, 103, 109, 112, 116, 117, 121, 171, 214, 268, 287, 290, 373, 391, 404, 636, 647, 674, 714
Italians 76, 103, 324, 354, 454, 518, 524, 568, 613, 638, 639, 648, 669
Itani, K. 594
It'bâ 348
Itil 62
Itlar 372
Its, R.F. 496
Itügen 558
Iudin, V.P. 666
Iula (Gyula) 40
Iulianus, Hungarian Dominican 24, 54, 534, 619, 624, 627
Iuriĭ Dolgorukiĭ 382, 384, 386
Iuriĭ Igorevich of Riazan 610
Iuniĭ Koncheakovich (Koncheak's son) 436
Iuriĭ Vsevolodovich of Vladimir 610, 611, 614
Iuvavum (Salzburg) 70
Ivä (s. also Yewä, Yive) 245
Ivakin, G.Iu. 436, 742
Ivan of Holm 570
Ivan Rostislavich, called the Berladnik 393
Ivan Strashimir 476
Ivan the Terrible 682
Ivanchenko, L. I. 299
Ivánka, E.v. 115, 127
Ivanov, V.A. 127, 146, 223, 256, 257, 303, 304, 313, 338, 497, 574, 707, 717, 746
Ivanovca 285, 431
Iványi, B. 17, 367
Iwachan, son of Furduh 476
Iwamura, S. 621
Iziaslav, son of Iaroslaw the Wise 284, 366
Iziaslav II Mstislavich 384, 386
Izium 423

索 引 785

Izmailov, I.L. 282, 666, 690, 717
Izmir 273
Iznik (s. also Nicea) 272
Izz ed-Din Kaikaus 279
'Izz ed-Din Hasan ben Ya' kub ben Kifdjak 399

J
Jackson, P. 322, 486, 532, 571, 594, 600, 644, 647, 678, 682, 690
Jacob, X. 268
Jacobsen, P.Ch. 211
Jacques de Vitry 418
Jaffé, P. 453, 456, 462, 645, 648
Jagchid, S. 512, 558, 738
Jahn, K. 236, 304, 322, 553, 651
Jahn, W. 50, 123, 237
Jakó, S. (Z.) 426
Jakubovich, A. 16, 159
Jalal ad-Din 439, 440, 593, 601, 605
Jalálu'ddin a's Suyúti, s. Suyúti
James (Jayme) II of Aragon 470
Jand 259
Jannson, I. 13
Jánosszállás-Katonapart 47
Japheth 236, 427
Japan 540, 551
Jarnut, J. 68, 139
Jarrett, H.S. 544
Jasiński, T. 622, 698
Jass, Jász 474, 478
Jassen (Iasians) 478
Jászág 474
Jászagó 481
Jászberény 474

Jászdózsa 477, 479
Jász-falu 474
Jaszigs (Iasians) 479
Jaszky Targ (Iasi) 478
Jaubert, A. 238, 347
Jazones (Iasians) 476, 478
Jean (Jehan) Le Long (Ioannes Longus) d'Ypres 322, 527, 639, 640
Jebe 436, 439, 440, 593, 594, 596, 597, 602, 607
Jedin, H. 726, 744
Jehan Le Long, s. Jean Le Long d'Ypres
Jeltîi Iar 285
Jenkins, G. 702
Jenkins, R.J.H. 167, 309, 751
Jenö 37, 38
Jensen, A.E. 156
Jensen, K.V. 690
Jentsch, Ch. 738
Jeretamir (Jeret amir) 56
Jerusalem 212, 270, 378, 404, 653, 657
Jettmar, K. 738
Jews 16, 79, 148, 240, 254, 347, 573
Jijia, river 676
Jiks 178
Jilava 285
Jiménez de Rada, Rodrigo 427
Jinanjkath, Chinese town 238
Jireček, C.J. 224, 498, 746
Jisl, L. 140, 141, 161, 230, 233
Jiu, river 387
Joakhim of Sibiu 184, 427
Joannou, P.-P. 663
Jochi (Jöči) 535, 582, 598, 600, 604, 605, 635, 664, 678, 679

Jochi's Ulus 600, 664
Jögä, Nogai's son 479
Johann de Columna 650
Johannes de Thurocz, s. Thurocz
Johannes de Marignola 456
Johannes Victorienses 456, 462
Johannes von Winterthur 651
Johanson, L. 232, 303, 750
John XXII, pope 56
John I Tzimiskes 119, 176
John II Comnenos 144, 152, 158, 216, 239, 276
John III Dukas Vatatzes 425, 445, 447
John VI Cantacuzenos (Ioannes Cantacuzenos) 448, 449
John Asan II 422, 425, 444, 445
John Asan III 450
John (Ioan), Romanian knez 636
John of Civitella 628
John (Iohannes) of Plano Carpini (Giovanni di Pian di Carpini), s. Plano Carpini
John, Prester, s. Prester John
Johnsen, O.A. 143
Joinville 350, 355, 356
Jončev, L., s. Ionchev, L.
Jones, M. 748
Jong, M. de 521
Jordan, river 158
Jordanov (Ĭordanov), I. 191, 313
Josfroy de Vileharduyn, s. Villehardouin
Josippon 171
Jouffret 498
Jourdain 650
Jourdain of Giano 622
Juan-juan 137, 138

ĵuanšer, chronicler 178
Juhász, L. 17, 348, 367
Juhász, P. 43, 127, 716
Julian, s. Iulianus
Julius Caesar, s. Caesar
Justin II 137
Juvaini 439, 443, 517, 522, 524, 536, 544, 567, 582, 594, 598, 600, 605, 608, 609, 613, 624, 629, 630
Juvuldur, s. Čuvaldar
Jyla 151

K
Ka'at 532
Kabars 41, 44, 60, 70, 72, 75, 76, 78, 87, 716
Kachir-Ukule 608
Kadan 396, 605, 610, 612, 613, 634, 635, 645, 646, 655
Kadyrbaev, M.K. 484, 754
Kaepiks 293
Kaeppeli, T. 638
Kafali, M. 690
Kafdjak, s. Captchac
Kafesoğlu, I. 254, 264, 272, 277, 304, 366
Kaindl, R.Fr. 66, 747
Kaidu 619, 621
Kaiser, F.B. 726
Kál 50
Kalamanos 389
Káldy-Nagy, G. 130
Kalhen 476
Kalipetrovo 375
Kalka 400, 434, 438, 596, 609
Kalmár, J.V. 32, 127

Kalmuks 519
Kalocsa 630
Kaloian (Handsome John, Ioannitsa) 341, 356, 411, 414, 416, 418, 420-422, 424, 451
Kalopetr Kalopetrus (Handsome Peter) (s. also Peter, brother of Asan and Ioannitsa) 405
Kałużyński, S. 576, 690
Kama 52, 53, 58, 607
Kamenets 442, 614, 617
Kamenets-Podolsk 326
Kameničná 80
Kangar (Pechenegs) 134, 151
Kängäräs, Kängär As 134
Kano 201
Kapagan (Kapghan, Kapakaghan) 139
Kaplan, E.H. 358
Kappler, C. 678, 690
Kappler, R. 527, 678
Kara, G. 328, 510
Karácsonyi, J. 468
Karaganda, province 351, 360
Karaims (Karaites) 354
Karajan, Th.G.v. 478
Karakalpaks 328
Karaman 192
Karamzin, M.N. 498, 746
Karaskovo 371
Karatay, O. 21, 135, 235, 264, 280, 323, 717, 750
Karatzas, Argyros 290, 291
Karaulov, N.A. 247
Karayannopoulos, Y. 704, 745
Karaz 429

Kargalov, V.V. 498, 590, 690
Karger, M.K. 616
Karlmann, s. Carlomann
Karloví 451
Karlowić 451
Karos (-Eperjesszög) 25, 34, 35, 50, 80, 96, 113
Karsanov, A.N. 394, 498
Kaschewsky, R. 559
Karskiĭ, E.F. 217, 221, 400, 597
Kashan 269, 668
Kashghar 236
al-Kashghari, Mahmud, s. Mahmud al-Kashghari
Kasim 492
Kasimenko, A.K. 746
Kasogs 474
Kastamonites, Nikephoros 293
Kastoria 290
Katakalon, Constantine 376
Kataleim 192, 194
Kataskepenos, Nikolaos 158
Kato Gyla 151
Katona, T. 577
Katzinger, W. 102, 123
Kaus, K. 67
Kazakhs 712
Kazakhstan 233, 328, 351, 360, 362, 487, 712
Kazakov, E.P. 52, 127, 282
Kazan, khanate 515, 682
Kazanski, M. 139
Kazar 187
Kazhdan (Každan), A.P. 10, 188, 224, 389, 408, 497, 746, 748
Kchii 381
Keanus 83

Keck. R.W. 696
Kedrenos (Cedrenus), Georgios 73, 112, 114, 141, 149, 152, 154, 158, 168, 176, 187, 188, 191, 192, 197, 198, 268, 284, 366, 712, 713
Keegan, J. 691
Keenan, E. 10, 400
Kegen (Ioannes Kegen) 149, 152, 154, 158, 188, 190, 191, 195, 196, 198, 284, 712, 713, 725
Kehren, L. 514
Keil, G. 218
Kekaumenos, chronicler 188, 190, 196
Kekaumenos, Katakalon 196
Kelleher, P.J. 18
Kellenbenz, H. 715, 744
Keller, H. 119, 123
Kelley, J. 136, 230
Kellner, M.G. 17, 70, 108, 119, 127
Kemal ed-Din 396
Kenézlő 50, 80
Kennedy, H. 691
Kér 37, 38
Keraits 507, 546, 562, 580-582
Kerber, D. 108
Kerman 271
Kérpuszta 81
Kerson, county 169, 340, 485
Kerulen 506, 507, 517, 580, 600
Keskene 476
Keszi 37, 38
Keszthely, archaeological culture 86
Ketbugha 544
Kétpó 45
Kętrzyński, W. 474, 483

Keyan 476
Keza, s. Simon de Keza
Khachikyan, L.S. 691
Khaganate of the eastern Turks (Kök Türk) 506
Khakasia 233
Khalikov, A.Kh. (Khalikow, Chalikov, A.H.) 52, 53, 124, 282, 525, 608, 691, 755
Khalikova (Chalikova), E.A. 21, 52, 124
Khan, A. 691
Khan, I.A. 551, 755
Kharteš (Cumans) 321, 364
al-Khatib 264, 265
Khazanov, A.M. 394, 465, 520, 699, 704, 735, 738, 746, 748
Khazar Kaghanate 20, 29, 41, 44, 57, 58, 66, 70, 139, 151, 162, 166, 174, 175, 258, 281, 282, 727
Khazaria (s. also Khazar Kaghanate) 148, 636
Khazarian Pechenegs 144, 149, 151, 162
Khazars 17, 19, 20, 29, 41, 42, 46, 57-61, 66, 70, 87, 135, 138, 144, 149, 162-164, 174, 175, 247, 258, 259, 265, 281-283, 354, 364, 422, 679, 702, 711
Khbšah (Qipchaq) 321
Khetagurov, L.A. 322
Khidyr, s. Khydyr
Khifchākh (Qipchaq) 363
Khitans 580
al'-Kholi, Amin 486
Khorasan 243, 257, 261, 262, 271, 518, 593
Khudiakov, I.S. 338, 548, 755
Khuzin, F.Sh. 282

Khvolson, D.A. 15, 162
Khwandamir 691
Khwarazm 243, 252, 258, 261, 263, 271, 281,
　328, 330, 397, 435, 436, 439, 440, 486,
　524, 535, 551, 592-594, 598, 678, 679, 725
Khwarazmians 135, 180, 243, 257, 363, 435,
　437, 439, 440, 517, 592-594, 605, 657, 674
Khydyr (Khidyr)-khozia 570
Kibčag, Kibjak (Qipchaq) 321
Kiel 10
Kiessling 640
Kiev, town 34, 60, 61, 85, 112, 146, 157, 158,
　166, 170, 175-178, 180, 181, 282, 292, 293,
　296, 366, 381, 383, 384, 386, 391, 393,
　397, 398, 413, 474, 525, 562, 608, 615,
　616, 627
Kieyv, knezate/principality (Kievan Rus') (s.
　also Russia) 34, 152, 166, 167, 170, 174,
　176, 178, 181, 282, 286, 291-293, 296,
　297, 352, 366, 368, 372, 382-384, 386,
　397, 398, 408, 421, 436-438, 442, 492,
　566, 597, 614, 615, 617, 618, 715
Kiev, province 344
Kiev-Cherson group (Cumans) 349
Kifdiak, s. Izz ed-Dîn Hasan
Kifğak (Qipchaq) 321
Kigyóspuszta 473, 477
Killy, W. 218
Kim, G.F. 568, 690
Kimball, L.A. 358
Kimeks 258, 350, 362-364
Kin Empire/dynasty 523, 540, 580, 582,
　586-588, 601, 602, 716
K'in-ča (Qipchaq) 321
Kindermann, H. 745

King, Ch. 746
Kinnamos, Ioannes 144, 152, 158, 216,
　239, 388-390, 392
Kipčak (Qipchaq) 321
Kipcheak (Qipchaq), eponymous hero 379
Kirakos, s. Guiragos
Király, P. 46, 62, 127
Kirghiz 136, 140, 158, 328, 510, 585
Kirghiz steppes 435
Kirghizstan 233
Kirjalax, Kirialax (Alexios I Comnenos)
　141
Kirman 270
Kirovaki 208
Kirovgrad 63
Kirovo, Kerson county 340
Kiselev, S.V. 521
Kiskun, county 473
Kiskunhalas-Inoka 477
Kiskunmajsa-Kuklis 475
Kisléghi, N.G. 164
Kiss, A. 81, 86, 127
Kiss, G. 127, 312
Kiss, J. 20, 21, 61, 79, 716
Kiszely, I. 43, 127
Kitan 292, 372
Kitanopa 381
Kitbuqa 590
Kitzes 376
Kivčak (Qipchaq) 321
Kiyan-Borjigin, clan 581
Kizilov, M. 354
Klaproth, J.v. 516, 532, 707
Klapprogge, A. 564, 658, 691
Klausner, C, L. 267, 304

Klein, A.A. 66, 747
Klein, E. 743
Klein, K.K. 627
Kleindel, W. 746
Klengel, H. 738
Kliashtornyĭ (Kljaštornyj), S.G. 140, 251, 304, 324, 362, 363, 506, 509, 580, 746
Klima, L. 127
Klimkeit, H.-J. 691, 738
Klis (Clissa) 645, 646
Klokotnitza 425
Kloštar-Podravsky 81
Kluge, I.L. 522
Knefelkamp, U. 564
Kniaz'kiĭ, I.O. 224, 393, 441, 498, 711, 746
Kniesza, I. 38, 115, 127
Knight, M. 139
Knipping, R. 632
Kobal', I.V. 102
Kobiak 436
Koca, S. 264, 270, 717, 718, 728
Kocel 69
Koder, J. 746
Kodek, G.K. 746
Koepke, R. 379
Koestler, A. 127
Kogălniceanu, C. 746
Köhegyi, M. 311
Köhler, O. 726, 744
Kök Mountains 517
Kök Orda, s. Blue Horde
Kök Türks 247, 506
Kökechü 397
Kokei, Karas 296
Kokot, W. 700, 736

Kölesd 186
Kollautz, A. 139
Koller, H. 123
Köln, s. Cologne
Kolodeazhin 616, 617
Koloman of Hungary 373
Koloman (Caliman) Asan 656
Kolomna 611
Kolyvas, Sergios 408
Komanoi (Cumans) 321
Komárno 80
Komaroff, L. 755
Komarov, K.I. 612
Kommains 321
Komroff, M. 148
Koncheak 349, 436, 451
Kondakov, N. 756
Kononov, A.N. 229, 323, 498
Konovalov, P.B. 691
Konovalova, I.G. 304, 393, 498, 691, 743, 746
Konrad, N. I. 304
Konstanz 10, 13, 14, 105
Konth, Nicholas (Miklós) 476
Kontler, L. 651, 746
Kontostephanos, Isaak 214
Konya 242, 275, 276, 278, 439
Köpeczi, B. 125, 187
Koperski, A. 63, 311
Köpke, R. 455
Köprülü, M. 277, 304
Kopulch 369
Koraev, T.K. 488
Kordé, Z. 78, 224
Korea 540, 551, 576
Koreans 539

Koretskiĭ, V.I. 370
Korkmaz, Z. 304
Korobchine 63, 71
Koroliuk, V.D. 441
Korompay, K. 21, 127, 224
Koroncó-Rácdomb 80
Koroncó-Újtelep 80
Koronke 80
Koropeckyj, I.S. 223, 497
Körtüm, H.H. 651
Kósa, L. 20, 130, 716
Koshchev, V.K. 607
Košice 80
Kossányi, B. 304, 498
Kostrenčić, M. 658
Kostroma 296, 329
Kostyl'ov, O.V. 342
Koszta, L. 625
Kosztolnyik, Z.J. 374, 390, 432, 463-465, 498, 628, 691
Kotel 392
Kotian (s. also Kuthen) 335, 413, 436
Kotliar, N.F. 498, 747
Kotliar, M.F. 669
Kotor, s. Cattaro
Köttlach, archaeological culture 88
Kotwicz, W. 691, 747
Kotzas 417
Koudelka, V.J. 353
Kouis 293
Koumani (Cumans) 321
Kouymjjan, D.K. 264, 304
Kouznetsov, V., s. Kuznetsov, V.A.
Kovách, A. 663
Kovács, B. 127

Kovács, É. 18
Kovács, L. 94
Kovács, L. 10, 29, 32, 34, 46, 103, 126, 127
Kova', V.Iu. 668
Kovalenko, V.P. 566
Kowalczyk, M. 466, 621
Kowalska, Z. 515
Koyunlu, s. Baranli
Kozak, D.N. 223, 496
Kozelsk 612
Kozhinov, V. 691
Kozin, S.A. 576, 577
Kozlov, V.1. 714
Kozlowska-Budka, S. 476
Krader, L. 532, 691, 709, 747
Kradin, N.N. 710, 738
Krahe, F.W. 108
Kraków, s. Cracow
Krakowski, S. 621, 691
Kralovánszky, A. 123
Kramarovskiĭ, M.G. 689, 691, 696, 738
Kramers, J.H. 175, 230, 743
Krása, J. 755
Krasnodar, town 391
Krasnodar, county 391
Kraus, W. 704, 738
Krause, F.E.A. 580, 582, 588, 691
Kratzsch, K. 755
Krăstev, L. 422
Kremenets 618
Kremsmünster 101
Kretchmar, M. 305, 313
Kreuzburg, s. Cruceburg
Kreuzer, A. 455, 622, 691
Krey, A.C. 211, 238

Krieger, V.A. 338, 497, 574
Krinichansk 63
Kristjánsdóttir, B.S. 143
Kristó, G. 17, 26, 40, 53, 62, 69, 121, 123, 127, 185, 367, 465, 716, 746
Kristó, J. 17, 182, 347, 651
Krivosheev, Iu.V. 590, 691
Kroissenbrunn 456, 458, 462
Kroll, W. 640
Kropotkin, V.V. 32, 612
K.rtaq 236
Krueger, J.R. 516, 569
Krüger, K. 638
Krum 64
Krylos 63
Krym (Staryĭ Krym, Old Krym) (Solkhat) 671
Krymlens (Crimeans) 679
Kshibekov, D. 735, 747
Kuartzitzur 151
Kuban, river 613
Kubarev, V.D. 361
Kubin, P. 462
Kubijovyč, V. 743
Kubinyj, A. 311
Kubu, river 63
Kubyshev, A.I. 312
Kučera, M. 129
Kuchera, M.P. 299
Küchlüg 592
Kuchug 157
Kudriashov, K.V. 348, 498
Küerci-Čur 151
Kühn, H.-J. 224
Kuis Tatar 506
Kujavia 619

Kulcsár, P. 465, 479
Kulkan 605, 610
Kulpej 151
Kül-Tegin 134, 506
Kuman, "despot tsar" 450
Kuman, prince 381
Kuman (Cumans) 321
Kumania ab-bid (White Cumania) 346, 482
Kumania al-sud (Black Cumania) 346, 482
Kúmanoi (Cumans) 321
Kumekov, B.E. 362, 363, 498
Kümelburch (Kokelburg) 634
Kún, Kun (Cumans, Turks) 321
Kündü 40
Kuns, Qün (Cumans ?, Kimeks ?) 363
Kunszentmárton (-Jaksorérpart) 454, 471, 473, 477
Kuo-Yi Pao, s. Pao, Kuo-Yi
Kupčik, I. 482, 679
Kuprij, N.M. 360
Kurakin 492
Kurat, A.N. 152, 224
Kürbis, B. 483, 621
Kurd, dynasty 484
Kurdistan 237, 601
Kuria 176, 372
Kuril, metropolitan 669
Kurka 440
Kurkchi, A.I. 744
Kurman 476
Kurmankulov, Z.K. 360, 753
Kürsat-Ahlers, E. 710, 738
Kurszán 40, 42, 73, 75, 102
Kürt 38
Kürt-Gyarmat 37, 38

Kurtok 381
Kurtz, E. 224
Kurze, F. 48
Kusber, J. 506, 692
Kusheva-Grozevskaia, A. 313
Kushkumbaev, A.K. 543
Kussmaul, F. 704
Kustering, A. 462
Kutesk 367
Kuthen (Kotian) 330, 335, 349, 413, 436, 438, 439, 442, 444, 452, 478, 612, 613, 625, 629
Kutrigur, eponymous hero 17
Kutrigurs 17, 138, 711
Kutuzov 492
Kuun, G. 126, 327
Küyuk, s. Güyük
Kuznetsov, V.A. 473, 481, 498, 747
Kwanten, L. 512, 558, 583, 585, 588, 691, 738
Kychanov, E.I. 586, 691
Kypčak, person name 492
Kyrieleys (Chirialeş ?) 185
Kyzlasov, I.L. 136
Kyzlasov, L.R. 140, 521, 574, 585, 691
Kyzyl 492
Kyzyl-Arai 351, 360
Kyzyl-tubee 360

L

Labuda, G. 621, 622, 691
Lac, Lacca 612
Lachmann, K. 85
Ladislas (László, Vladislav) I the Saint 185, 367, 369-371
Ladislas IV the Cuman (Kun László) 37, 460-469, 546

Lagarde, P.de 43
Lagus, J.J.W. 279
Lahovari, Gh.I. 676
Laiou, A.E. 449, 488, 703
Laks 439
Lamb, A. 687
Lamb, H. 691, 702
Lambton, A.K.S. 305, 691
Lammers, W. 145
Lampert of Hersfeld 117
al-Lān (Alans) 180
Lanciotti, L. 569, 695
Landes, R. 160, 727
Lane, G. 691
Langdon, J.S. 692
Langewiesche, D. 486
Langlois, V. 237, 395, 695
Langó, P. 61, 498
Lankes, Ch. 50, 123
Lapidge, M. 743
Lappenberg, I.M. 434
Lardin, Ph. 75
Larissa 290
Larsson, M.G. 144, 181
Larzan 476
Laskaris, Manuel 447
Laskaris, Maria 645
Lassner, J. 265
László, G. 30, 50, 76, 128, 370, 753
Laszlovszky, J. 130, 311
Laszowski, E.N. 658
Latin Empire of Constantinople 350, 355, 414, 416-418, 422, 425, 444, 445, 448
Latin Kingdom of Jerusalem 211, 374, 396
Latins (ancient) 577

Latins (medieval) 350, 377, 412, 416-418, 421, 422, 425, 445, 646, 657
Lattimore, O. 512, 517, 692, 704, 738, 747, 755
Latvians 726
Laudage, J. 119
Laureilhe, M.-T. 622
Laurens, G.du 739
Laurent, V. 290, 447, 581
Laurentius (Lorenzo) de Monacis 641
Laurentius, I. 328
Lavatova V.P. 521
Lavrov, L.I. 614
Lavra (Athos) 392
Lázár, I. 128
Lazar P'arpeçi, chronicler 133
Lazaros, leader of the "barbarians" 388
Lazarus, cartographer 453
Lazius, Wolfgang 453, 454, 457
Lăpuș, river 185
Lazăr, Gh. 387
Lăzărescu, R. 309, 751
Lăzărescu-Zobian, M. 427, 498
Leahu, V. 313
Lebed 58
Lebedev, V.I. 746
Lebedynsky, I. 139, 481, 498, 711
Lebunion 154, 205, 209, 274, 368-370, 375
Lebvre, L. 732, 733
Lech, K. 353
Lechfeld 111, 117-121
Leclercq, H. 645
Lecomte, G. 743
Lederer, E. 692, 743
Ledyard, G. 577
Leel 40

Leewen, C.v. 738
Lefort, J. 188
Legnica, s. Liegnitz
Le Goff, J. 714, 719, 727, 747
Legrand, J. 692, 738
Legrand, Ph.-E. 333
Lehmann, J. 406, 544
Leib, B. 136, 273, 342
Leidinger, G. 456
Leiser, G. 254, 304, 366
Leitha 199, 453
Lekh, eponymous hero 17
Lekhs 17
Lél, Lehel, Leel 40, 117
Lelewel, J. 499
Lelu (Lél) 40
Lemberg, H. 726
Lemercier-Quelquejay, Ch. 134, 560, 687
Lemerle, P. 392
Lena, river 585
Lendi, W. 106
Lensiens 671
Leo VI the Wise 40, 41, 73, 83, 115, 376
Leo the Deacon (Diaconus) 26, 111, 141, 176
Leo Grammaticus 64, 73, 168
Leonardi, C. 54, 663, 674
Lepage, G. 689
Le Puy, s. Adhémar Le Puy
Lerida 116
Le Roy Ladurie, E. 702
Lesbos 273
Lessing, F. 516
Le Strange, G. 265, 364, 601
Leszek II the Black 466
Letkés 81

Letts, M. 217
Lev, Daniil Romanovich's son 570
Lev, Y. 652
Levedia 58-60, 62, 63
Levedias 41, 57, 62
Levente, s. Liunticas
Lévi-Provençal, E. 743
Levin, M.G. 517, 737
Levin, Z.I. 486
Levinson, D. 737
Levy, R. 265
Lewicki, T. 17, 128, 354
Lewis, A.R. 692
Lewis, B. 543, 692, 743
Lewis, I.M. 157
Lewis, S. 756
Leyser, K.I. 117
Lhoest, F. 747
Lhotsky, A. 453, 648
Likhachëv, D.S. 310, 398, 562, 752
Liegnitz (Legnica) 620, 621, 623, 626, 642, 644
Lieşti 285
Ligeti, L. 43, 62, 128, 226, 250, 326, 564, 576, 693
Lik 178
Limanskoe-"Fricăţei" 285
Limet. H. 43
Limper, B. 614, 692
Linck, G. 528
Lindner, R.P. 699, 717, 738
Linehan, P. 469, 494, 690, 754
Linz 101
Liparit 263
Lipová-Ondrochov 80
Lippard, B.G. 692

Lipták, P. 22, 128
Lishev, S. 746
Lisio, G. 523
Lister, R.P. 692
Lişcoteanca 285
Litavrin, G.G. 188, 196, 402
Litev, S. 355
Lithuania 328, 619
Litovoi 636
Litschauer, G.F. 747
Little Armenia 559
Little Bulgaria 678
Little Poland 619, 621
Little, L.K. 727
Litvak (King), J. 704, 745
Litvinsky (Litvinskiĭ), B.A. 140, 251, 704, 745
Liu Bingzhong, s. Bingzhong, Lin
Liunticas/Levente 73
Liutpold 100, 103, 106
Liutprand of Cremona 103, 106, 107, 171
Ljubliana 103
Lock, P. 448
Locman, Seïd 279
Lodomer of Strigonium 468
Lodomeria (Volhynia) 414
Loenertz, R. 569
Loibl, R.70, 119, 125, 127
Lombards 642
Lombardy 36, 99, 103, 106, 107, 374, 390
Lomovatovo, archaeological culture 20
Lomperis, L. 692
Lona, river 90
London 13, 55, 269, 481
Long, G. 736
Longaresca 107

Longjumeau, s. André of Longjumeau
Longnon, J. 418, 422, 425, 499
Longobards 109, 674
Lonis, R. 745
Loos, M. 742
Lorenz, R. 744
Lörincz, L. 558, 583, 588, 692
Lorraine 104
Lošek, F. 67, 85
Loserth, J. 470
Lossky, A. 561
Lot, F. 542, 692
Lothair (Lothar) of Italy 27, 103
Lothair II of Saxony 373
Louis the Pious 68
Louis II the German (Ludwig der Deutsche) 68, 69
Louis VII of France 213, 388
Louis IX the Saint 356, 445, 521, 549, 567, 678
Louis I of Anjou 122, 184, 472, 476
Louis de Blois 416, 417, 420
Louis the Child (Ludwig das Kind) 107
Louis of Provence 103
Lounghis, T.C. 499
Lovag, Z. 18, 115
Lovech 404
Lovitzon (Lovech) 404
Lower Danube 64, 119, 170, 181, 187, 199, 202-204, 216-218, 284, 286, 365, 368, 374, 375, 386, 389, 393, 408, 434, 435, 452, 479, 505, 676, 681, 700, 713, 722
Lowmiánski, H. 69
Lozovan, E. 144
Luard, H.R. 535, 544, 647

Lublin 619
Lucca 638
Luciński, G. 621
Ludwig, D. 58, 144
Lugansk, district 391, 415
Lugoj 476
Lukács, A. 184
Lukacs, J. R. 123, 512, 710, 738
Lukomor'e (the Sea Bend) group (Cumans) 349
Lungarotti, M.C. 54, 674
Lupprian, K. -E. 569, 692
Lure 105
Lur'e, la.S. 566
Lurier, H.E. 338
Lusignan, S. 690
Lüth, C. 696
Lutsk, town 373
Lutsk, knezate 614
Lüttich, R. 108, 111, 117, 128
Luxembourg 634
Luxeuil 105
Luynes, A.de 535
Lwow (Lviv, Lemberg) 326
Lyon 663

M

Macartney, C.A. 17, 128, 224
Macedonia 196, 200, 204, 212, 277, 290, 341, 392, 411, 412, 416, 418, 420, 424, 444, 445, 447, 452, 492
Macedonian dynasty 194
Machatschek, F. 738
Machiavelli, N. 523
Machomett, s. Mohammed

索 引 797

Mackenzie, F. 583, 593, 692
Macler, F. 178
Madaras 33
Madeyska, D. 486
Madgearu, A. 86, 90, 92, 94, 114, 128, 224
al-Madjghariyya, al-Madjgharyya (Magyars) 15, 16
Madzhar kadi 54
Madzsar, E. 28, 185
Maenchen-Helfen, O. 139
Magar 476
Magas (Meget) 613, 617
Magdalino, P. 222, 499
Magdeburg 631
al-Mağğariya, Mağğari (Magyars)15, 16
Magini, G.A. 454
Maginot line 587
Magister, Symeon, s. Symeon Magister
Magna (Maior) Hungaria 20, 53-55, 624
Magnus, chronicler 462
Magocsi, P.R. 747
Magog 16, 26
Magomedov, M.G. 58
Magor, eponymous hero 17, 43, 61, 75
Maguire, H. 10
Magy 15
Magyar 15, 16, 19, 57
Magyarhomorog 50
Magyars (s. also Hungarians) 16, 19, 26, 30, 32, 34, 36, 40, 41, 43, 46, 52-54, 57, 59, 69, 74, 75, 78, 79, 81, 85, 88, 90, 92, 94-96, 103, 104, 108, 112, 117, 119, 164, 472
Magyars (Protomagyars) 76
Mahmud al-Kashghari (Kāšgarī) 136, 230, 231, 235, 238, 245, 246, 249, 250, 277, 295

Mahmud ibn Sebüktegin 261
Mainz 631
Maifeld 105
Maior H (Ungaria) 55
Majeska, G.P. 10, 676
Majghari (Magyars) 16, 59
Majoros, F.119
Majs 81
Makarova, T.I. 747
Makhdumi, M.R. 573
al-Makin ibn al-'Amid 514, 583, 590
Makk, F. 53, 62, 123, 127, 128, 390, 746
Makkay, J. 128, 710, 738
Makkay, L. 441, 499, 747
Makrizi 237, 444, 536, 567
Maksoudoff, S. 230
Malakhov, S.N. 474, 499
Malamocco 101
Malamut, É. 190, 224, 703
Malchait 56
Maliĭ Bukrin 299
Malingoudis, P. 404, 499
Malov, N.M. 561
Malov, S.E. 235, 246, 249, 506
Malyshev, A.B. 561
Mamai 492
Mamat-khozia 570
Mamluks 396, 444, 482-484, 486, 538, 544, 548, 562, 567, 652, 660, 662, 672
Mamluks Sultanate 332, 484, 679
Man, J. 692
Manastras 422
Manchuria 581
Manchurians 539
Mandeville, John of 217, 534

Mándok 80
Mandrou, R. 715
Manfred of Sicily 447
Manghol, Mogol (Mongols) 506
Mango, C. 10, 389
Mangu-khan (Möngke) 615
Mangul, Moal, Mogal, Mogul, Mongali, Mugalioi, Mungal (Mongols) 506
Mani 233, 252
Manichean 175
Mankur-Oglû 348
Manman, ba'atur 669
Mann, G. 748
Mann, H.K. 663
Manning, D.O. 157
Mannová, E. 742
Manoff, A.I. 280
Mansi, J.D. 663
Mansur 492
Mantran, R. 743
Mantu, M. 753
Manuel I Comnenos 213, 276, 277, 374, 388-390, 392
Manz, B.F. 484, 662, 688
Manzikert (Malazgyrt) 198, 267, 268, 270, 271, 276, 290
el-Maqdisî 251
Maramureş 32, 297
Maraurik (Marauzic)-lla 517
Marçais, G. 263, 303
Marcello, L. 692
Marciana, library 324-326
Marckgott, G. 102, 123
Marcu Istrate, D. 370
Marczali, H. 17

Mare, M. 164
Mare Magnum (Black Sea) 636
Margarites, Constantine 447
Margetić, L. 128
Maritsa, river 187, 407
Marin, J.-Y. 54, 127
Mark the Evangelist 158
Markham, C. 353
Markov, W. 307
Markovin, V. I. 373, 474
Marks, D. 363, 435, 494, 497, 583, 695, 709, 739
Markus, S. 628
Markwart, s. Marquart, J.
Marne 625
Marosi, L. 311
Marquart, J. 41, 128, 152, 224, 295, 305, 323, 348, 363, 499
Mars, the god 488
Marshall, R. 692
Marsicanus, Leo 211
Marsina, R. 69, 115, 128, 130, 632
Martène, E. 417, 640, 650
Martin, J. 675, 692
Martin of Troppau (Martinus Polonus/Oppaviensis) 651
Martinez, P. 24, 34, 59, 60, 149, 162, 163, 231, 238, 247, 251, 362
Márton, A. 62, 321, 746
Martyniouk, A. 692
Marv, s. Merv
Marvazi (al-Marwasī) 24, 34, 59, 60, 145 162, 163, 230, 245, 247, 252, 254, 258, 281, 310, 363
Masanov, N.E. 704

Mason, R.A.E. 569, 692
Massmann, H.F. 218
Mastykova, A. 137
Masud I 261
Masud ibn-Bursuqî 396
al-Mas'udi (Maçoudi) 18, 109, 151, 168, 230, 244, 281
Matca 285
Matei, M.D. 312, 746
Matei, Şt. 90
Mathieu, M. 499
Matiushin, G.N. 612
Matthew the Evangelist 158
Matthew of Edessa (Matt'ëos Urhajec'i) 143, 197, 198, 214, 259, 268, 289, 323, 363, 394
Matthew Paris (Matthaeus Parisiensis) 55, 535, 549, 561, 613, 628, 647, 648, 658, 661
Matthias Corvinus 122
Mattille, E. 748
Matuszewski, J. 622
Matveev, A. 543
Mauci 518
Maulana, s. Guzğani
Maurice 41
Maurin, V.M. 500, 739
Mauro Castron, Mocastro (s. also Akkerman and Cetatea Albă) 679
Mauropus, Ioannes 141, 143, 154, 188, 191, 194
Mau-Tsai, Liu 140
Mavrodin, V.V. 224
Mavrodina, R.M. 747
Mavrokatakalon, Nicholas 204
Mayer, F.M. 66, 747

Mayer, H.E. 212, 214, 405, 406, 747
Mazovia 618
Mazzantini, G. 405
Măcriş, A. 499
Mălinaş, I.M. 414
Mănucu-Adameşteanu, Gh. 190, 192, 205, 224, 287, 374, 499
Mărculeşti 285
Meander 445
Meckseper, C. 108
Medeleţ, F. 311
Mediterranean basin/territories 353, 397, 484, 531, 672
Mediterranean Sea 75, 99, 270
Megere 16
Meget, s. Magas
Megleno-Romanians 392
Megyer 37, 38
Mehmed (Mehmet), M.A. 264, 270, 305, 364
Mehren, A.F. 231, 333
Meineke, A. 144, 200, 239, 388, 640
Meinhold, P. 726, 744
Meisterlin, Sigmund 118, 120
Melikhov, G.V. 279, 588
Mélikoff, I. 279
Melik-shah 252, 267, 270
Melissenos, Nikephoros 206, 208, 271, 272
Mel'nikova, E.A. 743
Menache, S. 692
Ménage, V.L. 743
Menestrò, E. 54, 645, 674
Menges, K.H. 137, 151, 231, 232, 747
Mengiar, Megia 612
Mêng-wu, Mong-wo (Mongols) 506, 578
Menumorut 87, 88

Meotid Lake/Marshes (s. also Azov Sea) 44, 135, 625, 640
Mercator, Gerard 454
Mercier, M. 157
Merçil, E. 273
Merian, Mattheus 454
Merkits 435, 507, 532, 580-582, 585, 592
Merpert, N.Ia. 521, 692
Mers 607
Merv, Marv 252, 524, 592, 593
Mesembria 198
Meseş, gate 87, 88
Meshcherskie, N.A. 135
Messians, the inhabitants of Moravia 40
Messina, R.G. 305, 703
Messinopolis 420
Mesterházy, K. 10, 38, 61, 116, 128, 313
Metaphrastes, Simeon 73
Metcalf, D.M. 192, 224, 305
Metellus of Tegemsee 211
Methodius 46, 59, 69
Metigai 157
Metzner-Nebelsick, C. 738
Meyendorff, J. 561, 569, 692, 747
Mezötúr 47
Mezözombor 47
Michael IV the Paphlagonian 192
Michael VII Dukas Parapinakes 18, 199, 271
Michael VIII Paleologos 279, 280, 447, 448
Michael IX Paleologos 449
Michael Asan 447
Michael II Dukas of Epirus 447
Michael Shishman 450, 478
Michael Vsevolodovich 443, 566, 614-616, 618
Michael le Grand, s. Michael the Syriac
Michael Rhetor 389
Michael, son of Seljuk 254, 261
Michael the Syriac 144, 197, 216, 237, 252, 377-379, 395
Michael, H.N. 137
Michaud, J.F. 647
Micheau, F. 514
Middle Danube (Plain, basin) (Alföld) 18, 19, 24, 28, 30, 31, 37, 43, 50, 52, 60, 69, 74, 75, 79, 82, 87, 100, 115, 117, 122, 139, 139, 146, 181, 215, 479, 642, 652, 711, 716
Middle East 266, 543, 716, 719
Miechow 469
Mierau, H.J. 644, 663
Migne, J.-P. 41, 112, 149, 211, 268, 374, 376, 659
Mihailescu-Bîrliba, V. 745, 750
Mihăescu, H. 309, 751
Mihăilescu, A. 131
Mikheev, V.K. 66
Mikulin 384
Milan 27, 101, 373, 390
Milescu Spătarul, Nicolae 515
Milioukov, P. 747
Miller, E. 687
Miller, D.B. 738
Miller, K. 55, 227, 482, 753
Minert, L.K. 521, 755
Mingulov, N.N. 666, 692
Minhaj-ud-Din, s. Guzğani
Minor Hungaria 55
Minorsky, T. 230, 302, 741
Minorsky, V. 24, 145, 162, 230, 281, 302, 305, 309, 363, 435, 542, 692, 747, 751

Mioc, D. 184, 352, 387, 637
Miquel, A. 265, 305, 739
Mimidons (Russians) 291
Mironenko, K.M. 697
Mishar 57
Misher 56
Mishin, D. 171, 636, 655, 679
Misiens (Pechenegs) 134, 289
Mišiav, Miš Láw 636
Missura-Sipos, T. 99
Mitev, I. 743
Mitophan, bishop of Sarai S62
Mitrophan, bishop of Vladimir 611
Mitscha-Märheim, H. 722
Mittelstrass, O. 184
Miyakawz, H. 139
Miyawaki, J. 692
Mindreşti 285
Mladenov, S. 224, 499
Mniuzovich, Karakoz 296
Moacşa 371
Mochi Onory, S. 749
Modena 99, 101
Moesia 187, 210
Moesians (with obsolete meaning) 109
Moger (Magyar) 74
Mogil'nikov, V.M. 258, 338
Moglena 392, 403
Mogol (Mongols) 506, 509
Mogui (Möngke) 573
Mogyoród 182
Mohacs 652
Mohammed, Prophet 235, 254, 355, 594
Mohi 458, 629, 631, 651
Möhlenkampf, R. 499

Moimir I 69
Moimir II 72, 100
Moisescu, Gh.I. 441, 499
Mojar 57
Mojarka 57
Mojerian 56
Mokhov, M.A. 747
Mokzun 476
Molchanov, A.A. 566
Moldavia 64, 76, 188, 218, 279, 284, 286, 296, 336, 348, 364, 369, 370, 427, 429, 430, 434, 441, 489, 491, 492, 634, 635, 637, 641, 675, 676, 681, 684
Moldavia, Republic of 142, 155, 431, 490
Moldavians 364
Moldovanu, D. 678
Moldoveneşti 81
Mollova, M. 323, 499
Mólnar, E. 21, 128
Mommsen, Th. 144
Monachos, Basil 197
Monastras 291, 368
Mongait, A.L. 610, 611, 616, 711
Möngke 444, 535, 553, 573, 605, 608, 610, 613, 615, 617, 660, 682
Mongol 506
Mongol Empire/state 235, 484, 509, 517, 518, 523, 525, 526, 531-533, 535, 538, 543, 546, 551, 553, 560-562, 564, 569, 571, 583, 587, 588, 590, 593, 594, 598-602, 604, 648, 657, 666, 672, 681, 717
Mongolia 137, 140, 233, 324, 360, 362, 506, 512, 513, 517, 521, 527, 549, 550, 559, 575, 582, 585, 594, 602, 648, 712
Mongols 9, 15, 17, 54, 56, 136, 221, 230,

232, 233, 245, 249, 251, 279, 283, 295, 299, 328-330, 335, 341, 352-355, 364, 387, 412, 434-436, 438-445, 447, 449, 452, 453, 455, 458, 465, 466, 468, 474, 481-483, 486, 489, 505-684, 711, 713, 715-717, 719, 721, 722, 725, 727, 730, 731, 733

Mong-wa (Mongols) 506

Monneret de Villard, U. 528

Monsonego, S. 417

Monteil, V. 542, 684

Montesquieu 488

Montgomery Watt, W. 305

Monticolo, G. 37

Moór, E. 16, 128

Mopsuestia 214

Morava (March), river 210, 462

Moravcsik, G. 16, 18, 26, 41, 64, 115, 128, 134, 289, 309, 324, 747, 751

Moravia (s. also Great Moravia) 40, 68, 69, 72, 89, 100, 455, 460, 462, 607, 641, 642

Moravian Knezate/state (s. also Moravia) 46, 66, 72, 97, 100, 102

Moravians 69, 70, 75, 78, 83, 85, 100, 621

Mordvins 398, 607, 613

Morel, H. 542

Morgan, D. (O.) 273, 305, 518, 532, 536, 537, 543, 559, 564, 577, 580, 692, 693, 717, 739, 755

Morghen, R. 749

Morgunov, Iu.Iu. 177, 292

Morot, eponymous hero 83, 87

Morout 87

Morskaia Koshara 423

Mortari Vergara Caffarelli, P. 693

Mosaburg 69, 83, 104

Moschonas, N.G. 222, 324

Moscău, river 634

Moscow, town 11, 406, 570, 611

Moscow, river 158

Moscu 285

Moses, L. 537, 601, 693

Moser, H. 607

Moshem, Io. Laurentius 631

Moss, W.G. 747

Mossul 396

Mostaert, A. 517, 577

Motahar ben Tâhir el-Maqdisi, s. el-Maqdisî

Mote, F.W. 588, 693

Motsia, A. (O.)P. 223, 496, 608, 742

Moufazzal ibn Abil-Fazad'I 333, 444, 562

Mousket, Philippe 656

Moviliţa 285

Moyonmoutier 105

Mozhuo 139

Mroveli, Leonti, chronicler 178

Mstislav Iziaslavich 386

Mstislav Mstislavich 436, 438, 439

Mstislav Romanovich 438

Mstislav Vladimirovich 292

Mudrak, O. 739

Mufazal, s. Moufazzal

Muhammad, shah of Khwarazm 435, 439, 592, 593

Mühle, E. 69

Muir, W. 305

Mularczyk, J. 693

Mulde 105

Muldoon, J. 569

Mülich, Hektor 118, 120

al-Mulk, Nizām 254
Müller, A. 693
Müller, C.C. 522, 559, 693, 755
Müller, G.E. 432
Müller, L. 60, 167, 177, 365
Müller, R. 123, 738
Müller, U. 693
Müller-Wille, M. 10, 61, 126, 340, 496, 753
Mullett, M. 222
Munchaev, R.M. 474
Munich (München) 120
Münkler, M. 693
Munro, D.C. 749
Munteanu, V. 280
Muntenia (Wallachia) 429
Muqan 440
Muquli (Muqali) 507, 587
Murat 492
Muratori (Muratorius), L.A. 632, 639
Murauer, R. 414, 417
Mureş 90, 94, 96, 114, 453
Murguliia, M.P. 394, 499
Murguliia, N.M. 499
Murnu, G. 341
Murom, Knezate 561
Murphey, R. 693, 710
Murzaev, E.M. 578, 693, 712
Murzin, V.Iu. 223, 340, 496, 753
Musa, son of Seljuk 254, 263
Musi, C. Corradi 43, 157
Musianowicz, K. 344, 753
Muskovy Russia 515
Muskowy Russians 17, 370
Muslims of Spain 116
Musset, L. 128

al-Mustansir 270
Mutafchiev, P. 747
al-Mu'tasim 486
Myriokephalon 276, 277
Mys'kov, E.P. 444
Mysoi (Pechenegs) 289

N
Nadeau, A. 690
Nadel-Golobič, E. 328
Nagornoe 285
Nagrodzka-Majchrzyk, T. 226, 239, 293, 297, 305, 733, 738
Nagy, A. 128, 224
Nagy, P. 31, 130, 473, 500, 716
Nagyszentmiklós, s. Sînnicolau Mare
Nagytarcsa 80
Nahon, G. 212
Naimans 507, 562, 575, 580, 582, 585, 592
Nais, H. 417
Naissos (Niš) 192
Namîs Lâr (Nemtsy ?) 636
Nania, I. 336
Napier, C. 516
Naples 469
Napoleon I 598, 609
Narbonne 105
Narjot II of Toucy 445
Narozhnyĭ, E.I. 299, 314
Nasilov, D.M. 488, 495, 543, 687
Nasir al-Din al-Tusi, s.al-Tusi
Nasir-i Khusrav 364
Nasonov, A. (N.) 176, 335, 566, 569, 614, 675, 693
Nasr ibn Ahmad 32

Nastasă, L. 502
Naszvad 47
Natsagdorzh, Sh. 512, 542, 689, 690
Nau, F. 333, 562
Naudet, J. 417, 521
Naumov, E.P. 86
Naymark, A. 525, 688
Nazarenko, A.V. 693, 743
Năduşita (Gribova) 358
Năsturel, P.Ş. 11, 185, 388, 392, 499
Neagoe, M. 693
Neamţ, county 635
Near East 237, 266, 287, 301, 338, 377, 396, 397, 432, 486, 560, 564, 613, 662, 684, 716, 719, 728, 730
Necrasov, O.C. 280
Necşulescu, C. 204, 305
Nedashkovskiĭ, L.F. 668
Négyszállás 479
Nemeskürty, I. 748
Nekuda, V. 102, 123
Nellman, E. 218
Nelson, J.L. 469, 494, 690, 754
Nemerov, V.F. 542, 548, 693, 755
Németh, J. 43, 57, 128, 136, 151, 224, 323, 474, 481, 546
Nemtsy (Germans) 636
Nepper, I.M. 30, 50, 54, 97, 123, 127
en-Nesawi, Mohammed 440, 535, 551, 594, 601
Nesbitt, J. 114
Nestor, chronicler 60, 167, 365
Nestor, katepan of Dristra 199, 200, 203
Nestor, I. 312, 745
Nesvady 80

Neszmély 80
Neuching 105
Neugeri, Neugari (Nyögér, Nökers) 546
Neumann, K.Fr. 513
Neumann-Hoditz, R. 543, 693
New York 269
Niccolò da Casola 85
Nicea, town 272-274, 276, 445, 447
Nicea, Empire of 425, 444, 445, 447, 448, 645
Niceans 447
Nicetas, duke of the theme Bulgaria 210
Nicholas I, patriarch of Constantinople 167
Nicholas III, pope 464
Nicholas (Miklós) Konth, s. Konth
Nicholas of Sibiu 630
Nicholson, H.J. 214
Nicol, D.M. 449, 742
Nicolae, E. 374
Nicolaus Olahus, s. Olahus, Nicholas
Nicolle, C.D. 543, 693, 747
Nicoloudis, N. 231, 515
Niederaltaich 104, 645
Niedermaier, P. 715
Nikephoros II Phocas 111, 112
Nikephoros III Botaniates 197, 202, 271, 272, 289
Nikephoros (Nikephoritzes) 199, 202
Nikephoros Gregoras, s. Gregoras, Nikephoros
Nikephoros, rector 196
Nikiforovka 423
Nikolaevka 391
Nikol'skoe 255
Nikonov, V.A. 492
Nile 701

Nîmes 105
Niš 210, 213
Nishapur 591, 592
Nistor, I.I. 748
Nitra, town 81, 630
Nitra, region 40
Nitsche, P. 675
Nitschke, A. 748
Nizām al-Mulk, s. al-Mulk
Nizami 358
Nizhniaia Kozinka 423
Nogai 479, 546
Nogai Tatars 336, 443, 555, 684
Nökers 545, 546
Nonantola 101
Non-Wild Polovtsians 348
Noonan, T.S. 224, 305, 335, 499, 729
Nordenskiöld, A.E. 482, 679
Normans 99, 108, 203, 214, 268, 272, 287, 290, 347, 378, 402-404, 674
North America 406
North-Causasian regions 19, 61, 283, 300, 328, 395, 473, 613
North-Danubian territories/regions 66, 217
North Donets 332
North Eastem Europe 20, 43
North-Po North-Pontic area/steppes/space 15, 28, 29, 37, 63, 75, 90, 109, 112, 122, 133, 138, 146, 148, 157, 164, 166, 172, 184, 188, 216, 221, 256, 277, 283, 292, 296, 324, 332, 333, 336, 344, 346, 365, 366, 374, 393, 421, 423, 431, 433, 436, 442, 482, 486, 568, 605, 678, 716
North Sea 97
Northern Europe 48, 160, 221, 727

Northern (Sylvan) Carpathians 70, 367
Northrup, L.S. 486
Norway 621
Norwich, J.J. 270, 748
Nösen, s. Bistriţa, town
Noth, A. 745
Nour, R. 240, 241, 252, 323
Novák, G. 17, 127
Novakovič, S. 478
Nové Zámky 80, 81
Novgorod 177, 180, 181, 413, 612
Novgorod-Seversk, Knezate 400, 597, 610
Novik, E.S. 157, 739
Novocamenca 285
Novo-Kamenka, Kerson region 169
Novosel'tsev, A.P. 224, 305, 500
Novo-Tashkovka, Lugansk district 391
Novotný, V. 622
Nowell, C.E. 564
Nufăru 200, 656
Numelin, R. 739
Nuremberg (Nürenberg) 55, 56
an-Nuwairi 348, 440, 479, 567, 678, 679
Nyék 37, 38
Nyr 185

O

Obenga, T. 745
Oberaltaich 105
Oberlander-Târnoveanu, E. 198, 224, 500, 656, 681, 694
Oberling, P. 133, 225, 427, 499, 542
Obi 20, 140, 600
Obolensky, D. 748
Obry (Avars) 67

Oder 621
Odessa, town 359
Odessa, region 173
Odo (Eudes) of Deuil 213, 388
Odoric of Pordenone 517
Odoric Vital (Vidal) 211
Odürtsi 193, 195, 215
Oeconomos, L. 267, 272, 742
Ögelen 565
Oghuz, eponymous hero 17, 237, 240, 241, 252
Oghuz, Oğuz (Uzes) 136, 229-232, 235, 236, 241, 243, 245, 248, 252, 254, 257, 258, 283, 506
Ögödai 513, 517, 525, 532-534, 536, 537, 574, 576, 587, 589, 600, 601, 603-605, 617, 645, 648, 656, 657, 682
Ögödai's Ulus 600
Ogorodnoe 285
Ogrska cesta (Via Ungara, Strada Ungarorum) 103
Oğuz, s. Oghuz
Oğuz, C.C. 21, 135, 235, 264, 280, 323, 717, 750
D'Ohsson, C. 225, 593, 694
Ohtum (Ahtum) 94
Oikonomides, N. 10, 114, 128, 225
Oinas, F.J. 569
Oirats 507, 580
Oituz, pass 637
Oka 610, 611
Okorses 66
Olaci, Oll'aci, Olleraci (Vlachs) 638-640
Olahus, Nicolaus (Nicholas) 17, 347, 348, 453, 479, 481

Olajos, T. 26, 70
Olăneşti 285
Olbricht, P. 507
Olchváry, O. 694
Oldamir (El-tämür ?) 349, 465
Old Hungary 624
Old Orhei, s. Orheiul Vechi
Old Riazan, s. Staraia Riazan
Old Sarai, s. Sarai-Batu
Oleg 59-61, 166
Oleg Sviatoslavich 372, 382
Olen'-Kolodez' 649, 654
Olesch, R. 115
Olivicri, D. 612
Olkunut, clan 581
Olomouc (Olmütz) 460, 622
Ölmez, M. 750
Olschki, L. 694
Olson, E. 143
Olsufieva, M. 577
Olt, river 218, 636, 641
Olteanu, Şt. 64
Oltenia 387, 388, 427, 489, 636
Olteniţa 285
Oman, Ch. 542
Oman Sea 270
Omurtag 66
Ond 40
Ongin, river 235
Onguts 507, 562, 586
Önnerfors, A. 54, 621
Onogurs/Ogurs 16, 76
Onon, river 506, 517, 581-583
Onon, U. 539, 576, 577, 737
Opaci 285

Opll, F. 405
Oppeln (Opole) 619
Oradea 88, 370, 635
Orbelian, Stephannos 364, 570, 571
Ordu, son of Jochi 605, 610, 618, 664, 674
Orgels, P. 109
Orheiul Vechi (Old Orhei) 681
Orient (s. also Near East) 235, 264, 322, 389, 390, 484, 727, 730
Oriental Carpathians, s. Eastern (Oriental) Carpathians
Oriental Turks 257
Orkhon, river 139, 232, 235, 247, 248, 256, 361, 507, 601
Orlov, A.S. 500
Orlov, R.S. 312, 342
Orosius, Paulus 640
Ortelius, Abraham 454
Oshanin, L.V. 500, 739
Ossetia 283
Ossetians 61, 283
Osterhammel, J. 486
Osterhofen 105
Ostrogorsky, G. 194, 494, 748
Ostrowski, D. 590, 694
Ostyaks 15, 19, 42
Osul 185, 187
Osŭm, river 404
Otakar (Ottokar) I Přemysl 434
Otakar (Ottokar) II Přemysl 453, 455, 456, 458, 460, 462
Otranto 214
Otrok (Āträk) 329, 394, 395
Otroshchenko (Otroščenko), V.V. 223, 342, 496, 753

Otter-Barry, R.B. 516
Ottevény 80
Otto I the Great 116, 117, 119
Otto II 119
Otto III 159
Otto IV of Braunschweig 434
Otto von Freising 145, 218, 333
Ottokar, s. Otakar
Ottoman Turks 271, 276, 277, 364, 412, 452, 675, 684, 735
Ottoman Empire 279, 484, 682
Otuz-Tatar (Thirty [tribes] of Tatars) 506
Oțetea, A. 746
Ound (Ond) 40
Ouzoi (Uzes) 229
Oxites, Ioannes 208
Özbäg 568
Ozolimne (Uzolimne), lake 206, 287
Öztopçu, K. 250, 340

P

P. Magistri, s. Anonymus
Pačanak (Pechenegs) 133
Pachymeres, Georgios 447, 448, 450, 479, 488, 581, 671
Pacific Ocean 505
Pacinnak (Pechenegs) 133
Padua 101
Pagumanis 188
Pais, D. 16, 159
Pakourianos, Gregory 200, 202, 204
Paksoy, H.B. 305, 326, 503
Palacky, F. 622, 630, 647, 694
Paládi-Kovacs, A. 126
Paleologus, dynasty 448

Palestine (s. also Holy Land) 270-272
Pálfi, G. 22
Pallas, P.S. 519, 707
Pallisen, N. 558, 564, 694
Pálóczi Horváth, A. 182, 312, 321, 348, 454, 455, 473, 478, 500, 716, 748, 754
Pálosfalvi, T. 743
Palsson, H. 178
Paltramus seu Vatzon 418, 466, 646, 648
Paluci (Polovtsy, Cumans) 321
Pamir 600, 701
Pamlényi, E. 126, 744
Panaitescu, P.P. 387, 637, 748
Panayotov, L. 743
Panchenko, M. 616
Pandian, J. 157
Pandrea, A. 224, 493, 500
Panella, E. 638
Pangerl, M. 405
Pannonia (s. also Hungary and Pannonian Plain) 19, 21, 24, 28, 29, 31, 32, 37, 46, 48, 53, 63, 67-69, 72, 76, 78, 85-87, 89, 91, 97, 100, 102, 109, 121, 138, 170, 638, 639, 640
Pannonia Inferior 67
Pannonian Plain (s. also Pannonia) 23, 24, 26, 30, 31, 34, 36, 40, 41, 46, 50, 52, 53, 56, 59, 61, 66, 74-76, 79-83, 85, 86, 92, 94-97, 99, 100, 104, 106, 112, 116, 164, 181, 281, 330, 453, 457, 466, 472-474, 478, 479, 607, 612, 646, 655, 710, 716, 725
Pao, Kuo-Yi 577
Papachryssanthou, D. 392
Papacostea, Ş. 497, 500, 637, 694
Papacy 48, 628, 644, 663
Papadakis, A. 747

Papasima, T. 202
Papp-Váry, Á. 453, 454
Paradunavon, s. Paristrion
Paragină, A. 500
Parasca, P.F. 694
Parczewski, M. 63, 102, 184, 311
Pardsepertz 406
Paris 11, 324, 634
Paris, G.de 569, 694
Paris. P. 246
Paristrion (Paradunavon) 190, 197-199, 202, 203, 205, 206, 290, 369, 375
Parker, G. 552
Parker, W.H. 701, 748
Parkhomenko, V. 225, 500
Parodi, L.E. 693
Parry, V.J. 555
Pascal II, pope 214
Pascatut (Bashkirs) 55
Pascatyr, terra (Bashkiria) 54
Paschalis de Victoria 328
Pascu, Şt. 90, 94, 184, 185, 352, 388, 745, 748, 749
Pascua Romanorum, s. Romans' pasture
Pashuto, V.T. 224, 500, 694, 748
Passau 645
Pastorello, E. 185, 347, 640
Paszkiewicz, H. 166, 748
Paszkowski, M. 621
Patkanov, K.P. 567
Patlagean, E. 748
Patrich, P. 355
Patzelt, E. 166
Patzelt, H. 166
Patzinakia (Balkan Peninsula) 191, 195

Patzinakia (north Pontic space) 14
Patzinakitai, Patzinakoi (Pechenegs) 133
Paul of Cracow 466
Paul, J. 745
Pauli, R. 426, 644
Paulicians (Manichaens) 203, 204, 386
Paulinus of Venice 639, 640
Paulmier-Foucart, M. 690
Pauly, A. 640
Pauphilet, A. 329
Pavia 99, 105, 106
Paviot, J. 694
Pavlenko, S. 566, 615
Pavlik, Ia.V. 400
Pavlov, P. 342, 451, 500
Pavlov z Benátek. Mark, s. Polo, Marco
Pavlova, V. 616
Pavlovca 173, 285
Pavúk, J. 81, 220, 226
Păcuiul lui Soare 200, 207, 287, 374, 656
Pârvu, R. 557
Pecenati (Pechenegs) 145
Peceneghi, Pecenezi (Pechenegs) 133
Pechenegs 9, 17, 60, 61, 73-75, 90, 109, 111, 122, 133-221, 245, 246, 254, 257, 268, 273, 274, 280-284, 289-291, 294, 295, 297, 299, 363, 365-369, 373, 377, 386, 388, 397, 400, 421, 437, 489, 491-493, 711-713, 716, 718, 725, 728, 730, 732
Pecherskaia Lavra 372
Pécs 81
Pegolotti, Francesco Balducci 328
Pei-ju (Pechenegs ?) 161
Peking (Beijing) 587, 590
Pelagonia (Bitola) 211, 212, 447, 448

Pellat, Ch. 743
Pellegrini, G.B. 107
Pelliot, P. 162, 323, 500, 532, 576, 583, 601, 608, 647, 660, 694
Penelea, G. 745
P'eng Ta-ya 513, 549
Peniak, S.I. 102
Penson, J.H. 686
Perceval Yetts, W. 516
Percheron, M. 694
Pereiaslavets 176
Pereiaslavl, town 284, 292, 365, 372, 381, 562, 614, 615
Pereiaslavl, knezate/principality 286, 293, 365, 366, 381, 382
Pereiaslavl Riazanski 611
Pereiaslavl Tortsi (Uzes) 291
Pereiaslavlens (Uzes) 292
Perfecky, G.A. 458
Perkhavko, V.B. 11, 166, 393, 746
Perle, Kh. 690
Perroy, E. 748
Pemry-Ayscough, H.G.C. 516
Persia (s. also Iran) 19, 21, 62, 137, 138, 245, 510, 543, 551, 725
Persian Gulf 261, 270, 505
Persians (s. also Iranians) 24, 30, 133, 137, 229, 238, 245, 257, 321, 322, 362, 363, 538, 543, 571, 582, 601, 604, 609, 636, 655, 710, 724, 731
Persians (Turks) 447
Pertz, G.H. 19, 26, 117, 159, 213, 374, 377, 379, 383, 439, 453, 456, 630, 646, 648
Pertz, K. 389
Perugia 442, 489, 530

Pervain, V. 184, 352
Pervokonstantinovka 169
Peschaer, Petzenere, Pescenär (Pechenegs) 221
Pescinagi (Pechenegs) 221
Péssinavöllu, Pezinavollu (the Pecheneg's Plain) 143
Pest 454, 642
Petakhia (Péthachia) of Ratisbon (Regensburg) 329, 333, 338, 347
Petcu, Mariana 14
Petech, L. 54, 674
Péter, L. 128
Peter, Bulgarian Tsar 109, 111
Peter, brother of Asan and Ioannitsa (Kaloian) 392, 402, 403, 405, 407, 411, 416, 656
Peter von Dusburg 472
Peter the Hermit (Pierre l'Ermite) 210, 377
Peter of Reva 348
Peters, B.G. 612
Peterson, Ch.A. 588
Petrarch 324
Petreşti 155, 285
Petrov, P. 200, 404, 407, 500, 746
Petrova, M. 355, 694
Petrukhin, V.J. (Ia.) 58, 128, 175
Petrus Ransanus, s. Ransanus, Petrus
Petrus Tudebodus, s. Tudebode, Piermre
Petrus, son of Chamaz 476
Petrushevskiĭ (Petruşevski), I.P. 295, 304, 593, 690
Petry, C.F. 486
Petsenaere/Betsenâre (Pechenegs) 218
Petukhov, E. 659
Petz, W. 50, 123, 466

Peyronnet, G. 748
Pez, H. 418, 646
Pfeiffer, N. 352, 353, 441, 500
Phalagi (Cumans) 321
Philip II of Macedonia 452
Philip, bishop of Fermo 463, 464
Philip of Swabia 434
Philippe Mousket, s. Mousket, Philippe
Philippe, Ch. 465, 747
Philippopolis (moderm Plovdiv) 204, 213, 290, 386, 404, 424, 425
Philistei, Philistini, Philistines (lasians) 478
Philistinorum Forum (Iaşi) 478
Phillips, E.D. 583, 588, 594, 694
Phillips, J.R.S. 571, 694
Phokas, Leo 111
Phrygia 445
Pian di Carpine, s. Plano Carpini
Pian di Carpine, locality near Perugia 530
Piatra Neamţ 635
Pič, J.L. 500
Pickhan, G. 744
Pieczyngowie, Piecinigi (Pechenegs) 133
Pierce, R. 687
Pigulevskaia, N.V. 690
Piliava 299
Piliny (-Leshegy) 50, 81
Pincenati, Pincinaci, Piccinaci (Pechenegs) 160, 214, 291
Pinks, E. 507
Pintescu, F. 144
Piotrovskiĭ, Iu.Iu. 749
Pippin 67
Pirchegger, H. 66, 747
Pirenne, J. 748

Pisa 525, 645, 653
Pizenaci (Pechenegs) 133
Pîrteștii de Jos 285
Plank, D. 516
Plano Carpini, John of (Giovanni di Pian di Carpine) 54, 55, 352, 481, 518, 524, 525, 527, 530, 535, 544, 545, 549, 552-554, 561, 566, 567, 575, 625, 650, 669, 671, 674, 707
Platonov, S. 748
Plawci (Cumans) 321
Plavni 285
Plămădeală, A. 502
Plëtneva, S.A. 29, 58, 63, 66, 146, 164, 168, 175, 223, 225, 256, 293, 297, 305, 311-314, 332, 338, 348, 358, 363, 474, 501, 707, 717, 747-749, 753, 755
Plinius the Elder 122
Pliska 205, 207, 287
Plovdiv 386, 424
Pluskowski, A. 356
Po 99
Pobedim 106
Poboran, G. 501
Podhradczky, I. 17, 185, 347, 651
Podoima 142
Podolia 326, 328
Podosinov, A.V. 743
Poganovo 450
Pognon, Ed. 329
Pogonești 285
Pohl, E. 521, 601, 697
Pohl, W. 48, 67, 68, 70, 82, 86, 128, 139, 521, 722, 739
Poivre, P. 742
Pokhlëbkin, V.V. 694

Poland 77, 159, 181, 220, 279, 379, 384, 413, 466, 469, 476, 525, 607, 619, 622, 636, 639, 641, 642, 651, 657, 678
Poles 17, 133, 152, 178, 180, 321, 384, 398, 427, 438, 442, 470, 619, 621, 726
Polevoĭ, L.L. 681, 743
Polians 57, 59, 60
Polish Kingdom 184
Polling 105
Polo, Marco 514, 527, 539, 544, 573, 574, 612
Poloni (Poles) 427
Polonska-Vasylenko, N. 748
Polotsk, knezate 286
Polovcians wall 400
Polovetskaia zemlia (Cuman Land) 384, 393
Polovtsians (Cumans) 331, 343, 355, 357, 359, 380, 385, 391, 393, 394, 399-401, 409, 415, 436, 437
Polovtsy (Cumans) 321, 324, 364, 468
Polovtsy dikii, s. Wild Polovtsians
Poluboiarinova, M.D. 570, 668
Poly, J.-P. 719
Pon, G. 160
Ponomarëv, A. 323, 501
Pontic basin 36, 681
Pontieri, E. 749
Ponto-Caspian area/plains/steppes 8, 17, 22, 30, 34, 36, 57, 59, 117, 156, 161, 167, 170, 178, 215, 217, 218, 220, 231, 254, 281, 291, 293, 330, 332, 335, 349, 354, 360, 364, 378, 389, 396, 397, 411, 420, 427, 450, 451, 474, 481-483, 489, 515, 574, 596, 602, 653, 672, 710, 712, 713, 723, 727
Ponyrko, N.V. 398

Pop, I.-A. 11, 87, 90, 128, 746, 748
Pop, R. 515, 517, 577
Popa, M.D. 279, 406
Popa, R. 90
Popa-Lisseanu, G. 309, 751
Popescu, E. 224, 289, 375
Popescu, V.C. 309, 751
Popov, A. 411
Popov, A.I. 501
Popova, L. 738
Popovici, R. 286
Poppe, N. 231, 748
Popper, W. 663
Porfur, bishop 562
Porta, G. 647
Portugal 712
Portus Ungariscus 107
Postan, C. 687
Postan, M.M. 687
Postică, Gh. 64, 286, 427, 636
Potapov, L.P. 137, 517, 748
Potëmkina, T.M. 344
Pothos, Argyros 111
Poucha, P. 537, 542, 558
Poulus 476
Powicke, M.R. 647, 695
Pozdneyev, A.M. 516
Pozsony (Bratislava) 464
Pozsonyvezekény 47
Prague 155
Prášek, J.V. 612
Prawdin, M. 583, 593, 694
Prawer, J. 212
Preda, D. 90
Preobrazhenskiǐ, A.A. 166

Preslav 73, 197, 410
Pressburg (Bratislava) 101, 103, 104, 106
Prester John 562
Pretich 146
Pribaikal-Lena region 233
Přibico 455, 456
Pribina 69
Pričmak, V.V. 697
Prikhodniuk, O.M. 64, 311
Prilep 447
Primorscoe 285
Primov, B. 355, 746
Prinz, J. 675
Prinzin Prinzing, G. 69, 114, 124, 129, 402, 414, 422, 425, 499, 501
Priselkov, M.D. 221, 400, 562
Pritsak, O. 134, 154, 161, 166, 225, 239, 263, 295, 305, 321, 323, 328, 348, 349, 354, 364, 389, 451, 501, 569, 694, 716, 748
Probota 285
Prodi, P. 663
Prodnici (Brodniks) 429
Prodromos, Theodoros 216
Prophet, s. Mohammed
Prosakos 411
Protase, D. 82
Proto-Magyars 76
Provençals 291, 378
Provence 211, 212
Prox, A. 430
Prüm 24
Prussia 160, 470, 619
Prussians 160
Prut 63, 299, 634, 635
Przemyśl 63, 77, 80

索 引 813

Przezdziecki, A. 472
Przhevalski, N. 707, 739
Psellos, Michael 149, 154, 160, 198, 268, 284, 289
Pseudo-Diogenes 376
Pseudo-Kodinos 402
Ptuj 81, 103
Püchen 105
Puchkov, P.I. 225, 501
Pudilos 375
Puhle, M. 119
Pukánszky, B. 478, 651
Pulleyblank, E.G. 512
Pulszky, F. 129
Purcari 285
Purgina, J. 312
Pushkarev, S. 561
Püspökladány 50
Pusztaszentlászló 50, 80
Putza 376
Pynson, Richard 527
Pyrenees 116, 710

Q
Qabul, kaghan/khan 580, 581
Qabuqšin-Yula 151
al-Qaim 264, 266
Qal 435
Qalads 509
Qaldun Montain 506
al-Qalqashandi 364, 679
Qara Bag (Black Garden) 517
Qara Bay, tribe 151, 152
Qaraböklü 348
Qara-bölük (Qara evli) 245, 277

Qara Börklü (Börkli) 295
Qara evli, s. Qara-bölük
Qarakhanids 261, 267, 270, 271
Qara-Khitans 580, 585, 592, 600
Qaraqorum 235, 236, 517, 521, 531, 553, 561, 601-603, 648, 671, 675
Qara-sonkor 483
Qara-Ulagh, s. Black Vlachs
Qariq (Qiriq ?) 245
Qarluqs 257-259, 509
Qarqin 245
Qaryat Haditha 239
Qaukhchishvili, S. 352
Qavurt 270
Qay 363
Qayi, s. Qayigh
Qayigh (Qayi) 245, 277
Qayir-Tuqu 435
Qazwini, Hamd-Allah Mustawfi of 364, 601
Qemanku 348
Qifčak, Qifčaq (Qipchaqs) 136, 245, 362
Qila (Chilia ?) 655
Qilij-Arslan I 272, 274
Qilij-Arslan II 276, 404
Qiniq 245, 259, 277
Qipchaq (Cumans) 163, 245, 258, 322, 323, 348, 350, 360, 362, 364, 395-397, 439, 443, 483, 484, 487, 509, 604, 617, 664, 678
Qipchaq, eponymous hero 379
Qipcha Qipchaq Khanate (Ulus-Jochi, Golden Horde) 664
Qirqiz, s. Kirghiz
Qirqin (Tmovo) 655
Qivčaqs (Qipchaqs) 322
Qormusta t (e)ngri 565

Q.s. lah 655
Quatremère, M.É. 444, 483, 524, 567
Qubilai 526, 540, 560, 564, 565, 587
Qudu 435, 436
Quéruel, D. 694
Qumanayê 378
Qurumshi 518, 674
Qutlumush 263
Qutula 581
Qutuz, sultan 652
Quyash 517

R
Raby, J. 594
Racheli, A. 647
Rachewiltz, I.de 534, 564, 565, 575, 577, 588, 598, 605, 694
Rachmati, G.R. 141
Raciborz, s. Ratibor
Rački, Fr. 544
Radimics 57, 59
Rád-Kishegy 80
Radloff, W. 156, 252, 516, 707, 739
Radu I 387
Radzhabov, A.A. 235, 246
Raevskiĭ, D.S. 58
Rafferty, J.E. 735, 739
Ragusa (Dubrovnik) 646
Rahewin 145, 218, 333
Rahman Zaky, A. 551
Raiki 616
Raiy 263
Rakamaz 36, 80, 96
Rambaud, A. 749
Randa, A. 744

Ransanus, Petrus 465
Rashev, R. 358
Räšid od-Din (Rasid ad-Din, Rashid al-Din, Rachid-Eddin/Eldin) 245, 246, 277, 295, 322, 396, 436, 439, 443, 444, 483, 506, 509, 517, 524, 527, 532, 536-538, 543, 553, 571, 574, 591, 594, 596, 597, 604, 605, 608-610, 612, 613, 616, 617, 635, 636, 651, 655, 660, 662, 682
Rásonyi, L. 225, 306, 491, 501, 749
Rásonyi-Nagy, L. (s. also Rásonyi, L.) 297, 501
Rassamakin, Iu. (Iu.) (Ju.Ja.) 342, 353
Rassi (Rashks, Serbs) 474
Rassovsky, D. (A.) 225, 297, 306, 348, 501
Rastizlav, s. Ratislav
Ratchnevsky, P. 536, 564, 580, 583, 588, 593, 598, 695
Ratibor (Raciborz) 619
Ratislav (Rastislav) 69, 70
Ratkoš, P. 68, 171
Ratzel, F. 728, 739
Rau, R. 19, 67, 171
Rauch, A. 648
Ravertry, H.G. 527, 695
Al-Rawandi 242
Ray 269
Raybaud, L.-P. 447
Raymond IV of Saint Gilles 212, 291, 377, 378
Raymond d'Aguillers 212, 291, 377, 378
Raynaud, F. 745
Razelm 287
Răduțiu, A. 184
Răscăieții Noi 285
Răut, river 172, 681

Recker, U. 697
Reddaway, W.F. 686
Regel, W. 216, 389
Regensburg 72, 99, 105, 218, 333
Reggio 101
Regino (Reginald) of Prum 24, 26, 72, 74, 106
Reichstein, M. 715
Reid, R.W. 543
Reimitz, H. 48, 64, 82
Reims 625
Reinaud, T.J. 145, 230, 350
Reischauer, E.O. 588, 695
Remiremont 105
Renault, E. 149, 268
Reuter, T. 48, 729, 748
Reva, Peter of 348
Révész, L. 10, 28, 30, 50, 54, 97, 123, 127-129, 311, 312
Rezachevici, C. 472, 749
Rheinau 105
Rhijn, C. van 521
Rhine (Rhein) 116
Rhode, G. 726
Rhomaioi (Byzantines) 86, 356, 418
Rhomaioktonos (the Rhomaioi-slayer) (Kaloian) 418
Riade upon Unstrut 108
Riasanovsky, V.A. 537, 695
Riazan, town 352, 384, 562, 610, 611, 616, 627
Riazan, knezate 561, 610
Ricardus (Riccardus), Dominican monk 24, 54, 619, 627
Ricardus de Gerberedo 417
Riccardo da (Richardus de/Rycardus of) Sancto Germano (St. Germain) 439, 632, 636

Riccoldo (Ricold) de Monte Croce 527, 528, 544
Richard, J. 354, 441, 501, 534, 542, 567, 569, 662, 695
Richards, D.S. 264, 304
Riché, P. 727, 745
Richer, chronicler 642
Ries, J. 43
Rikman, E.A. 358
Rill, B. 119
Rimavská-Baňa 371
Rintchen 598
Ripaia ore, s. Riphei Mountains
Riphei (Rifei, Riffei, Ziphei) Mountains 638-640
Ripoche, J.P. 48, 114, 129
Risch, F. 54
Rizescu, O. 387
Rîmnicelu 285
Roberg, B. 645, 663
Robert de Clari 329, 330, 333, 338, 414, 417, 420, 422, 425, 707
Robert Guiscard 204, 272
Robert of Monte 213
Robert of Normandy 240
Robert of Strigonium 440
Robertus Monachus 211
Roch, J-L. 75
Rodenberg, C. 628
Rodna 634, 648
Rodope 424
Rodrigues, M.U. 711, 749
Roemer, H.R. 137, 251, 745
Roepell (Röpell), R. 383, 458, 469
Roesler, R. 28

Roger II of Sicily 347
Röhrbom, K. 250
Rogerius (Roger of Torre Maggiore) 444, 452, 612, 613, 624, 628-630, 634, 635, 641, 648, 650, 655, 713
Rogers, G.S. 653, 695
Rogers, J.M. 358, 574, 695
Rolle, R. 340, 496, 753
Roma, Botoşani county 285
Roman Empire/state 99, 368, 534
Roman Empire (Byzantine Empire) 161, 200, 271
Roman I Lekapenos 111, 170
Roman II 16, 67, 174, 283
Roman IV Diogenes 197-199, 267, 374
Roman Mstíslavich 412, 413
Roman, eponymous hero 17
Roman walls 587
Romania 10, 13, 32, 84, 93, 135, 171, 219, 220, 296, 336, 371, 374, 387, 492, 625, 628, 674, 678, 683, 731
Romania, s. Rumelia
Romanian Plain 388
Romanians (s. also Blaci, Blasi, Ulagh, Vlachs, Volohi, Walati, Walathi) 17, 79, 81, 85, 87, 88, 92, 97, 115, 152, 167, 172, 184, 185, 200, 286, 355, 378, 379, 388, 389, 393, 402, 411, 426, 427, 429, 441, 442, 456, 460, 466, 468, 469, 472, 476, 478, 489, 491, 632, 635-638, 641, 653, 678, 726
Romanov, V.K. 501
Romans 144, 710
Romans (Romaioi, Rhomaioi, Byzantines) 86, 422
Romans (with an obsolate meaning) 86, 674

Roman's pasture (Pascua Romanorum) 54
Romashov, S.A. 58, 225, 474
Romaskevich, A.A. 310, 752
Rome 46, 103, 119, 121, 414, 465, 470, 645
Romodin, V.A. 230
Rona-Tas, A. 21, 38, 53, 55, 62, 75, 123, 128, 129, 136, 233, 716, 755
Ronay, G. 695
Ronge, V. 577
Rorlich, A.-A. 684
Ros, river 181, 293-295, 297-299, 386
Rosemberg, Nicholas (Rozembarski, Mikołai) 515
Rosen, V.R. 695
Rosenthal, F. 231
Rosenwein, B.H. 727
Rosetti, R. 501
Rosia, Rosic (Russia, Rossia) 405, 612
Rossabi, M. 695, 755
Rostislav Mstislavich of Smolensk 615
Rotaru, F. 748
Roth, H.R. 521, 601
Roth, J. 754
Roth, P.W. 689
Rott 105
Rotter, G. 230
Rouche, M. 50, 741
Roueché, Ch. 276, 488
Rousselot, J. 695
Roux, J.-P. 251, 358, 509, 512, 524, 534, 558, 564, 574, 580, 583, 585, 588, 695, 711, 749
Roux, S.-A. 564, 695
Rowton, M. 739
Rozembarski, s. Rosemberg
Rubruck (Rubroek), William (Willem,

Wilhelm) of 54, 55, 322, 330, 353, 358, 444, 481, 518, 528, 530, 564, 567, 575, 581, 669, 671, 678, 682, 707
Rudi 172, 179
Rudolf of Ems 426
Rudolf of Habsburg 462, 464
Rudolf, K. 647, 695
Rüdrdanz, K. 265
Ruh, K. 218
Rum (Byzantine Empire) 59
Rum (Byzantines) 245
Rum (Iconium) Sultanate 271, 276, 277, 279, 436, 553
Rum Sea (Black Sea) 24
Rumelia (Romania) 271, 445
Rumis (Seljuk Turks) 439
Runciman, S. 129, 212, 225
Ruotsala, A. 559, 569, 695
Rurik II Rostislavich 413, 421
Rurikids 382, 383
Rus, eponymous hero 17
Rus', s. Russians
Rus, V. 463
Rusanova, I.P. 634
Ruscia 678
Russev, N.D. 691
Russia 58, 158-160, 165, 167, 176, 177, 185, 217, 221, 253, 255, 284, 295-297, 299, 323, 336, 342, 344, 350, 364-366, 370, 373, 379, 381, 383, 384, 393, 400, 412, 437, 489, 492, 548, 561, 562, 566, 570, 607, 609, 611, 614-616, 618, 624, 642, 667, 668, 674, 675, 677, 678, 682, 719, 727, 728
Russian Empire 279, 682
Russian knezate (Rus' principalities) (s.

also Russia) 61, 341, 344, 348, 366, 372, 383, 397, 436, 610, 614, 664, 675, 727
Russians (Rus') 17, 59, 112, 119, 135, 175, 177, 216, 229, 279, 282, 286, 291, 292, 296, 321, 332, 335, 344, 352, 365, 366, 372, 373, 381-383, 388, 392, 393, 397- 400, 406, 408, 413, 422, 434, 436, 438, 444, 451, 460, 492, 531, 566, 570, 596, 609, 611, 612, 616, 625, 629, 636, 653, 655, 675, 676, 679, 684, 712, 713, 726
Rustem 662
Rustoiu, A. 88
Rusu, A.A. 184, 430, 628
Rusu, M. 87, 88, 90, 92, 746
Ruthenians (Russians) 374, 384, 469
Rutkowska-Plachcińska, A. 160, 621
Ruttkay, A. 100, 102, 123, 130, 312
Ruttkay, M. 102
Ruzé, A. 749
Ryan, J.D. 569
Rybako Rybakov, B.A. 223, 225, 292, 332, 400, 501, 502, 597, 711
Rybatzki, V. 247
Rycardus of St Germain, s. Riccardo da Sancto Germano
Rykalov, V.S. 749

S

Saadak 492
Sabar (Sabirs) 62
Sabirs (Sabiroi) 19, 62
Sabran 239
Saburov 492
Sacerdoţeanu, A. 502, 695
Säckingen 105

Sadala, E. 735, 740
Safargaliev, M.G. 695
Šafařjk, P.J. 451
Sagaster, K. 534, 565, 601
Sághy, M. 48
Saint Adalbert (Vojtěch) 159
Saint Bertin, monastery 69, 639
Saint Boniface (Bruno von Querfurt) 160
Saint Bruno 159
Saint Cyril of Philea 158
Saint Demetrios 421, 422
Saint-Exupéry, A.de 523
Saint Francis of Assisi 530
Saint George 109
Saint Gerard of Cenad 28
Saint-Martin, J. 406
Saint Sophia, church 181
Saiţa 285
Sajó 629, 642
Sakharov, A.N. 175, 695, 746
Sakov 381
Saksin 237, 293, 332
Saksins 604
Salah ad-Din (Saladin) 396, 397, 404, 405
Salamon, M. 69, 114, 124, 129, 499
Salanus 83
Šaľa Veča 80
Salaville, S. 502
Salghur (Salur) 245, 277
Salia K. 306, 695
Salimbene de Adam 406, 417, 622, 648, 658, 660
Salmon, G. 264
Salmony, A. 358
Salomon of Hungary 182, 187, 367

Saltovo-Maiaki, archaeological culture 29, 57, 66, 180, 474
Salzach 86
Salzburg 67, 70
Salzman, Ph.C. 735, 736, 740
Salzmann, M. 157
Samanid, state 258
Samanids 32, 75, 262
Samarkand 592, 593, 608
Samghabadi, R. Shabani 140, 251, 745
Sambucus, Johannes 454
Samoilovich, A.N. 232
Samos 273
Samuel of Ani, chronicler 268
San, river 63, 78, 373
Sanaullah, M.F. 306
Sandag, Sh. 583
Sandau 105
Sanders, J.H. 568
Sandjar 271
Sandog, Sh. 580
Sandoli, S. de 211
Sandomierz 483, 619
Sandor (Sandrinus capitaneus Jaziorum) 476
Sándorfalva 50
Sandquist, T.A. 647, 695
Sangor 352
Sankrityayana, M.R. 306
Sankt Gallen 99, 105, 160
Sanudo Torsello, Marino 446, 448, 639, 640
Saqlab (Slavs) 59, 149, 163
Saracens 396
Sarai 489, 518, 562, 570, 666, 668, 670, 671, 674, 675, 679, 681

Sarai-Batu (Old Sarai) (Selitrionnoie) 666, 667
Sarai-Berke (New Sarai) (Tsarevo) 665, 666, 677, 680
Sárbogárd Tinód 186
Sardica (modem Sofia) 192
Sarir (Avars?) 439
Sarkel-Belaia Vezha 66, 147, 150, 170, 174, 175, 201, 207, 474
Sarmatians 138, 640, 711
Sarmatians (Pechenegs) 134, 178, 180
Sarmatians (Uzes) 290
Sarolta 114
Sárospatak-Baksahomok 80
Sarracens, Sarraceni, s. Saracens
Sarracines, Saracens (Cumans) 373, 384
Sarrazines (Muslim) (s. also Saracens) 549
Sárrétudvari 22, 50
Sárszentágota-Felsötöbŏrszok 186
Sárszentágota-Óvoda 189
Sartak 567, 671, 679
Sárviz, river 182, 186, 189
Sary-Saltuk-Baba 279
Sass, K. 43
Satan 658
Satmazovich, Tudor 296
Satza 203
Saunders, J.J. 512, 580, 647, 695, 696
Sauvaget, J. 484
Savalti 395
Savartoi Asfaloi 18, 62, 725
Savinov, D.G. 140, 251, 363, 746
Savvides, A.G.C. 225, 276, 306, 502, 696
Saxi (Goths of Crimea) 669
Saxons of Transylvania 79, 184, 468, 470, 634
Saxony 103, 104, 116

Sayous, E. 129
Sărata 285
Săşianu, Al. 131, 367
Sâmpetru, M. 225
Sbaralea, J.H. 55, 631
Scandinavia 489, 727
Scandinavians 166
Schacht J. 743
Schaeder, H.H. 502
Schser, F. 37
Schäfer, T. 711, 750
Schamiloglu, U. 133, 171, 225, 696, 717
Scharlipp, W.-E. 139, 140, 141, 251, 745
Schebek, A.v. 525, 688
Scheel, H. 232, 748
Scheibert, P. 744
Schenk, A. 517, 696
Schieder, T. 744
Schietzel, K. 340, 496, 753
Schiffer, M.B. 735, 739
Schiltberger, Johannes 513
Schlepp, W. 646, 697, 737, 746
Schletzer, R. 157, 267, 302
Schlumberger, G. 225
Schmale, F.-J. 145, 333
Schmeidler, B. 469, 638
Schmid, P. 69, 125
Schmidt, A. 117, 145
Schmidt, B. 722
Schmidt, J.J. 532
Schmidt, M.J.-J. 532
Schmidt, P. 704, 745
Schmieder, F. 569, 622, 642, 696, 698
Schmilewski, U. 317, 622, 698, 755
Schmilewski, V. 622, 698, 755

Schmitt, C. 569, 674, 696
Schmitt, J. 425
Schmitz, C.A. 156
Schneider, F. 456, 639
Schneider, R. 61, 126
Schnyder, A. 85
Schock-Werner, B. 108
Scholz, F. 710, 749
Schönenbaum, H. 129
Schöner, Johannes 55
Schönfeld, R. 744
Schönig, C. 303, 497
Schopen, L. 417, 448, 714
Schramm, G. 701, 744
Schreiner, P. 411, 696
Schröder, D. 156
Schröder, E. 218
Schröder, W. 218
Schubert, G. 115
Schuller, W. 10, 13, 14
Schulze, H.K. 119, 129
Schulze (-Dörrlamm), M. 103, 106, 129, 311, 312
Schünemann, K. 373, 502
Schurmann, H.F. 592, 696
Schütz, E. (Ö.) 250, 326, 502, 569, 596
Schütze, J. 432
Schwalm, I. 460
Schwandtner, I.G. 348, 481
Schwarcz, A. 67
Schwartz, Ph. 624
Schweizer, Th. 700, 736
Schweizer, M. 700, 736
Scithia <Scythia> (Eastern Europe) 518
Sclavani (Slavs) 291

Sclavi (Slavs) 291
Sclavonia 676
Scocia (Scotland) 427
Scots 548
Scott, A. 427
Scriptor incertus 64
Scythai (Scythians) 17
Scythia 26, 55, 62, 74
Scythians 17, 136, 176, 236, 333, 358, 640, 711, 726
Scythians (with an obsolete meaning) 17, 26, 230, 361
Scythians (Avars) 17
Scythians (Cumans) 17, 324, 356, 418, 422, 447
Scythians (Pechenegs) 17, 109, 134, 136, 152, 175, 194, 209, 214, 290
Scythians (Hungarians) 17, 26
Scythians (Huns) 17
Scythians (Mongols, Tatars) 17, 515, 659
Scythians (Uzes) 17
Scythians' "Kingdom" 26
Scytho-Sarmatian populations 20
Seaman, G. 363, 435, 494, 497, 583, 693, 695, 704, 709, 737, 739, 743
Second Bulgarian Tsardom (s. also Asanstate/Tsardom and Tsardom of the Vlachs and Bulgarians) 412, 449
Second Turk Kaghanate/Empire) 139, 232
Sedov, V.V. 29, 125, 172, 282, 609, 755
Segeda, S.P. 223, 496
Segrs, C. 220
Segura, C. 742
Seibert, H. 414
Seibt, F. 744

Seibt, W. 191, 197, 199
Seïd Locman, s. Locman, Seïd
Seifert, T. 324, 370, 555
Seignobos, Ch. 747
Sekiz Muren (Eight rivers) (Oirats) 507
Sekiz Oghuz 230, 244
Selenga (Šine-Usu), river 140, 324, 362, 507
Selişte 285
Selitrionnoie (Sarai-Batu) 666, 667
Seljuk 254, 259, 261, 266, 281
Seljuk state/Empire/Sultanate 267, 270, 273, 276, 277, 279, 396
Seljuk Turks 192, 196, 198, 202, 203, 205, 208, 211, 231, 236, 237, 239-241, 247, 248, 252, 254, 256, 259, 261, 263-267, 269-273, 275-277, 279-281, 283, 287, 291, 299, 366, 368, 394, 397, 404, 439, 445, 592, 660, 716, 725, 727, 730
Seljukids 273
Selmeczi, L. 10, 311, 367, 454, 473, 479, 481, 502, 754
Selte 192, 197
Semenov, A.A. 322
Semeon, bishop of Pereiaslavl 562
Semkowicz, A. 621
Seneslau 636
Senga, T. 69, 129, 458
Senones 105
Senyk, S. 696
Sepel (Csepel) 26
Serapion, bishop of Vladimir 659
Serbia 81, 405, 449, 451, 646, 655
Serbin, K.N. 566
Serbs 289, 377, 405, 451, 478
Serczyk, W.A. 749

Serdica (Sardica, modern Sofia) 404
Sered' 80
Seretos (Siret), river 63
Serres 410
Serruys, H. 696
Servatius, C. 651
Sesthlav 203
Setton, K.M. 218, 268, 569, 745
Ševčenko, I. 10
Severeanu, G. 375
Severians 57, 59
Severin Banat 472
Sevinji 395
Sevortian, E.V. 326
Sewter, E.R.A. 208
Shabani Samghabadi, R., s. Samghabadi, R. Shabani
Shagdar, B. 696
Shah-Malik 261, 263
Shakhmatov, A.A. 309, 751
Shams al-Din al-Dimashqi, s. al-Dimashqi
Shanijazov, K.306
Shapakovsky, V. 693
Sharaf al-Dīn 'Alī Yazdī 563
Sharaf al-Zamân Tâhir Marvasi, s. Marvazi
Sharanevich, I. 749
Sharukan, town 332, 381
Sharukan, Cuman khan 329, 349, 381, 394
al-Shash 32
Shaw, J.R. 516
Shchepinskiĭ, A.A. 168
Shcherbak, A.M. 133, 136, 312
Shchiapov, I.N. 224, 500
Shchiukin, M.B. 738
Sheĭleva, G. 420, 495, 754

Shems (Shams) ed-Dîn Abou-'Abdallah Moh'ammed 230, 295, 333, 341, 348
Shepard, J. 129, 166, 188, 222, 225, 496, 502, 739
Shiban, son of Jochi 605, 664
Shigi-Qutuqu 536, 576
Shih-wei 578
Shikhsaidov, A.R. 688
Shilov, A.Iu. 312
Shirendyb, B. 690
Shirokol 423
Shirvan 267
Shnaidshtein, E.V. 164, 226
Shramko, B.A. 749
Shukurov, R. 306
Shumen, district 358, 415
Shusharin, V.P. 129, 224, 394, 499, 500, 502, 746
Shvestov, M.L. 360
Sibaqan 629, 630
Siberia 43, 360, 362, 492, 505, 513, 559, 585, 664
Siberians 42
Sibiescu, V.Gh. 502
Sibiu, town 184, 427, 641
Sibiu, region 468
Sicard, bishop of Cremona 417
Sicily, island 347, 482, 645
Sicily, Kingdom 464, 470
Siculi, s. Szeklers
Siddiqi, A.H. 272, 306
Sidera, pass (The Iron Gates) 204, 205, 291
Sidorova, N.A. 304
Siegfried of Mainz 631
Siegfried line 587

Siegmann, R. 675
Sifridus, chronicler 470
Sigismund de Luxemburg 122, 476, 478
Sigmund (Sigismund) of Herberstein 323, 324, 370, 478, 555
Sigmund Meisterling, s. Meisterling, Sigmund
Signak, town 330
Siikala, A.-L. 157
Siklódi, C. 129
Silagi, G. 26, 312
Silesia (Schlesien) 619, 621, 622
Silesians 621, 644
Silfen, P.H. 675, 696
Silistra 73, 170, 191, 200-203, 367, 374, 375, 392, 656
Silk, E. 561
Silva Blacorum et Bissenorum (the Romanian's and Pecheneg's forest) 184
Silva Pieczyngarum (the Pecheneg's forest) 184
Silvae, Sylvae (Carpathian forests) 638-640
Silverberg, R. 564
Simeon the Great 73, 75, 83, 109, 164, 170
Simon de Keza 17, 19, 26, 37, 40, 43, 61, 62, 75, 78, 83, 85, 87, 117, 185, 187, 347, 358, 459, 462, 465, 641
Simon de Saint-Quentin 534, 549, 596
Simpson, J. 356
Simson, B. de 48
Sind 265
Sindbæk, S.M. 129
Siner 80
Šine-Usu, s. Selenga
Sinor, D. 21, 79, 81, 129, 140, 233, 370,

497, 522, 533, 542, 555, 568, 652, 696,
711, 721, 739, 742, 749
Siret, river 63, 76, 635
Siruni, H.D. 406
Šišić, F. 646
Siti 611, 612
Sitia (Scythia) 55
Sînnicolau Mare 135, 136
Skazkin, S.D. 497, 746
Skotovatoe 391
Skrynnikova, T.D. 559, 696
Skrzhinskaia, E.Ch. 502
Skutariotes, Theodor 402, 404, 411, 413, 418, 421, 422, 425
Skylitzes, Ioannes 73, 109, 111, 112, 114, 141, 151, 152, 154, 158, 168, 176, 187, 188, 191, 192, 196-200, 284, 366, 707, 712, 713
Skylitzes Continuatus 197, 200, 268, 286, 289, 290
Skyloioannes (Ioannitsa the Cruel, Kaloian) 418
Skythai (Scythians) 26
Slatarski, s. Zlatarski
Slav, Alexios 424
Slav, eponymous hero 17
Slavonia 68, 474
Slavs 46, 57, 59, 60, 68, 79, 81-83, 85-88, 92, 97, 98, 100, 104, 114, 115, 119, 133, 149, 152, 163, 166, 172, 175, 211, 230, 398, 427, 450, 456, 460, 492, 617, 668, 674, 710, 723
Slonim, M. 687
Slovakia 27, 46, 69, 81, 92, 100, 106, 115, 220, 296, 370, 371
Slovenia 81

Slovenians 181
Smbat II the Conqueror 180
Smičiklas, T. 646, 658
Smimov, A.P. 32, 129, 282, 668, 696, 756
Smith Jr, J.M. 306, 518, 540, 542, 543, 545, 590, 652, 696, 717, 739
Smith, R.E.F. 564
Smjadovski, S. 450
Smolensk, knezate 615
Smyma (modern Izmir) 273, 274
Smythe, D. 222, 226
Sneath, D. 704, 736, 738
Snorri Sturluson, s. Sturluson
Sofia 392, 404
Soghdian region 233
Sokal 363
Solchanyk, R. 400
Soldaia (s. also Sudak) 333, 669
Solkhat (Krym, Staryĭ Krym/Old Krym) 569
Solomon, F. 502
Solov'ev, K.A. 696
Solov'ev, S.M. 749
Solta, G.R. 493
Someş 88, 90, 96, 185, 187
Someşul Mare 634
Someşul Mic 90, 185
Sommerlechner, A. 414, 417, 644
Sommersberg, F.W. 48
Somogur 41
Somogyi, J.v. 544
Song (Sung) Empire 507, 513, 533, 539, 540, 551, 586, 587, 602, 716
Soranzo, G. 696
Sorokin, S.S. 175

Soronius 445
Sós, Á. 104
Sóshartyán-Murahegy 80
Soucek, S. 686, 711, 749
Sourdel, D. 306
Sourdel, J. 306
South America 706
South Bug, s. Bug
South Eastern Europe (s. also Balkar Peninsula) 13, 97, 121, 137, 220, 350, 420, 448, 449, 491, 676, 682, 725
Southern Carpathians 78, 424
South Western Asia 256
Sovctov, P.V. 498
Sozanski, D.v. 697
Spain 116, 171, 486, 712
Spalato (Split) 646
Spanish 642
Speed 454
Spiewok, W. 85, 227
Spindler, M. 126
Spinei, Michaela 279
Spinei, V. 96, 130, 144, 146, 172, 220, 226, 279, 286, 312, 313, 326, 338, 354, 377, 388, 393, 427, 489, 492, 502, 569, 635, 636, 681, 697, 707, 745, 749, 756
Spiridonakis, B.G. 749
Split, s. Spalato
Sprandel, R. 714
Sprigge, E. 516
Springer, M. 119
Spuler, B. 263, 264, 518, 522, 524, 525, 542, 568, 569, 593, 675, 684, 697, 726, 744, 749
St Alban, monastery 658

St Dié 105
St Gallen, s. Sankt Gallen
St Hypatian, monastery 293, 296
St. Peterburg 519
St.-Thomas 498
Stadtmüller, G. 726, 744
Stahl, H.H. 729, 739, 749
Stalin, I.V. 682
Stammler, W. 218
Stanciu, I. 82, 88
Staraia Riazan (Old Riazan) 610, 611
Stara Zagora 341
Starostin, S. 739
Staryĭ Krym, s. Krym
Stasiewski, B. 115, 726
Staubing 645
Staurakios, s. Ioannes Staurakios
Staviskiĭ, V.I. 615
Stavropol 300
Stănescu, E. 200, 226, 304, 375, 402, 495, 499, 501
Stendardo, G. 85
Stenzel, G.A. 621
Stepanov, T. 739, 740
Stephanus, son of Beegzan 476
Stephanus, son of Kurman 476
Stephen (István) I the Saint 43, 94, 114, 116, 121, 159, 182, 184
Stephen II 184, 373, 392, 434
Stephen III 392
Stephen V 455, 458-460, 645
Stephen the Great (Ştefan cel Mare) 684
Stephen Nemanja 405, 406
Stephen Urosh II Milutin 449
Stephenson, P. 190, 199, 200, 226, 306,

390, 402, 502
Steppe of the Nogais 555
Steuer, H. 739
Stevenson, J. 213, 396
Stockholm 13
Stoicescu, N. 637
Stojanović, L. 410
Stökl, G. 749
Stöllinger, Ch. 218
Störmer, W. 123
Stoyanov, V. 393
Strabo 640, 707
Straits (s. also Bosphorus and Dardanelles) 192, 213, 378
Strakosch-Grassmann, G. 621, 646, 647, 697
Strasser, R. 516, 740
Strata Ungarisca/Hungarorum 107
Strategopoulos, Alexios 448
Strayer, J.R. 722, 742, 749
Streda nad Bodogrom 80
Strehlke, E. 462
Strigonium (Esztergom) 352, 468, 470, 476, 641
Stroeva, L.V. 690
Strohmeier, M. 306
Struk, D.H. 743
Strumitza 411
Strumoc 285
Strzygowski, J. 749
Stupki 391
Sturluson, Snorri 143
Sturm, G. 753
Stürner, W. 644, 645, 663
Styria (Steiermark) 453

Subbotitsa 49, 51, 63
Sübödai 436, 439, 440, 593, 594, 596, 597, 602, 605, 607, 628
Suceveanu, Al. 82, 313
Suciu, C. 676
Sudak (Soldaia) 277, 279, 332, 333, 341, 436, 438, 596
Sudak Sea (Black Sea) 332
Sudovaia Vishnia 63, 65, 80
Sugar, P.F. 745
Sugr 381
Sugrov, town 332, 381
Suhurlui 492
Suidas 171
Suifutdinov, R. 21
sükrüllah 231
Sulejmanov, R.B. 700
Süleyman I the Magnificent 684
Süleyman ibn Qutulmush 271-274
Sulița Nouă, county 634
Sultanov, T.I. 746
Sultzun 192
Sumbatzade, A.S. 306
Sun Tzu 557
Suny, R.G. 267, 394, 496
Superanskaia, A.V. 492
Suprunenko, O.B. 697
Surbar 381
Suru Kül Bey 151
Sü Ting 513
Sutyrga 492
Suvorovo 285
Suyúti (Usuyúti) 544, 660
Suzdal, town 611
Suzdal, knezate 434, 561

Svač 646
Svan (Suvanyian) 439
Svatopluk (Sventopulk, Svatopluk, Zwentibald) I 70, 72, 83, 100
Svatopluk II 72
Sverdlov, M.B. 750
Sviatopolk, son of Vladimir the Saint 180, 366
Sviatopolk II Iziaslavich 292, 296, 372, 373, 379, 381
Sviatoslav, son of Igor 34, 175, 176, 282, 474
Sviatoslav, son of Iaroslav the Wise 284, 366
Sviatoslav III Vsevolodovich 408
Svoronos, N. 392
Swabia 104, 106, 116
Sweden 13
Swedish 336
Sweeney, J.R. 646, 650, 689, 697, 755
Świechowski, Z. 160
Świętoslawski, W. 241, 338, 543, 697, 750
Swiss 548
Syculi (Szcklers) 184
Sylvan Carpathians, s. Northerm Carpathians
Symeon Magister 64, 73, 109, 111, 168
Symeon, Spaniard military 642
Syrchian (Sharukan) 329
Syr-Daria 161, 257-259, 330, 664
Syria 237, 270-272, 396, 404, 439, 489, 514, 553, 567, 601, 652, 660, 673, 679
Syriacs 567
Syrians 396, 439, 482, 484
Syrukalpei 151
Sytzigan 448
Szabó, L. 502, 546
Szabolcs, locality 50

Szabolcs, son of Eleud (Elöd) 40, 87
Szádeczky-Kardoss, S. 139
Szakáld 80
Szakony 50
Szalontai, C. 130
Szameit, E. 67
Szántai, L. 453, 454
Szatmári, I. 116
Szcześniak, B. 621
Szécsény, Thomas 470
Szeged-Bojàrhalom 47
Székely, G. 62, 130, 463, 466, 497, 546, 743, 747
Székely, Z. 627
Székesfehérvár 47, 81
Szekfü, G. 745
Szekfü, L. 43, 127
Szeklers (Siculi) 68, 78, 182, 184, 456, 468, 637, 639-641
Szentes 81
Szentes-Nagytöke 47
Szentpétery, E. 310, 466, 752
Szerenes 80
Szlachtowski, I. 379
Szob 50, 81
Szöke, B. 81, 130
Szöke, B.M. 10, 67, 68, 85, 104, 130
Szolnok, comitat/county 471, 473
Szücs, J. 577, 697
Szujski, J. 658
Szuper, R. 748
Szvaljava 80
Szymański, W. 124
Szynkiewicz, S. 522, 697
Şabalat (Sadovo) 285

Șăineanu, L. 502
Șendreni 171
Șevcenkovo (Pomezani) 285
Șchiopul, I. 697
Șieu, river 187
Șimanschi, L. 675, 676
Ștefan, Gh. 200, 226, 287, 309, 312, 336, 502, 745, 751
Ștefănescu, Șt. 188, 200, 226, 387, 402, 636, 637, 741, 746, 750
Știubei 285

T
Tabari 135
Tafel, G.L.Fr. 417
Taghrî Birdi 663
Tagirov, I.R. 140, 486, 497
Tagudah 524
Taháncza (Takhancha) 334, 337, 344
Tahir 257
Taifals 723
T'ai-tsung 139
Takács, B.Z. 162
Takács, M. 31, 130
Takla-Makan, desert 600
Taksony 159, 182
Talabă 491, 492
Tálas, L. 498
Talbot, A.-M. 748
Talbot-Rice, T. 268, 272, 306, 755
Tallgren, A.M. 130
Talmač 151
Taman 153, 168
Tamar 395
Tamba, D. 88

Tamborra, A. 749
Ta-Meng-ku-kuo (Empire of the great Mongols) 509
Tamerlan, s. Timur-Lenk 267
Tames 267
Tamura, J. 580
Tana 135
Tanaces 211, 291
Tanais (Don) (s. also Thanais) 640, 678
Tanasachi, M. 286
Tanașoca, N.-Ș. 200, 226, 309, 375, 402, 495, 751
Tancred of Antioch 211, 214
Tang, dynasty 139, 257, 578
Tangad, D. 517
Tangîru 285
Tängri (Tänri, Tengri) 249, 250, 340, 350, 558
Tangut, son of Jochi 605
Tangut state 598
Tanguts (Hsi-Hsia) 585, 586, 598
Tapkova-Zaimova, V. 200, 226, 306, 324, 376, 422
Taraclia 285
Tarasov, P.E. 568
Tarcal 36, 80
Tardieu, A. 640
Tardy, L.(J.) 55, 56, 697
Tarent 105, 291
Tarján 37, 38, 54
Tárkány 53
Tarkhank 53
Tarkhany 53
Tartar 676
Tartari, Tattari, Tatari, T(h)atar(us) (Tatars)

466, 514, 619, 625, 631, 638, 640, 641, 645, 648, 658
Tas 40, 87
Tashkent 32
Tasmola 487
Taspar 251
Tastu, J. 754
Tatan (Tatars) 506, 507
Tatan (White Tatars, Onguts) 507
Tatar, Cuman khan 373
Tatar, Romanian person 676
Tatár, M. 522
Tatar-Mishars 56
Tatara 676
Tatarcea 676
Tatars (s. also Mongols) 55, 158, 235, 370, 451, 466, 468, 469, 492, 506, 507, 509, 515, 530, 532, 554, 567, 580-582, 596, 645, 648, 658, 659, 669, 671, 682, 684
Tatars (black) 507, 509
Tatars (white) (Tatan, Onguts) 507
Tatars (wild) 507, 510
Tatars of Bugeac 336, 555
Tatars of Crimea 555
Tatikios 204
Tatos, alias Chalis 203, 205, 206, 367
Tatranes 154
Tatrys (Tatos ?) 199, 203
Taube, E. 559
Taube, M. 577
Tauriz 517
Taurus Mountains 214
Tauschinski, H. 405
Taviani-Carozzi, H. 259, 302, 703
Tayichiuts 580

Taz 381
Tănase, D. 311
Tătarca 676
Tătari 676
Tătarul, person 676
Tătarul, village 676
Tătăraş 676
Tătărăi 676
Tătăreşti/Tatarfalva 676
Tătărcuca 676
Tătăruşi 676
Tăutu, A.L. 352
Tegemsee 105
Tcheran 655
Tekesh 397
Tekin, T. 740, 750
Teküder/Ahmed 571
Telegin, D.Ia. 358
Teleorman, s. Tenu Ormon mountain
Tellenbach, G. 744
Temugin (Cinghis-khan) 517, 532, 565, 581, 582
Tengri (s.also Tängri) 558
Tentiuc, I. 64, 226, 286, 503
Tenu Ormon mountain (Teleorman, the mad forest) 388
Teodor, D.Gh. 64, 172, 226
Teodor Skutariotes, s. Skutariotes, Theodor
Teoteoi, T. 57, 194, 222, 224, 289, 302, 309, 751
Terab Tatar 506
Terebovl 295, 296
Terek, river 364
Terckli-Mckteba 300
Tereshchenko, A. 668

索引　829

Teretic (Terter) 450
Termacsu (Tormás) 112
Terpilovs'kiĭ, R.V. 742
Terra Byssenorum 159
Terra Cumanorum 427, 489
Terra Tartarorum 568
Terra Ultrasilvana (Transylvania) 88
Terre des Pincemarcz/Pintenars (Land of Pechencg's) 217
Terter, son of Dobrotich 450
Terters 450, 491
Ter'trobich (Tertor-oba ?) 451
Teslui 492
Těšov 106
Tétény (Tuhutum) 40, 87, 88, 96
Teteriatnikov, N. 10
Tetraxid Goths (s. also Goths of Crimea) 333
Teutonic knights (Order) 429, 430, 432, 434, 441, 470, 621
Teutsch, G.D. 465
Thackston, W.M. 691
Thalgott, M. 625
Thanais (Don) (s. also Tanais) 74
Thapar, R. 745
Theiner, A. 414, 417, 459, 463, 464, 631
Theodore I Laskaris 645
Theodore II Laskaris 425, 447
Theodore Angelos Dukas of Thessaloniki 425
Theodore Svetoslav 350
Theodorescu, R. 90, 388, 441, 503, 746, 750
Theodoric, bishop 353, 442
Theodoridis, D. 452
Theophanes Continuatus 64, 73, 109, 111, 168

Theophano 119
Theophilus 66
Theotmar of Salzburg 103
Thessaloniki, town 187, 289, 375, 420-422, 447
Thessaloniki, kingdom 420, 425
Theune, C. 697
Theuws, F. 521
Thevenet, J. 698
Theygna 144
Thiel, E. 517
Thierhaupten 105
Thierry, A. 130
Thietmar of Merseburg 19, 117, 160, 178
Thocsun, s. Taksony
Thog 348
Tholomeus (Bartolomeus, Ptolomaeus) of Lucca 469, 638-640
Thomas Archidiaconus, s. Thomas of Spalato
Thomas Ebendorfer (Ebendorferus de Haselbach), s. Ebendorfer, Thomas
Thomas d'Eccleston 622
Thomas of Spalato 544, 549, 629, 630, 641, 642, 646-648
Thomas Tuscus 462
Thomas, J. 200
Thomas, G.M. 417
Thompson, E.A. 139
Thompson, J.W. 750
Thompson, W.R. 552
Thomsen, V. 134, 235, 245-247, 249, 257, 506
Thomson, R.W. 178, 240, 336, 352, 571
Thonuzoba 159, 182
Thoqsabâ 348

Thoraval, Y. 741
Thorne, Robert 56
Thorsson, Ö. 143
Thrace 109, 111, 145, 187, 196, 200, 204, 208, 216, 274, 341, 355, 373, 406, 407, 411, 416, 418, 420, 421, 424, 444, 445, 449, 646
Thuringia 104, 108
Thurn, J. 73, 141, 284, 712
Thurnher, E. 745
Thurocz, Johannes (János, John) of 17, 39, 44, 75, 83, 182, 184, 185, 187, 347, 367, 369, 370, 456, 465, 466, 472, 651
Thynia 272
Tibet 265
Tibetans 133, 247
Tibiscus (Timiş) 453
Tiesenhausen, V.(G.) 295, 310, 341, 348, 364, 436, 438, 440, 443, 444, 479, 567, 568, 594, 596, 597, 604, 605, 608, 609, 610, 636, 679, 752
Tietze, A. 503
Tiflis 394
Tigris 236, 265, 266, 396, 483
Tikhomirov, M.N. 413, 438, 562
Tikhvinskiĭ, S.L. 697
Timiş, county 84, 135
Timiş, river 90, 94, 369, 454
Timoshchuk, B.O. 634
Timotika (Didymoteichon) 407
Timur-Lenk (Tamerlan) 484, 542, 568, 662
Timur-Yaligh, s. Dukak
Timurids 563
Tirol 86
Tisa (Tisza, Theiss) 37, 68, 78, 83, 90, 94, 96, 101, 114, 159, 182, 369, 453, 454, 473, 474, 481, 629
Tisa Plain 109
Tismana, monastery 387
Tiszabezdéd (former Bezdéd) 50, 80, 110
Tiszaeszlár-Bashalom 80
Tiszaeszlár-Újtelep 80
Tiszafüred 50, 80
Tiszasüly 80
Tittman, I.A. 171
Tivertsians 60, 172
Tizengausen, V.G., s. Tiesenhausen, V. (G.)
Tkachev, V.N. 521
Tkalčić, J.B. 631
Tmenov, V.Kh. 474, 494
Tmutarakan 372
Tobol 20, 664
Točik, A. 100, 310
Tocilescu, Gr.G. 676
Tocsăbeni 492
Todireni 285
Todt, K.P. 390, 405
Togan, (A.)Z.V. 232, 240, 503, 748
Togan, I. 583, 698
Töga(r) (Düker) 245, 283
Toghuzghuz (Toquz Oghuz) 238
Tognetti, G. 698
Togortak, s.Tugorkan
Togrul, khan of the Keraits 581, 582
Togtoa Bcki 435, 592
Tokarev, S.A. 157
Tokharistan 233
Tokhtamysh 570
Toksoba 440
Toledo 427
Tolochko, O. 166

索　引　831

Tolochko (Toločko), P.P. 223, 226, 340, 342, 344, 382, 496, 503, 615, 616, 618, 707, 742, 746, 750, 753, 754
Tolon 463, 465
Tolstov, S.P. 239, 263, 306, 313, 517, 737
Tomaschek, W. 326, 503
Tomassone, R. 417
Tomičić, Z. 81
Tomka, P. 67, 68
Tomka-Sásky, J. 91
Tomšič, E. 46
Töpfer, B. 741
Töppen, M. 462
Toquz-kaghan 247
Toquz Oghuz 230, 235, 238, 244, 245, 247, 251, 257, 506
Toquz Tatar (Nine [tribes] of Tatars) 506
Torchesk, town 292, 372
Torfason, J. 143
Torke, H.-J. 750
Torki, Tortsi (Uzes) 217, 229, 292, 295
Török, G. 130
Tornikes, Euthymios 402
Tornikes II, Giorgios 408
Tornikios, Leo 194
Törtel 80
Tortosa 16
Toshio, H. 740
Tosi, M. 123, 512, 710, 738
Tosu (Tas) 410
Totev, T. 358, 411
Tóth, E. 18
Tóth, I.H. 26
Tóth, S.L. 62, 108, 121, 130
Tougher, S. 130

Toulouse 291
Tourkia (Hungary) 18, 114
Tournebize, Fr. 698
Townsend, J.B. 157
Toxabă 491
Toynbee, A. 226, 706, 750
Traisen 119
Trajan, emperor 94
Transcarpatian Ukraine 30, 102
Transcaucasia 134, 267
Transdanubia 19
Transoxania 236, 261, 262, 268, 270, 271
Transoxanians Turks 662
Transylvania 40, 46, 74, 76, 78, 87, 89, 92, 94, 96, 114, 115, 184, 185, 296, 336, 352, 367, 369, 370, 390, 429, 432, 441, 454, 459, 466, 470, 625-628, 630, 635-638, 640, 641, 655, 676, 715
Transylvanians 90, 114, 641
Trapovca 285
Traulos 203, 204
Travnik, E. 17, 184, 373
Treadgold, W. 10, 190, 194, 226, 270, 306, 448, 750
Trebizond 279
Treml, M. 70, 119, 125, 127
Trepavlov, V.V. 382, 698
Tresić Pavličić, A. 646, 698
Tret'lakov, P.N. 711
Treviso 101
Trinditza (s. also Serdica and Sofia) 404
Triaud, J.-L. 264, 303
Tribals (Uzes) 289
Trieber, L. 125
Trier 24

Trillmich, W. 19, 160, 323, 698
Trnovo (modern Veliki Trnovo) 392, 424, 445, 447, 655
Trohani, G. 313
Trost, K. 115
Trostiancts 299
Trubezh, river, a tribute of the Dnieper 293
Trubezh, river, a tribute of the Oka 611
Trullos (Dniestr), river (s. also Turlu) 63
T'Serstevens, A. 678
Tryjarski, E. 154, 226, 250, 306, 328, 358, 740
Tsardom of the Vlachs and Bulgarians (s. also Asan state/Tsardom and Second Bulgarian Tsardom) 392, 408, 410, 411, 418, 425
Tsarev Brod (Endzhe) 358, 415
Tsarevo (Sarai Berke, New Sarai) 665, 666, 677, 680
Tseveendorj, D. 361, 512
Tsinzerling, G.D. 749
Tsulaia, G.V. 601
Ts'ung-wu, Yao 507
Tubchev, P. 746
Tucci, G. 558
Tudebode, Piere 211, 212, 291, 377
Tudebodus Continuatus 211
Tudora 285, 690
Tughril (Togrul)-beg 241, 248, 261, 263, 264, 266, 366
Tugorkan (Tugor-khan?) 349, 368, 372-374, 382
Tugwell, S. 353
Tuhutum (Tühürtüm/Tétény) 40, 87, 88, 96
T'u-kiue Empire 139
Tulcea, county 336

Tulepbaev, B.A. 666
Tului 527, 600, 605, 608, 635
Tulunids 486
Túma, O. 742
Tuna (Danube) 26
Tung-hu 578
Tunis 486
Turan, O. 248
Turanian (with global meaning, for all Turkish population, or in particular for Pechenegs, Uzes, Cumans) 18, 21, 133, 136, 145, 146, 150, 153, 154, 157, 159, 163, 167, 170, 171, 176, 177, 181, 182, 184, 185, 187, 191, 194, 197, 199, 201, 203, 205-207, 209, 210, 212, 218, 220, 246, 252, 284, 286, 287, 289, 295, 296, 321, 324, 326, 328, 330, 335, 336, 348, 350, 353, 356, 362, 365, 366, 367, 372-375, 377, 379, 384, 388, 389, 392, 394-396, 398, 400, 402, 408, 410-413, 418, 427, 429, 430, 436, 439, 441, 442, 445, 448, 449, 453, 455, 458, 459, 462, 463, 466, 473, 481, 483, 489, 491, 493, 573, 612, 635, 713
Turci (Seljuk Turks) 291
Turcopols, Turcopouloi 211, 217, 276
Turcuş, Ş. 353, 463, 465, 503
Turgenev 492
Turin 355
Turkestan 236, 237, 267
Turkey 275, 278
Turkey (Hungary) 114, 151
Turkic Central-Asian cultures 233
Turkish Pechenegs 144, 151, 162
Turk Kaghanate (s. also First and Second Turk Kaghanate) 139, 257

Türk-Kibčak (Qipchaq) 324, 362
Turkmen 235, 350, 363, 705
Turkmen (Uzes) 230, 252
Turkmenistan 235
Turkomans 234, 237, 396, 509
Turkowska, D. 466, 621
Turks (s. also Turanian) 15, 18, 20, 31, 41, 53, 86, 109, 111, 133, 137-140, 160, 161, 163, 213, 215, 220, 229, 230, 233, 235-237, 241, 244-248, 251, 252, 256, 257, 265, 266, 268, 271-274, 276, 283, 290, 295-297, 321, 324, 348, 350, 353-355, 358, 360, 361, 365, 368, 374, 378, 387, 388, 394, 412, 419, 427, 435, 446, 450, 452, 483, 484, 486, 489, 492, 506, 507, 510, 544, 558, 562, 571, 574, 577, 588, 600, 668, 674, 678, 711-713, 721, 725, 727, 731-733
Turks (Alans) 230
Turks (Hungarians) 18, 19, 22, 171, 230
Turks (Mongols, Tatars) 230, 236, 506
Turks (Slavs) 230
Turks (Uzes) 229, 230
Turlu (Dniestr), river 679
Turlui 492
Turnbull, S.R. 698
Turnnu Severin 94
Turpeis 293
Turri, E. 700, 740
Turtel 468
Turul 43
Tuscany 107, 645
Tuscus, s. Thomas Tuscus
al-Tusi, Nasir al-Din 525, 554
Tutenberg, F. 578, 693
Tutirqa (Dudurgha) 245

Tutuliuk Tatar 506
Tutush 270-272
Tuva 233
Tuzla 285
Twichett, D. 530, 687
Tyrach 149, 152, 154, 158, 188, 190-192, 194, 197, 284, 712, 713, 725
Tyrkir (Pechenegs) 180
Tyssa (Tisa) 453
Tyszkiewicz, J. 622, 698
Tzakas 208, 273, 274
Tzeglu 204, 367
Tzepina 424
Tzurulon 345

Țeicu, D. 92, 130
Țiplic, I.M. 628
Țara Bîrsei, s. Bîrsa Land

U
Üch-ghur 245
Ucko, P. 500
Üč Oghuz (Uzes) 230, 244
Udujit 532
Uğan 517
Ugorskoe gory (the Hungarian mountains) 61
Ugri, Ugry (Hungarians)16
Ugria orientalis 56
Ugria septentrionalis 56
Ugrians 19
Uighur Kaghanate/state 140, 252, 257, 362, 523
Uighurs 139, 140, 245, 246, 252, 257, 324, 506, 509, 510, 524, 580, 585, 586, 600

Újfehértö-Micskepuszta 80
Ukraine 32, 49, 51, 63, 65, 70, 169, 173, 220, 294, 296, 298, 334, 337, 339, 340, 342-344, 359, 380, 385, 391, 415, 485, 492, 634, 675
Ukraineans 393, 712
Ulagh, Ulakhs, Ulâq (Vlachs, Romanians) 379, 406, 635
Ulaqut (Wallachian Land in the Balkan) 655
Ula-yandlugh (Ula-yontli) 245
Ulğai-khan (Japheth) 236
Ulianiki 299
Ulichians 60, 152, 172
Ulmeni 285
Ultra Silvas, Ultrasylvas, Ultrasilvana (Transylvania) 625, 627, 638, 640
Ulus-Jochi, s. Golden Horde and Jochi's Ulus
al-Umari 353, 482, 517, 522, 536, 538, 553, 560, 679, 682
Umbrăreşti 285
Ung, county 367
Ungari, Ungri, Vngari (Hungarians) 16, 36, 69, 427
Ungari Asiatici 56
Ungaria 19, 54, 636
Ungaria maior (s. also Magna/Maior Hungaria) 54
Ungvár 367
al-Unkali (Hungarians) 16
Unnoi 17
Unstrut 108
Ürägir (Ürekir) 245
Ural Mountains 20, 24, 664
Ural, river 161, 162, 362, 440, 604, 674

Ural-Volga region 253
Uraniyan Qipchaq 435
Uray-Köhalmi, K. 532
Urazmanova, R.K. 666, 697, 717
Urban IV, pope 459
Urbańczyk, P. 48, 102, 124, 128, 130, 166, 727
Ur-Bedari 207
Urcan 159
Ürekir, s. Yürägit
Urghench (Gurganj) 263, 524, 592, 593
Urha (Edessa) 143
Urlui 492
Urosh II, s. Stephen Urosh II
Ursoaia 285
Urusoba 349, 381
Ushitsa 384
Usi, Husi (Uzes) 291
Uslar, R.v. 108
Usmanov, M.(A.) 568, 696, 717, 746
Usmanov, Kh.F. 746
Uspenskiĭ, F.I. 486
Utigur, eponymous hero 17
Utigurs 17, 138, 711
Uto of Freising 103
Uvak 255
Üy-ghur (Uighur) 245
Uz, eponymous hero 17
Uz, Hungarian chieftain 438
Uzas 290, 291, 368
Uzbekistan 235, 328
Uzbeks 235, 524
Uzes 9, 17, 75, 136, 152, 161, 163- 165, 169, 175, 181, 188, 190, 200, 211, 217, 220, 229-301, 350, 363, 365, 366, 372, 377, 383,

386, 397, 437, 489, 491-493, 506, 674, 711, 713, 717, 725, 728, 733
Uzfalva 288
Uzolimne (Ozolimne) 287
Uzus (Uzuz, Uzur, Vzur) 463, 465

V
Vác 630, 632
Vachkova, V. 740
Váczy, P. 62, 130
Vaday, A.H. 479
Vadul Cumanilor (K(o)umansky(i) Brad, Cumans Ford) 387, 492
Vadus Ungarorum 107
Vainer, I.S. 756
Vainshtein (Vajnshtejn), S. 516, 704, 709, 710, 740, 756
Vajay, S.de 70, 108, 131
Vajda, L. 156, 722
Valachs. s. Vlachs and Romanians
Valani (Cumans) 322
Valenciennes, s. Henry of Valenciennes
Valens, emperor 284
Valentinelli, I. 460
Valverde, J.F. 427
Valwen (Cumans) 218, 321-323, 364, 373, 426, 432
Vámbéry, A. 313
Vámbéry, H. 17, 131
Váňa, Z. 131
Van Lake 267
Van Tricht, F. 425
Varady, L. 41, 131
Varangians 166, 180, 181, 548, 674
Vardan, s. Vartan

Vardar 211
Variazhko 178
Vardiman, E.E. 740
Varna 196, 200
Vartan (Vardan) (the Great) of Pardsepertz chronicler 406, 567, 571, 596, 605
Vásáry, I.(S.) 321, 328, 354, 503, 568, 590, 698, 711, 750
Vasilescu-Albu, I. 157
Vasileu (Vasilev), town in Bucovina 443
Vasil'ev, town near Kiev 177
Vasilevca 285
Vasilevskiĭ, R.S. 521, 548, 755
Vasil'evskiĭ, V.G. 204, 226, 306
Vasiliev, A.A. 750
Vasilievsky, R.S. 736
Vasiliĭ Dmitrievich of Moscow 570
Vasilko, brother of Daniil Romanovich 570, 669
Vasilko Rostislavich of Terebovl 295, 296
Vaslui, river 492
Vasmer, M. 675
Vatatzes, Andronikos 392
Vatatzes, Leo 390
Vatican 56, 548
Vatoped, monastery 450
Vauchez, A. 743, 745
Vavřinek, Vl. 306, 742
Vayk (Stephen I the Saint) 94, 114, 115, 121
Vărşand 81
Vécs 80
Veh, O. 284
Veinstein, G. 134
Veit, V. 559, 693
Vékony, G. 62

Velbuzhd 478
Vel'ka Lominica 371
Velkov, V. 411, 743
Velter, A.-M. 32, 114, 131, 227
Vencel, s. Wacław
Venetians 36, 347, 573, 612, 639-641
Veneto 107
Venice, town 99, 101, 324, 325, 327, 416, 454, 525, 640, 653
Venice, Gulf of 103
Vercelli 99, 101
Verdun 105
Verecke, pass 34, 70, 75, 78, 367, 628, 629
Veres, P. 74, 702
Vergani, R.Şt 656, 698, 715
Verkhnee Pogrobnoe 165
Verlinden, Ch. 484
Vemadsky, G. 57, 58, 131, 166, 537, 542, 561, 675, 750
Verona 27, 101
Veselovskiĭ, N. 358
Veszprémy, L. 26, 37, 46, 50, 89, 126, 312
Vetren 191, 656
Viagry (Hungarians) Via 16
Via Pannonica 103
Viard, J. 650
Viatics 57
Vicina 203, 671
Vidin, town 90, 184, 386, 387, 392, 424, 427
Vidin, Tsardom 450, 476
Vienna 36, 56, 70, 104, 135, 452, 468
Viennese Forest (Wienerwald) 104, 119
Vietze, H.-P. 576
Viktorova, L.L. 509, 577, 698
Vileharduyn, s. Villehardouin

Villani, Filippo 647
Villani, Giovanni 647, 651, 678
Villani, Matteo 647
Villard, s. Monneret de Villard
Villehardouin (Vileharduyn), Geoffroy of 416, 417, 420, 421
Vincent of Beauvais (Vincentius Bellovacensis) 328
Vincent of Prague 373, 374, 384
Vindobona (modern Vienna) 70
Vinogradovca-"Curci" 285
Vishnia 63
Vistula (Wista) 373, 379, 619
Vișnevoe 285
Vit, river 392
Vitănești 219, 285
Vitebsky, P. 558
Vitkovce 371
Vitry-le-François 625
Vivian, K. 306, 352, 695
Vîlceanu, D. 223
Vlachia 414, 416, 678
Vlacho-Bulgarian Tsardom, s. Tsardom of the Vlachs and Bulgarians
Vlacho-Bulgars 410, 414, 416, 418, 420, 424, 426
Vlachs (Blasi/Blaci/Blaki/Volokhi) (Romanians) 85, 90, 180, 185, 208, 277, 289, 341, 364, 375, 377, 390, 392, 402-408, 411-413, 416-418, 420-422, 424, 426, 448, 449, 451, 679
Vladimir, town 611, 659
Vladimlr, knezate 610-612, 614
Vladimir-Suzdal, knezate 397
Vladimir (Volhynia), knezate 414

Vladimir Volynskiĭ, town 373, 379, 618, 669
Vladimir I the Saint 157, 177, 178, 282, 400
Vladimir II Vsevolodovich the Monomakh 217, 291, 292, 297, 329, 336, 372, 381-383, 386, 394, 474
Vladimir III Rurikovich 297, 442, 443
Vladimirko of Halich 384
Vladimirtsov, B. 512, 530, 531, 537, 580, 583, 585, 590, 598, 698
Vladislas (Władisław) I the Short (Lokietek) 470
Vladislas II 374
Vlakhata, eponymous hero 17
Vngarland (Hungary) 478
Vodianskoe 572, 667, 677
Voegelin, E. 662
Voguls 15, 19, 42
Voigt, D.H.G. 160
Voina 384
Voinov (Vojnov), M. 376, 422
Voinovitch, L.de 646
Voiteni 84
Voiteshik, Ivan 292
Voĭtov, V.E. 740
Vojtěch, s. Saint Adalbert
Volga 18, 20, 24, 31, 53, 54, 56-59, 138, 161, 162, 164-166, 236, 237, 242, 244, 252, 256, 258, 281-283, 293, 328, 332, 353, 358, 365, 394, 440, 515, 518, 569, 570, 597, 604, 606-610, 624, 625, 627, 657, 666-668, 670, 673, 674, 677, 684, 734
Volga Delta 74, 443
Volga-Kama region 58
Volga group (Cumans) 349
Volin, S.L. 310, 752

Volkhov 612
Völkl, E. 115
Volodava 669
Volodislav (Ladislas IV the Cuman) 466
Volosovo, archaeological culture 20
Volpe, G. 750
Voronezh country 649, 654
Vörös, G. 135
Vörös, I. 28, 152
Vörs 50
Vostokova, E.A. 578
Voznyi, I.P. 634
Vranas (Branas) 204
Vranchuk, V.Iu. 400
Vratsa, region 392
Vries-v.d. Velden, E.de 270
Vrs 40
Vryonis Jr., S. 10, 268, 272, 306
Vseslav Briachislavich, knez of Polotsk 286
Vsevolod I Iaroslavich 284, 291, 292, 365, 366
Vsevolod II Olegovich 296, 384
Vsevolod Iurievich 611
V. Tarasovka 423
Vukovar 81
Vulgari (Bulgarians) 474
Vyshgorod 616
Vzur, s. Uzus

W
Wachinger, B. 218
Wacław/Václav/Wenzel I 621, 622, 647
Wacław/Václav/Wenzel II 470
Wacław III/Ladislas V 469, 470

Waddingus, Luca 55, 328, 660
Wahlstatt 621, 623, 626, 644
Wahrmund, A. 28
Waida, M. 157
Wailly, N. de 352, 417, 561, 632, 650, 651
Waitz, G. 117, 160, 213, 377, 630, 642, 644, 648, 659
Wakhtang 345, 549
Walachi, Walati, Walathi (Romanians) 442
Walchen 86
Walczak, R. 621
Waldmüller, L. 463, 464
Waldsee 105
Waldseemüller (Hylacomilus), Martin 55
Walford, A. 743
Walker, C.C. 542, 588, 593
Wallachia (Muntenia) 64, 188, 218, 284, 296, 348, 387, 427, 429, 430, 441, 472, 489, 491, 492, 636, 637, 641, 676, 678
Wallachia Land 655
Wallis Budge, E.A. 240, 544
Walsch, R.N. 157
Wang/Ong-khan (Togrul) 582
Wang, C. 748
Wang, M. 605
Waquet, H. 388
Washington, D.C. 10
Wasilewski, T. 750
Wassaf 483, 601
Wattenbach, W. 185, 374, 406, 439, 452, 453, 455, 459, 470, 630, 645, 646, 648
Weber, M. 622, 698
Węclewski, Z. 621
Wedel, E. 115
Weiers, M. 506, 559, 583, 675, 693, 698, 740

Weigl, H. 414, 417
Weiland, L. 352, 434, 439, 631, 634
Weinrich, L. 117
Weir, T.H. 305
Weiss, G. 157
Weiss, I.C. 555
Weissleder, W. 156, 306, 710
Weithmann, M.W. 108
Welf IV, duke of Bavaria 212, 377
Wels 117
Weltin, M. 755
Welykyj, A.G. 653
Wendt, H.F. 227, 493, 503
Wenia (Vienna) 70
Wenzel I, s. Waclaw I
Wenzel II, s. Waclaw II
Werbulchu 40
Werner, C. 426
Werner, E. 273, 306, 307
Werner, J. 139
Werner von Orseln 470
Wernher, Georg 479, 481
Wertner, M. 698
Wessobrunn 105
West Asia 133, 135, 230, 257, 321, 360
West Slovakia 98
Westerink, L.G. 167
Westem Carpathians 96
Western Central Asia 712, 728, 733
Western Eurasia 138, 725
Western Europe 8, 32, 85, 94, 97, 104, 121, 122, 171, 321, 404, 552, 702, 716, 719, 722
Westphalia 104
Westrem, S.D. 540, 750
Whaley, M.A. 698

Whisenhut, D.W. 358
White Croatia 170
White Croatians 111
White Cumania 347, 482
White Cumans 347
White Horde (Ak Orda) 664
White Ruthenians 636
Whittow, M. 227
Widukind 19, 106, 108, 117
Wicczorek, A. 50, 125, 727
Wich, G. 15, 162
Wien (s. also Vienna) 13
Wiener Neustadt 647
Wienerwald, s. Viennese Forest
Wiersing, E. 696
Wiesflecher-Friedhuber, I. 689
Wiesinger, P. 86
Wiesner, H.S. 156
Wiet, G. 175, 230
Wild Polovtsians (Cumans) 348
Wild Tatars, s.Tatars (wild)
Wild West 722
Will, C. 631
Willerding, U. 715
William of Nangis, s. Guillaume de Nangis
William (Guillaume) II of Nevers and Auxerre 212
William (Guillaume) IX of Poitiers 212, 377
William (Guillaume), Latin commandant 445
William (Guillaume) of Tyre 210, 211, 237, 246, 417
William (Guillaume) II of Villehardouin 447
William (Wilhelm), bishop of Transylvania 429
William (Wilhelm) of Rubruck, s.Rubruck

Wilzians 85
Wimbush, S.E. 134
Wink, A. 394, 465, 520, 699, 748
Wirth, P. 40
Wisła, s. Vistula
Wissowa, G. 640
Witte, K. 640
Wittek, P. 279, 280, 307
Wittrock, B. 737
Wladislaw I, s. Vladislas I the Short (Lokietek)
Wolf, M. 28, 30, 54, 123, 127, 128
Wolff, O. 622, 698
Wolff, R.L. 402, 503, 745
Wolfram, H. 13, 66, 69, 86, 124, 131
Wollmann, V. 90
Wood, I.(N.) 48, 160, 569
Worms 116
Worstbrock, F.J. 218
Wozniak, F.E. 227
Wratislavia (Breslau/Wroclaw) 525
Wrocław, s. Breslau
Wunderlich, W. 693
Wurster, H.W. 70, 119, 125, 127
Wylie, T.V. 698
Wyngaert, A.v.d. 54, 322, 517
Wyrozumski, J. 726

X
Xenopol, A.D. 750
Ximenez, s. Jiménez

Y
Yabghu Uzes 258, 260
Ya'kubi 230, 245, 265

Yangikent (s. also Djankent-kala) 239, 258
Yao Ts'ung-wu, s. Ts'ung-wu, Yao
Yapp, M.E. 555
Ya'qūb ibn Hasan 563
Yarshater, E. 743
Yashqūt 348
Yaszi 476
Yayrli 245
Yavdi ertim 151, 152
Yazghir (Yazir) 245
Yazi-Qapan 151
Yeke-Monggol ulus, s. Ta-Meng-ku-kuo
Ye-liu Chi'u-ts'ai 588
Yellow River (Huang-he) 587
Yemen 270
Yenisei, river 140, 233, 585
Yenisei, region 233
Yesugai 565, 581, 582
Yewä (Yive) (s. also Ivä) 245, 277
Yigder (s. also Igdir) 245
Yiliang, Zhou 745
Ypres 640
Yuan, dynasty 544
Yule, H. 698
Yüragir 245
Yusuf, son of Seljuk 254
Yvo (Yves) of Narbonne 647

Z
Zábojnik, J. 102, 125, 311
Zacharia of Säben 103
Zachariadou, E.A. 307
Zachová, J. 470
Zacour, N.P. 745
Zaduk 476

Zagiba, F. 115
Zagreb 630
al-Zahir Barquq 662
Zaidar 253
Zajaczkowski, A. 354, 364, 503
Zajaczkowski, W. 280
Zakaran 476
Zakarpatskaia/Transcarpathian region 32, 102
Zakharow, A. 131
Zakhoder, B.N. 227
Zakythinos, D.A. 205, 227, 270, 307
Zalavar 69, 83, 104
Zambory-Nagy, P. 75
Zamozhnoé 342
Zantfliet, Cornelius 650
Zaporozhie, town 423
Zaporozhié, region 342
Zarek, O. 750
Zamitz, M.L. 191
Zarub 293
Zástěrová, B. 742
Zămeşti 285
Zbuchea, Gh. 451
Ždan, M.B. 669
Zebrowski, T. 160
Zelenskiǐ, Iu.V. 395, 503
Zemera 40
Zemplénagárd 80
Zemplin/Zemplén 80, 96
Zenrî 396
Zernack, K. 701, 726, 744
Zeune, J. 108
Zhekova, Zh. 451
Zhdanko, T.A. 740

Zheng 587
Zhinishke 351, 360
Zhou Yiliang, s. Yiliang, Zhou
Zhukov, E.M. 690
Zhurov 253
Ziablin, L.P. 503
Zichy, L. 698
Ziduri 285
Ziegler, Ch.E. 698
Zimmermann, F. 426, 427
Zimmermann, H. 131, 432, 697, 750
Zimonyi, I. 21, 26, 310, 698, 752
Zingerle, I.V. 426
Zinelor (Stația) 285
Zlatarski, V. (W.) N. 422, 749, 750
Znamensk 63
Zobolcsu, Zobole, Zoboleh (Szabolcs) 40

Zokan 476
Zoltan 87, 182
Zonaras, Ioannes 112, 149, 152, 168, 171, 176, 188, 191, 192, 199, 200, 268, 289, 374
Zoriktuev, B.R. 583, 585
Zoroastrians 254
Zosima the Deacon 676
Zosimus 284
Zsoldos, A. 750
Zuagan 476
Zuardu 90, 92
Zuckerman, C. 57, 131
Zuev, Iu.A. 750
Zultan 182
Zürcher, E. 745
Zvataplug, s. Svatopluk
Zygos (Balkan Mountains) 369, 375

2005—2022年相关参考文献更新

第一章 匈牙利人

Albrecht, S., "Der Ungarnsturm als Erinnerungsort des Mittelalters im Römisch-Deutschen Reich," *Acta Archaeologica Carpathica*, XLVII, 2012, pp. 169-197.

Bakró-Nagy, M., "The Uralic language," *Revue Belge de Philologie et d'Histoire*, fasc. 3: *Langues et littératures modernes*, 90, 2012, pp. 1001-1028.

Balogh, L., "A new source on the Hungarian raids against Byzantium in the middle of the tenth century," *Chronica. Annual of the Institute of History. University of Szeged*, 7-8, 2007-2008, pp. 16-25.

Bendefy, M.K., Petkes, Z., Türk, A., "Archaeological evidence for leatherworking in the Hungarian conquest period (10th c.)," *Труды камской археолого-этнографической экспедиции*, XII, Perm, 2017, pp. 207-229.

Berend, N., "Les récits de la migration dans la Hongrie médiévale," *Annales. Histoires, Sciences Sociales*, 76, 2021, 3, pp. 457-488.

Berta, Á., "On the Turkic origin of the names of the Hungarian tribes," in *Studies in Turkic Etymology*, eds. L. Johanson and A. Róna-Tas, Wiesbaden, 2010, pp. 175-187.

Bollók, Á, "From Carolingian Europe to its periphery and back again. A brief contribution to the study of the last phases of Carolingian metalwork and the western European booty of the ancient Hungarians," *Zeitschrift für Archäologie des Mittelalters*, 42, 2014, pp. 77-116.

Bowlus, Ch.R., *The Battle of Lechfeld and its Aftermath, August 955. The End of the Age of Migrations in the Latin West*, Aldershot-Burlington, VT, 2006.

Czeglédi, K., "The name of Hungarian people «hungar» in the mirror of geographycal names," *Journal of Eurasian Studies*, II, 2010, 1, pp. 72-86.

Dimitrov, Kh., *България и номадите до началото на XI век*, Plovdiv, 2011.

Eggers, M., "Die Verwendung und Bedeutung des Begriffes 'Pannonien' in 'westlichen' (fränkischen) Quellen des Frühmittelalters," *Südost-Forschungen*, 65/66, 2006/2007, pp. 1-27.

Environmental Archaeology in North-Eastern Hungary, eds. E. Gál, I. Juhász, P. Sümegi, Budapest, 2006 (P. Langó, K. Mesterházy, M. Takács).

The Fall of Great Moravia. Who was Buried in Grave H153 at Pohansko near Břeclav?, eds. J. Macháček, M. Wihoda, Leiden-Boston, 2019 (R. Zehetmayer, P. Kouřil, D. Kalhous).

Farkas, Gy., "Biological anthropological/human biology and the prehistory of Hungarians," in *Research on the Prehistory of the Hungarians: A review*, ed. B.G. Mende, Budapest, 2005, pp. 9-32.

Fodor, I., "Über die Voraussetzung der ungarischen Staatsgründung," *Chronica. Annual of the Institute of History. University of Szeged*, 6, 2006, pp. 28-36.

Fodor, I., *Scythia Hungarica. A honfoglalás előtti magyarság régészeti emlékei*, Budapest, 2008.

Fodor, I., "Sámánizmus és a Magyar régészet," *Tisicum*, Szolnok, XXII, 2013, pp. 189-202.

Fodor, I., *Венгры: древняя история и обретение родины*, Perm, 2015.

Fodor, I., "Voltak-e a 10-12. században 'szállási' temetők?" *Archaeologiai Értesítő*, 140, 2015, pp. 287-295.

Font, M., "Lateiner und Orthodoxe: Völker und ihre Gewohnheiten. Das Beispiel des mittelalterlichen Königreichs Ungarn," in *Rome, Constantinople and Newly-Converted Europe*, eds. M. Salamon, M. Wołoszyn, A. Musin, P. Špehar, in collab. with M. Hardl, M.P. Kruk, A. Sulikowska-Gąska, I, Cracow-Leipzi-Rzeszów-Warsaw, 2012, pp. 143-152.

Gáll, E., "Ritualurile funerare și problematica grupurilor culturale în Bazinul Transilvan în secolul X," in *Arheologia mileniului I p. Chr.* [I,] *Cercetări actuale privind istoria și arheologia migrațiilor*, ed. L.M. Voicu, co-ed. B. Ciupercă, Bucharest, 2010, pp. 184-235.

Gorelik, M.V., "Латная конница древних венгров," in *Древности юга России*, Moscow, 2008, pp. 296-303.

Grzesik, R., "Przybycie Węgrów do Kotliny Karpackiej w oczach średniowiecznych kronikarzy węgierskich," *Balcanica Posnaniensia. Acta et studia*, XIV, 2007, pp. 75-81.

Gyóni, G., "Восточные венгры, западные венгры (к проблеме «Югрия»)," *Finno-Ugrica*, 9, 2005-2006, pp. 81-90.

Gyóni, G., "Hungarian traces in place-names in Bashkiria," *Acta Ethnographica Hungarica*, 52, 2008, 2, pp. 279-305.

Hölbling, T., *A honfoglalás forráskritikája*, I-II, Pécs, 2009.

Karatay, O., "Etelköz: ortanca macar yurdu hakkinda yení bazi tespítler," *Belleten (Türk Tarih Kurumu)*, LXXVIII, 2014, 281, pp. 41-91.

Kovács, J., "Remarks on the archaeological remains of the 9th-10th century Hungarians," in *Research on the Prehistory of the Hungarians: A review*, ed. B.G. Mende, Budapest, 2005, pp. 351-368.

Das Lange 10. Jahrhundert. Struktureller Wandel zwischen Zentralisierung und Fragmentierung, äusserem Druck und innerer Krise, eds. C.A. Kleinjung, S. Albrecht, Mainz, 2014 (L. Révész, R. Röber, R. Schreg, J. Machaček).

Langó, P., "Archaeological research on the conquering Hungarians: A review," in *Research on the Prehistory of the Hungarians: A review*, ed. B.G. Mende, Budapest, 2005, pp. 175-340.

Langó, P., *Amit elrejt a föld... A 10. századi magyarság anyagi kultúrájának régészeti kutatása a Kárpát-medencében*, Budapest, 2007.

Maiorov, A.V., "Венгерское переселение в Паннонию и проблема основания Галича," in *Взаимодействие народов Евроазии в эпоху великого переселения народов*, editor-in-chief R.D. Goldina, Izhevsk, 2006, pp. 175-180.

Madgearu, A., *The Romanians in the Anonymous Gesta Hungarorum. Truth and Fiction*, Cluj-Napoca, 2005.

Madgearu, A., *Expansiunea maghiară în Transilvania*, Târgovişte, 2019.

Majoros, F., *Geschichte Ungarns Nation unter der Stephanskrone*, Gernsbach, 2008.

Makk, F., "Comment on the presentations about the written records of the prehistory of the Hungarians," in *Research on the Prehistory of the Hungarians: A review*, ed. B.G. Mende, Budapest, 2005, pp. 111-114.

Makk, F., "Some chronological observations on the Magyar raid in Hispania in 942 AD," in *"In my spirit and thought I remained a European of Hungarian origin". Medieval Historical Studies in Memory of Zoltan J. Kosztolnyk*, eds. I. Petrovics, S.L. Tóth, E.A. Congdon, Szeged, 2010, pp. 21-26.

Makk, F., *Vom mythischen Vogel Turul bis zum Doppelkreuz*, Herne, 2012.

Makkay, J., "The secondary homeland of the Proto-Hungarians in Western Siberia," in *Research on the Prehistory of the Hungarians: A review*, ed. B.G. Mende, Budapest, 2005, pp. 369-391.

Mesterházy, K., "Stilrichtungen in der Kunst der landnehmenden Ungarn," *Acta*

Archaeologica Carpathica, XL, 2005, pp. 145-161.

Múcska, V., "Zur Frage der großmährisch-byzantinischen Tradition im früharpadischen Ungarn. Möglichkeiten der Interpretation," in *Rome, Constantinople and Newly-Converted Europe*, eds. M. Salamon, M. Wołoszyn, A. Musin, P. Špehar, in collab. with M. Hardl, M.P. Kruk, A. Sulikowska-Gąska, I, Krakow-Leipzig-Rzeszów-Warsaw, 2012, pp. 153-168.

Mureşan, D.I., "Patriarch Theophylact, the horses and the Hungarians: The religious origins of the Byzantine mission to *Tourkia*," in *Christianization in Early Medieval Transylvania. The Oldest Church in Transylvania and Its Interpretation*, eds. D. Marcu Istrate, D.I. Mureşan and G.T. Rustoiu, Leiden-Boston, 2022, pp. 184-237.

Musteaţă, S., *Populaţia spaţiului pruto-nistrean în secolele VIII-IX*, Chişinău, 2005.

Oţa, S., "Elite locale şi centre de putere în Banat (sfârşitul secolului al IX-lea – începutul secolului al XI-lea)," *Acta Musei Porolissensis*, XXXVIII, *Arheologie-Restaurare Conservare*, Zalău, 2016, pp. 433-458.

Rastoropov, A.V., "Вопросы ранней этнической истории венгров-мадьяр," *Поволжская археология*, 1 (11), 2015, pp. 70-90.

Riabtseva, S., Rabinovich, R., "К вопросу о роли венгерского фактора в Карпато-Днестровских землях в IX-X вв.," *Revista arheologică*, Chişinău, SN, III, 2007, 1-2, pp. 195-230.

Romhányi, B.F., "Changes of the spatial organisation of the Carpatian Basin (5th-14th century)," *Zeitschrift für Archäologie des Mittelalters*, 45, 2017, pp. 1-31.

Révész, É., "Gyula's Christianity and the bishopric of the Eastern mission," in *Christianization in Early Medieval Transylvania. The Oldest Church in Transylvania and Its Interpretation*, eds. D. Marcu Istrate, D.I. Mureşan and G.T. Rustoiu, Leiden-Boston, 2022, pp. 256-263.

Révész, L., "Remarks on the evaluation of the 10th-11th century cemeteries of the Carpathian Basin," in *Research on the Prehistory of the Hungarians: A review*, ed. B.G. Mende, Budapest, 2005, pp. 341-350.

Révész, L., "Egy megoldatlan kérdéskör: Szempontok a honfoglaló magyarok és a helyben talált népesség kapcsolatának kutatásához," *Tisicum*, Szolnok, XXII, 2013, pp. 179-188.

Révész, L., "Ungarn und der deutsche Druck. Das kurze oder lange 10. Jahrhundert? Archäologische Beurteilung der Gräberfelder im Karpatenbecken," in *Das lange 10. Jahrhundert? Struktureller Wandel zwischen Zentralisierung und Fragmentierung, äusserem Druck und innere Krise*, eds. C.A. Kleinjung, S. Albrecht, Mainz, 2014, pp. 85-90.

Róna-Tas, A., "Хазары и мадьяры," in *Хазары. Евреи и славяне*, 16, eds. V. Petrukhin, W. Moskovich, A. Fedorchuk, A. Kulik, D. Shapira, Jerusalem-Moscow, 2005, pp. 111-124.

Róna-Tas, A., "Remarks on the research on the prehistory of the Hungarians," in *Research on the Prehistory of the Hungarians: A review*, ed. B.G. Mende, Budapest, 2005, pp. 393-399.

Rudenko, K.A., "Великая Венгрия и Леведия: венгры в Хазарии," in *Путешествие Ибн Фадлана: Волжский путь от Багдада до Булгара*, Moscow, 2016, pp. 334-347.

Sălăgean, T., *Ţara lui Gelou. Contribuţii la istoria Transilvaniei de Nord în secolele IX-XI*, Cluj-Napoca, 2006.

Sălăgean, T., "From *Terra Ultrasilvana* to *Regnum Erdeelw*: Notes on the historical evolution of Transylvania in the 10th century," in *Christianization in Early Medieval Transylvania. The Oldest Church in Transylvania and Its Interpretation*, eds. D. Marcu Istrate, D.I. Mureşan and G.T. Rustoiu, Leiden-Boston, 2022, pp. 149-166.

Schicksalsjahr 907. Die Schlacht bei Pressburg und das frühmittelalterliche Niederösterreich. Katalog zur Ausstellung des Niederösterreichischen Landesarchivs, ed. R. Zehetmayer, St. Pölten, 2007 (R. Zehetmayer, M. Diesenberger, B. Zeller, J. Steinhübel, E. Szameit, H. Herold, E. Lauermann, L. Veszprémy).

Im Schnittpunkt frühmittelalterlicher Kulturen. Niederösterreich an der Wende vom 9. zum 10. Jahrhundert, ed. R. Zehetmayer, St. Pölten, 2008 (H. Wolfram, K. Brunner, R. Deutinger, B. Zeller, R. Corradini, M. Diesenberger, B. Torma, M. Obenaus).

Schreg, R., "Die Ungarnzüge als Faktor der Siedlungsgeschichte Westeuropas – Das lange 10. Jahrhundert zwischen Ereignis- und Strukturgeschichte," in *Das lange 10. Jahrhundert? Struktureller Wandel zwischen Zentralisierung und Fragmentierung, äusserem Druck und innere Krise*, eds. C.A. Kleinjung, S. Albrecht, Mainz, 2014, pp. 225-250.

Sfrengeu, F., "Migraţia ungurilor spre Câmpia Pannonică în lumina cercetărilor din sudul Pannoniei," *Analele Asociaţiei Naţionale a Tinerilor Istorici din Moldova. Revistă de Istorie*, 9, Bucharest-Chişinău, 2010, pp. 8-21.

Sfrengeu, F., "Opinioni storiografiche sulle fortificazioni nel nord-ovest della Romania e le informazioni presenti nella cronaca anonima *Gesta Hungarorum*," in *Categorie europee. Reppresentazioni storiche e letterarie del 'politico'*, eds. S. Şipoş, F. Donatiello, D.O. Cepraga, A. Chiriac (*Transylvanian Review*, XXIII, Supplement No. 1, 2014), Oradea, pp. 63-76.

The State of the Art of Uralic Studies: Tradition vs Innovation, ed. A. Marcantonio, Rome, 2018 (G. Cossuto, L. Marácz, B. Obrusánszky, E. Zanchetta).

Stefanov, P., "Нови сведения за българското влияние в Унгария през XI век," in

Християнската култура в средневековна България, ed. P. Georgiev, Veliko Tyrnovo, 2008, pp. 345-353.

Steinhübel, J., "Vel'ká Morava a bavorské pohraničie v rokoch 871-901," *Byzantinoslovaca*, I, 2006, pp. 144-160.

Sutt, C., *Slavery in Árpád-era Hungary in Comparative Context*, Leiden-Boston, 2015.

Szij, E., "Research on the prehistory of the Hungarian language," in *Research on the Prehistory of the Hungarians: A review*, ed. B.G. Mende, Budapest, 2005, pp. 115-156.

Takács, M., "Három nézőpont a honfoglaló magyarokról," *Dolgozatok. Az Erdélyi Múzeum érem – és régiségtárából*, Cluj-Napoca, I (XI), 2006, pp. 67-98.

Theodorescu, R., "Découvertes archéologiques à Alba Iulia et une conversion des Hongrois," *Revue Roumaine d'Histoire de l'Art, Série Beaux-Arts*, LI, 2014, pp. 3-9.

Thoroczkay, G., "Some remarks on the church history of the Carpathian Basin during the 10th and 11th centuries," in *Christianization in Early Medieval Transylvania. The Oldest Church in Transylvania and Its Interpretation*, eds. D. Marcu Istrate, D.I. Mureşan and G.T. Rustoiu, Leiden-Boston, 2022, pp. 248-255.

Todorov, B., "The value of empire: tenth-century Bulgaria between Magyars, Pechenegs and Byzantium," *Journal of Medieval History*, 36, 2010, pp. 312-326.

Tóth, S.L., "The past and present of the research on the prehistory of the Hungarians. Historiography," in *Research on the Prehistory of the Hungarians: A review*, ed. B.G. Mende, Budapest, 2005, pp. 45-86.

Tóth, S L., "The research of Hungarian prehistory outside Hungary," in *"In my spirit and thought I remained a European of Hungarian origin". Medieval Historical Studies in Memory of Zoltan J. Kosztolnyk*, eds. I. Petrovics, S.L. Tóth, E.A. Congdon, Szeged, 2010, pp. 27-36.

Vágó, Á., *A Kárpát-medence ősi kincsei. A kőkortól a honfoglalásig*, Budapest, 2015.

Vörös, I, "Ló az Árpád-kori Magyarországon," *Folia Archaeologica*, LII, 2005-2006, pp. 163-216.

Zimonyi, I., *Muslimische Quellen über die Ungarn vor der Landnahme. Das ungarische Kapitel der Ǧaihānī-Tradition*, Herne, 2006.

Zimonyi, I., *Muslim Sources on the Magyars in the Second Half of the 9th Century. The Magyar Chapter of the Jayhānī Tradition*, Leiden-Boston, 2016.

Zimonyi, I., "Key issues of the early Hungarian history theories in the light of recent literature," *Archivum Eurasiae Medii Aevi*, 23, 2017, pp. 301-317.

第二章 佩切涅格人

Berezhinskii, V.G., Borozdina, A.K., *Военное искусство печенегов*, Kiev, 2010.

Boškoski, M., "Меглен во 11 и 12 век,"/"Meglen in the 11th and the 12th centuries," *Македонско наследство/Macedonian Heritage*, VIII, 22, 2004, pp. 39-51.

Corbu, E., *Sudul României în Evul Mediu timpuriu (secolele VIII-XI). Repere arheologice*, Brăila, 2006.

Cossuto, G., "Les «nomades primitifs» et le croisé normand: les Petchenègues «byzantins» et Bohemond de Tarante," *Studia et Documenta Turcologica*, 2, 2014, pp. 45-53.

Curta, F., "Образ и археология печенегов," *Stratum plus*, 2013, 5, pp. 203-236.

Curta, F., "The image and archaeology of the Pechenegs," *Banatica*, 23, 2013, pp. 143-202.

Doncheva-Petkova, L., *Одърци*, 2, *Некрополи от XI век*, Sofia, 2005.

Dudek, J., "Bruno of Querfurt's mission to *Patzinacia* (1008 AD): new information about the Bulgarian-Byzantine war?," *Byzantinoslovaca*, III, 2010, pp. 47-57.

Dimitrov, Kh., *България и номадите до началото на XI век*, Plovdiv, 2011.

Ioniţă, A., *Spaţiul dintre Carpaţii Meridionali şi Dunărea Inferioară în secolele XI-XIII*, Bucharest, 2005.

Ivanov, S.A. and Lubotsky, A., "An Alanic marginal note and the exact date of John II's battle with the Pechenegs," *Byzantinische Zeitschrift*, 103, 2010, 2, pp. 595-603.

Jeleznîi/Zheleznyi, V., "К вопросу о специфике печенежских и узских погребений Пруто-Днестровского региона," *Revista arheologică*, Chişinău, SN, XII, 2016, 1-2, pp. 199-215.

Katona-Kiss, A., "A besenyők és az oguzok vándorlása a VIII. században," *Csodaszarvas*, IV, 2011, pp. 7-25.

Konovalova, I.G., "Печенеги в контексте рассказа Константина Багрянородного о «северных народах»," *Studia et Documenta Turcologica*, 1, 2013, pp. 269-275.

Kozlov, S.A., "Были ли печенежские союзники византийцев «христолюбивым воинством»?," in *Кондаковские чтения*, III, *Человек и эпоха: Античность – Византия – Древняя Русь*, Belgorod, 2010, pp. 238-244.

Kozlov, S.A., "Византийские авторы об участии печенегов в русско-византийской войне 970-971 гг. и их источники," *Вестник Тюменского Государственного Университета*, 2011, 2, *История*, pp. 33-40.

Kozlov, S.A., "К вопросу о датировке появления печенегов в Нижнем Подунавье," *Византийский временник*, 71 (96), 2012, pp. 57-72.

Kozlov, S.A., "Byzantinopecenacica I: Богас и Кеген – Печенежские «языки» на византийской службе," *Archivum Eurasiae Medii Aevi*, 20, 2013, pp. 103-127.

Krumova, T., "Pecheneg chieftains in the Byzantine administration in the theme of Paristrion in the eleventh century," *Annual of Medieval Studies at CEU [Central European University]*, 11, 2005, pp. 207-221.

Krumova, T., G. Atanasov, G., "Нов паметник на печенежката металопластика от с. Стан, Новопазарско," in *Проф. Д. И. Н. Станчо Ваклинов и средновековната българска култура*, eds. K. Popkonstantinov, B. Borisov, R. Kostova, Veliko Tărnovo, 2005, pp. 248-253.

Madgearu, A., "The Pechenegs in the Byzantine army," in *The Steppe Lands and the World Beyond Them. Studies in Honor of Victor Spinei on his 70th Birthday*, eds. F. Curta, B.-P. Maleon, Iaşi, 2013, pp. 207-218.

Madgearu, A., "A comparison between two migrations in the Byzantine Empire: the Goths and the Pechenegs," *Plural. History, Culture, Society*, Chişinău, 3, 2015, 2, pp. 17-26.

Mărculeţ, V., "Asupra funcţionării unor guvernatori ai themei Paristrion-Paradunavon din secolul al XI-lea," in *Românii în Europa medievală (între Orientul bizantin şi Occidentul latin). Studii în onoarea profesorului Victor Spinei*, ed. D. Ţeicu, I. Cândea, Brăila, 2008, pp. 175-198.

Melnyk, M., "On the issue of the authenticity of the names of Pecheneg rulers in the Nikonian chronicle," in *The Steppe Lands and the World Beyond Them. Studies in Honor of Victor Spinei on his 70th Birthday*, eds. F. Curta, B.-P. Maleon, Iaşi, 2013, pp. 151-158.

Melnyk, M., *Byzantium and the Pechenegs. The Historiography of the Problem*, Leiden-Boston, 2022.

Meško, M., "Snaha Byzancie o konečné riešenie pečenežského problému: Výprava Alexia I. Komnéna proti Dristre roku 1087," *Medea. Studia mediaevalia et antiqua*, 9, 2005, pp. 104-122.

Meško, M., "Bitka pri Beroé 1122: Posledný boj Pečenehov," *Vojenská história*, Bratislava, 4, 11, 2007, pp. 3-26.

Meško, M., "Notes sur la chronologie de la guerre des Byzantins contre les Petchénègues (1083-1091)," *Byzantinoslavica*, LXIX, 2011, 1-2, pp. 134-148.

Meško, M., "Pečenežsko-Byzantské dobrodružstvo uhorského kráľa Šalamúna (1083-1087)," *Konštantínove listy*, 4, 2011, pp. 77-94.

Meško, M., "K veľkosti pečenežských zoskupení (hôrd) na Balkáne v druhej polovici 11. storočia," *Byzantinoslovaca*, IV, 2012, pp. 17-27.

Meško, M., "Pecheneg groups in the Balkans (ca. 1053-1091) according to the

Byzantine sources," in *The Steppe Lands and the World Beyond Them. Studies in Honor of Victor Spinei on his 70th Birthday*, eds. F. Curta, B.-P. Maleon, Iași, 2013, pp. 179-205.

Meško, M., "An overview of Byzantine sources about the Pechenegs (11th and 12th centuries)," in *On Research Methodology in Ancient and Byzantine History*, eds. J. Bednaříková, M. Meško and A. Žáková, Brno, 2015, pp. 169-179.

Meško, M., "Nomads and Byzantium. Problematic aspects of maintaining diplomatic relations with the Pechenegs," in *On Research Methodology in Ancient and Byzantine History*, eds. J. Bednaříková, M. Meško and A. Žáková, Brno, 2015, pp. 181-193.

Oța, S., "Pecenegii din Banat. De la comunități militare la statutul nobiliar," *Apulum*, XLIV, 2007, pp. 315-339.

Paroń, A., "Pieczyngowie na kartach De administrando imperio Konstantyna VII Porfirogenety," *Classica Wratislaviensia*, 27, 2007, pp. 97-112.

Paroń, A.,"'Facta est christiana lex, in pessimo et crudelissimo populo.' Bruno von Querfurt among the Pechenegs," in *The Steppe Lands and the World Beyond Them. Studies in Honor of Victor Spinei on his 70th Birthday*, eds. F. Curta, B.-P. Maleon, Iași, 2013, pp. 161-178.

Paroń, A., *Pieczyngowie. Koczownicy w krajobrazie politycznym i kulturowym średniowiecznej Europy*, Wrocław, 2015.

Paroń, A., "Umwanted refugees: Newcomers from the steppes in the Byzantine Balkans (11th-12th century)," *Arheologia Moldovei*, XLIII, 2020, pp. 63-81.

Paroń, A., *The Pechenegs: Nomads in the Political and Cultural Landscape of Medieval Europe*, Leiden-Boston, 2011.

Pilipchuk, Ia.V., "Этногенез и миграции печенегов," *Archivum Eurasiae Medii Aevi*, 23, 2017, pp. 207-256.

Pilipchuk, Ia.V., "Печенежская диаспора в Европе XI-XII вв.," *Туркология*, 2018, 2, pp. 80-112.

Riabtseva, S., "О листовидных укращениях – подвесках, копоушках и решмах," *Revista arheologică*, Chișinău, SN, I, 2005, 1, pp. 350-358.

Schmitt, O., "Die Petschenegen auf dem Balkan von 1046 bis 1072," in *Pontos Euxeinos. Beiträge zur Archäologie und Geschichte des Antiken Schwarzmeer- und Balkanraumes. Manfred Oppermann zum 65. Geburtstag von Kollegen, Freunden und Schülern*, eds. S. Conrad, R. Einicke, A.E. Furtwänler, N. Löhr, A. Slawisch, Langenweißbach, 2006, pp. 473-490.

Shepard, J., "Mingling with northern barbarians: advantages and perils," in *The Steppe Lands and the World Beyond Them. Studies in Honor of Victor Spinei on his 70th*

Birthday, eds. F. Curta, B.-P. Maleon, Iaşi, 2013, pp. 219-233.

Todorov, B., "The value of empire: tenth-century Bulgaria between Magyars, Pechenegs and Byzantium," *Journal of Medieval History*, 36, 2010, pp. 312-326.

Valeriev, I., "New Byzantine, tenth – to eleventh-century lead seals from Bulgaria," in *The Steppe Lands and the World Beyond Them. Studies in Honor of Victor Spinei on his 70th Birthday*, eds. F. Curta, B.-P. Maleon, Iaşi, 2013, pp. 287-298.

Zervan, V., "Úloha Pečenehov v kríze euroázijskej stepi v 9. storočí na základe informácii Konštantína Porfyrogenneta," *Byzantinoslovaca*, I, 2006, pp. 161-174.

Zhivkov, B., *Khazaria in the Ninth and Tenth Centuries*, trans. D. Manova, Leiden-Boston, 2015.

Zimonyi, I., "The chapter of the Jayhānī – tradition on the Pechenegs," in *The Steppe Lands and the World Beyond Them. Studies in Honor of Victor Spinei on his 70th Birthday*, eds. F. Curta, B.-P. Maleon, Iaşi, 2013, pp. 99-113.

第三章 乌古斯人

Angeli, F., *Очерки истории гагаузов – потомков огузов (середина-начало XXI вв.)*, Kishinev/Chişinău, 2007.

Beihammer, A., "Die Ethnogenese der seldschukischen Türken im Urteil christlicher Geschichtsschreiber des 11. und 12. Jahrhunderts," *Byzantinische Zeitschrift*, 102, 2009, pp. 589-614.

Beihammer, A., "Feindbilder und Konfliktwahrnehmung in den Quellen zum Auftreten der Seldschuken in Kleinasien (ca. 1050-1118)," *Byzantion*, LXXIX, 2009, pp. 48-98.

Beihammer, A.D., "Defection across the border of Islam and Christianity: Apostasy and cross-cultural interaction in Byzantine-Seljuk relations," *Speculum*, 86, 2011, pp. 597-651.

Broome, M., *A Survey of the Coinage of the Seljuqs of Rūm*, ed. V. Novák, London, 2011.

Chen Hao, "Baz Qaγan and the transformation of Toquz Oγuz," *Chronica. Annual of the Institute of History. University of Szeged*, 18, 2018, pp. 43-50.

Danka, B., "An epic geography of the Oγuz-nāmä in Uyghur script," *Chronica. Annual of the Institute of History. University of Szeged*, 18, 2018, pp. 51-69.

Durak, K., "Defining the 'Turk': Mechanisms of establishing contemporary meaning in the archaizing language of the Byzantines," *Jahrbuch der Österreichischen Byzantinistik*, 59, 2009, pp. 65-78.

Fangyi, C., "The research on the identification between Tiele and the Oγuric tribes,"

Archivum Eurasiae Medii Aevi, 19, 2012, pp. 81-113.

Freely, J., *Storm on Horseback. The Seljuk Warriors of Turkey*, London-New York, 2008.

Golden, P., "Тюрки-хазары – гулямы на службе у халифов," in *Хазары. Евреи и славяне*, 16, eds. V. Petrukhin, W. Moskovich, A. Fedorchuk, A. Kulik, D. Shapira, Jerusalem-Moscow, 2005, pp. 458-482.

Golden, P.B., "Some thoughts on the origins of the Turks and the shaping of the Turkic peoples," in *Contact and Exchange in the Ancient World*, ed. V.H. Mair, Honolulu, 2006, pp. 136-157.

Golden, P.B., "The 'other' in the world of Mahmūd Kāšġarī," *Тюркологический сборник*, 2013-2014 [2016], pp. 22-40.

Golden, P.B., "'Eternal stones'. Historical memory and notions of history among the early Turkic peoples," in *Turks in the Indian Subcontinent, Central and West Asia*, ed. I. Poonawala, New Dehli, 2017, pp. 3-63.

Hillenbrand, C., *Turkish Myth and Muslim Symbol. The Battle of Manzikert*, Edinburgh, 2007.

Jeleznîi/Zheleznyi, V., "К вопросу о специфике печенежских и узских погребений Пруто-Днестровкого региона," *Revista arheologică*, Chişinău, SN, XII, 2016, 1-2, pp. 199-215.

Kamola, S., "History and legend in the Jāmi' al-tawārīkh: Abraham, Alexander, and Oghuz Khan," *Journal of the Royal Asiatic Society*, 3rd ser., 25, 2015, 4, pp. 555-577.

Karatay, O., Üren, U., "On the earliest mentiom of the ethnonym 'Oghuz' in Western Turkestan," *Chronica. Annual of the Institute of History. University of Szeged*, 18, 2018, pp. 154-177.

Katona-Kiss, A., "A besenyők és az oguzok vándorlása a VIII. században," *Csodaszarvas*, IV, 2011, pp. 7-25.

Klyashtornyi, S.G. "Бёлюки: история миграции одного из племен огузов," in *Central Eurasia in the Middle Ages. Studies in Honour of Peter B. Golden*, eds. I. Zimonyi and O. Karatay, Wiesbaden, 2016, pp. 189-192.

Konovalova, I.G., *Ал-Идриси о странах и народах Восточной Европы,* Moscow, 2006.

Kruglov, E.V., "Государство гузов в памятниках археологии и по данным Ибн Фадлана," in *Путешествие Ибн Фадлана: Волжский путь от Багдада до Булгара*, Moscow, 2016, pp. 186-193.

Morgunov, Iu.Iu., "Торческое расселение Переяславской земли," in *Степи Восточной Европы в средние века. Сборник памяти Светланы Александровны Плетневой*, editors-en-chief I.L. Kyzlasov, Moscow, 2016, pp. 304-326.

Nikolov, A., "'Ethnos Skythikon': the Uzes in the Balkans (Facts and interpretations)," in *The Steppe Lands and the World Beyond Them. Studies in Honor of Victor Spinei on his 70th Birthday*, eds. F. Curta, B.-P. Maleon, Iaşi, 2013, pp. 235-247.

Paroń, A., *Pieczyngowie. Koczownicy w krajobrazie politycznym i kulturowym średniowiecznej Europy*, Wrocław, 2015.

Peacock, A.C.S., "The Saljūq campaign against the Crimea and the expansionist policy of the early reign of 'Alā' al-Dīn Kayqubād," *Journal of the Royal Asiatic Society*, 3rd ser., 16, 2006, 2, pp. 133-149.

Peacock, A.C.S., *Early Seljūq History. A New Interpretation*, London-New York, 2010.

Peacock, A.C.S., *The Great Seljuk Empire*, Edinburgh, 2015.

Popov, P.V., "О выделении западносибирского компонента в составе восточноевропейских огузов," in *Археология Нижнего Поволжья: проблемы, поиски, открытия*, editor-in-chief D.V. Vasil'ev, Astrakhan, 2010, pp. 351-361.

Prinzing, G., "Byzantiner und Seldschuken zwischen Allianz, Koexistenz und Konfrontation im Zeitraum ca. 1180-1261," in *Der Doppeladler. Byzanz und die Seldschuken in Anatolien vom späten 11. bis zum 13. Jahrhundert*, eds. N. Asutay-Effenberger, F. Daim, Mainz, 2014, pp. 25-37.

Shukurov, R.M., "Султан 'Изз ал-Дин Кайкавус в Византии (1262–1264/1265 гг.)," *Византийский временник*, 71 (96), 2012, pp. 7-26.

Vratimos, A., "The identification of the Scythians in the service of Romanos IV's first expedition to Anatolia," *Byzantinoslavica*, LXVII, 2009, pp. 191-198.

第四章 库蛮人

Abdimomynov, N.T., "Кипчакский фактор в истории Золотой Орды и Египта," *Вопросы истории*, 2011, 9, pp. 153-157.

Achim, V., "La Coumanie de l'espace extra-carpatique à l'époque de la domination hongroise, 1227-1241," *Revue Roumaine d'Histoire*, XLV, 2006, 1-2, pp. 3-25.

Allsen, Th., "The Qipchaqs, an alcohol history, 900-1400," in *Central Eurasia in the Middle Ages. Studies in Honour of Peter B. Golden*, eds. I. Zimonyi and O. Karatay, Wiesbaden, 2016, pp. 11-22.

Apareeva, E.K., Krasil'nikov, K.I., "Скульптурный феномен тюркютов в степях Восточной Европы," in *Материалы международной научной конференции «Археология Казахстана в эпоху независимости: итоги, перспективы»*, II, editor-in-chief B.A. Baitanaev, Almata, 2011, pp. 318-323.

Apareeva, E.K., Krasil'nikov, K.I., "Обрядовая практика половецкого святилища Донецкого кряжа," in *Степи Восточной Европы в средние века. Сборник памяти Светланы Александровны Плетневой*, editors-en-chief I.L. Kyzlasov, Moscow, 2016, pp. 327-341.

Arslanova, F., *Очерки средневековой археологии Верхнего Прииртышья*, Astana, 2013.

Baski, I., "On the ethnic names of the Cumans of Hungary," in *Kindship in the Altaic World*, eds. E.V. Boikova and R.B. Rybakov, Wiesbaden, 2006, pp. 43-54.

Blokhin, V.G., Petrov, P.A., "Средневековые комплексы с височными подвесками из Волгоградского Поволжья," *Российская археология*, 2013, 3, pp. 37-50.

Bratchenko, S.N., Kvitnitskii, M.V., Shvetsov, M.L., *Кочевники развитого средневековья на Северском Донце*, Kiev, 2012.

Brüggemann, Th., "Cumans in Southern Dobrudja. Some remarks on the Second Bulgarian Empire during the twelfth and thirteenth centuries," *Chronica. Annual of the Institute of History. University of Szeged*, 7-8, 2007-2008, pp. 57-71.

Cazacu, M., Mureşan, D.I., *Ioan Basarab, un domn român la începuturile Ţării Româneşti*, Chişinău, 2013.

Chkhaidze, V.N., "Погребения средневековых кочевников и каменные тюркские изваяния из степного Прикубанья," *Материалы и исследования по археологии Северного Кавказа*, Armavir, 9, 2008, pp. 118-138.

Chkhaidze, V.N., "Половец-золотоордынец – обладатель лука с арабской надписью «Махмуд»," *Историко-археологический альманах*, 11, 2012, pp. 140-153.

Chkhaidze, V.N., "Костяные навершия плетей с отростком в погребениях средневековых кочевников восточноевропейских степей," in *Степи Восточной Европы в средние века. Сборник памяти Светланы Александровны Плетневой*, editors-en-chief I.L. Kyzlasov, Moscow, 2016, pp. 353-382.

Chkhaidze, V.N., Druzhinina, I.A., "Средневековые кочевнические погребения в Нижнем Подонье (Курганный могильник Арпачин II)," *Материалы и исследования по археологии Северного Кавказа*, 11, Armavir, 2010, pp. 170-206.

Il Codice Cumanico e il suo mondo, eds. F. Schmieder and P. Schreiner, Rome, 2005 (F. Schmieder, V. Stojanow, L. Balletto, Ch. Hannick, J. Richard, P.B. Golden, N. Di Cosmo, A. I. Aibabin, K.P. Matschke).

Dall'Aglio, F., "The military alliance between the Cumans and Bulgaria from the establishment of the Second Bulgarian Kingdom to the Mongol invasion," *Archivum Eurasiae Medii Aevi*, 16, 2008/2009, pp. 29-54.

Dall'Aglio, F., "The interaction between nomadic and sedentary peoples on the Lower

Danube: the Cumans and the 'Second Bulgarian Empire'," in *The Steppe Lands and the World Beyond Them. Studies in Honor of Victor Spinei on his 70th Birthday*, eds. F. Curta, B.-P. Maleon, Iaşi, 2013, pp. 299-312.

Djuvara, N., *Thocomerius – Negru Vodă. Un voivod de origine cumană la începuturile Țării Românești. Cum a purces întemeierea primului stat medieval românesc dinainte de "descălecare" și până la așezarea Mitropoliei Ungrovlahiei la Argeș. Noi interpretări*, 2nd ed., Bucharest, 2007.

Dode, Z.V., "Половцы в Дагестане: загадочный рельеф из Кубачи," *Материалы по изучению историко-культурного наследия Северного Кавказа*, IX, Stavropol, 2009, pp. 389-414.

Druzhinina, I.A., Chkhaidze, V.N., Narozhniy, E.I., *Средневековые кочевники в Восточном Приазовье*, ed. M.V. Gorelik, Armavir-Moscow, 2011.

Ermolenko, L.N., Kurmankulov, Zh.K., "Новые находки средневековых изваяний в Сары-Арке," *Археология Южной Сибири*, Kemerovo, 24, 2006, pp. 63-71.

Font, M., *Киевская Русь – Галицкая Русь. Западные региональные контакты*, Moscow, 2021.

Garkavets, A.N., "Откуда есть пошли кыпчаки и кимаки," *Золотоордынская цивилизация*, 5, 2012, pp. 99-125.

Gemil, T., "Cumano-Tatars and the early medieval Romanian states," *Studia et Documenta Turcologica*, 2, 2014, pp. 85-97.

Geraskova, L., Pâslaru, I., "Nomazii turcici și sculptura cumană în vestul Pontului Euxin în secolele XI-XIII," in *Arheologia mileniului I p. Chr.*, IV, *Nomazi și autohtoni în mileniul I p. Chr.*, ed. B. Ciupercă, Brăila, 2015, pp. 555-585.

Gershkovich, Ia. P., "Спадщина Коркута в половецькому середовищі Північного Причорномор'я," *Археологія*, 2011, 1, pp. 40-50.

Golden, P.B., "Cumanica V: The Basmıls and Qipčaqs," *Archivum Eurasiae Medii Aevi*, 16, 2006-2007, pp. 13-42.

Golden, P.B., "Qıpčaq," in *Turcology and Linguistics, Festschrift Éva Ágnes Csató*, eds. N. Demir, B. Karakoç and A. Menz, Ankara, 2014, pp. 183-202.

Gołębiowska-Tobiasz, "Inwentarze grobowe a stele antropomorficzne u Połowców," *Archæologia Historica*, 38, 2013, 1, pp. 185-201.

Hautala, R., "Исторический контекст основания католической епархии Кумании 1227 года," *Золотоордынская цивилизация/Golden Horde Civilization*, 7, 2014, pp. 111-139.

Hautala, R., Sabdenova, G., "Hungarian expansion in *Cumania* on eve of the Mongol invasion of 1241," *Archivum Eurasiae Medii Aevi*, 22, 2016, pp. 71-106.

Holod, R. and Rassamakin, Y., "Imported and native remedies for a wounded 'prince': Grave goods from the Chungul kurgan in the Black Sea steppe of the thirteenth century," *Medieval Encounters*, 18, 2012, pp. 339-381.

Il'yasova, Z.S., Sabitov, Zh.M., "Сведения «Нухбат ад-дахр фи аджаиб ал-барр вал-бахр» ад-Димашки," *Золотоордынское обозрение/Golden Horde Review*, 4, 2016, 3, pp. 474-484.

Ioniță, A., *Spațiul dintre Carpații Meridionali și Dunărea Inferioară în secolele XI-XIII*, Bucharest, 2005.

Ivanov, V.A., Ivanova, M.I., "Funeral ceremony of nomads of Eastern Europe of the 13th-14th centuries in a context of ethnic structure of the Golden Horde," *Studia et Documenta Turcologica*, 1, 2013, pp. 117-129.

Ivanov, V.A., Tsekertova, I.M., "Средневековые всадники Урало-Поволжских степей домонгольского времени (IX – начало XIII вв)," in *Вопросы истории и археологии Западного Казахстана*, Ural'sk, 2005, pp. 270-278.

Kadyrbaev, A.Sh., "Turks (Uighurs, Kipchaks and Kanglis) in the history of the Mongols," *Acta Orientalia Academiae Scientiarum Hungaricae*, 58, 2005, 3, pp. 249-253.

Karahan, A., "Codex Cumanicus'ta hayvan adlari," *Turkish Studies*, 8, 2013, 1, pp. 1839-1865.

Konovalova, I.G., *Ал-Идриси о странах и народах Восточной Европы*, Moscow, 2006.

Konovalova, I.G., *Восточная Европа с сочинениях арабских географов XIII-XIV вв.*, Moscow, 2009.

Korobeinikov, D., "A broken mirror: the Kipçak world in the thirteenth century," in *The Other Europe in the Middle Ages. Avars, Bulgars, Khazars, and Cumans*, ed. F. Curta, with the assistance of R. Kovalev, Leiden–Boston, 2008, pp. 379-412.

Kovács, S., "The Cuman campaigns in 1091," *Золотоордынское обозрение/Golden Horde Review*, 2014, 1 (3), pp. 174-189.

Kovács, S., "Ekinchi ibn Qochqar, the Qūns and the Cumans," *Archivum Eurasiae Medii Aevi*, 22, 2016, pp. 107-123.

Kravets, V.V., *Кочевники Среднего Дона в эпоху Золотой Орды*, Voronezh, 2005.

Kuzembaev, N.E., *История изучения кипчакских племен в России (XVIII-XX вв.)*, Almaty, 2011.

Kuzembaev, N.E., *Историография кипчаковедческих исследований в российской исторической науке (XVIII-XX вв.)*, Almaty, 2011.

Kuzembaev, N.E., "Кипчакские «дуруты», «тертробичи» и «тертеры» в истории Евразии," in *Central Eurasia in the Middle Ages. Studies in Honour of Peter B. Golden*, eds. I. Zimonyi and O. Karatay, Wiesbaden, 2016, pp. 223-234.

Kuzembaev, N.E., "Сюжеты о кипчако-монгольских взаимоотношениях в средневековых мусульманских источниках," in *Studia Mediaevalia Europaea et Orientalia. Miscellanea in honorem Professoris Emeriti Victor Spinei oblata*, eds. G. Bilavschi, D. Aparaschivei, Bucharest, 2018, pp. 407-420.

Kvitnitskii, M.V., "Происхождение и пути миграции половцев в Северное Причерноморье по данным археологически источнков," *Stratum plus*, 2015, 6, pp. 277-304.

Litvina, A., Uspenskij, F., "Russo-Polovtsian dynastic contacts as reflected in genealogy and onomastics," *The Silk Road*, 12, 2014, pp. 65-75.

Madgearu, A., "Frontiera dunăreană a Imperiului Bizantin în secolul al XII-lea," *History & Politics*, Chişinău, I, 2008, 1-2, pp. 109-132.

Madgearu, A., *Asăneştii. Istoria politico-militară a statului dinastiei Asan (1185-1280)*, Târgovişte, 2014.

Mándoky Kongur, I., *Kunok és magyarok*, I, Budapest, 2013.

Markov, N., "Сведеня за куманите, според две малко познати френски средновековни съчинения," *Известия на Националния Исторически Музей*, Sofia, XXIII, 2011, pp. 168-178.

Morgunov, Iu.Iu., "Торческое расселение Переяславской земли," in *Степи Восточной Европы в средние века. Сборник памяти Светланы Александровны Плетневой*, editors-en-chief I.L. Kyzlasov, Moscow, 2016, pp. 304-326.

Motsia, A.P., "Регион Днестра и Дуная в конце I – начале II тысячелетий нашей эры: взгляд состороны Киевской Руси," in *Studia Antiqua et Medievalia in honorem annos LXXV peragentis Professoris Dan Gh. Teodor oblata*, ed. D. Aparaschivei, Iaşi, 2009, pp. 319-329.

Narozhnyi, E.I., Sokov, P.V., "Новые средневековые изваяния с территории Средней Кубани," *Материалы и исследования по археологии Северного Кавказа*, 12, Armavir, 2011, pp. 141-168.

Nikitenko, I. and Kutsevol, M., "The material provenance of medieval stone babas from the collection of the Dnipropetrovsk Historical Museum," *Archaeometry*, 60, 2018, 6, pp. 1135-1152.

Nikolov, A., "*Cumani bellatores* in the Second Bulgarian state (1186-1396)," *Annual of Medieval Studies at CEU [Central European University]*, 11, 2005, pp. 223-229.

Parasca, P., "Episcopia cumanilor sau episcopia de Milcov?," in idem, *Moldovlahica*, Chişinău, 2009, pp. 175-185.

Pentek, Z., "Wlachowie i Kumani w służbie bułgarskie za Asenowiczów," in *Ludy koczownicze Eurazji*, eds. I. Czamańska, W. Szulc, Poznań, 2007, pp. 125-133.

Pilipchuk, Ia.V., "Выбор веры в Дешт-и-Кыпчаке (Существовала ли альтернатива исламу?)," in *Ислам и власть в Золотой Орде*, eds. I. Mirgaleev, E.G. Saifetdinova, Kazan, 2012, pp. 203-231.

Pilipchuk, Ia.V., "Последствия монгольских завоеваний: кипчаки в Венгрии," *Золотоордынская цивилизация*, 5, 2012, pp. 246-263.

Pilipchuk, Ia.V., "Ментальность и идеология кыпчаков," *Archivum Eurasiae Medii Aevi*, 20, 2013, pp. 129-164.

Pilipchuk, Ia.V., "Кипчаки в Китае," *Метаморфозы истории*, Pskov, 5, 2014, pp. 217-235.

Pletn'ov, V., "Куманите в българските земи по данни от писмените извори до края на XII век," *Добруджа*, Silistra, 32, 2017, p. 391-402.

Sandelić, M., "Kumani-Kipčaci između Azije i Europe u razvijenome i kasnome srednjem vijeku," *Migracijske i etničke teme*, Zagreb, 31, 2015, 2, pp. 247-274.

Schmieder, F., "Die Welt des *Codex Cumanicus*. Außereuropäische Kontexte lateinisch-christlicher Sprachgrenzüberwindungen," in *Grenze und Grenzüberschreitung im Mittelalter*, eds. U. Knefelkamp and K. Bosselmann-Cyran, Berlin, 2007, pp. 285-294.

Seleznev, Iu.V., "Половецкий «князь» Кончак," *Вопросы истории,* 2012, 12, pp. 156-163.

Selmeczi, L., *A jászok eredete és középkori műveltsége*, Jászberény, 2005.

Spinei, V., "Episcopia cumanilor. Coordonate evolutive," *Arheologia Moldovei*, XXX, 2007, pp. 137-180.

Spinei, V., "The Cumanic Bishopric – genesis and evolution," in *The Other Europe in the Middle Ages. Avars, Bulgars, Khazars, and Cumans*, ed. F. Curta, with the assistance of R. Kovalev, Leiden-Boston, 2008, pp. 413-456.

Spinei, V., "Les Païens/Coumans dans une inscription de 1304 provenant d'Autriche Inférieure et dans les chroniques contemporaines," *Archivum Eurasiae Medii Aevi*, 17, 2010, pp. 211-235.

Степи Европы в эпоху средневековья, 10, *Половецкое время*, ed. A.V. Evglevskii, Donetsk, 2012.

Stoianov, V., "Куманите в българската история (XI-XIV в.)," *Исторически преглед*, LXI, 2005, 5-6, pp. 3-25.

Stoianov, V., *Куманология. Опити за реконструкция*, Sofia, 2006.

Stoianov, V., *Куманология. Историографски ескизи*, 1, Sofia, 2009; 2, Sofia, 2009.

Stoianov, V., "*Половцы – Кумани – Кипчаки*. Разные названия одного этнического субъекта," in *Central Eurasia in the Middle Ages. Studies in Honour of Peter B. Golden*, eds. I. Zimonyi and O. Karatay, Wiesbaden, 2016, pp. 393-406.

Stoyanov, V., "The Cuman studies as a scientific discipline," *Chronica. Annual of the Institute of History. University of Szeged*, 18, 2018, pp. 254-261.

Stoianov, V., "Культура кумано-кипчаков Восточной Европы. Очертание проблемы," *Bulgarien Historical Rewiew/Revue bulgare d'Histoire*, 48, 2019, 1-2, pp. 3-30.

Sukharev, Iu.V., "Половцы," *Московский журнал*, 8, 2006, pp. 49-55.

Świętosławski, W., "Arms and armour of the Cumans aristocracy in the 12th-13th century," *Quaestiones Medii Aevi Novae*, II, 2006, pp. 103-124.

Tóth, A., "Rekviem a kunhalmokért," *Tisicum*, Szolnok, XIX, 2009, pp. 481-491.

Uzelac, A., "Cumans in the Latin Empire of Constantinople," *Золотоордынское обозрение/Golden Horde Review*, 7, 2013, 1, pp. 8-21.

Vásáry, I., *Cumans and Tatars. Oriental Military in the Pre-Ottoman Balkans, 1185-1365*, Cambridge, 2005.

Vladimirov, G.V., "Материальные следы куманов в болгарских землях (конец XI – середина XIII в.): проблемы изучения," *Поволжская археология*, 3 (9), 2014, pp. 242-255.

Vlaskin, M.V., Garmashov, A.I., Daudet, Z.V., Naumenko, S.A., "Погребения знати золотоордынского времени в междуречье Дона и Сала," in *Материалы по изучению историко-культурного наследия Северного Кавказа*, VI, Moscow, 2006, pp. 11-73.

Woodfin, W.T., Rassamakin, Y., Holod, R., "Foreign vesture and nomadic identity on the Black Sea littoral in the early thirteenth century. Costume from the Chungul Kurgan," *Ars Orientalis*, 38, 2010, pp. 155-186.

Zsidai, Z., Langó, P., "Kunok és alánok Ibn al-Athīr munkájában," in *"Carmen miserabile". A tatárjárás magyarországi emlékei. Tanulmányok Pálóczi Horváth András 70. születésnapja tiszteletére*, eds. S. Rosta, G.V. Székely, Kécskemét, 2014, pp. 421-434.

第五章 蒙古人

Abliazov, K.A., *Историческая судьба татар*, I, *От племени к нации*, Saratov, 2012.

Aigle, D., *The Mongol Empire between Myth and Reality. Studies in Anthropological History*, Leiden, 2015.

Allsen, Th., "Царевичи левой руки: введение в историю улуса Орды XIII – начала XIV в.," *Золотоордынская цивилизация*, 5, 2012, pp. 209-277.

Amitai, R., "The resolution of the Mongol-Mamluk war," in *Mongols, Turks, and*

Others. Eurasian Nomads and the Sedentary World, eds. R. Amitai and M. Biran, Leiden-Boston, 2005, pp. 359-390.

Amitai, R., *The Mongols in the Islamic Lands. Studies in the History of the Ilkhanate*, Aldershot – Burlington, VT, 2007.

Amitai, R., "Ibn Khaldūn on the Mongols and their military might," in *Nomad Military Power in Iran and Adjacent Areas in the Islamic Period*, eds. K. Franz and W. Holzwarth, Wiesbaden, 2015, pp. 193-208.

Atanasov, G., Добруджанското деспотство. Към политическата, църковната, стопанската и културната история на Добруджа през XIV век, Veliko Tărnovo, 2009.

Atanasov, G., "Le maître (αὐψέντού – *dominus*) de Drăstăr Terter et le beg Tatar Kutlu-Buga pendant les années 70-80 du XIV siècle," in *The Steppe Lands and the World Beyond Them. Studies in Honor of Victor Spinei on his 70th Birthday*, eds. F. Curta, B.-P. Maleon, Iași, 2013, pp. 389-406.

Atanasov, G.G., Pavlov, P. Khr., "Tataro-Bulgarica-Три этюда о болгарско-татарскихконтактах на Нижнем Дунае в XIII-XIV вв.," in *Форум «Идель-Алтай»*, Kazan, 2011, pp. 3-32.

Atwood, Ch.P., "The date of the 'Secret History of the Mongols' reconsidered," *Journal of Song-Yuan Studies*, 37, 2007, pp. 1-48.

Atwood, Ch.P., "The Uyghur stone: archaeological revelations in the Mongol Empire," in *The Steppe Lands and the World Beyond Them. Studies in Honor of Victor Spinei on his 70th Birthday*, eds. F. Curta, B.-P. Maleon, Iași, 2013, pp. 315-343.

Berger, S., "Chinggis Khan defeated: Plano Carpini, Jūzjānī and the symbolic origins of the Mongol empire," *Journal of the Royal Asiatic Society*, 3rd ser., 31, 2021, 1, pp. 71-102.

Biermann, F. and Nowakowsi, D., "Prospektionen bei Wahlstatt (Legnickie Pole) – archäologische Forschungen zur 'Tatarenschlacht' bei Liegnitz von 1241," in *Religion und Gesellschaft im nördlichen westslawischen Raum*, eds. F. Biermann, Th. Kersting and A. Klammt, Langenweissbach, 2017, pp. 461-491.

Bira, Shagdar, "Монгольская идеология тенгризма и Хубилай-хан," *Золотоордынское обозрение/Golden Horde Review*, 1, 2013, pp. 36-44.

Biran, M., *Chinggis Khan*, Oxford, 2007.

Biran, M., "The Mongol Empire and inter-civilizational exchange," in *The Cambridge World History*, V, *Expanding Webs of Exchange and Conflict, 500 CE-1500 CE*, eds. B.Z. Kedar and M.E. Wiesner-Hanks, Cambridge, 2015, pp. 534-558.

Blair, S.S., "A Mongol envoy," in The Iconography of Islamic Art. Studies in Honour of Robert Hillenbrand, ed. B.O' Kane, Edinburgh, 2012, pp. 45-60.

Blokhin, V.G., Iavorskaia, L.V., *Археология золотоордынских городов Нижнего Поволжья*, Volgograd, 2006.

Bocharov, S.G., "Заметки по исторической географии генуэзской Газарии XIV-XV вв. консульство Чембальское," *Поволжская археология*, 2017, 2 (20), pp. 204-223.

Bocharov, S.G., *Between the Byzantium, the Mongols and the Ottomans. The Studies of the History of Crimea in the 13th-18th Centuries*, ed. L. Bacumenco-Pîrnău, Bucharest-Brăila, 2021.

Broadbridge, A.F., *Kingship and Ideology in the Islamic and Mongol Worlds*, Cambridge, 2008.

Buell, P.D., "Early Mongolian geographical conceptions," *Journal of Asian History*, 49, 2015, 1/2, pp. 19-29.

Buell, P.D. and Kolbas, J., "The ethos of state and society in the early Mongol Empire: Chinggis Khan to Güyük," *Journal of the Royal Asiatic Society*, 3rd ser., 26, 2016, 1-2, pp. 43-64.

"Carmen miserabile". *A tatárjárás magyarországi emlékei. Tanulmányok Pálóczi Horváth András 70. születésnapja tiszteletére*, eds. S. Rosta, G.V. Székely, Kécskemét, 2014 (A. Pálóczi Horváth, G. Gulyás, M. Wolf, L. Paja, T. Pusztai, K. Vályi, I. Fodor, L. Selmeczi, S. Kovács, B. Szabó).

Cherkas, B.V., *Західні володіння Улусу Джучи. Політична історія, територіально-адміністративний устрій, економіка, міста (XIII-XIV ст.)*, Kiev, 2014.

Cherkas, B.V., "Город Золотой Орды (улусы западнее Дона). К вопросу о появлении и локализации," *Золотоордынское обозрение/Golden Horde Review*, 4, 2016, 2, pp. 256-271.

Chernenko, G.Iu., "Чернигов и нашествие монголов в свете археологических исследований," *Stratum plus*, 2016, 5, pp. 83-97.

Chrzanowski, W., *Wojna tatarska. Najazd mongolski na Polskę 1241 r.*, Cracow, 2006.

Чингис хаан хийгээд түүнийөв. Монголчуудын дэлхийн их гүрэн/Čingis Chaan und sein Erbe. Das Weltreich der Mongolen, ed. U.B. Barkmann, Ulaanbaatar, 2007 (Š. Čojmaa, J. Boldbaatar, M. Weiers, K. Sagaster, H.-G. Hüttel, S. Dulam, J. Giessauf, V. Veit, U.B. Barkmann, F. Schmieder).

Ciocîltan, V., "Le khanat du Bas Danube, gardien des Détroits à la fin du XIII siècle," *Historical Yearbook*, III, 2006, pp. 5-16.

Ciocîltan, V., "Evoluția semantică a etnonimului *tatar*," in *Moștenirea istorică a tătarilor*, I, eds. T. Gemil, N. Pienaru, Bucharest, 2010, pp. 23-28.

Ciocîltan, V., *The Mongols and the Black Sea Trade in the Thirteenth and Fourteenth*

Centuries, Leiden-Boston, 2012.

Current Archaeological Research in Mongolia, eds. J. Bemmann, H. Parzinger, E. Pohl, D. Tseveendorzh, Bonn, 2009 (J.D. Rogers, E. Pohl, H.-G. Hüttel, N. Shiraishi, B. Tsogtbaatar, C. Lee).

Di Cosmo, N., "Mongols and merchants on the Black Sea frontier in the thirteenth and fourteenth centuries: convergences and conflicts," in *Mongols, Turks, and Others. Eurasian Nomads and the Sedentary World*, eds. R. Amitai and M. Biran, Leiden-Boston, 2005, pp. 391-419.

Dillon, M., *Mongolia. A Political History of the Land and its People*, London, 2020.

Dode, Z.V., "Ткани с христианской символикой в костюме золотоордынской элиты," *Российская археология*, 2014, 1, pp. 54-66.

Drëmov, I.I., "Золотая Орда и возникновение этнонима «Калмак»," *Вопросы истории*, 2013, 3, pp. 119-129.

Древности Поволжья: Эпоха средневековья (Исследования культурного наследия Волжской Булгарии и Золотой Орды), ed. K.A. Rudenko, Kazan, 2005 (Iu.A. Zeleneev, I.V. Volkov).

Dschingis Khan und seine Erben. Das Weltreich der Mongolen, Munich, 2005 (Ch. Dalai, K. Sagaster, M. Weiers, V. Veit, M. Walther, H.-G. Hüttel, C. Müller, H. Göckenjan, M.G. Kramarovski).

Eastmond, A., *Tamta's World. The Life and Encounters of a Medieval Noblewoman from the Middle East to Mongolia*, Cambridge, 2017.

Fakhretdinov, R.G., *Татар тарихы/Tatar History/История татар*, Kazan, 2013.

Favereau, M., *La Horde d'Or et le sultanat mamelouk. Naissance d'une alliance*, Cairo – Paris, 2018.

Favereau, M., *The Horde. How the Mongols Changed the World*, Cambridge, Mass.-London, 2021.

Filiushkin, A.I., "«От тех царей Золотой Орды начало нашей Русской земли»: повлияла ли Орда на политическую культуру средневековой Руси?," *Stratum plus*, 2016, 5, pp. 39-48.

Florilegia Altaistica. Studies in Honour of Denis Sinor on the Occasion of His 90th Birthday, eds. E.V. Boikova and G. Stary, with the assistance of E. and Ch. Carlson, Wiesbaden, 2006 (R. Pop, J. Richard, V. Rybatzki, A. Sárközi).

Gartman, A.V., Tzyb, S.V., "Хронология первых русско-монгольских сражений," *Palaeoslavica*, XVII, 2009, 1, pp. 1-18.

Gartman, A.V., Tzyb, S.V., "Хронология похода Батыя на Северную Русь,"

Palaeoslavica, XX, 2012, 1, pp. 83-133.

Gastgeber, C., "John of Plano Carpini and William of Rubruck. Rereading their treatises about the Mongols from a sociolinguistic points of view," in *The Steppe Lands and the World Beyond Them. Studies in Honor of Victor Spinei on his 70th Birthday*, eds. F. Curta, B.-P. Maleon, Iaşi, 2013, pp. 355-376.

Gavrilenko, O.A., Sival'n'ov, O.M., Tsibul'kin, V.V., *Генуезька спадщина на теренах України. Етнодержавознавчий вимір*, Harkov, 2017.

Gemil, T., *Tătarii. Relaţii cu otomani şi români*, Cluj-Napoca, 2021; 2nd ed., Cluj-Napoca, 2022.

Генуэзская Газария и Золотая Орда/The Genoese Gazaria and the Golden Horde, eds. S.G. Bocharov and A.G. Sitdikov, Kazan-Simferopol-Kishinev [Chişinău], 2015.

Giebfried, J., "The Mongol invasions and the Aegean world (1241-61)," *Mediterranean Historical Review*, 28, 2013, 2, pp. 129-139.

Giessauf, J., "A programme of terror and cruelty. Aspects of Mongol strategy in the light of Western sources," *Chronica. Annual of the Institute of History. University of Szeged*, 7-8, 2007-2008, pp. 85-96.

Goncharov, E.Yu., "Двуглавный орёл на монетах Золотой Орды и Малой Азии. Вторая половина XIII-XIV вв.," *Нумизматика Золотой Орды/Golden Horde Numismatics*, 5, 2015, pp. 5-15.

Gorelik, M.V., "Введение в историю раннего монгольского костюма X-XIV века (по изобразительным источникам)," *Батыр. Традиционная военная культура народов Евразии*, 1, 2010, pp. 16-79.

Gorelik, M.V., "Костюм золотоордынца из погребения у хутора Тормосин Проблема монгольской нерапашной одежды и других элементов костюма," *Батыр. Традиционная военная культура народов Евразии*, 2, 2011, 3, pp. 59-91.

Gorelik, M.V., "Вооружение и военная организнция войск Монгольской империи (первая половина XIII в.)," *Золотоордынская цивилизация/Golden Horde Civilization*, 8, 2015, pp. 38-52.

Halperin, Ch.J., *Russia and the Mongols. Slavs and the Steppe in Medieval and Early Modern Russia*, eds.V. Spinei and G. Bilavschi, Bucharest, 2007.

Halperin, Ch.J., *The Tatar Yoke. The Image of the Mongols in Medieval Russia*, Corrected ed., Bloomington, Indiana, 2009.

Halperin, Ch.J., "Rus' sources on the history of the Juchid ulus and its successor states," *Archivum Eurasiae Medii Aevi*, 17, 2010, pp. 27-34.

Halperin, Ch.J., "'No one knew who they were': Rus' interaction with the Mongols," in *The Steppe Lands and the World Beyond Them. Studies in Honor of Victor Spinei on his 70th Birthday*, eds. F. Curta, B.-P. Maleon, Iaşi, 2013, pp. 377-387.

Hartog, L. de, *Genghis Khan, Conqueror of the World*, London-New York, 2006.

Hautala, R., "Russian Chronicles on the submission of the Kievan Rus' to the Mongol Empire," *Золотоордынское обозрение/Golden Horde Review*, 2013, 1, pp. 207-221.

Hautala, R., *От "Давида, царя Индий" до "независтного плебса сатаны". Антология ранных латинсих сведений о татаро-монголах*, Kazan, 2015.

Hautala, R., "Early Latin reports about the Mongols (1221): reasons for distortion of reality," *Золотоордынское обозрение/Golden Horde Review*, 2015, 1, pp. 50-67.

Hautala, R., "Latin sources' information about the Mongols related to their reconquest of Transcaucasia," *Золотоордынское обозрение/Golden Horde Review*, 2015, 3, pp. 6-22.

Hautala, R., "Ранние венгерские сведения о западном походе монголов (1235-1242 гг.)," *Золотоордынское обозрение/Golden Horde Review*, 2015, 4, pp. 6-13.

Hautala, R., "От Бату до Джанибека: военные конфликты Улуса Джучи с Польшей и Венгрией (1)," *Золотоордынское обозрение/Golden Horde Review*, 4, 2016, 2, pp. 272-313.

Hautala, R., *Crusaders, Missionaries and Eurasian Nomads in the 13th-14th Centuries: a Century of Interactions*, ed. V. Spinei, Bucharest-Brăila, 2017.

Hautala, R., "Рассмотрение четырех «вопросов» в истории Золотой Орды на основе миссионерских источников," in *Studia Mediaevalia Europaea et Orientalia. Miscellanea in honorem Professoris Emeriti Victor Spinei oblata*, eds. G. Bilavschi, D. Aparaschivei, Bucharest, 2018, pp. 299-318.

Hautala, R., *В землях «Северной Тартарии»: Сведения латинских источников о Золотой Орде в правление хана Узбека (1313-1341)*, Kazan, 2019.

Haw, S.G., "The deaths of two khagans: a comparison of events in 1242-1260," *Bulletin of the School of Oriental and African Studies*, 76, 2013, 3, pp. 361-371.

Hodous, F., "The *Quriltai* as a legal institution in the Mongol Empire," *Central Asiatic Journal*, 56, 2012/2013, pp. 87-99.

Holeščák, M., "Mongol archery equipment through the prism of the Secret History of the Mongols," *Mongolica. An International Journal of Mongol Studies*, 52, 2018, pp. 38-44.

Hope, M., *Power, Politics, and Tradition in the Mongol Empire and the Īlkhānate of Iran*, Oxford, 2016.

"La Horde d'Or et l'islamisation des steppes eurasiatiques/The Golden Horde and the Islamisation of the Eurasian Steppes," ed. M. Favereau, *Revue des mondes musulmans et de la Méditeranée, Série Histoire*, Aix-en-Provence, 143, 2018 (M. Favereau, Yihao Qiu, Th. Tanase, R. Hautala, I. Shingirai, D. DeWeese, S. Dode, A.C.S. Peacock, N. Kançal-Ferrari, I. Landa, V.V. Trepavlov, M. Petrovich, M. Balivet, H. Lessan-Pezechki).

Hryszko, R., "Confiseries et diplomatie dans les colonies de la République de Gênes sur la Mer Noire à la fin du Moyen Âge," *Prace Historyczne*, 145, 2018, 3, pp. 505-515.

Iskhakov, D.M., "Термин «татаро-монголы/монголо-татары»: понятие политическое или этническое? Опыт источникового и концептуального анализа," *Золотоордынское обозрение/Golden Horde Review*, 4, 2016, 2, pp. 420-438.

Iskhakov, D.M., Izmailov, I.L., *Этнополитическая история татар (III – середина XVI вв.)*, Kazan, 2007.

Ислам и власть в Золотой Орде, eds. I. Mirgaleev, E. G. Saifetdinova, Kazan, 2012 (R. Hautala, G. N. Garustovich).

История татар с древнейших времен, II, *Улус Джучи (Золотая Орда). XIII – середина XV в.*, editors-en-chief M. Usmanov, R. Khakimov, Kazan, 2009 (M. Usmanov, I. Izmailov, E. Kychanov, M. Gorelik, H. Göckenjan, V. Trepavlov, D. Iskhakov, A. Arslanova, I. Mustakimov, A. Gubaidullin, M. Kramarovskii, Iu. Khudiakov, Iu. Schamiloglu).

Iurchenko, A.G., *Золотая Орда: между Ясой и Кораном. Начало конфликта*, Sankt-Petersburg, 2012.

Iurchenko, A.G., "Полчища Чингиз-хана: анатомия мифа," *Золотоордынская цивилизация/Golden Horde Civilization*, 8, 2015, pp. 65-79.

Ivakin, G.Iu., Komar, A.V., "После катастрофы: Киев в 1241 г.," *Stratum plus*, 2016, 5, pp. 59-72.

Ivanchenko, L.I., Motsia, A.P., "Некоторые археологические факты времен нашествия Батыя," *Российская археология*, 2015, 4, pp. 172-179.

Ivanov, V., "Химеры и миражи Золотой Орды," *Золотоордынское обозрение/Golden Horde Review*, 1 (3), 2014, pp. 190-211.

Ivanov, V., "Археологическое источниковедение кочевников Золотой Орды или стагнация диалектики," *Золотоордынское обозрение/Golden Horde Review*, 1, 2016, pp. 182-192.

Izmailov, I.L., "Военная организация Улуса Джучи," *Батыр. Традиционная военная культура народов Евразии*, 1, 2010, pp. 5-15.

Izmailov, I.L., "Islam in the Ulus of Jochi," in *Great Bolgar*, ed. A. Sitdikov, Kazan, 2015.

Izmailov, I.L., "«Народ там свирепый»: монгольские завоевания Волго-Уральского региона (1223-1240 гг.)," *Золотоордынская цивилизация/Golden Horde Civilization*, 8, 2015, pp. 90-109.

Jackson, P., *The Mongols and the West, 1221-1410*, Harlow, 2005; 2nd ed., London-New York, 2018.

Jackson, P., "The testimony of the Russian 'archbishop' Peter concerning the Mongols (1244/5): precious intelligence or timely disinformation?" *Journal of the Royal Asiatic Society*, 3rd ser., 26, 2016, 1-2, pp. 65-77.

Jackson, P., *The Mongols and the Islamic World from Conquest to Conversion*, New Haven-London, 2017.

Kadyrbayev, A.Sh., "Тюркская гвардиня монгольских императоров Китая в дворцовых переворотах 1307-1333 (По материалам хроники «Юань-ши»)," *Батыр. Традиционная военная культура народов Евразии*, 2, 2011, 3, pp. 13-26.

Kalan, È., *Улус Джучи (Золотая Орда) и страны Востока: Торгово-экономические взаимоотношения во второй половине XIII-XIV вв.*, Kazan, 2012.

Kam Tak-sing, "The term Mongγol revisited," *Central Asiatic Journal*, 60, 2017, 1-2, pp. 183-206.

Kamalov, I., *Золотая Орда и русский улус (татарское влияние на Россию)*, Kazan, 2016.

Kamola, S., *Making Mongol History. Rashīd al-Dīn and the Jamiʿ al-Tawarikh*, Edinburgh, 2019.

Khakimov, R.S., "Долгое средневековье Золотой Орды," *Золотоордынское обозрение/Golden Horde Review*, 1, 2013, pp. 5-21.

Khakimov, R.S., "The combination of nomadic and hierarchic principles within the state organization in the Golden Horde," *Золотоордынское обозрение/Golden Horde Review*, 4, 2016, 2, pp. 246-255.

Khaydarov, T.F., "Рубикон Золотой Орды," *Золотоордынское обозрение/Golden Horde Review*, 4, 2016, 2, pp. 314-335.

Khrapachevskii, R.P., *Золотая Орда в источниках (Материалы для истории Золотой Орды или улуса Джучи)*, III, *Китайские и монгольские источники*, Moscow, 2009.

Kimeev, V.M., Terent'ev, V.I., Akulova, A.S., Shirin, Iu.V., Batsuur', L., *Очерки Западной Монголии*, 1, *Традиции и современность*, Kemerovo, 2012.

Kiss, A., "Weather and weather-related natural hazards in Medieval Hungary II: documentary evidence on the 13th century," *Medium Aevum Quotidianum*, Krems, 68, 2014, pp. 5-46.

Köhler, O., *Der Einfluss nomadischer Kulturen auf die Entstehung und Ausprägung des deutschen Adels am Beispiel der Awaren und Mongolen*, Grenzach-Wyhlen, 2019.

Kolbas, J., *The Mongols in Iran. Chingiz Khan to Uljaytu 1220-1309*, London – New

York, 2006.

Komarov, K.I., "О нашествии Батыя на Северо-Восточную Русь в 1237-1238 гг.," *Вопросы истории*, 2012, 10, pp. 87-96.

Kostiukov, V.P., *Улус Шибана Золотой Орды в XIII-XIV вв.*, Kazan, 2010.

Kovács, S., "An unremembered Hungarian friar's martyrdom in the Golden Horde," *Chronica. Annual of the Institute of History. University of Szeged*, 18, 2018, pp. 178-189.

Kradin, N.N., "Восточная Европа и монгольская глобализация," *Stratum plus*, 2016, 5, pp. 17-26.

Kramarovsky, M.G., "Ивн Баттута о тюркском исламе," *Золотоордынское обозрение/Golden Horde Review*, 2014, 1 (3), pp. 64-74.

Kravets, V.V., *Кочевники Среднего Дона в эпоху Золотой Орды*, Voronezh, 2005.

Krawulsky, D., *The Mongol Ilkhāns and their Vizier Rashīd al-Dīn*, Frankfurt-am-Main, 2011.

Krivenko, A.V., Kazarov, A.A., "Джучидские монеты из находок у с. Орловка (Одесская область Украины)," *Нумизматика Золотой Орды*, 2, 2012, pp. 25-37.

Kuleshov, Iu.A., "Производство и импорт оружия как пути формирования золотоордынского коплекса вооружения," *Золотоордынская цивилизация*, 3, 2010, pp. 73-96.

Kuleshov, Iu.A., "«Монгольская латная конница» – историческая реальность или научная спекуляция? (К вопросу о тактике монголо-татар в период Великого завоевания)," *Золотоордынская цивилизация*, 5, 2012, pp. 153-180.

Kuleshov, Iu.A., "Оборот оружия в Золотой Орде," *Золотоордынская цивилизация/Golden Horde Civilization*, 7, 2014, pp. 199-251.

Kuleshov, Iu.A., "Боевые цепы в комплексе вооружения Золотой Орды," *Золотоордынское обозрение/Golden Horde Review*, 7, 2019, 1, pp. 37-54.

Kushkumbaev, A.K., "Значение засады в монгольской стратегии и тактике ведения боевых действий," *Золотоордынская цивилизация*, 5, 2012, pp. 181-192.

Kushkumbaev, A.K., "Тактическое построение войск в монгольскую эпоху," *Золотоордынская цивилизация/Golden Horde Civilization*, 7, 2014, pp. 252-279.

Landa, I., "Imperial sons-in-law on the move: Oyirad and Qonggirad dispersion in Mongol Eurasia," *Archivum Eurasiae Medii Aevi*, 22, 2016, pp. 161-197.

Landa, I., "Reconsidering the Chinggisids' son-in-laws: lessons from the united empire," *Chronica. Annual of the Institute of History. University of Szeged*, 18, 2018, pp. 212-225.

Lane, G., *A Short History of the Mongols*, London, 2018.

Langer, L.N., "War and peace: Rus' and the Mongols in the 13th and 14th centuries," in *Everyday Life in Russian History. Quotidian Studies in Honor of Daniel Kaiser*, eds. G. Marker, J. Neuberger, M. Poe, and S. Rupp, Bloomington, Indiana, 2010, pp. 187-201.

Langer, L.N., "Rus' and the Mongol decimal system," *Russian History*, 44, 2017, pp. 515-333.

Lazarov, L., "Непублувани джучидски монети от фонда на Варненския археологически музей," in *Нумизматични, сфрагистични и епиграфски приноси към историята на Черноморското крайбрежие/Numismatic, Sphragistic and Epigraphic Contributions to the History of the Black Sea Coast. Studia in Memoriam Milko Mirchev (Acta Musei Varnaensis*, VII, 1), Varna, 2008, pp. 403-422.

Lazarov, L., "Джучидские монеты чеканенные в Сакчи на территории современной Болгарии," Нумизматика Золотой Орды, 2, 2012, pp. 10-24.

Lebedynsky, I., *La Horde d'Or. Conquête mongole et "Joug tatar" en Europe, 1236-1502*, Paris, 2013.

Legrand, J., *Mongols et nomades. Societé, histoire, culture*, Ulaanbaator, 2011.

Li Mingfei, "'Zhasasun' (Yasasun) in the Mongol-Yuan Period," *Eurasian Studies*, IV, eds. Yu Taishan & Li Jinxiu, Brăila/Beijing, 2016, pp. 338-358.

Luisetto, F., *Arméniens & autres chrétiens d'Orient sous la domination mongole. L'Ilkhanat de Ghâzân, 1295-1304*, Paris, 2007.

Madurov, D.F., "Западная кампания монгольской армии с весны 1220 г. по март 1227 г.," in idem, *Серебряная Булгария. Основные вехи истории*, Sankt-Petersburg, 2018, pp. 210-250.

Maiorov, A.V., "Монгольская угроза и христианский мир в середине XIII в.," *Вопросы истории*, 2013, 4, pp. 34-49.

Maiorov, A.V., "Завершающий этап западного похода монголов: военная сила и тайная дипломатия (1) (2)," *Золотоордынское обозрение/Golden Horde Review*, 2015, 1, pp. 68-94; 2015, 2, pp. 21-50.

Maiorov, A.V., "The Mongol invasion of South Rus' in 1239-1240s: Controversial and unresolved questions," *The Journal of Slavic Military Studies*, 29, 2016, 3, pp. 473-499.

Maiorov, A.V., "Русские князья после нашествия Батыя: борьба за Галич и Киев," *Stratum plus*, 2016, 5, pp. 49-56.

Maiorov, A.V., "Galician-Volhynian prince Daniel Romanovich, 'rex coronatus of Rus'," in *Studia Mediaevalia Europaea et Orientalia. Miscellanea in honorem Professoris Emeriti Victor Spinei oblata*, eds. G. Bilavschi, D. Aparaschivei, Bucharest, 2018, pp. 319-342.

Maiorov, A.V., "The first Mongol invasion of Europe: goals and results," *Journal of the Royal Asiatic Society*, 3rd ser., 32, 2022, 2, pp. 411-438.

Maslovskii, A.N., "Керамический комплекс как проявление культурного единства оседлого населения европейской части Золотой Орды. Краткий оброз. Общее и частности," in *В поисках сущности. Сборник статей в честь 60-летия Н. Д. Руссева*, eds. M.E. Tkachuk and G.G. Atanasov, Chișinău, 2019, pp. 209-236.

May, T., "Zentralasien: Die Mongolen," in *Imperien Asiens von den alten Khmer bis zu den Meuji*, ed. J. Masselos, Stuttgart, 2010, pp. 20-45.

May, T., *The Mongol Conquest in World History*, London, 2012.

May, T., "Mongol warfare in the pre-dissolution period," *Золотоордынское обозрение/Golden Horde Review*, 2015, 2, pp. 6-20.

May, T., *The Mongol Art of War. Chinggis Khan and the Mongol Military System*, Barnsley, 2016.

May, T., "The Mongols and the missionaries: Why Catholicism failed amongs the Mongols," *Studia et Documenta Turcologica*, 5-6, 2017-2018, pp. 211-226.

May, T., "Race to the throne: thoughts on Ariq-Böke's and Khubilai's claims to the Mongol throne," in *Studia Mediaevalia Europaea et Orientalia. Miscellanea in honorem Professoris Emeriti Victor Spinei oblata*, eds. G. Bilavschi, D. Aparaschivei, Bucharest, 2018, pp. 343-358.

Mănucu-Adameșteanu, Gh., *Emisiuni ale Hoardei de Aur din secolele XIII-XIV descoperite în nordul Dobrogei, județele Tulcea și Constanța*, București, 2020.

Melek Özyetgin, A., Kemaloğlu, İ., *Altin Orda Hanlığina ait resmî yazışmalar*, Ankara, 2017.

Melville, Ch., "Anatolia under the Mongols," in *The Cambridge History of Turkey*, I, *Byzantium to Turkey*, ed. K. Fleet, Cambridge, 2009, pp. 51-101.

Mingfei, Li, "The influence of differences between Chinese and Western cultures on historical records in the 13th and 14th centuries. The Chronicle of Qubilai Khan in *The Travel of Marco Polo*," *Eurasian Studies*, VII, 2019, pp. 292-310.

Mirgaleev, I.M., "«Черный человек» Мамай," in *Мамай. Опыт историографической антологии*, eds. V.V. Trepavlov, I.M. Mirgaleev, Kazan, 2010, pp. 183-197.

Mirgaleev, I.M., "The Golden Horde policies toward the Ilkhanate," *Золотоордынское обозрение/Golden Horde Review*, 2013, 2, pp. 217-227.

Mirgaleev, I.M., *Золотая Орда: библиографический указатель*, Kazan, 2013.

Mirgaleev, I.M., "Kuriltai of 1235: Question of expansion of the ulus of Jochi," *Золотоордынское обозрение/Golden Horde Review*, 2014, 3 (5), pp. 22-30.

Mirgaleev, I.M., "The Golden Horde state in the system of international relations,"

Золотоордынское обозрение/Golden Horde Review, 2015, 1, pp. 136-145.

Mirgaleev, I., "The Islamization of the Golden Horde: New data," *Золотоордынское обозрение/Golden Horde Review*, 2016, 1, pp. 89-101.

Morgan, D., *The Mongols*, 2nd ed., Malden, MA-Oxford-Carlton, Victoria, 2007.

Mureşan, D.I., "Un Empire à cheval? Aspects de la politique équestre à l'époque de l'expansion mongole (XIIIe siècle)," in *Histoire monde, jeux d'échelles et espaces connectés*, Paris, 2017, pp. 53-66,

Mustafaev, Sh.M., "Монгольские племена в Малой Азии (XIII-XV вв.)," in *Култура номадов Центральной Азии/Culture of Nomadic Peoples of Central Asia*, Samarkand, 2008, pp. 149-154.

Mytz, V.L., *Каффа и Феодоро в XV веке. Контакты и конфликты*, Simferopol, 2009.

Narozhnyi, E.I., *Средневековые кочевники Северного Кавказа (Некоторые дискуссионные проблемы этнокультурного взаимовоздействия эпохи Золотой Орды)*, red. V.B. Vinogradov, Armavir, 2005.

Narozhnyi, E.I., "О датировке и этнокультурной атрибуции некоторых средневековых кочевнических комплексов," *Материалы и исследования по археологии Северного Кавказа*, 9, Armavir, 2008, pp. 160-171.

Nedashkovskii, L.F., *Золотоордынские города Нижнего Поволжья и их округа*, Moscow, 2010.

Nedashkovskii, L.F., "Структура и внутрение связи округи золотоордынских городов Нижнего Поволжья," *Российская археология*, 2014, 2, pp. 48-61.

Nedashkovskii, L.F., "Селитренное городище и поселения его округи в свете археологических и нумизматических источниов," *Нумизматика Золотой Орды/Golden Horde Numismatics*, 5, 2015, pp. 33-47.

Nicolae, E., "Le monnayage en Bessarabie dans la deuxième moitiè du XIV siècle," in *XIII Congreso Internacional de Numismática, Madrid 2003. Actas – Proceedins – Actes*, eds. C. Alfaro, C. Marcos, P. Otero, Madrid, 2005, pp. 1367-1373.

Nikolov, A., "Образ татаро-монголов Золотой Орды и Ильханов в сочинениях пропагандистов крестовых походов (конец XIII – начало XIV вв.)," *Золотоордынское обозрение/Golden Horde Review*, 2015, 4, pp. 14-28.

Nyamaa, Badarch, *The Coins of Mongol Empire and Clan Tamgha of Khans (XIII-XIV [Centuries])*, Ulaanbaatar, 2015.

Oberländer-Târnoveanu, E., "Bizantino-Tartarica – Монетная чеканка в зоне устьев Дуная в конце XIII – начале XIV века," *Нумизматика Золотой Орды*, 2, 2012, pp. 38-53.

От Онона к Темзе. Чингисиды и их западные соседи. К 70-летию Марка

Григорьевича Крамаровского, eds. V.P. Stepanenko, A.G. Iurchenko, Moscow, 2013 (M.G. Kramarovskii, A. Ruotsala, A.G. Yurchenko, R.Yu. Pochekaev, A.V. Martyniuk, D.M. Iskhakov, I.L. Izmaylov).

Papp, Z., "Tartars on the frontiers of Europe: The English perspective," *Annual of Medieval Studies at CEU [Central European University]*, 11, 2005, pp. 231-246.

From Pax Mongolica to Pax Ottomanica. War, Religion and Trade in the Northwestern Black Sea Region (14th-16th Centuries), eds. O. Cristea and L. Pilat, Leiden -Boston, 2020 (Ş. Papacostea, R. Hautala, L. Rădvan, Ş. Marin, N. Pienaru).

Philology of the Grasslands. Essays in Mongolic, Turkic, and Tungusic Studies, eds. Á.B. Apatóczy, Ch.P. Atwood, guest ed. B. Kempf, Leiden-Boston, 2018.

Pochekaev, R.Iu., *Право Золотой Орды*, Kazan, 2009.

Pochekaev, R.Iu., *Царь ордынские. Биографии ханов и правителей Золотой Оргы*, Sankt-Petersburg, 2010.

Pochekaev, R.Iu., "Русские войска в золотоордынских военных кампаниях к вопросу о статусе вассальных правителей в государствах Чингизидов," *Золотоордынская цивилизация*, 3, 2010, pp. 36-43.

Pochekaev, R.Iu., "The multiple khanship in the state of Shaybanids as reflection of ancient Turkic and Mongol tradition (Attemp of complex analysis)," *Studia et Documenta Turcologica*, 2, 2014, pp. 237-254.

Ponomarev, A.L., "Барикат и ярмак: зарождение денежной системы в Северном Причерноморье XIII в.," *Нумизматика Золотой Орды*, 2, 2012, pp. 74-80.

Porsin, A.A., "Политика Золотой Орды в Восточной и Южной Европе в 50-х – 70-х годах XIII века," *Золотоордынская цивилизация*, 3, 2010, pp. 155-165.

Postică, Gh., "Citadela medievală a Orheiului Vechi şi problema localizării centrului politic al principelui Dimitrie din anii 60 ai secolului al XIV-lea," *History & Politics*, Chişinău, I, 2008, 1-2, pp. 133-142.

Pow, S., "«Nationes que se Tartaros appellant»: An exploration of the historical problem of the usage of the ethnonyms Tatar and Mongol in medieval sources," *Золотоордынское обозрение/Golden Horde Review*, 7, 2019, 3, pp. 545-567.

Pubblici, L., *Dal Caucaso al Mar d'Azov. L'impatto dell'invasione mongola in Caucasia fra nomadismo e società sedentaria (1204-1295)*, Firenze, 2007.

Rakushin, A.I., "Кочевые улусы Золотой Орды (по материалам курганных могильников Нижнего Поволжья XIII-XV вв.)," in *Археология Восточно-Европейской степи*, 4, Saratov, 2006, pp. 214-239.

Richard, J., *Au-dela de la Perse et de l'Armenie. L'Orient latin et la découverte de l'Asie intérieure. Quelques textes inégalement connus aux origines de l'alliance entre Francs et Mongols (1145-1262)*, Turnhout, 2005.

Rogers, L.L., *The Golden Summary of Činggis Qayan. Činggis Qayan-u Altan Tobči*, Wiesbaden, 2009.

Roman, G., "Consecinţele marii invazii tătare asupra creştinismului românesc, în a doua jumătate a secolului al XIII-lea," in *Istorie bisericească, misiune creştină şi viaţă culturală*, II, *Creştinismul românesc şi organizarea bisericească în secolele XIII-XIV. Ştiri şi interpretări noi*, eds. E. Popescu and M.O. Căţoi, Galaţi, 2010, pp. 236-272.

Rudenko, K., "The Mongol conquests and their reflection in material culture of the peoples of the Middle Volga and the Kama regions (the 13th-early 14th centuries) (According to the archaeological data)," *Studia et Documenta Turcologica*, 2, 2014, pp. 255-267.

Ruotsala, A., "Roger Bacon and the imperial Mongols of the thirteenth century," in *The Steppe Lands and the World Beyond Them. Studies in Honor of Victor Spinei on his 70th Birthday*, eds. F. Curta, B.-P. Maleon, Iaşi, 2013, pp. 345-353.

Sabitov, Zh.M., "Политическая система Золотой Орды: генезис основных политических институтов," *Золотоордынская цивилизация*, 5, 2012, pp. 269-275.

Sabitov, Zh.M., Kushkumbaev, A.K., "Улусная система Золотой Орды в XIII-XIV веках: к вопросу о локализации Ак Орды и Кок Орды," *Золотоордынское обозрение/Golden Horde Review*, 2013, 2, pp. 60-72.

Sabitov, Zh.M., "Политическая история Улуса Джучи в 1256-1263 годах," *Золотоордынское обозрение/Golden Horde Review*, 2015, 2, pp. 51-64.

Sardelić, M., "The Mongols and Europe in the first half of the 13th century: prophecies and apocalyptic scenarios," in *Prophecy, Divination, Apocalypse*, ed. A.R. Andrews, Plymouth, 2012, pp. 100-113.

Sayfetdinova, E.G., "To the question of the use of the ethnic term 'Tatars' in Arab historical literature," *Золотоордынское обозрение/Golden Horde Review*, 2016, 4, 3, pp. 529-533.

Sălăgean, T., "Transilvania şi invazia mongolă din 1285," in *Românii în Europa medievală (între Orientul bizantin şi Occidentul latin). Studii în onoarea profesorului Victor Spinei*, eds. D. Ţeicu, I. Cândea, Brăila, 2008, pp. 271-293.

Schamiloglu, U., "Climate change in Central Eurasia and the Golden Horde," *Золотоордынское обозрение/Golden Horde Review*, 2016, 1, pp. 6-24.

Schamiloglu, U., *Племенная политика и социальное устройство в Золотой Орде*, Kazan, 2019.

Seleznev, Iu.V., *Элита Золотой Орды. Научно-справочное издание*, Kazan, 2009.

Shirokorad, A.B., *Русь и Орда*, Moscow, 2008.

Skrynnikova, T., "Hierarchy of identities in Chinghis-Khan's Mongolian ulus," in *Central Eurasia in the Middle Ages. Studies in Honour of Peter B. Golden*, eds. I. Zimonyi and O. Karatay, Wiesbaden, 2016, pp. 337-349.

Spinei, V., *Mongolii şi românii în sinteza de istorie eclesiastică a lui Tholomeus din Lucca/Les Mongols et les Roumains dans la synthèse d'histoire ecclesiastique de Tholomeus de Lucca*, Iaşi, 2012.

Spinei, V., "Hunting in the Mongol society during the great expansion age in Eurasia," *Archivum Eurasiae Medii Aevi*, 21, 2014-2015, pp. 215-276.

Spinei, V., "The Domination of the Golden Horde in the Romanian Regions," in *The Golden Horde in World History*, ed. M. Gibatdinov, Kazan, 2017, pp. 394-426.

Spinei, V., "The Golden Horde at the Lower Danube. Some notes," in *Lebenswelten zwischen Archäologie und Geschichte. Festschrift für Falko Daim zu seinem 65. Geburtstag*, eds. J. Drauschke, E. Kislinger, K. Kühtreiber, Th. Kühtreiber, G. Scharrer-Liška, T. Vida, 1, Mainz, 2018, pp. 357-374.

Stănică, A.-D., "Prezența Hoardei de Aur la gurile Dunării (secolele XIII-XIV). Argumentul arheologic," *Revista arheologică*, Chișinău, SN, XIV, 2018, 2, pp. 51-65.

Степи Европы в эпоху средневековья, 6, *Золотоордынское время*, ed. A.V. Evglevskii, Donetsk, 2006.

Степи Европы в эпоху средневековья, 8, *Золотоордынское время*, ed. A.V. Evglevskii, Donetsk, 2010.

Степи Европы в эпоху средневековья, 11, *Золотоордынское время*, ed. A.V. Evglevskii, Donetsk, 2012.

Степи Европы в эпоху средневековья, 13, *Золотоордынское время*, ed. A.V. Evglevskii, Donetsk, 2014.

Sverdrup, C.F., "Sübe'etei Ba'atur, anonymous strategist," *Journal of Asian History*, 47, 2013, 1, pp. 33-49.

Sverdrup, C.F., *The Mongol Conquests. The Military Operations of Genghis Khan and Sübe'etei*, Warwick, 2015.

Thomae Archidiaconi Spalatensis *Historia Salonitanorum atque Spalatinorum Pontificium*/Archdeacon Thomas of Split, *History of the Bishops of Salona and Split*, Latn text by O. Perić, ed., trans. and annot. by D. Karbić, M. Matijević Sokol and J.R. Sweeney, Budapest-New York, 2006.

Timokhin, D.M., "Использование монгольскими войсками тактики хашара в период завоевания государства Хорезмшахов (1219-1221 гг.)," *Батыр. Традиционная военная культура народов Евразии*, 1, 2011, 2, pp. 33-38.

Tishkin, A.A., *Алтай в монгольское время (по материалам археологических памятников)*, Barnaul, 2009.

Togan, İ., "Otchigin's place in the transformation from family to dinasty," in *Central Eurasia in the Middle Ages. Studies in Honour of Peter B. Golden*, eds. I. Zimonyi and O. Karatay, Wiesbaden, 2016, pp. 407-423.

Tomsinskii, S.V., "Кризис Древней Руси в XIII в.: возможности познания реалий исторической действительности," *Stratum plus*, 2016, 5, pp. 27-38.

Trepavlov, V.V., *Золотая Орда в XIV столетии*, Moscow, 2019.

Tropin, N.A., "О восстановлении монголами Донского торгового пути в середине XIII в.," *Stratum plus*, 2016, 5, pp. 133-142.

Urbański, R., *Tartarorum gens brutalis. Trzynastowieczne najazdy mongolskie w literaturze polskiego średniowiecza na porównawczym tle piśmiennictwa łacińskiego antyku i wieków średnich*, Warsaw, 2007.

Uskenbai, K., *Восточный Дашт-и Кыпчак в XIII-начале XV века. Проблемы этнополитической истории Улуса Джучи*, Kazan, 2013.

Uzelac, A., "Tatars and Serbs at the end of the thirteenth century," Revista de istorie militară, 5-6, 2011, pp. 9-20.

Uzelac, A., "Сербские письменные источники о татарах и Золотой Орде (первая половина XIV в.)," *Золотоордынское обозрение/Golden Horde Review*, 2014, 1 (3), pp. 101-118.

Uzelac, A., *Под сенком пса. Татари и јужнословенске земље у другој половини XIII века*, Beograd, 2015.

Uzelac, A., "Latin Empire of Constantinople, the Jochids and Crimea in the mid-thirteenth century," *Золотоордынское обозрение/Golden Horde Review*, 2015, 3, pp. 62-76.

Uzelac, A., "An empire within an empire? Ethnic and religious realities in the lands of Nogai (c. 1270-1300)," *Chronica. Annual of the Institute of History. University of Szeged*, 18, 2018, pp. 271-283.

Uzelac, A., "Татары в Дунайско-Днестровском междуречье во второй половине XIV в.," *Золотоордынское обозрение/Golden Horde Review*, 7, 2019, 3, pp. 416-433.

Valeriev, Y., "Късномадски пандантиви амулети от района на Долния Дунав," in *В поисках сущности. Сборник статей в честь 60-летия Н. Д. Руссева*, eds. M.E. Tkachuk and G.G. Atanasov, Chişinău, 2019, pp. 125-145.

Vargha, M., *Hoards, Grave Goods, Jewellery. Objects in Hoards and in Burial Contexts during the Mongol Invasion of Central-Eastern Europe*, Oxford, 2015.

Vásáry, I., *Cumans and Tatars. Oriental Military in the Pre-Ottoman Balkans, 1185-1365*, Cambridge, 2005.

Vér, M., "The origins of the postal system of the Mongol Empire," *Archivum Eurasiae Medii Aevi*, 22, 2016, pp. 227-239.

Vér, M., *Old Uyghur Documents Concerning the Postal System of the Mongol Empire*, Turnhout, 2019.

Vlaskin, M.V., Garmashov, A.I., Daudet, Z.V., Naumenko, S.A., *Погребения знати золотоордынского времени в междуречье Дона и Сала (Материалы по изучению историко-культурного наследия Северного Кавказа, VI)*, Moscow, 2006.

Военное дело Золотой Орды: проблемы и перспективы изучения, ed. I.I. Mirgaleev, Kazan, 2011 (A.K. Kushkumbaev, I.L. Izmailov, V. Sventoslavskii, Yu.S. Khudiakov, M.V. Gorelik, I.A. Vorontsov, V.A. Ivanov, A.M. Gubaidullin, A.V. Sal'nikov, Yu.A. Kuleshov-E.N. Abyzova, S.V. Riazanov, R.Yu. Pochekaev, Ya.V. Pilipchuk, I.I. Mirgaleev).

Vorotyntsev, L.V., "«Татарский» торговый путь («Via Tatarica») в системе международной торговли XIII-XV вв.," *Золотоордынское обозрение/Golden Horde Review*, 7, 2019, 1, pp. 77-89.

Watson, A.J., "Mongol inhospitality, or how to do more with less? Gift giving in William of Rubruck's *Itinerarium*," *Journal of Medieval History*, 37, 2011, pp. 90-101.

Weatherford, J., The Secret History of the Mongol Queens. How the Daughters of Genghis Khan rescued his Empire, New York, 2010.

Weiers, M., *Zweitausend Jahre Krieg und Drangsal und Tschinggis Khans Vermächtnis*, Wiesbaden, 2006.

Weiers, M., *Erbe aus der Steppe. Beiträge zur Sprache und Geschichte der Mongolen*, Wiesbaden, 2009.

Zakiev, M.Z., *История татарского народа (Этнические корни, формирование и развитие)*, Moscow, 2008.

Ziegler, G., Hogh, A. (eds.), *Die Mongolen. Im Reich des Dschingis Khan*, Stuttgart, 2005 (G. Ziegler, A. Hogh, H.-G. Hüttel, K. Ariunchimeg).

Zimonyi, I., "The feast after the siege of the Alan capital in the western campaign of the Mongols," *Archivum Eurasiae Medii Aevi*, 22, 2016, pp. 241-256.

Золотая Орда. История и культура, red. M. Piotrovsky, Sankt-Petersburg, 2005.

Золотая Орда и мировой истории/The Golden Horde in World History, editors-in-chief R. Khakimov, M. Favereau, eds. I. Mirgaleev, R. Hautala, Kazan, 2016 (N. Kradin, I.

Mirgaleev, A. Maiorov, V. Trepavlov, R. Pochekaev, E. Seidaliev, R. Khakimov, R. Hautala, A. Uzelac, V. Spinei, M. Kramarovskii, Iu. Schamiloglu).

第六章 欧亚大陆西部的骑马游牧民

Aleksin, A.A., Gumilev, L.N., "Каспий, климат и кочевники Евразии," *Известия Общества археологии, истории и этнографии*, Kazan, 2014, 1 (31), pp. 50-65.

Alemany, A., "A prosopographical approach to medieval Eurasian nomads," *Chronica. Annual of the Institute of History. University of Szeged*, 18, 2018, pp. 6-24.

Aiubov, A.R., *Древние и средневековые географические названия в памятниках культуры*, Sankt-Petersburg, 2011.

Les Barbares, ed. B. Dumézil, Paris, 2016.

Benjamin, C., *Empires of Ancient Eurasia. The First Silk Road Era, 100 BCE-250 CE*, Cambridge, 2018.

Biro, A., "Methodological considerations on the archaeology of rigid, reflex, composite bows of Eurasia in the pre-Mongol period," *Acta Militaria Mediaevalia*, IX, 2013, pp. 7-38.

Blanchard, I., "Cultural and economic activities in the nomadic societies of the Trans-Pontine steppe," *Annual of Medieval Studies at CEU[Central European University]*, 11, 2005, pp. 191-206.

Bord, L.-J., Mugg, J.-P., *L'arc des steppes. Étude historique et technique de l'archerie des peuples nomades d'Eurasie*, Paris, 2005.

Canepa, M.P., "Theorising cross-cultural interaction among ancient and early medieval visual cultures," *Ars Orientalis*, 38, 2010, pp. 7-29.

Chernykh, E.N., *Степной пояс Евразии: феномен кочевых культур*, Moscow, 2009.

Chernykh, E.N., *Култура номадов в мегаструктуре евразийского мира*, Moscow, 2013.

Chernykh, E.N., *Nomadic Cultures in the Mega-Structure of the Eurasian World*, Moscow, 2017.

Curta, F., "Some remarks on ethnicity in medieval archaeology," *Early Medieval Europe*, 15, 2007, 2, pp. 159-185.

Dejan, M., "Percepția vieții nomade la autorii arabi și bizantini (secolele IX-X)," in *Arheologia mileniului I p. Chr.*, III, *Dunărea Inferioară între stepe și imperiu*, ed. B. Ciupercă, Bucharest, 2014, pp. 345-353.

Диалог городской и степной культур на Евразийском пронстранстве. Историческая география Золотой Орды, red. S.G. Bocharov and A.G. Sitdikov, Kazan-

Ialta-Kishinev (Chişinău), 2016.

Donà, C., *Per le vie dell'altro mondo. L'animale guida e il mito del viaggio*, Soveria Mannelli, 2003.

Древние культуры северного Китая, Монголии и Байкальской Сибири/Ancient Cultures of the Northern Area of China, Mongolia and Baikalian Siberia, Krasnoyarsk, II, 2015 (M.K. Khabdulina, A.V. Kharinsky, G.Yu. Peresvetov, B. Ahrens, H. Piezonka, G. Nomgunsuren, L.V. Yavorskaya, B.M. Khasenova).

Древние культуы Северо-Западного Причерноморья, Odessa, 2013.

Древности Евразии от ранней бронзы до раннего средневековья. Памяти В.С. Ольховского, editor-in-chief V.I. Guliaev, Moscow, 2005.

Элита в истории древних и средневековых народов Евразии, ed. P.K. Dashkovskiy, Barnaul, 2015 (P.K. Dashkovskiy, I.A. Meykshan, N.N. Kradin, Yu.I. Drobyshev, T.D. Skrynnikova).

Ermolenko, L.N., "Представления древних тюрков о войне," *Батыр. Традиционная военная культура народов Евразии*, 1, 2011, 2, pp. 20-32.

Fodor, I., "Ecology and nomadic migrations," *Chronica. Annual of the Institute of History. University of Szeged*, 7-8, 2007-2008, pp. 77-84.

Frînculeasa, A. et alii, "Turanici la Dunărea Inferioară – Complexe cercetate recent în nordul Munteniei," *Materiale şi cercetări arheologice*, SN, XVI, 2020, pp. 199-228.

Gardelle, L., *Pasteurs nomades de Mongolie: des société et des État*, Paris, 2010.

"Gebieter über die Völker in den Filzwandzelten". Steppenimperien von Attila bis Tschinggis Khan, eds. J. Giessauf and J. Steiner, Graz, 2009.

Golovnëv, A.V., *Феномен колонизации*, Ekaterinburg, 2015.

Gur'ianov, V.N., Shinakov, E.A., "Вооружение конца XII – начала XIV вв. с территории Среднего Подесенья и кросс-культурные контакты (в свете монгольского нашествия)," *Stratum plus*, 2016, 5, pp. 143-156.

Holeščák, M., "Late medieval nomads in the Little Carpathians," *Acta Militaria Medievalia*, XVI, 2020, pp. 89-104.

Ioniţă, A., "Observaţii asupra morminţelor cu depunere de cai sau părţi de cai în spaţiul cuprins între Dunărea de Jos, Carpaţi şi Nistru, în secolele X-XIII," in *The Steppe Lands and the World Beyond Them. Studies in Honor of Victor Spinei on his 70th Birthday*, eds. F. Curta, B.-P. Maleon, Iaşi, 2013, pp. 115-150.

Ivanov, V.A., Ivanova, M.I., "Funeral ceremony of nomads of Eastern Europe of the 13th-14th centuries in a context of ethnic structure of the Golden Horde," *Studia et Documenta Turcologica*, 1, 2013, pp. 117-146.

Ivanov, V.A., Krylasova, N.B., *Взаимодействие леса и степи Урало-Поволжья в эпоху средневековья (по материалам костюма)*, Perm, 2006.

Lebedynsky, I., *De l'épée scythe au sabre mongol. Les armes blanches des nomads de la steppe. IXe siècle av. J.-C. – XIXe siècle apr. J.-C.*, Paris, 2008.

Lebedynsky, I., *Les mystères de la steppe*, Chamalières, 2015.

Khakimov, R.S., "К вопросу о номадической культуре в Золотой Орде," *Золотоордынское обозрение/Golden Horde Review*, 2015, 1, pp. 6-32.

Khakimov, R.S., "The combination of nomadic and hierarchic principles within the state organization in the Golden Horde," *Золотоордынское обозрение/Golden Horde Review*, 4, 2016, 2, pp. 246-255.

Khazanov, A.M., "Pastoral nomadic migrations and conquest," in *The Cambridge World History*, V, *Expanding Webs of Exchange and Conflict, 500 CE-1500 CE*, eds. B.Z. Kedar and M.E. Wiesner-Hanks, Cambridge, 2015, pp. 359-382.

Khudiakov, Iu.S., *Искусство древних и средневековых кочевников Южной Сибири и Центральной Азии*, Novosibirsk, 2015.

Koloda, V.V., "Картографирование средневековых городищ Днепро-Донского междуречья как метод определения этапов славяно-кочевнических отношений," *Харківський історико-археологічний щорічник старожитності*, 9, 2010, pp. 178-197.

Kradin, N., "Archaeology of deportation: Eurasian steppe example," in *Central Eurasia in the Middle Ages. Studies in Honour of Peter B. Golden*, eds. I. Zimonyi and O. Karatay, Wiesbaden, 2016, pp. 211-221.

Kradin, N.N., "Historical dynamics and succession of Inner Asian nomadic empires," *Chronica. Annual of the Institute of History. University of Szeged*, 18, 2018, pp. 190-196.

Kradin, N.N., "Social structure of early Eurasian nomads according to archaeological data," in *Studia Mediaevalia Europaea et Orientalia. Miscellanea in honorem Professoris Emeriti Victor Spinei oblata*, eds. G. Bilavschi, D. Aparaschivei, Bucharest, 2018, pp. 285-297.

Kradin, N.N., "Города в кочевый империях Внутренней Азии," in *В поисках сущности. Сборник статей в честь 60-летия Н. Д. Руссева*, eds. M.E. Tkachuk and G. G. Atanasov, Chișinău, 2019, pp. 249-270.

Larina, O., Manzura., I., Haheu, V., *Брэвиченские курганы*, Kishinev (Chișinău), 2008.

Lavysh, K.A., "Selected elements of East European nomadic cultures (10th-15th centuries) on the territory of the present-day Belarus," *Acta Eurasiatica*, Wrocław, 1, 2013, pp. 105-143.

Lee, Joo-Yup, "The historical meaning of the term *Turk* and the nature of the Turkic identity of the Chinggisid and Timurid elites in post-Mongol Central Asia," *Central Asiatic*

Journal, 59, 2016, 1/2, pp. 101-132.

Marchina. Ch., *Nomad's Land. Éleveurs, animaux et pausage chez les peuples mongols*, Bruxelles, 2019.

Masters of the Steppe: The Impact of the Scythians and Later Nomad Societies of Eurasia, eds. S.V. Pankova and St John Simpson, Oxford, 2020.

Mustafayev, S., "Views on supreme power and law in medieval nomadic society (Case of 'Oghuzname' by Yazicioglu Ali)," *Studia et Documenta Turcologica*, 1, 2013, pp. 277-286.

Neue Wege der Frühmittelalterforschung – Bilanz und Perspektiven, eds. W. Pohl, M. Diesenberger, B. Zeller (W. Pohl, P.J. Geary, E. Chrysos).

Ori dei cavalieri delle steppe. Collezioni dai musei dell'Ucraina, eds. G.L. Bonora, F. Marzatico, Milano, 2007.

Памятники средневековой археологии Восточной Европы. К юбиленею Марины Дмитриевны Полубояриновой, ed. A.V. Chernetsov, Moscow, 2017.

Paroń, A., "From tribe to state and back. Power in the nomadic societies of Euroasia in Middle Ages," in *Władza a struktury społeczne w średniowieczu na wschód od Łaby/ Herrschaft und Sozialstrukturen im Mittelalter östlich der Elbe/Power and Social Structures in the Middle Ages East of the Elbe*, eds. A. Paroń, S. Rossignol, B.Sz. Szmoniewski, G. Vercamer, Wrocław-Göttingen, 2006, pp. 93-100.

Paroń, A., "Die Stammeseliten und das Phänomen des Kulturwandels. Grundlegende Bemerkungen anhand des Beispiels der Nomadenvölker der euroasiatischen Steppen im Mittelalter," in *Mittelalterliche Eliten und Kulturtransfer östlich der Elbe*, eds. A. Klammt and S. Rossignol, Göttingen, 2009, pp. 43-54.

Paroń, A., "The nomadic state of early medieval Europe on the background of the Eurasian steppes' political structures. An essay," in *Potestas et communitas. Interdisziplinäre Beiträge zu Wesen und Darstellung von Herrschaftsverhältnissen im Mittelalter östlich der Elbe/Interdisciplinary Studies of the Constitution and Demonstration of Power Relations in the Middle Ages East of the Elbe*, eds. A. Paroń, S. Rossignol, B. Sz. Szmoniewski, G. Vercamer, Wrocław-Warsaw, 2010, pp. 163-180.

Paroń, A., "The greed of the nomads: literary topes and reality," *International Journal of Eurasian Studies*, 2 (12), 2015, pp. 64-79.

Paroń, A., "Civitas on the move: The city and state for the nomads of Northern Eurasia," *International Journal of Eurasian Studies*, 4 (14), 2016, pp. 144-155.

Parzinger, H., *Die frühen Völker Eurasiens. Von Neolithikum bis zum Mittelalter*, Munich, 2006.

Pohl, W., *Eastern Central Europe in the Early Middle Ages. Conflicts, Migrations and Ethnic Processes*, eds. C. Spinei and C. Hriban, Bucharest-Brăila, 2008.

Pohl, W., *The Avars. A Steppe Empire in Central Europe, 567-822*, Ithaca-London, 2018.

Samashev, Z., Kosherbayev, K., Amanshayev, E., Astafjev, A., *Treasures from the Ustyurt and Manqystau*, Almaty, 2007.

Sava, E., Agul'nikov, S., Manzura, I., *Исследования курганов в Буджакской степи (1980-1985 гг.)*, Chișinău, 2019.

Savinov, D.G., "О генезисе каменных изваяний начала II тыс. н.э.," in *Археология Южной Сибири, 25, Сборник научных трудов, посвященный 80-летию со дня рождения Якова Абрамовича Шера*, Kemerovo, 2011, pp. 162-169.

Sejdaliev, E.I., "К вопросу о заимствованиях городской и кочевой культур Восточной Европы в области военного дела X-XIII вв.," *Материалы по Археологии, Истории и Этнографии Таврии*, XVIII, 2013, pp. 437-443.

Serica – Da Qin. Studies in Archaeology, Philology and History on Sino – Western Relations (Selected Problems), eds. G. Malinowski, A. Paroń, B. Sz. Szmoniewski, Wrocław, 2012.

Seydaliev, E.I., "Военное дело кочевников Северного Причерноморья в IX-XIII вв. и Крымского ханства: сравнительный анализ на основании письменных источников," *Золотоордынская цивилизация/Golden Horde Civilization*, 8, 2015, pp. 166-190.

Shcherbakova, T.A., Tashchi, E.F., Tel'nov, N.P., *Кочевнические древности Нижнего Поднестровья (по материалам раскопок кургана у с. Слободзея)*, Kishinev (Chișinău), 2008.

Spinei, V., "Preliminary notes on the legend of the ritual hunt of the guiding-animal in the mythology of the Eurasian tribes and of the surrounding peoples in the Middles Ages," in *Central Eurasia in the Middle Ages. Studies in Honour of Peter B. Golden*, eds. I. Zimonyi and O. Karatay, Wiesbaden, 2016, pp. 351-382.

Spinei, V., "Les tribus nomades de steppe dans l'espace carpato-danubien depuis la préhistoire jusqu'au début du premier millénaire de l'ère chrétienne," *Dacia*, NS, LXIV, 2020, pp. 7-65.

Средневековая Евразия: симбиоз городов и степи, editor-in-chief F. Sh. Khuzin, Kazan, 2013 (M.V. El'nikov, V.A. Ivanov, M.I. Ivanova).

Stark, S., *Die Alttürkenzeit in Mittel- und Zentralasien. Archäologische und historische Studien*, Wiesbaden, 2008.

Степи Восточной Европы в средние века. Сборник памяти Светланы Александровны Плетневой, eds. I.L. Kyzlasov, U.Iu. Kochkarov, V.N. Chkhaudze, Moscow, 2016.

Terra Scythica, eds. V.I. Molodin, S. Hansen, Novosibirsk, 2011.

Unbekanntes Kasachstan. Archäologie im Herzen Asien, II, eds. Th. Stöllner, Z. Samašev, in collab. with A. Gorelik, G. Körlin, Bochum, 2013.

Ursu, I., "Morminte cu schelete de cai la populațiile turanice târzii din spațiul carpato-nistrean," *Revista arheologică*, Chișinău, SN, V, 2010, 2, pp. 169-170.

Ursu, I., "Sabia la populațiile turanice din spațiul carpato-nistrean în secolele X-XIV," *Revista arheologică*, Chișinău, SN, X, 2014, 1-2, pp. 174-180.

Ursu, I., "Prezența arcului în complexele funerare ale turanicilor din spațiul carpato-nistrean în secolele X-XIV," in *Studii de arheologie și istorie în onoarea profesorului Gheorghe Postică*, eds. L. Coadă, P. Parasca, Chișinău, 2014, pp. 165-183.

Vladimirov, G., *Обеци с форма на въпросителен знак от средновековна България (XIII-XIV в.) за материалните следи от куманите и Златната Орда в културата на Второто българско царство*, Sofia, 2019.

Warriors, Weapons, and Harness from the 5th-10th Centuries in the Carpathian Basin, ed. C. Cosma, Cluj-Napoca, 2015.

Wright, J., "A possible archaeological case of the taxation a medieval Eurasian nomads," *Journal of the Economic and Social History of the Orient*, 58, 2015, 3, pp. 267-292.

通用性参考文献

Abulafia, D., *The Great Sea. A Human History of the Mediterranean*, Oxford, 2011.

Androshchuk, F., *Vikings in the East. Essays on Contacts along the Road to Byzantium (800-1100)*, Uppsala, 2013.

Anonymus and Master Roger. Anonymi Bele regis notarii *Gesta Hungarorum*, ed., trans. and annot. M. Rady and L. Veszprémi. Magistri Rogerii *Epistola in miserabile carmen super destruction regni Hungarie per Tartaros facta*, trans. and annot. J.M. Bak and M. Rady, Budapest-New York, 2010.

Atanasov, G., *Добруджанското деспотство. Към политическата, църковната, стопанската и културната история на Добруджа през XIV век*, Veliko Tărnovo, 2009.

Balard, M., *Les Latins en Orient (XIe-XVe siècle)*, Paris, 2006.

Baumer, Ch., *The History of Central Asia*, III, *The Age of Islam and the Mongols*, London-New York, 2016.

Bemmann, J., Schmauder, M. (eds.), *Complexity of Interaction along the Eurasian Steppe Zone in the First Millennium CE*, Bonn, 2015 (N.N. Kradin, J.D. Rogers, P.B. Golden, T. Skrynnikova, M. Schmauder, W. Pohl).

Bisembaev, A.A., *Кочевники средневековья Западного Казахстана*, Aktobe, 2010.

Byzantine War Ideology between Roman Imperial Concept and Christian Religion, eds. J. Koder and I. Stouraitis, Vienne, 2012.

The Cambridge History of the Byzantine Empire, c. 500-1492, ed. J. Shepard, Cambridge, 2008 (J. Shepard, M. Angold, P. Magdalino, P. Stephenson, D.A. Korobeinikov, A. Ducellier).

Central Eurasia in the Middle Ages. Studies in Honour of Peter B. Golden, eds. I. Zimonyi and O. Karatay, Wiesbaden, 2016 (Th.T. Allsen, S.G. Kliashtornyi, N. Kradin, N.E. Kuzembaev, T.D. Skrynnikova, V. Spinei, V. Stoianov, I. Togan).

Chinese Scholars on Inner Asia, ed. Luo Xin, trans. ed. R. Covey, Bloomington, Indiana 2012 (Yekemingghadai Irinchin, Zhou Qingshu, Han Rulin).

Complexity of Interaction along the Eurasian Steppe Zone in the First Millennium CE, eds. J. Bemmann, M. Schmauder, Bonn, 2015 (N.N. Kradin, J.D. Rogers, P.B. Golden, T. Skrynnikova, M. Schmauder, W. Pohl).

Contemporary Research in Turkology and Eurasian Studies. A Festschrift in Honor of Professor Tasin Gemil on the Occasion of his 70th Birthday, eds. S. Lascu, M. Fetisleam, Cluj-Napoca, 2013 (R. Pop, Sz. Polgár).

Cossuto, G., *"Tracce turche" in Europa medioevale. I popoli delle steppe in Europa dalla comparsa degli Unni alla nascita della Turchia*, Rome, 2009.

Cossuto, G., *I popoli delle steppe e l'Impero romano d'Occidente*, Rome, 2017.

Curta, F., *Southeastern Europe in the Middle Ages, 500-1250*, Cambridge, 2006.

Curta, F., *Text, Context, History and Archaeology. Studies in Late Antiquity and the Middle Ages*, ed. V. Spinei, Bucharest-Brăila, 2009.

Curta, F., *The Edinburgh History of the Greeks, c. 500 to 1050. The Middle Ages*, Edinburgh, 2011.

Curta, F., *Eastern Europe in the Middle Ages (500-1300)*, 1-2, Leiden-Boston, 2019.

Curta, F., "Migrations in the archaeology of Eastern and Southeastern Europe in the early Middle Ages (Some comments on the current state of research)," in *Migration Histories of the Medieval Afroeurasiens Transition Zone: Aspects of mobility between Africa, Asia and Europe, 300-1500 C.E.*, eds. J. Preiser-Kapeller, L. Reinfandt, Y. Stouraitis, Leiden-Boston, 2020, pp. 101-138.

Dariali: The 'Caspian Gates' in the Caucasus from Antiquity to the Age of the Huns and the Middle Ages. The Joint Georgian-British Dariali Gorge Excavations & Surveys of 2013-2016, I, Oxford-Haverstown, PA, 2020.

Dejan, M., *Elemente răsăritene în ținuturile extracarpatice (Secolele VI-X)*, Suceava, 2015.

Древние и средневековые кочевники Центральной Азии, editor-in-chief A.A. Tishkin, Barnaul, 2008.

Древности Юго России. Памяти А.Г. Атавина, ed. G.E. Afanas'ev, Moscow, 2008 (A.G. Atavin, M.V. Gorelik, O.V. Lopan, E.A. Armarchuk, Iu. V. Zelenskii, V.I. Mamontov, V.V. Vereshchagin, I.V. Volkov, L.F. Nedashkovskii, E.D. Zilivinskaia, E.I. Narozhnyi).

Drozdov, Iu.N., *Тюркская этнонимия древнеевропейских народов*, Moscow, 2008.

Durand, D., *Carpates et Danube. Une géographie historique de la Roumanie*, ed. Cristina Spinei, Brăila, 2012.

Ducène, J.-Ch., *L'Europe et les géographes arabes du Moyen Âge (IXe-XVe siècle). «La grande terre» et ses peuples. Conceptualisation d'un espace ethnique et politique*, Paris, 2018.

Dzhakson, T.N., Kalinina, T.M., Konovalova, I.G., Podosinov, A.V., *«Русская река». Речные пути Восточной Европы в античной и средневековой географии*, Moscow, 2007.

Europa im Weltbild des Mittelalters. Kartographische Konzepte, eds. I. Baumgärtner and H. Kugler, Berlin, 2008.

The Expansion of the Orthodox Europe. Byzantium, the Balkan and Russia, ed. J. Shepard, Aldershot-Burlington, VT, 2007.

Fedaka, S.D., *Історія України з найдавніших часів до 1648 року. Навчальний посібник*, Kiev, 2014.

Fiedler, U., "Zur Suche nach dem archäologischen Niederschlag von Petchenegen, Uzen und Kumanen in den Gebieten südlich der unteren Donau," in *The Steppe Lands and the World Beyond Them. Studies in Honor of Victor Spinei on his 70th Birthday*, eds. F. Curta, B.-P. Maleon, Iași, 2013, pp. 249-285.

Font, M., "Old-Russian principalities and their nomadic neighbours: stereotypes of chronicles and diplomatic practice of the princes," *Acta Orientalia Academiae Scientiarum Hungaricae*, 58, 2005, 3, pp. 267-276.

Frankopan, P., *The Silk Roads. A New History of the World*, London-New York, 2015.

Gafurov, B.G., *Central Asia. Pre-Historic to Pre-Modern Times*, Delhi, 2005.

Geschichte Südosteuropas. Von frühen Mittelalter bis zur Gegenwart, eds. K. Clewing and O.J. Schmitt, ed. office P.M. Kreuter, Regensburg, 2011 (G. Prinzing, B.F. Romhányi).

Geschichte Ungarns, ed. I.G. Tóth, Budapest, 2005 (P. Engel, A. Zsoldos).

Giessauf, J., *Barbaren – Monster – Gottesgeisseln. Steppennomaden im europäischen Spiegel der Spätantike und des Mittelalters*, Graz, 2006.

Golden, P.B., *Turks and Khazars. Origins, Institutions, and Interactions in Pre-Mongol Eurasia*, Farnham-Burlington, VT, 2010.

Golden, P.B., *Studies on the Peoples and Cultures of the Eurasian Steppes*, ed. C. Hriban, Bucharest-Brăila, 2011.

Golden, P.B., *Central Asia in World History*, Oxford-New York, 2011.

Golden, P.B., "The Turks: a historical overview," in *Turks. A Journey of a Thousand Years, 600-1600*, ed. D. J. Roxburgh, London, 2015, pp. 18-31.

Golovnëv, A.V., *Феномен колонизации*, Ekaterinburg, 2015.

Gonneau, P. and Lavrov, A., *Des Rhôs à la Russie. Histoire de l'Europe orientale (v. 730-1689)*, Paris, 2012.

Gurkin, S.V., "Поздние кочевники южнорусских степей IX-XIII вв. (печенеги, торки, половцы)," *Novensia*, 18-19, 2008, pp. 139-156.

Handbuch zur Geschichte Südosteuropas, 1, *Herrschaft und Politik in Südosteuropa von der römischen Antike bis 1300*, eds. O.J. Schmitt, K. Clowing, U. Brunnbauer, 2, Berlin-Boston, 2019 (P. Schreiner, W. Pohl, D. Ziemann, M. St. Popović, A. Zsaldos, N. Budak, S. Saint-Guillain).

Хазары. Евреи и славяне/Khazars. Jews and Slavs, 16, eds. V. Petrukhin, W. Moskowich, A. Fedorchuk, A. Kulik, D. Shapira, Jerusalem-Moscow, 2005.

Historiography and Identity IV. Writing History Accross Medieval Eurasia, eds. W. Pohl and D. Mahoney, Turnhout, 2021.

Imperien Asiens von den Alten Khmer bis zu den Meiji, ed. J. Masselos, Stuttgart, 2010.

Istoria românilor, III, *Genezele româneşti*, 2nd ed., editors-in-chief R. Theodorescu, V. Spinei, Bucharest, 2010 (V. Spinei, I. Barnea, P. Diaconu, Şt. Pascu, Şt. Ştefănescu, R. Theodorescu).

Историко-культурный энчиклопедический атлас Республики Башкоростан, editor-in-chief A.I. Akmanov, Moscow-Ufa, 2007 (N.A. Mazhitov, A.N. Sultanova, V. I. Ivanov).

История татар с древнейших времен, II, *Волжская Булгария и Великая Степь*, editors-in-chief M. Usmanov, R. Khakimov, Kazan, 2006 (V. Ivanov, B. Kumekov, Iu. Khudiakov, E. Kazakov).

Iosipescu, S., *Carpaţii sud-estici în evul mediu târziu (1166-1526). O istorie europeană prin pasurile montane*, Brăila, 2013.

Jobst, K.S., *Geschichte der Krim. Iphigenie und Putin auf Tauris*, Berlin, 2020.

Jusupović, A., *The Chronicle of Halych-Volhynia and Historical Collections in Medieval Rus'*, Leiden-Boston, 2020.

Khvalkov, E., *The Colonies of Genoa in the Black Sea Region. Evolution and Transformation*, New York-London, 2018.

King, Ch., *The Black Sea. A History*, Oxford, 2005.

Klyashtornyi, S.G., *Памятники древнетюркской письменности и этнокультурная история Центральной Азии*, Sankt-Petersburg, 2006.

Klyashtornyj, S.G., *Old Turkic Runic Texts and History of the Eurasian Steppe*, eds. V. Spinei and C. Spinei, Bucharest – Brăila, 2009.

Klyashtornyi, S.G., Savinov, D.G., *Степные империи древней Евразии*, Sankt-Petersburg, 2005.

Klyashtornyi, S.G., Sultanov, T.I., *Государства и народы Евразийских степей: от древности к Новому времени*, 3rd ed., Sankt-Petersburg, 2009.

Koder, J., *Die Byzantiner und Europa*, ed. Cristina Spinei, Bucharest-Brăila, 2015.

Koder, J., *Die Byzantiner. Kultur und Alltag im Mittelalter*, Vienna-Cologne-Weimar, 2016.

Kovács, S., Zimonyi, I., Hatházi, G., Pálóczi Horváth, A., Lyublyanovics, K., Marcsik, A., *Török nyelvű népek a középkori Magyar Királyságban*, Szeged, 2016.

Kozlov, S.A., *Византийцы и тюркоязычные кочевники Восточной Европы в конце IX – начале XIII века в византийской нарративной традиции* (Автореферат диссертаци), Tiumen, 2012.

Lebedynsky, I., *Les seigneurs de la steppe. Royaumes et empires nomades d'Eurasie*, Lacapelle-Marival, 2012.

Lebedynsky, I., *La Crimée des Taures aux Tatars*, Paris, 2014.

Lebenswelten zwischen Archäologie und Geschichte. Festschrift für Falko Daim zu seinem 65. Geburtstag, eds. J. Drauschke, E. Kislinger, K. Kühtreiber, Th. Kühtreiber, G. Scharrer-Liška, T. Vida, 1, Mainz, 2018 (C. Bálint, L. Révész, V. Spinei, M. Takács, T. Vida).

Lindner, M., "Vom Winde verweht. Das Reich und die Steppenvölker im hohen Mittelalter," in *Archive und Gedächtnis. Festschrift für Botho Brachmann*, eds. F. Beck, E. Henning, J.-F. Leonhard, S. Paulukat, O.B. Rader, Potsdam, 2005, pp. 87-105.

Madgearu, A., *Organizarea militară bizantină la Dunăre în secolele X-XII*, Târgoviște, 2007.

Malamut, É., *Alexis Ier Comnène*, Paris, 2007.

Marea Neagră. Puteri maritime – Puteri terestre (sec. XIII-XVIII), coord. O. Cristea, Bucharest, 2006.

Migration and Identity in Eurasia from Ancient Times to the Middle Ages, eds. V. Cojocaru and A.-I. Pázsint, Cluj-Napoca, 2021.

Moneda în Republica Moldova, coord. A. Boldureanu and E. Nicolae, Chișinău, 2015

(A. Vîlcu, T. Isvoranu, A. Boldureanu, E. Nicolae, L. Dergaciova).

Mongols, Turks and Others. Eurasian Nomads and the Sedentary World, eds. R. Amitai and M. Biran, Leiden – Boston, 2005 (Y. Frenkel, P. Jackson, D. Morgan).

Mouchard, F., *La Maison de Smolensk. Une dynastie princière du Moyen Âge russe, 1125-1404*, Paris, 2015.

Mutafian, C., *L'Arménie du Levant (XIe-XIVe siècle)*, I, Paris, 2012.

Nation et nations au Moyen Âge, Paris, 2014 (E. Bozóky, M. Kaplan, E. Malamut, Y. Dejugnat).

Nomads as Agents of Cultural Change. The Mongols and Their Eurasian Predecessors, eds. R. Amitai, M. Biran, Honolulu. 2015 (M. Biran, W. Honeychurch, I. Togan, Th.T. Allsen, G. Lane, M. Rossabi, R. Amitai, I. Vásáry, D. Morgan).

Papacostea, Ș., Ciocîltan, V., *Marea Neagră. Răspântie a drumurilor internaționale (1204-1453)*, Constanța, 2007.

Parasca, P., "Interferențe etno-politice în terminologia spațiului carpato-ponto-nistrean în secolele XI – prima jumătate a celui de-al XIII-lea," *History & Politics*, Chișinău, I, 2008, 1-2, pp. 97-108.

Paroń, A., "Nomadic peoples of the Black Sea steppes – from Cimmerians to Polovtsy. Outline of the political relations," *Sprawozdania Archeologiczne*, 61, 2009, pp. 97-145.

From Periphery to Centre. The Image of Europe at the Eastern Border of Europe, eds. S. Șipoș, G. Moisa, D.O. Cepraga, M. Brie, T. Mateoc, Cluj-Napoca, 2014 (L. Renzi, I.A. Mizgan, F. Dobrei, Ș. Turcuș, F. Sfrengeu).

Petkov, K., *The Voices of Medieval Bulgaria, Seventh-Fifteenth Century. The Records of a Bygone Culture*, Leiden-Boston, 2008.

Pletneva, S.A., *Древнерусский город в кочевой степи (опыт историко-стратиграфического исследования)*, Simferopol, 2006.

Political Culture in the Latin West, Byzantium and the Islamic World, c. 700-c. 1500. A Framework for Comparing Three Spheres, eds. C. Holmes, J. Shepard, J. Van Steenbergen, B. Weiler, Cambridge, 2021 (St. Humphreys, J. Shepard, C. Holmes, J. Herrin, R. Morris).

Pop, I.-A., *"Din mâinile valahilor schismatici..." Românii și puterea în Regatul Ungariei medievale (secolele XIII-XIV)*, Bucharest, 2011; 2nd. ed., Cluj-Napoca, 2017.

Postică, Gh., *Civilizația medievală timpurie din spațiul pruto-nistrean (secolele V-XIII)*, Bucharest, 2007.

Poujol, C., *L'Asie centrale. Au carrefour des mondes*, Paris, 2013.

Prien, R., *Archäologie und Migration. Vergleichende Studien zur archäologischen Nachweisbarkeit von Wanderungsbewegungen*, Bonn, 2005.

Россия и степной мир Евразии, editor-in-chief Iu.V. Krivosheev, S.-Petersburg, 2006 (I. B. Mikhailova, Iu. V. Kribisheev).

The Routledge Handbook of East Central and Eastern Europe in the Middle Ages, 500-1300, ed. F. Curta, Abingdon, Oxon, OX-New York, NY, 2022 (F. Curta, C. Raffensperger, D. Džino, E. Komatarova-Balinova, A. Paroń, M. Betti, I. Štefan, D. Kalhous, H. Herold, C. Popa-Gorjanu, D. Zubka, A. Quéret-Podesta, M. Hladík, D. Adamczyk, L. Rădvan, A. Uzelac, F. Dall'Aglio, R. Hautala).

Rudenko, К.А., *История археологического изучения Волжской Булгарии (X – начало XIII в.)*, Kazan, 2014.

Rulership in Medieval East Central Europe. Power, Ritual and Legitimacy in Bohemia, Hungary and Poland, eds. G. Vercamer and D. Zubka, Leide-Boston, 2022 (D. Zupka, M. Wihoda, M. Font, A. Bárány, P. Sophoulis, F. Schmieder).

Русь и Восток в IX-XVI веках. Новые археологические исследования, eds. N.A. Makarov, V.Yu. Koval', Moscow, 2010 (N.A. Makarov, L.A. Belyaev, Yu.Yu. Morgunov, V. Yu. Koval', L.F. Nedoshkovskii, A.V. Pachkalov).

Rusu, A.A., *Castelarea carpatică. Fortificații și cetăți din Transilvania și teritoriile învecinate (sec. XIII-XIV)*, Cluj-Napoca, 2005.

Schreiner, P., *Byzantinische Kultur. Eine Aufsatzsammlung*, I, *Die Macht*, eds. S. Ronchey and E. Velkovska, Rome, 2006; II, *Das Wissen*, eds. N. Gaul and S. Ronchey, Rome, 2009; III, *Die materielle Kultur*, eds. C. Katsougiannopoulou and S. Ronchey, Rome, 2011; IV, *Die Ausstrahlung*, eds. S. Ronchey and R. Tocci, Rome, 2013.

Schreiner, P., *Byzanz 565-1453*, 4th ed., Munich, 2011.

Schreiner, P., *Orbis Byzantinus. Byzanz und seine Nachbarn*, eds. A. Simon and C. Spinei, Bucharest-Brăila, 2013.

The Sea in History/La mer dans l'histoire, gen. ed. Ch. Buchet, *The Medieval World/ Le Moyen Âge*, ed. M. Balard, Woodbridge, 2017.

Spinei, V., *Universa Valachica. Românii în contextul politic internațional de la începutul mileniului al II-lea*, eds. I. Șarov and A. Zanoci, Chișinău, 2006.

Spinei, V., *The Romanians and the Turkic Nomads North of the Danube Delta from the Tenth to the Mid-Thirteenth Century*, Leiden-Boston, 2009.

Spinei, V., "An Oriental perspective on the ethnic realities of the Balkans in the eleventh-twelfth centuries: Michael the Syrian," *Archivum Eurasiae Medii Aevi*, 20, 2013, pp. 165-238.

Stabile, G., *Valacchi e Valacchie nella letteratura francese medievale*, Rome, 2010.

Stamati, I., *The Slavic Dossier. Medieval Archaeology in the Soviet Republic of Moldova: Between State Propaganda and Scholarly Endeavor*, Leiden-Boston, 2019.

Stănică, A.-D., *Viața economică din nordul Dobrogei în secolele X-XIV*, Tulcea, 2015.

Stojanow, V., "Die russische Historiographie über die Kočevniki – ein Beitrag zur Ideengeschichte des späten Zarenreichs," *Bulgarian Historical Review*, 2010, 3-4, pp. 167-192.

Ten Thousand Years along the Middle Danube. Life and Early Communities from Prehistory to History, eds. G. Kovács and G. Kulcsár, Budapest, 2011 (P. Sümegi, B.M. Szöke, M. Takács, Z. Mikló-M. Vizi).

Tentiuc, I., *Populația din Moldova Centrală în secolele X-XIII*, Chișinău, 2017.

Treadgold, W., *Studies in Byzantine Cultural History*, eds. B.-P. Maleon and A.-E. Maleon, Bucharest-Brăila, 2015.

The Turkic Speaking Peoples. 2000 Years of Art and Culture from Inner Asia to the Balkans, eds. E. Çağatay, D. Kuban, Munich-Berli-London-New York, 2006 (T. Tekin, H. Göckenjan, P.B. Golden, A. Kadirbaiev, O. Pritsak, A. Menz).

Turko-Mongol Rulers, Cities and City Life, ed. D. Durand-Guédy, Leiden-Boston, 2013 (D. Durand-Guédy, P. Golden, A.C.S. Peacock, T. Masuya, M. Biran, J. Paul, K. Franz).

Țiplic, I.M., *Die Grenzverteidigung Siebenbürgens im Mittelalter (10.-14. Jahrhundert)*, Heidelberg, 2007.

Центральная Азия. Источники, история, культура, editors-in-chief E.V. Antonova, T.K. Mkrtychev, Moscow, 2005.

Vásáry, I., *Turks, Tatars and Russians in the 13th-16th Centuries*, Aldershot-Burlington, VT, 2007.

Voitovich, L., *Галич у політичному житті Европи XI-XIV століть*, L'viv [Lwow].

Voloshchuk, M., *Ruthenians (the Rus') in the Kingdom of Hungary, 11th to Mid-14th Centuries. Settlement, Property, and Socio-Political Role*, Leiden-Boston, 2021.

Vovina, V.G., "Кочевники Восточной Европы в русских летописях," in *Ludy koczownicze Eurazji*, eds. I. Czamańska and W. Szulc (*Balcanica Posnaniensia*, XIV), Poznań, 2007, pp. 191-199.

The World of the Khazars. New Perspectives Selected Papers from Jerusalem 1999 International Khazar Colloquium hosted by the Ben Zvi Institute, eds. P.B. Golden, H. Ben-Shammai and A. Róna-Tas, Leiden-Boston, 2007 (P.B. Golden, J. Howard-Johnston, Th.S. Noonan, V.Ja. Petrukhin, A. Róna-Tas, D.D.Y. Shapira).

Zimonyi, I., *Medieval Nomads in Eastern Europe*, ed. V. Spinei, Bucharest-Brăila, 2014.

图书在版编目（CIP）数据

九至十三世纪东欧和东南欧的民族大迁徙：全二册/（罗）维克多·斯宾内著；程秀金，卢兆瑜译. —北京：商务印书馆，2024
（汉译丝瓷之路历史文化丛书）
ISBN 978-7-100-22632-5

Ⅰ.①九… Ⅱ.①维…②程…③卢… Ⅲ.①民族迁徙－历史－东欧－9—13世纪 Ⅳ.①K510.8

中国国家版本馆CIP数据核字（2023）第122133号

权利保留，侵权必究。

（汉译丝瓷之路历史文化丛书）
九至十三世纪东欧和东南欧的民族大迁徙
（全二册）

〔罗马尼亚〕维克多·斯宾内　著
〔罗马尼亚〕达娜·巴杜列斯库　英译
程秀金　卢兆瑜　译

商 务 印 书 馆 出 版
（北京王府井大街36号　邮政编码 100710）
商 务 印 书 馆 发 行
三河市尚艺印装有限公司印刷
ISBN 978-7-100-22632-5

2024年7月第1版　　开本 710×1000　1/16
2024年7月第1次印刷　印张 57

定价：286.00元